U0017173

連瑞枝——著

明朝統治下的西南人群與歷史

邊疆與帝國之間

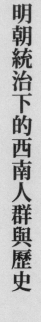

聯經學術叢書
編輯委員會
王汎森（主任委員）
于宗先、何寄澎、林載爵
楊儒賓、廖咸浩、錢永祥
蕭高彥

目次

第一部　僧侶

圖表目次

自序

扉頁間的歷史現場

　　從邊疆的角度重寫歷史，猶如在荒蕪中找尋路徑，大概是那些隱藏在幽微處的故事，鼓舞我完成這份書寫計畫。考究這些故事時，總得冒著各式各樣的風險，尤其當我們宣稱要從統治者的手中拯救歷史時，如何用新的敘事架構來描寫芸芸眾生的歷史，成為一項新的挑戰。

　　或許，我先從一位山鄉夷酋自久的故事談起。歷史上有許多被輕描淡寫、一筆帶過，卻在地方扮演關鍵角色的人物。我先在明初土官墓誌銘，偶然地發現自久與鄰近土官相互聯姻，他似乎不僅是山鄉部酋，還被封賜錦衣衛指揮的頭銜。後來，為追蹤大理山鄉鹽井治理所引發的山鄉動亂，發現自久先前竟曾因奪取鹽官之印，打劫官兵，逃到大理和姚安之間的山區，隱匿十餘年之久。這類人物不可能僅只是一位夷賊而已。在書縫間找尋一個在山鄉流竄的人口時，也逐漸地發現更多的自久身影，山裡有地名稱自久寨，族譜有自久後裔！翻遍志書，幸好某位官員在百無聊賴的鄉野生活中，編寫了一份符合體例的志書，扉頁間夾帶著邊陲山鄉的自久被擒捕後赴京和皇帝的一段關鍵對話。他於是向我娓娓道來，其抗明為的是山鄉秩序已崩壞。字裡行間的弦外之音是隱藏在史冊扉頁裡的歷史現場。

　　正史也記錄相關的側面敘事。當我們要從地方角度重寫歷史時，必須留意官方對事件的看法與地方究竟有多大的距離？官方

文獻是引證自久的權威證據嗎？沒被記錄的又會是什麼？自久並非重要土官，也不是英雄，又沒有構成驚動天下的重大叛亂，他是一名竄逃山鄉的部酋！歷史學的工作應是把這些看起來相互矛盾、混雜的訊息，放回地方既有的政治與社會語境下，重新賦予其適當的解釋。在這個過程中，地方行動者的歷史，不僅是視角的選擇，還包括解構與建構同時進行的方法論問題。

　　書中另一個不起眼的橋段，是雲南副使姜龍前往山鄉招撫夷民的故事，也涉及重構地方情境。自久以來之山鄉動亂不斷，官方文獻慣常地以特定的目光描寫動亂或歌誦政績，無意間留下不少線索，包括事發地點與時間、空間分布、群聚的規模、人群分類、掠奪路線、城市災難、官方動員及其因應措施等等。經由考證排比後，才理解史冊中的土官，有時也是夷賊或盜匪，文字的斷裂性雖有敘事零碎化的危險，卻也直指山鄉人群具有難以捉摸的靈活性與機動性。這類官方說法充其量只是幫助我們釐清官府採用什麼樣制度化的方式來分類人群，並標誌以夷屬。有些制度在推動時甚至沒有經過通盤的考量，被各種不同地方情境揉合成另一種社會面貌，使其在時間上呈現一層一層由歷史偶然性條件而組織成的後果，在空間呈現猶如馬賽克般的文化拼圖。這不僅考驗我們對帝國末端基層制度的認識，也挑戰著我們頭腦裡既有正統敘事架構，以及對於鬆散又機動之社群組織在不同時空脈絡下的基本想像。更深沉的問題是：我們更關心的是官兵動員，還是山鄉夷民的行動，是帝國的制度，抑或是社會實相？書中雖然沒有回答白人、保保、爨人、麼些、儸儸等單一民族形成的問題，但在透過帝國視之為動亂的框架下，我們看到的是：人群如何被動員、自我重組、如何學習以各種機動的方式維持社群分類的界線，進而重新認識到族群是參與區域歷史，同時也是用以迴

避或抵制帝國直接治理的政治策略。這種動態性使我們清晰地認知到單一民族框架無法解決族群形成的歷史問題。

流寓士人楊慎為姜龍撰寫去思碑，描寫其撫亂之功業。姜龍或許是一位明理的官員，他親自前往山鄉和夷酋談判，與夷酋的對話也被記錄下來：夷民提及他們進城便被視為盜賊，無法獲得城邑之糧食，處處遭致排斥，山鄉也遭致圍堵，所以才有下山打劫之舉。山鄉生活不只是靜態的親屬與小規模的交換經濟，更是一套具有延展性的政治體系，他們遭致的歧視與生計問題，正說明新政治對傳統體制所造成的矛盾與衝突。去思碑原是歌頌姜龍勸導夷酋有功，但某夷酋日益貧困，妻怨懟之，其為守諾而自盡，反而像是一場具有道德教化意味的悲劇故事。楊慎記錄這段故事，或許別有用心。有意思的是，《明史》以幾近標準化的眼光描寫姜龍，讚之以「番漢大治」，說明了統治者形塑過的歷史敘事與地方經驗相去甚遠。

我並不是一開始就打算研究山鄉社會。壩子裡的貴冑世族前往南京，留下許多歷史文獻，使得有文字和沒有文字的世界形成強烈的反差，也成為兩種不同類型的社會。這批轉型士人的地方精英和他們所留下的文獻，頓時成為我們認識西南歷史的另一種眼光。他們經歷一段不尋常的歷史，先是一批一批貴族、僧人與部酋領袖前往南京，隨之又有土官及其部民們前往北京，成為官員與夷民的中間人群。繼之其後的大理士人，如楊士雲、楊南金和李元陽等等，卻以極其隱晦的方式迴避過去王國的歷史。外來官員們熱烈地期待大理士族是移民西南的古漢人，以便於他們在較大的知識系譜中拉攏與邊境精英的關係。這些隨著政治局勢擺盪所留下的文字，不時地影響我們對地方歷史的「正確／客觀」評估。於是，我逐漸將區域內不同人群的歷史研究，擴大到不同

身分階層「如何記憶歷史」等層面的討論。這涉及歷史的雙面性，也就是真實的過去以及其被記憶的方式，前者涉及許多細節的考證，後者涉及政治權力與書寫技術的支配性。尤其，白人精英識字能文，嫻熟各種知識與治理技術，留下各式文類以及傳說文本，使得村民得以靈活方式來維持多重層的集體記憶，包括鄉野傳誦之南詔大理國的故事。考證雖似科學方式之一，但鄉民的歷史創造，重點不在真偽，而在「何以致之」，其樸素史法與前衛史識呈現靈活的社會圖相！如果將這些看似零碎與矛盾的敘事加以類比，我們反而可以看到一幅各自表述、各自想像的歷史心志，以及彼此相互影響與交錯的動態過程。換句話說，本書無法以「客觀歷史」為寫作的目的，與鄉民相互比較，他們的歷史寫作顯得更大方、更自由、更前衛，而且在細節上創意十足。有時，他們甚至還可能是更為精準的。

　　近年來，歷史學與人類學界正追蹤一些熱門的議題，如James Scott以逃離國家治理的zomia概念來討論東南亞高地社會。我在大理山鄉腹地進行長期的考察，不論在議題及地緣脈絡上都無法忽略其頗具啟發性的宏觀論點。此學理發想，不時地使我產生既興奮、又迴避的疏離感。十六世紀之大理四周山鄉是活絡的結親、開採資源、山林負販、鹽井貿易等活動，充滿一幅人口與物資流動的景象，他們不只逃離治理，更熱絡地追求隨資源往來而產生大小不一且變化多端的社會網絡。書中最後篇章寫下《雞足山志》的故事，更多地是想要表達山鄉政治也積極仿效帝國的正統文類，以更極端的書寫策略來表達作為「他者」的歷史意志，寫下的是古印度的歷史。背後對資源的競逐，不言而喻。文字書寫在這樣的邊境社會，也格外地顯露出其辯證性。的確如此，書寫過程中，最大的挑戰在於重新檢視自己使用史料的習

慣，或是對文字記錄的依賴。走一趟田野後，來自現場的直覺必將回過頭來改變我們解讀史料的方式。本書的目的與其說是解構書寫者的權力與正統歷史，倒不如說是重建邊境社會與人群的歷史，並因此獲得觀看歷史的另一種眼光。

這本書是在《隱藏的祖先》的基礎上繼續討論大理世族及其山鄉鄰居如何採取新的政治模式來適應明朝帝國的治理。十年以來，另闢新的研究地點與繼續從事大理研究，成為長期拉扯的二股力量，但是，這種結合歷史與田野的研究取徑，也意外地得以將各別不同的地方史串連在更大的歷史框架上來重新思考。很慶幸地，總有許多朋友共同分享著這片生氣盎然的田野工作，將研究地點推展到不同的邊疆地帶，像是濱海、湖泊、苗疆、草原、嶺南山區及島嶼等等，這些研究夥伴也成為學術工作上最好的盟友。無論如何，我們分享著極其類似的學理經驗。

近二十年來的中國西南，經歷相當劇烈的變化，一批令人敬佩的地方學者從事著民間文獻碑刻搜集與整理的工作，楚雄的張方玉、鳳儀的馬存兆、麗江的楊林軍、永勝的簡良開等等，諸位老師無私又熱情地提供第一現場的知識。雲南與大理學界的朋友們也一起面對田野與時代的變化。無法一一列舉的還有流寓大理的朋友們，微信帳號裡的司機，總是報導著正發生的許多故事。這些朋友和他們各自不同的家鄉連結在一起，使我並不認為自己在進行歷史研究，而是在不同的空間裡找到觀看歷史的方式。

本書經歷了一段漫長的研究與寫書過程，必須感謝長期以來科技部專題計畫以及專書寫作計畫的支持。2012年的科技部短期進修計畫支持我前往哈佛大學費正清研究中心進行訪問，感謝宋怡明教授的接待以及燕京圖書館為讀者提供古籍借閱的氣派作法，優渥與平靜的學術環境為本書奠定寫作架構的基礎。2010至

2016年間科大衛教授在香港中文大學主持「中國社會的歷史人類學計畫」（AoE，卓越學科領域計畫），定期敦促我將文章寫出來。2016年在香港中文大學歷史人類學研究中心訪問，終於完成書稿。學者養成不易，我在計畫團隊裡看到更多的是猶如禪宗道場裡的棒喝與詰問，這應是一場永不停止的辯駁。劉志偉、胡曉真、卜永堅與洪麗完幾位老師大方提供出版建言等等，在此銘謝。還有許多學界前輩與朋友們，沒有你們，學術生活就未免太煎熬了。

書中部分內容曾受國內外學術會議之邀請，以單篇論文發表，並改寫於期刊或專書論文。其中，發表於《民俗曲藝》的〈龍神、龍王與官祀〉，改寫為本書第六、七章之部分內容；發表於《歷史人類學學刊》的〈土酋、盜匪與編民〉、《漢學研究》的〈大理山鄉與土官政治〉、《新史學》的〈山鄉政治與人群流動〉以及《社會》的〈佛寺與家廟〉改寫成本書第三篇「土官與山鄉政治」。《歷史人類學學刊》的〈書寫西南：二種典範歷史的建構與對話〉收為本書之第三章。在書寫過程中，感謝歷來的研究助理，她們是洪婉芝、陳怡如、何佩容、陳肇萱、陳碧玲、張慧娜（Eveline），陪我走過這段研究與寫作的過程。

佳文總是第一位讀者，我把草稿放在餐桌，他在高壓工作之餘，又將畫滿紅字的稿子放回餐桌。文字在某種意義上是一種巫術的過程，無論是它本身或是其試圖要描寫的是多麼理性的智性活動。沒有身邊的家人與朋友，這本書是無法完成的。

連瑞枝

謹誌於竹北

第一章

緒論

　　邊境社會（border society）是一個被集體建構出來的概念。歷史上的中國政治建立一套華夏中心的天下觀，透過朝貢與土司羈縻的方式來維持其與邊緣四夷的政治秩序。[1]華夏中心的視角形塑一套「典範歷史」的框架，使邊境人群隨著華夏邊緣的漂移而不斷地被典範歷史所重新定義。[2]然而，當我們仔細檢視此二元論述背後的歷史現場，將會發現帝國邊緣曾經出現多元且規模不一之政治體系，在雲南地區便出現大理、羅甸、麓川與八百媳婦等等，它們在天下儀禮與正統書寫架構下被以淡漠的方式一筆帶過。如何在習以為常的歷史語境，重新建構立基於不同人群所經歷的歷史，是值得嘗試的方向。

　　大理曾是南詔大理國之首府，雖歷元朝治理，其政體在西南地區仍保有相當之政治威望。自洪武十五年（1382）明軍進入大理以來，一系列治理政策逐一展開：先是大量封賜土官，後來復有一波波漢人衛所移駐計劃。征服者的官員視大理政治精英為溝通帝國與西南夷的中間人群，將之編整到一套以帝國為中心的政治體系之中。他們先被稱為僰人，後被更正為白人。這批白人政治精英，先後前往南京和北京，返鄉後，在帝國政治架構上發展出一套新的身分與社會網絡；與此同時，許多非白人土酋也被封賜在大理四周山鄉腹地。這些從大理到北京，自山鄉叢嶺浮現出歷史舞台的世族、僧人、土酋、流動人群與新興勢力，為本書揭露了一幅生動歷史的序幕。直到明中葉，許多白人持續地在各地

1　濱下武志著，朱蔭貴、歐陽菲譯，《近代中國的國際契機：朝貢貿易體系與近代亞洲經濟圈》（北京：中國社會科學出版社，1999）。葛兆光，《歷史中國的內與外：有關「中國」與「周邊」概念的再澄清》（香港：香港中文大學，2017）。

2　王明珂，《華夏邊緣：歷史記憶與族群認同》（台北：允晨文化，1997）。

移徙，滇藏蜀邊境以麗江木氏為中心的麼些人群勢力也逐漸崛起，將我們的視野從大理帶到北方金沙江沿岸。此地緣社會擴張的過程，不僅是帝國邊界往北漂移，也是不同人群競爭、結盟與相互協商出來的一段歷史。

　　本書便試圖以西南人群為主體，來討論他們在明朝征服後成為政治意義上的邊境社會時，人群流動、重組以及為爭取身分合法性而致力於重建歷史的過程。值得提出來的問題是：多元的政治體系如何適應明朝的政治？人群如何區辨彼此，界線如何維持？白人和麼些政治之消長，是帝國削弱地方的後果，抑或是土官社會的擴大？無疑地，身為「華夷」中介者的白人尤其關鍵，他們或而積極參與官僚體制，成為高度文人化的群體，或而擔任土官，二者身分各不相同，但在中央王朝與西南人群間扮演著至為關鍵的角色，也因此成為本書研究的主體。假如說，本書以白人為研究對象，那麼我更強調的是其為主體所發展出來的社會流動與身分選擇，以及因而延展出來與鄰近人群的社會關係。書中尤其集中於討論他們如何透過聯姻將治理與書寫技術傳播到鄰近人群，並形塑一套整合社會的儀式體系與歷史話語權。這涉及我們應如何把「族群」放回歷史動態的過程來討論，並且從歷史中的行動者來重新加以思考。

一、作為中心的邊境社會

　　邊境社會是相對於政治中心而形成的，為重新認識其整體之生存條件，我們必須重新檢視其區域地理與歷史之脈絡。[3]首先，

3　學者以邊境（borderland）或中間地帶（middle ground）來取代邊疆（frontier）

簡單介紹西南地理與歷史的基本架構：雲南分為東西二個部分，
以大理、劍川到元江河谷為界，分為迤東與迤西。迤東為崎嶇不
平的高原；迤西包括了三江縱谷區、群山以及平緩河谷地帶。[4]其
西北方是番夷居處的廣大山區，緊鄰青康藏高原與西藏為界，北
方與四川接壤，極西則有三江與緬甸為鄰，形成一個南北高山縱
谷的地理結構。其東南有南盤江與元江，是為西江與紅河上游，
通往東南沿海地區，也是百越人群的通道，故有滇西北多氐羌，
滇東南多濮越文化之說。[5]在這條通道上，白人和麼些人組織的政
治體系尤值得注意：八到十三世紀間，南詔大理國以大理為中
心，其勢力向北擴及四川南方，向南延伸到東南亞北部一帶。由
於其治理主要集中在群山平緩之區，古稱為賧（即壩子），由賧
與賧之間形成相互交織的政治與社會網絡，使得大理統治階層在
雲貴高原人文地景上呈現分散型的貴族統領格局。再者，書中以
山鄉統稱連結賧與賧之間的山區社會，想要以此突顯山鄉與壩子

的概念。何翠萍提出「界域」的概念來取代「邊界」或「邊陲」用語中所潛
藏之中央與邊陲的二元性，認為應重視界域內在的文化跨越與身分流動。參
見Patterson Giersch, *Asian Borderlands: The Transformation of Qing China's
Yunnan Frointer*（Cambridge: Harvard University Press, 2006）；何翠萍、魏捷
茲、黃淑莉，〈論James Scott高地東南亞新命名Zomia的意義與未來〉，《歷
史人類學刊》，9：1（香港，2011），頁77-100。沈海梅，《中間地帶：西
南中國的社會性別、族群與認同》（北京：商務印書館，2012）。

4　雲南以元江為界，自大理劍川到元江河谷劃為東西二個部分，稱為迤東與迤
西。迤東是崎嶇不平的高原，迤西包括了滇西縱谷區以及西南之河谷地帶。
清代以後，進而形成三迤的概念，雍正時設迤東道，統轄滇東北、滇東、滇
中、滇東南一帶；迤西道，泛指滇西、滇西北地區；乾隆時析迤西道，另設
普洱府，統轄滇中、滇南等地為迤南道。可參見方鐵主編，《西南通史》（鄭
州：中州出版社，2003），頁1-2。

5　白族簡史編寫組，《白族簡史》（昆明：雲南人民出版社，1988），頁32。

在環境與政治生態互依互倚，乃至明朝治理下山鄉疆域（mountain frontier）之愈來愈重要的情形。

　　在歷史中，大理代表著西南王權的中心，其曾以佛教立國，透過佛教政治體系成為維繫四周人群與部酋政治聯盟的紐帶。[6]同時，北方另一股人群，稱為麼些，長期遊走於大渡河以南一帶，是散居於大理與吐蕃間的中間人群。十三世紀中葉，麼些酋長助忽必烈蒙古大軍南下征服大理，被封為世襲麗江路宣撫使，成為滇川間愈來愈重要的勢力。是以，白人為中心的大理金齒宣慰司與麼些為中心的麗江宣撫司成為迤西二股重要的政治勢力。於是，我們大致看到此二人群各別建立其政治體系：大理維持六百年左右的佛教王權，直到十四世紀明軍進入雲南，其貴族勢力仍然是組織西南人群的重要政治架構；而北方麼些人群則在十四世紀崛起，麗江府木氏成為滇藏蜀間愈來愈重要的政治勢力。[7]（見圖1-1）

　　自十五世紀以來，移居雲南的漢人逐漸增加，其中包括制度性移民如漢人衛所，還有許多商人以及數量未明的寄籍者，其人口總數很難有效評估。據研究指出，萬曆年間，漢人衛所登記之壯丁便有二十三萬人，方國瑜先生認為此應是二十三萬「戶」，

6　連瑞枝，《隱藏的祖先：妙香國的傳說和社會》（北京：生活·讀書·新知三聯書店，2007）。

7　在今日之少數民族識政策下，麼些被劃為納西與麼梭二種少數民族。李霖燦，〈永寧土司世系〉、〈永寧麼些族的母系社會〉，收入氏著，《麼些研究論文集》（台北：國立故宮博物院，1984），頁249-265。又Chuan-Kang Shih, "Genesis of Marriage Among the Moso and Empire-Building in Late Imperial China," 381-412. Christine Mathieu, *History and Anthropological Study of the Ancient Kingdoms of Sino-Tibetan Borderland: Naxi and Mosuo* (Lewiston: Edwin Mellen Press, 2003).

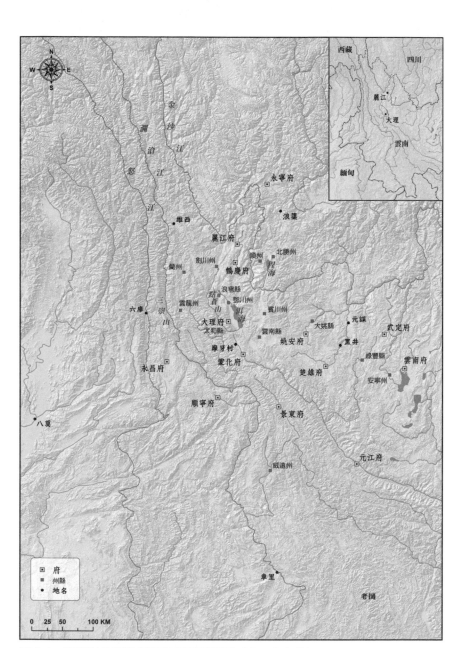

圖1.1　明朝統治下的滇西三江及其腹地（李玉亭繪製）。

這些數目尚還不包括商人、流寓與寄籍者。再者，十八世紀時之移民人口呈現戲劇性的增加，十九世紀到達高峰。[8]這些增加的人口對地方社會帶來許多變數，如間接推動區域土著人口的移徙與流動。再者，戰爭、軍隊徵調、礦產開採與鹽銷制度等等影響地方社會人群結構的制度性條件，也使得人群在壩區或山鄉更頻繁地交通往來，產生更多的合作與衝突。

　　人口流動與移徙背後的趨力更值得我們加以留意。施堅雅（W. Skinner）將中國西南劃入中華帝國九個區域的其中之一，無疑地，它是對外開放的一個體系：滇緬藏邊境的三條河川呈現南北流向，由東南亞港口出海，來自於海洋愈來愈重要的貿易也使得此「區域」（region）的概念不應只停留在「雲南」或「中國西南」，而是隨著一波一波的人群與資源的流動、交換與貿易將其擴展到更大的區域範疇。[9]十四末至十七世紀末的三百年間，中國南方發生了一系列重大外緣條件的變化，我們很難忽略白銀貿易在港口為中心的海洋貿易中所扮演的重要性。

　　二股力量特別值得提出來討論。其一是港口的力量，當太平洋的白銀在沿海扮演愈來愈重的角色時，原來以內陸為中心的政治經濟交換網絡，逐漸被港口為中心的市場腹地關係所牽制。東南亞史的研究者 Victor Lieberman 在其鉅著 *Strange Parallels* 論及

8　方國瑜，〈明代在雲南的軍屯制度與漢族移民〉，收入林超民主編，《方國瑜文集》（昆明：雲南教育出版社，2003），第3輯，頁145-319. James Lee, "Food Supply and Population Growth in Southwest China, 1250-1850," in *Journal of Asian Studies*, Vol. 41, No. 4, 1982. pp. 711-746.

9　William Skinner, "Marketing and Social Structure in Rural China," in *Journal of Asian Studies* 24, No.1（1964）: 3-43; No. 2（1965）: 195-228; No. 3（1965）, pp. 363-399.

十六世紀以來的沿海港口貿易，造成東南亞內陸邦酋政治與港口新興政治體間的二元拉鋸戰。[10]李塔娜（Li Tana）指出在安南南方崛起的阮氏集團，也隨著不同人群、移民與商業貿易，產生一股新興的政治文化。[11]再者，十六世紀末以來，西南流通貨幣由貝幣轉向使用白銀，這種來自於印度洋流通千年的海貝，在白銀的競爭下，長期走貶，直到十七世紀末，白銀終於成為西南具有支配性的流通貨幣。[12]這也說明海洋貿易在經濟層面不斷地改變了內陸政治的局勢。

亞洲內陸政權也同時面對另一股政治性的變化：明永樂帝在北方奪取皇位後，積極在帝國邊區擴展並部署隸屬於皇帝個人的偵伺體系，雖非正式之官僚機構，但其延伸勢力以及所造成的效果幾可與之匹敵！他為拉攏邊境勢力，大力延請藏傳佛教高僧到北京，封賜頭銜以及僧官職銜，此舉並非單純地出自於皇帝個人宗教上的興趣，更多地是為了鞏固帝國邊境之政治聯盟。藏漢邊境之政教勢力如何在明朝宮廷支持下獲得長足發展，是亞洲內陸極為重要的歷史議題。這種結盟間接鼓勵藏傳佛教噶舉派的勢力往青海、四川以及雲南北部逐漸擴張。[13]西藏歷史研究者Geoffrey

---

10 Victor Lieberman, *Strange Parallels: Southeast Asia in Global Context, c. 800-1830. Vol. 1: Integration on the Mainland*（New York: Cambridge University Press, 2003）.

11 李塔娜（Li Tana）著，李亞舒、杜耀文譯，《越南阮氏王朝社會經濟史》（北京：文津出版社，2000）。

12 張彬村，〈十七世紀雲南貝幣崩潰的原因〉，收入張彬村、劉石吉主編，《中國海洋發展史論文集》，第5輯（台北：中央研究院中山人文社會科學研究所，1993），頁153-186。Yang Bin, *Between Winds and Clouds: The Making of Yunnan*（New York: Columbia University Press, 2008）.

13 祝啟源，〈明代藏區行政建置史迹鈎沉〉，收入《藏學研究論叢》（拉薩：西

Samuel便指出亞洲內陸存在著以拉薩為中心的政治聯盟模式。[14]近年來提倡新清史的研究者更擴大其研究範圍與視角，指出滿清帝國在中國內部以儒家意識形態進行統治，然在與帝國之北方、西北部落政治聯盟以及西藏政權之間仍然採取古老的佛教儀式強化政治結盟，因而建立多元族群的佛教政治（multiethnic Buddhist state）。[15]亞洲內陸的佛教政教關係，不只是政治性的，也是經濟性的，它們在長程貿易時整合周邊人群與資源扮演極其重要的角色。

在這場前近代全球化的過程中，帝國邊境外緣貿易使得金、銀與鹽井等資源愈來愈顯重要，而強化對盛產礦產雲南地區的治

藏人民出版社，1993），第5輯，頁225-260。Hoong-teik Toh, "Tibetan Buddhism in Ming China"（Ph.D. Dissertation, Cambridge: Harvard University , 2004）。陳楠，《明代大慈法王研究》（北京：中央民族大學出版社，2005）；佐藤長著，鄧銳齡譯，〈明代西藏八大教王考（上）〉，《西藏民族學院學報（社會科學版）》，1987：3（咸陽，1987），頁21-34；〈明代西藏八大教王考（下）〉，《西藏民族學院學報（社會科學版）》，1988：4（咸陽，1988），頁52-61。建立在漢籍文獻的密教高僧研究很難突顯其藏傳佛教不同教派之間的政治與資源競爭。但如果在地方社會來觀察，可以看到許多藏傳佛教社會內部政教歧異的過程，參見約瑟夫‧洛克（Joseph F. Rock）著，劉宗岳等譯，《中國西南古納西王國》（*The Ancient Na-Khi Kingdom of Southwest China*）（昆明：雲南美術出版社，1999〔1945〕）；郭大烈、和志正，《納西族史》（成都：四川民族出版社，1999）。

14 Geoffrey Samuel, *Civilized Shamans: Buddhism in Tibetan Societies*（Washington: Smithsonian Institution Press, 1993）.

15 Johan Elverskog, *Our Great Qing: The Mongols, Buddhism and the State in Late Imperial China*（Cambridge: Harvard Univerity Press, 2006）.又參考John R. MacRae, "Camparing East Asian and Southeast Asian Buddhism: Looking at Traditional China from Margins,"〈東亞與東南亞佛教之比較：從邊緣看傳統中國〉，《中華佛學研究所》，卷22，頁97-123。

理便顯得愈來愈具迫切性，於是麗江木氏土官勢力因此逐步擴大，成為後來整合各地方資源的政治力量。再者，明宮廷對採買孟密寶石保持高度的興趣，致使西南邊區產生一股熱絡的「寶石熱」（gem fever），造成大批流動人口參與雲南採銀礦的活動。雲南之白銀被運到南方跨境的孟密一帶進行採買與交易活動，又促使其邦酋整合成為一個足以應付其貿易規模之政治體；孟密鄰邦如八百大甸，也在明朝朝貢貿易過程中重新整合內部之部酋政體。16活絡的經濟活動不斷刺激部酋之間的相互整合。

來自海洋與內陸二股不同性質的貿易與朝貢風潮，是人群不斷地在山谷間緩緩流動的趨力。不論是來自外地的官員、商人、為尋求生存的採礦者或是亡命之徒，中央王朝對土官與流官的行政劃分無法阻止這些造成人口流動的趨力在有形與無形的界線上游移。人群流動的規模以及其在西南地區的空間向度上所經營的網絡，已超出正統史冊與文字所能記錄的範圍。我們必須將地方社會之時空脈絡放在上述宏觀的地理與歷史發展，才得以更清晰地釐清看起來小規模的族群形成背後之重大意義。

由於帝國邊緣歷史與人群之複雜性，若未對空間範疇與研究架構加以界定的話，可能都冒著捉襟見肘或是顧此失彼之風險。也因為如此，為使研究議題可以獲得更具體的討論，本書主要集中於瀾滄江、金沙江與紅河之上游地區來作為研究場域。人口流動與族群形成息息相關，這看起來是相當弔詭的現象，但人口流

---

16 Sun Laichen, "Shan Gems, Chinese Silver and The Rise of Shan Principalities in Northern Burma, C. 1450-1527." Volker Grabowsky, "The Northern Tai Polity of Lan Na（Ba-bai Da-dian）in the 14th and 15th Centuries: the Ming Factor," in Geoff Wade and Sun Laichen eds., *Southeast Asia in the Fifteenth Century: The China Factor*（Hong Kong: Hong Kong University Press, 2013）, pp. 169-245.

動所造成的文化相遇（encounter）正好提供區辨異己此分類概念的蘊床。從人文地理的角度來看，大理非常適合放在二種不同文化交滙處來加以討論。如果從南京或北京的政治中心來看，大理無異是極其邊陲的；從印度或南方東南亞的角度來看，大理也是邊陲；又，從吐蕃的角度來看，大理則是其東南之邊陲。作為亞洲諸文明之邊緣，大理及四周人群社會在吸收周邊文化與諸大政治體系之間的交涉與協商過程，其角色卻相當核心。

二、從身分到族群

大理統治貴族被稱為白人，在少數民族識別政策下被稱作白族。新興崛起的麼些土酋，後來在少數民族政策下被稱為納西族；大理統治貴族成為白族，麗江土官社會成為納西族，二者並不是一套靜態的、線性發展的過程，在白人和麼些之間，文獻還記載著如古宗、百夷、倮夷、西番等，此等人群分類概念都必須放回地方語境的脈絡中來加以討論。

（一）族群與歷史

我們先倒過來看當代對於族群的討論。族群往往是不同人群相遇時為產生區辨所相互形塑的後果。學者對族群的討論主要分為三種，包括了本質論、建構論、主觀情境論。五十年代，中國參考史達林（Joseph Stalin）對民族所採取的定義，將境內之各種不同語言、祖先、文化與風俗等條件將人群劃分為不同的少數民族。本質論的好處是便於政治管理，然對生活經驗中的人群來說，本質論往往不符實際社會運作之情形，如吳燕和在白族地區的研究指出，當地居民有許多跨人群通婚之情

形。[17]郝瑞（Steven Harrell）在大小涼山的研究則指出：國家政策建構與塑造民族時扮演積極性角色，但實際上彝族不同支系在自稱、語言、文化、社會組織方面各有歧異。[18]顯然地，上述研究皆指出本質論在人群界線層面的討論相當勉強，也不符常態性的生活經驗。但如果因此就認為少數民族是國家民族政策一手主導所建構，那又簡化人群內在長期所共享的價值與歷史經驗。也就是說，我們既無法單一地接受國家的、行政界定的時空框架及人群概念，而人群之主觀認知又往往受限於與日常生活的結構關係，於是人群與制度相互對話與調節的過程便成為族群形成的主題。此歷史過程的討論涉及族群史的研究對象究竟是誰，在趨近區域社會中的行動者時，也面對了方法論的問題。[19]

　　昔日之民族史和邊疆史的研究和上述致力於釐清族群主體的研究取徑擦身而過。顧名思義，民族史是以民族作為研究單位，如白族史、彝族史或納西族史等等。民族史學者更重視特定人群之文化特色、語言、風俗，乃至於以既定民族範疇的歷史為討論主題；邊疆史研究則側重於帝國治理的層面，包括土官制度、移民與儒學教化等等政策的推動。前者是帶著現今既有的民族框架來追溯過去，其基本假設是人群長期處於相對穩定的狀態；後者是由古而今，從治理者的角度出發，假設帝國和邊疆社會的關係是穩定的統治者與被統治的二方。此二者都預設社會內部與外在

---

17 吳燕和（David Wu），"Chinese Minority Policy and the Meaning of Minority Culture: The Example of Bai in Yunna," in *Human Organization* 49(1): 1-13, 1990.

18 溫春來，〈彝、漢文獻所見之彝族認同問題——兼與郝瑞教授對話〉，《民族研究》，2007：5（北京，2007），頁74-82。

19 劉志偉、孫歌，《在歷史中尋找中國：關於區域史研究認識論的對話》（香港：大家良友書局，2014）。

的關係是持續性，忽略社會內在隨著各種交換與流動所產生其他型式的變化。如果，民族史或是邊疆史二者之間能夠產生共同研究焦點，那便是處於中介者的土官社會與土官制度。在文獻材料上相對易於操作，這也使得政治代理者的土官集團成為受到注目的對象。

近年之土官相關研究累積不少的成果，其重心逐漸從制度轉到制度對土著社會（indigenous society）的影響，如儒學教化與父子繼承對土官世系政治生態的衝擊，土官制度如何改變地方社會的權力結構，進而將其納入帝國疆界的一部分等等，其研究範圍從黔西北、廣西與中緬泰邊境都有相當豐富的研究成果。[20] 然而，土官（native official）作為帝國與邊境社會的中介者，無疑猶如社會地方精英的角色，土官政治如何成為標誌人群的象徵符號，乃至於其身分與社會分流如何導向族群的形成等等，都是有待進一步討論的議題。

（二）儀式政體

由於明朝在廣大的西南地區施行大規模的土官制度，許多研

---

20 John Herman, "Empire in the Southwest: Early Qing Reforms to the Native Chieftain System," *JAS* 56.1（Feb. 1997）, pp. 47-74. John E. Herman, *Amid the Clouds and Mist: China's Colonization of Guizhou, 1200-1700*（Cambridge: Harvard University Press, 2007）.溫春來，《從異域到舊疆》（北京：生活・讀書・新知三聯書店，2008）。Jennifer Took, *A Native Chieftaincy in Southwest China: Franchising a Tai Chieftaincy under the Tusi System of Late Imperial China*（Leiden: Brill Press, 2005）. C. Patterson Giersch, *Asian Borderlands: The Transformation of Qing China's Yunnan Frontier*（Cambridge: Harvard University Press, 2006）. Pamela Kyle Crossley, Helen F. Siu and Donald S. Sutton, *Empire at the Margins: Cultures, Ethnicity, and Frontier in Early Modern China*（Berkeley: University of California Press, 2006）.

究的焦點多放在土官制度的施行，反而忽略作為凝聚人群的儀式架構。我們應將西南放在亞洲內陸不同地理條件與儀式體系之地緣條件，重視其周邊文化及東南亞王權研究帶給我們的啟發。無疑地，即便最單純的部酋社會都有一套維繫其運作的儀式，如東南亞高地或低地不同政體的社會模式；[21] 乃至於東南亞許多古老王權建立在佛教意識形態上所發展出來的儀式政體（ritual polity），依據 Tambiah 的說法，其猶如銀河星系般（galactic），雖有類中心政體，然其多元的中心以及其與周邊社會的多重層關係，並不是建立在政治機構性設置與人身及經濟的支配，而是儀式性的饋贈與互惠原則之上的。[22]

　　西南歷史的持續性以及多元性是與該地區擁有如此豐富之儀式傳統與政治體系密切相關。西南政治以聯姻來鞏固跨氏族間的部酋聯盟，並透過佛教聖王阿育王與古哀牢夷的九隆兄弟二種傳說來擴大與周緣政治的系譜關係。許多氏族社會透過聯姻與信仰佛教成為政治體系中的一員，而其貴族社會也透過此儀式聯盟來維持身分與社會秩序。[23] 與之相對等的勢力是滇黔蜀間另一股以彝人為主體的雄長政治，其採取部酋聯盟、祖先敘事以及特有的儀式體系來建構其政體。[24] 也因為如此，儀式與傳說儼然成為重組與

21　李區（Edmund. Leach）著，黃道琳譯，《上緬甸諸政治體制：克欽社會結構之研究》（台北：唐山出版社，2003）。James C. Scott, *The Art of Not Being Governed: An Anarchist History of Upland Southeast Asia*（New Haven: Yale University Press, 2009）.

22　Stanley Tambiah, "The Galactic Polity in Southeast Asia," in *Culture, Thought, and Social Action*（Cambridge: Harvard University Press, 1973）, pp. 3-31.

23　連瑞枝，《隱藏的祖先：妙香國的傳說和社會》。

24　這部分請參考溫春來，《從「異域」到「舊疆」：宋至清貴州西北部地區的制度、開發與認同》。

區辨人群重要政治機制。儀式的重要性不僅止於此，它具有凝聚親屬與確定社會關係的作用，並產生日常生活之意義與價值體系。許多重要研究告揭示儀式與親屬在建構基層社會時之至關重要性，表現在居住模式、生命儀禮乃至人觀的討論。[25]

　　但若要將儀式與親屬放在歷史脈絡中來討論，這勢必涉及不同規模之政治體系相互遭逢的過程。明朝在天下推動的儀式與祀典，包括明初之里社制度以及嘉靖正祀典等儀式改革，成為基層社會重組人群與區辨異己的重要框架。中國南方人群在儀式轉向時，也發生一連串之社會重組的歷程。我們必須注意二個層次的討論：一是儀式到禮儀：地方社會原來有各式各樣的「儀式」，經由不同的經典化歷程，抬升為具有抽象又普世性價值的「禮儀」。二是經典化奠定儀式正統，強化華夷分類之別。

　　中國社會之歷史人類學研究已有許多豐碩的研究成果。不論是從廣東珠江三角洲宗族社會，或福建莆田平原村社聯盟社會，到其周緣不斷開展出來一系列的討論，乃至華北地區等等。在十六世紀大局勢的變化下，二套制度的設置極其關鍵，一是嘉靖年間全國禮儀改革，一是萬曆年間之賦役折銀；珠江三角洲的士人採用正統禮儀將此儀式貫徹到基層社會，進而塑造了以祭祖為名義的儀式機構。地方人群也紛紛透過新制度所建立的合法性基礎，以文字書寫、符號使用來賦予社會組織的能動性；基層社會

---

25 參考前述 E. Leach 之專著。中國西南之相關研究，請參見 Ho Ts'ui-p'ing, "Gendering Community Across the Chinese Southwest Borderland," in David Faure and Ho Ts'ui-p'in, eds., *Chieftains into Ancestors: Imperial Expansion and Indigenous Society in Southwest China*（Vancouver: University of British Columbia. Press, 2013）；何翠萍，〈變動中的親屬倫理：二十世紀晚期中國山居戴瓦家屋人觀的案例〉，《台灣人類學學刊》11：2（2013），頁89-145。

之儀式單位與政治治理的架構相互強化，使儒家意識形態得以成為文化標籤繼續推動社會之運作模式。萬曆賦役折銀的改革措施復又強化人群與社會流動的機會，使得愈來愈多具有正統意義的文化標籤，被新興社群用來作為重構、擴大或重組社會的合法性基礎。作為不同性質的「邊境」也隨著帝國軍事制度以及地方歷史性條件而形成不同的社會樣貌。[26]

　　「華夏社會」不是一套靜態的社會設計，它是不同人群透過攀附祖先、文字化系譜、編纂族譜、參與科舉考試或是符合王朝期待的正統儀式等等共同形塑而成，它是邊緣人群積極參與文化建構的後果。[27]昔日之學者以「漢化」來描寫「夷人」學習儒教並

---

26 最為典型的討論可從華琛（James Watson）的天后標準化一文開始談起，官府一方面需要採用封賜神來吸收地方神明，鄉里社會也透過正統符號的使用來論證其行為的合法性。於是，民間不是採納官府頒訂的儀式符號如天后，或是在歷史系譜中找到符合祖先形象的祖先，作為其儀式的對象，許多地區都已逐漸展開相關深度之研究，參見James L. Watson, "Standardizing the Gods: The Promotion of T'ien Hou（"Empress of Heaven"）along the South China Coast, 960-1960," in David Johnson et al., *Popular Culture in Late Imperial Culture*（Berkeley: University of California Press, 1985）, pp. 292-324. 劉志偉，《在國家與社會之間：明清廣東地區里甲賦役制度與鄉村社會》（北京：中國人民大學出版社，2010）。鄭振滿，〈神廟祭典與社區發展模式：莆田江口平原的例證〉、〈明清福建里社組織的演變〉，收入氏著，《鄉族與國家：多元視野中的閩台傳統社會》（北京：生活‧讀書‧新知三聯書店，2009），頁210-253；科大衛，《明清社會和禮儀》（北京：北京師範大學出版社，2016）。趙世瑜主編，《長城內外：社會史視野下的制度、族群與區域開發》（北京：北京大學出版社，2016）。

27 劉志偉，〈祖先譜系的重構及其意義：從珠江三角洲一個宗族的個案分析〉，《中國社會經濟研究史》，4（廈門，1992），頁18-30；鄭振滿，〈莆田平原的宗族與宗教：福建興化府歷代碑銘解析〉，《歷史人類學學刊》，4：1（香港，2006），頁1-28。科大衛、劉志偉，〈「標準化」還是「正統化」？——從

使用漢人的符號的過程，這些語彙往往淡化行動者的主動性，也簡化在地方上所發生的各種複雜的歷史過程，包括了帝國的治理技術如何影響邊區社會，而地方人群又如何選擇遷移或進行其他有效的因應措施等等。

中國南方人群各有其不同適應帝國的方式，形成了畬、傜、畫、黎人等等。不論住在深山叢嶺或水邊，他們接受與適應帝國之情形不一，或無法以官方禮儀體系作為組織人群的架構，後來亦採用宗族或鄉社組織的外衣，透過追溯祖先、製作譜系，將其人群的過去攀附在正統歷史的文化架構中。[28] 這些人群以各別方式與媒介來創造想像中的文化正統，有的用英雄取代祖先；如傜與壯採用改造後之道教經文與儀式來組織社會。[29] 這些人群即便吸收

民間信仰與禮儀看中國文化的大一統〉，《歷史人類學學刊》，第一、二期合刊（香港，2008），頁1-21；科大衛著，卜永堅譯，《皇帝和祖宗：華南的國家與宗族》（南京：江蘇人民出版社，2009）。Michael Szonyi, *Practicing Kinship: Lineage and Descent in Late Imperial China*（Stanford: Stanford University Press, 2002）.

28 瀨川昌久著，錢杭譯，《族譜：華南漢族的宗族、風水、移居》（上海：上海書店出版社，1999）。David Faure an Ho eds., *Chieftains into Ancestors: Imperial Expansion and Indigenous Society in Southwest China*（Vancouver: UBC Press, 2013）. 近來有關水上人的研究可參見 He Xi and David Faure eds., *The Fisher Folk of Late Imperial and Modern China: An Historical Anthropology of Boat-and-Shed Living*（London: Routledge, 2016）.

29 David Holm, *Killing a Buffalo for Ancestors: A Zhuang Cosmological Text from Southwest China*（Dekalb: Northern Illinois University Monograph Series on Southeast Asia No. 5）. Kao Yaning, "Chief, God, or National Hero? Representing Nong Zhigao in Chinese Ethnic Minority Society," in David Faure eds., *Chieftains into Ancestors*. pp. 42-65. Chen Meiwen, "Gendered Religion and Manuscript: Women, Goddesses, and the Chinese Imperial State"（Ph.D. Disseration, Leiden University, 2016）. Barend J. Ter Harr, "A New Interpretation of the Yao Charters,"

正統文化符號「成為」漢人，在官方漠視或容忍之下，草根的泛靈與地方信仰，仍得以依附在合法祀典的架構下解決社會共同面對之危機。[30]這種長時段的政治相遇與文化適應，持續地產生許多不同族群政治的格局，如怒人與苗人長期逃離到政治未及之邊緣地帶，在清末民初以基督教或天主教的儀式作為重構社群現代性的媒介。這種視儀式為擬官僚體系的認知與權力架構，是形塑南方人群內在認同的重要理路。[31]帝國擴張與文化邊緣往外漂移互為表面，這都與人群學習與抵制所謂「正統儀式」的過程有關。

適應帝國之制度時，是否等同於國家內化的過程呢？不論是漢人社會或是非漢社會，其在歷史中並不是以均質的二元化過程形成，尤其可從其親屬、婚姻乃至在社會結群的儀式展演所形成的文化機制中可窺其微妙之差異。最根本的，還必須從基層親屬關係來討論其組織社會的核心力量，如宗族此意識形態及權力架構如何在婚姻及財產繼承層面影響社會的日常生活；西南的土官如何透過神話、傳說和各種儀式性符號來強化地方政治，甚至利用土官制度來強化氏族部酋處理地方政治危機的能動性。因而，我們往往可以看到這些「非漢」人群在仿效帝國制度的同時，也

Paul van der Velde and Alex McKay eds., *New Developments in Asian Studies*（London: Kegan Paul International, 1998）, pp. 3-18.

30 從歷史的角度來看，「漢人社會」仍是個有待討論的議題。如果以接受儒家禮教與科舉來界定「漢人社會」的話，那麼中國周邊之王朝如越南社會長期使用漢文教育、鄉社與儒學科舉制度，將是個絕佳的例案來深化這個問題。又若從宗教儀式或親屬原則來界定，我們也無法以簡化不同地方文化在複雜歷史過程所留下許多「非典型」的文化表現。

31 Huang Shuli,"From Millenarians to Christians: The History of Christian Bureaucracy in Ahmao (Miao/Hmong) Society, 1850s-2012"（Ph.D. Dissertation. University of Michigan, 2014）.

以此用來適應、仿效或抵制文化霸權的擴張。

三、明朝制度與「邊境」社會

本書所討論的時間主要從洪武十五年明軍進入大理，止於清初大規模改土歸流。「明朝」對西南政治有許多重要的意義，一是土官制度；二是官辦鹽課；三是差發金銀。自此以後，大理的政治範圍從大理金齒宣慰司縮小到只剩下大理府。雖然以大理為中心的社會網絡、貿易圈與人群流動之幅員並無法用行政劃分的架構來討論，但明初土官制度的施行對其政治生態之影響意義深遠。

明朝在西南施行的土官羈縻制度並不是一套一開始就已規畫完善的制度，它在實際運作時往往為適應當地之局勢而做出彈性的調整。本書之所以特別重視地方政治，主要因為明初之西南還保留許多貴族與部酋政治的傳統，他們以多元的方式適應土官制度，也正是此區域歷史的特殊條件，使雲南土官之數量位居各少數民族地區之冠。[32]再者，土官制度至今仍是一個有待討論的問題，如明朝將土官分為二類，一是文官系統的土官，一是武職土司。土官是流官轄區所設，而土司指的是宣慰司，前者隸屬吏部掌管，後者則為兵部掌管。[33]這種羈縻政治將廣大區域設計成為一

---

32 龔蔭，《中國土司制度》（昆明：雲南民族出版社，1992），頁56。

33 學者皆注意到土官與土司有所區別，如龔蔭將土司分為文職土司與武職土司；江應樑認為土官與土司不同，前者隸吏部，後者隸兵部管轄。杜玉亭則認為此二者並沒有實質上的區別，主要是土知州府縣等亦可以領土兵作戰。參見龔蔭，《中國土司制度》，頁57-70；江應樑，《明代雲南境內的土官與土司》（昆明：雲南人民出版社，1958）；杜玉亭，〈土司職稱及其演變考釋〉，

個具有內外漸層關係的政治領域，對土流並置區的人群而言，他們長期遊走於二種身分的選擇，成為土人，或成為齊民百姓。土官雖有被改流的威脅，但邊地仍然高度仰賴土官治理，所以多重氛圍下的地方政治是變化多端的。第三，土官雖是羈縻政治，然迫於中央財政愈加困難，明中葉以來土官承襲改以納銀，使得土官身分逐漸產生貨幣化，間接形成土官社會內部土地流動並產生資本化的情形。[34] 不論是制度、身分的選擇到貨幣化過程，土官制度在形塑邊區社會所產生結構性的影響相當深遠：如麼些分別受麗江府與永寧府二位土官治理，隨其政治與文化策略不同而形成有文字的納西人與無文字的摩梭（即麼些）人。[35] 同樣地，白人被劃入土官與流官治理，也產生土著化與士人化二種極端的轉型。

《學術研究》，6期（廣州，1963），頁98-103。結合土司制度與黔西北地方政治的討論，參見溫春來，《從「異域」到「舊疆」：宋至清貴州西北部地區的制度、開發與認同》，頁45-53。

34　這方面的研究逐漸引起學界的討論，如溫春來對土官區賦役問題的討論可見其書第二章第三節。Jennifer Took 書中第八章討論廣西土官轄地之地權問題。又 James Wilkerson, "The Wancheng Native Officialdom," in David Faure and Ho Ts'ui P'ing eds., *Chieftains into Ancestors*, pp. 187-205. 這些對土官轄區土地買賣的討論大多集中清雍正改土歸流以後。然滇西山鄉情形略有不同，山鄉羅羅人的土地登記始於嘉靖年間，萬曆時便有土地交易的紀錄。見連瑞枝，〈鶴慶地區契約的整理與初探〉，收入寸雲激主編，《大理民族文化研究論叢：第5輯》（北京：民族出版社，2012），頁186-235。

35　李霖燦指出川滇邊界的永寧曾是沒有文字的麼些人所居住的地方，在麗江木氏土司的擴張下，致使永寧麼些人分為有文字與無文字的二種人群，其婚姻法則亦劃分為父系與母系二種。李霖燦，〈永寧土司世系〉、〈永寧麼些族的母系社會〉，收入氏著，《麼些研究論文集》，頁249-265。又相關研究也可以參考 Christine Mathieu, *A History and Anthropological Study of the Ancient Kingdoms of Sino-Tibetan Borderland: Naxi and Mosuo*. Mellen Studies in Anthropology, 11.

這些都是在明朝土官制度的歷史脈絡下所形成的變化。

　　明朝「析土分治」來削弱土官勢力，但土官承襲折銀的貨幣化過程，又使得土官政治網絡與社會結構產生「變形」與重組的情形。「變形」是指政治網絡產生一種扭曲並且形成上下的支配力量，尤其萬曆邊戰所引發之財政問題，使得掌握資源的土官在貨幣化過程扮演愈來愈吃重的角色。當我們進入土官社會內部的發展細節時，也發現折銀導致的財政問題強化土官社會之緊張關係。也就是說，政治制度在引入西南地區時，的確發揮相關的作用，但本書更想要描寫地方社會如何藉由這種局勢的改變來創造新的局面，時間也正好發生在十八世紀初清初改土歸流以前。

　　沒有被編入土官制度之中，則有僧侶集團、編戶齊民下的太和縣民、灶戶、山上的「盜匪」以及自外來移民而來的衛所軍人等等。他們以不同的文化符號來區辨彼此的社會界線，也建構出得以容納身分流動與相互協調的文化機制。正是這一段歷史經驗，奠定西南不同人群間的系譜關係以及異己觀，包括了他們如何對過去進行選擇性的記憶與遺忘，進而在歷史系譜中重構不同人群的社會關係。

　　衝擊區域政治秩序的還包括官鹽政策。由於鹽井多位於土官轄區，鹽課與土官制度在地方上形成結構互斥的二項政策。對山鄉地區來說，鹽是社會交換的基本資源，官收鹽課，便深深威脅山鄉政治。[36]官鹽政策先是衝擊大理東部之山鄉夷民，導致長期的

36　明朝將鹽納入官賣，頒定戶口鹽課制，鹽課也因而成為帝國財政的來源。參見徐泓，〈明代的鹽法〉（台北：國立臺灣大學歷史學研究所博士論文，1973）。清朝山鄉墟區的討論，參見黃國信，《區與界：清代湘粵贛界鄰地區食鹽專賣研究》（北京：生活・讀書・新知三聯書局，2006）。

山鄉動亂。[37]遠在大理西部極邊的鹽井，仍掌握在土酋手上，直到萬曆鹽課納銀，貨幣化經濟才正式衝擊山鄉社會，其所引發的人群流動與政治效應也相當重要。[38]觀察大理鄰近土官轄區鹽課施行的情形，便可以看到山鄉人群流動以及社會關係的變化。

　　最後，需要注意的是差發金。差發與珍貢是邊境土司向中央朝廷定期定額的貢賦，原來只針對邊境土司進行徵收，然因朝廷徵派無度，後來竟以銀課方式將差發與珍貢攤派至雲南諸府，對民間經濟影響甚鉅。[39]這雖非本書重點，但麗江土官地位的崛起，與其在金沙江控制礦產資源所造成的財富累積有關，這使得木氏成為富甲一方之邊藩世家，也在西南土官政治扮演支配性的角色。上述幾項政策可知，土官轄有土民，鹽課與差發則攸關人群網絡、貿易與社會流動；前者傾向建立固定的政治關係，而後者

---

37 連瑞枝，〈土酋、盜匪與編民：以雲南山鄉夷民為核心的討論〉，《歷史人類學學刊》，13：1（香港，2015），頁19-56。

38 萬曆鹽課徵銀占全國課稅之半，其商品經濟繁榮的假象是帝國財政太過仰賴承攬包稅的中介者商人的結果。參見黃國信，〈萬曆年間的鹽法改革與明代財政體系演變〉，收入明代研究學會編，《全球化明史研究之新視野論文集（三）》（台北：東吳大學歷史系，2008），頁288-304。Wing-kin Puk, *The Rise and Fall of a Public Debt Market in 16th-Century China: The Story of the Ming Salt Certificate.* 又，滇西鹽井文化研究，參見趙敏，《隱存的白金時代：洱海區域鹽井文化研究》（昆明：雲南人民出版社，2011）。

39 梁方仲，〈論差發金銀〉，收入氏著，《梁方仲文集：明清賦稅與社會經濟》（北京：中華書局，2008），頁463-471；古永繼，〈明代宦官與雲南〉，《思想戰線》，1期（昆明，1998），頁188-193；楊煜達、楊慧芳，〈花馬禮──16-19世紀中緬邊界的主權之爭〉，《中國邊疆史地研究》，2期（北京，2004），頁74-82。雲南白銀流入東南亞對其內陸寶井邦酋之政治影響，可參 Sun Laichen, "Shan Gems, Chinese Silver and the Rise of Shan Principalities in Northern Burma, c. 1450-1527," pp. 169-196.

鼓勵人群的流動與移徙。從制度層面來看，二者似互不相涉，但土官與非土官轄區不對等的政治與經濟制度，卻為族群政治創造許多變因。本書無法針對上述三項制度的歷史與演變加以討論，但將會重視這些制度所產生的階序化與貨幣化效果，以及其對山鄉土地與社會關係所產生的影響。

四、社會內在的趨力

在上述時間與空間的研究脈絡下，區域社會內部有二種力量同時發生，一是隨著資源交換、運輸以及網絡經營而形成平行的、流動的聯盟關係；二是重視控制資源與機構的設置，講究整合的、具有秩序的階序社會，不論是土官或流官政治。理論上，在平緩之農業生產與人口聚集處，採用中央官僚體系管理之，鼓勵士人建立一套符合儒教倫理的鄉里社會秩序；相對地，山鄉地形與物質條件的限制，使鬆散的部落邦酋與平行的聯盟政治成為常態。但是，盛產各種礦產資源以及連絡人群的道路，使得流動人口湧入山鄉，不斷衝擊著這種看似穩定的二元性社會。雖然，James Scott指出高地社會是人群為逃離低地社會所產生的政治後果，從長時期的歷史研究可知，高地與低地社會在不斷地、持續地和周遭環境的變化下相互打交道，進而做出不同程度的調整。[40]重要是，山鄉自然資源與條件也促使其人群也在某種局勢捲入「貨幣化經濟」，他們也會重新建立一套足以支持其生存下去

---

40 李區（Edmund. Leach）著，黃道琳譯，《上緬甸諸政治體制：克欽社會結構之研究》（台北：唐山出版社，2003）。James C. Scott, *The Art of Not Being Governed: An Anarchist History of Upland Southeast Asia*（New Haven: Yale University Press, 2009）.

的運作模式。本書想要處理的是山鄉社會如何形成一套回應外來力量介入的機制，又如何重新動員並修復社會關係。

　　為討論這樣的過程，本書以制度性身分為架構，章節內容則依循著不同人群的歷史經驗來談他們重組社會的過程。主要可以分為四個切入點：

（一）身分形塑

　　本書以三種身分，分別是僧人、士人與土官為書寫架構。這些身分由三類不同的制度所支持，一是僧侶與僧綱司，一是士人與儒學制度，一是土酋與土官制度。大理世族共享這三種制度帶給人們不同的歷史經驗，同一世族可能產生內部身分之分流，分別擔任僧人、致仕或擔任土官；相同的是他們都必須離開大理社會，赴京朝貢、進入國子監，或是被派往遙遠的州縣擔任低階官員、吏職或學官；但也因此，在返回大理後，他們以此身分作為重組人群與社會的框架，因而形成三套結群的方向與網絡。弔詭的是，明初的政治氣氛似乎為他們帶來表面上的樂觀情調，但後來此三者在制度化身分漸行漸遠，甚至產生結構性互斥的情形：僧人世族與士人集團在價值選擇上不同；土官社會和士人集團所象徵的利益也不同。這些衝突與競爭並不來自於社會內部，而在於授予身分合法性的制度。

（二）儀式和系譜

　　這些不同身分的人群如何採用新舊二套儀式語言來重新建構他們的社會關係？雲南地區原有一套連結人群的儀式體系，即人群依附在神山與山神之保護下，並在佛教經典化（Buddhist canonization）的政治過程中，將國王、貴族與部曲氏族的關係，

組織成為佛王、山川護法或龍王的信仰模式。佛寺成為連結此三者的社會紐帶，將宗教、王權與地域社會串連成一整體的機構性關係（institutional relationship）。這雖然是被簡化後的理想模式，我們必須在此基礎上進一步分析它如何適應明朝正統儀式的運作。僧人、士人與土官各有其象徵性的合法機構來維持其儀式性的身分。較重要的改變發生在正德嘉靖年間，在打擊淫祀與正祀典的氛圍下，原來儀式傳統轉而成為以儒教意識為主導的鄉賢與名宦的崇拜。本書討論不同身分人群參與「新」儀式的過程，並指出他們如何為維持身分，紛紛採用各種文化符號來建構系譜，同時也產生了將其祖先挹入中國古典歷史敘事的經典化的歷程（canonization of Chinese classics）。

華夷和異己成為行動者用來宣稱儀式權的雙重策略。為區辨身分，被編入太和縣的白人，以士人的身分建構出一套南京人的歷史敘事；僧人不是攀附在中原正統的禪宗法脈，否則就是建構一個與之相互匹敵的梵僧或摩伽陀祖師傳說；土官們則必須在地方土民社會宣稱具有正統性，包括神話與歷史的建構。尤其在嘉靖年間，士人集團在鄉賢祠的祭典下紛紛編纂族譜；土官們則建立封建邊臣之祀典來鞏固歷史系譜和記憶，強化家廟、佛寺與勛祠等等儀式。漢人在清初裁撤衛所時，也積極投入了將祖先奉為官祀的活動。

這三者之間並不是對等的關係，尤其佛寺的儀式與經濟基礎受到不同勢力的競爭，僧人的角色首當其衝。作為具有產權機構的寺院不斷地被挪用，成為廟學、書院、宗祠、家廟與鄉里社祭。

（三）聯姻與結盟

　　系譜關係和歷史敘事是西南人群適應不同政治制度時用來調節身分而建構出來的，其意圖是政治性的，但卻以宗教的形式表現出來，更根本的是內部的社會關係決定操作的方式。這種社會關係非常重視聯姻的價值，僧人、士人與土官社會皆然，與聯姻密切相關的是認養異姓與贅婿之地方傳統。

　　正因為如此，西南社會的運作法則與中央王朝所提倡的父子相承的概念相互悖離，土官被廢多源自於此類之衝突，並以違背儒家倫理收場。在另一方面，土官採取折衷方式，透過更大的聯姻網絡來強化土官間之政治聯盟，也並以橫向的親屬網絡來鞏固父子世系的身分繼承。也因為如此，土官採用世襲制度與聯姻策略，造成土官集團勢力的擴大，同時也形成等級明確的階序社會。

（四）作為技術的歷史書寫

　　文字書寫是一種特殊的技術，在傳播知識與建構社群時所扮演的角色應該受到更多的重視。不同身分的書寫者，對邊境人群的投射以及後續所產生知識累積的效果，是吾人建構他者歷史的重要素材。[41] 但是，我們應該更大膽地追問：地方人群如何主動參

---

[41] 近來學界對描寫西南的文類與文本分析有不少之研究成果，主要從人類學與文學的角度對相關圖冊與文集進行分析與討論。參見王鵬惠，〈族群想像與異己建構〉（台北：國立臺灣大學人類學研究所碩士論文，1999）；Laura Hostetler, *Qing Colonial Enterprise: Ethnography and Cartography in Early Modern China*（Chicago: University of Chicago Press, 2001）；胡曉真，《明清文學中的西南敘事》（台北：臺大出版中心，2017）。

與書寫歷史，其潛在的社會意圖何在，他們如何學習技術用來論證身分的合法性？當象徵典範的、正統的歷史敘事愈來愈具主導性時，尋常百姓與鄉土大夫仍然仰賴昔日開國觀音與祖師信仰來維護其鄉里生活的正當性，也透過各種神話式的傳奇書寫，來論證其地方社會的傳統。這些白人的書寫與文字技術，透過墓誌銘、志書、族譜傳達符號式的意義體系，它們意味著特定的意識架構以及集體意圖。同時，愈來愈具有文化與政治實力的土官，為與帝國和官員所建立的典範歷史相抗衡，另行建構了一套以山鄉為中心的古天竺歷史敘事。西南地區這種紛歧的又看似矛盾與荒誕的傳說文本，其歷史旨趣便在於此。

五、地方語境：文類、敘事與多重記憶

上述的研究視角與架構使得本書對檔案選擇與使用的重心略有不同。政治遭逢往往產生具支配性的歷史話語權，代表統治者的官方論述以及所留下的檔案往往主導研究者如何認知歷史現場。而研究方法上最大的挑戰也在於如何將研究的焦點放在社會內在的歷史經驗，而不是官方論述，也不是制度史的討論，更不是制度在地方所產生的「影響」，或「衝擊與回應」二元式的討論，更不能視地方社會對制度的全盤接受，而是地方人群如何適應、衝突、重組並重建社會的過程。為回到地方語境脈絡來重建社會內在的歷史經驗，本書盡可能採用不同文類的檔案相互論證，尤其當官府留下的檔案更具支配性時，我也儘量搜集民間文獻來作平衡性的分析與討論。

本書甚至更重視民間留下的材料，如墓誌銘、族譜碑、族譜以及廟碑等等。這些內容適合用來討論滇西世族中的個人經歷、

家族歷史、其如何適應社會變化，乃至於幫助我們進一步討論貴族社會如何成為充滿流動關係的多元社會。這方面的史料較多出自於大理平原弘圭山出土的數千片墓誌銘，其由民國年間之石鍾健有系統地介紹，後來經由學者整理並與大理其他地區墓誌銘一起出版成冊，分別收錄在《大理叢書・金石篇》、《大理古碑存文錄》、《白族歷史調查》（四）[42]；在鶴慶地區之碑刻有張了與張錫祿主編的《鶴慶碑刻輯錄》[43]；楚雄地區有張方玉主編《楚雄歷代碑刻》[44]；麗江地區有楊林軍主編之《麗江歷代碑刻輯錄與研究》、《納西族地區歷代碑刻輯錄與研究》[45]；趙州有馬存兆《大理鳳儀古碑文集》[46]；賓川之碑刻可見王富在《魯川志稿》的整理。[47]

　　大理四周的族譜也相當豐富，主要分為二類，一是家譜，一是宦譜。大理僧族原有法脈與世宦家譜的傳統，故其轉型士人後，留下不少家譜。這些文類有時稱家譜，有時稱族譜，正好用

---

42 楊世鈺主編，《大理叢書・金石篇》（全十冊）（北京：中國社會科學出版社，1991）；大理市文化叢書編輯委員會編，《大理古碑存文錄》（昆明：雲南民族出版社，1995）；段金汆、張錫祿主編，《大理歷史名碑》（昆明：雲南民族出版社，2000）；方樹梅纂輯，李春龍、劉景毛、江燕點校，《滇南碑傳集》（昆明：雲南民族出版社，2003）；雲南省編輯組編，《白族社會歷史調查（四）》（昆明：雲南人民出版社，1988）。

43 張了、張錫祿編，《鶴慶碑刻輯錄》（大理：大理白族自治州南詔史學會，2001）。

44 張方玉主編，《楚雄歷代碑刻》（昆明：雲南民族出版社，2005）。

45 楊林軍主編，《麗江歷代碑刻輯錄與研究》（昆明：雲南民族出版社，2011）；《納西族地區歷代碑刻輯錄與研究》（昆明：雲南人民出版社，2015）。

46 馬存兆編，《大理鳳儀古碑文集》（泛珠三角歷史與社會叢書（三），香港：香港科技大學華南研究中心，2013）。

47 王富，《魯川志稿》（大理：大理白族自治州南詔史研究會，2003）。

來分析世族轉型為士族的過程。系譜具有政治上的意義，由於這批士族自認其原來之貴族身分遠較移民漢人衛所地位更為尊貴，也比四周土官的身分還高，故其轉型士族時反而以更積極的態度仿效華夏文明，採用更為正統的經典來宣稱身分的正統性。本書視家譜為檔案，透過其祖先源流、世系到搭建系譜，乃至將姻親關係納入書寫之社會關係等等，進而論證大理貴族之世系分流與身分競爭的情形。書中所採的族譜包括《太和龍關趙氏族譜》[48]、《大理史城董氏族譜》[49]、《太和龍關段氏族譜》[50]、《大理古塔橋趙氏族譜》[51]、《巍山李氏族譜》[52]等等。

　　土官編纂的宦譜更值得分析。在明朝統治架構下，土官有別於士大夫，他們以封建諸侯自處，故以宦譜論證其身分的合法性，政治意味尤其濃厚。宦譜的功能在記錄合法的土官繼承人，兄弟成為一群被淡漠帶過的沉默者。再者，宦譜多強調「異類」起源，故其祖源傳說保留草根性的地方特色。西南地區留下不少的土官宦譜，土官間或而沒有共同祖源，或為兄弟祖先，同土官家族內部也可能產生不同祖源論述，尤其非嫡系土官世系在獲士

---

48 《太和龍關趙氏族譜》至少有三個版本，一是原大理州博物館收藏之照片翻拍，由侯沖所提供；另一是由龍尾關趙氏後裔所提供。二者比對，文字略有出入，而後者收錄更多明清趙家後裔之墓誌銘。第三個版本則經由大理白族自治州白族文化研究整理，收入雲保華、阿惟愛主編，《大理叢書・族譜篇》（昆明：雲南民族出版社，2009），卷4，頁2083-2104。

49 《大理史城董氏族譜》原收藏於大理市圖書館，筆者翻印。後收入雲保華、阿惟愛主編，《大理叢書・族譜篇》，卷5，頁2695-2974。

50 《太和龍關段氏族譜》（大理州圖書館）。

51 《大理古塔橋趙氏族譜》（大理市圖書館藏）。

52 《巍山李氏族譜》，收入雲保華、阿惟愛主編，《大理叢書・族譜篇》，卷3，頁1285-1328。

人身分後產生文化轉向，這些種種都可以看出宦譜如何成為土官世系學習以正統文類與書寫技術來鞏固身分的過程。本書所採用的土官家譜，包括麗江府之《木氏宦譜》、《姚安高氏家譜》、《鄧川阿氏族譜》[53]、《蒙化左氏家譜》[54]等等。

　　正德、嘉靖年間，官方統治技術及意識形態促使不同身分人群積極投入家譜製作，使得家譜成為一種制度化的社會性產物。官府之相關政策，除了正祀典以外，也配合著各種方志的編寫，包括了《正德雲南志》、嘉靖《大理府志》乃至於萬曆《雲南通志》等等。官府編寫一系列的志書，不只是將邊境社會納入「王土」之下，也格式化「王土」的範疇，包括星野、沿革、山川、古蹟、鄉賢與名宦等等，使邊疆被標準化成為既定的地方。方志書寫之標準化說明書寫者所面臨的選擇，書寫架構與內容也呈現當時地方社會適應政治制度之後果，包括地理、財政、禮儀、社會規範與文化價值的展現，具體展現的是賦役、鄉里、廟學、鄉賢與名宦祠等等條目。雖然，社會實際上如何配合仍有相當大的討論空間，但「書寫」將模糊流動的社會凝固化成為一組可供我們分析的語言。相對地，「不被志書所書寫」的內容也不證自明地浮現出其隱約的輪廓。

　　家譜與志書背後都有其不同的政治考量，那麼傳說野史與此二者剛好形成巧妙的對話與互補關係。於是，楊慎的《南詔野史》、《滇載記》以及流傳於大理和鶴慶的傳說文本《白國因由》、《擲珠記》便在文類與文本敘事層面具有重大的分析意義。

---

53 雲保華、阿惟愛主編，《大理叢書·族譜篇》，卷2，頁747-978。

54 《巍山左氏家譜》，筆者翻拍自蒙化左氏後裔。蒙化左氏不同支系留下不同版本的家譜，如《蒙化左族家譜》、《蒙化左土官宦譜》收入雲保華、阿惟愛主編，《大理叢書·族譜篇》，卷1，頁269-348。

《南詔野史》與《滇載記》是楊慎摘取民間耆老歷史敘事，並將之轉譯而成的文本，先不在此開展加以論證。《白國因由》是一份由十世紀的「南詔圖卷」改編而成的章回小說，內容強調當地古老的傳說——觀音化身的故事；同樣地，《擲珠記》描敘南詔時期來自吐蕃的牟伽陀祖師如何解除鶴慶水患的故事。[55] 這些正史不錄或極其能事予以輕描淡寫之傳奇人物，在民間卻以極其熱絡的方式來加以創造，進而成為民間廣為流傳之文本。此類的章回小說看似一般的野史與傳說文本，但放在滇西的政治與歷史脈絡下，其正好表現出一種強烈的社會意志與歷史意識。

　　山鄉的歷史書寫也呈現出一幅活絡的景象。正當以府、州、縣為中心的方志逐漸成為主流的書寫架構時，位於府州縣之邊緣的「山野」豈能無史？明末由麗江木氏土官推動的《雞足山志》的書寫正可以用來說明土官社會的集體意志。雞足山在明末清初短短的百年間，歷經了四次山志的編纂與增修：第一次是明末大旅行家徐霞客（1587-1641）到雲南旅行時，受麗江土官木增（1587-1646）的請託，寫了第一本《雞山志》，此志已散佚。第二次是明亡之際，南明永曆巡按貴州的錢邦芑（?-1673），因削髮出家，避世雞足山，號為大錯和尚，他以前志不存，山中無志，遂編纂《雞足山志》。[56] 第三次是康熙三十一年（1692），首

---

55 《擲珠記》作者失考，一說為鶴慶乾隆甲午科（1774）進士趙士圻。楊金鎧，《（民國）鶴慶縣志》〈邑人著述書目附〉提到：「《擲珠記》一卷，分十二段，不署作者姓名，相傳為讓朝郡舉人趙士圻撰，民國八年藍廷舉付印」。楊金鎧編，《（民國）鶴慶縣志》（大理：大理白族自治州圖書館，1983），卷9中上，頁1351。

56 見錢邦芑纂，范承勳增修，《雞足山志》（台北：丹青出版社，1985），卷7，頁428-429。

任雲南總督范承勳（1641-1714）久聞雞足盛名，以舊志內容多神怪不實，僧人以大錯和尚之殘卷請他增補，范承勳遂以「退時之暇，聊為刪其蕪陋，補其闕略」[57]，「厭惡札之淆漓，卻撮醇去玭」[58]，進而在大錯和尚山志的基礎上增修《雞足山志》（後文簡稱范《志》）。[59] 第四次編山志，是繼范《志》後十年，姚安土官高奣映（1647-1707）另外編纂一本《雞足山志》（後文簡稱高《志》）。雞足山在短短百年內就經歷了四次山志的編修，這現象正提供了我們分析其之所以成為佛教聖山的重要線索。

上述之文類各有其政治脈絡，本書不僅把它們視為不同身分人群製作歷史的後果，也透過它們來了解多重層歷史書寫背後社會被組織的過程。

六、僧侶、士人與土官

本書主要以僧人、士人與土官等不同身分的歷史經驗為主軸，內容主要分為四部分：第一部分先釐清界定研究對象的時間與空間性架構，包括明初大理四周之政治生態，包括白人社會與非白人土官勢力崛起。大理貴族散居的政治模式使得我們很難在

---

57 臨濟三十二世之香海本元呈請舊志殘編請范承勳增修《雞足山志》。范承勳答應後，遂以「退時之暇，聊為刪其蕪陋，補其闕略」。見范承勳與本元撰寫的二篇〈雞足山志序〉，收入錢邦芑纂，范承勳增修，《雞足山志》，頁16-31。

58 高奣映在其《雞足山志》志例十則之一，指出當時范承勳承大錯和尚的山志，「厭惡札之淆漓，卻撮醇去玭」，再思翻刻山志之情景。見高奣映著，侯沖、段曉林點校，《雞足山志點校》（北京：中國書籍出版社，2005），卷首，〈志例〉，頁9。

59 見錢邦芑纂，范承勳增修，《雞足山志》（以下簡稱范《志》）。

空間地理上釐清研究對象，故在本書之開始先討論大理四周人群政治生態以及行政劃分。此政治部署有助於我們對大理社會四周不同人群的歷史進行基本的認識，並觀察人群流動的政治框架及趨力。再者，釐清邊疆人群知識史的建構，從地方語境來討論華夷意識如何成為書寫框架。這部分將一方面透過志書、《土官底簿》與邊夷「圖冊」等文類，討論正統歷史對白人的想像與期待；另一方面，也透過大理士人與周邊人群產生另類的傳說、野史以及山志等等文本來討論其潛在的抵制。這二章說明政治上層結構如何以採用制度與文字書寫來維持人群身分的符號。

　　第二部分以僧人為主體，討論僧侶與佛寺如何適應明朝的宗教政策。土流並置的二元政策下，大理僧族究竟隸屬於土官政治？還是歸隸僧官制度？他們如何適應明朝佛教政策以及隨之而來的儀式改革？第四章主要討論三股大理僧團前往南京與北京的故事。第五章討論土僧在流官區與土官區的遭遇。前者與宮廷內臣結盟，後者在崇正闢邪之禮儀運動時受到政治整肅。第六章討論鄉里佛寺如何適應官府之正統儀典，包括官府朝賀習儀，鄉里社神等儀式場所如何從佛寺延伸出來。第七章則討論聖賢、祖先與鄉里儀式之競爭與妥協的過程。

　　第三部分討論世族身分轉型為士人，佛教莊園也轉變為鄉里社會為主題。第八、九章討論大理世族轉型士人，其前往南京擔任國子監生，有的擔任儒官或基層胥吏，成為帝國官僚體系之成員。返鄉後，回到鄉里從事一系列的文化改造活動。第十、十一章強調明中葉以來的崇正之風、鄉賢祠的建立如何改變鄉士大夫的歷史知識。鄉士大夫也改佛寺為社學、書院與宗祠，使得鄉里儀典成為祖先、書院以及社壇合祀之所在。

　　第四部分主要以大理四周山鄉夷民和土官為主要討論對象，

他們主要沿著瀾滄江與金沙江沿岸形成一股白人與非白的跨人群土官聯盟。明初白人與非白人群的聯姻，非白土官的勢力逐漸擴大，然而隨著土官世襲與接受王朝徵調的義務，土官聯盟集團的女兒與母親也成為土官社會中的關鍵人物。第十二章討論瀾滄江沿岸的聯盟，包括白人張氏如何協助山鄉左氏成為土官，並建構一整套南詔細奴邏後裔的歷史敘事；白人段氏以及雲龍山鄉早氏的聯盟，以及太和縣的白人世族又如何在雲龍成為與土官政治相互匹敵的人群。第十三章討論金沙江沿岸麗江、北勝州與姚安三方土官的婚姻聯盟，致使麗江木氏的女兒成為北勝州高氏土官家庭的重要支柱。同時，麗江府也因其居處滇蕃蜀交界的優勢地位控制金沙江沿岸金銀鹽等自然資源，使其成為土官政治聯盟中的關鍵勢力。第十四章討論山鄉盜匪與雞足山。明初以來大理西部持續了二百年的山鄉動亂，官方稱之為鐵索箐之亂，許多土官被派遣到山鄉招撫流民，並陸續在雞足山建立許多佛寺。雞足山之為禪宗大迦葉之道場的傳說，應被視為土官社會在正統歷史書寫的一種沉默的抗議，也是麗江木氏以及姚安高氏土官對其身為「他者」的歷史話語權所進行的文化創造。第十五章是討論西南人群爭取身分合法性時，對其儀式建構與歷史話語權的綜合討論。

第二章

關鍵的一年

　　洪武十五年（1382）是大理社會開始面對改變的一年。三月，總兵官傅友德（1327-1394）與藍玉帶領軍隊攻進大理，設置大理府。第二年，設大理衛。在行政與軍事部署下，大理社會第一次面對外來政權的直接統治。

　　蒙古政權曾經治理過大理。十三世紀中期，蒙古自金沙江南下征大理，大理國敗，忽必烈仍以其國王段氏繼續主導西南政局，擔任大理路總管元帥府元帥，並擔任大理金齒宣慰使司，統領八府，包括大理、善闡、威楚、統矢、會川、建昌、騰越、謀統等州城，各處萬戶千戶管民之官，聽其節制。[1]當時大理金齒宣慰司以北設有麗江路宣撫司，由麼些土酋麥宗為長；東南有威楚開南路宣撫司，以大理貴族高氏主政，整個滇西政治架構，仍然維持著以大理貴族世襲為中心並擴及鄰近諸酋統領之格局。[2]直到洪武十四年，明軍自滇東進入雲南，隔年，一路抵達大理。

一、洪武十五年

（一）元末明初之政治格局

　　明朝統治雲南並不是在既定的意識形態上建立起來的。[3]元末

1　張道宗，《紀古滇說原集》，收入《玄覽堂叢書》（台北：正中書局，1981）：
　　「任（段）信苴實為大理宣慰使司，世襲都元帥，階鎮國，復升雲南行省參知
　　政事。故，子（段）信苴慶繼襲父職，階亦如之。」頁368。又參見方慧，
　　《大理總管段氏世次年歷及其與蒙元政權關係研究》（昆明：雲南教育出版
　　社，2001），頁14。
2　元朝新制度的施行，包括提刑按察司、屯田管理機構、儒學提舉司、廣教總
　　管府等等，然政治結構仍大抵不變。參見方鐵主編，《西南通史》，頁494-499。

以來，滇東與滇西二邊形同敵國，相互拮抗。至正年間，四川紅巾軍南下滇東，危及昆明。滇東的梁王曾向大理總管段功（1344-1367）借兵平亂，並將女兒阿蓋嫁給段功來緩和緊張關係。段功娶妻後，久居昆明，梁王猜忌其欲奪謀昆明，暗殺段功，使得東西二方陷入水火不容之局勢。由此可知元末雲南東西二方涇渭分明之局面。[4]

這種滇東、滇西二方的政治格局，也可以從明初採取分別招諭的方式可知。朱元璋在天下局勢底定後，於洪武五年、七年先後招諭梁王與大理總管段氏，在招諭梁王的文字中寫道：

> 蓋雲南土地人民，本大理所有，自漢通中國，稱臣朝貢，至唐宋皆受王封，其來久矣……邇來元祚傾覆已盡，爾尚力據其地不還大理自王，果欺人乎？欺天乎。人雖可斯，天不可欺。[5]

明太祖為表師出有名，在招諭文指其出兵雲南是為消除殘元勢力，要求梁王退還所據之大理土地。同一年，明太祖給大理的招諭文也明白地寫著：「朕會臣僚議，依唐宋所封，以爾段氏為大

3　有關洪武平定雲南的戰役研究，可參見立石謙次，〈洪武朝的雲南平定之戰研究〉，林超民主編，《新鳳集》（昆明：雲南大學出版社，2003），頁2-69。

4　元末大理總管府之段功與段寶事略，見謝肇淛，《滇略》，收入《景印文淵閣四庫全書》，第494冊（台北：臺灣商務印書館，1983），卷10，〈雜畧〉，頁242-243；萬表輯，《皇明經濟文錄》，收入《四庫禁燬書叢刊》，集部19冊（北京：北京出版社，1997，明嘉靖刻本），卷30，〈雲南〉，頁319。

5　劉文徵纂，古永繼校點，《（天啟）滇志》（雲南：教育出版社，1991），卷18，〈藝文志〉：「本朝太祖高皇帝諭雲南詔」，頁589。

理國王，未知信否？故特遣官，先行往諭。」[6]他希望聯合大理段氏來挾制梁王，並延用唐宋故事與大理國維持邊境的政治關係。

打破這種邊境秩序的原因，似乎與大理總管段氏拘留明遣使有關。當時，段氏態度強硬，強拘遣使，使其不還，後來成為明軍進軍大理的口實。大理政治局勢一直頑強地維持到洪武十四年，時明軍傅友德與藍玉敗梁王，段氏以其世仇舊怨，不願發兵援助梁王：「大理段明（段世）與其下議關唇齒，然世仇，不欲遣兵相援。」[7]待明軍抵達楚雄時，段氏才遣使表示願意以一年一小貢，三年一大貢，接受招降。[8]然為時已晚，洪武十五年閏二月，明軍以辱明遣使為由，進軍大理。[9]

明軍順利進入雲南，與地方土酋的協助有關。早在前一年，藍玉領軍由羅婺部進入滇東，觀音保出降。[10]觀音保很可能是一位地位崇高的白人將領，他號召沿路土酋歸順明軍。後來，明軍分別由南、北、西三路攻進大理：一是自洱海東岸往大理北方龍首關南下，一是自點蒼山山背之石門登蒼山頂而下大理，另一股軍隊自大理南方之龍尾關渡河進入大理。於是，大理南方趙州與洱海東岸的海東，成為最先被明軍所控制的地方。攻下大理，對明

---

6 引自「諭大理詔」，收入劉文徵纂，古永繼校點，《（天啟）滇志》，卷18，〈藝文志〉，頁589。又見董倫等修，《明太祖實錄》（台北：中央研究院歷史語言研究所，1966），卷92，洪武七年八月甲辰條，頁1614-1615。

7 諸葛元聲撰，劉亞朝校點，《滇史》（巍山：德宏民族出版社，1994），卷10，頁279。

8 見方慧，《大理總管段氏世次年歷及其蒙元政權關係研究》，頁104-106。

9 董倫等修，《明太祖實錄》，卷143，洪武十五年二月戊戌條下，頁2245-2246。明軍曾赴京請示進攻大理否，朱元璋回覆：「近因彼肆侮朝廷命卿討平之，今諸州已定，惟大理未服，尚生忿恨，當即進討。」

10 董倫等修，《明太祖實錄》，卷140，洪武十四年十二月癸酉條下，頁2214。

朝征服西南來說，意義相當深遠。大理往北阻控吐蕃、西威驃
國，南馭緬甸百夷，其勢固若金湯，且其地據諸江之上游，控制
大理便能制西南諸夷，戰略位置極其重要。也因為如此，明太祖
在初平之時，便令首任雲南布政使張紞，到大理招撫大理貴族並
綜理庶務。[11] 然西南諸夷反明勢力也隨之而來。

　　許多大理世族及舊官員結集於大理北方之佛光寨抵制明軍，
是為佛光寨之役。這次戰役之所以重要，是因為大理四周獲土知
府、土知州以及土巡檢等職銜者，多宣稱其祖先在此戰役中助明
有功。在此關鍵時刻，反明勢力一觸即發遍及滇西諸酋，降明土
官也紛紛前往助明平亂，因而受封土官、土軍頭銜，為往後滇西
土官、流官並存的政治架構奠下基礎。以下針對反明諸役分別說
明。

（二）佛光寨以及其他諸役

　　洪武十五年三月，殘元勢力結合各地貴族與土酋，動員周邊
諸蠻，征討為明軍所攻占的城池，先在黔西北發動反擊，後來擴
大到昆明、大理，乃至極西南之金齒，彼此串連相互呼應。四
月，黔西北烏撒諸蠻抗明。[12] 時明將沐英已抵大理，為顧及大局，
自大理領軍返昆明平定亂事。[13] 九月，土酋楊苴叛，圍雲南城（昆

---

11 張紞撰，《雲南機務鈔黃》，收入《百部叢刊集成》（台北：藝文印書館，
　　1965）；李元陽，《（嘉靖）大理府志》（大理白族自治州文化局翻印，據北京
　　圖書館明嘉靖刻本影印，1983），卷1，〈形勢〉，頁53。

12 董倫等修，《明太祖實錄》，卷144，洪武十五年夏四月己亥條下，頁2267-
　　2268。

13 董倫等修，《明太祖實錄》，卷146，洪武十五年六月丙戌條下，頁2286。

明）。[14]隨後，故元右丞普顏篤叛，據大理佛光寨結集反明勢力，金齒土酋高大惠則聯合麓川（雲南與緬甸邊境）諸夷入寇。洪武十五年間，滇東有烏撒與雲南之役；滇西有大理北方佛光寨與金齒之役。

　　史冊對反明諸役及人名的記錄略有不同，主要出自於漢字音譯的問題。如《滇略》記載：

> 是（十五）年六月，元布延圖復叛，據佛光寨，額森布哈陷鄧川。十月，金齒土官高大惠並額森呼圖克構麓川，夷入寇屠永昌。大理土官高生等叛圍雲南。都督郭英討平之。十六年，征南將軍傅友德、都督郭英擊布延圖，大破之，布延圖自焚死，大惠逃，為白人所殺。[15]

三股較大的反明勢力：一是布延圖與額森布哈在佛光寨與鄧川；二是金齒土司高大惠趁此機會與額森呼圖與麓川夷入寇屠永昌；三是高生（森）在雲南城招集四周蠻酋勢力反明。[16]

　　《滇略》引言所載之「布延圖」，就是正史「普顏篤」的音譯。布延圖招集故元勢力結集於大理北方佛光寨一帶，此地地勢險要，又是大理通往北方吐蕃之交通要道。《滇史》記載：「元將

14　倪蛻輯，李埏校點，《滇雲歷年傳》（昆明：雲南大學出版社，1992），卷6，頁253。

15　謝肇淛，《滇略》，卷7，〈事畧〉，頁181。

16《滇略》與《滇史》二者對時間先後之記錄略有不同。《滇史》記載：「（洪武十五年）九月，有大理起到土官高生等悉寓桂城，……洪武十六年，元將普顏篤復叛，據佛光寨，先不華叛，據鄧州。」見諸葛元聲撰，劉亞朝校點，《滇史》，卷10，頁282。

普顏篤復叛，據佛光寨。先不華叛，據鄧州。」此處之「先不華」，應是前文「額森布哈」的譯音。這些反明勢力結集在大理四周的佛光寨與金齒地區。傅友德後又領軍再至大理，平定山區諸蠻，包括蒙化、鄧川，又破佛光寨，蠻民降者數十萬戶。[17]

再者，金齒土官高大惠趁此時與額森呼圖與麗川夷聯合入寇屠永昌。這位金齒土官高大惠應是元末治理麗江一帶之北勝、善巨等郡的高大惠。[18]《滇略》所載高大惠為金齒土官，疑其勢力在元末擴大至金齒，或與北勝、善巨等郡同隸大理金齒路宣慰司有關。《何文簡疏議》也提及：洪武十五年，金齒司降於明指揮王真，洪武十六年春，王真立衛鎮守，附近諸夷忿其地改設衛所，所以共推土官高公，引麗川思可發夷兵數萬來攻，生擒王真。當時，諸夷共同推舉的「土官高公」，便是金齒土官高大惠。後來，被賜名為李觀的故元右丞觀音保，擔任金齒指揮使，在初設永昌府金齒衛時便奉命前往招撫安輯。[19]

第三，滇東有土官楊苴與高生（或記載為高森）圍雲南城（即昆明）。《明實錄》對滇東此役記載尤其詳細：

> （明軍）既平雲南，即分兵四出攻諸寨之未服者，雲南守

---

17 諸葛元聲撰，劉亞朝校點，《滇史》，卷10，頁282。

18 李賢，《明一統志》，收入《景印文淵閣四庫全書》，第473冊，卷87，頁841-842。

19 李觀是明初重用的土官，被派往金齒撫夷。參見何孟春，《何文簡疏議》，卷7，〈裁革冗員疏〉，收入方國瑜主編，《雲南史料叢刊》，卷5，（昆明：雲南大學出版社，2001），頁328；謝肇淛，《滇略》，卷5，〈續畧〉，頁154；王世貞，《弇山堂別集》，收入《景印文淵閣四庫全書》，第410冊，卷87，頁332-333。

　　城者少，諸夷因相煽為叛。有土官楊苴尤桀黠，紿其下曰：
　　總兵官已領土軍俱回，雲南城可取也。集二十餘萬來攻。[20]

由於明軍前往各地四處征戰，城池乏軍固守，故雲南城後為土官
楊苴所帶領之蠻眾所攻下，時蠻眾動員之數有二十萬不等。諸葛
元聲《滇史》記載此役，指出大理土官高生也參與其事：

　　洪武十五年九月，有大理起到土官高生等悉寓桂城，欲俟
　　途平，俾令朝覲。閫帥失於撫字，至令惊疑，接踵遁還。至
　　雲南二帥方攻蠻部未回，雲南城守者少，諸夷因而相煽為叛
　　謀。[21]

指同一事件，即大理土官高生與土官楊苴，糾集三十六營會於雲
南城之西北，餘蠻等酋則會於東南，一時並起，眾至二十萬，進
逼城下。後來總官軍回城，前後斬首六萬餘級，生擒四千餘人，
雲南復平。在這場戰役中，安寧州土酋董賜領家兵救明軍於雲南
城，其事稍後再敘。

　　綜觀這三場戰役，可推知當時土酋結集之人數。佛光寨夷眾
分布在大理北方山區，後降明者有十萬戶之數；在雲南城之高生
與楊苴諸役，亦有二十餘萬眾。史料雖無金齒之役反明人數，但

20　董倫等修，《明太祖實錄》，卷148，洪武十五年九月乙亥條下，頁2345-2346。
21　高氏勢力遍雲南，這是十二世紀以來雲南政治之梗概。此文引自諸葛元聲
　　撰，劉亞朝校點，《滇史》，卷10，頁281。此役後由土官董賜舉家附明，助
　　明平復此役，同上，281頁。高氏與楊苴同反。張廷玉等修，《新校本明史》
　　（北京：中華書局，1982），卷126，〈列傳〉：「土官楊苴集蠻眾二十萬攻雲南
　　城」頁3758。

　　總體來看，元末明初雲南反明的勢力不下三十萬之數，動員之規模不可小覷。但是，雲南諸戰役很快就被史冊所遺忘，也沒有引起太多討論。此原因一方面固然受限於檔案保存，但更主要的原因可能與明初招撫諸酋勢力政策有關。當時除了大理段氏成為必須被削弱的對象外，其他諸酋的勢力並沒有受到太大的撼動，其中大理貴族高氏仍在雲南諸府如北勝州、鶴慶府、楚雄與姚安等府擔任土官要職。

　　此事平定後，其軍事布局是先在大理金齒宣慰司轄境部署金齒衛與大理衛，令嫻熟雲南政治的觀音保，駐守極邊之金齒，封之為金齒衛指揮使。第一位破龍關入大理平原的明將周能，則駐守龍關，為大理都指揮使司。[22] 另一位救明軍於雲南城的土酋董賜，賜以鶴慶土官知府，令其扼守大理北方與吐蕃交界之重要軍鎮。雖然，董賜婉拒封賞，堅持返鄉擔任安寧州土官。[23] 明初封賜土酋以土軍指揮使的策略，也預示了未來正規的衛所制度將在西南軍事部署占有愈來愈主導的角色。

二、三江內外

　　明朝將西南地理劃入內外二種不同的政治架構，即漢法區以及夷長區。漢法與夷長治理架構必須放在地理脈絡上來理解，首先，大理士子李元陽的《大理府志》曾對當時之三江內外描寫如下：

---

22 鄂爾泰等監修，靖道謨等編纂，《（雍正）雲南通志》，收入《景印文淵閣四庫全書》，第569冊，卷16下，〈師旅考〉，頁505。

23 張廷玉等修，《新校本明史》，卷314，〈雲南土司〉，頁8092-8093。

> 按全滇幅員萬有餘里，其間郡縣里皆有險可憑，然都不如
> 大理山河四塞，所謂據全省之上游，一夫當關，萬夫莫窺之
> 形勢也。……國初諸公經略南中，其事俱載史牘，其設官之
> 法有曰：三江之外宜土不宜流，三江之內宜流不宜土，蓋以
> 潞、瀾滄、金沙為三江也，其內可以漢法治，其外非夷自為
> 長不可也。[24]

指出大理為全滇之要地，而明初治理「南中」，以三江為界，三
江以內宜流不宜土；三江以外，宜土不宜流。此三江分別為潞
江、瀾滄江與金沙江。明朝之金沙江有大金沙江與小金沙江之
分，大金沙江是現今之伊洛瓦底江，另一金沙江即指長江上游，
此三江中之金沙江應是指大金沙江，即伊洛瓦底江。[25]夷長治理
區，指的是永昌之外的麓川、車里等區，設宣慰司；漢法區，就
是瀾滄江以東，以漢法治之。夷長和漢法是二組關鍵詞：夷長區
設有宣慰司；漢法是統治架構，土流並置，隸屬於雲南布政使
司。三江內外的理想政治未知如何具體施行，天啟年間劉文徵所
編修的《滇志》附有二張地圖，其一圖為雲南布政使轄區，另一
是西南夷所設之宣慰司，大致反映了西南三江為內外的政治格
局。（見圖2.1、2.2）

三江內外的分野概念也出現在《明史》之中，指出其分隸雲
南布政使司與宣慰司這二種不同的政治架構：

---

24 李元陽，《（嘉靖）大理府志》（大理：大理白族自治州文化局翻印，1983，
　據北京圖書館明嘉靖刻本影印），卷1，〈形勢〉，頁53。
25 明朝西南地區有二條大江名為金沙江，其一是長江上游，另一稱為大金沙
　江，也就是伊洛瓦底江。二者皆以產金聞名。

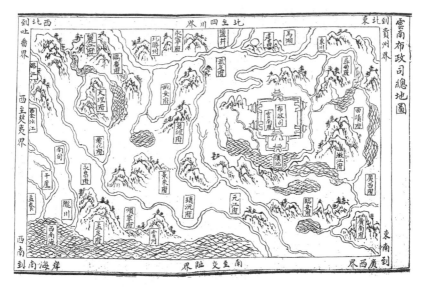

圖2.1　三江之內隸雲南布政使司（劉文徵，《滇志》）。

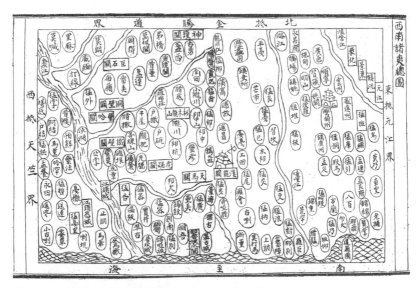

圖2.2　三江之外之西南諸夷（劉文徵，《滇志》）。

> 統而稽之，大理、臨安以下，元江、永昌以上，皆府治
> 也。孟艮、孟定等處則為司。新化、北勝等處則為州，或設
> 流官、或仍土職。今以諸府、州概列之土司者，從其始者。
> 蓋滇省所屬，多蠻夷雜處，即正印為流官，亦必以土司佐
> 之。而土司名目淆雜，難以縷析，故系之府州，以括其所
> 轄。26

內容指出：一，大理、臨安以下，元江、永昌以上是為府治之
區。二，元江以外之孟艮、孟定則以土司轄地，即宣慰司之
屬。27昔日大理貴族所統轄的範圍遍及雲南，其核心之大理金齒宣
慰司與大理軍民總管府，此時被析分為江外夷長區與江內漢法
區，而江內漢法區又被析分為三個府級土官知府：鶴慶府、大理
府、蒙化府。「土司名目淆雜」是實情，當時隸於兵部的武職土
司，稱宣慰司；隸於雲南布政使司的文職土官，則為府州縣土
官。28比較重要的是，在三江內外的統治架構下，傳統西南夷的概
念也逐漸「漂移」到三江以外的宣慰司地區。

當西南夷的概念漂移到三江以外時，西南夷一詞便具有政治
文化性的指涉。隱藏在人群分類架構的制度條件是宣慰司（宣撫
司）、土官以及衛所，三者將人群分為夷人、土人和漢人。西南
夷開始往三江以外的宣慰司漂移，三江以內土官轄境之土人也往
山鄉腹地流動，衛所制度下的軍屯則多是漢人。明朝治理下，這
是三種制度性的人群分類架構。

---

26 張廷玉等修，《新校本明史》，卷313，〈雲南土司〉，頁8063。

27 陸韌，《變遷與交融：明代雲南漢族移民研究》（昆明：雲南教育出版社，
   2001），頁14。

28 有關土官與土司定義與職責見第一章緒論之相關討論。

　　土流並置是羈縻政治的理想形式，但土官與流官是合作抑或競爭，是個大問題。當局勢尚未穩定時，流官未及派駐，許多事務仍由原職土官執掌，若派任流官，也多仰賴土官維持地方秩序；再者，初步建城池工程多由軍隊主導，衛所雖主軍政，但因後續運糧與屯田事務相涉，又與土官及流官相互產生利害關係。[29]衛所與土官是二股不同的勢力，隨著漢人衛所數量增加，其作戰實力卻愈來愈鬆散，土軍與土官仍然成為雲南戰場的主力。他們在軍事與雜派事務相互牽制、統屬卻又因為種種職務調派使其相互牴觸。[30]從政治結構來看，流官治理平緩之農業生產區，土官掌理山鄉社會，二者互不干涉。然衛所勢力以及流官派任，往往使土官在地方政治的經營上產生腹背受敵之情形。

　　對三江之內的漢法區而言，明朝治理的終極目的是革土改流，以流官治理作為最終的目標。為此，土官在轄境積極設置符合官方正統之機構如廟學，以示其向化之心；同時，為表其具有土人政治的合法性，又以別於漢人之異質性來展現其「他者」身分，使他們的身分游移於漢人與土人之間。同樣地，在漢法區之轄民，也游移於二種體制之間。漢法區提供二元治理的可能性，也為人群提供許多不同的身分選擇機會，這正是大理世族精英身分搖擺的主要原因。

---

29 參見方鐵主編，《雲南通史》，頁571-582。

30 劉靈坪，〈漢土之分：明代雲南的衛所土軍——以大理衛為中心〉，《歷史地理》，1期（上海，2013），頁70-82。

三、大理內外

　　大理世族精英對身分有許多不同的選擇。洪武十六年二月，征南將軍傅友德遣送降明有功的觀音保（即李觀）以及「酋長」段世等一百六十人，至南京獻馬，「賜鈔有差，仍各賜其家屬衣服」。明太祖以觀音保助明軍有功，賜姓名為李觀，視其為征滇有功第一人，任命為金齒指揮使。[31]另一位安寧州土酋董賜帶領部曲家兵，救明軍於雲南城，被賜為鶴慶府土同知。明太祖原想拔擢之為指揮使，復為其所拒，後仍以安寧州土官任命之。[32]李觀與董賜是助明作戰中功績最高，也最受矚目的二位土官，而金齒與鶴慶也是西南最重要的二個邊境要塞，前者通往緬甸，後者通往吐蕃。明太祖將二位指揮使封賜於此，正好說明中央王朝對西南邊境治理的初期想像。除此二者外，中央王朝也開始在大理總管府的勢力範圍內大量封賜降明之土官。

（一）大理府外緣之政治生態

　　佛光寨位在鶴慶與鄧川交界之處，其南嶄然險絕，山半有洞，可容萬人，山後尤為險峻，其徑僅能容一人，又稱為一女關。明初為平定佛光寨，動員附近土酋前往平亂，據地方民間文獻記載，因此役而封功者有三百一十九員，俱該世職。[33]當地土官也追溯其助明有功的祖先，來宣稱其土官身分的合法性。

31　董倫等修，《明太祖實錄》，卷152，洪武十六年二月庚子條下，頁2389。

32　張廷玉等修，《新校本明史》，卷314，〈雲南土司〉，頁8092-8093。

33　〈董氏宗譜碑記〉：「本年（洪武十六年）二月內，蒙總兵官傅友德題奏雲南有功三百一十九員，俱該世職。」收入楊世鈺主編，《大理叢書‧金石篇》，第10冊，頁224。

首先來談鶴慶府的情形。洪武十五年七月：

> 普顏篤、高森等叛，占踞城池。蒙守御指揮脫列伯調撥董
> 信，信招集人民協同官兵盡夜攻擊，再令彝民接濟軍需。十
> 一月內，進征佛光寨斬殺賊級。[34]

董信是大理世家貴族，在佛光寨之役期間建立軍功，十六年，奉
總兵官征南將軍箚符，以董信隨軍征戰有功擬授鶴慶府世襲土官
知事，管束人民。鶴慶董信與安寧州土官董賜有何關係，仍有待
考證。從引文中也獲知，當時董信具有動員山鄉彝民之實力，其
使「彝民接濟軍需」，可窺其狀。

董賜也曾被賜為鶴慶府土官，傅友德在給他的書信中指出其
軍功：「余征大理，足下又率鄉曲子弟五百餘人為師前道招徠劍
麗，降伏西番，威聲頗振，有功必報，古之道也。」[35] 當時董賜帶
著部曲家丁，引領傅友德前往滇西北招服劍川、麗江等地，甚至
還抵達麗江北部「西番」之地，其功不可沒。但是董賜世居滇東
安寧，不想接受明軍授予的官爵，自願回到家鄉為安寧土官知
州。後又經傅友德與大臣等相議，復改董賜為雲南前衛世襲指揮
僉事。[36] 對統治者而言，衛所指揮的軍職比土官地位要高得多，董
賜不接受朝廷的安排時，明太祖也表示甚為難解。

---

34 〈董氏宗譜碑記〉，收入楊世鈺主編，《大理叢書‧金石篇》，第10冊，頁224
中。

35 這一部分可以參見傅友德撰，〈與鶴慶知府董賜書〉，收入范承勳、吳自肅纂
修，《（康熙）雲南通志》，收入《北京圖書館古籍珍本叢刊》，第44冊（北
京：書目文獻出版社，1983），頁707-708。

36 張廷玉等修，《新校本明史》，卷314，〈雲南土司〉，頁8092。

　　最終，鶴慶府土官仍然由高隆來接掌。鶴慶位居通往吐蕃的要道，向來是高氏的勢力範圍。高隆的兒子高仲，聽聞明軍已入大理，便「備忠烈之誠，率徒眾百餘人……至大理而投降之」。[37]隨他降服者多為其親信左右之屬。高仲被賜為鶴慶土同知，其族人高賜亦歸附明軍從征佛光寨，招諭未附者，輸金助餉，後授通安州同知。[38]再者，族人高海，也從征佛光寨有功，授千夫長。[39]高信，資糧鎧仗，從征普顏篤，論功授土知事，其裔高棠陰聽襲鶴慶土知事。[40]其他從屬者有楊通、王保、王祥、李清、寸賜、李奴、王公、張生、趙宗等皆當時之郡人，也紛紛獲功授百夫長。[41]鶴慶府山外則有郭生，因從征佛光寨，授觀音山土驛丞。在城驛土官田宗，以芻粟供軍佛光寨之役，授土驛丞。高仲（土官）把事，後為觀音山巡檢司。[42]由此得知，鶴慶高氏以及其從屬者，大多參與平定佛光寨之役，並因而獲得土官身分。顯然，大理府北方仍然是高氏世族的勢力範圍。

　　除了鶴慶以外，劍川土官趙氏也出兵糧，助明軍作戰。其

---

37 〈明故高氏墓碑志〉，收入張了、張錫祿主編，《鶴慶碑刻輯錄》，頁253。

38 鄂爾泰等監修，靖道謨等編纂，《（雍正）雲南通志》，卷19，〈名宦〉，頁676。

39 鄂爾泰等監修，靖道謨等編纂，《（雍正）雲南通志》，卷24，〈土司〉，頁234。高海的勢力尤其集中在鶴慶山區：「世居郡城西北隅，部夷附郭者馴而柔，山後烏蠻、玀玀依附險阻，獷悍好殺，調以赴敵，無所短長。」又見劉文徵纂，古永繼校點，《（天啟）滇志》，卷30，〈羈縻志〉，頁980。

40 顧炎武，《天下郡國利病書》（台北：藝文印書館，1977），頁2052。

41 顧炎武，《天下郡國利病書》：「以征佛光、石門及守城餽餉，功得世其官，今其裔有楊勛勛、王屛、王從震、李得麟、寸汝珍、李一龍、王寧、張世立、趙國瑞，皆未能襲其先世之官，僅以土舍署事而已。」頁2052。

42 顧炎武，《天下郡國利病書》，頁2052。

中，趙眺徵民調兵，因佛光討賊運餉，授劍川土千戶。趙眺下屬得授百夫長職者，如施保，李善與趙堅等等，復又有楊忠、楊保、楊惠、段祐、楊海與李隆等以土舍身分聽襲。[43]民間碑刻記載其事，〈龍門邑施姓世系殘碑〉提及當時施保（施寶）被封為劍川州世襲土官百夫長的情形：

> 時有逋逃普顏都作亂，走據佛光寨叛。大兵雲集三營，戮之。於洪武十五年六月內，自統部下小旗土軍，前往三營歸附總兵官征南將軍。管領人夫，搬運糧儲，接濟大軍，同官兵奮勇上前，攻破大寨，生擒叛賊普顏都、高森（高生）等七人，解赴紀功，官府驗明獎賞。[44]

征南將軍向朝廷奏告，封施保為土官。洪武十七年春，吏部勘查，又授土官敕命一道。[45]再者，劍川州民楊惠討佛光寨，被授以大理府浪穹主簿。[46]

從《土官底簿》以及民間碑刻得到的線索可知，明軍依賴大理四周之土官平定佛光寨，也封賜土知府、土巡檢、土千夫長、百夫長、土舍、土驛丞等銜，使得這些土官在新政治架構仍得以維持舊關係。明初對西南土官之設置原則相當鬆散，其數目遠遠超過其他邊境地區，土官也因地、因時制宜，時興時廢，反覆設

---

43 顧炎武，《天下郡國利病書》，頁2052。

44 〈龍門邑施姓世系殘碑〉，收入楊世鈺主編，《大理叢書·金石篇》，第10冊，頁70上中下。

45 劍川百夫長楊惠之子的墓碑，參見李文海，〈昭信校尉楊侯墓碑〉，收入楊世鈺主編，《大理叢書·金石篇》，第10冊，頁48上。

46 劉文徵纂，古永繼校點，《（天啟）滇志》，卷30，頁975。

置。[47]這與官府對西南諸酋所採取的招撫政策有關。對土官來說，其身分的合法性，不只是來自於降明，還包括助明軍攻打佛光寨事件，軍功也成為後續承繼土官的條件。一旦軍功成為土官承繼的條件之一，那麼，其地必須要有待征之人與待平定之亂事，後來由承襲和軍功所引發的紛擾也引起許多的討論。[48]在土流並用的二元政治架構，土官雖多原官任用，但來自流官與衛所二方的制衡，使得區域政治生態的局勢也逐漸產生變化。

（二）大理府內部的族群政治

百夷與羅羅土酋也隨明軍平定大理佛光寨，分別在大理四周擔任重要土官，包括阿氏、字姓與左氏等等。首先來談阿氏，據《重修鄧川州志》指出：

> 洪武初年，阿這自威遠州來，適浪（穹）境佛光寨高大惠叛，元丞相普顏篤助之，蒙高皇帝遣西平侯率阿這鄧川州知州，世襲。賜十土司（巡）檢以隸阿侯家兵。[49]

明中葉之〈鄧川州土官知州阿氏五世墓表〉則記載：

> 惟阿氏為西南盛族，世居威遠州。姓刀，其始祖諱這，字開先，隨父諱哀者……乃於洪武十五年壬戌，天兵南征，開先公向義奮勇，率眾輸糧，攻克佛光、三營、寺寨數寨，擒

---

47 江應樑，《明代雲南境內的土官與土司》，頁3。

48 龔蔭，《中國土司制度》，頁88-94。

49 艾自修，《（崇禎）重修鄧川州志》（台北：中央研究院傅斯年圖書館藏微卷，南明隆武二年刊本）。

獲偽平章高生、右丞普顏都等。一地方賴以平靖，論功授任
本州土官知州。[50]

墓誌銘指出他們原是西南盛族刀姓，是南方百夷（擺夷）大
姓。[51]阿這「向義奮勇」，率眾輸糧，助明軍攻克佛光寨、三營與
寺寨等，事平之後，授任鄧川土官知州。阿氏後來定居鄧川，其
子孫世襲為鄧川州土官。據《滇志》記載著阿這：

> 羊塘里民，洪武十五年，蠻賊高生與故元右丞普顏篤之
> 亂，惟這執忠不屈，為平西侯所旌。後以擒高生等功，授土
> 知州，世襲。所部皆爨屬，強者依山，弱半附郭。[52]

阿這受平西侯徵召，助明軍平定金齒亂事，授土知州。鄧川州隸
大理府，位居太和縣之北，令百夷部酋擔任鄧川土官，應非偶
然。阿這所統領的部屬多是山居爨屬，這裡的「強者依山，弱半
附郭」，指山上強者如羅羅人等扼守於山鄉的關哨，而弱者則是
南方百夷族類，居於附郭之處。此外，阿這還控制了整個大理府
北方山區與西部山區之十個土巡檢司。
　　百夷阿這統轄的十個山鄉土巡檢司中，便有二位來自滇東之
羅婺部：字忠與施姓土酋。羅婺部，又稱羅武部，是大理國時期

---

50 楊南金，〈鄧川州土官知州阿氏五世墓表〉（1508），收入楊世鈺主編，《大理
　　叢書‧金石篇》，第10冊，頁71下-72下。

51 王國祥，〈對元明以來北遷大理傣族之考察〉，收入趙懷仁主編，《大理民族
　　文化研究論叢：第1輯》（北京：民族出版社，2004），頁89-98。

52 劉文徵纂，古永繼校點，《（天啟）滇志》，卷30，〈羈縻志〉，頁974。

其境內三十七部烏蠻之一。[53]武定鳳氏是滇東重要政治勢力，與滇西大理軍民總管府之段氏地位相當。鳳氏於洪武十四年受降，十六年入京貢馬。[54]換句話說，其降明入京朝貢之際，正值大理北方佛光寨舉事。明軍以東軍西調的辦法，派遣羅婺部民部署在大理山鄉，以此抑制大理貴族之勢力。

　　當時被封的羅婺土官有土巡檢字忠，他隨潁川侯駐守大理。據《雍正雲龍州志》載：箭杆場土巡檢字忠，武定土官安慈次子，洪武十五年（1382）隨潁川侯定大理，授浪穹縣土巡檢。《大理府志》也記載著：「箭杆場土巡檢字忠，原武定土官安邦後裔，弘治時欽賜字忠。」隨字忠而來的，還有施姓，任羅川土巡檢。[55]如前《滇志》記載鄧川百夷阿這土官所統屬者是「強者依山，弱半附廓」看來，這二位來自滇東的土巡檢便是依山強悍的游擊者，其駐守大理府西面至北面之山區，受阿這召調與節制。（圖2.3）

　　再者，阿這統轄的十位土巡檢分別以羅坪山為界，分布於跨

53 羅婺酋長阿而能幹眾服，大理國王段氏舉之為羅婺部長，與大理有結盟之約。元世祖南下親征時，羅婺部酋首先歸附，授萬戶侯，賜姓為鳳氏，封為武定土官總管。見何耀華，《武定鳳氏本末箋證》（昆明：雲南民族出版社，1986），頁1-26。

54 檀萃的《武定鳳氏本末》記載：「洪武十四年（1381），天兵征雲南，差張鎮撫招諭。十五年正月，商勝即將金牌印信，繳於千戶徐某，自運米千石，開通道路……十六年遣阿額、黑次、苗里、伎迷、趙寺等貢馬二十匹。七月，商勝親身入覲。行至納溪，上頒印信金帶已至矣。領受，即赴都謝恩，即授中順大夫武定軍民府土官知府，賜之世襲誥命。」見何耀華，《武定鳳氏本末箋證》，頁55-59。

55 謝道辛、田懷清調查整理，〈雲龍縣、漾比縣羅武人的歷史調查〉，《大理州彝族社會歷史調查》（中國少數民族社會歷史調查資料叢刊〔修訂本〕）（昆明：雲南民族出版社，2009），頁60。

圖2.3　大理府所屬總圖（李元陽，《大理府志》）。

越浪穹州與雲龍州二州之境。羅坪山以東有五位土巡檢，位在浪穹州境內；羅坪山以西另有五巡檢司，在雲龍州境內。這些土巡檢也是平定佛光寨之有功者，如鳳羽土巡檢尹勝、上江嘴、下江嘴土巡檢楊信與何海。[56]另外，土驛丞尹義，因從征佛光寨，後授為定邊縣土縣丞、漾備土驛丞等等。[57]羅坪山以西的五個土巡檢，還包括前述的箭杆場巡檢字忠、十二關巡檢司李智、師井巡檢司楊勝、順蕩井巡檢司李良、上五井土巡檢司楊惠等等。[58]除了字忠

56　劉文徵纂、古永繼校點，《（天啟）滇志》，卷30，頁974-975。

57　鄂爾泰等監修，靖道謨等編纂，《（雍正）雲南通志》，卷24，〈土司〉，頁896。

58　謝道辛、田懷清整理，〈雲龍縣、漾比縣羅武人的歷史調查〉，頁61。見陳希芳，《（雍正）雲龍州志》（手抄本，翻印自雲龍縣檔案館），卷9，〈官師〉。

與施氏土巡檢，其餘仍是白人的勢力範圍。

鄧川百夷阿氏的政治分為二類，一土官阿這世系，二阿這次子阿世英為羅陋土千戶，治理金沙江支流之區。[59]鄧川四周為群山峻嶺，其與鄰區交界設有舖舍關隘，另有大把關隘、臘坪哨、花甸哨、石嘴哨、白土坡哨則由土官轄下之兵夫住民「玀玀」把守。[60]設置關隘哨口說明山鄉治理的重要性，而這些地點是通鹽與銀礦場相關之通道，也是區域人群相互往來與物資交換的重要途徑。

阿氏非白人的身分相當特殊，其除了引領百夷氏族聚居於鄧川一帶，又吸收該地白人土巡檢為維持山鄉秩序，還得駕馭羅羅土巡檢為其部曲。他在鄧川境內，不僅編輯戶口、興建學校與建立祠典，頗具政績。[61]大理府曾一度缺流官派駐，由其代理大理府同知之職，使其成為大理府境內地位最高的土官勢力。[62]

大理南方也另有一股非白勢力崛起，尤以羅羅（倮夷）火頭左禾充任蒙化州土官。左禾勢力愈來愈受重視，後來蒙化州從大理府劃分出來，升為蒙化府，左氏也隨之躍居成為大理府南方之重要土官勢力。[63]從上述中央王朝在大理四周拔擢滇東羅羅、滇南

---

59 艾自修，《（崇禎）重修鄧川州志》，卷4，〈建設志〉，頁23。

60 艾自修，《（崇禎）重修鄧川州志》，卷4，〈舖舍〉，頁29。

61 楊南金，〈鄧川州土官知州阿氏五世墓表〉，收入楊世鈺主編，《大理叢書‧金石篇》，第10冊，頁71下-72下。

62 楊南金，〈阿土官署大理府記略〉，收入艾自修，《（崇禎）重修鄧川州志》，卷14，〈藝文志〉，頁104。

63 左禾原為大理府蒙化州羅羅人，係蒙化州火頭。洪武十六年正月投首復業，充摩牙等村火頭。十七年，總兵官擬充蒙化州判官。永樂三年由里長張保告保，以其夷民信服，升任蒙化土知州。見不著撰人，《土官底簿》，收入《景印文淵閣四庫全書》，第599冊，據國立故宮博物院藏本影印，上卷，〈蒙化府知府〉，頁345。

夷族、滇南倮夷等非白人土官可知，其中有拉攏、有牽制，旨在抑制昔日大理政治中心和世族社會網絡的運作。

四、馴熟府分：土流並置的大理府

在大理四周封賜非白土官後，大理府改派流官知府，成為西南第一個被明朝直接統治的行政轄境。洪武十五年四月始置大理府，其初領有二縣四州，即太和縣、雲南縣、趙州、鄧川州、雲龍州、蒙化州。[64]後來又因東邊山鄉發生長年動亂，弘治年間增置賓川州。正統年間，大理府轄境之蒙化州，獨立出大理府之外，升為蒙化府。除了核心區大理平原太和縣，府內之州縣多由土官擔任，如雲龍州土知州段保、澄川土知州阿這、雲南縣土縣丞楊奴等等，偶佐以流官治理。

衛所是漢法區用來制衡土官的軍事設置。大理四周也逐一部署衛所：洪武十五年，平定大理後，設置大理衛指揮使司。十六年，在品甸（祥雲縣境內）設置洱海千戶所，三年後，洪武十九年，正式置洱海衛。[65]弘治年間山鄉亂事，又增置大羅衛，同賓川州治。[66]

---

64 明初設大理府，轄有二縣四州，即太和縣（今大理市）、雲南縣（今祥雲縣）、趙州（今鳳儀市）、賓川州（今賓川縣）、鄧川州（現入劍川縣）、雲龍州（今雲龍縣）等。

65 陸韌的研究指出：明軍入雲南分為二個階段，在洪武十八年以前，便已置有十衛一所，為征南大軍留下的兵力。洪武十八年至洪武末有征麓川之役，為充實軍力而有調兵與屯戍聽征的軍事移民。見陸韌，《變遷與交融：明代雲南漢族移民研究》，頁4-10。

66 方國瑜，〈衛所設置與名號〉，收入氏著，《中國西南歷史地理考釋》（北京：中華書局，1987），頁1135-1145。

　　居留在太和縣的世家大族被同時劃入二套制度之下，一是土軍，一是里甲。

　　（一）土軍分為土巡檢與土軍二類。大理貴族也出現較多的低階土官，如蔓神寨土巡檢董寶和神摩洞土巡檢趙俊。據《土官底簿》記載，趙俊原來是元末大理府錄事，因招撫金齒土軍有功，被封為神摩洞土巡檢。太和縣民董寶降明後，授大理府土官經歷。土巡檢可說是文職土官最低階的一種，但隸屬範圍似乎不明確，後來未見承襲者。[67] 太和縣之山鄉地區也封賜更多的土巡檢，如青索鼻土巡檢楊良、安南坡土巡檢李納麟、你甸土巡檢李義、鳳羽土巡檢尹勝等等。明朝為招撫大理四周之土酋，大量封賜土巡檢職銜，後來土巡檢之承襲受到刁難，叛服不定，時封時廢，成為山鄉腹地一股浮動的政治勢力。

　　太和縣洱海東邊（海東）的世家大族，多被編入土軍。[68] 據出土墓誌銘指出，明初攻打大理時，段氏將軍力集中於二個軍事要塞，一是將海東世族軍隊調到大理守城，一是大理平原內部的軍隊集中在龍尾關。大理兵敗以後，海東獨留李興與楊惠二酋駐守。[69] 後來被編入土軍行列，保留其世族軍事性格。

　　李興是海東世族，其墓誌銘記載其祖先是南詔大將軍李克鐸；元時，李興封為義軍千戶，也是海東地區最大的土官。他在

67　二位見於不著撰人，《土官底簿》，收入《景印文淵閣四庫全書》，第599冊，上卷，〈大和縣神摩洞巡檢司巡檢〉，頁337-338；〈趙州蔓神寨巡檢司巡檢〉，頁338-339；但在顧炎武之《天下郡國利病書》一書，未列其名，很可能在明中葉以後便不傳世職。

68　洱海東岸向來稱為海東，是明朝控制大理壩子的首要之區。元末時，大理總管在海東設有海東萬戶和孟州，其目的原來是要與滇東之梁王相抗庭。

69　王富，《魯川志稿》，頁433。

降明後，協助明軍攻打佛光寨，後充海東等處土官千夫長。[70] 此後，他幾度又被調升為郎縹甸軍民長官、麗江僉宣慰事等等。[71] 李興之子李珠，也因運糧有功被封為武略將軍；次子李敏則為土官舍人；其侄子李松到南京入覲，得賞衣而榮歸。[72] 然而，李珠被封為土官千夫長時，其地位甚高，但後來雲南縣（今祥雲）增置洱海衛，其子被劃歸為洱海衛中左所土官千戶。[73] 土軍隸歸漢人衛所，被整併到衛所體系之中。

另一重要世族為楊惠，元時為海東等處管民萬戶所照磨。明軍入大理時，他招撫海東等人歸附，奉征南將軍榜文，後升太和縣縣尹，又任雲南監察御史、選用鄧川鼎山場醫士等職。他將海東軍民予以造冊並公告明朝基層治理之政策。其中，他將海東聚族而居的世族列為土軍軍籍，而散居的山區居民劃為平民，編入里甲。此舉措施也可能和後來大規模的山鄉動亂有關。[74]

太和縣內的世家大族也被權充為土軍，歸隸為太和所。黃元治的《康熙大理府志》將其情描述得比較清楚，其內容載：

---

70 〈元遺老李興墓志〉（1389），原碑在大坟坪。本文收入王富，《魯川志稿》，頁374。

71 〈李公益墓誌銘〉，收入雲南省編輯組，《白族社會歷史調查（四）》，頁178-179。

72 無極撰，〈仁德墓誌〉，收入楊世鈺主編，《大理叢書・金石篇》，第10冊，頁28下-29上。

73 〈故土官舍人李公墓誌銘〉，收入雲南省編輯組，《白族社會歷史調查（四）》，頁181。其配為大理衛左所正千戶。洱海衛的建置，參考劉文徵纂、古永繼校點，《（天啟）滇志》，卷2，〈兵食志〉，頁258。

74 〈大理府老人楊惠墓誌〉，收入楊世鈺主編，《大理叢書・金石篇》，第10冊，頁34上中。

> 按土軍本屬民也，緣明初平雲南奏調各省軍三十萬彈壓諸
> 蠻時，中原多事勢未有及，權借農民自辦軍裝馬匹，姑充隊
> 伍，以應教場之操期，是名太和所也，久假不歸，遂為定
> 籍。厥後衛官衛軍恣意魚肉民不堪命，十逃其九，嘉靖僉事
> 王惟賢嚴革前弊，稍稍安然。然土軍之籍終未除也。既為民
> 又為軍，一身而兩役之。[75]

土軍原來也是世襲性質，地位不低，其有土軍指揮使、千夫長、
百夫長等頭銜，明初時他們也如同土官一般，備馬赴京進貢。[76]太
和縣之里甲戶也被編入太和所，是為土軍，每遇有民役隨之差
使。明初時因操期不定，為衛所官旗科擾萬狀。明中葉以後，正
規衛所兵制的破敗，軍籍逃者甚眾，每遇亂事，朝廷還是必須調
征土兵與土軍協助平亂。[77]至嘉靖年間，其狀況才得以減緩，直到
萬曆年間甚至必須繳納免操銀來去除軍事操練的活動。[78]這些隸籍
太和縣的土官巡檢和土軍，往往由世家大族之一支系頂充，後來
有的則轉型為士人，或而移徙他處者有之。他們在邊戰頻繁的西
南地區，採取什麼樣的生存策略來應對局勢，也是相當值得討

---

75 李斯佺、黃元治纂修，《（康熙）大理府志》，收入《北京圖書館古籍珍本叢
  刊》，第45冊，（北京：書目文獻出版社，2000），卷7，頁88-89。

76 明初最有名的土軍是觀音保，他受到洪武的賞識，封為金齒衛指揮使。他到
  南京見朱元璋。另外，具體的個案可以參見李文海，〈照信校尉楊侯墓碑〉，
  他是劍川土官百夫長，明初需赴京替職，又隨大理衛從金齒之役，隨大軍征
  討麓川等之役。見李文海，〈照信校尉楊侯墓碑〉，收入楊世鈺主編，《大理
  叢書·金石篇》，第10冊，頁48上。

77 方國瑜，〈明代在雲南的軍屯制度與漢族移民〉，收入林超民主編，《方國瑜
  文集》第3輯，頁183。

78 劉文徵纂、古永繼校點，《（天啟）滇志》，卷6，〈賦役志〉，頁214。

論的。

（二）里甲。蒼洱間是大理總管府所在之核心區，也是舊皇城所在地，在被劃入太和縣後，被劃分為在城里以及上、中、下三鄉，共置50個糧里單位。[79]許多貴族集團也被編入里甲。然而，其里甲施行情形與其他地方稍有不同。《明會典》記載：

> 洪武二十四年奏准，凡雲南各府攢造黃冊，除流官及土官馴熟府分，依式攢造外，其土官用事邊遠頑野之處，里甲不拘定式，聽從實編造。[80]

指出雲南邊遠「頑野」處之里甲編冊是不拘定式，但「流官及土官馴熟府分」則依式攢造里甲，此馴熟府分應包括當時之大理府。許多貴族世家被劃入里甲，大理總管段氏之其中一支系便擔任峨崀里之里長。[81]喜洲董氏也被派任為市戶里里曹等等。[82]雖然這些世族大家很快就透過讀書科考的管道轉型成為士人或是吏員。

由於大理境內之佛寺莊園常住甚厚，地方官員復將太和縣境

---

79 出自大理族譜的資料：「《大理府志》名宦類傅友德註：大理悉平，定租賦又田賦類大和縣糧里五十分在城並上中下三鄉，上鄉十二里內，其第四曰市戶。」見楊士雲，〈明故塚史董公墓表〉，收入《大理史城董氏族譜》（大理市圖書館藏複印本），卷8，〈藝文〉中，頁22。太和縣分五十糧里，後來被劃出額外三個糧里分別是三塔寺、感通寺與無為寺。參見李斯佺、黃元治纂修，《（康熙）大理府志》，卷8，〈田賦・糧里〉，頁115。

80 李東陽撰，申時行修，《大明會典》，卷20，〈戶口二・黃冊〉，頁361。

81 《闞洞旁段氏族譜》（大理市院塝村採集）。

82 列名十三世之董救「洪武初為太和縣市戶里會」；董宗「名下立為市戶里第一甲首戶」；董山「祖名下分為第二甲首戶」；董恭「以下十二祖分為市戶里十甲甲長戶」等等。見《大理史城董氏族譜》，卷3，頁6-8。

內的三座佛寺納入糧里。正德《雲南志》記載太和縣有53里，比
明初增加三個里，加設的是感通寺、無為寺與三塔寺。其他州縣
則包括鄧川州編戶12里，下轄浪穹縣25里；雲南縣編戶15里、
賓川州編戶12里、趙州編戶8里、雲龍州編戶2里。[83] 區區太和縣
被劃作53個糧里，占全滇各縣里甲密度之冠，可知明朝特別重視
大理境內世族社會之管理，尤甚於滇東之雲南府。

　　不只是如此，依據正德《雲南志》記載，當時大理府戶口登
記數量最多，計有19815戶，比雲南府的16583戶還高。[84]《康熙大
理府志》也注意到這個情形，其記載如下：

　　按《通志》載：全滇民丁止有拾肆萬參千有奇，即雲南首
　　府亦不過壹萬柒千餘丁，今太和一縣耳，自上關至下關南北
　　不過九十里，自蒼山麓至洱河濱東西不過五里。其間村堡寥
　　寥可指，所載人丁至有壹萬捌千玖百陸拾餘，以一縣之丁且
　　較首郡而浮之，似不應如是之多。偏詢故老皆曰：明潁川侯
　　傅友德以段氏抗拒故田賦戶丁視他郡特增重焉。今按戶而覈
　　十丁未必六丁之存足額而供，一丁幾有二丁之累，故老之言
　　如此然。[85]

---

83 周季鳳纂，《(正德)雲南志》，卷3，〈大理府〉項下記載當時之太和縣編戶
　　53里，趙州編戶8里，雲南縣編戶15里，鄧川州編戶12里，浪穹縣25里，
　　賓川州編戶12里，雲龍州編戶2里。整個大理府一共有19815戶，口有
　　166602。」參見周季鳳纂，《(正德)雲南志》，收入方國瑜主編，《雲南史料
　　叢刊》(昆明：雲南大學出版社，2000)，卷6，頁135、138。

84 周季鳳纂，《(正德)雲南志》，頁126。又參考陸韌，《變遷與交融：明代雲
　　南漢族移民研究》，頁106。

85 李斯佺、黃元治纂修，《(康熙)大理府志》，卷7，〈戶口〉，頁66。

全雲南登記在案的人口約有14萬餘,清初雲南府則約1.7萬餘,但光是太和縣一縣的人口數便有1.8萬餘丁,一縣之人丁比雲南府所登記的人丁還多。這種現象與明初對太和縣特別關注並進行嚴格的政治管理有關,此留在冊籍中的丁口數卻成為太和縣民嚴重的賦稅負擔。雖然具體登記與管理在明中葉時期才逐漸著手進行,但萬曆大理府的人口仍然比首善之區的雲南府高出4.7倍之多。[86] 大致看出明朝對大理府的治理態度。

小結

佛光寨之役為大理四周土酋轉型為土官提供了合法性的基礎。中央王朝先在大理府境內四周安置了非大理世族——非白人土官勢力,尤以鄧川阿氏以及蒙化左氏為代表,其削弱大理平原上的貴族勢力意味濃厚。再者,在更外緣的滇西北與吐蕃交接處,仍然仰賴鶴慶與北勝州高氏在大理與吐蕃間金沙江沿岸之屏障勢力。其採用「土官」,不僅是原地留任的羈縻性質而已,也有在不同人群間創造均勢的政治版圖來抑制大理世族的意味。

土流並置在太和縣,最具體的施行方式便是將大理世族同時劃入土軍與里甲,這使得太和縣民成為提供賦役以及軍事等雙重人力的來源。上述之政治制度一方面將大理社會直接納入府級之行政單位,也因為其特殊之歷史條件,仍有許多土官在明朝未及之地繼續執掌其傳統領地。此二元政策為其人口提供不同身分選擇的機會。

---

86 陸韌,《變遷與交融:明代雲南漢族移民研究》,頁110-111。

第三章

書寫者
華夷之間的歷史與神話

土流並置的漢法區潛藏著一套以華變夷的政治架構。在進入研究對象與主題前，我們必須先針對相關文獻書寫背後的權力結構以及其時空脈絡予以分析。為方便討論，本章先從上層的正統敘事開始討論：（一）官方的正統史觀：僰人論述。（二）士人的正名運動：白人與白國。（三）民間傳說文本：口傳的文字化。這些歷史敘事有其不同的書寫架構、格式與內容，也包括一套標準化的意識形態。先對不同文類以及特有的歷史敘事做一個討論，將有助於釐清本書的研究對象：白是僰？那誰是白？

一、官方論述：僰人

（一）僰人近漢

明朝統治西南，特別重視對大理世族精英的拉攏。朱元璋先派遣雲南布政使司張紞安撫地方勢力，先後在昆明和大理兩大佛寺留下碑記，指出僰人與佛教是治理西南不可或缺的重要支柱。張紞在昆明佛寺留下〈具足禪院記〉，指出當地最易教化的一群人是信仰佛教的「僰」人。他說：

> 西南諸種曰僰、曰爨、曰獠、曰夷，而旁孽庶醜又不可悉紀。獨僰人修繕剎宇，尋襲師宗，事佛惟謹，餘種皆不之信。蓋其習氣使然。……予既憫諸夷之寡識，而喜僰人之易化，特為敘其本末。[1]

---

[1] 張紞，〈具足禪院記〉（1393），收入北京圖書館金石組編，《北京圖書館藏中國歷代石刻拓本匯編》（鄭州：中州古籍出版社，1989-1991），〈雲南地

他將西南諸夷分為四大類，分別是僰、爨、獠與夷。他對僰人抱持特別的好感，其有尋襲師宗的傳統，也是一群事佛易化的人群，往往被視為近漢者。張紞甚以僰人之佛寺「宛若華制」，使其心目灑然，忘記行旅之陌生感。後來，他到大理拜會當時地位顯要的僧人無極和尚，僰人論調又重複出現。張紞為無極和尚撰寫〈感通寺記〉時，其筆下的大理如下：

> 大理之為土，負山面海，由唐以來，蒙段氏據而有之，始六百年，二氏皆僰人。西南夷為類雖雜，知文教者惟僰焉。其俗事佛而善釋，段氏有國用僧為相，或已仕而更出家，故大理中佛教最盛，而僧之拔萃者亦多。收附初，有征無戰，其梵宇緇流悉獲安堵。[2]

指出蒙、段二氏據大理六百餘年之久，皆為僰人，其人「事佛善釋」，文化水平最高。換句話說，僰人被標準化成為固定人群稱號，是信仰佛教的人群，也是蒙段統治者的後裔。張紞也強調收附之初「有征無戰」，沒有引發大規模爭戰，主要是因為佛教之功。是以，明初治理西南，必須拉攏僰人，並優禮這批僧人集團。這是張紞為昆明與大理這兩座大佛寺之碑刻所陳述的重要內容。此後，官方文獻多以僰人稱呼白人。

　　僰白雖然相通，但標準化之「僰」有其政治與文化的企圖。晉人《華陽國志》有「漢武開僰道」之說。[3]這種邊緣的歷史記憶

區〉，頁19。

2　張紞，〈感通寺記〉，收入周季鳳纂修，《雲南志》，卷43，〈外志〉，收於方國瑜主編，《雲南史料叢刊》，卷6，頁495。

3　常璩，《華陽國志》（四庫全書版），卷3，「蜀志」七、十五，有許多僰道之

充斥在正統書寫之中，元人李京到西南時也採用「僰道」之說。
李京《雲南志略》，其言：

> 白人，有姓氏。漢武帝開僰道，通西南夷道，今敘州屬縣
> 是也。故中慶、咸楚、大理、永昌皆僰人，今轉為白人矣。[4]

李京是第一位將僰道的僰人視為白人的官員，他把漢武通西南夷
開僰道和十三世紀雲南諸府之白人此相距千年的歷史串連起來。
他雖然認為白人祖先是僰人，但他很快就回到現實，承認僰人已
轉為白人的事實，這裡的「轉」是關鍵，是指後來僰人土著化成
為白人。明初承襲李京的論點，但刻意忽略白人，以華夏正統的
架構用「僰」取代「白」，企圖把白人的歷史與漢武通西南夷這
件事連結在一起。[5]

論：「漢祖自漢中出三秦伐楚，……高後六年，城僰道，開青衣」，又「犍為
郡，……孝昭元年，郡治僰道，後遂徙武陽」參見（晉）常璩撰，劉琳校
注，《華陽國志》（成都：巴蜀書社，1984，四庫全書版），頁1。

4　李京，《雲南志略輯校》，收入王叔武校注，《大理行記校注‧雲南志略輯校》
（昆明：雲南民族出版社，1986），〈諸夷風俗〉，頁86。

5　方國瑜曾從移民的角度考察僰人到白人的歷史。他認為東漢晚期因滇東爨氏
族勢力擴大，這些原來居住在四川雲南邊境上的僰人受到排擠，遂移入洱海
與永昌一帶。其論點有1. 東漢晚期，朱提郡多僰人，且多漢族大姓，然唐代
時，朱提悉為烏蠻，顯知原住之民已遷往他處。2. 滇東之僰人，西晉以前多
見記錄。南朝以則無聞，而唐朝西洱河多白，且有大姓，自云其先本漢人。
於是方國瑜先生便認為滇東的僰人是在晉後遷居洱海地區。也因為如此，方
國瑜認為南詔大理的人群結構，是王室為哀牢夷為主，並以河蠻、僰漢大姓
為其國之主要人群。參見方國瑜，〈唐代前期洱海區域的部族〉，收入林超民
編，方國瑜著，《方國瑜文集》，第2輯，（昆明：雲南教育出版社，2001），
頁42-79。

很明顯，典範歷史的書寫架構主導西南歷史的敘事內容與方向，其背後蘊涵著一套文化殖民的華夷觀。若要以正統歷史敘事來考證僰人的歷史，經典化的考據可以追溯到《禮記》，經學考證的崇古之風不斷地強化這樣的論點：白人即僰人。嘉靖年間，官員姜龍[6]為楊慎所撰之《滇載記》撰寫序文，其指出：西南是外徼之地，聲教不及，並引用《禮記》所言：「王制出學，簡不帥教，屏（摒）諸西方者曰僰。」[7]僰人成為縫補南詔大理與華夏正統二種斷裂歷史敘事之媒介。不僅如此，當時許多學者也投身於金沙江與黑水的源流考證，試圖在經典中重新發現大理之山川水利在漢籍典籍中的蹤跡。[8]

明初以來之官方文獻以「僰」指涉大理之統治貴族，並使其符合正統史觀中之古漢人。對大理世族而言，「僰」是模稜兩可的他稱，其「僰漢同風」指文化同源，也有夷化漢人之意。[9]這與後來白人轉型之文化形象非常吻合：白人世家逐漸轉型士人階層後，繼續擁有許多當地既有之政治資源，也具有治理地方的統治技術，是溝通明朝與西南諸夷之重要中介者，因而很快地就成為新朝治理西南之代理人。各府州縣設有土流官衙門，莫不以廣設儒官、學正為首要政策，其目的在吸收堪為朝廷任用之人員，也

6　姜龍，南直隸太倉人，正德三年（1508）登進士，歷任禮部郎中，後擔任雲南副使。見張廷玉等修，《新校本明史》，卷165，〈列傳〉53，頁4476。

7　嘉靖年間姜龍為楊慎的〈滇載記序〉，收入楊慎撰，《滇載記》，收入方國瑜主編，《雲南史料叢刊》（昆明：雲南大學出版社，1998），卷4，頁756。

8　李元陽，〈黑水辨〉，收入劉文徵纂，古永繼校點，《（天啟）滇志》，卷25，〈藝文志〉，頁868。

9　漢僰同風出自李賢，《明一統志》，卷86，頁816。其形容楚雄府的僰人風俗，其言「風俗好訟崇釋，漢僰同風」。頁34。

擴大地方治理的社會基礎。白人多在土流衙門擔任學官等職務，成為官府教化群夷之代表人物。再者，各府一旦設儒學配有庠生員額，其地處渺遠之夷民散居山鄉，亦難以趨學，白人很容易在科舉任選制度下成為進身士人階層的群體。明英宗時，雲南按察司提調學校副使姜浚指出景泰元年（1450）西南夷受儒學教育的情形：

> 臣自受命以來，遍歷雲南各府司州縣儒學，見生員多系爨人，羅羅、摩些百夷種類性質愚魯，不曉讀書，不知禮讓，廩膳增廣，俱不及數，或缺半者有之。……惟恐虛費，廩祿因循日久，學政廢弛。其各衛所軍生多有人物聰俊，有志於學，緣不得補廩，無人養膳，難於讀書，乞不拘常例，軍民生員，相兼廩膳，庶使生徒向學，不負教養。[10]

這裡提及百夷種類不曉讀書，各地儒學以爨人為主。終明之世，雲南士子多爨人，爨人也逐漸從「西南夷」的身分轉型為士人。

曾任雲南布政使的陳文在景泰四年（1453）奉命撰寫《景泰雲南圖經志書》，他對「爨人」的描寫也側重於「易於向化」的特質。由於爨人風俗古樸，較它處之華人更儒雅，致使外來官員認為爨人必定是古老的華人，否則無法理解何以其文化如此類於漢。陳文在《景泰雲南圖經志書》記載：

> 爨人有姓氏，雲南在處有之。初從莊蹻至滇，遂留其地。

10　陳文等撰，《明英宗實錄》（台北：中央研究院歷史語言研究所，1966），卷192，景泰元年五月己酉條下，頁3990-3991。

> 後與夷人聯姻，子姓蕃息。至漢武時，已侏离嘔咿，儘化為
> 夷矣。迨今漸被華風，服食語言，多變其舊，亦皆尚詩書，
> 習禮節，漸與中州齒。[11]

這段文字特別有意思，指樊人原來是漢人，隨楚國莊蹻到雲南，和夷人聯姻，「夷化」轉為樊人，但今日又漸漸「被華風」，尚詩書，習禮節等等。也因為如此，官方更願意視樊人是華夷聯姻後夷化的人群，是「古老的漢人」。依據這些文獻，我們無法認真計較這些白人是否真的是源自於漢人，或是莊蹻留下的後裔，畢竟華夷之辨是後來才逐漸受到重視的意識框架。也就是說，為了將這些邊陲地方精英納入正統歷史的系譜關係，不少書寫者也都開始產生「古代史」的考證興趣。

再者，樊人擔任統治者與行商貿易，散居各地，分布範圍很廣，包括雲南府、昆陽州、澂江府、曲靖、馬龍州、石屏州、楚雄、鎮南州、姚安、大理、趙州、鄧川、蒙化、鶴慶、劍川等等，遍及西南各府。[12]景泰年間，陳文也指出樊人居郡邑附廓，和外來的漢人衛所與官府相互為鄰，往來密切。描寫樊人時，他偶以漢樊稱之，認為漢人和樊在文化上和地理分布相互依存。他對

---

11 陳文，《（景泰）雲南圖經志書》（北京圖書館景泰文年刊本。方國瑜主編，《雲南史料叢刊》，卷6，昆明：雲南大學出版社，2000）卷1，〈雲南府〉，頁3。

12 對「白人」歷史的考察可見白鳥芳郎，〈南詔問題研究の遍歷〉，收入《華南文化史研究》（東京：六興出版株式會社，1985），頁165-181；〈東南アジアにおける文化複合の性格と民族国家形成の一類型〉，收入《華南文化史研究》，頁203-222。伍莉，《明清時期雲南藏緬語諸族關係研究》（昆明：雲南人民出版社，2007），頁56-73。

西南諸府僰人之描述，如晉寧州：「惟僰人知讀書，易於化導」[13]；
澂江府則是：

> 郡多僰人，而漢人雜處其間。初不知學，今以歲久，漸被
> 文教，有以科第躋仕而封及其親者。於是閭里翕然向學，相
> 率延師訓子，而家有誦讀之聲，皆樂於仕，非復昔之比矣。[14]

又鎮南州：

> 境內僰人，風俗大抵與雲南府同，但每月以戌日祀祖，及
> 每歲伏月、臘月二十四日，具酒饌上墳，告曰某節之期至
> 矣，敢請回家享祭。告畢相聚飲宴而散，人死則置於中堂，
> 請阿吒力僧遍呪之三日，焚於野，取其骨，貼以金箔，書符
> 呪其上，以磁瓶盛而瘞之。[15]

仔細分析這些不在大理府的僰人，除了學誦讀習儒書，也幾乎保
留「戌日祭祖」的傳統，還有的地方延請阿吒力僧來舉行火葬，
這些都是該地佛教遺風。同時，這些僰人多居住在府邑，是官府
與山鄉夷民間的中介者，也是中央與地方之間重要的中間階層。
大理府是昔日政治中心所在地，其漢僰風俗是：

> 郡中之民，少工商而多士類，悅習經史，隆重師友，開科

13　陳文，《（景泰）雲南圖經志書》，卷1，頁25。
14　陳文，《（景泰）雲南圖經志書》，卷2，頁32-33。
15　陳文，《（景泰）雲南圖經志書》，卷4，頁64。

之年，舉子恒勝他郡，其登黃甲躋華要者今相屬焉。

當時大理府僰人多轉型為士類，樂於學習經史。每當開科取士之時，舉者比他府數量更多。陳文對僰人的描寫雖非全面性，然僰人分布範圍很廣，各地角色略有不同。正德年間，周季鳳纂修《雲南志》（1510），多承繼《景泰雲南圖經志書》論調，在此略去不贅錄。

僰人不僅住在城邑近處，也有居住在山鄉者。如隆慶《楚雄府志》（1568）僰人多居處在山處，一在鎮南山，一在定邊山。在鎮南山處：「其人尚佛信巫，樂嬉趕集，僰人多祀於戌日，在昔間有科名，近似少衰，儒業者頗知禮讓，喪禮亦近古云」；另一處在定邊山，該地夷儸雜處，「惟僰人近市者稍善於彼云！」[16]指僰人之鄉語、居室器用與漢人類同，他們多為舉貢生員，也從事商賈貿易活動，是一批能夠通達深山夷儸語言風俗的人群。

總之，官府將「白」標準化為「僰」，具有以下特點：一、有姓氏；二、多居住在府縣郡邑，文化和居住形制和漢人接近；三、近邑僰民業儒致仕；四、戌日祭祖，喪禮仍主火葬，以阿吒力僧執行之；五、山區僰民善市。

（二）僰之土人化

當僰人被視為古漢人的同時，部分之僰人被歸類為土人。另一批世族精英擔任土官，在專門登錄土官冊籍的《土官底簿》中

---

16 徐栻、張澤纂修，杜晉宏校注，《（隆慶）楚雄府志》（《楚雄彝族自治州舊方志全書・楚雄卷》昆明：雲南人民出版社，2003），卷1，〈地理志〉，頁26、29。

被標誌為僰人。《土官底簿》內列籍僰人的土官多來自大理府、
楚雄府、姚安府、鶴慶府、北勝州等地，他們的姓氏多以楊、
段、王、高氏為主，高氏勢力尤大。以下《土官底簿》被登記為
僰人身分的土官如表3.1 [17]：

表3.1　《土官底簿》僰人土官表

官職	籍貫
德勝關驛丞	王義大理府太和縣僰人
雲南縣知縣	楊奴大理府趙州雲南縣僰人
雲南縣主簿	張興大理府趙州雲南縣僰人
青索鼻巡檢司巡檢	楊良大理府太和縣僰人
蒙化府樣備驛驛丞	尹義蒙化州僰人
楚雄府楚雄縣縣丞	楊益僰人
廣通縣主簿	段璽僰人
鎮南州同知	段良楚雄府鎮南州僰人
英武關巡檢司巡檢	張宗僰人
鎮南巡檢司巡檢	楊昌僰人
沙橋驛驛丞	楊均僰人
襲姚安府土官	高壽僰人
姚州同知	高義僰人
北勝州知州	高策僰人
通安州同知	高清鶴慶府土居僰人
楚雄府同知	高政僰人

---

17 不著撰人，《土官底簿》，收入《景印文淵閣四庫全書》，第599冊。

　　從《土官底簿》可知，官府將降明土官之籍貫與族屬登記冊籍，一旦成為定式，僰人身分便在土官檔案中保留下來。以當時勢力最大、地位最高的高氏為例，其控制雲南八府，後來之勢力仍包括楚雄、北勝州、姚州、鶴慶等府，在冊籍中被登錄為僰人。後來，「僰人」也隨著土官政治之邊陲化和山鄉夷民產生愈來愈緊密的共生關係，致使僰夷與百夷混融在一起。[18]

　　流官區的僰很快就轉型為士人身分，成為西南地區和中央王朝間的中介者；土官區的僰也成為官府與夷民之中介者，即土官階層。這很可能源自於過去的優越身分，使其繼續握有相關之統治技術與治理經驗。所以，他們對新興身分的選擇尺度更大，在空間上的流動性亦然。當時土官最容易被質疑的是：僰人是否是土人呢？土人又如何定義呢？有些白人土酋在最初之土官登記時並沒有被標誌為僰人，如太和縣民董寶、趙俊等等，他們分別獲蔓神寨土巡檢與神摩洞土巡檢二職銜。但這土巡檢的身分在明初幾代間便「自動消失」，緣由不詳。再者，土官也可能因為等級太基層，承襲時受到阻礙，如雲南縣主簿張興，他是大理府趙州雲南縣人，原為千戶所世襲土官，歸附明朝後，成為土官主簿。因其承襲屢遭挫折，故必須強化土人身分來宣稱其承襲的依據，終在永樂六年奉聖旨以「既是土人，准他襲」，可知土人才是擔任土官的重要依據。後來土官承襲程序愈來愈複雜，皇帝常常以「依例著他作，只不世襲」，使得許多土官成為遊走於「例」與「法」之間的模糊地帶。[19]這也是漢法區土官，尤其是白人土官承

---

18 清初僰夷也用來指南方之百夷（即擺夷），同時，僰夷也繼續指涉白人，其用法相當混雜。以北勝州土官高氏為例，其為「本州四城鄉僰夷」。參見顧炎武，《天下郡國利病書》，第31、32冊，〈雲貴〉、〈雲貴交阯〉，頁17、78。

19 太和縣民，有時也會被註記太和縣僰人。參見不著撰人，《土官底簿》，收入

襲時所面臨的政治矛盾，這可能是白人對土人身分抱持「搖擺」態度的原因。

（三）《滇夷圖說》與《百苗圖》

　　明初朝廷曾派遣官員前往雲南繪製滇夷圖冊，先有《雲南諸夷圖》，宣德六年（1431）由雲南布政使殷序以及黔國公沐晟合作將之「重鋟諸梓」。萬曆二十二年（1595）雲南巡撫陳用賓又繪撰有《雲南諸夷圖說》二冊。[20]當時所繪之滇夷諸圖已散佚，但清初繪圖者承繼臨摹且保留較為完整者有伯麟之《滇夷圖說》。哈佛大學燕京圖書館也藏有二卷滇夷圖，一為由內廷畫師顧見龍所繪，清人臨摹而成的《滇苗圖說》，另一為《夷人圖說》。[21]在圖說中二幅白人形象的描寫如下。

　　《滇苗圖說》所繪之白人分為三部分，上面是一位著官服官帽正在讀書的士人，具有士宦雙重形象，中間與下半部描繪著女織農耕的生活模式。（圖3.1）再者，《滇苗圖說》之白人圖像，其左右各一扉頁，右頁為圖，左頁為文字。文字說明如下：

　　　　白人，古白國之支流也。其先有西海阿育王，奉佛茹素，不為采染、不殺生命，號白飯王，治（白）崖傳至仁果，以慈性治國，國人戴之。漢元狩間，武帝惡滇王，當以果代王

　　《景印文淵閣四庫全書》，第599冊。

20　祈慶富、史暉等著，《清代少數民族圖冊研究》（北京：中央民族大學出版社，2012），頁36-92。

21　顧見龍繪，《滇苗圖說》（清人摹本，哈佛燕京圖書館藏）。

圖3.1　《滇苗圖說》（哈佛大學燕京圖書館藏）。

其地，仍號白國。傳世十五至鳳龍佑那，不變其舊。諸葛亮
定南中，仍封佑那於其故地，賜姓張氏。沿至唐時，其十七
代孫張樂進求以國讓蒙氏，而隱其他酋長、張氏子孫，今之
白人，即其後也。舊訛僰為白，遂稱為一類，其實不相通。
雲南諸群皆有之，習俗與華人不甚遠。[22]

這雖是清人抄本，《滇苗圖說》延續明中晚期以來的歷史敘事，
巧妙地以圖文方式表達白人身分與歷史的二元性，在文字層面強
調白人世系源於印度阿育王，但圖像上卻將白人繪製成為「教
化」後的形象：讀書致吏、農耕、女織的理想典型。

---

22 顧見龍繪，《滇苗圖說》。

圖3.2　《夷人圖說》（哈佛大學燕京圖書館藏）。

　　另一幅白人圖出自於《夷人圖說》，與前者相互比對，可知
繪圖者刻意省略白人讀書致吏與女織，更重視其農耕社會幾與中
土無異的形象。（圖3.2）然其文字記載如下：

　　　　白人古白國之支流，舊偽僰為白，遂稱為一類，而實不相
　　　通。力稼知禮又謂民家子。雲南府及大理有之。[23]

內容與明末《滇志》內容如出一轍，強調其非漢源流，實為「古
白國之支流」的異質性。滇夷圖說的文字和圖像之書寫脈絡是不
一樣的，文字內容沿著中央官方的知識架構，著重於其之所以為

23《夷人圖說》（哈佛大學燕京圖書館藏）。

圖 3.3　《百苗圖》之僰人（楊庭碩、潘盛之《百苗圖抄本匯編》）。

他者／異類來書寫，而繪圖的內容則取決於其與鄰人如何進行文
化區隔。

　　清朝以「百苗」統稱南方人群。一批在元末明初被派遣到黔
東駐軍的白人，也成為繪師筆下的百苗之一。在《百苗圖》，僰
人被描寫成為是在山洞供奉佛經的人群。（見圖 3.3）《百苗圖》
中的僰人：

　　　僰人，在普安州各營司，男女皆披毡衣，不沐浴，性淳而
　　　信佛，每置經於岩硐中禮拜以申誠敬，通夷語，常誦梵呪。[24]

---

24 楊庭碩、潘盛之編，《百苗圖抄本匯編》（貴陽：貴州人民出版社，2004），
　　上卷，頁227。

其他版本《百苗圖》的錄文如下：

> 僰人，在普安州各營司，男女皆披毡衣，垢不沐浴，性惟
> 佞佛，凡保羅等諸苗言語不相諳者，常令僰人通之。[25]

百苗圖所繪之僰人恰巧說明白人離開大理核心區後，在邊陲地區留下更為傳統的刻板形象，如拜佛、拜佛經等等，而通夷語的譯者形象是連貫的。當中心區的大理白人已轉為耕讀致吏的形象時，貴州普安州的「僰人」，因早期駐守其地，不僅留下僰人名稱，還保留更古老的誦經崇佛的文化形象。[26]

這些將夷人標誌為帝國邊陲「他者」的文類，其繪製的目的絕不僅止於採錄奇風異俗，更具有強烈的殖民治理的企圖。[27]是以，在這整個他者化的文化治理過程中，大理白人如何努力轉型為士人階層以及他們如何將大理過去的歷史編織在正統歷史中，便成為一個有意思的觀察。

二、士人的正名運動

大理世族精英並不認同正統歷史所採用的僰人敘事，尤其官方冊籍將土官登記為僰人時，便也在土官和世族之間劃下一道身

---

25 楊庭碩、潘盛之編，《百苗圖抄本匯編》，上卷，頁223。

26 不同版本的百苗圖對僰人的描寫文字大體類似，地點都指涉普安州各營司。指的是大理國至元朝大理總管時期移居滇黔之大理遺民。參見楊庭碩、潘盛之編，《百苗圖抄本匯編》，上卷，頁223-228。

27 Laura Hostetler, *Qing Colonial Enterprise: Ethnography and Cartography in Early Modern China*（Chicago: University of Chicago Press, 2001）.

分的界線。李元陽（1497-1580）是一位重要的世族精英，他很可能是改變官府對白人認知的重要人物。在他的那個時代，他和楊士雲（1477-1554）為重構過去，分別對大理歷史抱持著不同的看法。

（一）志書

明中葉，代表大理社會的二位知識精英是楊士雲與李元陽。楊士雲，號弘山，字從龍，又號九龍真逸。他於弘治辛酉（1501）以《詩經》薦雲南鄉試，在正德丁丑年（1517）獲進士，改翰林院庶吉士。後來從陳白沙學，為白沙門人。他因為朝政日壞，選擇退隱回鄉，在鄉里積極推動婚喪禮儀的改革，使得原來世族豪貴之風逐漸趨於簡樸。[28]謝肇淛在《滇略》一書對楊士雲有一段描寫：「居里二十餘年，郡縣罕其面，鄉人不知婚喪之禮，士雲條析教誘，令易奢為儉。國人化之。」[29]指出他是一位崇尚樸素儉約的禮教隱士。他在家鄉推動儀式改革，不遺餘力，尤其向鄉人條析婚喪之禮。當時，全國有朱子家禮精簡版《家禮四要》，他為之撰寫序文並將之推廣到大理基層社會。[30]

李元陽，字仁甫，太和人。嘉靖丙戌（1526）進士，選翰林庶吉士，歷江陰縣令、戶部主事、監察御史等，四十二歲（1539）

---

28 李元陽，〈戶科左給事中楊弘山先生士雲墓表〉，收入焦竑，《國朝獻徵錄》，《續修四庫全書》，第529冊（上海：上海古籍出版社，1995，明萬曆四十四年徐象橒曼山館刻本），卷80，頁328-329。

29 謝肇淛，《滇略》，卷6，〈獻畧〉，頁167。

30 楊士雲，〈重刊家禮四要序〉，收入周宗麟，《大理縣志稿》（昆明：大理圖書館翻印，1991），卷26，頁12。

見朝政日非，解任回鄉，隱居四十年。[31]時大理鄉里經濟殘破敗壞，流徙者眾。李元陽發動許多慈善義舉，也從事鄉里重建工作。他「里居不出不營生業，薄自奉，厚施予，如婚嫁喪葬飢寒冤抑，以至橋場道路列為三十二事，日以自課，至老不少替，雖廢家產不恤也」。[32]此乃李元陽經世濟民於鄉里之作風。這二位大理出身的士人有許多值得介紹之處，然研究者較少針對其白人的身分及史識進行討論。

在經歷明朝治理約百年之後，此二人從科舉致仕，位高德重，在大理鄉里凝聚士人社群，形成一股鄉士大夫之風氣。他們雖然已無強烈之遺民感，但楊士雲與李元陽二人對過去所抱持的態度並不一致，正好可以用此突顯地方歷史敘事內部潛在的爭議。引發爭議的關鍵事件是編纂志書：嘉靖二十一年（1542），大理府守黃巖、蔡紹科邀請楊士雲共同編纂府志，謫居的楊慎也往來相互討論，當時主要參考《華陽國志》中之〈南中志〉作為《大理府志》書寫架構。[33]我們不清楚官員、楊士雲與楊慎三方如何合作，但楊士雲後來留有一冊名為《郡大紀》的著作，現已佚失。二十年後，李元陽以「近事無記」且「凡例綱目多有出入」，又重新編纂為《大理府志》；萬曆年間，李元陽又應雲南巡撫之請撰有《雲南通志》，算是具有代表性的大理士人的歷史書寫。

另一位被謫居到雲南的文人楊慎，雖未列入志書撰寫之列，但他和楊士雲、李元陽相互往來關係密切。在流寓西南期間，楊

---

31 他先後編纂《大理府志》、《雲南通志》，另有《李中谿全集》、《心性圖說》。參見劉文徵纂，古永繼校點，《（天啟）滇志》，卷14，〈人物志〉，頁472。

32 李選，〈侍御中谿李元陽行狀〉，收入周宗麟，《大理縣志稿》，卷26，頁3-6。

33 見李元陽，〈大理府志序〉，收入氏著，《（嘉靖）大理府志》（雲南省圖書館藏抄本，大理白族自治州文化局翻印，1982），頁1-2。

慎廣泛搜集民間文獻，依據地方傳說編寫《滇載記》與《南詔野史》二書。楊慎書其名為《滇載志》或《野史》，放在當時之時空脈絡來看，或有補充官方正統歷史書寫不足的意味。從這些士人網絡與時間脈絡可知，此三位都曾參與地方史書的編寫，但所秉持的「春秋大義」極為不同。

　　首先，究竟要如何定義大理呢？大理曾是國王之名，其已經被征服，它仍能作為明朝行政單位之府名嗎？楊士雲是一個抱持著文化正統觀的代表人物，其史觀和他崇尚禮教與春秋大義的思想有關。他視大理府為不正確的府名，大理國是一段僭越的歷史，不應以大理作為府名。其詩作〈大理傳〉：

　　大理傳如南詔傳，宋人未辨大理僭號，唐人辨南詔唐封，
　　春秋大義在綱常，萬古日星容易見。[34]

又，〈大理國〉：

　　大統如天覆萬方，蠻夷誰許錯相干，後來史筆知何似，吳
　　楚稱王總未刊。叢祠鬼恨古來傳，僭號於今六百年，掩卷幾
　　番成太息，漫郎囈語在殘編。[35]

他認為「大理」是僭號，並以其「僭號於今六百年」，建議廢除大理府的名稱。「大理」是國名，不是地名，此是「僭號」，不符

---

34 楊士雲，〈大理傳〉，收入氏著，《楊弘山先生存稿》，收入《叢書集成續編》，第143冊（台北：新文豐出版公司，1989），卷2，頁46。

35 楊士雲，〈大理國〉，收入氏著，《楊弘山先生存稿》，卷2，頁48。

春秋之法，不宜作為帝國府州縣之名稱。他在〈大理郡名議〉一文中指出：

> 謹按：郡名以地、以人、以物，以因事取義，古也。大理之名奚取焉，僭也。僭宜黜。[36]

他又以〈補議〉一文強調「大理僭號不可不革」！大理係出於大理國之國名，後來為大理總管府，明朝又以大理為府名，雖然轄境愈來愈小，但政治屬性極為不同，今即已隸歸郡縣，所承襲的應是漢朝故名，即楪榆，這才符合春秋大義。他在其〈郡名〉的詩作寫道：

> 我本楪榆人，羞稱大理國，欲奏明天子，千古事當白。[37]

我本「楪榆人」的意思很強烈，強調他對時間性的歸屬感；「羞稱」一詞是用來表達他對不正確過去的看法，故建議改用楪榆來取代大理。在另一首〈建寧郡〉的詩作中也透露他對大理歷史的看法：

> 白國山川擅白崖，九隆八族是渠魁，建寧改號兼張姓，千古南征葛亮來。[38]

---

36 楊士雲，〈大理郡名議〉、〈補議〉，收入氏著，《楊弘山先生存稿》，卷11，頁49-51。

37 楊士雲，〈郡名〉，收入氏著，《楊弘山先生存稿》，卷7，頁20。

38 楊士雲，〈建寧國〉、〈郡名〉，收入氏著，《楊弘山先生存稿》，卷6，頁14。

由這兩首詩可以看到楊士雲以楪榆取代大理，而「羞稱大理國」的用詞尤可見其立足正統史觀來觀看大理之過去。若要重寫大理歷史，他更願意回到漢朝諸葛南征以前「古白國」九隆八族的歷史敘事，並強調三國時期蜀漢南征西南夷的歷史。這種強烈的歷史感，使其追溯的文化符號也不同！

　　楊士雲的論點不只涉及西南地理考證，也攸關編纂志書者如何重新處理時間、空間與歷史人物，也就是如何重新將地方歷史放在典範的、正統的歷史架構中來重新論述的問題。若其《郡大紀》是以正統歷史之時間為主軸，那麼其志書將會迴避六百年來，以南詔、大理國與大理總管府為敘事主軸的人物與事件；相對地，志書也會因為「春秋大義」之書法原則，突顯符合正統歷史敘事的人物與事件。換句話說，隨著地方政治正統的消失，地方史的書寫不僅刻意迴避並遺忘過去的歷史，同時也重新塑造地方的記憶。

　　李元陽和楊士雲不同，他更重視歷史作為政治實踐的文化資源。他認為「風俗」很重要，一地一方之風土是政治之根基。他在〈大理府志舊序〉言道：

　　夫五方，地各有宜，民各有俗。善為政者，成其務，不易其宜；明其教，不易其俗。[39]

他指出為政者必善其俗，故寫史必須強調一方之「風俗」與「文化」。他對歷史的態度與其說是同情與認同，毋寧說是寫實的。雖然，嘉靖《大理府志》僅存二卷，無法得知其全貌，他對「大

39　李元陽，〈大理府志舊序〉，收入周宗麟，《大理縣志稿》，卷24，頁33-34。

理」的看法，也和楊士雲不同。首先，他認為大理是過去西南政治之統稱，也是其中心。他在《大理府志》寫道：

> 漢唐之雲南，即今府地，元始移其名為路，國朝以其名為省。諸史中幾曰雲南者皆指大理而言，段氏竊據始名大理國，府名因之。[40]

漢唐時期文獻所記錄的雲南「即今府地」，意指大理府實是昔日雲南之中心；元明以來，大理更是大理路總管府的政治中心，而明朝又以雲南來統稱雲南省。所以，不論是大理府或雲南省的名稱，皆借自昔日大理國之稱號。如果要重構以漢唐為正統的敘事架構，那麼大理無疑是西南的核心地，其範圍甚至應該涵蓋整個雲南地區。這句話的背後，都指涉了大理王權在雲南扮演著不可抹煞的地位。對李元陽而言，「大理」此名號是一個充滿歷史感與地方感的所在地。

也因為如此，李元陽編纂《大理府志》時，將古國歷史編入其中。他依據方志體例，在「沿革」條目中，將南詔與大理國之歷史編入在唐宋王朝架構；在「古蹟」條目，將南詔大理王國之傳說遺跡，包括五華樓、大石案、婦負石、南詔城、賓川迦葉門等，以「地景」繫事作為託古之架構。再者，他又增加「雜志」，以其「府地在唐之中葉為南詔都會，故列其本末，名曰雜志以終之」。[41]換句話說，「沿革」「古蹟」與「雜志」皆符合方志體例，同時也是得以變相寄存過去王權歷史的架構。若將編纂志

40　李元陽，《嘉靖大理府志》，卷1，頁7。

41　李元陽纂，《嘉靖大理府志》，〈大理府志序〉，頁2。

書與其終身致力修復大理佛寺塔廟的鄉里活動放在一起討論，可更清楚地觀察李元陽將重建地方知識與修復歷史的工程整合成一整套的社會實踐。

李元陽所抱持的大理中心論述，也可能為其遭致各種批評，他後來稍加修正，改以南詔來概括大理王權。萬曆年間，李元陽應雲南巡撫鄒應龍之託請編纂《雲南通志》。為突顯地方傳統，李元陽在《雲南通志》中首創〈羈縻志〉條例，內容分為「羈縻差發」、「貢象道路」、「分制吐蕃」、「僰夷風俗」、「爨蠻風俗」、「滇國始末」、「白國始末」、「南詔始末」、「史傳摘語」等子條目，為往後西南志書的編纂奠定式範性的基礎。

〈羈縻志〉項下有兩個重點：一是描寫人群；一是古王權。他以大理為中心，將其邊緣人群分為僰與爨二類，所以有「僰夷風俗」與「爨蠻風俗」。[42]他寫道：

> 官軍從大將軍南下，及五方之人，或以戍、或以徙、或以僑寓不歸，是曰漢人；並生夷地，是曰夷人。夷有二種：居黑水之裡曰爨，居黑水之表曰僰。爨屬郡縣，僰屬羈縻。總計夷漢，漢人三之，夷人七之；又分計兩夷，僰人三之，爨人七之。天所以限華夷也。[43]

他以黑水為界，界內稱爨，界外稱僰。當地五方之人，戍、徙、僑寓不歸者是皆為漢人；爨與僰受到制度的制約，前者歸郡縣，

---

42 李中溪纂修，萬曆《雲南通志》（《西南稀見方志文獻》，卷21，蘭州：蘭州大學出版社，2003），卷16，〈羈縻志〉，頁374。

43 劉文徵撰，古永繼點校，《滇志》，卷1，〈地理志・地圖・地圖總論〉，頁25。

由雲南布政使司管轄；後者在黑水外，是為僰夷，即百夷，是土司
羈縻之區。[44]那麼，在李元陽的心目中，白人是爨、僰還是漢呢？

　　有意思的是，在李元陽的筆下，白人並非西南夷。白人不在
夷人之列，其非漢非夷，是天竺人白飯王之王裔。他在嘉靖《大
理府志》中記載的白人是這樣的：

> 仁果……自謂天竺白飯王之裔，號大白子國。白人於種人
> 最慧而貴，以王裔也。[45]

白人為天竺白飯王之裔，又最慧而貴，很明顯是指白人是「印
度」的「統治者後裔」。這裡用「自謂」天竺白飯王的後裔，意
思是「當地人這麼說」，是不置可否的意思。白人是來自於印度
人白飯王的後裔，是王裔，其非爨非僰非漢，是最慧點、最尊貴
的人群。這種王裔並不是一種普遍性的身分，是一種特殊的身
分，也不是西南夷之屬。然而，白人雖為王裔，但卻受到諸葛之
封賜，他拉攏後漢諸葛亮征南中的一段歷史，寫出了白人的故
事。他在志書中寫道：

> 諸葛亮渡瀘至南中，斬雍闓，服孟獲，四郡皆平。時雲南
> 郡之白崖有國，號大白子，其酋鳳龍佑那，能撫其民，侯仍
> 以其地封之，賜姓張氏。……地有白人之名始此。[46]

---

44 明初對西南治理之劃分，即以三江為界，其內是漢法治理，設郡縣；三江以
　　外，是為羈縻。

45 李元陽，《嘉靖大理府志》，卷1，〈沿革論〉，頁9。

46 李元陽，《嘉靖大理府志》，卷1，〈沿革論〉，頁9。

為使白人來源得以被理解，將白人放在典範歷史——諸葛武侯的歷史脈絡中敘述。白人是王權的象徵，同時也是將古天竺白飯王和諸葛亮南征的歷史連接在一起的中介人群。他將白人排除於西南夷之外，甚至將其身分抬高為超越西南夷的特殊階層，並用佛教歷史支撐其身分的獨特性。

　　他雖然指出了白人起源的特殊性，卻沒有把白人視為現在的大理人，其態度略微曖昧，也顯得相當搖擺。李元陽在萬曆《雲南通志》對「白人」的描寫極其謹慎。他在「大理府」項下之「風俗」描寫如下：「俗本於漢，民多士類；書有晉人筆意，科第顯盛，士尚氣節。」這一段文字傳抄自《景泰雲南圖經志書》與《正德雲南志》對大理府風俗的記載。然而，「俗本於漢」早就出現在陳文的《景泰雲南圖經志書》，然李元陽省略原文之「僰人」字眼，卻沒有以「白人」取代之，顯然是另一種選擇性的迴避。[47] 他似乎認為白人是王裔，昔日王國之屬民或貴族階層多已轉為士類。對他而言，白人是過去，源於古白國，不代表現在。他在歷史與文化間，偏向文化身分的選擇。[48]

　　再者，李元陽在〈羈縻志〉中羅列古代王國與土酋政治，包括滇國、白國與南詔。大理國名不見史冊，被併入南詔始末。其迴避大理國的心態，或許受到楊士雲以及整體局勢的影響。李元陽對這種迴避大理國的心態有一些不同的想法，他曾自忖：

　　　或曰：僭竊割據，奚取焉？而為是勞也。陽應之曰：不觀

47　李中溪纂修，萬曆《雲南通志》，卷2，〈地理・大理府〉，頁32。

48　明中葉以來之大理土人之南京論述，可見筆者〈南京歸來〉一文，收入藍美華編，《邊民在內地》（台北：政大出版社，2018）。

土壤分裂之亂，何以知大一統之治。

又

　　或曰：南詔世次固不可無紀，至於年號、封爵獨不可略乎？曰：歐陽氏作《五代史》，於十國世家年譜載列無遺，豈非以其朝貢之日多而自絕之日少耶？南詔之乖叛起於一張虔陀，星星之火，遂至燎原之勢，豈不可為深戒哉？！[49]

這裡的兩個「或曰」，應是指時人之疑慮，也可能指的就是楊士雲。李元陽自問自答，也算是此二者辯論的過程。他最後還是把南詔王國的歷史納入大理與雲南志書，作為明朝治滇之借鑑。他視大理人的正統來自於滇國、白國與南詔國，是政治統治階層。

　　李元陽雖提及白人歷史，又迴避白人的身分敘事，也出現在明末的《鄧川州志》。《鄧川州志》將白人視為古天竺之王裔，但也沒有用白人稱其人，反稱其民稱為土人。「土人」即「白兒子，漢阿育王在大理以白米飯齋僧，號白飯王。所生之子孫稱為白兒子。越今千餘年無異」，指阿育王裔的白子被劃隸為土官轄民，是為土人；另一是「漢人」，指「漢武帝開滇，諸葛武侯征南遣下官軍，及我明平南遺留官軍皆是」，也就是武侯遺裔的土軍，被視為漢人；原來被官方採用的「爨人」也變成了「擺

49　李中溪纂修，萬曆《雲南通志》，卷16，〈羈縻志・南詔始末〉，頁21。李元陽在寫〈羈縻志〉中將「南詔始末」編入通志，也將諸國王一一列舉，算是當時之創舉。方國瑜針對《雲南通志》的編修體例進行分析，參見其為此志書所寫之〈後記〉，收入方國瑜主編，《雲南史料叢刊》，卷6，頁657-658。

夷」。[50] 大理士人們擺脫僰人的他稱，也沒有自稱是白人，他們將土官轄下之人稱為土人，另一種是隨諸葛南下的官軍，是為漢人。僰人被張冠李戴變成擺夷，可能是鄧川阿氏土官是統治者的身分，同時也是信仰佛教的人群有關。總之，明晚期這種白國支流的說法愈來愈具主導性，稍具有地方意識的士人而言，都不喜言「僰」。

　　李元陽在《雲南通志》留下〈羈縻志〉的書寫條目，後來也為清初之王崧所承繼。王崧是浪穹土官王藥師典之後裔，他於道光間編纂《雲南志鈔》，其志書列有〈封建志〉，承繼李元陽《雲南通志》之〈羈縻志〉架構。[51] 他以「世家」取代「諸國」，羅列西南諸土酋世家來說明土官身分的合理性。《志鈔》之〈封建志〉有上、下二部分，上古有滇、昀町、夜郎、白蠻、九隆世家、爨氏世家、群蠻世家；近世則有南詔世家、大理世家、元宗室諸王世家乃至明黔寧世家等。可想而知，王崧所記錄的諸世家是試圖整合其眼下更為複雜的歷史敘事，包括明朝治理以來諸氏族與土官政治世襲的傳統。他雖也主張務實與考證，然最終，他必須承認：

　　　大抵滇疆域最廣，立國於其中者，不止一姓，蠻荒文字猥陋，譯語舛譌，文人千百年後追述往代，臆度傳聞，十不得一。太史公有言，非好學深思，心知其意，固難為淺見寡聞

50　艾自修纂，王雲校勘，《重修鄧川州志》（大理：洱源縣志辦公室翻印，1986），卷1，〈地理志・族類〉，頁9。

51　王明珂，〈王崧的方志世界──明清時期雲南方志的文本與情境〉，收入孫江主編，《新史學（卷2）：概念・文本・方法》（北京：中華書局，2008），頁97-118。

　　者道。爰稽正史，參以雜說，取其近是者為世家；前志所載
　　之妙香、鶴拓，荒唐過甚，退置軼事。52

從文人化的白人土官王崧筆下可知，單一時間軸線的滇史敘事面
臨很大的挑戰，但愈是如此，「雜說」與「軼事」便顯得更有其
必要性，「雜說」得以羅列不容於官方記錄的土酋世家之歷史；
「軼事」則可以記錄無法考證之說。「雜說」和「軼事」都是溢出
官修方志的寫作框架，也因為如此，雲南方志得以將許多不符正
統歷史的內容納入其中。大理士子採取他者化的策略在地方知識
書寫和士人身分之間尋求平衡點，在正統格式與體例的限制下，
將不符正統敘事的本土歷史列入「雜說」和「軼事」，可看出其
致力在正統歷史的敘事架構中尋求新的可能性。換句話說，自我
他者化不只是單純指以標榜異類的方式來區辨外來治理者，而是
地方士人在層層文類與體例的規範下，挹入一套具有對話性的、
延伸的語言架構，使其得以成為容納不同聲音的敘事傳統，即便
這種自我表述是借用「他者」的符號來進行。這種敘事體例對地
方社會而言，意義深遠。

52　文中的前志應是指《白古通記》與《紀古滇說》二書。其論：「西南之國，
　　不知凡幾，九隆，六詔最著者也。白子國出於白飯王，哀牢國出於阿育王，
　　皆天竺國之君長。史所謂『西南夷之君長以百數』，二王或在其中乎？《古滇
　　說》、《白古記》諸書，合二人為一人，遂使白子、哀牢世系牽合支離。以今
　　考之，哀牢為九隆氏，其兄九人，各主一方，先為八詔及昆彌氏，後併為六
　　詔，而南詔細奴邏受白國張氏之讓，且併六詔為一，稱蒙氏詔，謂王也。滇
　　去佛所生之天竺頗近，其族分國於此，而民漸染其教最深。」王崧著，杜允
　　中注，《道光雲南志鈔》（方國瑜主編，《雲南史料叢刊》，卷11，昆明：雲
　　南大學出版社，2001），卷3，〈封建志〉，頁487。

（二）野史

楊慎是將「羈縻」、「雜說」與「軼事」之內容集其大成，以另一種文類來重新整理之的重要人物。前述已簡單介紹楊士雲、李元陽與楊慎之士友關係，當前二位受官府委託編寫志書，楊慎隨後所編纂的《滇載記》與《南詔野史》就顯得極有意義了。

楊慎謫居永昌，流寓滇地，遊走士人之間，與李元陽尤為相善。他在民間訪羅耆舊，搜集許多地方歷史之文本，並與李元陽共遊多次。李元陽編寫《大理府志》時邀他共同討論志書之編纂，是相當合理之事。[53] 楊慎的歷史書寫提供一扇窗口，供我們間接地觀察大理士子「沒有寫什麼」，或刻意想要遺忘的內容。他寫作的文類與風格，沒有大理士人既有之文化包袱，似乎顯得更為自由。如果比對李元陽與楊慎的作品，二者皆有相互引錄之處，李元陽的《雲南通史》〈羈縻志〉之「南詔始末」，多出自於楊慎的《滇載記》；而李元陽認為有疑未錄者，便是楊慎《南詔野史》所記載的內容。

首先，楊慎在《滇載記》的跋文中，自述撰書緣由：

> 余嬰罪投裔，求蒙段之故於圖經而不得也，問其籍於舊家，有《白古通》《玄峰年運志》，其書用爨文，義兼眾教，稍為刪正，令其可讀，其可載者，蓋盡書此矣。[54]

問籍於「舊家」指向遺民徵書。楊慎謫居永昌，熟悉當地方音，

---

53 張培爵修，周宗麟纂，《大理縣志稿》，卷24，〈大理府志舊序〉，頁33-34。
54 楊慎撰，《滇載記》，頁765。

他徵得僰文寫成的《白古通》、《玄峰年運志》二書，雖摻雜許多佛教傳說，經楊慎稍加刪正轉譯編為《滇載記》，後來又將無法編入《滇載記》者，編入另一本書，名為《南詔野史》。《滇載記》和《南詔野史》都有清晰的寫作策略，談的都是無法在志書被記錄下來的內容。但二書的內容也是有所區別的。

《滇載記》主要以漢文典籍的西南夷神話為軸線，即沙壹觸木有感生九男的九隆兄弟，九隆兄弟形成六詔諸部，因仰慕諸葛武侯南征之德，漸去山林，徙居平地，建城邑，務農桑的故事。書中記載如下：

> 當蜀漢建興三年，諸葛武侯南征雍闓，師次白崖川，獲闓斬之，封龍佑那為酋長，賜姓張氏，割永昌益州地，置雲南郡於白崖。諸夷慕武侯之德，漸去山林，徙居平地、建城邑、務農桑，諸部於是始有姓氏。[55]

《滇載記》立足於正統歷史的框架來組織六詔歷史，他把正統史籍的哀牢夷沙壹神話與諸葛武侯，視為當地歷史的主旋律，而諸葛武侯也成為西南王權六詔的開化者。值得注意的是，楊慎書名為《滇載記》，想要突顯的是接下來的部酋政治，尤以諸葛賜姓張氏，到蒙氏、鄭氏、趙氏、楊氏、段氏、高氏凡七姓等之王權傳統：「蒙段最久，故著稱焉。」他透過《滇載記》指出：西南最重要的歷史並不是發生在滇東的雲南府，大理才是滇地歷史之主要舞台。再者，也是更值得提出來討論的是，他描寫南詔開國故事時，只有提到開國國王細奴邏「耕於巍山之麓，數有神異」而

---

55 楊慎撰，《滇載記》，頁757。

已，這句話極其關鍵。他沒有提到令南詔得以建國的「觀音建國」之神聖來源。[56]第三，他談九隆兄弟時，也沒有提及其源自於阿育王。他刻意遺忘的是當地盛傳的佛教與印度的傳說。簡單地說，他在《滇載記》中不涉及任何與佛教有關的起源論述。

　　楊慎沒有將《白古通》的佛教傳說放在《滇載記》，卻將之放在《南詔野史》之中。他將書名冠以「野史」，有禮失求諸野之政治寓意，也有刻意保留被遺忘的歷史之意圖。相較之下，《南詔野史》增加《滇載記》所「沒記載」的佛教神話和傳說，其書雖名為「南詔」，但內容包括大理國、大理路軍民總管府段氏之世系，旁及西南夷諸人種的介紹等。首先，我們都知道，觀音建國是南詔王權的核心論述。《南詔野史》還保留那些原載於《白古通》、《玄峰年運》的佛教傳說，包括西天天竺摩竭國阿育王九子後裔成為諸王國以及南詔建國以來之佛教與國王世代之演繹，而這些佛教傳說並沒有出現在《滇載記》。再者，《野史》也描寫哀牢夷九隆族等同於大理諸大姓，其書對九隆弟兄進行解釋：

　　　哀牢夷傳，哀牢蠻蒙伽獨捕魚易羅池，溺死，其妻沙壹往哭之，水邊觸一浮木，有感而妊產十子。……故名之曰九隆氏。哀牢山下有婦名奴波息，生十女。九隆弟兄娶之，立為十姓：董、洪、段、施、何、王、張、楊、李、趙，皆刻畫其身象龍文於衣後著尾，子孫繁衍，居九龍山谿谷間，分九十九部，而南詔出焉。[57]

---

56 楊慎撰，《滇載記》，頁757。

57 楊慎撰，《南詔野史》（《南詔大理歷史文化叢書》，第1輯，成都：巴蜀書

指出南詔九隆兄弟，共有十大姓：董、洪、段、施、何、王、張、楊、李、趙，這些大姓的共同祖先是哀牢夷，並以氏族聯姻的方式建立南詔王朝。李元陽不知作何思考？在這樣佛教傳說與哀牢夷雙重論述下，他應該不想承認自己是哀牢夷之後裔吧，而或許這也是他遲遲不想在大理人與白人畫上等號的原因。

　　《南詔野史》以南詔為中心將其周邊人群列入「南詔各種蠻夷」計有60條。以「白民」與「僰人」二類人群為例：

> 〔白民〕有阿白、白兒子、民家等名。白國之後，即滇中之土著。婦女出門，攜傘障面，謂之避嫌。宴客，切肉拌蒜，名曰食生。餘同漢人。女鑲邊衣，以銀花銀吊為飾。
> 〔僰人〕一名百夷，又名擺夷。性耐暑熱，居多在棘下。本瀾滄江外夷人。有水旱二種，水僰夷近水好浴，薙後髮，蓄前髮，盤髻如瓢，故又名瓢頭僰夷；旱僰夷山居耕獵，又名漢僰夷。[58]

在李元陽與楊慎這類士子的整理下，白人論述也就獲得更多的正視。當官府認定的「僰人」已不願成為僰人時，那麼「僰人」只好漂流到邊陲成為「僰夷」，指的是瀾滄江外的擺夷人群。

　　綜合上述，楊慎以二種敘事架構來書寫雲南的歷史，一是諸葛南征的漢人正統敘事；一是阿育王諸子王裔以及其佛教政治傳統的歷史敘事，分別成為《滇載記》與《南詔野史》兩部孿生作品。很明顯地，他刻意保留雙重歷史敘事：《滇載記》想要強化

社，1998），上卷，〈南詔歷代〉，頁5-6。
58 楊慎撰，《南詔野史》，下卷，〈白民〉，頁23；〈僰人〉，頁24。

華夏歷史的主旋律，是針對《大理府志》與《雲南通志》此文類之不足；而《南詔野史》以王國歷史為主旋律，又是對《滇載記》華夏中心架構之偏失所進行的補正。

宗教性起源在華夏文明架構下是被摒除在外。接下來兩本宗教傳說文本《攞珠記》以及《白國因由》，又可說是對《南詔野史》此文類的延伸。章回歷史小說之格式提供了重複、延伸與渲染的體例，讓被視為荒誕不經的佛教主題得以不斷作文的方式擴大。這種文類似乎提供了一種自由創作的模式，不論故事所發生的地點以及敘事之細節為何，內容謹守著一種幾近嚴謹的主題與要旨，這莫不與地方社會的政治與日常生活經驗密切相關。

三、口傳的歷史記憶：祖師傳說與開化者

鄉村歷史往往具有強烈的口語傳統，且多由敘述性的傳說來表現。它以一種反覆的、週期的、預示的、神奇的面貌出現，不像官府之歷史敘事，重視貫時性的時間。明末清初以來，圍繞在外來者與開化者的傳說文本不斷地出現，特別值得注意的是一本土官所編寫的山志以及兩本傳說文本。前者由姚安土官高奣映所編寫的《雞足山志》；後者分別是流傳大理的《白國因由》以及流傳鶴慶的《攞珠記》，二者皆以章回小說的形式刊刻佛教開化的故事，出現時間在清初。

（一）《雞足山志》

正值大理士人楊士雲與李元陽為官府編纂《大理府志》與《雲南通志》時，受到良好教育的土官也試圖宣示他們是有歷史的社會，《雞足山志》便成為代表當時土官歷史意志的作品。二

位土官極其重要，一是麗江府土官木增（1587-1646），他請徐霞客（1587-1641）為雞足山編志；第二位是姚安土官高奣映（1647-1707），他親自編纂一份非常古怪的雞足山志。[59] 之所以說其古怪，是因為他視雞足山為全滇之起源地，而此雞足山又被視為是佛經大迦葉尊者隱身之所在，所以，這便造成雲南上古史是印度佛教史的古怪現象！然而，有意思的是高奣映還是依循中國正統志書之體例，以星野、疆域、形勢、名勝、建置、人物、風俗、物產、藝文與詩各卷來記錄雞足山。可想而知，他的目的是要將土官生活的領地編寫成佛經世界的所在地，並突顯土官在區域社會的正統地位！如果，不從書寫者的政治與地方脈絡來看的話，我們將很難讀懂高奣映所寫的《雞足山志》的價值與意義，自然以其為荒誕！而它無法流傳，不為後世所重視也就不奇怪了。

　　雞足山是釋迦牟尼佛大弟子大迦葉的道場，典故出自於佛經。《阿育王經》記載釋迦牟尼佛在即將涅槃時，將衣鉢傳給大弟子大迦葉尊者，後來大迦葉入雞足山，以三山覆身的不壞之身，等待將袈裟衣鉢等傳給未來佛彌勒佛。[60] 據唐玄奘的《大唐西域記》記載：「迦葉承旨，住持正法。結集既已，至第二十年，厭世無常，將入寂滅，乃往雞足山。」玄奘到印度求法的經驗告

---

59 麗江木氏與鄰近土官自明中以來世代保有密切聯姻關係，編纂《雞足山志》應視為土官政治的集體意志。可參見連瑞枝，〈大理山鄉與土官政治——雞足山佛教聖山的形成〉，《漢學研究》，33：3（2015年9月），頁131-168。

60 《阿育王經》有：「是時迦葉入城乞食，乞食竟入雞足山。破山三分。於山中鋪草布地。即自思惟，而語身言，如來昔以糞掃之衣覆蔽於汝，至於彌勒法藏應住，復說偈言：我以神通力，當持於此身，以糞掃衣覆，至彌勒佛出，以此故彌勒，教化諸弟子。以三山覆身，如子入母腹而不失壞」。僧伽婆羅譯，《阿育王經》，卷7，收於《大正新修大藏經》（台北：新文豐出版公司，1983），No. 2043，第50冊，頁153。

訴我們，印度佛教之創教者釋迦牟尼將佛教正脈傳給大弟子迦葉（Mahakasyapa）尊者，大迦葉承續正法，入滅於雞足山（Kukkuta Padagiri），並在雞足山等待未來佛彌勒降生，將象徵佛教正脈的袈裟傳給彌勒佛。從印度佛教史來看，雞足山位於現今印度比爾省（Bihar）的葛帕（Gurpa）地區，應無爭議。[61] 印度雞足山之所以移植到大理，一方面與時人地理知識有限，一方面也與地方濃厚的佛教政治與文化傳統有關，使得時人對印度異域的想像得以投射在大理境內，認為大理即昔日之古天竺所在。

　　惟大迦葉是整套山志的核心人物，其象徵意義是值得進一步分析的：他承繼釋迦牟尼佛的袈裟，隱身於雞足山等待著將袈裟傳給未來佛彌勒佛。佛教經典已預設了大迦葉之不在場性，也因為如此，「不在場性」反而使得全滇皆成為佛教腹地，而通滇境之人群與歷史也成為此核心論述之延伸。首先，通書以大迦葉為象徵性代表，「沿革」採用雙重原則，以中原正統紀年，繫之以古天竺佛教事件。其次，「疆域」之描寫亦然，他將雞足山和西域繫之於崑崙南幹，於是有山水考證與附會之論。第三，在「風俗」項下，他將雲南布政使司轄下諸府羅列其中，囊括雲南府、大理府、臨安府、澄江府、武定府、元江府、廣西府、永昌府與楚雄府等21個府的風俗，並記錄各府之佛教風俗。從這些書寫內容來看，他的目的似乎不只是寫雞足山的歷史，而是把雲南之人、事、物放在古天竺的佛教史鋪展開來，甚至有全滇之歷史源自於釋迦牟尼佛傳袈裟之教法史之意味。整本山志的論述與《大理府志》、《雲南通志》相依、相仿，乃至有相抗衡的意味。它是

61　玄奘、辯機撰，季羨林校註，《大唐西域記校註》（北京：中華書局，1985），卷9，頁705。

一本從地方視野出發，試圖講述古天竺如何變成當下的雲南之歷史文本。

換句話說，高奣映的《雞足山志》與李元陽的《大理府志》、《雲南通志》是一組文類相同，但文本內容卻相互辯證，是更積極地在極端本土意識下塑造出來的歷史敘事。他強化佛經大迦葉尊者此一神聖符號，也有銜接歷來地方流傳的佛教祖師信仰的歷史意義。

我們不清楚高奣映的《雞足山志》是否影響接下來兩本傳說文類的流傳。清初地方流傳的章回小說《白國因由》與《擲珠記》都強調佛教的開化者：一者是觀音；一者是摩伽陀祖師。這三本書可視為具有地方意志的歷史創作。

（二）《白國因由》與《擲珠記》

這兩本傳說談的都是外來者開化地方的故事，前者所開化的是白國；後者所開化的是鶴慶。《白國因由》由康熙年間大理聖元寺的僧人寂裕刊刻而成，內容來自聖元寺門扉刻畫的觀音故事，據說此故事是依據《白古通》刊刻而成，其內容又可追溯到10世紀「南詔圖卷」，內容是觀音七化授權南詔開國始祖細奴羅的一段故事。[62] 也就是說《白國因由》採用章回小說的文類形式，將古老傳說母題「觀音七化」延展出「觀音十八化」的民間故事。《擲珠記》記載的是摩伽陀祖師到鶴慶開化農田的故事。這位摩伽陀祖師和觀音梵僧，皆以古老開化僧人的形象在新的傳說文類中被重構出來。雖然此二傳說遲至清初才出現，但故事主題

---

62 李霖燦，《南詔大理國新資料的綜合研究》（台北：中央研究院民族學研究所，1967）。

卻是從古老母題中延伸出來，其在民間以口耳相傳的方式流傳，
復又在士大夫化過程中被「轉譯」或「轉寫」成為章回小說。章
回小說此一文類的流通，很適合將社會與人群在空間與階層流動
與變化時的共同期望串連在一起，其體例之「延伸性」與「重複
性」，也呈現出一種歷史心態的結構性反應。

　　在由官府主導之典範歷史架構下，觀音與摩伽陀祖師的敘事
偶見志書「仙釋」或「神異」條目，或僧族之家譜或墓誌銘，敘
事傳統面臨了零碎化的危機。然而，神僧開化的傳說具有深厚的
社會基礎，也有一脈相承的承續性，但明朝治理下缺乏正統敘事
文類之支持，故其在民間傳播的過程中產生重複、移植與挪用。
這正說明某類歷史文本隨著不同政治局勢的變化，形成鬆散與自
由地重新被編纂的情形。

　　以《白國因由》為例，它呈現循環性的時間週期，由觀音反
覆示化來組織「歷史」。觀音以各種不同的形象出現於各地，「化
身」足跡遍佈大理鄰近各地。觀音七化擴大到十八化的內容包括
〈觀音初入大理國第一〉、〈觀音化身顯示羅剎第二〉〈觀音乞羅剎
立券第三〉、〈觀音誘羅剎盟誓第四〉、〈觀音展衣得國第五〉、
〈觀音引羅剎入石舍第六〉、〈天生細奴羅主白國第七〉、〈茉莉羌
送子與黃龍第八〉、〈波細背幼主移居蒙舍觀音授記第九〉、〈觀
音雕像遺愛第十〉、〈觀音口授方廣經辭張敬入寂第十一〉、〈普
哩降觀音第十二〉、〈觀音利人民化普哩第十三〉、〈觀音化白夷
反邪歸正第十四〉、〈觀音以神通化二蒼人第十五〉、〈觀音累世
行化救劫第十六〉、〈大楊明追段思平觀音救護第十七〉、〈段思
平討大楊明觀音指路第十八〉。很明顯受到明清章回傳奇小說文
類之表現形式的影響，故事以觀音開化大理為主，不脫「南詔圖
卷」的架構。然在文字化過程中，此傳說文本將過去王權的歷

史，改寫成具有章回小說慣有的故事細節，並將開國國王細奴邏視為佛教天龍八部的「龍子」等。此神話的歷史，是大理佛教徒將民間集體記憶予以重組與創作的後果。

這種傳說文本也突顯大理社會「去夷化」時，建構一套宗教起源的歷史主義。雖其將大理及其周邊視為古天竺所在地，但更重要的在於用釋迦牟尼佛成佛悟道之所在地來神聖化地理空間，重複出現的觀音十八化宣示著佛教神聖空間的絕對性。這些文本似乎是以一種無時間性的、循環的、宗教的敘事，對其歷史進行領土主權（territorial sovereignty）的宣稱。

再者，大理北方鶴慶也刊行另一個傳說文本，名為《牟伽陀祖師開闢鶴慶擲珠記》，簡稱《擲珠記》，由乾隆甲午（1774）進士趙士圻刊印。《擲珠記》出現的時間已無可考，其主角是牟伽陀僧人。摩伽陀實為印度古國之一，昔日有摩伽陀（即牟伽陀）僧人贊陀崛多開化鶴慶之傳說，他後來成為鶴慶、麗江與騰衝等地之重要傳奇人物，也被塑造為大理土僧之祖師。[63]明中葉以來，林俊在鶴慶大肆毀佛，故時人以摩伽陀迴避贊陀崛多。此牟伽陀祖師，即摩伽陀之異稱，實為相通。牟伽陀開化鶴慶，猶如《白國因由》觀音開化大理的故事一般，只不過以牟伽陀取代觀音，是一位具有神僧形象的開化者。不同的是，《擲珠記》將摩伽陀描寫成一位自吐蕃南下大理的神僧，因其法術高強，南詔國王招

---

63 高奣映著，侯沖、段曉林點校，《雞足山志點校》（北京：中國書籍出版社，2004），卷5，〈建置〉，頁199。這位摩伽陀僧人名為贊陀崛多，大理國張勝溫所繪之《大理國梵像卷》將此位高僧列入其中，諸志亦載其事。見〈大理國梵像卷〉，收於李霖燦，《南詔大理國新資料的綜合研究》（台北：國立故宮博物院，1982），圖版18；楊慎撰，《南詔野史》，上卷，頁21；李中溪纂修，萬曆《雲南通志》，卷13，〈寺觀〉，頁309。

之為女婿，後來前往北方解除鶴慶水患，受到百姓崇奉。[64]不論是觀音或是摩伽陀僧人贊陀崛多，都是一段與開化有關的敘事。

　　和前述正統歷史所強調的諸葛武侯相較，「開化」與「降魔」的主人翁，一是觀音，一是聖僧，傳說內容通篇是宗教語言。文人士子以其不符典範歷史，無法將之完整錄於志書，但對原來尋襲師宗的大理傳統社會來說，這些傳說卻頑強地重新塑造著他們不願遺忘的過去，並以章回小說的方式重新將之組織起來。無疑地，支持傳說歷史的社會基礎，是與逐漸活絡的新興鄉里社會有關。他們為建立鄉里日常生活的社會秩序，也重新建構開化者的歷史。這些開化者的形象不僅是人群認同的標記，也是鄉里人群在跨人群整合與重建地域社會時的重要文化資源。

　　不論是《白國因由》、《擲珠記》或《雞足山志》，它們的共通之處是將大理視為古天竺，並將佛經中的釋迦牟尼佛與阿育王的故事地點挪置於白國所在地，也就是大理。《白國因由》寫道：

　　　　一日，〔阿育〕王與師優波毱多點視其塔，至白國陽南村造塔所，乃問師曰：「此國山青水秀，有何靈迹？」師曰：「此處古稱靈鷲山，釋迦如來為法勇菩薩時，觀音為常提菩薩時，在此地修行。常提菩薩求法殷勤，法勇菩薩將無上菩提心宗在此盡傳。後來，觀音菩薩當來此處。」[65]

在《擲珠記》中，則有：

64　林俊在鶴慶毀佛，對贊陀崛多信仰造成極大的衝擊。
65　寂裕刊刻，《白國因由》（《南詔大理歷史文化叢書》，第1輯，成都：巴蜀書社，1998），頁1。

　　鶴慶，古名蒙統羅，屬天竺國東南界。漢班固西域傳所稱越嶲，即今迤西諸郡，鶴慶屬焉。西域界天下西乾方，其俗信釋。周靈王時，有釋迦牟尼佛與孔聖同時生，載於內典釋迦曾請靈鷲山修行，即大理之蒼山也。[66]

高奣映依據山志體例將大理上古史寫成古天竺的歷史，《雞足山志》「沿革」項中以華夏正統作為編年，卻繫事以佛教故事，大方引用民間文獻與地方傳說。與上述二者不同的是，他強調雞足山是大迦葉入定之處，也是未來佛彌勒佛即將下生的道場。[67]

　　這裡無法針對此三種文類與傳說展開比較，但想要提出一個論點，即：這些文類與文本的流傳都有各別的社會基礎，隨著人群身分的政治轉向使得其論述產生不同程度的他者化。這種他者化有從淡化「族群身分」轉而強化「地緣中心意識」，進而以宗教聖地的方式來建立其合法性。不同文類本身重視的不在於歷史真實性與否，而是人群如何在華與夷、中央與地方、正史與野史、記憶與遺忘等等政治不平衡的大架構重構他們的歷史。這是一場隱晦的對話與辯論，也是相互妥協的過程。如果說，特定的身分擁有特有的歷史記憶，那麼，上述有關大理社會的多重歷史敘事，正好說明了許多不同身分人群的意圖與想法。

---

66 不著撰人，鶴陽藍廷舉成均氏等印送，《牟伽陀祖師開闢鶴慶攦珠記》（大理：鶴慶檔案館藏，民國八年〔1919〕藍廷舉抄印本複印本）。

67 高奣映著，侯沖、段曉林點校，《雞足山志點校》，卷1，〈沿革〉，頁43-70。

小結

　　中央王朝對「邊夷」有一套既定的書寫典範，地方社會也有不同的敘事傳統以及其回應之策。放在長期的地方史脈絡來看，這些不同歷史敘事，看來似矛盾且紛歧，卻巧妙地保留一種社會結構流變的遺留，或是說，不同身分人群藉由此書寫媒介進行社會對話與歷史想像，保持著某種不同歷史機制下的記憶。

　　官方文獻往往強調線性的（linear）書寫，難免以其正統政治之朝代與人物作為標誌過去之經緯，試圖以此來塑造具有特定價值與意義的時間系譜，這種時間系譜也暗示了「中心」與「邊陲」的空間政治性；地方的歷史敘事主要呈現出多元的、複線的（bifurcated）時間觀，如不同人群說不同起源的故事，不同身分也強調不同的祖先故事，起源成為一種被標本化的事件，呈現如傳說與神話般的反覆性與結構性。[68]在中央王朝主導的書寫框架下，地方人群試圖要將這些多元的、象徵身分的符號體系編織到正統歷史的敘事之中。只不過，地方所認知的「正統」往往是源自於宗教的力量，而且是透過一種重複的、挪用的符號來講述無時間性的歷史。

　　這章試圖以不同的文類、文本分析與書寫者三方面來討論文字書寫的政治性以及社會對話的過程。明初官府的僰人論述帶著強烈拉攏白人的企圖，但制度化的設置卻使得僰人論述搖擺在漢

---

68 杜贊奇（Prasenjit Duara）指出由民族國家所主導的線性敘事愈來愈具主導性時，歷史的真實性愈來愈脆弱，而不同地方人群也會採用反敘事或反表述的方式來抵制它。參考 Prasenjit Duara, *Rescuing History from the Nation: Questioning Narratives of Modern China*（Chicago: University of Chicago Press, 1997）.

僰同風的模糊地帶；明中晚期的志書編纂過程中，我們看到不同士人為「僭越」的王國歷史如何被組織在正統史冊之中所引發的討論，以致帶出楊士雲、李元陽與楊慎三人間不同的史觀與書寫策略。最後，土官與民間也紛紛以佛教開化者與聖地的敘事來建構地方之歷史。這些紛歧的歷史文本，不僅提供一幅喧譁與百家爭鳴之生動圖像，也呈現相互補充、競爭與仿效的歷程，其重要性不在於文字考證其真偽，而在於歷史話語權本身就是其意義的展現。

第一部

僧侶

第四章

入京的僧侶

　　洪武十六年（1383），原大理總管段氏、貴族與僧人被送往
南京。他們或者自願、或者被迫見證了一段全然不同的新時代。[1]
當時最具象徵性的人物，要算是大理總管世家段明及其二子分別
被派往北方雁門衛與武昌衛擔任鎮撫，其旁支族裔在大理無以立
足者，多遠走他鄉。[2]大理僧族之境遇就值得加以注意，從地方文
獻可知，當時三股入京的僧人代表有無極和尚、密僧趙賜以及董
賢等等。

一、無極進京

　　對新附的大理世族而言，無極（1332-1406）入京是一件重大
歷史事件。明朝統治第二年，感通寺的僧人無極和尚和一批貴族
浩浩蕩蕩來到南京，將大理帶來的駿馬和茶花進獻給新朝皇帝。
地方流傳著當時入京的傳說：當他們向明太祖進獻寶物時，馬鳴
花開，眾臣驚呼，皇帝大為喜樂，以此為吉象。明太祖賜詩十八
首，封無極和尚為僧官，令其返回大理負責管理境內的佛寺與僧
人。[3]這十八首詩後來刻在大理感通寺的山門，無極和尚也成為大
理僧團中的新興領袖人物。約在同時，明太祖制定宗教管理措
施，將天下之佛寺納入管理，並大肆整頓危及地方稅收的佛教寺

1　史冊往往也記載了許多僧人不辭千里而來，遠自雲南與金齒結伴到南京，洪
　　武帝曾下令禮部官員安排他們赴江南「遊翫」的記載。葛寅亮，《金陵梵剎
　　志》，收入《中國佛寺史志彙刊》，第3輯（台北：明文書局，1980），卷2，
　　頁41-42。

2　段氏境遇可見方慧，《大理總管段氏世次年歷及其與蒙元政權關係研究》，頁
　　104-105。

3　諸葛元聲撰，劉亞朝校點，《滇史》，卷10，頁278-285。

院與僧團。[4]這些來自大理的僧人也即將目睹一場以整頓全國宗教為名義而展開的政治改革。

（一）無極和尚

首任主持雲南政務的張紞（?-1403），奉命前往大理探訪這位「拔萃者」無極和尚，為他住持的感通寺寫下〈感通寺記〉，其內容記載如下：

> 洪武壬戌，天兵下雲南，明年取大理。律師無極，能知性學，兼通詞章。歲次癸亥，率其徒入覲，上大懌，試以詞賦，皆力就，屢寵錫之。暨命之為僧官，重以奎璧天章，所以光賁之者甚備。[5]

指出無極和尚率領門徒入覲。明太祖親自測試無極和尚的文學素養與詩文能力，並以其對應如流，堪任為師，賜之以大理府僧官，令其返回大理統領僧眾。明太祖重視天下僧官之考核，其親自對無極「試之詞賦」欽賜僧官職銜，是表達他對大理僧族精英集團的重視。無極的地位也因此不可同日而語，他在返回大理後，倍感尊榮，在為大理貴族遺裔撰寫碑銘時便自署「賜都綱沙門大理感通寺住持」，以顯其身分之尊貴。[6]

---

4 陳玉女，〈明太祖徵召儒僧與統制僧人的歷史意義〉，收入氏著，《明代的佛教與社會》（北京：北京大學出版社，2011），頁1-28。

5 張紞，〈感通寺記〉，收入劉文徵纂，古永繼校點，《（天啟）滇志》，卷21，〈藝文〉，頁710。

6 無極撰，〈仁德墓銘〉，收入楊世鈺主編，《大理叢書・金石篇》，第10冊，頁28中下-29上。

　　無極和尚入京的故事不斷地被後人所複誦。李元陽晚年為當地頹敗的古寺撰寫碑記時，也提到這一段明初故事。他撰寫的〈標楞寺田記〉記載如下：

　　　國朝洪武初，大理僧無極謁高皇帝於金陵，進山茶花一株，白馬一匹。初至殿前，馬嘶花開，帝異之，寵賚甚厚，授無極大理付僧綱司都綱，賜敕賜詩，遣歸。隨命布政使張統親至大理，問勞無極。[7]

標楞寺是南詔古壇場之一，後來常住被侵吞，明中晚期之李元陽之所以重申明初無極入京的故事，目的在強調明太祖曾禮遇大理僧團，並對大理佛教作過政治承諾。明末劉文徵的《滇志》也記載此事：

　　　無極，名法天，感通寺僧。洪武癸亥，率其徒入覲，獻白駒一，山茶一，高皇帝臨朝納之，山茶忽開一朵。帝喜，以宸翰榮之，又命翰林侍講學李翀奉制賦詩以贈之。[8]

這裡增加了一些關鍵的人與事，如明太祖命翰林侍講學李翀賦詩十八首一事。這二則史料都提到宮中馬嘶花開的神奇事件。不論如何，這些不斷傳誦之事件指出明初入京僧人身負重任，對新朝

7　李元陽，〈標楞寺田記〉，收入楊世鈺主編，《大理叢書・金石篇》，第10冊，頁105下。

8　劉文徵纂，古永繼校點，《（天啟）滇志》，卷17，〈方外志〉，頁577。明太祖令翰林學士李翀賦詩之事，《滇志》與後來《龍關趙氏家譜》所載之內容相符。

抱持高度的期待。而明太祖優禮無極，不僅安撫大理僧團，也安頓世族精英對未來局勢變化所產生的不確定感。此時，無極和尚成為新的宗教領袖，也象徵著重整大理世族以及其轄境宗教秩序的地位，並得以統領諸世族，為新天下、天子與朝廷舉行祈福儀式。

　　僧官之所以如此重要，必須放在當時的社會情境下來理解：一、明軍入關後，地方經濟由軍隊所掌控，對佛教寺院莊園造成極大的衝擊。無極入京前一年，傅友德便曾向明太祖建議將雲南土地充為官用，僧道豪右之土地受到極大的威脅：

> 其稅糧則元司徒平章達里麻等嘗言：元末土田多為僧道、豪右隱占。今但准元舊制，於歲用有所不足，已都布政司核實。……宜以今年府州縣所徵，并故官寺院入官田及土官供輸，鹽商中納，戍兵屯田之入，以給之。上可其奏。[9]

傅友德建議依元舊制，歲用不足時，把佛寺土地充入官田，以補軍需。此政策使佛寺在無任何政治保護之下淪為軍隊之官田，處境令人堪憂。第二，明軍入境，焚毀不少佛寺，僧人為躲避而四處逃散，佛寺也淪為無人掌理之境遇。所以，「故官寺院入官田」指出大理官員將佛寺沒入官田，其常住土地，也在官田政策之下淪為烏有。對適值兵燹的大理社會來說，無極一行人自南京返回大理，也為大理世族帶回許多新希望。依大理傳統政治格局來看，僧官更可能是當時貴族勢力中所獲得品級最高的新朝官爵，

9　董倫等修，《明太祖實錄》，卷143，洪武十五年三月丁丑條下，頁2258-2259。

也足以成為大理社會之新領袖人物。據地方文獻記載，無極返回
大理時，大理世族在感通寺山門列席等候，一行人依附新朝後帶
回象徵最高統治力量的僧官地位，風光一時。他也將皇帝御制詩
十八章，刊刻在感通寺的山門口，輸誠表態。從李元陽的碑記可
知，當時大理世族精英們還期待無極和尚能夠保障大理佛寺以及
世族既有的常住土地。[10]

　　然而，僧綱司是府級僧官，在明朝整個官僚體系之中，地位
不甚崇高，僅止於六品，實在看不出無極的重要性。明太祖的宗
教政策，幾將僧官視為中央集權官僚體系之附庸性機構，不僅沒
有實際上的權力，也深受世俗官僚體制種種之箝制。洪武十九年
（1386），明太祖為徵收寺院田糧，設砧基道人，職司佛寺之糧
差。[11]朝廷對佛寺的管理愈來愈嚴格，甚至令天下各府州縣僅留一
大寺，其他小寺歸併大寺。此政策引起地方很大的反彈，後來才
又改以拆毀非舊額佛寺，「舊額」成為佛寺得以合法保留的重要
依據。如果將這一系列的宗教政策措施納入考慮，那麼，無極和
尚將御詩十八首刊刻在感通寺山門，是一個相當具有政治意義的
行為。感通寺不僅成為大理府僧官住持之佛寺所在地，是歸依新
朝象徵正統的新宗教中心，也成為庇護其他庵院繼續合法維持下
去的政治大傘。未知始於何時，官府後來也將大理三座大型之佛
寺：感通寺、無為寺以及崇聖寺，劃入太和縣的糧里，成為太和
縣境內五十三個糧里中的三個納糧單位。[12]這是明朝鄉里制度下大

10　李元陽，〈標楞寺田記〉，收入楊世鈺主編，《大理叢書‧金石篇》，第10
　　冊，頁105下。

11　見朱元璋，〈申明佛教榜冊〉，見葛寅亮，《金陵梵剎志》，收入《中國佛寺史
　　志彙刊》，第3輯，卷2，頁42。

12　李斯佺、黃元治纂修，《（康熙）大理府志》，卷8，〈田賦糧里〉，頁115。

理佛寺所無法避免的政治遭遇。

（二）賜都綱沙門

　　無極和尚地位之崛起，也可能與明太祖重視具有出家形象的僧人有關。無極和尚，名法天，大理府城楊氏子。他早年在蕩山出家，是位「禪講皆備」的僧人。蕩山位居大理平原南方，元末大理總管段氏在蕩山護持庵院，延請講經論沙門念菴圓護主持蕩山之感通寺，時已形成一股講經論的風氣。年輕的無極和念菴圓護的關係是什麼，我們不得而知，無極曾在元末碑刻自署「講經論沙門感通寺住持」，可知他繼承念菴圓護在感通寺的地位。[13]明初，無極返回大理後，以「賜都綱沙門大理感通寺住持無極禪師」回到蕩山，並成為統領蕩山諸庵院的代表人物。[14]這些都說明元末明初蕩山講經論僧人的地位相當崇高。然而，無極的法脈和傳承還是值得在這裡加以討論，尤其他如何從「講經論」沙門成為禪師的身分。

　　張紞拜訪感通寺時，撰〈感通寺記〉記載無極之個人經歷，指出無極是大理府城楊氏，其十六歲出家，禮蕩山海印禪師為師，後來成為精於戒律的「律師」。但是，無極圓寂後，大理府同知楊節仲為其撰寫之墓誌銘記載：

---

13 元末無極所撰寫的墓誌銘有〈京兆郡夫人墓誌銘〉、〈故楊公孝先墓誌銘〉，即署名為「講經論沙門感通寺住持」。獲僧官後，其所撰之墓銘署名則為「賜都綱沙門大理感通寺住持無極禪師」。見無極撰，〈仁德墓誌〉（1389）。上述三份墓誌銘均收入楊世鈺主編，《大理叢書・金石篇》，第10冊，頁23上、中、28中下-29上。

14 無極，〈仁德墓誌〉（1389），收入楊世鈺主編，《大理叢書・金石篇》，第10冊，頁28中下-29上。

> 名法天，大理府城楊氏子……年十六出家，禮蕩山海印為
> 師。海印受法於杭州斷崖禪師，斷崖受法高峰禪師，上接臨
> 濟正宗，為江南禪門宗匠。[15]

指出無極和尚師承海印，海印受法於斷崖禪師，是以無極之法脈
可以追溯到南宋之臨濟高峰禪師。若針對無極生前到圓寂後之法
脈師承加以考察，可看出他從元末文獻被描寫成一位講經論沙
門，到明初材料指涉之為律師，最後，墓誌卻指出他是一名承接
中原禪宗臨濟正統的禪僧，可看出其逐漸強化與中原臨濟正脈的
系譜關係。這很可能與明太祖對佛教進行禪、講、教三種不同僧
團身分的管理有關，尤其宋元明以來禪宗勢力龐大，擔任大理府
僧綱司的無極，愈來愈傾向於以中原禪宗正脈的師承自許。

再者，天下各府設有正、副僧綱司僧官各一名，除感通寺僧
官外，副僧官由三塔寺的僧人擔任。三塔寺又稱崇聖寺，是象徵
大理政治中心之佛寺，也由段氏總管世族代代護持。為削弱段氏
實權，其佛寺充為官寺，三塔寺與段氏貴族二者政教中心紐帶也
面臨崩解。明初有關該寺之史料留下不多，海東出土一份洪熙元
年（1424）墓誌銘，碑末撰碑者署名「大理府僧綱司付都綱三塔
寺總持講經論沙門」，書丹者是「三塔寺永安房講經論沙門」。其
中的「付都綱」應是副都綱，而且二位都署名講經論沙門，可知
該寺很可能是「講僧」的僧團道場。後來出土相關碑記〈起建寶
塔欄杆之碑記〉，記載成化元年（1465）一方信士輸財帛修寶
塔，後來碑記署名則是「大理府僧綱司副都綱崇聖寺住持僧□靈

---

15 楊節仲，〈無極禪師行實〉，收入方樹梅纂輯，李春龍、劉景毛、江燕點校，
　　《滇南碑傳集》，卷20，頁283-284。

徹撰文」[16]，指出成化年間該寺是副都綱住錫之佛寺。由此來看，感通寺很可能被定位為一座以禪僧為主的道場，而三塔崇聖寺則是以講僧為主的道場。

　　無極擔任僧官後，其法脈弟子也接收大理府境內原大理總管世家段氏以及相國高氏世家所護持的佛寺。這些佛寺是舊額佛寺，理應獲得保護，故無極亦遣其派下僧人前往掌持。無極派下整頓的寺院可考者有二，一是崇恩寺，一是遍知寺。

（1）崇恩寺

　　無極回到大理後，向首任大理府同知杜瑜與太和縣知縣請求為昔日皇家佛寺崇恩寺撰寫常住碑銘，名為〈崇恩寺常住碑〉。崇恩寺，原名藥師寺，建於南詔時期，據說它原是南詔皇室祝髮出家之寺院。大理建國前，段思平曾避追兵於此寺，因受神明默助獲救，為感恩而擴建此寺，改為崇恩寺。其位居感通寺北方不遠之處，是當時蒼洱間極其宏偉的一座佛寺。該寺規模甚為壯麗，其碑記載著：

　　　南詔為西南之極郡，其俗頗尚佛。自蒙氏以來，於蒼山一派，創立梵剎，其麗不干。厥後，高段二家酋長承之，或廣袤其舍宇，或增益其田莊，或置造其法器，使其愈流而愈隆不乏者，迨今二百餘年。粵若佛頂峰麓藥師佛寺者，其壯麗尤倍蓰於諸寺，田莊繁廣，殿宇崇阿，卉木蔥蒨。為何如耶？昔段氏酋長曾逃難於本寺，感得門羅蛛網，庭雜鳥巢。

16　不著撰者，〈起建寶塔欄杆之碑記〉，收入大理市文化叢書編輯委員會，《大理古碑存文錄》，頁185-186。

> 追者見之，允無人迹而旋踵，由是竟得以存焉。特以深厚其
> 恩而倍隆之，表名為崇恩寺。[17]

寺碑記錄一段段氏逃亡獲救的典故，也提出段高二家酋長後續
「廣袤其舍宇，或增益其田莊」，描寫上層政治護持蒼洱間之寺院
莊園的情形。此寺位於蒼山佛頂峰麓「壯麗尤倍徒於諸寺，田莊
繁廣」，指出崇恩寺寺院田莊繁廣。但明軍進入大理平原，佛寺
歷軍火傾毀，僧人逃散，原有的皇家佛寺或官寺淪為無人管理的
窘狀。無極和尚返鄉後重新刻碑，旨在恢復佛寺規模，更想藉此
保障崇恩寺的常住土地：

> 有僧人妙庵者，奮興滅舉廢之心，務紹□續燈之志，收其
> 煨爐之末，理其紊亂之緒，提挈經營而復興焉。有僧恐後有
> 不衿細行之徒侵損常住田土，磨滅良圖，爰勒真石一座，將
> 本寺所置田地坵畝條段數目，備書於銘記，作萬年常住之
> 綱。[18]

一位妙庵僧人收拾軍火之殘餘，重新修建佛寺，為免「不衿細
行」之徒，侵害佛寺土地，所以請無極和尚撰碑公告佛寺版圖。
〈崇恩寺碑〉是目前見到較早的寺碑，此碑由大理府知府杜瑜和
太和縣知縣二位聯合署名，可知這是一份獲得二位首任府縣官員

---

17 不著撰者，〈崇恩寺常住碑記〉，收入楊世鈺主編，《大理叢書・金石篇》，第
　　10冊，頁29上中。又見黃元治輯，《蕩山志略》：「崇恩寺，又為藥師寺，段
　　思平所建，傳聞段氏奪王權時，曾躲於此寺獲救，遂建寺以感恩之。」頁17。
18〈崇恩寺常住碑記〉（1391），收入楊世鈺主編，《大理叢書・金石篇》，第10
　　冊，頁29上中。

許可的佛寺常住公告碑。再者，碑末署名之「董修施主」是「舖司」楊、張與趙氏等人，「舖司」指被編入驛舖的地方基層運輸系統。雖然，我們不知此一僧人妙庵以及舖司楊、張、趙氏的關係，但此碑透過僧官與官府的勢力確認了崇恩佛寺的歸屬權。[19] 後來，崇恩寺甚至成為感通寺的下院，為後來成為官府徵糧單位埋下伏筆。

　　崇恩寺位於感通寺附近，寺址所在地在今日之大埤之上末村，上末村昔日便稱為崇恩村，也就是說崇恩村是一個在寺院莊園中逐漸形成的聚落。[20] 有關崇恩寺後續之史料並不多，清初大理府同知黃元治撰寫之《蕩山志略》曾記載「藥師寺」：「在蕩山東五里，感通寺之下院也。田糧貯焉」。[21] 指出藥師寺（即崇恩寺）成為感通三十六院之下院。萬曆元年（1573），李元陽的〈重修感通禪寺記〉所留下的文字也佐證藥師寺後來的變化，當時有一位印光和尚，「修藥師寺於山麓，以貯道糧」，指出藥師寺被納入感通三十六院之下院，並作為金洱道道糧寄貯之所在地。[22]「下院」是佛教叢林之分支機構，多位於交通要道負責收租、應付官府分派之雜派。於是，被納入下院的藥師寺也成為感通寺貯儲田糧之所，向佃戶收糧以及接辦官府徵糧之事。「道糧」是為強化衛所控制所增置的「金滄道」與「洱海道」等軍事層級。從這樣史料

---

19 〈崇恩寺常住碑記〉，收入楊世鈺主編，《大理叢書・金石篇》，第10冊，頁29上中。

20 藥師寺原址現今被分為二部分，一是上末完全小學，一是上末村糧管所。糧管所仍保有其部分殿宇之樣貌，已極殘破。

21 參見黃元治輯，《蕩山志略》，〈寺院〉，頁7。

22 李元陽，〈重修感通禪寺記〉，收入氏著，《中谿文集》，《叢書集成續編》，第144冊（台北：新文豐出版公司，1997），卷8，頁27-29。

來看，感通寺下院不是被捲入擔任支援軍糧之單位，不然就是被迫擔任軍糧糧倉之派任工作。這幾已成為當地之潛規則，大理佛寺下院被派以負責錢糧之事，時有所聞，如大理之〈津梁寺碑記〉中也記載：

> 建下院於排營，使其應辦錢糧，而往來便，且以荒浮賠累，常住微，居於此者輒有去心，非久計也。[23]

佛寺下院為應辦錢糧，荒浮賠累，後來常住土地被捲入其他雜派的情形更為嚴重。在此先略去不論。

（2）重修遍知寺

無極門徒也開始將其勢力擴展到趙州的佛寺。趙州隸大理府，其官寺亦由大理府之僧官無極派下所接掌。自古趙州便是滇東通滇西之重要門戶，有一大佛寺，名為遍知寺。元人郭松年有《大理行記》記載：

> （趙）州之北，行約數百步，地極明秀，蒙昭成王保和九年，有高將軍者，即其地建遍知寺，其殿像壁繪，於今罕見。[24]

當時郭松年將進入大理平原前，先抵趙州，見到當地最宏偉的是

---

23 〈津梁寺碑記〉，收入楊世鈺主編，《大理叢書・金石篇》，第10冊，頁157中下。

24 郭松年，《大理行記》，收入王叔武校注，《大理行記校注・雲南志略輯校》，頁14。

遍知寺。遍知寺由大理貴族高氏所護持，尤以其殿像壁繪聞名於世，是一座極具藝術價值的佛寺。明軍入大理，高氏勢力退出大理府，其所護持的佛寺景況甚為艱難，遍知寺也遇軍燹破壞。一位自稱曾隨無極和尚入京的徒弟印玄和尚，也獲得僧官之印，返回大理後，到趙州接掌高氏之遍知寺。當時此佛寺因軍火已淪為廢墟，印玄遂致力遷徙寺址，重修遍知寺，並設置了趙州僧官衙門：

> 元季毀於兵燹，大明洪武壬戌，天兵平雲南。癸亥，取大理，寺址蓬墟。有感通寺僧曰印玄來構堂而住持，隨師入覲，歸賜僧官印。印玄以其地不能容眾，徙州治西一里許三耳山麓，高亢明爽。遂經營之，為堂若干楹。[25]

這段文字指出印玄來自於感通寺，是無極和尚的法嗣，其「隨師入覲」說明他在明初隨無極入京，無極透過嗣法子弟將其僧官勢力擴張於境內各地之佛寺。從上面趙州遍知寺為州僧官，崇恩寺被納入感通寺下院，可知無極和尚為首的新任僧官體系，企圖整理大理府內段高二氏之佛寺與常住，也透過新的政治地位擴展其寺院之政治網絡。理論上，大理府之僧綱司由無極和尚之法嗣承繼，諸州之官寺亦由其徒分派其間。無極和尚在京師獲得聲望，回到大理時其宗教地位自然也水漲船高，這在一時之間，都是極其自然之事。

25〈重修遍知寺碑記〉，收入楊世鈺主編，《大理叢書·金石篇》，第10冊，頁117-118上。

二、龍關趙賜

　　和無極和尚一起到南京的大理僧團中，還有位密教僧人趙賜（1348-1420）。趙賜出身蒼洱間南端之軍事要地龍尾關，其祖先源自於精擅降龍伏虎的世族，早在大理國時期便擁有很高的宗教與政治聲望，也是大理重要僧族之一。趙賜族裔出現一位進士趙汝濂（1496-1572），他晚年歸隱家鄉時，搜羅祖先墓碑以及家族散佚的家譜，重新整理了一份族譜《太和龍關趙氏族譜》。族譜記載著趙賜入京獻貢，與之同行的就是無極和尚。如果不是趙汝濂的這份族譜，我們便無法看到無極入京敘事以外的另一股密僧勢力。

　　正德年間抄錄的《太和龍關趙氏族譜》記載著趙氏世居之地：

> 世居大理太和龍尾關白蟒寨，蒙昔關中有白蟒吞人為害，
> 適段赤城者，義士也，手持利刀，捨身入蟒腹，蟒害遂除。
> 居人德之，取赤城葬於靈塔寺，建浮屠鎮之，煆蟒骨灰之，
> 遂名曰白蟒寨，今人誤名為白馬，非也。[26]

白蟒寨是一個古老地名，從當地一座供奉段赤城的靈塔寺，可知其位於今日之龍尾關附近（即今日下關附近蛇骨塔）。靈塔寺是唐時所留下之佛塔，源自於一位滅蛟英雄段赤城。傳說中，洱海曾有蛟龍作亂，段赤城入海滅蛟，犧牲性命，被封為洱河龍王。南詔國王為紀念這位英雄，建了一座佛塔，以蛇骨灰抹塔身，民間稱之為蛇骨塔，又稱為靈塔寺或佛圖寺（圖4.1）。《南詔野史》

---

[26]《太和龍關趙氏族譜》（大理州博物館藏）。

圖4.1　蛇骨塔
（位大理下關荷
花村，作者攝）。

也記載此英雄傳說，南詔勸利（晟）國王在位（816-823）時：

五月，大雨霖龍首龍尾二關，傾除洱河水怪，建龍屋塔高
十二丈。按《白古記》：唐時洱河有妖蛇，名薄劫，興大水
淹城。蒙國王出示有能滅之者賞半官庫，子孫世免差徭。部
民有段赤城者，願滅蛇，縛刃入水，蛇吞之，人與蛇皆死，
水患息。王令人剖蛇腹，取赤城骨葬之，建塔其上，熜蛇骨
灰塔，塔名靈塔。（在今大理府城南龍尾關內點蒼山馬耳峰
下羊皮村）每年有蛇黨起風來剝塔灰。時有謠曰：赤城賣硬
土。今龍王廟碑云：洱河龍王段赤城。[27]

---

27 楊慎，《（胡蔚本）南詔野史》上卷，頁21。同樣的描寫見《僰古通紀淺述校

元朝時，此塔改為佛圖塔，奉段赤城為洱河龍王。[28]

趙氏居住在白蟒寨，白蟒寨又源自於滅蟒之所在地，《太和龍關趙氏族譜》雖沒有說明趙氏和靈塔寺的關係，但他們將滅蟒故事寫在族譜之中，可能是表達趙氏在洱河龍王儀式之宗教地位。從寺塔出土之帳簿得知，佛圖塔寺是一座相當具有支配性的佛教寺院。[29]趙氏居處在洱河龍王之靈塔寺的白蟒寨，或許正好說明趙氏世族昔日之政治與宗教地位。直到元末，趙賜的幾位祖先都是佛教法術專家，地位頗高。龍關趙氏族譜敘文中也提及他們是「關中甲族，咸習瑜伽教」正是其意。趙氏所在之白蟒寨，後來被劃入羊皮村，列入糧里。[30]

注》，內容指出南詔國王第十主勸利晟時，有巨鯨流入洱河，塞於河尾（即龍尾關）大橋口，河水壅滯不流，泛濫於國鄉城市，段赤城殺鯨滅水患的故事。見尤中校注，《僰古通紀淺述校注》（昆明：雲南人民出版社，1988），頁59。

28 〈唐義士赤城段公傳碑〉，收入楊世鈺主編，《大理叢書・金石篇》，第10冊，頁256下。

29 靈塔寺之蛇骨塔位於陽南溪附近，後來又稱為佛圖塔寺。1970年代因為地震修塔，考古學者進行修復之工作時，在塔內發現元末佛寺莊園土地之帳冊二冊，內容記載著當時佛圖塔僧人收租之寺田、佃人所納租穀之項目等等。這些帳冊不僅說明段赤城滅蛇英雄已和當地佛教寺院結合為一，從其擁有的常住土地，可知它在龍關附近是一座相當具有支配性的佛教寺院。佛圖塔至元二十七年帳冊。藏於大理白族自治州州博物館。張錫祿、連瑞枝整理校對。未出版。

30 《太和龍關趙氏族譜》記載著趙氏聚居在白蟒寨，即今蛇骨塔附近。明末《南詔野史》記載蛇骨塔在羊皮村，可知昔時之白蟒寨在明末時易名為羊皮村。見楊慎撰，《（胡蔚本）南詔野史》上卷，收入大理白族自治州文化局編，《南詔大理歷史文化叢書》，第1輯，頁23。

（一）龍關趙氏與蕩山

　　洪武十六年，趙賜和無極和尚一起入京謁見新朝皇帝明太祖。〈太和龍關趙氏族譜敘〉提供無極入京時的另一個視野：

> 洪武十五季，天兵克服雲南，取大里（按：理）。（趙）賜如京獻貢，（趙）均請從焉。旨禁宮祟亂，公深入宮闈，默坐課功，不旬日而祟除，天顏有喜，給羊皮，皆免世差，欽賜人頭骨、水盂、法鼓、宮綉、袈裟等寶，並御製詩十八章，馳驛遣還。（趙）護迎公於滇，滇人留護治尊龍，遂家於滇池口，其後莫考。公抵家，與無極□御製詩於感通寺，懸之，乃建于山之左腋，屢被水患，再遷之蕩山之巔，名曰寶慶。[31]

　　引文指趙賜入京和返滇的過程。族譜記載：趙賜入京時，禁宮鬧鬼，不甚平靜，皇帝令其入宮除妖。趙賜受召入宮後，默坐施行法術，不幾天便除去宮中的鬼怪。明太祖非常高興，賜給趙賜羊皮、人頭骨、水盂、法鼓、宮繡以及袈裟等法器寶物，並免去趙賜家族的差役。[32]他在宮廷深受優禮。這段引文雖也提及無極和尚與御製詩十八章，但卻沒有把無極視為法門領袖，也沒有提及無極和尚獲僧官。重要的是，當一行人返回大理後，趙賜和無極和尚將皇帝所賜之御製詩，高掛在感通寺山門，復因水患頻仍，復將御製詩懸於蕩山之巔，也就是趙家佛寺寶慶寺，更強調御製詩因水患移到蕩山趙家佛寺一事。有別於前文以無極和尚為敘事中

31〈太和龍關趙氏族譜敘〉，大理州博物館藏。

32〈太和龍關趙氏族譜敘〉，大理州博物館藏。

心的入京圖像，這些短短的文字說明密教僧族趙家為主軸的敘事版本。

　　上述的引文中也提到趙賜的二個兒子：次子趙均與三子趙護。趙均陪同趙賜前往南京，趙護留守大理，並前往昆明迎接返鄉之父兄，後來被滯留在滇池「治龍」。趙賜家族的文獻相當隱晦，必須從散落的史料來重構過去，才得以略知其一二。趙賜有四個兒子，依序為趙壽、趙均、趙護、趙勢，四人皆習祖業密教法術。長子趙壽（1362-1459）是道行高超的密教僧人，他後來分別在宣德、天順年間二次被召請到宮廷「開壇禁魅」。天順年間召至宮廷時，殁於京師。族譜指出，當時趙壽年事已高，不願入京，卻被挾持成行，「有司製裝肩輿，促戶以恃強行」，直到九十七歲滯留在京師不得返鄉，最後竟殁於京師，被賜為國師。[33] 當時皇帝令禮部郎中何懷賜祭「國師阿吒力」，其祭文內容如下：

> 惟爾夙性慧聰，精修戒行；究祕教上乘之法，闡毗尼正覺之風，召爾至京，將欲任用，遽爾圓寂，軫念良深，特賜棺木以殮之，仍遣有司諭祭，法靈不昧，庶承之，欽哉！[34]

《滇志》也記載趙壽的行跡：

> 感通寶慶山僧。受持密教，戒行精嚴，驅邪降龍，祈禱屢應。宣德、天順兩召至京，賜禮甚隆。卒，蒙諭祭。[35]

33　段子澄，〈太和龍關趙氏族譜跋〉。
34　〈諭祭碑文〉，收入《太和龍關趙氏族譜》，頁25。
35　劉文徵纂，古永繼點校，《（天啟）滇志》，卷17，〈方外〉，頁577。

趙壽被列名為感通寶慶山僧，是一名密教僧人，其戒行精嚴，也是位得道高僧。隨著明永樂帝移都北上，在北京建城，宮廷內部的密教信仰愈來愈濃厚。趙壽以高齡歿於京師，極有可能與宮廷內部的鬥爭有關，但由於族譜內文字幽微，史料不多，在此略去不論。

　　趙賜的三子名為趙護，他曾前往昆明迎接自京返滇的趙賜一行人等，後來卻滯居滇東。《滇志》記載當時趙護之所以被滯留在滇池的情形：

　　　趙護，太保人。家世習降龍法，傳至護父賜，當洪武間，召入京，賞賚甚厚，遣還。護迎父至滇，會滇池孽龍為屬，滇人詣護求治之，護坐海口演法，龍去而患除。[36]

這裡記載趙護是太保人，有誤，應是太和縣人。趙護前往滇東，迎接父親回來，但當時滇池海口「孽龍為屬」，滇人求趙護留下來治龍。趙護施行法術，去除水患。《滇志》有關趙護的描寫和龍關趙氏族譜內容相符。族譜也記載相同之事：

　　　護，即龍川公之高祖也，由太和迎父於滇，乃為滇人所留，治孽龍，遂占籍於昆陽。[37]

指明人初治滇地，然苦其孽龍作亂，故留趙賜於昆陽降龍。但趙賜急於返回大理，把三子趙護留在昆明鎮除滇池水患，趙護後來

---

36 劉文徵纂，古永繼點校，《（天啟）滇志》，卷17，〈方外〉，頁573。
37 《太和龍關趙氏族譜》。

成為黔國公之佐臣，其裔也滯居昆陽。昆陽附近松華壩出土的
〈松華壩報恩寺碑〉，記載當時趙賜第三子趙護，被滯留在昆陽後
三代裔的故事。趙護一支有裔名為趙克忠（名龍川），「以襁褓潔
身入黔府而供事」，成為黔國公沐昌祚身旁之重要輔臣。萬曆年
間，趙龍川還在其先祖十三座墓塚旁，興建一座佛寺名為報恩
寺，供奉歷代祖先，獲得黔國公的支持。[38] 從滇東趙護到趙龍川一
支系的發展可知，他們從僧侶身分轉型成為黔國公輔臣的角色
「自護公籍居以來，相傳七世，俱耕隱德弗耀，秘密之術不行
矣」。其密教法術已不傳，轉型成為沐氏的佐臣世家。

　　趙賜的長子趙壽寂於北京，三子趙護滯居昆陽，其次子趙均
則順利返鄉定居太和縣。趙均曾隨父趙賜進宮，返大理後，娶同
鄉楊氏。楊氏墓誌銘〈趙母楊氏雪屏曾祖妣墓誌銘〉（1491）內
容記載如下：

> 趙母諱香，趙（州）楊氏女，大理郡太和縣河尾關者大密
> 師均助道之室。……子男二人，平日夜精通教法，功成效
> 著；勇務攻秘密至老不懈。平婦同里元進士蘇隆之女孫；勇
> 婦處士蘇氏之女；孫男七人琳、智、淨、潔、儀，平之子；
> 輝、明，勇之子；琳、智、輝、明，讀儒書，精肄祖教；
> 淨，早棄塵修行，性天明恪；儀，性資明敏，才優決科。女
> 三人，長婿趙州楊祿，次婿同里蘇傑、羊皮里李祥。[39]

38　見〈松華壩報恩寺碑銘〉（1599）、〈趙雪屏合宗墓表〉（1601）、〈報恩寺功
　　德碑〉（1605），均收入北京圖書館金石組編，《北京圖書館藏中國歷代石刻
　　拓本匯編・雲南地區》，頁90、101、165-166。

39　〈趙母楊氏雪屏曾祖妣墓誌銘〉（1491），《太和龍關趙氏族譜》（大理下關趙
　　氏族裔趙炫杰收藏），頁27-28。

這份楊氏墓誌銘，記錄趙賜以下四代由僧侶世家轉型士族的過程，包括以下幾個重要的訊息：（1）文中以「河尾關大密師均」稱趙均，可知趙賜的第二子也是一位大密師。（2）趙均有二子：趙平與趙勇。趙平是「日夜精通教法」，趙勇是「攻秘密，至老不懈」，二人也承襲秘密之術。（3）趙平與趙勇的兒子們，有四人趙琳、趙智、趙輝、趙明儒釋兼修，仍「精肄祖教」；比較特別的二人，一是趙淨，早棄塵修行；趙儀之轉型最為成功，「才優決科」。（4）其聯姻對象多龍尾關世族，趙州、羊皮里以及河尾關等，皆位於龍尾關（即河尾關）腹地，說明其世族聯姻之地緣性關係。此墓誌銘勾勒趙氏家族性格轉型的過程：前三代仍承續著「祖教」，是密教僧族的傳統。第四代開始轉型，其中有四人儒釋皆修，仍擅精於祖教，另有一位棄塵世出家的趙淨，說明「出家」與「傳統密僧」是二種不同的僧人體系；另有一位專致科考致仕的趙儀（1462-1530），成為我們追溯趙氏世系的重要線索。[40]明初趙賜以下四代，其產生三種類型身分：士人、出家為僧人與在家密僧，說明密僧家族在適應士人化時之過渡情形。

　　趙儀是弘治辛酉科（1501）雲貴經元，後來擔任四川涪州學正，復又以考績拔擢應天府推官。[41]因其治績卓越，皇帝恩賜其父趙平官銜。趙儀為榮耀先人，在其父死後四十餘年，請雲南籍的二位官員為其父趙平（1418-1477）撰墓銘，一是政治聲望極高的雲南人「光祿大夫柱國少傅兼太子太傅吏部尚書武英殿大學士」

---

40 〈應天府推官趙平墓表〉，收入楊世鈺主編，《大理叢書‧金石篇》，第10冊，頁96下-97上。

41 趙儀之生平，見〈明趙儀夫婦行述〉，收入楊世鈺主編，《大理叢書‧金石篇》，第10冊，頁95下。

楊一清（1454-1530）撰碑為〈應天府推官趙平墓表〉。[42]另一位是趙氏姻親家「皇明勅授承直郎湖廣德安府通判」段子澄，撰寫〈明善士趙公墓誌銘〉。二份墓誌在祖先敘事上略有出入，段子澄為趙平所撰之墓誌銘中寫道：

> 善士諱平，字持衡，姓趙氏。大理龍關世族也，高曾以來，俱隱德弗仕。祖諱賜，父諱均，事西域瑜伽密教，故時有旱潦災疾，皆賴以禳禱焉。其靈驗非他術可比。迨善士天資純厚，讀書明理，以伯父吉祥金剛家學，授以心戒，爰鄉而止，安能傳之天下，取信於處世也耶？[43]

這一段話很有意思，其文字大意是趙平祖先嫻習「西域瑜伽教」，趙平曾向其伯父趙壽學習「吉祥金剛家學」，也就是密教家學，法術「其靈驗非他術可比」，指其在地方上的宗教聲望很高。段子澄是其姻親家族，且又同是龍關世族，對趙家歷史的認識應是無誤。他雖然禮貌地交代趙家僧族之宗教地位，但也對昔日祖傳密教心法提出質疑，「安能傳之天下，取信於處世也耶？」正好指出當時轉型仕宦的大理人對傳統密教所抱持的消極態度。對這批轉型致儒的士人而言，祖傳密教心法無法傳於天下，也不如儒學經世濟民之道。

　　譜敘也論及蕩山之趙家佛寺，是為寶慶院。明中晚期之趙汝濂請李元陽為此佛寺撰寫碑銘，是為〈重修寶慶院記〉。〈重修寶

---

42 楊一清，〈應天府推官趙平墓表〉（1521），收入楊世鈺主編，《大理叢書‧金石篇》，第10冊，頁96下-97上。

43 段子澄，〈明善士趙公墓誌銘〉，收入《太和龍關趙氏族譜》，頁30。

慶院記〉碑文指出：

> 寶慶院者蕩山寺之頂院也，距大理南十里許，凡三十六
> 院，寶慶在諸院之上，故又名上方院。今南京右副都御史雪
> 屏趙公先大人贈儒林郎諱平者之所也。儒林公有子四人，各
> 聽其性之所近以為業，有諱慧者號天峰，專志學佛，遂從其
> 志為作茲院以居之，此寶慶之所由始也。天峰之弟為京兆公
> 諱儀，累官知瀘州知州，贈奉直大夫右通政，是為雪屏之考
> 也。方京兆之宦遊也，聞寶慶日漸圮時分俸以葺之，院有常
> 住田七十五畝，用是得存其舊，此寶慶之所由完也。嘉靖甲
> 寅，方丈燬，丁巳，禪室及重門又燬。雪屏公復鼎建焉……
> 茲院俛仰未及百年而廢興變故，乃爾大力如公家三世相繼修
> 葺僅能存其故物，然則無公家之力而繩踵亦無三世者，其難
> 其慎蓋可知矣。[44]

碑銘交代趙壽歿後，趙家的家族佛寺怎麼分配的問題：趙壽原來
居住在蕩山之頂院，也就是上方院。他歿於京師後，上方院由其
侄子趙平居住，文中指出「今南京右副都御史雪屏趙公先大人贈
儒林郎諱平者之所也」，其「之所」有可能是家族內部傳習修法
居住之地。從前文得以推測，趙平很可能在上方院向伯父趙壽學
習吉祥金剛家學。後來趙平有四個兒子，各別從事不同的志業，
其中趙慧因志於學佛，所以趙平將上方院傳給出家的兒子趙慧，
為其修行之所，更名為寶慶院。從墓誌銘與寶慶院碑銘來還原地
方歷史的脈絡，情形可能如下：自趙壽到趙平三代，蕩山之頂院

---

44 李元陽撰，〈重修寶慶院記〉，收入氏著，《中谿文集》，卷8，頁26-27。

佛寺是其家傳修法之所，趙平以其四子志向不同，故將此院撥給趙慧，易之為寶慶院，時有常住土地七十五畝。然而，趙儀後來在外致仕，返鄉分奉修葺寶慶院，後來三代亦復如此。[45] 這也才有後來嘉靖年間，趙汝濂修復逐漸殘破的寶慶院，並向李元陽請銘之舉。

除了寶慶院外，趙汝濂在晚年退隱家鄉，在蕩山又建一座覺真庵作為隱居之所。李元陽為之撰寫寺碑，名為〈覺真庵記〉。記載當時之情景：

> 御史大夫雪屏趙公既致其事，優游田里，與鄉之父老談桑麻。……自適其適，相忘於爾汝之際，回視仕途之日，有不勝其猜嫌忌諱忤偵伺之煩者，為是庵於龍尾關之西，萬松之麓，其堂曰覺真，言乃覺今之真，而昔之否也。……庵置田十有餘畝，以食庵之僧云。[46]

明晚期時政敗壞，趙汝濂居官後回鄉歸隱，在其祖先道場蕩山側寶慶院旁新建了一座佛庵名為覺真庵，作為退隱之所。

從趙家在蕩山的歷史可知，其原有上方院為蕩山頂院，後改名為寶慶院，趙慧雖出家棄世，仍然承繼此祖先道場。後來趙汝濂退隱，晚年復在蕩山祖地興建覺真庵作為隱居之所。從前後寶慶院到覺真庵的設置，大致可以看出，十六世紀趙氏僧族即便已

---

45 寶慶院碑銘和上述墓誌銘內容略有出入，墓誌銘記載趙平有五子，出家的是趙淨。此寺碑則指趙平有四子，出家的是趙慧。未知其然，或與大理認養子嗣的傳統有關。

46 覺真庵是趙汝濂所建（1563），其寺位於龍尾關蕩山。見李元陽，〈覺真庵記〉，收入氏著，《中谿文集》，卷8，頁32-33。

經轉變身分，但蕩山之家族性庵院仍為其裔所居住。雖然趙氏已不傳其祖教，然其士子修建庵院之習俗仍然維持一段不短的時間。

（二）摩伽陀瑜伽教法

大理密教僧人適應新朝佛教政策將遇到一個問題：其密教是否是僧官制度中的瑜伽教？趙氏家傳瑜伽教法，理應成為僧團制度中之禪、講、教之瑜伽教僧團，但在史料中看不到趙氏在這方面的轉向。

當時，除了趙賜、趙壽父子，還有許多密教僧人也紛紛入京，有的受到皇帝優禮欽賜國師頭銜，有的則獲欽賜阿吒力的頭銜。但是，這些僧人都沒有被授以正式僧官的職位，更不用說其他實質的政治保障。可想而知，在家密僧面對的身分選擇包括：（一）他們可以躋身於瑜伽教，如趙氏在族譜所表白的：「咸習瑜伽教」，來符合當局佛教管理政策。若其列名瑜伽教僧，那他們便隸屬於無極為首的大理府僧綱司轄下之瑜伽教僧團。（二）如果隸屬於僧綱司之管轄，那麼僧人另有一條規範，即明太祖規定所有僧人不許居家，亦不准娶妻，必須集眾居寺。[47]新朝僧團管理制度強制要求僧人必須削髮出家，這對大理密教僧族而言，無異是改變他們社會運作的法則。其若不在大理府僧綱司轄下，那密僧必須入京尋求更高的政治身分，如國師、欽賜阿吒力僧之頭銜，但這些身分又無法在地方社會持續地維持其既有之聲望。再者，他們原來以在家僧人身分掌持著地方宗教與寺院經濟等資

---

47 朱元璋，〈申明佛教榜冊〉，收入葛寅亮，《金陵梵剎志》，收入《中國佛寺史志彙刊》，第3輯，卷2，頁44。

源，但出家的身分使得家族與佛寺經濟的紐帶產生鬆動的情形。對密教僧族而言，他們面對了一場新的宗教秩序與身分的選擇。

　　趙賜祖先傳下的教法為何，已不知其詳，惟前面曾經提過趙平向其伯父趙壽所學的是「吉祥金剛家學」。趙壽入京時已心懷隱憂，在天順年間第二次應皇帝召請至京師時，因「恐祖跡淪沒」，請當時之賜進士第南京國子監監丞許廷瑞撰寫族譜：趙壽「懇余（指許廷瑞）敘諸簡，可謂光前裕後矣。余不過姑述其略，以傳不朽，以識歲月云」。許廷瑞在天順六年（1462）二月，為趙氏寫下其世族法脈起源的故事：

> 宇宙間無窮止、無測量，大無內、小無外者，佛、法、僧也。其設教不一，惟秘密一宗，為三寶中最上乘也。教始燃燈如來傳釋迦文佛，釋迦於涅槃會上傳金剛手尊者，尊者傳五印度諸國王金剛乘師波羅門，遂成五祖因緣。今阿左力皆中印度之秘宗也。蒙晟羅時，天竺人摩伽陀闍瑜伽教傳大理阿左力輩，而趙氏與焉。自是法派分流南度矣。趙氏之先，諱永牙者，福應萬靈，不可盡述，幾世傳至趙福……。順海公資性穎敏，慕道精勤，驅役鬼神，召至風雨，禳疫救災，可謂德服眾望也。[48]

趙氏密僧的族譜寫的是一段結合法脈與世系的歷史。這份族譜先追溯一段祖先密教法脈的傳承：其教法來自於中印度，源頭又追溯到佛教經典的燃燈如來佛。接下來是一段不易理解的法脈：釋迦牟尼佛傳法於金剛手尊者，後此尊者又將金剛乘波羅門法傳給

48　許廷瑞，〈譜敘〉，《太和龍關趙氏族譜》。

五印度國王，是一段佛教傳法給世俗國王與貴族的古印度歷史。後來，此金剛乘法又傳播到滇地，成就五祖因緣等等。南詔時期，此法脈「分流南度」，天竺摩伽陀僧人闡瑜伽教，將此秘法傳給大理阿左力輩，趙永牙向其習教法，於是趙氏逐漸興盛。對趙壽來說，趙家的歷史不只是世系的歷史，更是法脈的歷史，也是大理密教僧族集團的集體歷史敘事，其源頭來自於天竺摩伽陀的瑜伽教。

　　大理密教僧人留下不少墓誌銘，多論及昔日摩伽陀僧人傳下的教法，但將法脈源流寫入族譜的卻相當罕見。趙壽在宮廷中似乎已預見新朝佛教政策不利大理密教發展，也意識到一個即將要消失的時代，他在此危機與隱憂之下編寫這段趙家法脈來源與世系的歷史。天順六年的這一份趙氏家譜，不只是大理僧族對過去法脈的歷史記憶，也呈現當時大理僧族的集體寫照。若將之與後來方志留下零散的仙釋傳說相互配合，可以論證一股正在往下流動的、潛伏的教法之歷史。

　　這些密僧也面臨身分轉變的選擇：他們是否應到京師爭取「欽賜」國師身分？還是歸隸到無極派下僧綱司的政治體系之下？我們必須將上層政治的制度措施納入討論：明太祖教天下瑜伽僧納入禪、講、教之「教」，其職責是為社會孝子孝女之超度亡靈薦亡祖先等服務性的工作。這與大理僧族在鄉里所擁有的知識有點類似，但他們不僅從事鄉里祈雨禱晴，甚至引領軍隊作戰、治水，從事調燮天地風土之儀式權，其也擁有許多政治治理的知識與技術。明朝僧團管理的政策使大理密教僧人處於一種尷尬的角色，他們若被歸入瑜伽僧團，那麼這種僧侶身分猶如里甲戶籍制度般受到更多政治約束，其雖職司薦亡超度儀式，但其原來還掌持各種層面的儀式，不僅調伏山水龍神，還包括灌頂修法

禪定等等。也就是說，某種象徵宗教神聖的領導角色（charismatic leadership）被政治所取代了。從此脈絡來看，密僧趙賜派下所面對的兩難是，他們若不擔任新朝之瑜伽教僧，不然就得到京師成為朝廷之國師。

　　僧團入京或可解讀是邊臣對中央政治權威表示臣服，也是向新朝輸誠的行為；然而，從行動者的角度來看，這更像是不同身分的人群到京師爭取合法宗教身分，並期望藉此鞏固既有的傳統與宗教地位。無極雖然獲大理府都綱司僧官職銜，與其說是因為他的詩賦文采或是神通能力，毋寧說是其身分更符合明朝佛教所認定的出家僧侶形象，其嗣法又得以透過他的政治聲望繼續在大理重要佛寺占有一席之地。相對來說，密僧趙賜雖獲得皇帝賞賜，並免除世族差役，但其在史冊上終究不見其名。反而是趙賜兒子趙壽獲得的國師頭銜，建立超越大理府級的宗教聲望，但這也使他面對一場不確定的未來。光從史料所呈現的官銜或頭銜，實在很難以評價僧綱司都綱與國師二種身分，究竟孰優孰劣？可以確定的是，大理僧團領袖如何透過新的政治網絡來重構地方勢力版圖，是一個新的課題。無極名正言順地重整大理諸寺版籍，將昔日蒙段之佛寺轉為合法的官寺，並將其門徒弟子派往各州縣官寺取得統轄權，接手大理僧團之領導權；相對地，以趙賜為代表的大理密僧，雖然在京城獲得國師的頭銜，但他們在返回大理社會後，面臨地方宗教勢力版圖的變化，也產生了無法施展其志之感；趙壽被強制居處京師，更符合明朝中央集權與宮廷二元政策所謀略之事。看來，永樂帝以來，扶植密教僧人來控制邊境政治的策略，也使得大理僧團內部產生另一股政治生態之消長。

三、董賢和阿吒力僧綱司

還有另一位入京的僧族是董賢。他入京朝貢數次，子孫亦承其志，陸續赴京，積極向朝廷爭取僧官職銜，終在宣德年間獲阿吒力僧官的世襲身分，並獲准設置阿吒力僧官衙門。董氏以土官形式承襲僧職，直到清初改土歸流，才改易為常民百姓。

（一）入京

洪武年間，董賢曾三次赴詔，洪武二十七年（1394）終獲明太祖所頒賜一道聖旨碑，名為〈明賜國師董賢聖旨碑〉。內容記載如下：

> 奉天勅命，皇帝詔曰：董伽羅氏，出自海東。天降一卵，入於草中。仙鸞覆育，神異奇豐。歷朝護國，累代神通。有德有行，克始克終。延及國師，不亞其宗。三次赴詔，有勞有功。軍免軍差，民免民役。爾子爾孫，永體朕意。[49]

從這份聖旨碑中得知，董伽羅氏是海東之仙族，始祖源自於洱海東部的一個鳥卵，仙鸞覆育名為董伽羅，因其仙源神功，歷代護國。明太祖賜董賢國師頭銜，優免族人之「軍差」與「民役」。從其家族佛寺所出土之碑刻得知，董賢除了被封賜為國師，還擁有一個正式的頭銜是「欽取賜紅阿拶哩不動辢麻」；當時隨他入京的還有弟弟和兒子，都被賜以紅阿拶哩的頭銜。這裡的「阿拶

---

[49] 〈明賜國師董賢聖旨碑〉（1394），收入楊世鈺主編，《大理叢書·金石篇》，第10冊，頁29下。

哩」即「阿左梨」、「阿闍梨」的同音異字，紅阿拶哩應是當時大
理密教教派之一，「辣麻」就是「喇嘛」的音譯。也就是說，當
時曾封賜一批大理僧人為密教紅阿拶哩派的喇嘛僧。[50]

與趙氏相較，董賢似乎採取不同策略，他們不強調其法脈源
流，而是強調身為「他者」的異類身分，並宣稱其祖先是源自於
洱海山巖上的鳥卵仙類。我們無法判斷其語境脈絡為何，此說有
可能來自地方神話傳說。從受封阿拶哩名號可知他們也是大理之
阿左力輩。但董氏在詮釋阿左力的身分時，並沒有追溯西天的摩
伽陀僧人，反而強調其教法源自於正統大乘佛教。在董賢所護持
的寺碑中，其對祖傳密教作了以下的澄清：

> 其大乘者，謂顯密之二宗也。顯謂五乘八藏之修多羅也，
> 密謂三業四主之單多羅也。修顯教者，得十無障礙之內身，
> 獲十他受用之外體，微塵有情，咸蒙勝利。習密宗者，謂證
> 方便勝慧之十無盡，悟妙法教令之十有玄，剎海塵區，法輪
> 常轉，是等法門即一乘之紀綱也。[51]

佛教自中印度傳到中土遍及天下時，大乘佛教便已經區分為顯宗
和密宗二種，顯密二宗各有其教義和修法特色，二宗殊途同歸，
都是大乘佛教。董氏強調顯、密皆為大乘佛教，大理密教並不是
明朝要打壓的異教，只不過是佛教在歷史傳播過程中在不同地方
展現出來特有的文化面貌。然而，他並沒有提到其密教之師承法

---

50 〈趙州南山大法藏寺碑〉（1421），收入楊世鈺主編，《大理叢書・金石篇》，
　　第10冊，頁32下。

51 〈趙州南山大法藏寺碑〉（1421），收入楊世鈺主編，《大理叢書・金石篇》，
　　第10冊，頁32。

脈。董賢之子董壽又到北京時，皇帝對其師承感到好奇，並問他：「你們本佛什麼？」[52]天順五年（1461）董賢孫董焰慧智又到宮廷，為皇室舉行法事。事後，英宗皇帝又問：「阿吒力是什麼樣的名號？」又一次表達朝廷對這個從儀軌師阿闍梨身分演變而來的特定名稱感到不解。[53]前者答之以禪宗教義，後者答之以西天梵語，皆未詳明其法脈。惟重複「董氏屢蒙歷朝寵錫，皆仙胎始祖大德發祥也」。他們強化的是仙胎始祖的概念。

〈董氏宗族碑〉記載著明初董賢法師以三天的時間騎著黑龍抵達京師的神奇故事，強調董氏馭龍之法術。這和雲南志書記載的神僧降龍的傳說相當類似。[54]但如何區辨大理密教阿吒力教與明朝官府要打擊的異教是二種不同的教派呢？董氏之仙胎起源與神通法術之所以不足以被視為異教，很可能和他們積極修建大法藏寺以及供奉大藏經有密切的關係。董氏透過修建佛寺、供奉大藏經來表示其法術不同於朝廷要打壓的異教，而是朝廷擁護的佛教正統。

（二）法藏寺與大我寺

明太祖封董賢為密教國師後，曾賜以大藏經令他回大理建寺供養。《百苗圖》所繪之僰人禮拜佛經，也反映當地實際之宗教習俗。對大理世族而言，佛經象徵著轉輪王法寶之一，由皇帝親賜的藏經，尤可提高供養人與佛寺的政治地位。董賢返回大理後

---

52 〈董氏族譜碑〉，收入楊世鈺主編，《大理叢書・金石篇》，第10冊，頁219中。

53 〈董氏族譜碑〉，收入楊世鈺主編，《大理叢書・金石篇》，第10冊，頁219中。

54 李元陽纂修，《（萬曆）雲南通志》，卷13，〈寺觀志・仙釋〉，頁296-306。

興建大法藏寺，供奉皇帝欽賜的大藏經。依據大法藏寺的碑記（1421）記載當時董家佛寺規模：

> 敬列釋迦佛，通光高可十三尺餘。並阿難、迦葉、四天王、金剛薩埵、二執金剛、萬歲牌等。左右二間安列檀慈氏菩薩二軀，通光高可八尺餘，左右列文殊、普賢四軀。殿後安觀音菩薩，通光座高可五尺。經閣上排五方佛、觀音勢至。後堂布三大白金剛，夜曼多迦、大力、忿怒、摩訶迦羅、寶藏神等五軀。寺額二字乃汝南王書，掛中門上而供養之。55

其規模相當可觀：大殿供養十三尺餘之釋迦佛，除了左右二殿，又有後殿，復置後堂，供養「三大白金剛」以及五位護法「夜曼多迦、大力、忿怒、摩訶迦羅以及寶藏神」，供養顯密二教之菩薩護法。佛堂正中供奉著象徵新朝的萬歲牌，寺院正中高掛著汝南王撰寫的寺額，得知董氏協調各種政治勢力來建立其在地方正統的地位。當時董賢不僅將明太祖頒賜的大藏經供奉於佛寺中，也積極把當時受戰火波及而散落各地的佛教經典運回法藏寺中供奉在一起：

> 今之法藏，乃趙州知州段信苴祥請平老比丘並楊善等，前來錢唐印造三乘大藏之經文，置本州之大華藏寺。至大明聖世，洪武壬戌春，天兵入境，經藏毀之。余等儉歲之中，救得二千許卷，安於石洞，數年之間切念斯之聖教，唯啟半

55〈趙州南山大法藏寺碑〉，收入楊世鈺主編，《大理叢書·金石篇》，第10冊，頁32上。

珠，未窺全寶，予等前去滇池，於大悲、圓通二寺之中，請
得五千餘卷，將來本郡合為一藏。[56]

這是洪武二十五年之事，董賢強化大法藏寺地位的另一具體行動
是搶救趙州大華藏寺的大藏經，而這些佛經是由元朝趙州知州段
信苴祥在江南所印造供奉的。此外，他又遠至滇池請得五千餘卷
之藏經，供養於大法藏寺中。董賢試圖整合新朝政治以及舊王權
留下之佛教遺產，透過興修一座阿拶哩密教佛寺來重建他在地方
社會中的威望。對仍不明確的政治局勢來說，董賢之作為無疑是
地方爭取重建傳統僧侶威望之政治資源。

　　董賢的企圖還不僅止於此。明成祖朱棣以燕王身分在北方取
得政權後，逐漸扶植宦官，致力於培養拔擢忠於皇帝個人的地方
勢力，並且向外擴展帝國外緣之政治網絡。明成祖繼承北方元朝
留下的密教文化與傳統，在邊疆政策上以傳統宗教的方式優禮邊
地政權，並試圖以此鞏固中央與周邊政治之關係。他不僅在吐蕃
地區封賜高僧為大寶法王與灌頂國師等僧官，也授之以更實際的
土地和特別優免禮遇措施。[57]當時已赴召三次的董賢很可能成為這
位在北方建立政權的皇帝所籠絡的對象之一。

　　永樂年間，董賢又再次入朝到京師，晉見新執政的永樂帝。
據〈董氏族譜碑〉記載，永樂十年（1412），明成祖派遣欽差太
監李謙到大理召請董賢入京，據說董賢以法術騎蒼山黑龍，三天
便抵達京師。他留京二個月，受到皇帝的敬重，賜以大我士國

56〈趙州南山大法藏寺碑〉，收入楊世鈺主編，《大理叢書・金石篇》，第10
　　冊，頁32上。

57 祝啟源，〈明代藏區行政建置史迹鈎沉〉，收入《藏學研究論叢》，第5輯，
　　頁225-260。

師。[58]皇帝賜予許多寶物，像是紅袈裟、五佛頭冠、紵絲、寶鈔等等。[59]此時，董賢還向永樂帝請得「華嚴、般若、涅槃、寶積、楞嚴、護國密教等經，足一千卷。東駕賞大字疏科二本，華嚴一百六十二卷」。永樂十一年又遣欽差內使馮斌「馳驛馬十二疋，馬步軍堡子等五百三十名，踐送（董）賢並男董壽等」。[60]其受皇室與朝廷之優禮，足以威震滇南諸僧團。這些佛教經典後來也供奉在大法藏寺之中。返鄉後，皇帝又命黔國公沐晟和楚雄太守張氏，在大理南方趙州湯顛（今鳳儀湯天）設置董氏地基，「賜田一百二十雙，前後山產不計」為其安身之所。此外，永樂帝還令官員在大理府城南西南隅，劃地四十八丈，興建聖旨坊表旌其神功，並依京殿樣式建祠堂與佛寺，敕額為大我士寺。[61]此舉合法化大理密僧的傳統，並確立欽賜阿拶哩喇嘛家的家產和佛寺地位。

大法藏寺由明太祖所賜建，而大我士寺則由明成祖賜建，前後不到50年，董家的二座佛寺皆夾帶著明朝皇帝權威而來。永樂帝很可能試圖在正規之文武官僚系統外，建立直接隸屬皇帝的宗教管道來鞏固他對邊疆地區的控制，董氏大我士寺建在大理府之城隅，也說明明成祖更進一步透過董氏僧侶世族來駕馭大理府的企圖。作為皇帝欽賜之邊境佛寺，董氏之大法藏寺也有其政治性

58〈董氏族譜碑〉（1892），收入楊世鈺主編，《大理叢書‧金石篇》，第10冊，頁219下。

59〈趙州南山大法藏寺碑〉（1421），收入楊世鈺主編，《大理叢書‧金石篇》，第10冊，頁32上下。

60〈趙州南山大法藏寺碑〉，收入楊世鈺主編，《大理叢書‧金石篇》，第10冊，頁32上下。

61〈大我士寺碑記〉（1841）、〈董氏族譜碑〉（1892）二文，均收入楊世鈺主編，《大理叢書‧金石篇》，第10冊，頁188下-189上、219上。

的儀式任務：

> 今欲報謝洪恩，廼於每月初一、初八、十五、二十三等日，
> 就於本寺（法藏寺）上香燃燭，密念護國真言，上祝皇帝聖
> 壽萬萬歲，太子諸王福壽千千春，文武百官高增福算……[62]

定期舉行朝賀儀式，以表其忠誠。但是，初建好的大我士寺還沒
有供俸象徵政治正統的大藏經，直到宣德年間。

（三）阿吒力僧綱司

　　董賢及其兒子繼續和京師保持密切的聯繫。他的兒子董壽與
孫子董榮，父子兩人分別在宣德七年（1432）住京三月，天順五
年（1461）又受召到宮內與皇帝論道並施行法事。宣德七年，董
壽向皇帝請求設置阿吒力僧綱司以及僧官職銜，皇帝並沒有直接
答應，但頒賜大藏經，令他開始籌備「奉旨鑄印，開設衙門」，
為成立僧官衙門而做準備。同年不久，皇帝便令董壽的兒子董榮
為世襲大理府阿吒力都綱，並將阿吒力都綱司的衙門設置在大理
城西南隅賜建的大我士寺中。[63] 天順五年，北京又召董榮的兒子董
焰慧智到宮中晉見皇帝，令大理府每年以白米八十斛供奉董家阿
吒力都綱司。從董氏三代入京爭取設置阿吒力僧官衙門可知，宣
德年間以前，董賢、董壽雖在京師備受榮寵，其密僧身分並沒有
獲得進一步的僧官核可，直到宣德七年才得以授世襲僧官的職

---

62 〈趙州南山大法藏寺碑〉，收入楊世鈺主編，《大理叢書・金石篇》，第10
　　冊，頁32上下。

63 大我士寺又稱為大我寺。見陳文，《（景泰）雲南圖經志書》，卷5，〈大理
　　府〉，頁77-78。

位，並以頒賜大藏經、鑄印、食祿等，為設置阿吒力僧綱衙門奠定合法性的基礎。

僧官和國師二者意義不同，國師僅止於一身，阿吒力僧綱司是僧官機構，董氏受此保障，其族裔得以繼續承襲土僧官職銜。國師雖受皇帝優禮，但身分隸歸禮部，接受朝廷召請入京，施行朝廷或宮廷儀式；相對地，僧官的職責是在地方進行宗教管理，不僅保有世襲身分，還保有地方宗教威望。董氏一方面有國師頭銜，另一面又擁有皇帝特許之封地與俸祿，成為西南地區特有的一種土官宗教機構的代理人。阿吒力僧綱司和其他僧綱司的職司類似，負責管理土僧僧團的運作；不一樣的是，它是土僧性質的官職，也可解釋成是一種具有土官性質的僧官，此是土官與土僧二元政教身分的集合體。更重要的是，董賢族裔世代承襲此土僧官職，直到清初大規模施以改土歸流才遭廢止。簡而言之，「阿吒力僧綱司」是地方僧人為維護土僧在家傳統所爭取的宗教機構，而這也進一步使得「阿吒力」成為概括過去大理在家密教僧團的簡稱。

小結

僧人入京的故事揭露了大理僧族在明朝佛教管理制度下所面對的身分問題。歷代中國各朝皆設僧官管理天下之寺院與僧人，然明朝宗教政策對佛教叢林之社會化與世俗化產生巨大的影響。[64]

明初對大理僧團抱持著威柔並濟的作風，無極和尚獲得大理府僧官，趙賜與董壽則成為國師與密教紅喇嘛。然而，僧官與國

---

64 陳玉女，〈明太祖徵召儒僧與統制僧人的歷史意義〉，頁1-28。

師屬性不同，前者具有制度的合法性，所以無極和尚得以接手府州縣境內之重要的佛寺，壯大門派；國師身分屬榮譽性的封賜，雖有免差徭的優免，然其身分僅止於一身。從董賢的個案尤可以看到地方僧人積極參與的過程，明初二位皇帝皆頒賜佛寺：大法藏寺與大我寺，作為地方威望的象徵；賜大藏經、常住土地及定額俸祿等等，可知董氏在中央王朝的地位如日中天。然而，董氏與趙氏二者之間的潛在競爭以及分流也是可以預期的，尤其趙賜、趙壽皆前往北京，也都被封賜為國師阿吒力。直到董氏爭取阿吒力僧綱司，正式獲得土僧官職銜，其子孫才得以合法世襲權，而此時之趙氏便轉型為士人身分，這二者變化說明了僧族內部的競爭以及僧官制度在大理僧團內部所產生的分化問題。僧團內部的分化不只是政治的問題，也影響了他們法脈的傳承，甚至是佛寺管轄權。尤其正當段高二氏地位急遽下降之時，這些被納入流官地區的佛寺可以順利地接掌其既有的地方聲望，更不用說這些佛寺擁有相當龐大的常住土地。

　　再者，董氏和趙氏二者所使用的政治策略相當不同。趙氏重視法脈起源以及世系傳承，並且採用天竺摩伽陀傳來的瑜伽教概念來合法化其法脈的合法性。而董氏並不強調師承，也沒有強調摩伽陀祖師，他們反而強調土著的異類性，尤其是身為邊域異族之「異類」草根性。董氏之獨特性在於當大多數的大理僧侶世族都強調其法脈來自於古老的建國觀音或是西天來的摩伽陀僧人之時，他們卻以始祖來自鳥卵的方式宣稱其為土著世家。我們無法證明始祖鳥卵的宣稱和後來獲得土僧僧官是否有直接的關係，但身為「土著」的說法，有別於其他大理世族宣稱蒙段或聖僧起源，似乎更適合成為土僧僧官的重要條件之一。

　　明朝以二元政策治理西南之僧團，先是設置象徵中央治理的

僧綱司，後又為拉攏土僧，另設阿吒力僧綱司。其他之僧侶世族
如龍關趙氏被擠壓在這二類僧官體制之間，為後來轉型士人身分
埋下伏筆。

第五章

鬪邪

　　董賢透過宮廷政治的盟友成功獲得土僧官職，但其族裔為此付出不少的代價。由於阿吒力在官僚體系中的定位及宗教形象模糊不清，後來隨著宮廷文化被捲入政亂，受到奉守禮教士人集團的抨擊。其中，又以燕王靖難之役背後謀臣道衍禪師積極參與其事，後又有「妖僧」繼曉案，天下士人無不妖魔化僧人在宮廷中的影響力，僧人儼然成為政亂的代罪羔羊。正統年間，一批被派往邊區的大臣以崇正為名，施毀佛之實。最先打擊的便是鶴慶府高氏土官，以下分別從土僧董氏以及土官高氏的境遇來說明。

一、土僧的政治網絡

　　阿吒力僧綱司是土僧爭取合法化的結果，也是朝廷拉攏大理僧人集團的權宜之計。董氏透過一條直通上層政治的通道來爭取僧官職銜，而此機構性的設置，也可從永樂皇帝以來的宮廷政治來理解。朱棣奪位後，為確保皇權，採用內官作為皇帝私人偵伺系統，並在帝國邊境建立以皇帝為中心的政治網絡。阿吒力僧綱司是此大歷史條件下的特殊設計，其猶如僧官，也兼具土官性質，其設置似乎沒有定則。它跨越非正式官僚體系，是皇權伸入邊區的一種政治安排。阿吒力上層政治和宮廷內官關係愈來愈密切，也是其與地方士人集團愈來愈疏離的原因之一。[1]

　　我們先從董氏留下的相關文獻，來釐清其爭取設置阿吒力僧綱司的情形。董家佛寺——大法藏寺之碑刻記載著明初宮廷活動的細節，如：永樂帝令欽差太監李謙，召董賢和其子董壽入京。

1　古永繼，〈明代駐滇宦官考〉，《中國邊疆史地研究》，4期（1999），頁39-48；〈明代宦官與雲南〉，《思想戰線》，1期（昆明，1999），頁186-191。

入京後，皇帝又差內官何敬，令其入詹事府之內。期間，內官尚
義，引董賢、董壽到玄武門，分別在內宮前後舉行四次法事，每
次七天。永樂十一年（1413），皇帝又派遣欽差內史馮斌護送董
賢、董壽回大理。[2]清初刊刻的〈大我士寺碑〉又重複提到這些內
容：董賢在宮廷中施行法術有驗，皇帝派遣一位姓李的太監到雲
南來巡察，並夾帶皇帝的命令，令楚雄太守到趙州來張羅董氏國
師的賜地事宜。[3]大我士寺碑中的「內監李」，應是前述的李謙；
而後來護送董賢返回大理的也就是太監馮斌。[4]宣德年間，董壽再
次進京，也是應欽差司禮監內官陳海之請。董壽在京數月，後隨
內官吳誠奉旨令鑄印，開設衙門，令董壽之子董榮為都綱司。天
順五年（1461），總兵官鎮守太監御史羅氏奉旨，又召董焰慧智
至京，到宮內行法事。在上述碑刻如大法藏寺、大我士寺碑以及
族譜碑等，留下許多內官引介董氏入宮施行法術並受到皇帝禮遇
與奉賜的細節。[5]這些碑刻之所以詳實記錄皇帝親信太監的名字，
應不是無心之作，也不是偶然之舉，應與董氏家族刻意留下特有
的歷史印記用以宣示其在朝廷所曾經營的政治網絡。

　　地方墓誌銘也記錄明朝皇帝「欽賜」大理僧人頭銜的情形，
如有「欽取密教靈通鑑徹玄妙法師楊遑」、「欽賜阿吒力龍關趙金

---

2 〈趙州南山大法藏寺碑〉（1421），收入楊世鈺主編，《大理叢書·金石篇》，
　第10冊，頁32。

3 〈大我士寺碑〉（1841），收入楊世鈺主編，《大理叢書·金石篇》，第10冊，
　頁188下-189上。

4 〈趙州南山大法藏寺碑〉（1421），收入楊世鈺主編，《大理叢書·金石篇》，
　第10冊，頁32。〈董氏族譜碑〉（1892），收入楊世鈺主編，《大理叢書·金
　石篇》，第10冊，頁218下-221下。

5 〈董氏族譜碑〉（1892），收入楊世鈺主編，《大理叢書·金石篇》，第10冊，
　頁218下-221下。

剛寶」等等。這些「欽賜」頭銜，外表看來倍感殊榮，然其或稱法師，或為密僧，並沒有標準化統稱為阿吒力。[6]再者，如果仔細和官方記載之《明實錄》相互比對，我們會看到同時間有些阿吒力僧人被拘留在京師：宣德十年（1435），禮部尚書胡濙曾建議朝廷「放回雲南阿吒力、朵兮薄五十餘名」，主要是因為禮部衙門花費太多經費在招待這些遠來的法王、國師、喇嘛等儀式專家以及雲南僧人，祈請皇帝下令放回這批雲南僧人與巫師。文中「放回」一詞，顯示朝廷優禮密僧與巫師的同時，也帶有挾制意味的政治操作。[7]阿吒力從大理密教延伸而來，為使其類有別於無極之大理府僧綱司，故另置阿吒力僧綱司；朵希薄則隸屬於大理府道紀司統轄，屬道教之官僚體系。有意思的是，明軍從事邊戰時，仍然依據地方傳統，召令阿吒力僧人和朵希薄協助軍隊攻打麓川，使得此二者在政治利益上更傾向成為同類之身分集團。

　　董氏不僅建立一條通往高層政治的管道，也在地方上建立一套以「阿吒力僧」為合法名義的政治勢力。宣德年間，阿吒力僧官董榮陸續在其他府州縣爭取設置阿吒力僧綱司，試圖擴大阿吒力僧之網絡。有的密僧也經由這個管道被選為阿吒力僧，其中一位大理人楊德，又稱寶瓶長老，其墓誌銘記載著他早年涉獵經

6　楊暹除了有「欽取密教靈通鑑徹玄妙法師」頭銜外，也自稱「欽取阿吒力靈通鑑徹玄妙法師」；龍關趙氏出了一位阿吒力，如「賜位阿吒力龍關趙金剛寶」。見楊世鈺主編，《大理叢書‧金石篇》，第10冊，頁59下、61中、62下、71下。

7　陳文等纂，《明英宗寶訓》（台北：中央研究院歷史語言研究所，1962），卷3，宣德十年二月戊辰條下，頁194。朵兮薄是西南對巫師之泛稱。至今雲南許多少數民族之巫師仍被稱為朵希薄、朵希等，他們如何適應明朝以來道紀司的設置，仍有待更多的討論。

史，後來向「董上師」學習法術，因為通曉顯密、陰陽地理，又修煉禪定，成為一位道行高超的僧人。宣德年間，他被選為阿吒力，欽賞赴北京，皇帝還賜給他袈裟法衣。[8]還原這段歷史，他「遊董上師之門」，復又「被選」為阿吒力僧人，指出董氏很可能在地方組織阿吒力僧團，並試圖在京師與大理建立更密切的土僧政治網絡。宣德八年，西南極邊的騰衝也開始設置有僧正司，設有僧正一名，由土僧擔任之。[9]阿吒力僧因而成為具有合法性基礎的宗教身分，可考者包括雲南府阿吒力僧綱司正都綱一人，副都綱一人；大理府阿吒力僧綱司都綱有三人，副都綱一人。[10]由此可推知土僧勢力似乎已逐漸制度化並且有擴大發展的傾向。

　　阿吒力僧綱司雖保障土僧的合法性，但其嚴峻的挑戰卻來自於法脈傳承。昔日之法脈經由僧族聯姻來相互傳承，但許多僧族轉型為士族後，阿吒力僧的師承和法脈傳承便顯得愈來愈孤立。其中的龍關趙賜族裔轉型為士族，趙汝濂即為其一例；李元陽之祖先也是降龍僧族，其他大姓也多由僧轉士，幾代間便轉型為士人集團。明初董賢國師有十一個兒子，其中六子早亡，留下五子。在五個支系中，有二支系繼承土僧職位，一是世襲大理府阿吒力都綱司，一是世襲趙州秘密法官，此為州級之土僧職銜。自董賢以降之三代，如董（金剛）壽、董榮、董焰慧智等，都受到皇帝敕封「敕封灌頂國師」封號。其餘支系轉為儒業，從事低階

8　〈故寶瓶長老墓誌銘〉（1438），收入楊世鈺主編，《大理叢書・金石篇》，第10冊，頁43上中。

9　楊士奇等纂修，《明宣宗實錄》（台北：中央研究院歷史語言研究所，1966），卷106，宣德八年十月己未條：「己未置雲南騰衝州僧正司僧正一員，命土僧為之。」頁2375。

10　劉文徵纂，古永繼點校，《（天啟）滇志》，卷5，頁180、184、185。

文職的散官修職郎和登仕郎等銜，族裔多入地方學校為庠彥與廩彥等儒業身分。[11]

董氏內部雖有阿吒力僧與士子二種身分，然而，更大的危機來自於僧團的地位不復以往，土僧世系內部承繼的危機似乎愈來愈大。自董焰慧智以後，董家再也沒有獲得國師之封號，而阿吒力僧官在董榮以後傳承八代，趙州秘密法官則傳承九代，直到清初改土歸流，阿吒力僧綱司也被廢止，董氏都綱僧官之職亦廢去。〈董氏族譜碑〉曾為其世系做出簡短的評論，其言如斯：

> 自唐及明，列祖神異，莫可勝述。由明迄今，神人雖不復作，而科甲廩貢亦不乏人。況我朝定鼎，聲教訖於遐邇，妖魔孽怪，久已信服驅除，可知神人不必相繼而起。[12]

其自陳妖魔孽怪已被驅除，故神人不必出世。實際上，是地方之科甲鄉士大夫已逐漸取代神人世系相承的傳統。

大理士人對阿吒力僧的名稱並不感到陌生。李元陽所編纂的《雲南通志》、明朝官方檔案以及文人筆記小說都曾記錄一位阿吒力僧人何清的故事，但呈現的歷史評價卻南轅北轍。何清是大理阿吒力都綱董榮所扶持的僧人之一，他以大理民間非常熟悉的伏虎神僧的形象出現在李元陽的《雲南通志》：

---

11 從董氏族譜碑記可知，其自二十四世董賢到二十七世始，其裔始有業儒之仕，其銜主要以修職郎、登仕郎、庠彥與廩彥為主。參見〈董氏族譜碑〉，收入楊世鈺主編，《大理叢書・金石篇》，第10冊，頁220上。

12 〈董氏族譜碑〉，收入楊世鈺主編，《大理叢書・金石篇》，第10冊，頁219中。

> 何清：精勤持明，往見烏思藏大寶法王受戒，得法書，既
> 回。至瀾滄，路遇猛虎，清叱之，虎靡然伏。正統六年
> （1441），奉檄從征麓川，結壇行法有功，天順六年（1462），
> 勅取入京，卒。上遣禮部主事曾卓諭祭。[13]

在李元陽的筆下，何清被描寫成是一位法術高強，具有軍功，且受到皇帝敬重的密教僧人，這相當符合大理過去僧侶的角色和形象。何清曾前往烏思藏（即吐蕃）向大寶法王求戒，在返回大理的途中，遇到一隻猛虎，他以其神通力馴服之。密僧降龍伏虎是地方傳統，民間流傳也是一件很自然的事。正統六年，朝廷徵召何清從征麓川，隨軍隊在前線結壇，施行法術，後來因而為邊戰立下軍功。天順六年，又召何清入宮廷，皇帝甚為敬重。最終死於北京時，皇帝還派遣禮部官員撰寫祭文弔念之。從李元陽的記載可知，何清前往烏斯藏受戒一事，似乎是當時土僧們合理的選擇。明中期以來烏斯藏大寶法王受到宮廷尊崇，雲南土僧前往受法，也不失為承續法脈並鞏固地方身分合法性的管道。再者，何清隨軍隊攻打麓川，以法術在戰場建立軍功，也符合傳統密僧之形象。

然而，《英宗實錄》所記載的何清故事，卻是另一種版本：

> 正統七年（1442）……命雲南大理府阿吒力僧綱司土僧何
> 清等為本司都綱等管，初靖遠伯王驥奏征麓川時，何清在彼
> 結壇行法，將思任發及刀招漢父子縛藁為人，背書名字，枷
> 鐐刀箭，砍身驅魄，在壇盡夜呪魘，果有青蛇花雀入壇，黃

---

13 李元陽纂修，《（萬曆）雲南通志》，卷13，〈寺觀〉，頁306。

　　昏神號鬼哭，後隨大軍過江殺賊，持幡行法，直至賊門，呼
　　風喚雨，知助火攻。有驗。宜錄具功，事寢不行。至是，都
　　綱董榮等仍奏保何清，及請增設僧綱等司八處，兵部及禮部
　　再言之，上不允其再增設僧綱司，但令授何清等僧官，仍還
　　本寺終其本教。[14]

　　明實錄以「大理府阿吒力僧綱司土僧」稱何清，指其身分隸屬阿
吒力僧綱司。他在麓川戰役施行法術，縛草為人，將麓川思氏土
酋父子的名字寫在其上，復以枷鐐刀箭施於其上，砍其軀魄。後
來，何清又設壇施法，召青蛇花雀入壇，引領神鬼協助，帶大軍
過江殺敵。這些呼風喚雨的戰功之所以被記載，是為了向皇帝呈
請軍功，以便受賞升爵。但此事卻引起朝野爭議，遂被擱置下
來。後來阿吒力都綱董榮奏保何清，請增設僧綱司八處，令何清
為僧綱。當時掌管天下軍事與禮儀的兵部與禮部官員皆為何清請
命，皇帝仍不允許其增設僧綱司，僅賜給何清僧官職銜，令其還
回其本寺，終其本教。可知，後來何清回到他自己的佛寺，也可
能就是其家傳佛寺。官方史冊似乎更重視這些神奇的宗教行為在
朝野引發的議論，這也涉及另一層面的問題──明中葉以來朝廷
屢開邊戰，耗損國家財力，已遭全國朝野士人的強烈批評。在一
片批評邊戰的政治氛圍下，阿吒力僧在邊區戰場的法術形象也成
為被抨擊的對象。

　　何清的故事還不僅止於此，雲南密教僧人在全國士大夫眼中
儼然已成為麓川之役的共謀者，他們成為明朝財政敗壞的代罪羔
羊。沈德符在《萬曆野獲編》中以負面的形象描寫這位阿吒力僧

---

14 陳文等撰，《明英宗實錄》，卷94，正統七年七月戊寅條下，頁1898-1890。

人。在他筆下，此土僧集團與明朝三征麓川的軍事活動相互勾結，形成一場邊區戰場的荒謬鬧劇。他描寫何清在戰場之法術並給予評論：

> 兵部尚書靖遠伯王驥自征麓川思任發奏捷歸，上言征麓川時，有雲南大理府阿叱力僧綱司土僧何清，在彼結壇行法，將思任發及刀漢招（即刀招漢）父子縛蒭為人，背書名字，枷鐐刀箭砍射驅魂，在壇晝夜呪壓，果有青蛇花雀入壇。黃昏神號鬼哭。後隨大軍過江殺賊，持旛行法。直至賊門。呼風止雨。佐助火攻有驗，宜錄其功。上不允，都綱董榮等復奏何清，且請增設僧綱司數處。上始令何清等僧官，仍居本寺，而僧綱司不許增。按：驥上此疏時，思任發已逃去不獲，乃為誕妄不經之語，以誆主上，其後凡三度南征，驛騷半天下，兵民死者數十萬，蓋不待訓導詹英之彈章，而已自呈其狂肆矣！[15]

比較重要的是後半部沈德符的註記，指出當時此事件背後更大的政治問題，即嘉靖以來邊地屢有奏捷，必以仰仗神威，向皇帝求乞寺額、興建寺觀等等不良之風氣，許多僧人道士助長其風。阿叱力都綱董榮即是一例，他以軍功為名向皇帝要求增置僧綱司，興建佛寺，擴展阿叱力集團勢力，這已成為朝野士人共同要抨擊的邪歪之風。沈德符的評論代表了士人集團的聲音，認為久戰的麓川之役導致帝國與地方財政之崩壞，而阿叱力僧人在西南軍事活動以及明朝政局中的處境，難辭其咎。

---

15 沈德符，《萬曆野獲編》，卷27，〈夷僧行法〉，頁682-683。

　　上述三種何清的敘事版本，重構雲南土僧／阿吒力僧的處境，包括：（一）法脈傳承的問題，使得密僧開始北上前往烏斯藏向大寶法王求法；[16]（二）密僧以法術在西南戰事活動中建立軍功；（三）以軍功向朝廷要求增賜阿吒力僧綱司，有助於強化阿吒力僧侶集團的政治網絡。阿吒力身分受徵召前往戰場，其僧人身分又受到禮部之節制，它更像是由內臣扶植起來的邊境勢力。這些種種使阿吒力僧人引起朝野爭議，甚至引起全國士人之公議，其角色也逐漸與大理士人集團的政治理想愈來愈遠。

　　大理密僧在阿吒力僧合法化的政治大傘下繼續保留下來，但也成為士人非議的對象。《明實錄》記錄當時宦官和阿吒力僧的結盟威脅並引發社會治安的疑慮。正德二年（1506）二月，雲南巡撫陳天祥向皇帝報告雲南僧人敗壞風俗的情形：

> 巡按雲南御史陳天祥言：雲南有阿吒力、朵兮薄二教，其徒數百人，不祝髮、不絕葷酒。類僧道而非僧道，有妻妾，生子女，假托事佛祈禳，招集良家婦女宣淫壞俗。蓋緣宣德年間，此輩厚賂中官，蠱惑朝廷加授都綱紀官名，鑄給印信，傳至於今，牢不可拔。乞敕所司，削其官，追其印，

---

16 大理佛教與藏傳佛教的關係向來較少受到學者的重視，然而，明朝對西藏密教三大法王的封賜以及因此對川康蜀滇邊境不同教派在生態的影響，也是值得進一步深入討論的議題。相關研究可參見祝啟源，〈明代藏區行政建置史迹鉤沈〉，收入《藏學研究論叢》，第5輯，頁225-260。Hoong-teik Toh, *Tibetan Buddhism in Ming China* (Ph.D. thesis, Cambridge: Harvard University Press, 2004). 陳楠，《明代大慈法王研究》。以及有關麗江木氏土司和密教關係，參見約瑟夫‧洛克（Joseph F. Rock）著，劉宗岳等譯，《中國西南古納西王國》（*The Ancient Na-Khi Kingdom of Southwest China*），頁129-137。

謫發該管官處承當軍民差役，庶淫醜之俗可以少革。命所
司知之。[17]

引文提及宣德年間阿吒力與巫教朵兮薄賄賂宦官，令他們蠱惑朝
廷大量封賜阿吒力僧綱、朵希薄道紀司等僧官職位的一段歷史。
內容應與前文董氏在朝廷所經營的政治網絡有關。是以，雲南巡
撫陳天祥建議朝廷下禁令，削阿吒力僧官之職銜，追回印信，並
將這些僧人派撥承當軍民差役，以削革地方陋習。

　　這份史料提供了一些重要訊息：自阿吒力僧綱司取得合法地位
後，使得所有大理密教僧人得以依附在此合法身分的名義下，繼續
在民間活動，為社會舉行各種佛教祈禳法事，其「在家的」身分也
可以獲得保留。這種狀況是正統的漢傳佛教無法容忍之事，陳天祥
也就把瑜伽教世俗化的問題算在阿吒力教的帳上。總之，明中期以
來不論是密僧或阿吒力僧，他們仍然持續地為民間舉辦各種儀式，
很難區辨其間之差別。阿吒力與這批火居僧人，在士大夫的主流政
治之下，幾已淪為政治與文化不正確的邊緣性角色。

二、林俊毀佛

　　宣德以來，阿吒力幾已成為大理密教僧人的代名詞，潛伏於
西南各地維持一段不短的時間。土官區密僧處境如何，我們所知
有限。[18]清初之姚安土官高𥖌映曾回憶其幼年時境內阿吒力僧的

---

17 費宏等修，《明武宗實錄》（台北：中央研究院歷史語言研究所，1966），卷
　　23，正德二年二月壬辰條下，頁644。
18 大理府四周的土官知府有鶴慶府、姚安府、蒙化府以及麗江府等，不見其設
　　阿吒力僧綱司。

情形：

> 其阿吒利教昔為異術之最。楊澄穎者，嘉靖間被詔入京，祛大祟，賜聖旨坊。其坊在塔鏡溯上，喬映少時親見之，其額則「通明顯密」四字。上有聖旨字。今其址均無矣。其族為楊、何、高、趙四姓。始何姓最顯靈，楊氏為其婿，盡得其術，遂稱為首。[19]

姚安府為高氏土官轄地，密教僧侶在其境內之地位似乎仍然相當崇高。嘉靖年間，姚安有四個密教世族大家，分別為楊、何、高、趙等四姓，何姓法術最為顯靈，後來楊何二姓聯姻，楊姓向何姓學習法術後，成為法術最靈驗的僧族。當時楊澄穎為何姓之女婿，被詔到京師「祛大祟」，施行法術，獲賜聖旨坊，可見阿吒力僧入京受封賜的情形相當普遍。再者，密教僧人以相互聯姻、承襲法術來鞏固僧族集團的法脈與族姓凝聚性，而僧族四姓楊、何、高、趙等相互聯姻同為一族，故以「族姓」稱之，而楊澄穎是何姓女婿，「盡得其術」，遂稱其首。這段引文清楚地說明了諸姓聯姻為族姓，法術高者為僧族聯盟之首。這種族姓的概念也出現在大理府境內，然其更直接地指出阿吒力僧族源於天竺婆羅門種姓。[20] 從姚安的個案可知，阿吒力同類通婚維持社群界線，

---

19 高奣映著，侯沖、段曉林點校，《雞足山志點校》，卷8，〈風俗‧姚安府〉，頁310。

20 另有更直接的說法，指阿吒力的概念源自於印度之種姓制度：「夫西天竺有姓名曰阿捘哩，是毘盧遮耶族姓婆羅門，從梵天口中而生。」洪仁，〈故考大阿捘哩段公墓志略〉（1437），收入雲南省編輯組，《白族社會歷史調查（四）》，頁187。

其法脈與法術仍得以在集團內部傳承下來，即便如此，土官高奣映也稱阿吒力教為「異術」。

　　另一個關鍵地區是大理北方的鶴慶府，可惜沒有留下太多僧族之史料。[21] 鶴慶也是高氏土官轄區，從其作為大理與吐蕃之必經之道，又是摩伽陀祖師開基之地，以其來討論政治與土官政教運作的衝擊應是具有代表性的個案。明中葉以來，受到崇正之風的影響，官員在雲南邊區推動一系列的闢邪革正的文化運動。最具代表的事件是林俊（1452-1527）在鶴慶打擊淫祠毀佛事件，而受此運動波及最深，影響最大的要算鶴慶府的玄化寺了。

（一）革土易流：鶴慶高氏土官

　　高氏扼守於滇蜀藏邊界，「北接西戎，夷獠雜處」，其立足大理與烏斯藏間，不僅統馭屏障諸人群，也是控制金沙江二岸山鄉的重要勢力。高氏統領鶴慶府，其西有劍川州，東有北勝州，與滇中的姚安府相連，這些地方都是高氏政治控制的範圍。高氏可謂是明中葉以前雲貴高原與青康藏高原交界處之重要勢力。

　　高氏長期護持佛教，不遺餘力。洪武十五年，高隆、高仲父子降明並赴京。他們返回鶴慶後，興建佛寺來鞏固其政治聲望。其中高隆土官：

> 崇信大乘，繼祖承業，恪遵王政，……□玄化梵剎，創建龍華精舍，復築□□蘭若、大殿、城隍宮墙。修身慎行，一以安養人民為心。……洪武十五年，歲合壬戌，暮春既望，

---

21 高奣映著，侯沖、段曉林點校，《雞足山志點校》，卷8，〈風俗・鶴慶府〉，頁311。

> 恭遇天兵下雲南，開平大理。公以本路印信，原受虎符金牌
> 一面……辦糧草，率領人民，恭詣總戎轅門，首先降附。[22]

元末明初，土官高隆崇信大乘佛教，其護持之佛寺有玄化寺與龍
華精舍。玄化寺是鶴慶的政治宗教中心；龍華精舍位在府城東南
十八里處，又稱龍華寺，是高氏土官以及其僚屬的家廟佛寺建築
群。[23]此外，高隆也修建鶴慶鄰近幾座庵院，供僧人靜修，並修築
象徵新朝政治的城隍宮牆等等。可惜，高隆三十二歲，赴京途
中，遘疾而終。其子高仲承襲鶴慶土官：

> 十五年壬戌，天戈南下，自是元運日遠。天命有歸，正當
> □效，是□歸附之誠，奮忠烈之志，率徒眾百餘人，親賷祖
> 父所受宣命牌印並軍胄□□□□至大理而投降之。……洪武
> 十六年，躬詣京師，皇上□之，……賞以冠帶、衣袄、緞疋
> 等物，給驛而歸。及到本土，旋倪咸悦，……建學校、立壇
> 場……辟四野，均賦稅，修梵剎、取藏經，秩秩然有序而可
> 觀，整整焉有條而不紊。[24]

碑中提到高仲受封後於隔年「躬詣京師」，返回鶴慶，整治地方
社會，建立符合朝廷認可的學校、祈福壇場，又修建佛寺、供奉

---

22 〈故中奉大夫前雲南諸路行省中書省參政□鶴慶路軍民總管高侯墓碑志〉（永
　　樂17年），收入張了、張錫祿主編，《鶴慶碑刻輯錄》，頁255-256。

23 龍華十八寺之碑刻可見《鶴慶碑刻輯錄》。近年學者也將龍華十八寺之碑刻
　　專錄輯成冊，參見高金和著，《鶴慶龍華十八寺碑刻輯錄》（昆明：雲南民族
　　出版社，2013）。

24 〈明故高氏墓碑志〉，收入張了、張錫祿主編，《鶴慶碑刻輯錄》，頁253-254。

大藏經等等，這些都是政治領導者應有的宗教作為。洪武二十九年（1396），滇西北夷戎逆反，明總兵官以鶴慶地位愈來愈重要，故將鶴慶府升為鶴慶軍民府。但高仲於洪武三十一年（1398）便病逝，留下還未繼任的孤子高興。

　　高興年幼，由他的母親，即麗江府通安州同知阿氏之女和氏撫養長大。[25]高興長大後，按例應襲，進馬貢物至京。他在還鄉後，為維護地方社會秩序，在鶴慶境內正經界、分宅里，廣儲賢良，「頑軍向化而習於禮」，復又修玄化寺雙塔、施《金剛般若經》。不幸的是，高興早逝無嗣。[26]第三任土官由高興的弟弟高寶承襲。高寶早在永樂十一年（1413）奉命勘合，授任滇陽薇垣檢校。省親歸家時，「起大雄殿前房翼兩廊」，兄歿後，准襲兄職。「乃造玄化雙塔，謹備方物謝恩。」後來，又奉母親之意：

　　　居南起造宅舍，創梵剎、造佛像，內外金碧交輝。五修華嚴勝寺，欽誦法剛大乘，叩施諸易紀咒，塑先師聖哲及梓樟聖像於文廟。仍備馬物朝貢，請給誥命二道，一授侯為世襲知府，一授楊氏為恭人。侯再竭誠貢馬，沐賞錦緞而回。乃建普明寺暨大悲堂，營造西塔寶蓋。季冬，奉總戎箚付，邊夷強劫，委侯領兵一千聽調……既回，改造石室祝延，建興教，重修龍華梵剎。[27]

---

25 〈明故高氏墓碑志〉，收入張了、張錫祿主編，《鶴慶碑刻輯錄》，頁253-254。

26 〈亞中大夫雲南鶴慶軍民府世襲土官知府高侯墓碑志〉，收入張了、張錫祿主編，《鶴慶碑刻輯錄》，頁257-258。

27 〈故世守鶴郡知府高侯行狀墓碑志〉（1428），收入張了、張錫祿主編，《鶴慶碑刻輯錄》，頁262-263。

高寶獲土官身分後，建置二套象徵中央與地方的正統儀式，他先修建佛寺，包括華嚴勝寺、普明寺、佛塔，在通往大理與吐蕃的重要通道上興建一座密教佛寺興教寺（位於今日劍川沙溪）。同時，為表示臣服中央王朝，高寶興建廟學並立先師聖哲之塑像於文廟等等。同年中秋，高寶舊痼齊發，三十八歲殁。三代土官年輕早逝，為鶴慶土官政治留下不安的伏筆。從三位土官的經歷可知，入京朝貢是為土官之職責；返鄉後致力興建佛寺、建寶塔，供養佛經，此為傳統政治之儀式活動，同時，他們也必須設置廟學，鼓勵地方改變風俗。這是漢法區之土官面對地方社會和中央王朝所採取的二元策略。

土官高寶的葬禮尤其隆重，當時來自麗江、蘭州、品甸、鄧川、大理與金齒等地的親友與文武官員，齊至弔唁，葬禮也依照當地佛教禮俗來辦理：

> 孝室男女，俯臨床纂墓，日奉三餐，修齋設壇，傾箱倒廩，歌於坟所。旦夜延僧，諷誦大乘經咒，按月追修尊勝法場。迨於百日，廣修荐拔真場，且出己貲，往蒼山勒碑。……是歲秋，值侯同年叩坟，設場說法，授戒丹於玄化大刹，設中元普濟以作生方。[28]

墓誌銘記錄當時的佛教葬禮：先由子女臨床奉餐，修齋設壇；復「歌於坟所」，旦夜延請僧人誦經咒；月後又辦尊勝法會；百日有荐拔法會；該年秋天，同年叩坟，設壇場說法，又在「玄化大刹」舉行中元普濟法會等等，這一系列土官葬禮皆由佛教儀式來

---

28 同上注。

主導。需要進一步注意的是，這些行為不只代表其個人宗教信仰，背後之社會網絡、母族與妻族之力量更不容忽視。高寶興修佛寺啟建宅舍，是聽從其母親的意志；而高寶的妻子是雲南縣土官楊挐的女兒，她亦「創西山普明寺，營造玄化雙塔，供佛飯僧」。[29]

　　鶴慶前三代土官皆年輕早逝，土官承襲遂在父子兄弟間輪替，後來竟發生叔侄爭襲，最終淪為一場「弒母謀反」的誣告案。誣告案至今仍未明其所以然，但事涉人倫禮法，挑戰朝廷禮制中最為敏感的倫理問題。時值正統年間，據大理衛千戶王蕙的說詞，指責鶴慶土官：

　　　　高倫擅率軍馬，欲謀害親母。又稱其母告倫不孝及私斂民財，多造兵器，殺戮軍民，支解梟令等罪。[30]

此罪還受到黔國公沐晟的「勘覆」，指其罪應死。土官區縱有不同漢地之婚俗，但弒母動機違反親屬原則，其又私斂錢財，造兵器試圖「謀反」。「欲謀害親母」與「謀反」等二個罪名，成為廢除土官的致命傷，其勢一去難回。這可能是莫須有的罪名，相關討論將在後面金沙江聯盟勢力一章中再加以討論。高氏在黔國公沐府與大理衛二股勢力的挾制下，導致土官高倫伏誅被廢，鶴慶也因此成為滇西最早改土設流的地方。後來以李元陽為代表的官方說法，便以鶴慶「土官橫暴自恣，民不堪命」，正統八年

29〈陽間安居恭人楊氏生坟墓碑記〉（1428），收入張了、張錫祿主編，《鶴慶碑刻輯錄》，頁266-268。

30 張廷玉等修，《新校本明史》，卷313，〈列傳‧雲南土司一〉，頁8093。

（1443）革土易流。[31] 在此政治生態下，我們可以更清楚看到衛所勢力與鶴慶土官二股勢力之間的暗潮洶湧與潛在的競爭關係，而改土易流不僅衝擊鶴慶高氏土官的地位，也對漸近土官發揮威嚇作用。

　　此時，象徵鶴慶土官政治的玄化寺，其境遇便值得加以討論。玄化寺，相傳創建於南詔時期，原名為元化寺，後更名為玄化寺。雲貴高原多崇山峻嶺，低緩之區多伏水，由四周山箐湧來，向來有澤國之稱。傳說中的鶴慶，即為澤國之一，昔有摩伽陀僧人贊陀崛多來大理傳教，以佛珠一百零八顆令水洩去，是以鶴慶百姓得灌溉農田。贊陀崛多有功於鶴慶，受百姓尊為治水神僧，玄化寺供奉的便是這位神僧。康熙《鶴慶府志》記載的贊陀崛多：

> 蒙氏保和六年來自西域肇伽國（筆者按：肇伽國應是摩伽國之筆誤），先住大理，蒙氏崇信之，後飛錫於郡東石寶山結茅入定焉。鶴川舊為澤國，僧以大神通力卓錫通之，更於象眠山麓投念珠石穴成百有八孔，遂成沃壤，郡民始得平之。[32]

贊陀崛多先到大理，後在劍川石寶山修行，因為鶴慶水患頻仍，前往象眠山投珠治水，得鶴慶沃壤。《劍川州志》也說了一段劍川早於鶴慶開發的過程：

---

31 李元陽，〈鶴慶府記題名記〉，收入氏著，《中谿家傳彙稿》，卷7，頁5-6。
32 佟鎮、鄒啟孟纂修，《（康熙）鶴慶府志》，卷24，〈仙釋〉，頁544。

贊陀崛多尊者：唐蒙氏時自西域摩伽國來經劍川，遺教民間，悟憚定妙教，曾結庵養道於蒙統東山。晉天啟間……以錫杖洩龍珠水洞後，不知去。[33]

《滇志》也記載：「昔蒙氏因梵僧贊陀崛多卓錫通水，遂建此寺。」然而，贊陀崛多化水為沃土，是鶴慶之奠基者，其寂化後，南詔國王便興建玄化寺供奉這位開基神僧。佛寺具有開化荒蠻的政治意象，玄化寺也一直是鶴慶的宗教與政治中心。

有關贊陀崛多的崇奉我們所知甚少。他最早出現在十二世紀大理國時期之張勝溫所繪的《梵像卷》中，在畫卷中，贊陀崛多與大理佛教高僧並列，是為大理諸佛聖賢之一。[34]大理北湯天董家大法藏寺出土了建文三年（1401）的大理寫經，經文內出現了署名「大理摩伽陀國三藏贊那崛多譯」的行文，三藏贊那崛多被學者認為是贊陀崛多。[35]再者，贊陀崛多也出現在大理密教僧人之墓誌銘，他是將密教的教法帶到大理的神僧。一位欽賜阿吒力的寶瓶長老的墓誌銘中，便提及其祖先是吒力灌頂僧，「能達贊陀崛多」流源四業之闔奧，其意不甚明朗，但指出贊陀崛多被這些密教僧人視為祖師。[36]

---

33 王世貴、張倫撰修，《（康熙）劍川州志》（北京圖書館古籍出版編輯組編，《北京圖書館古籍珍本叢刊》，第44冊，北京：書目文獻出版社，1995，據北京恩墅關顧紀震業刊版本影印），卷18，〈方外〉，頁64。

34 李霖燦，〈大理國梵像卷〉，收入氏著，《南詔大理國新資料的綜合研究》，圖版18。

35 周泳先，〈鳳儀縣北湯天南詔大理國以來古本經卷整理記〉，收入李家瑞主編，《大理白族自治州歷史文物調查資料》（昆明：雲南人民出版社，1958），頁17。

36 楊守中，〈故寶瓶長老墓誌銘〉，收入楊世鈺主編，《大理叢書・金石篇》，第

　　贊陀崛多降水患的故事，和大理普遍流傳觀音降羅剎、僧人
降龍的傳說模式如出一轍。贊陀崛多被北方鶴慶視為開化神僧，
猶如觀音之於大理社會一般，是開國觀音。所以，供奉贊陀崛多
的寺廟，不僅是鶴慶政治宗教的中心，也象徵著土官政治的基
礎。

（二）林俊毀佛

　　鶴慶雖在正統八年增設流官，但因地處僻遠，事簡官不必
備，故僅設辦事之通判經歷各一員而已。[37]此後之鶴慶改變並不
大，政務亦多以不擾民為要務。正因為如此，土官與地方傳統文
化根深柢固，並未產生重大的改變，百姓對玄化寺之活佛之崇信
不曾稍減。許多被派往鶴慶的文武官員，為整頓昔日傳統政治與
儀式組織，曾試圖在土官政治的基礎上進行城池改造的工程，然
玄化寺為中心的佛寺莊園以及神祠組織過於龐大，官員遇到各式
各樣的困難，對攸關糧稅的水患問題也束手無策。

　　正統年間，首任流官知府林道節到任，受挫於玄化寺佛教勢
力。在鶴慶學宮建造的碑刻中，記載當時之情形。時人張志淳
（1457-1538）為之撰〈鶴慶府學廟碑記〉寫道：

> 郡學廟雖自國初，時則土人為知府，導民媚佛，邪正勢
> 格，故隘而弗廓。迨正統丁卯（1447），知府林道節奉璽書
> 來治廓已然地阻元化寺（按：即玄化寺），而寺有黃金佛
> 像，號活佛者，勢甚熾。民惑於佛，故仍未能大廓觀。弘治

10冊，頁43上中。

37　李元陽，〈鶴慶府題名記〉，收入氏著，《中谿家傳彙稿》，卷7，頁5。

　　己酉（1489），按察林副使焚毀佛像，自是邪媚稍息。[38]

　　張志淳，雲南保山人，成化甲辰進士，聲望頗高。[39]此文指出鶴慶原有儒廟，應是明初土官高仲所興建之文廟。然土官崇佛，鶴慶百姓也隨之「媚佛」，儒廟無法發揮革正的效果。後雖廢除土官，但寺中供奉著贊陀崛多的活佛信仰仍然相當熱絡。[40]官員想要重新建立一座符合朝廷禮制的官衙，受到極大的阻力。直到林俊到鶴慶後，才使得「邪媚稍息」。張志淳的文字也顯露出當時之土官與文人，已是二種漸行漸遠的身分。玄化寺之活佛信仰和象徵官署的城郭原來並不相斥，但從張志淳以「民惑於佛」，可知佛教信仰根深柢固，以致官員必須以打擊佛教的方式來扭轉其勢。

　　林俊在鶴慶毀佛，名聲遠播，震驚全國，時人稱之為林劈佛。林俊（1452-1527），成化十四年（1478）進士，又被稱為孝宗名臣。時太監梁芳招財黷貨，傾竭府庫，其採納「妖僧」繼曉之言，勸皇帝興建大寺；弘治年，林俊因彈劾內臣梁芳，被貶到邊境，是為雲南副使。正德年間又赴四川剿賊，鑿井毀寺，逐僧等等，亦以毀佛聞名。[41]林俊在鶴慶打擊淫祠應是重大歷史事件，

38　張志淳，〈鶴慶府學廟碑記〉，收入張了、張錫錄主編，《鶴慶碑刻輯錄》，頁9-11。

39　張志淳，雲南保山人，字進之，號南園。成化甲辰進士，官至戶部右侍郎。

40　楊慎撰，《（胡蔚本）南詔野史》，上卷，頁21。這裡的活佛指的應是贊陀崛多，據《（胡蔚本）南詔野史》描寫西番贊陀崛多建玄化寺，得樟木刻佛，文中便以活佛稱呼贊陀崛多。故上述引文之黃金活佛即贊陀崛哆祖師。

41　張廷玉等修，《新校本明史》，卷194，〈林俊傳〉，頁5136-5140。又參考陳旭，〈林俊與明代「大禮議」〉，《西南大學學報》，41：2（重慶，2015），頁146-157。方珂，〈大足石刻北山288號、290號龕林俊像及碑文研究〉，《文物世界》，6（太原，2010），頁17-20。

被收錄於《明史》中，其文記載如下：

> 弘治元年（1487），用薦擢雲南副使。鶴慶玄化寺稱有活
> 佛，歲時集士女萬人，爭以金塗其面，俊命焚之，得金悉以
> 償民逋。又毀淫祠三百六十區，皆撤其材修學宮。[42]

楊慎所編纂《南詔野史》也記載林俊在鶴慶毀佛的相關內容：

> 豐佑。……保合，又改元天啟。西僧贊陀崛哆建鶴慶元化
> 寺。先是鶴慶地水淹，僧杖刺東隅洩之。水中得樟木，刻為
> 佛，呪之忽靈，遠近名曰活佛。按：活佛，後至成化間莆田
> 林俊為雲南副憲，聞之親至寺中，將佛火之，得金數百兩入
> 官，又毀他寺三百，人呼為林劈佛。[43]

二篇文字共同指出林俊毀佛，所毀者是開化鶴慶的贊陀崛多。當
時土人崇拜神僧，稱之為活佛，並爭以貼金其面，盛況難阻。[44]林
俊為阻此「夷俗」，不僅燒掉玄化寺的佛像，拆除佛寺，將其所
拆之建材用來興建學宮。此外，他也試圖切斷玄化寺和周邊三百
六十區神祠的關係。《南詔野史》也提到了「毀他寺三百」，應是

---

42 張廷玉等修，《新校本明史》，卷194，頁5137。

43 楊慎撰，《（胡蔚本）南詔野史》，上卷，頁21。

44 活佛似是指肉身坐化之僧人，舉例來說，當時之鶴慶府劍川州也有一位盤龍
　　祖師崇拜，也被稱為是活佛信仰。盤龍祖師：「姓段，偕姐同修道於車里八
　　百國，後證果於晉寧州，肉身坐化，至今獨存，名為活佛。」玄化寺之活
　　佛，或也是高僧坐化，被視為佛，百姓貼金供奉在廟堂之上。佟鎮、鄒啟孟
　　纂修，《（康熙）鶴慶府志》，卷24，〈仙釋〉。

上述三百六十區「淫祠」之數。三百六十區之神祠是什麼樣的概念，現已不可得知，但很可能是隸屬玄化寺轄下鄉里社會之神廟系統。正統年間在大理北方展開的毀佛運動，背後還夾帶著強烈的鄉里治理的政治企圖。

從林俊毀佛事件，看出土官儀式機構已從佛寺轉移到由廟學所主導的格局，正德年間正是其社會轉變之分野。林俊毀佛應有許多可議之處，明初以來佛教教化邊夷幾是邊政，故其毀佛必須附帶污名化的色彩，將不符正統佛教的草根性「活佛」信仰，歸為異教，才能達到崇正的目的。再者，當時官員治理地方時也遇到徵賦等財政問題，林俊毀佛「得金，悉以償民逋」，指土人寧貼金於佛，不願納官府之糧，故他以此金抵償百姓欠糧。如果將佛教劃為異教，佛寺劃作淫祠之列，不僅得以拔除土官勢力，還可以將官府力量深入「淫祠三百六十區」的基層社會。在崇正與地方財政之雙重壓力下，毀佛、興學是雙重獲利且具有正當性的文化與政治運動。

林俊滅佛在滇西一帶造成很大的影響，不僅在大理盛傳一時，也躋身全國重要事件之一，在民間留下許多傳聞。《滇略》載：

> 林俊，字待用，莆田人。正德間為雲南按察副使，分巡金滄。嚴明方正，撤毀鶴慶淫祠，創築趙州城池。一時貪墨望風解綬，婪弁虐軍皆置之法。自是百姓休息，地方用寧，經今且百年，父老猶能談之其行徑。[45]

---

45 謝肇淛，《滇略》，卷5，〈續畧〉，頁155。

百年後父老猶談其行徑，指毀淫祠，兼及革正地方貪吏之事。

　　毀淫與崇正是同時發生的，許多士子也紛紛響應其闢邪崇正之風。鄧川士子楊南金[46]在〈崇正祠記〉中也記載林俊毀佛與鶴慶活佛之熾盛：

　　　　密邇鶴慶彼地有所謂活佛者，其徒歲聚人馬數千，肆行煽惑，耗人財陷人驅命，往往感召風雹洪潦猛獸盜賊之災。而吾鄉為所惑者，迷謬至不可勝言，良可悲痛。弘治間莆田林公俊以憲副來巡，目擊其患，乃付活佛於一炬。[47]

楊南金是大理名士之一，其地位與前面的張志淳齊等，也極力抨擊社會「歪風」。他在文中指出鄧川百姓也受其活佛信仰影響「迷謬至不可勝言」，可見鄧川密教之風氣。然而，贊陀崛多的信仰是否來自於鶴慶，我們無法在這裡考證，但這裡的「其徒歲聚人馬數千」應是指昔日地方僧族世家或是前述「土僧」之屬，其術有「感召風雹洪潦猛獸盜賊之災」等等，這些很可能源自於地方佛教傳統。

　　林俊毀佛對土官造成威嚇作用，最直接的個案是鄰近北勝州土官高聰的例子：

　　　　土官高聰者，世崇番教，因君至，盡毀其家釋像併堂與器，俱輸官所，君大書崇正獎勸其家。[48]

46 楊南金，弘治乙未科進士。大理府鄧川州人。
47 楊南金，〈崇正祠記〉，收入艾自修，《（崇禎）重修鄧川州志》，卷13，〈藝文〉，頁5。
48 楊一清，〈巡撫應天都察院右都御史周公季鳳墓志銘〉，收入焦竑，《國朝獻

北勝州與鶴慶府皆源自大理世家高氏之轄地，一貫持有崇信佛教之政教傳統。高聰所信仰的佛教，此時卻被視為「番教」，是以，官員來訪視時，他只好自毀家裡的佛像、佛堂與佛器，又「俱輸官所」。未知是否誇大其詞，周季鳳（1464-1528）還因此書崇正二字，以褒揚之。在物換星移與集體性的歷史遺忘下，漢籍文獻多視其西南世族之「祖業」傳統為番教，而這些土官為輸誠，以自毀傳統的方式來表示忠誠。當然，此文出自周季鳳的墓誌銘，由楊一清撰寫。二位皆是朝廷重臣，周季鳳以打擊中官橫恣聞名，當他擔任雲南提學副使時，教學士範，在各地推動崇正毀淫，也令各地諸寺改建諸葛等祠之舉措。

　　其實，我們很難找出官員非得在邊夷社會毀佛的正當理由。明初朝廷以佛教拉攏地方精英，張紞等官員認為僰人善佛，佛教具有教化夷人的功效，不論是佛教或是僰人，均發揮正面的政治效果。從這歷史脈絡來看土官媚佛，實在是一種很牽強的說詞。但如果仔細分析上述打擊淫祠與毀佛的語境，地方官員必須透過強化土官「媚佛」以及該地佛教妖魔化來合法化官員之所為。所以，官員一方面削除土官勢力，以媚佛來污名化土官，一方面削弱佛寺的地位，以利其未來在整個城池建置的祠典與廟學的規畫。林俊毀佛，與其說是建立新禮儀秩序，毋寧說是徹底整治玄化寺所代表的舊政治勢力。

（三）廟學

　　林俊毀佛並沒有真正改變玄化寺的地位，直到正德年間的一場大地震，以儒學建置為主的改建工程才徹底改變鶴慶城池的政

　　徵錄》（明萬曆四十四年徐象橒曼山館刻本，第528冊），卷59，頁196-197。

治性格。正德年間，發生一場大地震，玄化寺頹崩。鶴慶知府汪標趁著佛寺崩毀之際，將此地改建儒學。然因該地水患不治，未果。後來，復又由巡撫巡按布政按察官命遷學宮才得建成。[49]張志淳也記載了當時鶴慶儒學建置的情形：

> 　　正德乙亥之夏，寺震圮。前知府汪標亟欲遷學廟於其基，會以量移去，故不果有成。戊寅秋，巡撫巡守各公僉謂遷宜。始遷大成殿、欞星門、戟門、東西角門，迨今乃獲盡遷而大備。……考廟之制，皆南向，蓋自通衢北入，東西有興賢、育才二坊，坊之中間為泮池，池有石橋。直池東西而少後有二門，池之北為戟門，三楹南向，廣四十六尺。戟門左右復有東西翼門，亦南向，共十有二，楹廣百八十尺。由戟門而進若干武，則為大成殿，殿即元化佛殿基也。南向廣七十尺，崇五十尺。兩廡，十有六楹，東西向，廣百有九尺。殿之後有明倫堂五楹，南向，廣七十五尺。齋之前則有號舍十八楹，廣三百二十尺，東西向。東號舍之南有儀門三楹，東向，廣三十五尺。堂之後有尊經閣三楹，廣五十尺，而崇稱焉，南向。閣東西翼以樓。制如簝而崇，廣幾堮。閣東西向為樓共二十有四。閣之後有橋，橋之有采芹亭，亭旁有新壘石山，山植松柏，而觀射之亭，省牲之所不與焉。學之向一如廟而少東，外自接官亭，東循入擬杏台，有蓮池面焉。又東過三合水之石橋，又進而經大石橋，則有泮官門三楹，門之北復有池，池上有橋。橋盡，有府學門三楹，門盡，又有門一楹，達擬杏堂，堂廣五十尺，南向。翼室六楹，東西

49　李元陽纂修，《（萬曆）雲南通志》，卷8，〈學校〉，頁210。

向。堂後有花魁書室五楹，廣六十尺，以植梅名也。屋後有
二門，東為訓導室，西為教授室，各十有三楹，而西之總門
後之聚奎亭不與焉。[50]

這段文字描寫官員如何在玄化寺的原址上興建儒學與文廟，以及
廟學附屬建物，包括殿、廡、齋、堂、號舍、閣、樓、亭、廊、
接官亭等等分布的情形，其占地甚廣，建置完備。尤其重要的
是，鶴慶文廟大成殿是在玄化寺佛殿的基址上改建起來的，其部
分附屬建物現今被改為鶴慶一中校址，保存大成殿富麗規模。換
句話說，鶴慶之廟學是在玄化寺殿宇寺址中改建起來的建築群。

　　玄化寺主殿改建為文廟大成殿後，官員們在學宮一隅重建玄
化寺，設置僧綱司衙門。《滇志》記載的玄化寺如下：

　　　正德十五年（1520）五月復圮於地震，副使朱袞以之廢址
　　改儒學，遷佛宇於學西隙地，習儀即焉。僧綱司在其內。[51]

這段話看不到土官與衛所軍人間的政治衝突，也看不出廟學對玄
化寺所造成的排擠效用，更無法得知誰擔任僧綱司都綱。很明顯
地，朝廷不只廢除土官知府之職銜，連帶著土官政治之儀式場合
玄化寺大殿被改建成為文廟，又將玄化寺改置為官寺，即僧綱司
衙門。象徵土官政治中心的玄化寺，被納入帝國官僚儀式機構之
中，其佛教為中心的政治格局也扭轉成儒學主導的政治格局。這

---

50 張志淳，〈鶴慶府學廟碑記〉，收入張了、張錫祿，《鶴慶碑刻輯錄》，頁9-11。
51 劉文徵纂，古永繼校點，《（天啟）滇志》，卷15，〈方外志〉，頁569。

也就是革土易流的真正用意。[52]這不僅是一般意義上的學宮，還代表帝國以象徵華夏正統的文化標誌，在漢藏屏障建立一道新的政治威望。

三、鄉里化的祖師傳說

　　嘉靖、正德以來在鶴慶發生的毀佛事件，是一個關鍵的轉變。大理世族開始淡化佛教色彩的祖先敘事，阿吒力僧人地位逐漸降轉成為鄉村與山鄉的儀式專家，而贊陀崛多的祖師傳說也愈來愈地方化，產生不同的地方版本。

（一）太和縣之贊陀崛多傳說

　　正德以前，大理僧族的墓誌銘留下了不少有關贊陀崛多的史料，宣稱祖先是「五密僧」，世系傳有「金剛秘密叱梨教法」，其教傳自於西域摩伽陀僧人贊陀崛多等等。[53]李氏密教僧人的墓誌銘記載其祖先是隨摩伽陀而習密教法術。[54]弘治年間（1495），大理儒醫楊聰為一位陳姓密教大師撰寫墓誌銘。這份墓誌銘說明了十五世紀末以前大理僧族精英的歷史觀：

　　　　教有顯密，理無東西。佛法之教始自於漢，從彼西竺之
　　　　國，流於震旦中華，已經數百餘載。分別顯密三乘，顯以濟

52　導致鶴慶高氏土官被廢的其他細節，請參見第13章。

53　〈五密僧楊楨碑志〉（1481），收入楊世鈺主編，《大理叢書・金石篇》，第10冊，頁62下。

54　〈故大密李公墓誌銘〉（1471），收入楊世鈺主編，《大理叢書・金石篇》，第10冊，頁59下。

物利人，密則伏神役鬼，最奧最妙，甚幽甚玄，能返本還源，惟背塵合覺。當則大唐己丑大摩伽陀始從中印土至於蒼洱之中，傳此五秘密，名為教外別傳。[55]

碑刻對於五秘密教起源於中印度摩伽陀僧人的說法仍然相當流行。然十六世紀以後，西天竺僧人的歷史敘事從墓誌銘中消失，這幾與林俊毀佛及士子推崇之黜邪崇正的時間相符。

　　鄉里社會以迂迴的方式面對闢邪毀淫政策。為保留民間記憶，地方文獻出現摩伽陀祖師取代贊陀崛多的傳說文本，各種紛歧的傳說文本也開始出現：李元陽的《雲南通志》便視摩伽陀和贊陀崛多為二個不同的神僧，分別出現在大理北方的鶴慶以及大理西南的騰衝。[56]摩伽陀從一個古天竺國名，變成為神僧的名字，且在民間流傳愈來愈廣。同時，他也以「阿闍黎僧」來統稱那些具有法術的僧人。他說：

　　阿闍黎僧，有室家，能誦呪制龍。大理原有羅剎邪龍為患，觀音以神力閉之於上陽溪洞中，傳留呪術以厭之，今有阿叱力僧綱司云。（按：為求行文一致，筆者在文中皆採阿「叱」力。）[57]

他將阿闍黎僧等同於降龍誦呪者為阿叱力，官府復設有阿叱力僧

55〈大師陳公壽藏銘〉（1495），收入楊世鈺主編，《大理叢書·金石篇》，第10冊，頁69。

56 高奣映著，侯沖、段曉林點校，《雞足山志點校》，卷7，〈人物〉，頁261。李元陽纂修，《（萬曆）雲南通志》，卷13，頁309、314。

57 李元陽纂修，《（萬曆）雲南通志》，卷2，〈地理〉，頁53。

綱司統領之。指出民間仍有許多佛教儀式專家舉行祈求豐收儀式與降龍之法術，皆被劃入阿吒力僧綱司體系之內。贊陀崛多的祖師形象不斷地被講究農業生產的鄉里社會所強化：當農夫們不經意地在耕種時從土地裡挖出佛教法器時，他們皆以為這些法器是摩伽陀僧人贊陀崛多派下遺留下來的：「以贊陀尊者制祟用穢跡金剛咒術，故凡醮禳多用阿吒唎，惟青苗醮祈晴禱雨辟妖邪為最靈。」[58]百姓也以贊陀崛多擅長以咒術控制風水天候，驅魔降龍。這些阿吒力僧人都被視為贊陀崛多教派之門徒。贊陀崛多還曾在大理解救被山神虜去的南詔公主，《南詔野史》記載：

> （豐）佑女至崇聖寺進香，回至城西，為一乘白馬人攝去，尋之不得，佑告於西僧贊陀嘓哆，哆曰：此山神也。乃設燈照之，果在蒼山下。哆怒欲行法移山於河，山神懼，獻寶珠供佛。[59]

贊陀崛多在南詔保和十六年（840）到大理，因為施展法術解救了被蒼山神攝去的南詔公主，獲南詔國王的封賜；復又由大理北上到鶴慶山頂修行，以法術通水利開闢鶴慶良田，使他成為鶴慶重要的祖師神。[60]民間化的故事愈來愈豐富。

58 高奣映著，侯沖、段曉林點校，《雞足山志點校》，卷8，〈風俗〉，頁312。這個故事也可以參考釋圓鼎《滇釋紀》（國家民委全國少數民族古籍整理研究室編纂，《中國少數民族古籍集成（漢文版）》，成都：四川人民出版社，2002），卷1，〈贊陀嘓哆〉，條下，頁6（總467）。

59 楊慎撰，《（胡蔚本）南詔野史》，上卷，頁21。

60 李元陽纂修，《（萬曆）雲南通志》，卷13，〈寺觀〉，頁309。

（二）鶴慶的摩伽陀祖師

　　林俊毀淫祠後，贊陀崛多治水的故事仍然以不同的方式保留在鶴慶的地方社會。正德年間，玄化寺改建儒廟以後，供奉神僧贊陀崛多的儀式中心開始往山鄉擴散，其一是遷移到頂峰山。許多碑記都記載其事，周贊撰有〈重修頂峰寺碑記〉指出鶴慶之東嶺為頂峰山，「唐蒙時崛陀栖蒲於此」，指出其地是神僧「崛陀」禪定修行之處。又，在鶴慶府西邊有中和邑，村裡的菩提寺亦供奉贊陀崛多神像，村民信誓旦旦指出贊陀崛多是由其村後之山頂來到鶴慶，降服鶴慶的水患。[61] 我們無法得知毀佛後贊陀崛多崇拜才開始在山鄉流傳，抑或是其原來就擁有多樣之面貌！

　　另外一個贊陀崛多的遺址也很重要，即鶴慶諸水出口之處。此出水口是整個鶴慶壩子泄水之處，泄水處阻窒不通，整個壩子將受水患致村落覆沒，所以洞口應有水神守護以志其要。明人樊槐有〈水洞祠記〉，內容記載相關事蹟以及傳說故事：

> 　　鶴僻在滇西北陸，平原百餘里，東西麓龍泉混混者奚啻數十，以群山環合，水無從泄潛而為海，民居兩涯。漢武帝元封二年始置郡，唐德宗時西方有神僧號贊陀崛多尊者來，止石寶山結茅居之，今庵址尚存。僧一日以鶴皆龍蛇窟，民無所定，舉所□杖南山之麓，為洞一，為孔百餘以泄水。於是水由地中行，民得平土而居之。嗣是村落處就濕為田。歷宋及元，比我國朝，兼設守御二所，鶴之地屯田居半，而軍儲

61　2006年筆者田野考察，中和邑村有菩提寺，村民俱言寺前之千年古樹是由贊陀崛多所植。

之需仰給於斯土矣。正統八年，郡守林公署水神祠於洞門之涯，祭以四月八日，從民望也。[62]

這段話很重要，指出鶴慶昔日是龍窟所在，百姓居無所定，時有神僧贊陀崛多居於劍川石寶山結茅而居，見鶴慶水潦，遂鑿洞泄水，使民得以居之。然而，明初以來漢人衛所軍屯駐鶴慶，居地之半，在有限的土地條件下，因應水患而來的水利整治也愈形迫切，此「林公」應是知府林道節「從民望」在正統八年（1443）建立「水神祠」在洞口。後來，正德年間，新任鶴慶知府吳堂到任，士民胥集，要求知府為此水神加封神號：

> 士民胥集，有進而言曰：天為民設此洞也，否則潛而為淵，且不可郡謂非吾鶴之司命乎？耕而需、飲食而需、聚族而需、葬而需、生養而需，弗報而罔神，其獲戾。不文何以紀諸后。[63]

從文意可知士民向官員進言之氣氛，其爭取祀典的意志也相當堅持。山川水利攸關一地之農業生產，官員不僅必須負責在地方祭祀山川之神，其從民望設置水神祠也是一件很自然的事。然文獻沒有明說這座水神祠供奉的是何方神明？這位新任的知府後來撰寫〈水洞祠記〉，決定「正」其神，名之為「象眠山水洞之神」。[64]百姓怏怏然。直到嘉靖年間發生一場大水患：

---

62 樊槐，〈水洞祠記〉，收入張了、張錫祿主編，《鶴慶碑刻輯錄》，頁102-103。
63 吳堂，〈水洞祠記〉，收入張了、張錫祿主編，《鶴慶碑刻輯錄》，頁101。
64 吳堂，〈水洞祠記〉，收入張了、張錫祿主編，《鶴慶碑刻輯錄》，頁101。

嘉靖壬寅，淫雨為虐，洪水泛濫，蕩阡畛，淹庄稼、沒民居，居民避高原，有望其廬舍而垂涕悲咽不能出聲者，慇於郡守遂寧周公亦泫然淚下，曰：鶴其為沼乎？吾奚忍於吾民昏墊若是！[65]

於是郡守和庠士大夫共同募資雇善水者潛水，以通昔日贊陀崛多所鑿之水孔，利水泄去。時有居民提及昔日贊陀崛多去水之功甚偉，於是「使其民求其像於元化寺（即玄化寺），而迎之置於洞門之隅，而堂之住持時拈香以供之」。百姓求贊陀崛多之神像於玄化寺，供奉於「洞門之隅」！[66]換句話說，我們並不知道先前官方所頒賜象眠山水洞之神是什麼樣的神明，但在嘉靖這場水患下，老百姓將之改造成為地方所期待的贊陀崛多神僧之像。正德嘉靖年間的這一段歷史很重要，說明官府儀式體系抑制贊陀崛多之活佛信仰，然因地方水患頻仍，贊陀崛多又移請到水洞處，重新為百姓供奉起來。百姓甚至以官員周公之「功在續尊者以疏其壅」，以化滄海為桑田的贊陀崛多來評價官員！換句話說，贊陀崛多尊者的地位在儒學建置的過程雖然被邊緣化，但民間卻以另一種逆向的方式將其祀典擴散到山邊村落，衍生成為另一種形式的奉祀。

到了清季，此供奉象眠山水神的「洞水祠」更名為祖師殿，原來之鄉俗則改為「每年三月居民聯隊朝山，或五步或十步輒膜拜，歷任官曾為查禁」指出歷來官員對此一神僧「不悅」之感。

65 樊巍，〈水洞祠記〉，收入張了、張錫祿主編，《鶴慶碑刻輯錄》，頁102。
66 樊巍，〈水洞祠記〉，收入張了、張錫祿主編，《鶴慶碑刻輯錄》，頁103。

或許，其不悅之感還來自於世世血祀的地方傳統。[67]這種血祀傳統將在雞足山聖地的章節中再詳加說明。

摩伽陀的神僧崇拜也往北漂到麗江北方的山鄉。清初管學宣編纂的《麗江府志略》也記載著一位「西番異僧」：

> 在剌是里西南山麓。傳曰昔日水潦不通，西僧麼迦陀趺坐石笋中，以杖穿穴洩其水，留有足印，今建指雲寺於其上。[68]

《麗江府志》指出摩伽陀也曾到麗江北邊的剌是里（即今拉市海）治水，該地有名的密教寺院指雲寺，便是建在摩伽陀僧的足印之上！此外，贊陀崛多的傳說也流傳於劍川，有名的佛教石窟道場石寶山便被視為是「崛多尊者道場」！[69]

贊陀崛多的形象歷經一系列的改造過程，最後成為章回小說《擲珠記》主角。在《擲珠記》中，贊陀崛多已被塑造成為一位來自於吐蕃的王子，名為牟伽陀，他先為南詔國王招為女婿，後來又在鶴慶治理水患，復返回吐蕃。[70]支持這種故事的歷史條件，除了與鄉里化的密教傳統有關以外，滇藏商旅以及北方密教傳播

---

67 楊金鎧，〈重修祖師殿記〉記載祖師乃封為石寶山之尊神，世世血祀。收入張了、張錫祿主編，《鶴慶碑刻輯錄》，頁86-88。

68 管學宣，《（乾隆）麗江府志略》（《中國地方志集成‧雲南府縣志輯》，第41輯，南京：鳳凰出版社，2009，據乾隆八年刻本影印），卷7，〈古蹟條〉，頁127。

69 〈朝霞寺極樂庵常住碑記〉（1608），收入張了、張錫祿主編，《鶴慶碑刻輯錄》，頁94-95。

70 清季鶴慶流傳傳說文本為《擲珠記》，內容以章回小說的方式重構贊陀崛多的故事。不著撰人，《擲珠記》（民國八年藍廷舉抄印本，鶴慶檔案館所收藏，筆者翻拍）。

也發揮著效用，如前文提及何清北上到吐蕃受戒，北方僧人也南下駐錫。[71] 再者，明中葉以來，麗江土官吸收烏斯藏密教，延請大寶法王來到麗江傳法等等，這些都是長期區域社會人群往來與文化交流的自然發展。烏斯藏密教教派逐漸南下，大理密教僧人往來於此滇藏邊境要道，是明中晚期以來滇藏交界地區人群流動的趨勢。[72] 這二種不同密教勢力在鶴慶交匯的情形，是可以預期的。

　　民間以各種不同的贊陀崛多形象作為妥協之道，從玄化寺活佛轉化成為東山水口之水神祠，也從密教祖師變成南詔女婿吐蕃王子。贊陀崛多角色的流變，說明地方社會藉由合法的祠典架構來建立其與政治對話的平台。經由這些零散的材料，可知鶴慶、劍川、鄧川之活佛信仰雖然受到抑制，但南北往來的僧人旅行與人口流動仍然持續地在進行，而滇西北之政治與人群流動也開始產生微妙的變化，後文將會繼續討論這部分。

小結

　　土僧董氏透過阿吒力僧官鞏固其地位，但隨著非正式官僚體系在邊境的擴張，成為全國士子口誅筆伐的代罪羔羊。鶴慶土官高氏則以違背人倫與媚佛等由，遭致廢止。這二類土官都面臨儀式革正所帶來的身分問題。

71　如《鶴慶府志》記載西域僧人：「阿哈哈摩尼，西域僧也，住錫於鶴，開拓東嶽宮，有定力，每夜趺坐一龕，喃喃持梵呪……」收於佟鎮、鄒啟孟纂修，《（康熙）鶴慶府志》，卷24，〈仙釋〉，頁545。

72　麗江木氏土司接受吐蕃佛教以及「西域」僧人到麗江傳法，可參見〈覺顯復第塔寺記〉（1592）、〈白沙金剛大定二剎碑記〉（1743），二碑皆收於白庚勝、郭大烈主編，楊林軍錄，《麗江歷代碑刻輯錄與研究》，頁22-25、29-31。

　　毀佛與崇正是一體之兩面。然佛教被區分為正統佛教與「番教」時，白人土官不僅陷入夷華區辨之選擇，還要留意其信仰是否符合政治正確。時值正統禮儀愈來愈強制性，居於華夷之間的白人土官也亟須建構帝國與地方皆可接受的禮儀系統。[73] 也因為這樣的文化轉向，使得西域僧人或是摩伽陀崇拜與時代風氣產生格格不入之感。

---

73 明朝為防止番人透過宗教擴大其勢力，屢有限制漢人學習番教之禁令。《大明會典》記載：弘治十三年（1500），「凡漢人出家習番教，不拘軍民曾否關給度牒，俱問發原籍各類軍衛有司當差。」當宗教成為劃分人群的儀式界線時，信仰佛教的白人之教法源流以及歸屬便極其重要。李東陽撰，申時行修，《大明會典》，卷104，〈禮部‧僧道〉，頁1578。

第六章

從寺院莊園到鄉里社會

　　如果視佛寺為政治治理的機構，那麼它被改建為官府儀式的場合是相當自然的發展。正德嘉靖以後，佛寺面臨拆解、析分以及重新定義，受到華夏正統禮儀的規範，成為鄉里祀典的基礎。這種文化標籤與符號的改變，也具有社會經濟的意義。

　　就地方政治來說，大理佛寺因其建築規模與豐厚的物質基礎，很快地就被朝廷與官府視為舉行官方儀式的場合。同時，其擁有大量田產，也被劃入糧里。當鄉里成為愈來愈重要的基層單位時，許多鄉村便由寺院莊園分化出來，而這些新興鄉里社會如何在佛寺架構下，發展出符合明朝儀典的神祀是相當值得討論的議題。本章分為四部分來討論：首先，討論佛寺被官府視為習儀之所，從其既有的中心地位讓渡為地方官朝賀之所；第二，討論被納入鄉村糧里制度中的三座佛寺：感通寺、崇聖寺與無為寺。第三，討論被納入鄉里社神的佛寺。第四，討論漢人衛所與龍王廟二者間的儀式競爭。從上述得知，佛寺的重要性，不在於勢力龐大，而是它如何滿足各種社會層級不同儀式的需求，成為承載傳統與未來共存的儀式機構。以下分別就其機構性的轉向來說明。

一、佛寺與習儀所

　　《大明會典》規定各級官員應在正旦、冬正、聖壽等節日舉行慶賀儀典。身分不同，儀式也有等差，如「王府官與總兵撫按三司等官，禮各不同」，各府州縣之文武衙門亦需定期舉行慶賀正旦禮、冬至、王壽聖節等等。[1]邊疆文武官員施行儀典也攸關其在地方建立威望，他們在什麼場合、如何操作此「正統」儀式，也值得進一步討論。

　　佛寺原是大理政治宗教與儀式的中心，首當其衝成為官府進

駐之習儀所。以雲南府為例，諸司府衛衙門每遇節慶慶賀之時，
便在城外之覺照寺舉辦習儀：

> 往年，雲南諸司府衛等衙門，每遇節慶，當慶賀，聊假城
> 外覺照寺習儀，而隘不能容。景泰三年（1453）春，今右僉
> 都御史鄭顒，會總兵官沐璘合眾詞請允創殿宇，翼以兩廡以
> 重門，宏深壯麗，前墀可容萬人。乃奉萬歲牌居殿中，至期
> 率眾習儀於墀，選委道官凌道崇者領其徒，修其教以主之，
> 署其門曰長春觀，蓋寓無疆之祝，而亦不改其舊額云。[2]

引文談及景泰前後雲南府習儀地點的變化：雲南諸司先是假借城
外覺照寺為官府習儀之所，隨著官僚建置愈來愈完備，其寺也愈來
愈感狹隘，以至景泰三年都御史和黔國公沐璘重新建廟，後改由長
春觀道士來主持習儀之儀式。[3]從這一段話可以看出，不論是佛寺
或道觀擔任習儀之所，供奉著「萬歲牌」是一個很重要的標誌。[4]
　　其他府州縣之習儀也在佛寺舉行，如澂江府之習儀所在溥照
寺：「剎宇沿舊……每歲為迎佛會，凡行慶賀禮，則先於此習
儀。」其轄下之新興州習儀在廣法寺：「在州東，凡節當慶賀，則
先時於此習儀。」路南州習儀所在正覺寺：「在州西白邑村，凡行

1　李東陽撰，申時行修，《大明會典》，卷56，〈禮部・王國禮二〉，頁965。

2　後因地狹改長春觀為習儀之所。見陳文，《（景泰）雲南圖經志書》，卷1，頁
　　13。

3　李元陽修纂，《（萬曆）雲南通志》，卷13，〈寺觀〉，頁296。雲南府諸司之
　　朝賀儀式從佛寺改到道教長春觀，應與道教勢力與漢人衛所在地方布局有關。

4　這是相當普遍的現象。見嚴嵩，〈明堂秋享大禮議〉，收入陳子龍主編，《明
　　經世文編》（《四庫禁燬書叢刊》，第25冊），卷219，頁2005-2008。

慶賀禮，則先於此習儀焉。」舉行習儀的佛寺多為僧官衙門之所在地，如曲靖軍民府之習儀所在報恩寺：「洪武十九年重建，今已為僧綱司，凡遇行慶賀禮，則習儀於此。」曲靖府陸涼州六涼衛，行慶賀禮之時，習儀於報恩寺。尋甸軍民府之慶賀禮習儀於報恩寺，此寺「元至元間所建，今以為僧綱司，凡遇行慶賀禮，則習儀於此」；臨安府習儀於指林寺「建於元時，內有磚塔二座。今為僧綱司，凡行慶賀禮，則先於此習儀」；姚州習儀於德豐寺「永樂二年移置城南，今為僧綱司，凡遇慶賀，則於此習儀」；景東習儀在開化寺，也是僧綱司之所在。瀾滄衛軍民指揮司在開化寺，也是僧綱司僧官之所在。大理府習儀之所在無量寺，是僧綱司所在地；其轄下之鄧川州習儀所在鍾山寺，乃「蒙氏時創建」；蒙化府在等覺寺，也是「蒙氏時所創」。鶴慶府之習儀所在玄化寺，為蒙段時建，「元世祖嘗駐蹕於此，賜以銷金、絳羅、袈裟、火珠、珊瑚，至今獨存。凡遇慶賀則於此習儀。」景泰年間的情形可知，雲南境內諸府州之官方習儀慶賀儀式多在佛寺舉行。[5]

　　再者，明中期以來，道教逐漸茁壯的情形也值得注意。景泰年間，長春派之道教勢力先後爭取設立道紀司，其中，雲南府與楚雄府習儀皆由佛寺轉入長春觀以及玄真觀，楚雄府的習儀所位於「玄真觀，長春真人劉淵然為書其匾，今為道紀司，凡遇慶賀，則於此習儀」。[6]很明顯地，佛教雖盛於一時，但道教網絡也逐漸展開。[7]

─────────────

5　以上見陳文，《（景泰）雲南圖經志書》諸府寺院項下。

6　陳文，《（景泰）雲南圖經志書》，卷1，頁13；卷3，頁63。

7　參見蕭霽虹，〈道教長春派在雲南的歷史和現狀〉，《中國道教》，2011年第6期，頁38-44。

「蒙段」佛寺向來是地方政治的象徵，也具有雄厚的經濟基礎。將之充為習儀之所，舉辦新朝的慶賀儀式，不僅是在佛教儀式空間中疊蓋新的政治威望，也意味著將舊有政治體制納入帝國儀式架構。再者，設置僧官衙門，令僧官負責管理轄境內的佛寺、考核僧人、發放度牒與寺田常住等等，得以監督轄境內佛寺僧侶的儀式如何進行。[8]此舉，無異將整個過去之政教體系，包括僧人、佛寺與儀式都被收編到帝國所許可的政治框架。

佛寺在基層社會所扮演的角色超出我們的想像。明初軍隊入雲南時，就曾提議把各地佛寺田土充為官田，佛寺被借用、充公、占用或改建為其他廟學或祠廟的情形相當普遍，各地狀況不一。在偏遠山鄉，佛寺也權充官府辦公之廨署，或而成為官府往來驛站。大理府北方山鄉小縣《浪穹縣志》中，一位地方官員寫道：

> 余自壬申蒞茲土矣，……水曲山阿，隨處必有梵宮佛剎，香霧氤氳，知此地之民風亦良多好善也。雖崇修象教在閭閻亦非本務，然而訓忠型孝正不妨順民俗而導之，是躬任斯民之責者，不必諱言佛事，以為政刑之一助耳。是剎也，稱創自大唐，其來久遠，固不可廢，且司憲往來輒假之以為廨署，則驛路中復不可少此。[9]

佛寺充為公務之用，如廨署與驛途，提供路途上種種需求之補

8　陳玉女，〈明太祖徵召儒僧與統制僧人的歷史意義〉，頁1-27。

9　王度昭，〈崇聖寺碑記〉，收入羅瀛美修，周沆纂，《浪穹縣志略》（台北：成文出版社，1974），卷11，頁459-461。

給。在佛寺習儀是對地方社會顯示天威，也藉此培養文武官員帶引地方土酋進行參與政治的儀式，佛寺被官府徵用似乎是普遍存在的慣例。

　　官府在佛寺舉行賀慶儀式，看來只是一時的權宜之計，但儀式如何維持更值得討論。官員之習儀後來流於形式，不受重視，有可能是隨著建置廟學而產生重心轉移的情形。萬曆十三年，趙州同知莊誠到任時，曾清點衙門鹵簿，發現趙州「朝賀儀從，年久腐朽不堪，甚褻尊嚴」，習儀已徒具形式，所以他又以官銀採辦製造仗儀器具等等，試圖使士民知「天威之重」！[10] 地方官員效忠於中央王朝的賀慶儀式很可能已淪於書面文字的紀錄，實際上已乏人聞問。

　　另一股新興社會勢力是受儒學教育的士人精英，他們在朝廷與地方官員的刻意栽培下，重建象徵新社會秩序的正統儀式——諸生會講，於是府州縣的春秋祭典應運而生。然而，廟學與地方祀典體系隨著各地華化程度不一，施行的情形也略有不同，產生因地制宜的權宜之策。以楚雄府為例：

> 郡之祀典，若先師孔子，山川社稷，城以及屬臘，明荐有時，俎豆有品，獻饗有禮矣。其他祠廟，有合祀典者，亦得食於茲土焉。[11]

指出文廟、山川社稷，各有其禮，其他祠廟因地制宜採取聯合祀典。官祠場合也隨地制宜，有的在佛寺中舉行。如祿豐縣治西北

10　莊誠，《（萬曆）趙州志》，卷3，頁77。
11　徐栻、張澤纂修，杜晉宏校注，《（隆慶）楚雄府志》，卷4，〈煙祀志〉，頁92。

高皋之處有古剎金山寺，正德年間在佛寺設有龍亭，舉凡官府之朝賀慶典以及士子講約，皆在寺中。每月初二與十六，縣令集合僚屬士民宣講聖諭。[12]也就是說，習儀與宣講聖諭二種象徵王化與社會教化之儀式有結合為一，甚至是簡化的傾向。這部分將在後面一章繼續加以討論。

　　佛寺莊園經濟也被編入糧里，前已略敘。太和縣原設有五十個糧里，明中時將感通寺、無為寺與崇聖寺三座大佛寺，改設為三個獨立的糧里，共為五十三糧里。以下僅就這三個糧里化的佛寺來討論之。

二、感通寺三十六院與世族大家

　　寺院被劃入糧里，世族也隨之擔負寺院賦役之義務。[13]中古時期之佛寺多位居山林水口之處，以其降服水患負責提供灌溉水利，擁有水磨碾米、手工業作坊，也具有治礦的經濟功能。[14]大理

---

12 自明正德以來，祿豐縣內設龍亭，朝賀講約悉於金山寺內。縣令率僚集士民於佛寺，舉行宣講聖諭。見劉自唐纂輯，《（康熙）祿豐縣志》（《楚雄彝族自治州舊方志全書・祿豐卷（上）》）。昆明：雲南人民出版社，2004），卷2，頁34、42。

13 有關明朝佛教政策與寺院經濟的討論，參見清水泰次，〈明代の寺田〉，收於清水泰次，《明代土地制度史研究》（東京：大安株式會社，1968），頁205-220。石田德性，〈明代南京の寺莊について—特に寺莊の賦役負擔を中心として—〉，《禪學研究》（京都：花園大學禪學研究會，1966），卷55，頁79-95。

14 黃敏枝，《唐代寺院經濟的研究》（台北：國立臺灣大學文學院，1971）、《宋代佛教社會經濟史論集》（台北：臺灣學生書局，1989）；謝和耐（Jacques Gernet），耿昇譯，《中國五至十世紀的寺院經濟》（蘭州：甘肅人民出版社，1987）。

佛教寺院也如此，其由貴族世族護持，其常住田土多源於政治封
賜，故佛寺具有濃厚貴族莊園的色彩。然明朝以來，若對佛寺施
行賦役里甲，實際的承擔者仍為大理世族。於是，佛寺、世族與
常住產生愈來愈分歧的關係。隨著大理賦役日益沉重，世族多售
寺求去，日漸頹圮的佛寺和僧人成為最後留下來面對賦役的主
體。大理諸多佛寺中以感通寺最具聲望，文獻材料也比較清晰，
姑先以感通三十六院來說明世族與佛教的關係以及其處境之轉
變。（參見圖6.1）

　　感通寺在無極和尚的保護下，似乎沒有受到太大的破壞，仍
然保留其既有之莊園規模。《景泰雲南圖經志書》指出蕩山有諸
多庵院：

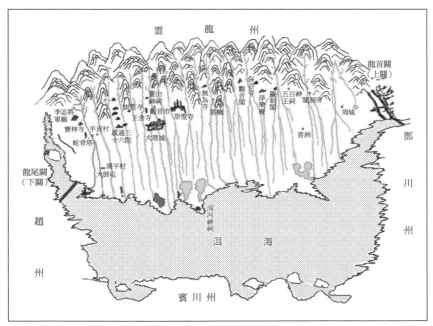

圖6.1　太和縣圖（據1932雲南省大理蒼山十九峰十八溪全景圖改繪而成）。

> 感通寺，舊名蕩山，又名上山寺，唐懿宗時所創也。去府
> 治十里許，寺有三十八院，林木蔥蔥，幽雅迴絕，甲於諸
> 寺，貴客多游其中。[15]

蕩山有感通寺，始於南詔時期，感通三十八院可能與無極一脈身
分顯貴，寺院獲得較多的政治保護，也符合明朝以來小寺庵院歸
併大寺的宗教管理政策。大理府同知楊節仲撰寫〈無極禪師行
實〉，記載無極返感通寺與嗣法的情形：「授雲南大理府僧綱司都
綱職，又蒙敕建大殿，並創三十六院，皆為禪師樂道之所。」[16]指
無極獲僧官後，將蕩山各世族之庵院併入感通寺，創有三十六
院，非前敘之三十八院。

感通諸院由世族大家之諸庵院所組成。清初首任大理知府黃
元治編纂《蕩山志略》，記載諸山檀越所護持的佛庵。包括：
（一）龍伏山，開於郡人趙氏，趙氏裔出家為僧；（二）妙高山，
位於三十六庵之巔，明洪武間創自李氏，後修於楊氏。（三）華
藏山，洪武間創自於楊氏。（四）終南山圓通閣，元末蒙化州判
楊慧所建。明正統年間，楊慧之孫楊嵩重修。（五）清華山，元
至正年間由郡人張哈喇所創。明弘治年間，張哈喇後裔出家住持

---

15 《（景泰）雲南圖經志書》稱感通寺三十八院，《正德雲南志》稱感通寺三十
　　六院，後來《滇志》與《蕩山志略》多以三十六院稱之。見陳文，《（景泰）
　　雲南圖經志書》，卷5，〈大理府〉；周季鳳纂，《（正德）雲南志》，卷34，均
　　收入方國瑜，《雲南史料叢刊》，卷6，頁78-79、434；劉文徵纂，古永繼校
　　點，《（天啟）滇志》，卷17，〈方外〉，頁560；黃元治，《蕩山志略》，上
　　卷，〈寺院〉，頁7。

16 楊節仲，〈無極禪師行實〉，收入方樹梅纂輯，李春龍、劉景毛、江燕點校，
　　《滇南碑傳集》，頁283-284。

之。（六）寂照山，洪武間郡人楊鑑建。（七）大悲山，洪武間郡
人楊張二氏創。隆慶年間，由趙張裔重修。（八）白雲山的白雲
堂由段茸堅所建。（九）班山，蘇福所創。永樂年間由董寶和蘇
氏後裔合力修之。（十）獅子山，元末品甸千戶楊興所建，明萬
曆年間由楊興裔宗堯修之。（十一）寶藏山，明景泰元年，班山
之主董源同大機和尚割班山下園地，重建寶藏寺。（十二）波羅
崖，趙波羅修行之靜室等等。[17]

　　蕩山諸寺庵院靜室有幾個特點：第一、世族捐建；第二、多
為祖先修行之所；第三、世族後裔居住在庵院的情形相當普遍，
佛寺也成為其退隱之道場。這些佛寺或為世族之家寺，或由姻婭
二姓共同護持。從這些世族勢力可知，無極和尚自南京獲得僧官
頭銜返回大理後，當地僧侶世族迎列山門，莫不期許無極和尚能
夠保護地方世族勢力及其佛教寺院。前述明初管理天下佛寺，採
取大寺併小寺，小寺依附官寺的政策，然大理庵院仍隸屬世族大
家所有。明太祖「御製詩」置於感通山門，猶如一座政治大傘，
使諸庵院的運作暫時獲得庇護。

　　正德年間，品甸土千戶楊興之家族佛寺列名感通三十六院之
一，以下加以說明：品甸，隸大理府雲南縣，位於現今祥雲縣一
帶。黃元治《蕩山志略》指出：元末時，品甸千戶楊氏建佛庵於
蕩山之獅子山，萬曆年間楊興之裔楊宗堯，還繼續護持蕩山之家
族佛寺。元末到明萬曆年間歷經幾二百多年，品甸土千戶楊氏始
終是獅子山佛庵的主要檀越。然正德年間土千戶楊興因年老子
幼，託蕩山寺僧管理其家族產業。正德年間（1506）的碑刻〈千
戶楊興家產遺囑碑〉記載如下：

---

17 黃元治輯，《蕩山志略》，上卷，〈寺院〉，頁7。

千戶係大理府雲南縣在城里七甲民，為因存其善念，所生廷佐一人，年幼無知，恐其失落田畝山產，凡有住持僧人指點，後代子孫不庶生其根產。家中載存田山簿本記壹百貳拾篇，坵數、段數、田山四至，秋稅有無，俱載簿內。收存於□□□賞賜七道聖旨，刻於獅子碑後。[18]

　　寺院是一個託產的機構。楊興被劃入雲南縣在城里七甲民，但卻在大理的蕩山獅子山有座家族佛寺，因其年老子幼，田宅無所依託，故立了一份遺囑碑，將家產冊簿所有120多筆田山土地，託佛寺的和尚管理家裡的遺產，期使家產得以順利轉移給尚年幼的兒子。此遺產土地刻碑立於蕩山獅子山寺，碑首載有「永垂子孫」的文字，得知其將田產寄託佛寺，又從其將七道聖旨刻碑其間，公告世人，可知楊氏在明初之地位隆重。楊興遺囑碑說明了感通寺諸庵院背後是盤根錯節的世族勢力，佛庵僧人作為世族大姓的產業代理人，佛寺則成為土官祖遺產業之託囑機構。況且楊興託佛寺管理的120筆山田土地也極可能不拘於太和縣轄境，但感通寺僧卻為之代管！佛寺是世族大家家產信託的單位，守寺僧人也不排除由親族擔任的可能性。

　　貴族佛寺的常住土地，多來自昔日國王的封賜，故佛寺多由貴族所建，或有異姓聯姻的雙方共同掌理的情形。龍關有蘇、董二大姓，聯合興建班山寺，班山寺也是當時感通三十六院之一。〈壽堂蘇公孺人趙氏墓誌銘〉指出：蘇琦（1520-1573）祖先曾是僧族：

　　　　先系出西天蘇拶榔之後代丘孫也，……拶榔禮佛入定，天
　　　沛大雨。遂以女妻之，授職萬戶，領軍二萬征南海，獲敏王
　　　一子。至蘇演習福，娶總管段踰城隆女，加授大理路使司路
　　　判，賜喜錦城北庄田及下面經庄貝不信地，金三幫。乃啟建
　　　班山，蒙主親為之區，聖授龍宗護法蘭若。宣光時，名判海
　　　者，復修班山，和頂山、寶林山、金相寺，家世積善也。[19]

蘇氏祖先自西天而來，曾領軍征討南海，約在元朝之時，蘇演習
福娶大理總管段隆之女。此處演習二字是官銜，蘇演習福便是蘇
福。據黃元治《蕩山志略》載：班山原是蘇福興建的佛寺，曾迎
請照本禪師主持其院。可知蘇氏是大理貴族，也是重要的僧族世
家。然而，蘇福和大理總管段隆女聯姻時，總管段氏賜地喜洲庄
田以及感通山下的經庄給他，於是才有在蕩山興建班山寺，並將
段氏賜地供奉佛寺之舉。貴族軍功伴隨著聯姻，使得賜地具有雙
重意義，一是隨女兒而去的禮物，一是對女婿的賜地，此二者相
互強化貴族階層內部的力量。元宣光年間（1371，洪武三年），
蘇福後裔蘇海繼續護持佛教，重修蕩山附近的佛寺，包括班山寺
和頂山寺、金相寺、寶林山寺等等。從這二條文獻來看，段氏總
管賜地給女婿蘇福，蘇福因而興建班山寺，並由其世代護持之。
貴族獲功受爵賜地時，建佛寺以掌理之，這種賜地來自佛恩，故
重建佛寺以銘謝，實也有由佛寺代理其產業之意。興建佛寺是佛
教王權政治下，貴族用來表現政治忠誠與建立聲望的方式，佛寺
和土地的關係並不是單純的經濟的關係，而是一套複雜政治與宗

19　蘇氏也是蕩山一帶重要之僧侶貴族世家。參見〈壽堂蘇公孺人趙氏墓誌
　　銘〉，收入楊世鈺主編，《大理叢書‧金石篇》，第10冊，頁106上。

教再生產的意義。

　　永樂年間，蘇氏仍然主持班山寺，但董氏與蘇氏聯姻，遂由
二姓共同合力重修此寺。後來未知如何，班山寺逐漸成為董家的
佛寺。《大理史城董氏族譜》記載：

> 　　（班山寺）在聖應峰感通山下蕩山中，明經歷寶祖所建
> （按：即大理經歷董寶），歷年既久圮毀無存。考郡守黃元治
> 《蕩山寺略》：班山寺，明永樂間有董經歷寶者，與蘇氏後裔
> 合力增修，升菴太史題曰海光寺，前為寫韻樓，又松風靜
> 室，乃妙高山僧有志靜修，郡之董氏割班山一區，助其營
> 建。[20]

　　永樂年間，土官董寶和蘇氏聯合重建班山寺，時有僧志於靜修，
董氏遂割班山附近之地，另建靜室以供養之，楊慎曾題匾為海光
寺，班山寺檀越則由蘇氏轉為董氏。《大理史城董氏族譜》將班
山寺列入族譜之功德祠院，也有宣示班山寺是董氏族產之意思。

　　永樂年間，與蘇氏增修班山寺的是董寶，他是大理府土官經
歷，其名字也出現在《土官底簿》以及《滇志》的土官名冊中。
《土官底簿》〈趙州蔓神寨巡檢司〉項下記載著董寶的身分：

> 　　董寶，雲南大理府太和縣民。洪武十五年投降，十六年總
> 兵官箚授大理府土官經歷職事，奏聞實授。故男董祐患病不
> 曾告襲，董祿係嫡長親孫備馬赴京告襲。本部查無董寶實授
> 緣由，況洪武十六年病故到今年久無憑查考，議得不准。永

20《大理史城董氏族譜》，卷6，〈祠墓譜‧功德院附〉。

樂六年二月奉聖旨：他祖雖不是世襲的官，終曾出些氣力，
著在大理做巡檢，只不做世襲，若不守法度，時換了他封
印，流官掌印，欽此。[21]

董寶積極參與新朝政治，授以大理府土官經歷。後來病故，其子
董祐因病不曾告襲，直到他的孫子董祿才隔代求告襲職。然當時
因為隔代告襲「年久無可考」，所以朝廷的作法是令其擔任蔓神
寨土巡檢（在今賓川一帶）。從董家來看，董寶擔任大理府土官
經歷是新身分，他和具有聲望的世族蘇氏合建班山寺。班山寺的
名稱，據說是來自於「本山僧眾排班迎（無極）師於此」。[22]從寺
名可知，班山寺是充滿政治寓意的一座佛寺。

　　董氏取代蘇氏，在班山占有一席之地。其裔有舉人董源，也
在附近重建佛寺，名為寶藏寺，也是另一座董家佛寺。今日感通
寺前豎立一通萬曆常住碑記〈寶藏寺常住碑〉，碑文幾已漫漶，
從可辨視的部分內容得知：明初董源與無極是交誼密切的好友。
無極返回大理後，董源和後來接任感通住持的大機和尚「割本山
下園地」重建寶藏寺。[23]《大理史城董氏族譜》也記載著明初這一
段董源舉人建寺的故事：

21　不著撰人，《土官底簿》，收入《景印文淵閣四庫全書》，第599冊。

22　順治年間〈王公置買班山碑記〉，收入楊世鈺主編，《大理叢書・金石篇》，
　　第10冊，頁140上中。

23　〈寶藏寺常住碑記〉（萬曆癸巳年〔1593〕。作者田野搜集）。此碑在感通寺寺
　　門旁。文字為筆者所錄。「割本山下園地」指的是蕩山山下土地分出一部分
　　劃作寶藏寺的常住田土，其分布在劉官廠、陽和庄、太和村、經庄、羊皮
　　村、龍竹村、陽南村以及大井旁（大錦盤）等村。其中，劉官廠、龍竹村、
　　經庄是明朝軍屯之聚落。

> 寶藏寺，入蕩山第一庵也。明景泰元年（1450），班山主
> 董源者，永樂庚子舉人，同大機和尚割本山下園地，重建斯
> 庵云云。[24]

「班山主」指出董氏是班山寺的主要護持者，派下舉人董源和大
機和尚割蕩山園地來重建寶藏寺。此碑刻揭露一段地方社會脈
絡：董氏世族在感通寺僧人的協助或默許下，將山腳之田地劃給
寶藏寺。感通寺僧人對其轄下庵院之修建、增建與常住土地分割
過程中，似乎扮演著見證人的角色，至少目前的二個庵院背後皆
是土官政治的勢力。佛寺與土官世族的勢力可見一斑。

　　成化年間（1464-1486）班山寺頹圮，董寶裔董祿繼任土巡
檢，捐資修建班山寺，並捨常住土地，未幾，常住卻為人所侵
占。[25]清初之〈王公置買班山碑記〉也記載其事：「成化年間，寺
幾圮盡，本境土官巡檢董祿捐資重修，置買常住，祝國祈年。」
嘉靖與清初時期留下的二份班山碑，都提到了成化年間土官董祿
繼續重修班山寺，購置常住之情景。董祿土官族裔出現一位有名
雅士董難（1498-?），李元陽為董難撰寫墓誌時也提到這座佛寺：
「君雖食貧，必修葺完好而後已。」指出董難之時，班山寺田復又
被盜賣，以致由貧困的董難來打理班山寺。[26]董氏要像過去維持班

---

24 《大理史城董氏族譜》，卷6，〈祠墓譜・功德院附〉；卷3，〈世次〉十五世，
　　為永樂庚子舉人。劉文徵纂，古永繼點校，《（天啟）滇志》，卷8，〈學校〉
　　項下指出為永樂庚子科舉人為董源，頁296。

25 「先祖土官巡檢董公祿，捐資建寺，喜捨常住大功德。」見〈班山常住田記〉
　　（1566），收入楊世鈺主編，《大理叢書・金石篇》，第10冊，頁100下-101中。

26 李元陽，〈董君鳳伯墓誌銘〉，收入氏著，《中谿家傳彙稿》，收入《叢書集成
　　續編》，第142冊，卷10，頁14-15。

山寺的正常運作似乎已經愈來愈困難了。

　　班山寺作為董氏土官家的佛寺，其不僅擁有常住土地，也猶如世族共同財產兼宗教機構一般。董氏土巡檢派下有四支系，共同享有向佃戶徵糧、向官府納糧以及修繕佛寺等等的責任和義務。嘉靖四十五年（1566），董寶的第四代孫為董儀、董佐、董俸等四房子孫，重新整葺之。在這次修繕家族佛寺的過程中，他們將班山寺的田畝、坐落、佃戶姓名、租穀數目及子孫世系等等刊刻在石碑上，公告班山寺是董寶家族的共同產業：當時班山寺的常住土地至少有十筆，多落在感通寺山腳下之經庄與太和村一帶，佃戶認納淨穀計有一千二百餘幫。班山常住土地也由董氏四房共同徵收租穀，其納糧計有夏稅與秋糧共約二石九斗餘。碑末文字有「四房公同徵收、納糧、供僧、侍奉香火、修理本寺，不得侵占盜賣」指出了董祿家族後裔對班山寺田與寺院的所有權，也說明其家族產業寄附於班山寺的情形。[27]

　　值得注意的是，被編入糧里的感通寺，具有納糧值役之義務，故班山寺董氏也需要負擔其中之糧賦，直到附加在土地上的糧稅愈來愈重，致使其無力負擔賦稅，終將班山寺轉賣給他人：崇禎年間，班山常住田土復為豪右所侵沒，董氏族人已無力再振，竟將此班山寺賣給「文學李天球、李僅管業三年」，三年後，又立契絕賣給白鹽井提舉王是石，作為流寓歇人之所。後有楚潭流寓葉素元等人贖回董氏私賣土地，立為班山寺常住，並合請雞足山名僧擔當和尚（1593-1673）住持班山寺。[28]

---

27 〈班山常住田記〉（1566），收入楊世鈺主編，《大理叢書・金石篇》，第10冊，頁100下-101中。

28 〈王公置買班山碑記〉（1661）、〈擔當大師塔銘〉（1674），收入楊世鈺主編，《大理叢書・金石篇》，第10冊，頁140上、144下-145中。

對土官董氏而言，班山寺不僅是祖先產業，也是世族之祖墳與祭祖所在地。雖然班山寺之寺院與寺田最後轉成江南流寓護持的佛寺，但《大理史城董氏族譜》列有祠墓功德院一項，內容特別強調其祖先董難曾修班山寺，其墓亦在附近，蓋「據此則蕩山當然為董氏之地也」。[29] 很清楚地指出董家對祖先墓地所在地以及因此擁有蕩山佛寺功德院的歷史記憶。

班山寺經歷由蘇氏到董氏護持，乃至轉為明末十方叢林的規模，見證大理社會變遷的過程。佛寺象徵貴族的身分，先有蘇氏賜地，明初董氏土官延續此政治傳統。貴族與儀式權是一套政治與宗教的設計，也是佛教莊園經濟的運作模式。然而，當佛寺被列入納糧單位，後復因賦重役雜，終為土官世族所轉賣。董家變賣家產的方式，是先將班山寺轉賣給他人「管業三年」，後來用以絕契賣給白鹽井提舉等等，復有流寓將舊有常住贖回等等。從轉賣、管業，到立絕契杜賣等等用語，董家佛寺承載了許多不同的社會關係，進而從其家族轉而成為十方叢林的運作模式。

三、捨田為寺

佛寺的破敗已難以避免，僧官無極的法嗣也無法解決寺院經濟的問題。無極歿後，感通寺很快就遇到新的問題。萬曆九年（1581）李元陽為修復感通寺撰有一碑〈重修感通寺碑〉，記載感通寺的情形：

---

29 「又案：難（即董難）祖鳳伯山人墓誌銘為李中溪所撰。略謂蕩山有班山寺君家先人之業，升菴公寓韻樓在焉，歲久漸廢，君雖食貧，必修葺完好，生宏治戊午卒丙寅正月五日，墓在聖應峰蕩山之原云云。據此則蕩山當然為董氏之地也。」《大理史城董氏族譜》，卷6，〈祠墓譜‧功德院附〉。

　　無極歿後，寺亦就廢。成化間郡守蔣公雲漢聞於鎮守，黔
國公重建，即今殿也。然多歷年所，頹圮已甚，前像以金被
盜，田產百無一存。嘉靖辛卯（1532）蓬谷先君御史公憫
之，召僧復業，始建齋堂三棟。辛丑（1541）不肖歸里，乃
續先君之志，贈常住田百十餘畝，重修二殿，創造鐘鼓二
樓，改建大雲菴，又選取雞足山傳衣僧海慧字印光者主
之，……隆慶丁卯（1567）印光鑄銅像高九尺，寺號重光，
又修藥師寺於山麓，以貯道糧。予時往觀，父老十數輩皓首
蒼顏，謁余相與坐談，因及寺之巔末，與舊所聞若合符契，
遂抽毫記之，萬曆九年元日也。[30]

自無極滅寂，感通寺隨之傾廢。後來雖有黔國公沐氏重建之，
「前像以金被盜」、「田產百無一存」，佛像寶器黃金被盜，田產流
失；後來，李元陽的父親李閔才，著手修建感通寺之齋堂，又召
僧復業。[31]感通寺已無法經由僧團自行運作，大多仰賴官府與地方
精英的力量，於是李元陽復捐常住田地百十畝，修復二殿，造鐘
樓、鼓樓，改建大雲庵。同時也一併修繕了感通寺下院之一的藥
師寺，「以貯道糧」。李元陽在文中提及「召僧復業」是一件相當
值得注意的事，田產被盜和僧人逃散是寺院面對最大的原因，他
只好延請雞足山禪僧海慧住持感通寺。

　　三塔寺也很勉強地維持著昔日之規模，雖其為昔日之皇家道
場，又稱崇聖寺。其寺留下一通碑刻〈大崇聖寺碑銘並序〉

30　李元陽，〈重修感通禪寺記〉，收入氏著，《中谿家傳彙稿》，卷8，頁27-
　　29。應為萬曆元年，非萬曆九年，見《李元陽文集》，頁93-95。

31　李元陽，〈重修感通禪寺記〉，收入氏著，《中谿家傳彙稿》，卷8，頁27-29。

（1325），內容記載此為大理國王段氏「永其世祀」之佛寺，也就是皇室佛寺，地位極其尊貴。其常住土地亦極為可觀，當時段氏所捨之常住土地多位居北方鄧川州境內，其數有百雙以上。[32]除了常住土地，崇聖寺的其他產業還包括「園林、碾磨、店舖、席、浴房、人口、頭疋」等等。[33]也就是說，崇聖寺的產業包括田地、園林、山場、碾磨、浴房、牧畜、店舖、人口等等，其寺院莊園的經濟規模相當大。[34]然而，崇聖寺之特殊性是其原為段氏總管大檀越所護持，一旦失去段氏之支持，其佛寺也逐漸頹圮，常住流失也顯得相當自然。

　　崇聖寺後來只能仰賴地方人士與阿吒力僧共同維持起碼的運作。從崇聖寺出土考古報告得知：成化元年，大理城內法華寺居住的「阿吒力僧」李祥瑞及其妻楊氏等，主導了修塔造佛像的重建工程，其主要是為祈求家道興隆並祈求超度亡者早登佛地之場所。在〈千尋塔各層佛龕及所置造佛題記〉（1465）中記載著：

　　　　南贍部洲／大明國雲南大理府太和縣德政坊在城／法華寺
　　　　□居住奉／佛造像僧阿吒力李祥瑞／助道楊氏觀音堅男李永
　　　　錦／李彥彳□男婦楊氏梵僧婢／女妙音善緣姐／同信士張清
　　　　泊家善大大等／崇聖寺塔內觀世音菩薩一尊供奉／上報四恩

32 〈大崇聖寺碑銘並序〉（1325），在碑尾附記，收入楊世鈺主編，《大理叢書·金石篇》，第10冊，頁19下。

33 〈大崇聖寺聖旨碑〉，收入楊世鈺主編，《大理叢書·金石篇》，第10冊，頁20上。

34 黃敏枝，《唐朝寺院經濟的研究》、《宋代佛教社會經濟史論集》；嚴耕望，〈唐人讀書山林寺院之風尚——兼論書院制度之起源〉，《中央研究院歷史語言研究所集刊》，30（台北，1959），頁689-728。

下濟三有伏願承觀世音／妙力盡劫之罪根千生業障□□／百
福莊嚴而成就願保家道興隆子／孫昌盛萬事隨心祈謀如意／
追亡人顯考李藥師祥弟李四壽／顯妣趙氏觀音錦妻楊氏秋玉
之靈／承伏良因超升／佛地／大明成化元年之春正月良日
造。[35]

這份造佛題記，指出大理城德政坊法華寺，名為李祥瑞為首的阿
吒力僧，捐貲修三塔之一的千尋塔。正德年間大地震，佛寺傾
毀，三塔雖無恙，然「風雨漂捲，日益剝泐」。嘉靖二十年
（1541），李元陽又著手修復崇聖寺。[36]李元陽捐貲出工補砌中塔，
重葺左右二塔。崇聖寺三塔之考古報告記載，當時李元陽聯合當
地之士紳一起修塔薦祖：

　　信官李元陽、韓斗、洪鈺、蘇鵬程等恭修寶塔。專薦各家
　祖考李讓、李玄、韓政、洪森、蘇胤室、蘇銳、李文輝……
　楊氏三姐九姐之弟，並及財善士工作一怍祖考等魂乞超淨
　域。[37]

三塔是由這批有力之士共同修復起來。李元陽曾指出當時崇聖寺
「一寺之內，為庵院者三十餘所，惟頹垣荒址，荊棘茂草而已」。

---

35 〈千尋塔各層佛龕及所置造佛題記〉，收入姜懷英、邱宣充，《大理崇聖寺三塔》（北京：文物出版社，1998），頁91。

36 李元陽，〈崇聖寺略記〉，收入氏著，《中谿家傳彙稿》，卷8，頁36-38。

37 〈南小塔明嘉靖石刻題記〉，《大理崇聖寺三塔》，頁93。又見李元陽，〈重修崇聖寺碑記〉（1553），收入楊世鈺主編，《大理叢書・金石篇》，第10冊，頁90中。

經過修復後：

> 大理城之北曰崇聖者，自始迄今歷千五百年，梵宇悉頹，
> 法席中斷。大明嘉靖辛丑，予始修復，乃有大千、碧潭、無
> 臺三老禪來主法席，一時鐘魚磬鐸無間晨昏，而學徒衲子漸
> 以類集。[38]

李元陽邀請僧人主持崇聖寺，使其恢復佛寺之正常運作。此外，
他也鼓吹友人楊作舟捐貲修建其中之一座庵院，名為讓公庵。此
庵院為大理國世家高氏創建，其香火田原由高氏護持，然高氏勢
力退去後，庵院香火淪為無人打理之窘境。[39]另有地藏庵：

> 崇聖寺大殿右腋，舊有永春院，頹廢殆盡。有無臺鑑上人
> 者，敦戒樹德，為眾所歸。余因請住茲院，上人遂能興廢舉
> 墜……院初與塔寺並創，莫詳其始。地藏之設則自上人始，
> 院有田若干，盡於碑陰，大半皆上人所自置云。[40]

李元陽費時三十年間，盡其一生之精力並耗費家產於修復崇聖寺
諸庵院。[41]他又復延請禪僧如大千、碧潭等住持其院落，以致「學

---

38 李元陽，〈崇聖寺略記〉，收入氏著，《中谿家傳彙稿》，卷8，頁36-38。

39 李元陽，〈讓公庵記〉（1577），收入楊世鈺主編，《大理叢書·金石篇》，第
　 10冊，頁107下。

40 李元陽，〈地藏院記〉（1579），收入楊世鈺主編，《大理叢書·金石篇》，第
　 10冊，頁109上。

41 李元陽的三弟李元期是郡學生，後來改易青衿服黃冠為道士，致力協助李元
　 陽修復崇聖寺，後在院落之一重建瑞鶴觀，住錫其間，成為崇聖寺諸庵院瑞

徒衲子，漸以類集」的規模。[42] 在他大力倡導之下，崇聖寺逐漸恢復，然各庵院猶如相互獨立的經濟體，由各別的香火田供養。

被劃入糧里的另一座寺院莊園是無為寺，其史料更少，但它也是太和縣重要之佛寺之一。《雲南志》記載無為寺：「在點蒼山十三峰半，寺左有曬經坡瀾文百步五，色紅，經年不生草木，相傳以為唐僧曬經之所處。」[43] 但無為寺被劃入糧里必有其重要性，清初《洱海叢談》曾記錄無為寺的處境：

> 無為以田多糧重，僧逃無遺，惟一監院，扑責枷示，已數
> 十次。叶榆古剎，處處如此，苾芻其何以堪。[44]

無為寺因田多糧重，僧逃無幾，只剩下監院守寺，因其無法如期納糧，遭官府「扑責枷示已數十次」。寺僧納糧無著，地位淪落至此，而這大概是許多佛寺的普遍處境。清初僧人對該地佛寺之描寫，指出「凡供應有司及往來使客，皆取辦於各剎，而解送松木板於各衙門，尤為苦累」。[45] 指出大理佛寺成為官府公項供辦的來源與對象。一位聞名全國之雲南詩僧蒼雪讀徹（1586-1656），寫一封信給他在雲南的弟子。[46] 在信中指出明末清初全國經濟敗壞

鶴觀之一名道士。李元陽，〈明清都大士李君墓誌銘〉，收入氏著，《中谿家傳彙稿》，卷10，頁15。又楊慎，〈瑞鶴觀〉，收入李元陽纂修，《（萬曆）雲南通志》，卷13，〈寺觀〉，頁301上。

42 李元陽，〈崇聖寺略記〉，收入氏著，《中谿家傳彙稿》，卷8，頁36-38。

43 周季鳳纂修，《（正德）雲南志》，卷34，〈寺觀〉，頁435。

44 釋同揆，《洱海叢談》（方國瑜主編，《雲南史料叢刊》，卷11），頁368。

45 釋同揆，《洱海叢談》（方國瑜主編，《雲南史料叢刊》，卷11），頁370。

46 據其年譜記載，蒼雪讀徹本姓趙，昆明呈貢人，其父是位「都講僧」，蒼雪十一歲時便隨父親出家於昆明妙湛寺。王培孫校輯，〈蒼雪大師行年考略〉，

以及佛寺之窘境：

> 常住邇來增損何如，方今海內盜賊縱橫，國用告乏，賦稅
> 加派。日復一日，民不聊生，天下皆然。以我吳為田之累，
> 雖得優免，接年蟲荒旱荒。吾鄉僧田之害，不問可知。故往
> 往官長有宦游吾滇者，莫不以此念。欲得永免雜役，則受福
> 無量。向者蔣太尊送其瀕行諄諄曾以苦告承公心許惜其名山
> 不幸聞尚未果。如蜀中他處依田派差，尚有僧夫俗兵守城禦
> 敵之說。倘國家一時有不寧，法門有難，正未可知。是以僧
> 又莫若無田之為愈也。[47]

蒼雪讀徹是雲南人，他常常向來往滇地的官員打聽家鄉佛寺的近
況。他寫給弟子的信中指出地方政府的雜派已嚴重破壞寺院經
濟，提及大理佛寺雜派沉重，四川還甚至有僧夫守城禦敵之說。
這些佛寺，勉為其難地維持了一個體面的架構，但，其更像是一
個淪於無法脫離官府治理的賦役單位。

　　這裡討論了三座成為糧里單位的寺院莊園，它們像是一個無
法被註銷的糧里，佛寺僧人苦於糧賦差役，然其也是維繫歷史感
的儀式場合，雖然其僧人已流失，常住被盜，廟堂頹圮，仍有佛
寺在各種不同條件下重新被修復起來。

　　收入王培孫校輯，《蒼雪大師南來堂詩集》（台北：新文豐出版公司，
　　1955），頁3。

[47] 引文出自〈寄徒三和書〉，收入王培孫校輯，《蒼雪大師南來堂詩集·附遺
　　文》，頁1。

四、鄉里神祠

在經歷戰火後，隸屬上層政治的佛教儀式開始往下流動，成為民間信仰的一部分，取而代之的是帝國對各府州縣之儀典所進行的改革。《大明會典》記載：

> 各王國及有司，具有祀典。而王國祀典，具在儀司。洪武初，天下郡縣皆祭三皇，後罷。止令有司各立壇廟，祭社稷、風雲雷雨、山川、城隍、孔子、旗纛及厲。庶人祭里社、鄉厲及祖父母、父母、並得祀□，餘俱禁止。[48]

朝廷頒訂一套符合禮儀的祀典架構，舉凡天子、百官、士人乃至庶民，皆有符合其身分的儀式規範。對於鄉里祀典，尤其山川社稷之神，也有一番討論，對有功於民的地方神祇抱持著相當寬鬆的權宜之策。《明史》記載：

> 洪武元年，命中書省下郡縣，訪求應祀神祇。名山大川，聖帝明王、忠臣烈士，凡有功於國家及惠愛在民者，著於祀典，令有司歲時致祭。二年，又詔天下神祇常有功德於民事蹟昭著者，雖不致祭，禁人毀撤祠宇。[49]

只要有功於民，「雖不致祭，禁人毀撤祠宇」，表達了帝國對地方神所持有消極但不予以禁止的態度。在這種寬鬆政策下，大理貴

族世家雖淪為禮制中的「庶人」，但其原有之佛寺、佛教護法、龍王與山川土地守護神信仰以及聖賢神祠等儀式架構，仍然得以保留下來。也因為如此，許多佛寺及守護神祠等等之祭儀也逐漸循著洪武禮制所定義的儀典精神與層級架構來重新調整。

（一）建峰亭與趙氏宗祠

趙州有一座宏偉的建峰神廟，元人郭松年在雲南旅行時，路經此地，便提及這座令人難忘的神祠。他寫下一段趙州的景致：

> 神庄江貫於其中，溉田千頃，以故百姓富庶，少旱虐之災。出州治十五里，路轉峰回，茂林修竹，蔚然深秀，中而建峰神廟在焉。凡水旱疾疫，祈請有徵，州人賴之。[50]

郭松年筆下的趙州是一片富庶之區，有田千頃，神庄江貫穿其中，州治十五里外有座掌理全州水旱疾疫的建峰廟。從其他史料得知，神廟供奉的是建峰山神趙康，地方傳說祂是趙氏貴族的祖先神，他將女兒嫁給國王，成為南詔國王的外祖，趙州則為賜地。於是，趙康是山神，也是貴族趙氏的始祖。建峰神祠不僅成為開化趙州的象徵，也是趙氏貴族用來宣稱他們具有趙州賜地合法性依據的一座神祠。明朝統治之後，趙康的形象產生分化：趙氏欲突顯貴族身分，強調趙康為祖先；鄉民供奉趙康，則視之為山神、土地守護神。一旦趙氏貴族轉型為士人時，其始祖趙康的角色便會被人們所逐漸淡忘。

---

50 郭松年，《大理行記》，收入王叔武校注，《大理行記校注・雲南志略輯校》，頁14。

　　趙氏視趙康為祖先神，可從一通碑記談起。太和縣海東的趙氏宗祠供奉著一通祖先碑，列有二通聖旨碑。其中一碑指出大理武將趙良，因助明軍有功，被明太祖封為「應陣翻浪伏軍將軍」，賞賜一份聖旨碑。碑之內容如下：

> 　　奉天承運皇帝詔曰：考績褒勳，始著推恩之典，服官資敬，方昭奏捷之功。咨維雲南總兵趙良，代傳孝友，世擅忠貞，立身報國，本正氣以取人，奉檄戍邊，建奇功而裕後，先已懋昭功業，後應□享□敕封應陣翻浪伏軍將軍。於戲，讀聖書而任重，世澤延長錫鞏帶以加榮天麻弗替，欽哉！大明洪武甲子年正月初七日。

另一份聖旨碑是由南詔蒙威成王（在位期間713-728）頒賜給趙康的。其內容如下：

> 　　敕曰：國所以立，惟賢是依。褒封崇德，聖主隆規。咨維外祖，道德為儀。朝勵忠盡，四野坦夷。飲食教誨，民望攸歸。如彼乾元，庶物瞻依。福蔭後裔，是享是宜。大哉元祖，萬世流輝。敕封元祖建峰福蔭太師，春秋報賽，慶祝無遺。主者施行，欽哉欽哉！蒙威成癸丑歲十月二十一日。[51]

在這二份聖旨的中間，列修三位祖先之名號，分別是「敕封元祖

---

51 〈趙氏宗祠碑〉（1384），此宗祠碑出土於太和縣海東塔鄉之趙氏宗祠。收入楊世鈺主編，《大理叢書‧金石篇》，第10冊，頁28下。照片見楊世鈺主編，《大理叢書‧金石篇》，第1冊，頁100。

建峰福蔭太師趙康諱康大人」、「敕封應陣翻浪伏軍將軍趙公諱良
大人」，中間是「天潢衍派趙氏太祖大人遺裔歷代祖宗老幼考妣」
三條神祖名稱。二通聖旨分別來自南詔國王與明太祖，旨在確定
趙氏在地方政治的正當性與正統性。[52]但對鄉里社會而言，趙康是
一州之土主山神。

　　趙康也以山神的名義被供奉在建峰神廟中。明軍入關時，此
神廟遭受軍火焚毀，後來由里民重新修復。永樂七年（1409），
曾前往南京晉見明太祖的密教僧人董賢，以「習密不動」的身分
撰寫一通碑記，內容記載山神的傳說典故以及重新修建之緣
由。[53]在永樂年間的建峰亭記中記載：

　　　　建峰之神者，趙州之土主也。姓趙名康，東川之人也。家
　　　誕美女，有雅操之志，求娶者眾。而父弗之。蒙氏興宗，聞
　　　其藝能，娶之為妾，乃唐之儀鳳元年（676）也。康無繼
　　　嗣，興宗招之，此地寓於五峰山中，緣茲地號曰趙瞼者，以
　　　康之姓而得名也。郡東山行二十里，有山曰五佛，又曰五
　　　祖。今日五峰者，以五壟之連峰也。周三十里，山西面別秀
　　　一峰，曰信苴城，四向絕巖，怯弱難履，康嘗到此，遙聞兒
　　　啼，遂尋之，見一子，可數歲，疑是神人之所誕焉。康喜
　　　之，因家無嗣而獲之，妶者豈不慶歟！攜至家，養於資畜榮
　　　盛。然此方之謂信苴者，乃神靈之降跡焉！至蒙威成癸丑

52　Lian Ruizhi, "Surviving Conquest in Dali: Chiefs, Deities and Ancestors," in David
　　Faure and Ho Ts'ui-ping, *Chieftains into Ancestors: Imperial Expansion and
　　Indigenous Society.* Toronto: UBC Press, pp. 86-110.

53　習密不動，〈建峰亭記〉（1409），收入楊世鈺主編，《大理叢書・金石篇》，
　　第10冊，頁30上中。又參考 Lian Ruizhi, pp. 86-110.

歲，康終之。方牧命郡人起廟而旌之，賜號曰外祖建峰。外
祖者，為邦之外親也。建峰者，男生於峰頂也。傳聞山下有
洞，洞有甘泉，康化為虬，住於泉，所出清溪水，給三州
人。茲土宜乎耕墾者，誠龍神之潤澤歟。每有旱，禱神之必
應。自蒙威成癸丑歲，歷鄭、趙、楊、段、元六代，五十二
世。終於癸亥歲。泊乎今朝，大明聖世，洪武甲子春，天兵
入境，率土盡臣服矣。其年廟真兵火毀之。爰有判官周尚
全，切念茲之神祠，乃本郡土主也，誠可樹焉。仰里甲人
等，仍於舊基之上乃重修矣。殿□□真置於亭中，由□啟
祠。至今聖朝皇帝永樂己丑，總六百九十六年，亭侍那太請
余為文，筆之後代云耳。永樂七年己丑月良日記之。趙州吏
目立石，習密不動撰，石匠楊奴。[54]

這裡說的是一段聯姻與認養的故事：趙康將女兒嫁給南詔國王，
於是南詔國王封賜趙州給趙康。趙康後來認養五峰山山神之子，
死後化為虬，住於泉水之源，成為攸關當地水利之水神。換句話
說，趙康的養子是山神，而水神是趙康，建峰亭成為一地山川神
廟所在地，又稱為土主廟。

〈建峰亭記〉將趙康塑造成山川神祇的土主形象，和建立軍
功的趙良想要塑造的趙康祖先形象不同，其所依賴的便是當地之
鄉里力量：當時里甲人等為地方水利向官府申請重修神祠，而請
碑者是亭侍那太，撰碑者是習密不動，不動是「紅阿捴哩不動辣
麻董賢」的簡稱，也就是前述入京的董賢，他代表的是新興的鄉

---

54 習密不動，〈建峰亭記〉（1409），收入楊世鈺主編，《大理叢書・金石篇》，
　　第10冊，頁30上中。

里勢力。[55]對地方而言，趙康是一位祖先還是土主並不太重要，它隨著世族社會的分化而產生不同的形象。這種情形正可以用來說明何以國王后妃也轉為鄉里香火之神。

　　貴族轉型為鄉里社會時，佛教護法神也變成里社之神。在歷經戰火後，里甲人士重新修建神祠的情形相當普遍。正統八年（1443）年，太和縣銀溪鄉（中鄉）一批「應役里長」及「遞年里長」、「鄉老人」與村民等重新修建一座名為三堂神的神廟。這座神祠供奉著佛教化的土地守護神，名為「土地迦邏」，也就是密教有名的大黑天神。在碑中，土地迦邏也是「毗盧之智體」的化身，毗盧即毗盧遮那佛之簡稱，漢譯為大日如來，是佛教密宗至高無上的本尊。[56]在這份碑文指出「伏願龍天之扶祐，保人民之根基，護民稼穡，年年豐熟」等等文字，清楚表達了神祠仍具有守護土地的意味，同時也成為由新社會所定義的鄉里香火。

　　村民重建的鄉里香火神祠，也包括古老的戰亡英雄與后妃，如三靈廟。這座廟相傳是大理國王段思平為其母親所建神祠。洪武年間，大理總管段氏臣服：

> 胤子段名赴京，見任湖廣武昌衛鎮撫。有憲掾院垮楊賜等施舍田畝，城南善士楊正等曰：三靈者，一鄉之香火祈福之所，寂然不動，感而遂通，豈可不思補報呼！

段氏被派往異地擔任武昌衛職，其祖先香火淪於無人供奉與照料

---

55 建峰廟成為鄉里神祠，被劃入白鬚師里，指的是昔日天竺僧人曾寓居之處，故名白鬚師里。莊誠，《（萬曆）趙州志》，卷1，〈羊角山〉，頁20；卷2，頁34。

56 〈三堂聖域記〉，收入楊世鈺主編，《大理叢書・金石篇》，第10冊，頁44中下。

之困境，於是鄉里村民為表示報恩，捐施田畝，修復段氏國母的
廟宇，並奉之為鄉里香火神。[57]這裡報恩或可以解釋為故國王室之
恩，或村民受其土地之恩。是以，這座供奉國王母親的神廟轉身
一變，成為鄉里香火，也成為鄉里祭祀的場合。當時捐錢重修這
座神廟的包括太和縣北部之城南村、院塝村與江渡村等村，皆是
太和縣上鄉之村落。上面的山神、國王、后妃和佛教守護神多以
一鄉之香火所在轉型為鄉里祀典。

（二）白姐聖妃龍王合廟

　　土官轄區的鄉里神廟仍由土官領導倡修。正統十四年，北方
劍川有一位土軍昭信校尉楊公瑾，他率領村人共同修建白姐聖妃
龍王合廟。其碑云：

> 　　其神梵像惟南服有之，不見經傳，故白姐之號，莫考其
> 詳，未可強為之說。惟據西域神僧摩伽陀傳示波羅門密語
> 中，載有其概曰：聖妃實彌勒化現之神，首上三龍表示主持
> 三界，左手扶心，欲斷眾生無名之毒，以契直覺心，右手拟
> 頂門授記，記其無常謁，待其當來度生即成登佛。十指交
> 叉，欲斷眾生十惡五逆之心，為十方境界，是佑其人乃古佛
> 化身，聖神之母。詎止為祝釐祈福之所也歟！
> 　　舊說柳龍沖昔因岩場水連年橫流為患，備御弗克，合議曰：
> 州東北之讜濫場，古建白姐廟，靈感有驗，叩之立應，盍資
> 神力以制之，議既合眾，遂闔辭請禱於廟，徙置岩場江陰。
> 又塑白難陀龍王專像奉安於左，合而鎮之，果蒙神靈有歸，

---

[57]〈三靈廟碑記〉，收入楊世鈺主編，《大理叢書・金石篇》，第10冊，頁49上中。

而水患賴以寧息。明年夏，大旱，眾白官徒市於廟，命僧俗
結壇，又輒得雨，益信神之靈足以惠福一方，莫不駢手跋足
而事之，益虔焉。鄉村以每歲孟春栽生明，年例各庄香需供
玩，詣廟致祭，以酬神貺，迄今仍之，茲因其請記。按祭法，
有能御大災，捍大患則祀之，是鄉之民，實資神力，以殄水
患，蘇亢旱則報祀之所，歷千萬載不刊也宜矣！是為記。[58]

碑文說得很清楚，此廟中供奉的白姐聖妃承襲摩伽陀（按：即贊
陀崛多）傳來波羅教法，是聖神之母。據大理佛教寫經：此白姐
聖妃也是佛經龍女轉化而來，也是佛經中所說的彌勒化身，她也
是大理國的國母，一位佛教化的女神。[59] 這位龍女身上有二個象徵
的符號與佛教的教義相關，一是頭上的三龍為三界，此三界為欲
界、色界與無色界，指的是有情眾生的主宰。二是十指交叉意指
十方，是東西南北上下諸十方世界。有意思的是，撰文者指出白
姐聖妃實是彌勒古佛之化身，主宰三界十方，「詎止為祝釐祈福
之所？」她在昔日大理佛教諸神之地位崇高，主宰有情眾生與無
情之宇宙，怎麼可能只主掌一區鄉里之福神？意其地位下降。白
姐聖妃廟是否與降龍治水有關，無法得知，後來當地柳龍沖水患
頻仍，村人將這座神祠改建於柳龍沖的南邊岩場，又加祀一尊白
難陀龍王於其側。白難陀龍王是佛經中八大龍王之一，白姐加上
龍王成為一對，成為鎮治水患之神祀。

　　這對佛教化的女神與佛教龍王便成為鄉里「祝釐祈禱之

58 〈修白姐聖妃龍王合廟碑〉，收入楊政業主編，《大理叢書‧本主篇》，上卷
　　（昆明：雲南民族出版社，2003），頁17-18。

59 連瑞枝，〈女性祖先或女神：雲南洱海地區的傳說與歷史〉，《歷史人類學學
　　刊》，3：2（廣州，2005），頁25-56。

所」，每年孟春歲祭，各庄必須備祭，以酬神明，顯然已成定規。然致祭者仍由僧人主導舉行結壇儀式，可知佛教神祠體系以一種「新」面貌出現在鄉里之中。

（三）賓居大王廟

官員也修復神祠建立治理合法性。隨著中央王朝開採銀礦，許多官員深入大理附近之山鄉。為了宣稱官府具有開採的權力，他們主動向地方神明示好，修復廟宇。永樂十一年，宦官藉皇帝之命令在大理賓居（即賓川州）一帶開始採辦銀場。當時，先是委由名為孫俊的土酋來「納辦」，三年後，礦脈愈來愈微弱，必須重新尋找礦脈。有一位內監潘榮到賓居視察礦脈，向當地土神賓居大王張敬祈禱。後來土神示礦脈之所在，潘榮遂以張敬顯靈之功，重修賓居神祠。當然，此事更應該反過來解釋，外來者為了說服土人採礦的合法性，所以編造了一個張敬神示的故事，一方面以示採礦之合法性，另一方面也拉攏地方社會之傳統神明。大理府同知楊節仲還為此一神廟撰碑，以重其事。其內容載於〈重建賓居神廟碑記〉（1417）：

> 大理城東有水曰洱海，海之東岸，山勢綿延，崗巒相接。約行七十里曰白塔山，山之下，地始平曠，是為賓居川。有神廟焉，創始自蒙氏，後至段、高二姓，第次復新之。廟坐山麓，岩山峥嶸，林木屏翳，左右叢竹數十，大皆尺圍。泉自殿右崖石孔東流為溪，灌溉田數百頃。廟之神有「東方仁慈化被聖明」之號，亦蒙氏所封也。俗之稱神者曰：「賓居大王」，凡境內旱潦，人有災疾，但求即應，靈迹昭著，莫

可纜紀。是以居人咸仰賴之，祈禱者無虛日。

我朝開設銀場七處，其二以賓居相近，曰白塔、曰大興。永樂十一年五月，大興始置爐冶煉，著酋長孫俊等兼辦銀課。至十三年，礦土漸微，恐虧課額，欽差內官潘榮至本場，意別遷，未得其所。時神廟毀於火，內侍公遙望廟所，點禱於神曰：「神倘有靈，幸指示礦地，願重修廟宇。」即差戴道隆往白塔場，請給事中程昭同訪，所向未至，內侍公先詣山高阜處，徘徊縱觀，信步行至西南隅，如有人引領者。盤桓久之，望神不遠，地微洼，忽見土色可取，猶豫間，戴道隆回指本處云：「今早天未明時，過此見火光大發，意必有礦而然。」……遂令夫起石，果礦土富甚，課額倍增，非神之多方顯化，何以得此？至十五年，內侍公回自京，比較各場所辦，惟是地為最，心甚感悅。乃不違昔願，先出己資，又復募緣，境之善信，皆樂從之，……

尋遣大理衛千戶周鼎至郡，徵文於知府楊節仲，且欲勒諸貞珉，永垂不朽。仲節謹按：祀典所載，凡山川能興雲雨，司土穀，以育民生者，及忠臣、烈士能禦災、捍患、護國、庇民者，歷代以來，皆立祠廟以祭，所以崇德報功也。今賓居神廟食於茲久矣，其原因莫可詳考。然有顯封尊謚，當時必有功於國……以銀之事觀之，余概可知矣。且山川儲秀，結而成礦，煉而成銀，貢於朝為賦，用於世為寶，境內豈無神以主之，設為關鍵而司秘啟者耶？[60]

---

60 賓川縣志編輯委員會編輯，《賓川縣志》（昆明：雲南人民出版社，1997），〈附錄二‧碑記‧重建賓居神廟碑記〉，頁906。據雲南考古出土銀錠上有鹽稅司課銀的字樣來判斷，其銀多出自於有賓川、大羅衛、太和縣、永北、蒙化、鶴慶等地。湯國彥主編，《雲南歷史貨幣》（昆明：雲南人民出版社，1989）。

指出官府開採銀礦時，也是帝國勢力進入山鄉之契機，其以修復地方神祠的方式來建立其合法性。永樂十一年，始在賓川附近開辦二座銀場，即大興與白塔銀場。負責大興銀場銀課的是土酋孫俊。開採不到三年礦脈便顯微弱，時有欽差內官潘榮來到另覓礦脈。潘榮到賓川後，適值當地神祠賓居大王廟被燬，所以他向神明祈願，若神啟礦地，必重修神廟作為酬謝。這是後來第二座白塔銀場開採的緣由。在採銀二年後，潘榮比較諸地銀場之銀產，認為賓川之銀礦產質最優，故返回賓川，捐資重修賓居大王廟。有意思的是，潘榮編造了一個地方神明的故事，說服土人其開礦的合理性是當地神明默助下進行的。

這位神明是賓川土神，名為張敬，又稱賓居大王。大理傳說的張敬是羅剎國的巫師，觀音降服羅剎以後，封張敬為賓川的守護神，受百姓供奉。[61] 祂是「觀音」所封賜的土神。潘榮找尋礦脈，曾默禱張敬，據稱「如有人引領者」，後果開採成功，認為此乃張敬暗中輔助，因此重修神廟。此舉不僅將明朝開採銀礦建立在土神默許合法性之上，同時也將官府合法性的角色挹入地方社會的祠典之中。賓居大王廟並不是官員們的發明，楊節仲在文後補充提到：賓居神廟在此地已有一段歷史，必有功於民，點出官員對地方祀典所抱持的態度。在《雍正賓川州志》將賓居大王廟稱為仁慈廟：

> 一名大王廟，在奇石山下，俗傳大士制羅剎大王姓張名敬，與有力焉。死為漏沟之神，洱水伏流至廟下，噴湧而

---

61 不著撰人，《白古通記》，收入王叔武輯，《雲南古佚書鈔》（昆明：雲南人民出版社，1979），頁66。

出，灌溉百里，民感而祀之。[62]

《南詔野史》也記載了當地羅剎巫師張敬有功於觀音，所以，被觀音派到海東賓居，配享三百祀。張敬的形象後來不斷地被改造，成為助官採銀礦，轉型為主掌山川土地的神明，復又因為地方官府重視水利與鄉里社會，成為漏溝之神。（見圖6.2）

圖6.2　賓居大王廟（作者攝）。

明朝治理下的鄉里社會不斷地透過修復地方神祠來鞏固新的人群關係與社會秩序。上述的個案幾乎都說明了幾個特色：（一）香火和歷史的關係。神明都和「地方」歷史有關，不論是山神、佛教守護神，英雄、后妃或國王。（二）神祠轉型為一鄉之香火。鄉里社會愈來愈重要之時，其神祠也轉型為鄉里社神的格局。

---

62 周鉞纂修，《（雍正）賓川州志》（大理白族自治州文化局翻印，1982），卷9，頁58。

（三）神明必須符合「有功於民」的形象，尤其是止旱禱雨，所以多被標誌為主掌水利之龍神。祂們雖不必然是龍之形象，但夾雜著鄉里地域與傳統龍神之轄域性格，往往被視為鄉里祀典，同時也保有多元之歷史敘事，由村民所供奉。這些有功於民的神明，完全符合官府之意，百姓崇拜是為報本，也有其存在的合法性。在鄉里致力於修復神祠這件事逐漸也受到官府的注意。

五、社壇化的寶林寺

當衛所屯駐大理平原時，他們也將佛寺視為軍屯之鄉里社壇。最早的個案，是周氏在龍關設置村屯的故事。首先帶領明軍進入大理的是周能家族。周能，原隸黔寧王沐英前部選鋒，後隨傅友德從征大理。進軍大理時，沐英遣周能渡河攻龍尾關，令他駐守龍尾關，設置大理指揮使司，以周能為指揮統兵，駐守大理平原。[63] 十九年，設置屯田。[64] 他是明軍入關後，首先奉命負責興築大理城與龍尾關城的重要將領。據黃元治之《大理府志》記載：

> 洪武壬戌年，大理衛指揮使周能，築關在城北七十里名曰龍首關，周四里為門，四郡北要害，明初守禦甚嚴。[65]

---

63 「置大理指揮使司以同知周能守之。帝以大理重地夷情叛服不常，乃置衛以周能為指揮同知，統兵守之」見不著撰人，《秘閣元龜政要》（《四庫全書存目叢書》，史部13冊），卷12，頁652-653。

64 倪蛻輯，李埏校點，《滇雲歷年傳》，卷6，頁256-257。

65 李斯佺、黃元治纂修，《（康熙）大理府志》，卷6，頁79。又見張培爵等修，周宗麟等纂，周宗洛校訂，《（民國）大理縣志稿》，收入《中國地方志集成》，卷3，頁8。又卷11〈秩官部〉，指出：「周能，南京應天府人，官都

大理衛指揮周能駐守龍首關，即今之上關。周能的弟弟周安，駐守龍尾關，屯住大展屯。大展屯之周氏族裔收藏一份傳抄已久的家譜，譜中記載明初周能奉調鎮守大理的情形。[66]透過周氏家譜，我們得以重構軍屯進駐大理建立村落的過程。《大展屯周氏族譜》（按：民間碑刻記為大長屯）記載：

> 周壽，隨傅、沐、藍三公於明朝洪武年間征西到大理。周壽率周能、周安二男及部官兵鎮守大理城、上關、下關。大理城、上關由長子周能鎮守，其後裔子孫多落籍於大理之上關。次子周安率部鎮守下關，其家眷及一部分在大展屯屯南屯墾。[67]

譜中記錄周壽帶著二個兒子周能、周安以及其部官兵鎮守大理城、上關（即龍首關）以及下關（即龍尾關）等地。後來，長子周能鎮守大理城及上關，次子周安率部鎮守下關。由於正史記載

指揮僉事，隸黔寧王沐英前部為選鋒同將軍傅友德征雲南曲靖白石江，諸戰事建功獨偉，進軍大理，段世扼兩關之險據守，（沐）英遣（周）能渡河攻龍尾關，拔之。大理平，度關之險，即以（周）能駐守焉。」頁24。又同書記載著大理城：「洪武十五年大理衛指揮周能建築，明年都督馮誠率指揮使鄭祥廣而闊之。」

66 「大展屯周氏族譜」主要為周壽次子周安派下之譜系，對周能描寫不多。收於（大關邑村）村黨總支、村民委員會編，《大關邑村志》（香港：香港天馬圖書有限公司，2005），第13章〈各姓譜牒〉，頁296-299。

67 《大關村邑志》，〈大展屯周氏族譜〉，頁296-297。族譜內還記載著周壽為大理衛都指揮同知，又加贈洱海衛左前所官百戶侯，他的次子周安繼任大理衛都指揮同知，和其部屬鎮下關。長子周能則在永樂年間奉調鎮守上關與大理，其部屬後裔亦多居上關、大理。收入《大關村邑志》，第13章，〈各姓譜牒〉，「大展屯周氏族譜」，頁296-299。

以周能為主，推測族譜中之父親周壽在領軍大理之時，已近年
邁，故由二子分擔其職。換句話說，周壽的二個兒子，成為扼守
大理平原最為重要的漢人衛所勢力。他們在軍事上控制了上、下
二關、大理城，也延伸到大理四周之賓川海東一帶。

　　大展屯位於感通寺稍南之平緩地區。周能入駐後，先是安置
家人及部屬，然後依循明初政策，以百戶立社神的規範建立鄉村
社會的儀式。[68]當時感通寺南側有一條溪水，是為陽南溪。溪之上
游有一座古老的佛寺，是為寶林寺，原是龍神祠。寺中有一通刻
於晚清之石碑，內容記載明洪武年間大理衛指揮周能入大理後，
將山上寶林寺改為寶林香社的情形：

　　　鄉里立社之義，所以祀山川社稷之神也。夫山川社稷之
　　神：曰山、曰水、曰穀，百物之命在乎土，百族之命在乎
　　穀。洪武詔天下每百戶立社之令，乃春秋鄉社里社遺義。郡
　　志稱寶林寺者也，創自前明碼垂洪武間，大理衛都指揮周能
　　□神祇及陽南溪龍神，為民間水旱禱祈報賽之所，歲時祭告
　　之壇名曰寶林香社，又曰龍神祠。相傳故址在南溪之□（疑
　　為北），典卑陋無足觀……溪之南岸有山田數坵，係清平村
　　段姓遺業，可以作神祠基址，而段氏子孫甘願為祠地，便共
　　勤善舉，捐廣資本，照古規三大分攤祠事，大長（按：即
　　展）屯南北為一分，清平荷花為一分，羊皮上下為一分，因
　　羊皮下不齊修建，每村中選擇公正廉明經理董事一二人……
　　本主龍神左右侍者，左塑新王太子及二侍者，右塑洱海靈帝

及二侍者。又左塑伽藍土主，右塑掌兵太子、茶花太子，兩
傍塑殿，塑聖母娘娘，祈祿保嗣高趙痘貌國公之神，南殿塑
天駟馬王牛豬羊雞神山神土地水草神祇……建祠崇祀山川土
穀社稷之典。

　欽加同知衛署理大理府太和縣事正任定遠欽賜花翎副將□
儘先補用叅府社弁單欽加五品銜□用知縣太和縣學校生周大
理府太和縣□童俞大清光緒□□□年八月□眾姓

這份碑刻談及很多內容，主要是周能入駐大理平原安置衛所軍
屯，將山上寶林寺設為鄉里祭祀之社壇，後來周家和鄰近世家大
族又共同整合不同人群之祖先神的過程。經筆者實地考察，這座
寶林寺之廟堂有一「白那陀」匾額，此是佛教守護神白難陀龍王
（Upananda）。[69]周能當時看到的陽南溪龍神指的應是這位密教守護
神白難陀龍王。白難陀是密教守護神，當地墓誌銘曾記載白難陀
龍王會伴隨當地僧人行法術並顯示神力。[70]周能之祭祀白難陀龍王
並不是因為他信奉佛教，而是因為他代表著新朝治理鄉村的意志
與威望，所以，將白難陀龍王改造成為鄉里社神，也將寶林寺改
造成為祈禱水旱賽報、歲時祭告之社壇。（見圖6.3）

　　然而，未久，陽南溪水沖毀寶林社壇。溪南清平村有段氏世
族，將祖先留下之土地捐出作為社壇基地，重新建立寶林香社。
時段氏原有家祠，供奉著祖先神——滅蟒英雄段赤城，遂將這位

---

69 大理社會對其並不陌生，十二世紀所繪製的「張勝溫畫卷」第十三幅繪有其
　　形象：白難陀龍王有五頭蛇之頭冕，碧海中有雞頭蛇頭二侍神。李霖燦，
　　《南詔大理國新資料的綜合研究》，頁27。
70 見連瑞枝，〈國王與村神：雲南大理地區佛教神祠的歷史考察〉，《民俗曲
　　藝》，163（台北，2009），頁17-70。

圖6.3　寶林寺（作者攝）。

祖先送到寶林香社和白那陀龍王一起供奉，成為寶林寺碑刻所記
載的陪祀神「洱河靈帝」。[71] 後來，隨著軍屯勢力愈來愈大，一位
新興出現的唐將士亡靈——新王太子，也被納入寶林香社的祀典
之中。據當地村志記載，此碑中的新王太子，是唐南征將軍李宓
的二將沈忠宓，他和南詔軍隊作戰，亡於蒼山馬耳峰麓，幸存的
部分兵將落籍在此地，後來也將沈忠宓塑在廟中，供奉為神
明。[72] 換句話說，寶林寺大殿中，聯合供奉白難陀龍王、洱河靈帝
段赤城，以及唐將士新王太子沈忠宓。

　　三種神明代表社區內部不同的人群。龍王原來是佛教守護

神，一旦成為鄉里社神時，寶林寺也必須兼具整合人群並吸收不同人群符號的功能。原先主導寶林寺的可能是密教僧人，後來則為周能家族為主的鄉里社會。鄉里社神不僅吸收原來的地方傳統，供奉著密教守護神白難陀，同時還包括段氏祖先神（洱河靈帝），後來又追認唐朝戰亡將士之亡靈。寶林香社從龍神祠轉變為鄉里社壇，成為兼具龍王、祖先神與戰亡英雄神的里社佛寺。

雖然合祀時間有待考察，但應在萬曆以前，或與嘉靖正德年間鄉里社會的儀式改革運動有關。換句話說，鄉里整合的機制似乎不純粹只是宗教性的，不是機械性地將不同人群的符號放置在祀典中而已，其背後應也與萬曆賦役改革所帶來鄉里社會財政的重整有關。碑刻指出鄉里公費由三方攤派，包括了清平、荷花村；大展屯上下以及羊皮村，合作憑據仍來自於「古規」，或許此古規就是此二制度性的後果。

寶林寺從佛寺變成鄉里社壇，佛教龍王也成為鄉里社神，這有三個層面值得討論：一是神明，一是佛寺，一是鄉里社會。（一）龍王轉為社神，白難陀龍王的角色不可說是降低，祂仍然是土地守護神，但此時執行儀式的對象以及組織社會的方式，受到鄉里儀式的制約。大理衛指揮周氏家族自居鄉里社會的領袖，使得佛寺脫離了地方既有的僧團組織。（二）佛寺成為鄉里社壇說明政治下鄉的過程，但老百姓也透過這個機會，強化祖先的神明性格。（三）清平荷花村的段氏將祖先神送到寶林寺，象徵唐朝將士亡靈的沈忠宓也被送到寶林寺之中，意味著不同人群透過祖先神與社神的儀式整合建構其鄉里社會。（四）萬曆年間，段氏捐地重建寶林寺對整合鄉里意義重大，此時也正是基層社會內部關係面臨轉變的關鍵時期，地方世族與漢人軍屯將各自的祖先神送進佛寺，以更積極的方式將佛寺改造成為具有處理鄉里公共

事務的社會組織。這種聯合祭祀，使得三個不同人群間在祖先的庇蔭下組織社會，也共同擔負鄉里公共事務與祭祖的儀式。換句話說，寶林寺供奉的三位神明：龍王、祖先、社神，分別代表了佛寺、宗祠與社壇三者被整合起來的過程，雖轉為鄉里社壇，寶林寺同時也是一座將不同人群的歷史以及不同的意義體系連結在一起的歷史現場。佛寺所產生的不僅是當地人群與過去歷史的連結，同時它也將地方上不同人群間以及中央政治對鄉里儀式的期待，相互整合在一起。

小結

　　大理貴族留下的佛寺提供官府習儀、糧里納賦、鄉里社壇乃至於祖先崇拜的功能。首先，明朝官員先將蒙段官寺設為習儀場合，並以僧綱司衙門任命之，使其成為各府州縣之合法宗教機構。原來具有政教合一的佛寺，也被編入地方層級之官僚體系中，受到禮部之管轄；第二，被劃入里甲的佛寺有感通寺、無為寺與崇聖寺，其中感通寺三十六院仍為土官與貴族勢力所在，繼續維持著其祖先留下的家產與靜修之所，但隨著賦役愈來愈重，世族多轉讓佛寺；僧人逃避賦役者亦多有所聞。第三，佛教守護神在新興鄉里社會過程中，逐漸轉型為鄉里香火，地方或稱之為土主。重要的是，鄉里精英從官府手中取得鄉里儀式的主導權，並將地方歷史話語權保留在鄉里香火，其也得以靈活地採用這些富有歷史意義的符號，使其成為具有累積政治合法性的資源。最後，我們在寶林香社的個案中，觀察到漢人軍屯如何整合社會，尤其大理衛之周能將佛寺挪為鄉里社壇之用，而寶林寺也繼續成為整合不同人群、儀式與協調地方政治的場域。

第七章

重建儀式秩序

接下來要談的是西南普遍存在的龍神信仰。十六世紀以前，大理佛教政治吸收山川大地之泛靈信仰於佛教守護神體系，或可稱之為龍神信仰。國王英雄與諸聖賢等等部酋貴族之祖先，也經由佛教經典化的過程抬高為佛教守護神。明朝治理下，官員與社會二方如何相互認識彼此之禮儀成為一個重要的問題，官府無法機械性地以府、州、縣與鄉村等級的祀典來規範佛教王權之遺留下來的儀式體系，地方社會認知官府之祀典時，也充滿了格格不入之感。儀式本身不僅涉及傳統社會秩序的運作，也是官府建立政治威望的媒介，於是對儀式的討論便可以看出地方社會與官府二者之對話過程。

本章特別關注當時對「僭越」概念的討論，僭越是指踰越應有秩序或是禮儀。當僭越成為輿論焦點，而官員又以僭越為由改造地方守護神時，我們可以看到不同社群為爭取地方香火與話語權而產生相互協調與整合的過程。以下先依據明朝文獻材料來介紹當地之聖賢與佛教守護神體系，再針對不同層級的儀式競爭與衝突加以討論，包括蒼山龍神、李宓龍王神、洱河龍神等等，這些守護神之香火也在鄉里祀典的架構下，而產生愈來愈活絡的情形。

一、聖賢崇拜

聖賢崇拜古已有之。有功於民者，往往被視為守護一方之土，職司一地之主，又稱為土主，其兼具城隍與開基祖先的雙重意思。[1]這些土主有時被視為社主，西南地區有「既有社，不應有

1　土主信仰不僅在雲南，四川也有土主信仰。然其分別受到佛教與道教不同的

城隍」之說法。早期部酋亦有鬼主之稱，這裡的「主」，是指部酋領袖，「鬼主」也有祭儀專家的宗教意味，是政教合而為一的領袖。[2]大理王權曾將各地泛靈信仰整合起來，將有功於民的人物加封為岳瀆之神號，令民供奉享祭。復受到佛教經典化的影響，崇奉佛教的國王被視為佛王，后妃被視為龍女或聖母，神僧被視為聖者，賢能的部酋、國王與貴族也享有景帝或靈帝之神號，成為世人膜拜的神祇。在經歷元明統治下，官府文獻為區辨地方與中央之別，大量運用「土」的概念，以土主泛稱這些具有地域守護之祀典。[3]後來出現的土主，也多由死去之部酋或英雄擔任，有開基主的意味，其性質與城隍類似，具有轄境守護神的功能。

　　從有限的史料推知，聖賢崇拜也與山神崇拜相關。南詔國時，國王祭岳瀆，並封聖賢為其神。《南詔野史》記載南詔國時：「封十二聖賢為十二山神」，又「蒙氏平地方，封岳瀆，以神明天子為國步主，封十七賢為十七山神。」[4]十二聖賢為十二山

影響，發展各自不同。如乾隆《四川通志》，卷28上，〈祠廟志〉「成都府彭縣鐵峰土主廟祀隋姚萇，蒙陽土主廟祀唐韋皋」等等，亦用「土主」，這種土主皆是有功於民的歷史人物，也有開化與祖先神的意味。換句話說，在四川與雲南皆用土主，有其濃厚的地方色彩。參見張澤洪，〈中國西南少數民族的土主信仰〉，《中南民族大學學報》，26：5（武漢，2006），頁60-65。

2　檀萃纂修，張海平、李在營校注，《（乾隆）華竹新編》（《楚雄彝族自治州舊方志全書：元謀篇》，昆明：雲南人民出版社，2005），卷6，〈禮儀志〉，頁273-274。

3　橫山廣子，〈離開「土」範疇：關於白族守護神總稱的研究〉，收入北京大學人類學研究所編，《東亞社會研究》（北京：北京大學出版社，1993），頁109-120。

4　楊慎撰，《（胡蔚本）南詔野史》，〈大蒙國〉條下：「威成王……（唐開元二年）遷都，立省城土主廟」，又「封十二聖賢為十二山神。」頁10。倪輅輯，《南詔野史》則有「蒙氏平地方，封岳瀆，以神明天子為國步主，封十七賢為

神，十七賢為十七山神，「聖賢」被封為山神，與我們熟悉的儒家聖賢概念不同，其人物性質與地方開化、教化和治理有功者有關，多部酋領袖、國王、得道者、僧人等等。

前面曾提到，趙康開化有功，成為趙州山神土主，此為一例。除了趙康，大理國貴族之賢能者，也被追封為「帝」號，或以靈帝稱之。[5]許多原始山神信仰受到佛教經典化的影響，帶著濃厚的佛教色彩，如滇東昆明之金馬碧雞神被封以阿育王的三個兒子以及舅氏，如伏義山河清邦景帝、靈伏仇夷滇河聖帝、金馬名山至德景帝，舅氏外祖為大聖外祖神明天子等，這些封號早就出現在元人張道宗的《紀古滇說》一書之中。[6]阿育王諸子成為山神的故事，也出現在雞足山的二座神祠中，被稱為明王廟，又稱土主廟，稍後我們在雞足山傳說中將再會提起。這種崇奉血祀的佛教化護法天神信仰，在當地鄉民社會中是相當普遍的情形。[7]

地方文獻記載當地統治階層多源自於聖賢後裔，包括佛教聖王阿育王派下之第五子蒙苴篤，有十二子為「五賢七聖」，南詔國王蒙氏是其中一員。五賢七聖的「賢」與「聖」是二種不同的分類：聖者指得道僧人，賢者指有功者，如國王貴族。天啟《滇志》記載大理有二座佛寺，一是三聖寺，曾經是南詔家廟，供奉著三聖，為觀音三相，世傳此三聖從西天竺來。縣治西北有標楞

十七山神。」收入方國瑜主編，《雲南史料叢刊》，卷4，頁776。

5　高氏有功於大理者，被封為帝號者頗多。如高升奉被稱為「文戎天佑安邦賢帝」、高貞明被追為「義地威天聰明仁帝」、高生福則為「忠節克明果行義帝」。見連瑞枝，《隱藏的祖先：妙香國的傳說和社會》，頁105-114。

6　張道宗，《紀古滇說原集》（鄭振鐸輯，《玄覽堂叢書》，第1冊。揚州：廣陵書社，1987），頁2-4。

7　錢邦苣纂，范承勳增修，《雞足山志》。

寺，世傳為七聖僧所創，這些「聖」都具有神僧的意味，類似「開基祖先」。[8]雖然我們已不知其聖者如何追封，然當地僧族也追溯其祖先為聖賢。正統二年，趙州有一碑名為〈故父趙昌墓誌銘〉記載祖先：「自高祖……歷代皆為僧也，其僧之道亦能保國拯邦，大足以超凡入聖，小足以殖福種慧。」[9]指出這些僧人經由修行保國衛家「超凡入聖」的地方傳統。也就是說，得道僧人稱為聖者或聖僧，而佛教之「化身」觀念又將之轉為守護神。「聖」、「賢」在世系內相互補充、強化，使貴族世系在政治與宗教二而一的社會中更具合法性。

聖賢土主多集中在大理府和永昌府。大理府境出現有五百神王廟、福邦廟、福民廟、景莊廟，昭應育物廟以及趙州的建峰廟等等，這些都是崇奉昔日的國王貴族的祖先神。[10]以國王祖先神的五百神王信仰為例，李元陽曾在萬曆《雲南通志》記載著太和縣慶洞有「五百神王廟」，時人以其為大理國王段思平的祖先，與聖源寺相鄰，是佛教守護神之屬。[11]廟有〈重修神都募捐功德啟〉碑：

8　劉文徵纂，古永繼校點，《（天啟）滇志》，卷17，〈方外志・寺觀〉，頁560、562。

9　段復撰，〈故父趙昌墓誌銘〉，收入馬存兆編，《大理鳳儀古碑文集》，頁305-306。

10《雲南通志》〈大理府〉群祠項下記載著：府城北四十五里慶洞村有「五百神王廟」、府城北塔橋村有「福邦廟」、府城北三十里有「福民廟」、府城東南龍佉村有「景莊廟」，府城北二十里有「昭應育物廟」，趙州有建峰亭等等。參見李元陽纂修，《（萬曆）雲南通志》，卷12，〈祠祀〉，頁286。

11　張錫祿，〈大理地區白族本主調查〉，收入大理白族自治州白族文化研究所編，《大理叢書・本主篇》（昆明：雲南民族出版社，2009），上卷，頁25。

> 其間名勝頗多，類皆流傳不朽，仙都、佛教之外，號曰神
> 都。……右近聖源寺，額題黃元治之書，本來護法稱為神
> 王，年歷千載，有奇靈鎮五峰，而外即佛即神。[12]

黃元治題字「本來護法」指國王祖先是佛教護法神，「奇靈鎮五
峰」，指國王祖先是鎮山之神明，廟堂之上高掛著「護法神宮」
匾。（圖7.1五百神王廟今貌；圖7.2五百神王廟供奉之國王神）

《崇禎鄧川志》對昔日國王崇祀保留得更加完整。在其「祠
祀」項下記載：

> 土神皆唐宋之僭封皇帝，歷經焚毀，而村民居其地□其
> 水，香火益盛，但香通惑人，凡疾病不知服藥，享用祭賽，
> 損家誤命，□風君子只宜除，筮人而神居，不可盡沒，今遵
> 府志載之。[13]

這裡唐宋「僭封」之皇帝被稱為「土神」，雖然歷經焚毀，但鄉
里社會與水利之愈來愈重要，這些水口處之「土神」香火也愈來
愈興盛。無疑地，這些土主神祠也轉為鄉里香火。以土官轄地鄧
川州為例，當地的國王神有：東海靈源玗璧天帝、青男英靈持國
景帝、昭濟人天惠康皇帝、鎮定乾坤西山皇帝、慈文聖武景莊皇
帝、阿嵯耶武宣皇帝、威鎮菩提主河靈帝等等。[14]這些神祠隨著鄉
里水利愈來愈重要，逐漸取代寺院莊園之香火。

---

12 五百神王廟位於大理慶洞村，當地居民稱之為神都。此碑由田野採集而來。
13 艾自修，《（崇禎）重修鄧川州志》，卷12，〈祠祀志〉，頁91。
14 艾自修，《（崇禎）重修鄧川州志》，卷12，〈祠祀志〉，頁91。

圖7.1　五百神王廟，今人稱為神都（位大理慶洞村，作者攝）。

圖7.2　五百神王廟供奉的國王神（作者攝）。

　　再者，永昌府之大官廟與小官廟也具有國王聖賢崇拜的性質。李元陽在《雲南通志》記載了這二座廟，他說：

　　　　大官廟在哀牢山下，小官廟在東林中。舊傳段氏二子，高帝賜名歸仁、歸義，土人立廟祀之，大官廟祀歸仁，小官廟祀歸義。[15]

這裡的段氏二子指的是大理總管段明的二個兒子段歸仁和段歸義。《明史》記載：「賜長子名歸仁，授永昌衛鎮撫，次子名歸義，授雁門鎮撫。」[16]明初為削弱段氏世子在大理的影響力，將這二位未即位的大理總管預備人派遣到邊地擔任鎮撫。他們死後為土人所供奉，可知當地聖賢崇拜之延續。但是，正當李元陽認為此大官、小官二座廟供奉的是大理總管段氏遺裔時，永昌土子張志淳卻認為這二大官、小官是南詔的國王：

　　　　哀牢山下有二廟，俗名大官、小官廟，每正月十六日蒲簇會祭，城中亦往，凡水旱，官亦往禱焉，其題神位，大官則曰：大定戎方天下靈帝，小官則曰：大聖信苴列物靈帝。僰人相傳，大官為叔，小官為侄。大官廟被火焚，其像易以禮服，小官廟未焚，其塑像之制與蒲蠻同。張南園謂：蒙氏出自哀牢山，故蒲人而僰飾，二官蓋蒙氏遠祖。[17]

15　李元陽纂修，《（萬曆）雲南通志》，卷12，〈永昌府・祠祀〉，頁290。

16　張廷玉等修，《新校本明史》，卷313，〈列傳・雲南土司一〉，頁8068。

17　劉文徵纂，古永繼點校，《（天啟）滇志》，卷32，〈搜遺志〉，頁1055。

謝肇淛《滇略》又重複其論：

> 永昌以正月十六祠大官、小官廟，夷漢皆往會祭，有水
> 旱，官亦往禱。廟在哀牢山下，其神大官曰大定戎方天下靈
> 帝，小官曰大聖信苴利物靈帝，不知何神。張志淳曰：此必
> 蒙化世隆僭號時，即其始祖生長之地而祀之也。相傳大官為
> 叔，小官為侄，其塑像冠服，皆與蒲蠻同。[18]

張志淳以此為南詔國王的發源地，並建廟令蠻祭祀。李元陽與張
志淳對大官小官的看法雖然不同，但皆強調同一個論點，即：神
祠供奉的若非國王，便是部酋領袖。這些聖賢為主的神明，由人
升格為護法天神，並帶著強烈的祖先或共祖崇拜的意味。換句話
說，民間也以他們自己的方式來認知其具有地方意義的聖賢崇
拜，使得聖賢成為一組可供不同歷史詮釋的文化標籤。

二、大黑天神與龍神信仰

　　除了聖賢被封為土主神外，普遍存在大地間的神靈統稱為
「龍」。龍又被稱為邪龍或蛟龍，是一種半人半蛇的存在，常常化
作人的形象出現，悠游於河流湖泊海洋與源泉中，具有護衛土地
財寶的特性，也是地下世界的主宰。這種神靈被吸收成為佛教守
護神，隨佛教傳播而散布到亞洲各地。[19]西南族群之龍神傳說受到

---

18 謝肇淛，《滇略》，卷4，〈俗畧〉，頁138。

19 Wolfram Eberhard, *The Local Cultures of South and East China,* pp. 229-250. David Holm, *Recalling Lost Souls: The Baeu Rodo Scriptures Tai Cosmogonic Text from Guangxi in Southern China*, pp. 99-100. 大理北方納西族之龍神研究可參見

古老佛教傳統之影響，仍然保留了許多地方的特性。[20]清初《滇南雜錄》錄有四則龍神傳說，鮮活地表露了西南龍神形象的豐富性。其中之一則故事如下：

> 易門小龍泉，有僧苦修，力田以供養香火，常出耕至暮歸，則廚饌已具，僧異之。一日早，見一美女烹饌，僧至，投入潭中。

另一則是發生在大理人鄒經前去採礦時，赤子龍與黑龍的現身爭地故事：

> 大理人鄒經，走戀乃廠。遇一人同伴，自稱西沖人，及抵廠，告鄒曰：我赤子龍來與黑龍爭地，願助我。來日，池中二牛鬪，視黑者擊之，我即勝矣，當厚報也。鄒如其言，黑龍果遁。前人來邀，至一所留歇三日，贈紅白飯二盒。及出，啟之，皆紅白寶石也。

第三、四則發生在大理南方趙州：

> 趙州出西門行十八里，有池一泓。上塑龍神，乃女像也。土人稱之為四老太。每旱極則州牧預牒城隍，至期設醴禱於

洛克（Joseph Rock），〈論納西人的那伽崇拜儀式：兼談納西宗教的歷史背景和文字〉；孟徹理（C. F. Mckhann），〈納西宗教論〉，二文收入白庚勝、楊福泉編譯，《國際東巴文化研究集粹》，頁49-75、91-113。

20 大理龍神信仰的研究，參見連瑞枝，〈神靈、龍王與官祀：以雲南大理龍關社會為核心的討論〉，《民俗曲藝》，187（台北，2015），頁111-115。

祠，以一瓢浮水面，俄頃得一魚，狀如蜥蜴，魚鱗魚尾四足
五爪。州牧率吏民鼓吹迎歸，供城几案前，俄而風雷挾雨俱
來四野沾足，即備牲醴謝。龍母仍以瓢浮水面逡巡而沒。
按：滇稱婦女以老太為尊，於神亦然。

第四則的龍神則以少婦的形象出現，也在大理南方：

　　趙州飛來寺西有龍潭，相傳有眾舁鐘，將至寺，屢休。見
一少婦，笑曰：以眾人舉一鐘，何屢休也？若我，則一人舉
之而有餘。眾曰：汝曷來舉？婦遂頂鐘疾行，入潭而沒，隨
竭泉掘取之已，見鐘紐而愈掘愈深，水溢不竭，遂舍之。[21]

《滇南雜志》成書於嘉慶十五年（1810），撰者為上海人曹春林。
此書搜錄雲南各地殊俗，其俗多怪誕，是以《雜錄》名之。上述
之龍神故事中，以女性形象出現者有三，如：為僧烹饌的美女、
身為龍母的老太、身負巨鐘的少婦，赤子龍與黑龍則出現牛的形
象。此類龍神類型不一，形象也有多樣性。龍神的職司並不只是
掌管水利與晴雨，甚至還控制土地以及地下資源，像是礦產如寶
石、銀礦以及鹽井等等。
　　這種龍神的故事在西南地區相當普遍，多由密教僧人以法術
駕馭役使，如地方傳說董賢馭黑龍三天入京，即為一例。此外，
僧人還能夠以法術令大黑天神（Mahagala）制伏龍神。龍關趙氏
也是有名的降龍世族，其有神僧：

21　曹春林，《滇南雜志》，收入《中華文史叢書》（台北：華文書局，1969，據
　　清嘉慶十五年刊本影印），第11輯，卷10，〈龍神四則〉，頁354-355。

> 趙伽羅，昆明人，世精阿吒力教，尤通梵經，大德間，鄉
> 有蛟化為美少年嘗淫婦女，父老請治之，即遣黑貌胡奴擒
> 至，以水噀之，蛟見其形，因斬之。胡奴云即大黑天神也。[22]

這些僧人如趙伽羅世精阿吒力教，通梵經，他遣黑貌胡奴擒蛟，為民平亂。此黑貌胡奴即大黑天神。[23]密教僧人統馭邪「龍」的故事非常流行，志書列載其名。[24]他們大抵都是具有降龍伏虎之功，茲舉李元陽筆下的趙永牙等六人為例：

> 六人者，持械通明，各以業精，如神遊行於渠酋之間，能
> 獻神術，使渠酋知畏；或言天不容偽，人不可欺；或為祈晴
> 致雨，以利黎庶；或以慧眼，察知山竅地脈，令水行地中，
> 使不為患；或開導頑梗之夷，使輸賦供上，免於屠戮。此其
> 積功累仁之事。若《白古通》載其咒豬頭為鬼魅，以供其役，
> 化蔓草為龍蛇，以供戲弄，此則西域之幻術，非其本業。[25]

---

22 李元陽纂修，《（萬曆）雲南通志》，卷13，〈寺觀〉，頁311-312。

23 李元陽之《雲南通志》收錄許多有法術的僧人，楚雄府有李阿召、源空以及連精和尚「通瑜伽秘密教降龍役鬼應驗如神。元至正間雲南旱，梁王迎之以祈雨，師於淨瓶中出一小蛇，遂大雨，王贈以金帛，固辭。歸之日役鬼為荷」。曲靖府有段長老：「俗名阿闍黎，得異術能趨龍祈禳，不事符牒，所求輒應遇遠方求召，令其使者先回，常騎龍而往，先使而至，人異之。」強調的是馭龍之術。參見李元陽纂修，《（萬曆）雲南通志》，卷13，〈寺觀〉，頁311。

24 大理府有法術的僧人數量尤其多，包括了楊波遠、楊都師、董細師、王玄興、楊會舍、趙永牙、楊頭魯、周海濤、張子辰、王左梨、崇崇師、趙波羅、尹嵯酋、羅邏倚、楊法律、董獎疋、蒙閣陂、李畔富、段道超、楊常滿等等。見李元陽纂修，《（萬曆）雲南通志》，卷13，〈寺觀〉，頁305。

25 李元陽纂修，《（萬曆）雲南通志》，卷13，〈寺觀〉，頁305。

李元陽強調這些僧人的神通、法術以及教化功能，其教不只勸善止惡，又能以「慧眼察知山竅地脈，令水行地中」，治理水利，又開導頑梗之夷「使輸賦供上，免於屠戮」，不僅有功於鄉里百姓，也有助於以和平的方式來統轄各部落。李元陽曾指出：阿闍黎僧，有家室，能誦呪制龍。[26]前面提及趙昌墓誌銘，也提及密僧能「擒龍伏虎，祈雨求晴，使神役鬼，皆教門之餘法也」，都指出降龍伏虎這種法術是阿吒力擅長的技術，而「教門之餘法」指此法術是密教末流，但也道出明朝以來教派枝節的發展。[27]

龍是廣義的土地神，也是山川之守護神。封賜龍神即意味著開化，故昔日各地供奉大黑天神，以其職司一方之山川田土。[28]滇東之大黑天神尤為聞名，被視為城池之神。如滇東嵩明州有一大黑天土主廟，其碑云：「天下州域之廣，一方各有山川土田以養民其神必主厥地。」指出其土地守護的性格。清初志書則有「滇人奉為土神，村邑處處奉之」[29]可知其性質。又據《雲南府志》記載，明朝西南各府仍有土主廟，大抵供奉的是大黑天神：雲南府有土主廟與大靈廟，其中之「大靈廟」便是大黑天神，明朝建置後，將象徵官祀的城隍廟反客為主取代大黑天神廟，故大靈廟是「在府城隍廟東」。[30]因為大黑天神仍為民間所崇奉，所以即便設置城隍廟，大黑天神仍與之並列供奉。

---

26 李元陽纂修，《（萬曆）雲南通志》，卷2，〈地理〉，頁53。

27 段復撰，〈故父趙昌墓誌銘〉。

28 見連瑞枝，《隱藏的祖先》一書，有關大黑天神的經文釋義，頁222-223。

29 鄂爾泰等監修，靖道謨等編纂，《（雍正）雲南通志》，卷15，〈祠祀〉，頁434。

30 「在府城隍廟東，昔蒙氏尊摩訶迦羅大黑天神，立廟祀之，有禱必應。」李元陽纂修，《（萬曆）雲南通志》，卷13，〈寺觀〉，頁283。

其他各府供奉大黑天神的情形相當普遍，如臨安府有香柏土主廟和桂峰土主祠，永昌府有迦羅廟，其他如澂江府、尋甸府、武定府、景東府、元江府、廣南府、順寧、鎮沅府，甚至五井鹽課以及黑井鹽課提舉司等等皆有土主廟。[31] 這些土主祠，有時也稱土主廟，有的明確指其為大黑天神。這種具有城池、聚落與佛寺的守護神仍然是西南相當具有歷史意義的崇拜。

十六世紀以前，地方鄉里儀式很可能仍仰賴密教儀式與佛教僧人。然而，隨著阿吒力僧地位愈來愈邊緣化，許多被遺棄的龍神祀典則有待重新整理。官員以「龍王」與「龍神」為僭越，多持以保留的態度。但前已提及，劍川之百姓認為白姐聖妃原是彌勒信仰之民間化版本，以其主宰「三界十方」，不只是鄉里祝釐之所，但囿於正統祀典格局，其地位只能往下流動。也就是說，官員與地方百姓對聖賢龍王信仰的定位，其分歧是相當大的。

三、儀式爭奪

聖賢或龍王，皆屬地域守護神，二者都與傳統的政治治理有關，但在新朝治理下，轄境內的儀式權問題必須重新加以釐清。前文提到僧人為爭取身分合法性紛紛前往南京或北京，與行動相繫的是他們回到地方社會如何維持身分，並且繼續鞏固其地域香火的儀式權。比較明顯個案是密僧董賢，他一邊修建趙州建峰亭，同時也盤算著到北京爭取僧官身分。很難說他們究竟想爭取的是國師的身分，或是想要在地方社會爭取儀式優勢的地位，或而二者兼及。

31　李元陽纂修，《（萬曆）雲南通志》，卷13，〈寺觀〉，頁283。

僧族和鄉里香火之儀式權方面，缺乏有系統文獻與史料。然，正統出土一份碑刻〈石鼻村彌勒院碑〉記載元末梁王令一位阿吒梨僧人掌管「七寺二十堂」的情形：

> 滇西石鼻村有一梵宇，古稱彌勒院。周圍不廣，約二千餘丈。前元阿吒梨楊護敬奉梁王令旨，掌管七寺二十堂，其院始創於斯，為一方植福之地。逮今百餘年，有廢無興。至明正統間，護之孫阿吒梨楊慶募緣重新之，未獲成規。

指出元梁王令一位佛教阿吒梨僧楊護在地方擔任宗教行政的工作，負責掌管地方寺廟堂廟，並使其成為「一方植福之地」。有意思的是楊氏世代職司其責直到正統年間，其裔仍然維持祖先留下的佛寺。碑中雖然沒有進一步提到神堂之情形，但可以看出楊姓阿吒力僧以家傳的佛寺彌勒院為基地，形成一個掌管七寺二十堂的寺院神廟體系。前文提到林俊在鶴慶毀淫祠，其淫祠「三百六十區」與玄化寺的活佛信仰也相關，大抵也說明了佛寺和神祠的關係。

佛教儀式專家與巫筮間，也存在著階序性的儀式層級關係。如明中葉，大理出土〈大源郡卜筮王公墓誌〉（1453）記載喜洲當地有筮者在「中央神祠」學習占卜通靈的訓練，後來筮者到大慈寺接受佛教僧侶的考核與應許等等內容。另一份阿吒力僧人〈寶瓶長老墓誌銘〉（1438）則記載著寶瓶長老的祖先曾經以高超的佛教法術喝止喜洲土主神降靈民間。[32]這方面的史料仍然不是非

---

32 〈寶瓶長老墓誌銘〉、〈太源郡卜筮王公墓誌〉二碑收於《大理叢書・金石篇》，第10冊，頁43上中、51上。

常清晰，再加上後來方志將佛寺與神祠劃入不同分類，要對二者
儀式倫理加以討論有其困難度。

　　重要的是，隨著僧人勢力之邊緣化，佛寺之儀式支配權也逐
漸減弱，龍神信仰的重要性卻有增無減，反而成為鄉里百姓崇奉
的對象。然而，嘉靖頒定天下正祀典的作為，使得龍神成為「僭
越」之神，民間、地方精英與官府三者也為重新定義龍神在儀式
中的地位而產生十分精采的辯論。茲舉三座龍神祠來討論之。

（一）蒼山神祠與杜光庭

　　蒼山自古有神祠。南詔時期曾封四瀆五嶽，其中之蒼山是五
嶽之中嶽，地位崇高。《景泰圖經》記載：點蒼山有十九峰，「若
拱若揖，盤亘三百餘里。蒙氏立國於其下，異牟尋封為中嶽，與
唐使者崔佐時定盟以載書，一藏於此山，一投於洱海。」[33] 點蒼山
神祠：「在府治西中峰下，南詔蒙氏封山為中嶽，立廟祀之。」[34]
指出南詔和唐朝立誓盟時，曾將二國誓盟的封書藏於點蒼山之
中，後南詔封為中嶽，與當時東嶽烏蒙山、西嶽高黎貢山、南嶽
無量山、北嶽玉龍雪山，齊稱五嶽。[35] 受到佛教的影響，蒼山神被
封為龍王，設有蒼山龍王廟。明軍入關後，蒼山神之神格無疑頓
失其地位，處於無官府管理的地步，直到嘉靖年間的一場火災。
此後，郡父老請重修建廟，廟成後請同知范言寫記文，其文指出：

　　　　蒼山麓有神祠，云蒙段時偽封中嶽。元初又稱龍神，似瀆

33　陳文，《（景泰）雲南圖經志書》，卷5，頁76。

34　周季鳳纂，《（正德）雲南志》，卷3，頁141。

35　五嶽之說見楊慎撰，《（胡蔚本）南詔野史》，頁16。

且僭。嘉靖改元，兵憲姜公龍，釐而正之，曰蒼山神。云：
山首崑崙雄鎮一方，載諸祀典。丙辰歲廟被火，郡父老請新
之，木石之功，俱出之民，勸導奔走則楊權與有力焉。越明
年，廟成，視昔加倍，適太守楊公仲瓊至，乃謁廟而落成，
民甚懽也。明年，同知范言且北上，郡父老請記。於時，見
尸祝者絳帛纏青蛇入於府城，號於眾曰：此蒼山神也。人聚
而觀之，亦曰：真蒼山神也。怪民之瀆神而未達禮，因作詩
三章，俾祀神者歌之。[36]

這裡提供二個重要的訊息，一是嘉靖元年，雲南副使姜龍曾親至
蒼山龍神廟，見廟中供奉的龍神之像，認為此龍神「似瀆且
僭」，故「釐而正之」，改之為「蒼山神」，並將之塑造成為合乎
禮制的山川神祇，並以木主供奉之，使其成為符合官祀體制的山
川祀典。他以蒼山山脈源自於「崑崙」，已被列入祀典，故不另
列蒼山神。然姜龍當時所見到的蒼山龍神是什麼模樣，已不可
考。後來，嘉靖丙辰，蒼山廟火，郡父老請重修建廟，並由民間
郡老出資竣工。二、待新廟落成後，百姓請官員到場舉行啟用儀
典。這裡值得討論的新修之蒼山神廟究竟是以木主牌供奉，還是
龍神形象？在碑記中雖不得而知，但從官府將「龍神」改為「山
神」可知，新建之時已改為木主。所以才會有後面地方巫者遊街
表達不滿之意。碑文指出：尸祝者以絳帛包著青蛇，到大理城
內，向大家表示：此蛇才是蒼山神，引起眾人的圍觀。眾人「亦
曰：真蒼山神也」，此句甚為傳神！當時圍觀路人皆以蛇為真蒼

---

36 范言，〈蒼山神祠記〉（1556），收入張培爵等修，周宗麟等纂，《大理縣志
　稿》，卷27，頁25-26。

山神，也就是蒼山龍神化身為蛇之形象示現眾人。當時，大理府
同知范言以其「怪民之瀆神而未達禮」，作詩三首分別是〈迎
神〉、〈降神〉與〈送神〉，令尸者唱誦以送神。范言撰寫這份碑
文主要是記錄他如何說服巫者與鄉民，將蒼山龍神改造成為蒼山
神祠的過程，也透露當時官府認可的山神與老百姓認知的龍神，
二者間存在著強烈的差距！百姓認為重要的龍神，在此時已成為
似瀆且僭的神明。對多山的西南地區而言，如何在諸山神之間整
合出一個主脈作為祭祀的對象，已成為一個大哉問。同樣的情形
也發生在高黎貢山，明末徐霞客行旅途經其山時，也視此奇偉之
山為「蒙氏僭封為西嶽者」[37]。

「僭越」的龍神在適應新儀式體系時，也是社會內部進行妥
協與改造的過程。蒼山神原是五嶽之山神崇拜之一，今日則成為
大理城西之本主廟。廟內供奉著一位老爺爺以及一座木主牌。道
光年間重修蒼山神祠之時，在祠內供奉一尊神像，一旁列有木主
牌，木主牌寫著「敕封點蒼昭明鎮國靈帝」。這木主牌很可能是
當時留下的木主神位，文字包括了二組符號，一是點蒼山神，二
是昭明鎮國靈帝，指的是杜光庭。然，此老人像則未知是杜光庭
抑或是蒼山龍王。

杜光庭在明朝以來愈來愈受到重視，其之被迎入蒼山神祠，
應與嘉靖以來之儀式改革與書院制度或許有關。[38]嘉靖年間，官府

---

37 徐弘祖撰，朱惠榮校注，《徐霞客遊記校注》（昆明：雲南人民出版社，
　　1985），〈滇游日記〉，卷9，頁1028。

38 學者考證歷史上應有二位杜光庭，一是正史記載之道士杜光庭，另一為唐朝
　　時來雲南教授文章的蜀人御史杜光庭。二人皆是唐人，前者是縉雲人，來自
　　浙江，是一名道士；後者是蜀人，為唐御史。杜光庭是道教上清派著名道
　　士，野史與道藏都記錄著他成道成仙的傳說；二個不同身分的杜光庭，原來

設置儒學學宮以及鄉賢祠時，民間也應運設置書院，由於杜光庭來自於蜀地，符合流寓之身分，教授文章的形象也符合賢人的形象，故被地方士子塑造成輔助教化有功的神明。[39]嘉靖年間，太和縣民在蒼山麓重修杜公祠。[40]杜光庭以儒生形象出現，成為護佑士子獲得功名的賢者，尤以陰佐場事見信流傳於榆、趙二地。大理府南方的趙州有杜公祠，留下一碑。碑文指出趙州有一座千古廟，裡面奉祀的是杜公，「相傳」是杜光庭。萬曆年間，王公赴闈考試，受其託夢示驗，果中舉。建廟後，時人以其神名為「大聖感應靈昭文帝」，然里人以其近僭，故改正為「昭文杜先生」之廟。換句話說，杜光庭成為大理與趙州鄉士大夫崇奉的新興神明。[41]

　　重建祠宇的過程中，蒼山神祠加祀杜光庭，不僅得以順應鄉里神明社學化的發展，也符合地方供奉賢者的傳統，是以，民間

隸屬不同的脈絡，但在明清時期被大量用來附會成為同一個人，成為人物考證上的公案。參考張澤洪，〈杜光庭與雲南道教〉，《西南民族大學學報（人文社科版）》，10期（成都，2005），頁180-184。又見羅爭鳴，〈關於杜光庭生平幾個問題的考證〉，《文化遺產》，5期（北京，2003），頁39-46。

39 「蜀之青城人，以文章教蒙氏之民，蒙學士爨泰葬之於玉局峰麓，其子葬騰衝龍鳳山。清平官張羅匹亦為立廟。」見李元陽修纂，《（萬曆）雲南通志》，卷12，〈流寓〉，頁245。地方傳說他是四川人，南詔國王邀之教蒙氏之民，死後被葬在蒼山山麓之玉局峰麓，他的兒子則葬於騰衝龍鳳山。南詔官員在玉局寺旁置昭文祠供奉之。杜光庭尤以書法見長。南詔聯吐蕃大敗唐軍後，南詔國王便請託清平官鄭回撰寫「南詔德化碑」，而碑刻則委由御史杜光庭書之。杜光庭教化蒙氏之民有功，蒙氏於佛寺一旁供奉賢者，應是很清楚的歷史脈絡。

40 李元陽修纂，《（萬曆）雲南通志》，卷12，〈祠祀〉，頁286。

41 許憲，〈滿江邑廟碑記〉，收入陳釗鐘修，李其馨等纂，《趙州志》，卷5，〈藝文〉，頁568-569。

得以將嘉靖蒼山神木主牌與杜光庭二者巧妙地重新整合並被安置在一起。[42] 在這樣的安排下，蒼山神祠也順利轉型為合法之鄉里之神。

（二）李宓龍王祠

龍關趙賜家族在正德年間被捲入了一場重建龍王廟的地方事件。龍尾關是扼守著洱河洩水之關隘，地理位置極其險要。前文已經提及有龍關趙賜家族，在鄉里擁有崇高的宗教地位，其在龍關一帶握有重要的儀式權。正德年間，趙賜第四代孫趙儀（即趙汝濂之父）撰寫一份〈重修龍王廟碑〉（1507）。在碑文中指出：

> 天開地闢，山高澤卑之勢已定。其間名山大川，必有神以司其地，而祀典在所必舉。維大理點蒼山，偉疊環於西，洱水汪洋，周繞於東。形勢勝概，舉中州抗。而原委流峙，至於斜陽峰止……地之最靈者也，而神實司之。粵稽龍王姓李，起自大唐。將軍領命南巡，至此而終，遂□□貞感而威靈主廟。享祀句龍后稷之類，有功於世而人祀之者。其變化無方，歷我朝混一海宇，人心愈敬者，無他，蓋以發源於西，東阡西陌，資之灌溉，時或旱潦，禱雨祈晴……五穀熟，人民育……神之餘蔭也。……是知嶽瀆固天下名山大川，而蒼洱龍王神祠，亦大理名山大川也，神之尊嚴□□將見介爾遐福，而享祀於無窮。[43]

---

42 《大理市重點文物保護單位攬勝·第12輯》（昆明：中國人民政治協商會議，雲南省大理市第六屆委員會編，2004）。

43 見趙儀，〈重修龍王廟記〉（1507）。立碑者是「賜位阿叱力龍關趙金剛寶」和住持僧仁曉。收入楊世鈺主編，《大理叢書·金石篇》，第10冊，頁71中下。

內容描寫大理山川地勢之勝，為西南之最，實也是「神司」之所，並以此抬高龍尾關龍王廟之重要性。這座龍王廟位於斜陽峰，扼守洱河與諸十八溪水出關之處，即龍窟洩水之處，故此龍王廟有統管太和縣諸溪水與洱河之態勢。趙儀祖先德高望重，又以降龍享有盛名，其世代居住龍尾關內外腹地，由他來撰寫這一份龍王碑應是很合理之事。

據趙儀所撰寫的碑刻指出，這座龍王廟所供奉的龍王姓李，始自於大唐：「軍領命南巡，至此而終。」姓李的主神是指唐朝的李宓將軍，其領軍南巡，文中以句龍后稷之功相比擬。他也提到：此廟原來不受重視，直到明軍入關「人心愈敬者」，指的是明軍傅友德禮敬之，然該地也多漢人衛所軍屯進駐，是以李宓將軍的地位也隨之愈來愈重要。他在碑中記載：當時李宓龍王祠，貌狀並不恢弘，「昔神有前廟而後殿則缺，有南堂而北堂方牌未構，制度規模狹隘，遺缺頗多。」地方鄉耆楊蘇等人請文以揄揚之，並由當地之善士捨秋田一畝，為「萬年萬年香火之寄」，復以廟前空地，令住持僧人仁曉開墾成田，以供廟祀。[44]碑中又指出，當地有許多「巫覡有詔瀆鬼神」者，應予以昭報無遺。趙儀此碑，透露著當地新興崛起的巫覡勢力，在「蒼洱龍王神祠」中進行各種「詔瀆鬼神」的儀式。趙儀之所以要重修這座龍王廟，可能和這股新興儀式勢力有關。

針對上述內容仔細考察，此碑有三個脈絡需要提出來進一步討論。首先，龍王信仰是當地佛教化的守護神信仰，其降龍之術由密僧掌理。趙儀祖先被封為密教國師，由他來寫這一份龍王碑，應很有說服性，身分也很合理。再者，這位蒼洱龍王，為什

---

44 同上。

麼是唐將李宓將軍呢？唐天寶年間前後二次征南詔，死傷慘重。
第一次是鮮于仲通南征，白居易曾有〈蠻子朝歌〉：「鮮于仲通六
萬卒，征蠻一陣全軍沒，至今西洱河岸近，箭孔刀痕滿枯骨。」
第二次便由李宓帶領十萬大軍攻打南詔，大敗於洱河，全軍覆
沒。這二次戰役耗費國力，也給唐朝帶來衰亡。[45] 李宓究竟何功之
有，得以成為龍王？蒼洱龍王之所以變成李宓，可能是因為明軍
重視南征之歷史，趙儀等人為鞏固其傳統儀式身分，所以把李宓
抬升為龍王的地位，以此說服官府其在地方儀式的支配地位。第
三，當時也有巫覡勢力（朵希薄）進入蒼洱龍王廟，威脅趙氏與
傳統世族之寺院管轄權與儀式正統地位。趙儀為宣示其儀式正統
地位，將龍王廟整理一番，視若佛寺般來經營，不僅延請僧人住
持仁曉管理廟裡常務，還捐置常住土地來打理廟祀日常香火，復
有「賜位阿吒力」龍關趙金剛寶職司儀式。其中之「賜位阿吒
力」指的是皇帝賜予的土僧銜，這位趙金剛寶也就是趙氏族人。
當時共同捐貲重修此廟，還有當地之鄉耆楊、蘇二姓，皆為龍尾
關的世族大姓。

　　趙儀撰寫李宓龍王碑，代表傳統勢力在龍關社會的延續，塑
造李宓的形象也有助於強化傳統勢力的威望。對儀式專家而言，
將李宓推往龍王信仰，有助於宣稱趙氏僧人在傳統鄉里社會的地
位。換句話說，趙儀是一位正面臨轉型儒學士族的大理土著精
英，他與鄉人合作整修此龍王廟，代表地方精英仍然持續支配地
方神祠的儀式權。這份碑刻也指出當時巫覡勢力已進入龍王廟，

---

45 劉昫等撰，《舊唐書》（中華書局點校本版。北京：中華書局，1975），卷9，
〈本紀〉：「李宓率兵擊雲南蠻，於西洱河糧盡軍旋馬足陷橋，為閣羅鳳所
擒，舉軍皆沒。」頁103。

導致趙氏及其鄉里精英必須採取此一「正名」行動。

　　趙儀立碑後四十年，土漢軍的勢力也開始爭取供奉李宓將軍的儀式主導權。當時有一批自稱是唐朝部隊的後裔，向李宓「認祖歸宗」，並且積極參與廟宇的修葺。現今斜陽峰李公祠上有「唐李公之廟」，廟額有匾，匾末署名由「上村李氏後裔」所立。廟旁有碑寫道：明嘉靖二十九年（1550），原散落於巍山縣營頭村的唐將士後裔及本鄉人士，因為李宓為國家盡忠孝而犧牲，堪稱楷模，是以：

> 呈請大理府核准，建唐李公廟於斜陽。其時建亭殿、塑金身、立牌坊、置祭田、延廟祝管理。因為位於清泉之側，所以當時府尹王治孝，論旌封李宓為利濟將軍。[46]

此碑為今人所刻，未知其利濟將軍封號從何而來。然，從此大約可知，將軍廟與這批住在龍尾關與巍山交界處之李姓土軍有關。李氏後裔編有《巍山李氏族譜》，收錄較早的二份墓誌銘，一是〈李公諱文華墓志銘〉，墓主李文華（1398-1478）；一是〈大明恩官西崖李公之墓銘（文英公墓誌銘）〉墓主李文英（1516-1583）。前碑撰於成化十四年（1478），記載墓主李文華，太和龍關人，祖先是前元八百車里宣撫司使司，後來李氏被編入江尾（即龍尾關）千戶官，很明顯是土官千戶。後面一份碑撰於萬曆年間，其文指李氏「先晉之太原人，始祖曰宓者，唐天寶時，以

46　見〈重建唐李公廟正殿碑記〉（2002），筆者田野搜集。李宓被封「利濟將軍」，所以李宓廟又被稱為李將軍廟。見李元陽纂修，《（萬曆）雲南通志》，卷12，〈祠祀〉，「李將軍廟」，頁286。

大將軍來滇南征，遂家太和縣之龍尾關」。從上述碑刻資料相互推證，可知隨著不同時代氛圍，駐守龍關的李氏逐漸找到合宜祖先，向大理府申請其祖先為李宓將軍並為之建祠的重要佐證史料。[47]

嘉靖二十九年，地方官員旌封李宓為「利濟將軍」時，官府也將唐戰亡將士的二處墳塚頒定為官府歲祭之場合。萬曆《趙州志》「天寶戰亡士卒塚」項下，指出龍尾關的唐戰亡墳塚由太和縣負責歲祀，舊鋪的唐戰亡墳塚則由趙州歲祀：

> 嘉靖二十九年，本府同知王章申請歲祀。其洱河者，太和祀；其舊鋪者，趙州祀。塚碑年久圮仆，萬曆十四年知州莊誠勒石修葺祭。明歲春清明、孟秋望、孟冬朔行祭，祭需牲牢壹兩肆錢，庶品貳錢捌分伍厘，共一兩六錢捌分伍厘。[48]

大理府同知將二處戰亡墳塚申報為官方歲祀的對象，令太和縣及趙州撥款歲祀，以官府力量確定李宓將軍的儀式地位。萬曆十四年（1586）趙州知州莊誠還勒石修葺墳塚，落實了一年三次官方祭典與祭儀經費。雖祭費不到二兩，但清楚說明了李宓將軍與唐戰亡墳塚，已被提升成為官方祀典的地位。

巍山營頭村和江尾李姓土漢軍是否是李宓將軍的後人並不是重點，重要的是土漢軍勢力正透過以宣稱李宓後人的方式來爭取

---

47 《巍山李氏族譜》，收入楊世鈺、趙寅松主編，《大理叢書・族譜篇》，卷3，頁1303-05。地方學者亦認為李宓將軍廟為明代李姓鄉紳所建，見張繼，〈李宓與下關將軍廟〉，收大理白族自治州白族文化研究所編，《大理叢書・本主篇》，上卷，頁603-605。

48 莊誠，《（萬曆）趙州志》，卷3，頁80-81。

李宓神祠的話語權。隨著李氏土漢軍的爭取，官方准許李氏為其祖先建李公廟，並且為之立金身、牌坊、祭田等等，承認了李宓為李氏祖先神的身分。也就是說，在短短的五十年間，李宓同時擁有龍王、祖先與利濟將軍三種不同的頭銜。無庸置疑的是，官府旌封李宓以利濟將軍的水神形象，比「龍王」的形象更符合明王朝對儀式正統的期待。

換句話說，幾乎有四股勢力透過李宓將軍的封祀來爭取政治話語權。一是巫覡；二是龍關趙氏世族；三是龍關土漢軍李氏；四是地方官員。除了前述的巫覡，趙儀希望透過李宓來抬高龍王廟的地位；但地方官員更願意將李宓將軍之頭銜封給土漢軍李氏的祖先，間接抵制世族的傳統龍王信仰。從給李宓封神的過程中，我們看到不同的勢力透過塑造李宓將軍的身分來抬高自己的地位，並且產生相互競爭的關係。

祀典之愈來愈趨規範化，主要是在嘉靖年間逐漸展開的，大理祠廟的重建工作也大約發生在此時。嘉靖二十九年，地方官將墳塚制定為官方祭典，主要也是在配合朝廷儀式正統的規範。但是此儀式規範卻帶來其他的效果，即自稱為李宓後裔的李姓村民，也向官府要求建祖先神祠，並展開追認祖先的行動。這一方面是李宓將軍信仰的土著化，也是土漢軍試圖尋求「正統化」身分的選擇。[49]《巍山李氏族譜》列有〈祭祖儀禮〉內附有「祭始祖

---

49 李宓神格的提升，也帶動了李宓親屬、部屬以及其女眷們在大理民間的地位。這些以李宓利濟將軍為核心的親屬與屬下的本主神包括了：李宓與五位將領共同結拜為六兄弟，加上李宓的兒子，一共有七將軍。他們分別為利濟將軍、英武將軍、忠孝將軍（是下村本主廟）、威鎮五爺，李宓的兒子是下關迤本主神。威應六爺、先鋒七爺，為東門與大庄村的本主神。新王太子為李宓部將，是下關打漁村本主。大關邑、小關邑的本主為李宓的弟弟。除此

李將軍文」，祭祖地點就在這座利濟將軍祠之中。[50]可知巍山李氏
將此廟視為李家宗祠。清中葉許丹山為李家寫了一份〈李侍衛宗
祠序〉，便提到了禮制的問題：

> 徑（近）日鄉紳家，多建宗祠，與古寢廟之制未合，及朱
> 子祠堂禮皆不合，但建宗祠，藉以妥先靈而睦宗族，此變古
> 而不失古人之遺意，君子獨有取焉。若名庄李氏宗祠之建，
> 上以體聖天子酬功之鉅典，下以協都人士好德之公心。其關
> 係風化良非淺，鮮不可以尋常之宗祠而論。[51]

文中指出：巍山李氏並非一般尋常的宗族，故其宗祠與朱子祠堂
禮制不同！雖與禮制不合，卻不失古人之遺意！從李宓、龍王、
利濟將軍到李氏祖先等變化，我們觀察到鄉里儀式與正統地位之

以外，還有許多的女神：如張姑太婆、南堂國母、北堂國母、大金姑娘、二
金姑娘、小金姑娘、白花公主、桃花公主、玉花公主、金花公主、月芽公
主、柳葉公主、翠花公主、小主千歲、三老國母、七少姑娘以及七娘等等。
值得一提的是，大理地區白族村子中大多供奉著一種女性陰神，民間稱為姑
奶奶，傳說是李宓將軍之女眷，她們在天寶戰役之後分派到各村落，死後便
為各村所供奉。這種姑奶奶一般僅在村落不起眼的角落用簡陋的屋瓦搭造，
其中並無神像，僅有村民供奉的米和水。見杜乙簡、張錫祿等調查整理，
〈大理白族節日盛會調查〉，收入雲南省編輯組，《白族社會歷史調查（三）》
（昆明：雲南人民出版社，1988），頁176。又見宋恩常，〈白族崇拜本主調
查〉，收入雲南省編輯組編，《雲南民族民俗和宗教調查》（昆明：雲南民族
出版社，1985），頁63-65。

50 《巍山李氏族譜》，收入楊世鈺、趙寅松主編，《大理叢書‧族譜篇》，卷3，
頁1300-1302。

51 〈李侍衛宗祠序〉，錄於《巍山李氏族譜》，收入楊世鈺、趙寅松主編，《大理
叢書‧族譜篇》，卷3，頁1309。

圖7.3　李宓將軍廟所供奉的李宓及諸將士（作者攝）。

競爭過程，而唐將李宓也成為容納不同身分、人群以及政治操作的場域。後來李將軍廟又經歷幾次的修葺，至今仍是一座香火鼎盛的本主廟。[52]（見圖7.3）

（三）洱水神

　　龍尾關腹地還有一座洱水龍王廟，其境遇和李宓龍王廟略微不同。這座洱水龍王名為段赤城，前文已提及他是一位南詔時期之滅蟒英雄，因其救百姓於水患，是以南詔國王蒙勸利（816-823）建塔其地，燬蛇骨灰塗於佛塔之上，又稱為靈塔寺，民間稱為蛇骨塔。為了紀念有功於民的段赤城，當時曾免除段氏子孫

52〈重建唐李公廟正殿碑記〉（2002），筆者田野搜集。

差徭的優禮措施。[53]《僰古通紀淺述校注》錄有一碑文〈東海龍神廟碑〉內容記載著：「龍神昔嘗為國為民，統部屬而殺河尾塞流之蟒」也指出了南詔時期段赤城統領部民，殺死了引起水患的蛟龍，並被封為龍神。[54]這座佛塔寺留下了許多常住土地，而趙氏緊居其地，其族譜也出現這一段故事。

與前面趙儀提捧李宓為龍王的一事相較，本土英雄段赤城之龍王形象，似乎更不利於作為官府認可之正祀典範。[55]但大理鄉里仍然認為段赤城是一位管轄洱水的龍神。嘉靖年間，適值大理久旱不雨，以搗毀淫祠聞名的雲南兵憲姜龍，為解決地方天旱之災荒，聽取地方耆老的意見，親自向地方龍神祈雨。不幾日，雨霖見效，姜龍為感謝龍神，便改建了一座洱水神祠。李元陽的《雲南通志》記載了這一段故事：

〔洱水神祠〕在府城東五里，洱河西岸，國初建。正德九年，地震廟傾，知府梁珠重修。嘉靖四年旱，副使姜龍禱雨立應，因重修廟貌，建堂閣於祠前。[56]

又張憲撰有〈洱水神祠記〉：

洱水神廟在水之西涯，嘉靖七年，兵憲姜公龍作樓於廟近水而門焉，登而檻焉，額曰：浩然之閣。志觀也。退五武為

53　參見第四章龍關趙氏部分。引自楊慎撰，《（胡蔚本）南詔野史》，頁21。

54　尤中校注，《僰古通紀淺述校注》，頁59。

55　正因為如此，段赤城之有功於民，被列入「義士」，而非龍王。李元陽纂修，《（萬曆）雲南通志》，卷11，頁261。

56　李元陽纂修，《（萬曆）雲南通志》，卷12，頁285。

屋五楹，曰：普德之堂，志神貺也。先是春三月不雨，夏四
月不雨。民幾失秋，公憂之，靡神不宗，詢廟禱未竟，少頃
風拂拂起蘋末旋車隉上微雨灑蓋，農人歡呼，大雨連三日，
四郊霑足。……公因順民心而弘大神之祠……山川之不能無
神，而神之不可誣也，明矣。[57]

姜龍向洱水神禱雨獲驗，故將洱水神列入祈雨止潦之祀典。為答
謝神驗，他先建了一座浩然閣，又修建一座普德堂供奉這位洱水
神。[58]從文獻上我們無法得知姜龍所供奉的洱水神是誰，也不知這
份碑記提到的洱水神是否即洱河龍王，更沒有提到段赤城的故
事。李元陽嘉靖《大理府志》記載著：「浩然閣，在城東八里洱
河西岸海神祠前」[59]，文中的海神祠，也就是洱海神祠，位於今日
大理府外的龍鳳村，又名為洱水神祠。地方神祠留下一通碑，碑
名為〈唐義士赤城段公傳碑〉記錄老百姓對姜龍禱雨封神的故
事：

　　公姓段，諱赤城，南詔時綠桃村人。有膽略，富膂力，任
　　俠好義……按郡志及野史載：唐憲宗元和十五年，龍尾關巨
　　蟒為患。……剖蟒腹得公屍，葬於馬耳峰麓羊皮邨之陽，建
　　塔其上。煅蟒骨以堊塔，名曰靈塔，俗呼蛇骨塔，並於洱海

---

57 周宗麟，《大理縣誌稿》（昆明：大里圖書館翻印，1991），卷27，頁26。

58 洱水神祠在《滇志》列為群祠項下。見劉文徵纂，古永繼點校，《（天啟）滇
　志》，卷16，頁544。

59 李元陽，《（嘉靖）大理府志》（翻印自大理白族自治州文化局的版本），卷
　2，〈地理志・勝覽〉，頁95。又參見吳棠，〈消失的洱海第一名閣：從浩然閣
　到興樂亭的興衰〉，《大理日報》，2015年1月28日，A3版。

西岸龍鳳村建祠祀之。世傳某歲五月大旱，某縣令禱雨於
祠，夜夢神曰：某日北門外橋頭有赤鬚老人過者，龍王也，
禱之即雨……嗣因歲旱禱雨，輒應，元代敕封洱水龍王，世
俗遂以龍王稱。明清均加封號，且列入祀典，春秋享祭不
廢。[60]

雖然此碑撰於民國年間，大抵是地方持續性的歷史記憶。內容說
明老百姓心目中的龍王具有雙重的形象，一是老者形象，一是段
赤城。因為段赤城有一段敘事完整的身世，也符合官府對有功於
民的義士祀典形象，所以二者互為化身，整合成為同一身分。這
份碑刻指出，唐時有段赤城滅蟒，葬於靈塔寺，建祠於龍鳳村供
奉之。傳說五月大旱，「某縣令」祈禱之，半夜有神託夢，說龍
王化身為一位赤鬚老人前來，若向之祈禱則致雨，於是獲三日連
雨之效驗。祠中供奉的雖是赤鬚龍王，但在老百姓的心目中，這
位外表為赤鬚老人的龍王，就是洱海龍王段赤城的化身。從這個
角度來看，我們就看到了一段由老百姓爭取封神故事，他們把官
府的祀典、官員的夢，編織在他們理想的歷史敘事之中，即便外
表供奉的是一位赤鬚老人，他們還能清楚地指認一段古老的龍王
的歷史以及南詔義士段赤城在其間發揮的關鍵性角色。

　　毀淫祠之姜龍一向不喜民間擅自供奉的龍神，認為這些龍神
沒有歷史憑據，亦無章法，是一種僭越的行為。但從這個故事看
來，官府對山川社稷之壇的建制也具有地方的調性，除了宣示性
的原則以外，地方社會有更大的主動性來爭取他們的合法性。即

---

60 奚冠南，〈唐義士赤城段公傳碑〉，收入楊世鈺主編，《大理叢書‧金石篇》，
　　第10冊，頁256下-257上。

便姜龍禱雨見效，將洱海龍王改為洱水神，也迴避龍神稱號。民間仍然有一套地方邏輯的歷史敘事來充實官祀的架構。

換句話說，段赤城滅蟒的英雄故事是地方敘事的核心，祂可以是洱海龍王，也可以是龍王化身之老者，更可以成為官方封賜的洱水神，在官府春秋祭儀的神格架構下繼續受到百姓奉祀。更有意思的是，百姓以表述地方歷史的方式來爭取神明合法性。從英雄到龍王，從龍王到洱水神，將不同層次的歷史語彙挹入鄉村生活，而這也是一段爭取政治的過程。當明朝的儀式更強調文字所展現出來的正當性，而龍王又成為僭越的嫌疑之列時，滅蟒英雄的故事便顯得更有利於祀典，這也是何以傳說性的歷史敘事成為鄉里用來合法化地方神祀的重要手段。

合法的祀典意味著新的社會秩序。從其他文獻得知，特定神祠一旦被視為官祀，祀典之祭祀品項皆由附近各村而來。楚雄有一座紫溪龍王廟，地位崇高，歲以季春舉祀，其祀之「品需舊斂於近廟，諸村老人因而倍取」。是為其情。將神明奉為官祀，意味著定期舉行春秋二祭，其祭祀之品項皆由附近各村所來，這種祀典格局使得鄉里各廟宇之間形成一種新的秩序，故也強化了鄉里間相互之競爭。隆慶年間官府廢止此法，改為由官府支辦。後來又因官府缺乏經費，改以「聽民便舉祀」。[61]這種聽民便的鬆散政策，復使民間祀典在鄉里村落間仍得以保留下來。

---

61 徐栻、張澤纂修，杜昚宏校注，《（隆慶）楚雄府志》，卷4，〈禋祀志〉，「紫溪龍王廟」項下，頁93。

小結

（一）地方化的祀典

　　地方化的祀典指的是官祀大量吸收草根性土地神靈的過程，大理之聖賢與佛教護法神仍然在鄉里社神的架構下繼續受到民間的供奉，甚至有擴大的趨勢。其聖賢包括了原來的國王、后妃、貴族山神，到後來的李宓等等，而原來佛教化的龍王對官府也沒有害處，反而因為龍王職司天地風雨山川大地，與農業所需的水利灌溉相涉，故仍以其既有的形式為官府與民間所接受。雖然龍王為僭越之神，但副使姜龍在大理城外向洱水神禱雨見效，將供奉段赤城的洱水龍王改為洱水神祠。為了合法化段赤城的水神地位，志書還是不斷地將段赤城塑造成為有功於民的義士。

　　龍王原來就是傳統儀式專家所操弄的符號，其職司旱澇灌溉，攸關一地之水利與農業。然而，當李宓成為政治正確的符號時，大理世族試圖將李宓塑造成為龍王的形象來合法化其傳統社會中「僧侶與龍」的儀式關係，進而宣示他們持續地擁有儀式支配權的角色。

（二）儀式競爭與社會流動

　　鄉里採用二套法則建立社會合法性，龍關趙氏在正德年間重修李宓將軍廟，其意義不只是一座龍王廟而已，而是藉由新興的、具有正統地位的李宓將軍來鞏固傳統世族的身分。他們依循傳統佛寺運作的方式來維護龍王廟的地位。不久，便遇到一批自稱是李宓將軍的後裔的較勁，李氏新興勢力不僅向李宓送上匾額，還宣稱是李宓的後代，進一步向官府要求賜封，頒李宓為利

濟將軍之封號，政治操作的手法來鞏固他們和李公廟的關係。整個過程說明大理世族在儀式與廟宇支配地位受到嚴厲的挑戰。從「唐李公廟」到「利濟將軍廟」也預示了趙氏為首的僧族之挫敗。同樣地，新興鄉里社會也開始動用各種儒學化的符號來迴避僭越的風險，蒼山神祠的故事亦說明了這一點。

　　明朝對祀典的規範，使得大理社會之儀式支配權從僧族轉移到官員以及鄉里代理人，不同勢力與人群的移入，也改變地方儀式的結構關係。祀典背後是香火與儀式權，雖各神祀地位略有消長，頭銜封號略有不同，但背後說明了不同人群進入儀式體系中參與爭奪與競爭，甚至有愈來愈多香火被創造出來的意味。

　　綜歸來說，鄉里之香火和歷史話語權是一體的二面，雖然儀式秩序有其規範，但將過去的人物提升為官祀或以合祀挪用之方式轉型為正祀，是當地社會說歷史與實踐歷史的方式。

第二部

郷士大夫

第八章

成為士人

宗教與政治都是形塑身分的重要條件。白人向來有將佛名與官銜挾入姓名的習俗，挾佛名如李觀音保，挾官銜如蘇演習福，演習是其官銜。[1]此外，他們還採父子連名制來確定繼嗣群體的連續性。這二項姓名法則說明白人世族對身分及其繼嗣群體的重視。十四世紀末，挾佛名的習俗突然消失，這應與世族大家適應新政治所進行的自我調整有關。

明朝以懷柔方式優禮太和縣民，籠絡故國勳臣族裔，目的在廣泛吸收人才進入帝國官僚體系。這批世族精英子弟進入南京國子監，成為學官，擔任吏職，並被劃入里甲制度。他們的境遇約可分為以下幾類：第一，被選為國子監生。前往南京觀摩一統之格局，參與儒學教育體系。第二，擔任學官、儒學教授，分派往西南各府州縣。第三，擔任雲南各府州縣之文武衙門吏員之職務。四，以其糧多戶大，被編入里長身分，成為大理基層社會代理人。對明朝統治者而言，白人無異是其治理邊地的重要中介者。

一、儒吏

無極和尚返回大理後，以僧官的身分為喜洲一座佛殿撰寫碑記，名為〈寶蓮殿記〉。寶蓮殿是元末楊保將軍的家寺，楊保將軍有一子，名為楊安。楊安以質子身分被帶到南京，長大後返回大理。無極在寺碑記中記載如下：洪武初年，明兵入龍關時，身為幼子的楊安被「攜去，侍於金陵內」。楊安日夜悶悶不樂，皇

1　田懷清，〈宋、元、明時期的白族人名與佛教〉，《雲南民族大學學報》，19：
　　1（昆明，2002），頁59-63。

太孫曾問他何以不樂，楊安答以思念父母。後來皇太孫應允，若登基將會「放汝歸」。之後，洪武崩，「遺詔有赦得覲父母」，楊安才得以返回大理。這說的是大理世族子弟被拘留在京城，直到明太祖崩逝後才得以返回大理的一段故事。然而，返鄉之後，楊安請無極和尚為父親楊保修建的寶蓮殿撰寫一通佛碑，追憶了昔日各宗師在家中講經說法之盛況。無極和楊保家族的關係似乎極為密切，他為楊安家寺撰寫碑記，後來，又為其外祖父楊勝撰寫墓誌銘。由墓誌銘可知，楊勝是地位崇高的阿闍梨僧，其孫楊祿在明初也被送到南京國子監讀書。[2] 透過這一段世族精英的經歷，可知當時朝廷對邊區世族所採取的威柔並濟的態度。

楊安被送進南京應不是孤例，如果放在以下二個歷史脈絡，可能更容易理解：一、明朝重視邊裔年輕世代的培養，如楊安、楊祿此類世族裔胄送到南京，拔擢為士人；二、太和縣在西南地區象徵著文化正統，如果改造大理地方精英，那也可以影響大理周邊之夷民社會。

太和縣轄下的喜洲是元末州行政級區，也是大理金齒宣慰司轄境內諸多達官貴族聚居之地。當地出土的墓志銘記載他們世系來源、政治網絡與官宦經歷，說明這批貴族在滇西地緣政治扮演著極其重要的地位。如楊安是楊保將軍之遺裔，四位擔任同知的貴族世家也都聚族喜洲，他們分別是趙州同知楊文慶、喜洲同知張氏、安寧州同知楊山以及鄧川同知董寶等等。明朝設大理府後，喜洲被降轉為太和縣轄境下之鄉級行政單位，成為一個住著

---

2 無極撰，〈寶蓮殿記〉、楊森撰，〈故居士楊氏墓誌銘〉，這二份皆是明初喜洲楊保族裔之墓誌。收入楊世鈺主編，《大理叢書・金石篇》，第10冊，頁29下-30上，31下-32上。

許多貴族世家的氣派鄉里。

趙州同知楊文慶的祖父擔任蒙化州州判，其父為大理路之司獄。楊文慶為仕宦族裔，「好讀書，博聞強記，尤通書數學」，擔任趙州同知。元末時局昏亂，解職在家，深自晦匿，一語不及時事。到了「國朝下雲南，置郡縣，公退在山野，日以耕釣為樂」。多隱居在鄉，以避政亂。他有幾個兒子，分別擔任臨安宣慰司千戶、宣慰司照磨、寶山州判官以及郡之耆宿等等。雖然楊文慶已隱退，他的兒子仍依舊俗在雲南各個地方擔任要職。[3]

張旻為喜洲同知，明初其裔張珨擔任大理府衛掾，是一名衛所衙門之文吏。張珨應是一位相當重要的人物，子孫為之編撰二通墓誌銘，一是大理府儒學訓導徐源在永樂丙申（1416）所撰；十年後，女婿楊森為之另撰新碑。之所以在不同時間擁有二份碑刻，應與其後裔身分分流，改變他們對祖先的認知有關。二份碑刻對墓主的描寫內容大致相同，第二份墓誌由其女婿，也就是大理第一位鄉進士楊森所撰寫。楊森所撰之內容較詳細，先從其談起。在〈故居士張公墓誌銘〉中，記載著張氏祖先之顯榮：

> 其祖諱旻，任喜洲同知。高祖諱慶，資氣溫良，孜汲家業。曾祖諱祥，質直安分，不干世利。行仁由義而已。祖諱資，仕前元為喜洲同知。考諱誠，任廣通縣典史，考滿，奉中書省劄付，陞六涼州判官。後辭職為緇流，娶照磨楊長男楊滿之女曰好，生四子……居士次也，自幼博涉經史，儒吏兼能，有志於當世，為大理府衛掾，歷俸者久之。洪武壬戌

3　曾棨撰，〈故元雲南大理路趙州同知楊公墓誌銘〉，收入楊世鈺主編，《大理叢書‧金石篇》，第10冊，頁31中下。

歸附天朝，退處田里，漁獵釋書已有年矣。……生一子曰衷，通儒術，崇聖道，精算數，達禪機，耆老為之師範，訓鄉里之童蒙，世家詩禮，代不賢。

墓主張珤的祖先有張旻與張資二人，元時擔任喜洲同知。墓主之父曾任廣通縣典史與六涼州判官，後來辭職為緇流，娶妻生子。墓主張珤，因自幼博涉經史，「儒吏兼能」，明初擔任大理府衛掾，是衛所衙門之文吏，後來將女兒嫁給鄉進士楊森，楊森因而為其岳翁撰寫墓銘。其中也記載了張珤晚年之生活：

居士永樂戊戌仲秋十八日發大願，持五戒，嗣臨濟法脈於葉榆普化禪師之座席，法號續三，勸妻楊氏受法普化之上足續通者焉，法號宗善。對修共證，同教外別傳。[4]

墓誌對當時儒釋共修的習俗描寫得非常生動：其風俗是進則仕宦，退為緇流，致力修佛。墓主父親辭官職後改「緇流」，娶楊氏；墓主本人晚年也投身普化禪師門下，嗣法於臨濟法脈，夫妻同修，二人皆得法號，並以此稱為教外別傳！比較值得注意的是，張珤也培養兒子張衷為鄉里之師範，「訓鄉里之童蒙」。這份碑銘清晰地記錄大理社會典型之「釋儒」形象，其出仕則為宦，退則尋習宗師，在二世代交替後，以甲郡之尊的身分逐漸淡出政治，轉型為鄉士大夫的情形。

明朝入主大理後，墓誌銘這種文類的書寫格式也隨著政治改

4　楊森，〈故居士張公墓誌銘〉，收入楊世鈺主編，《大理叢書·金石篇》，第10冊，頁34下。

變而產生標準化的情形。張珰的二份墓誌銘正說明其有一套民間
敘事版本，以及適應標準化而產生的版本。其造成分歧的部分主
要在姓氏起源與始祖：第一份墓誌銘由徐源所寫，其寫道：「張
氏之先，肇自觀音建國十二請兵，由西天來助，就居上邦」，其
始祖為「張般若山」；但，後來楊森則以「張氏之得姓，肇自清
河，其有祿位功德於後世，而蔓延天下者不能詳贅」，其始祖
「諱旻」，也就是張旻，與前碑所載之張般若山不同。雖然只是些
微的區別，但卻說明其歷史敘事之「微妙」處境：二者祖先追溯
的對象不同，前者為挾佛名的張般若山，竟變成張旻，張般若山
的「般若」是昔日挾佛名的傳統。再者，得姓之由也從「觀音建
國，十二請兵，由西天來助」的張氏祖先，變成了「肇自清
河」。觀音建國十二請兵，指的南詔時期觀音建國時，由西天而
來的護法帶來的張氏祖先，居住在「上邦」，傳承觀音法脈成為
張氏世族大家。但是，後來楊森卻改之為「清河」，是將其觀音
西天來助的起源改為中原地望的典故。[5] 換句話說，他們採取二套
文字系統來應對不同身分轉變與需求。尤其楊森在前碑刊刻後十
年才出現，可知他是刻意為之。這是新興的士人階層將自我處
境，投射於歷史書寫時所產生的二元論述。

　　另一位是安寧州同知族裔楊山，世居喜洲之東，為醫官家
庭：

　　祖海才，隨段平章征討，義勇樹功，授安寧州同知。洪武
　　壬戌，車書混一，隱德弗耀。父智，辟為書史，考績赴京，
　　例而還，藩司參用本土。年邁告寧田園。洪武乙亥仲冬十一

5　寸雲激，《白族的建築與文化》（昆明：雲南大理出版社，2011）。

月廿有六日，生處士於市戶……幼從父，助政於澂江、新
興，遊□儒之門，習詩書六藝，尤長於書數。復侍父從事蒙
化，土官左知府見其實而有才，保□帶把事，固辭。隱居求
志，不辱其身。[6]

楊山祖父是安寧州同知，父親楊智被選為書史，明初為考績赴
京。楊山自小隨其父從政，「長於書數」，復侍父助政於蒙化，蒙
化土官左氏還一度拔舉為把事。然楊山「固辭，不辱其身」，意
有屈就之感，後來大理、景東、順寧、鄧川之僚屬以禮敦聘之。
可知當時楊山精於公務，成為各衙門爭取的人才。楊山返鄉後歸
隱，撰寫「述職須知牌冊」，並訓子詩書禮樂，遇約朋待賓節
序，又令「六子各持絲竹五音之器以娛樂，鄉里以為矜式」。[7] 楊
山的妻子是城北大阿吒力李連的女兒，生有六個兒子，長子為郡
邑之書史。此時之局勢有「士生斯世，雖未得公卿大夫之道，又
不當為農工商賈之業，則高尚其志」，其世族無以自處，身分幾
等於隱士。此時約為景泰年間，而他們的第二代才逐漸轉型為鄉
士大夫。

政治局勢促使世族頓失所依，許多退隱的世族精英，在鄉里
從事童訓的工作，也有避免致仕的意味。一位楊溫，其祖先是大
理國國王之左右調護，元末時曾助段氏總管平定紅巾之亂，職司
大理路司獄，應是大理總管府下的官吏。明軍入關時，其父楊義
適值壯年，當時之情形如下：

6　楊森撰，〈處士楊先生墓誌銘〉，收入楊世鈺主編，《大理叢書・金石篇》，第
　10冊，頁50上中。

7　楊森撰，〈處士楊先生墓誌銘〉，收入楊世鈺主編，《大理叢書・金石篇》，第
　10冊，頁50上中。

　　開平大理，仍設府州縣治，訪用民之間舊仕宦輩，蒙委父
譚義，管領民夫，築洱海城池。完回，舉充百夫長之職，父
不肯安於小成，將前職告退，隱居鄉里，尚古人之風，勸人
行孝忠信。鄰里鄉黨咸被其化，庶幾乎勝殘去殺矣。洪武己
巳（1389），又蒙取充本縣掾，因而懼法，並無瑕玷，告老
寧家。8

楊義被指派管理民夫、興築洱海城池。返回大理後，被舉為百夫
長。楊義以百夫長一職不成大事，寧願歸隱鄉里。然，明朝嚴
法，復任掾吏以免禍。

　　另一位太和縣世族趙稔（1353-?），他們無疑地是龍關趙氏
僧族世家，其祖皆是奉瑜伽教，尤能降龍伏虎。趙稔其人「讀書
日有常程，務求知聖賢微言大旨，而不徒事記覽」，然明軍入大
理後，其處境：

　　天兵南下，壬戌春，平大理，新附之初，領合郡人進馬疋
於征南將軍總兵官處，嘉其慕義，欲授以職名，固辭，乃退
而講學，以砥礪其操焉。歲庚午，本郡強起以為書史屢以闕
官委署經歷司。9

趙稔領合郡人到傅友德處求降，然他辭退傅友德欲授之職，「退
而講學」，後來被強起為書史，委以經歷司，掌管軍民訴訟之

---

8 〈大理府太和縣弘圭鄉下陽溪弘農氏楊公墓誌銘〉（1413），收入楊世鈺主
　編，《大理叢書‧金石篇》，第10冊，頁30下-31上。
9 段澍撰，〈大理弘圭趙公墓誌銘〉（1430），收入楊世鈺主編，《大理叢書‧金
　石篇》，第10冊，頁35中下。

職。永樂三年（1405）得歸老還鄉。他返鄉「與僧定源上人建弘圭寺之南庵，復與輪旭修大慈寺，塑飾佛像，贖大藏經」，二年後，鄉之大夫士僉舉為「耆宿」。趙稔有二個兒子，「博學有文能，世其家業，見充本郡庠儒士」。[10] 這也是僧族世家轉為書史到第三代轉為本郡庠儒士的案例之一。

不願出仕者還有另一位楊義，太和人。其祖為元時之宣慰史，亦仕宦之族。洪武初「舉為仕，隱居不就，怙仰旁求，辟為太和書史。滿考，赴京觀光一統文明之治，不願出仕，告回本土」。指出書史赴京觀光一統文明，但又不願出仕之情形。楊義的三個兒子，其中之楊蘊「歷掾都布按三司」，楊禾「亦從事刀筆」，楊正「習六藝，尤精於樂射」且「信尚釋典，課念金剛彌陀觀音三品，經為隨身，公據修持，六度齋僧，奉造三世佛藥師如來」。[11] 從其元明間的世代承繼，可以看到儒釋二面性格同時並存的情形。

大理世族精英被官僚體系動員的過程，也與帝國治理之相關政策有關。明朝將全國百姓編入力役，識文者多舉充為吏役。《大明會典》記載：「凡僉充吏役，例於農民，身家無過。年三十以下，能書者，選用；但曾經各衙門主寫文案，攢造文冊，及充隸兵與市民，並不許濫充。」當時之僉充吏役由里甲編民中選出，其條件是身家清白，年三十歲以下，又能書者。識文者是充役的原則。宣德年間，戶內有補生員者，得免其吏。但後來罷閒

10　段澍撰，〈大理弘圭趙公墓誌銘〉（1430），收入楊世鈺主編，《大理叢書·金石篇》，第10冊，頁35中下。

11　〈楊善士正宇墓誌銘〉，收入楊世鈺主編，《大理叢書·金石篇》，第10冊，頁56中。

官、生員、監生，承差為事充吏，遇缺撥用。[12]這是明中葉太和縣世族轉型為民吏，又由民吏轉型為庠生的過程。

　　大理世族也被派遣至西南各級文武衙門擔任書吏的工作，在朝廷和西南夷間扮演著中間人的角色。其任充府吏者，有如（一）元之義軍萬戶趙寶，太和喜洲人，其裔為通事，被派往金齒衙門為掾吏。金齒衙應是金齒衛，是明朝西南極邊之軍事要地。[13]（二）太和人楊政，被選為大理府戶總科等房司吏。考滿，充雲南五井鹽課提舉司司吏，出入錢糧。後來赴京，聖恩賞賜，發回雲南，舉用蒙化衛令史。[14]被分派到蒙化衛所軍衙從事令史。（三）另一位李惠，喜洲人，因熟儒書與算學，明初被鄉邑大夫辟為太和縣書史。三年後，參鄧川兵曹，兩考入京「觀萬方之會同，知車書之一統」。援例而還，充大理稅課司，後掌劍川河泊所簿書，又助政於曲靖府，歷武定府元謀縣。[15]（四）又如楊福，永樂年間充大理府吏，役滿後調鄧川州司吏。考滿，將賨馬疋赴京進貢，欽蒙賞賜段匹鈔貫，照例還回本土。後雲南按察司選為書吏，考滿後，又升布政司刑房令史。[16]部分大理世族以縣民身分擔任吏役，進入到基層行政職務。他們或而入京進貢，或而屢經

---

12 李東陽撰，申時行修，《大明會典》，卷8，〈吏部·吏役僉撥〉，頁159、163。

13 〈彥昌趙公墓碑銘〉，收入楊世鈺主編，《大理叢書·金石篇》，第10冊，頁33下-34上。

14 〈故善人張公壙志銘〉，收入楊世鈺主編，《大理叢書·金石篇》，第10冊，頁38下。

15 〈故大掾李公同室李氏墓志銘〉，收入楊世鈺主編，《大理叢書·金石篇》，第10冊，頁50中下。

16 〈雲南布政司令史楊公並妻趙氏壽藏銘〉，收入楊世鈺主編，《大理叢書·金石篇》，第10冊，頁37。

考核而又被分派前往雲南其他各府縣擔任掾吏，年老依例回鄉。雖然地位不高，但對大理鄉士大夫而言，這些都是勳舊子弟在新朝之新職。如果仔細將這些墓誌銘稍加整理，大理人擔任吏員赴京考核的人數還相當可觀。除了國子監生，這些轉型為吏職的世族也成為帝國官僚體系下的一員。

從外表來看，由官而吏，由吏轉仕，對大理世族的衝擊似乎不大，因為他們原來便擁有政治治理之技術，隨著吏員的選拔、考核，復又晉用調役轉職，他們往返雲南各府州縣，建立其仕吏之網絡。其役滿後，三年一考，作為晉升的評鑑，後來轉往府級單位或中央級職任吏職。[17]考核後調役，使得許多太和縣縣民終生在外地任吏役的情形。像大理府的尹和，十年考試後，獲得晉用，授黑鹽井鹽課司典史，再考，又轉參大理府兵房典史。滿考，復轉雲南等處提刑按察司刑房書吏。滿考，又再轉雲南布政司禮房令史。[18]終其一生，離家外出從事掾史，死於他鄉。後函骨還大理，葬在祖地。考選外派，使得這批世族，多在外地奔波。書吏雖然無法像官員得以施政，但他們舉家在各府縣衙門任職，其裔多承其仕宦網絡與政治資源，無形間推動大理世族仕族化的發展。

---

17 宣德年間，「蒙取民吏，（張）士傑亦預列。大理府照磨所吏以試其才，士傑果副（符）眾意，再參本府戶雜科。兩考，給由赴部回藩，蒙撥臬司禮房書吏。三稔畢，又撥藩府刑房。」另外，太和人楊義，宣德年間舉充太和縣書吏房典史，役滿，升參戶房司吏，掌持賦稅。參見〈處士張公暨室杜氏合葬墓誌銘〉、〈故善人楊公同妻李氏墓誌銘〉，收入楊世鈺主編，《大理叢書・金石篇》，第10冊，頁38下-39上、62下。

18 〈故雲南布政司禮房掾尹公墓誌銘〉，收入楊世鈺主編，《大理叢書・金石篇》，第10冊，頁39。

二、國子監與鄉試

　　拔選人才為王朝所用，是帝國在地方建立政治紐帶的方式。明太祖下一道聖旨給傅友德，令其採用當地土人協助治理西南邊境，一是：令各府州縣儘速興建學校，「選保民間儒士堪為師範者，舉充學官，教養子弟。」二是如有「懷材抱藝願仕者，有司禮送赴京以憑擢用」；[19]這二項算是朝廷對西南統治精英的拉攏政策。大理世族統領西南重鎮，其好讀經書，嫻熟漢字，很容易成為首要籠絡與安置的對象。

　　最先被送往南京的是一批國子監生。明初規定，每年從各府州縣廩膳生中擇優選送一員或數名生員入國子監讀書，是為歲貢。由於雲南地處邊境，以不計常規之額數令土官子弟到南京就讀國子監，是為選貢：洪武十八年（1385）詔令雲南所屬生員有成材者，「從便選貢」，然選貢人數不多。洪武二十年（1387）以不拘數額鼓勵雲南人才到南京。洪武二十二年（1389）又施行選貢，將雲南之地方精英送往南京國子監，就應天府鄉試。當時，雲南貢生至京入監讀書者，俱給鈔錠、衣被、鞋襪、房室等等，滇人稱為京舉。[20]自洪武二十八年，便有官員建議在邊地設學校教授世襲土官。[21]

　　雲南之歲貢始於永樂九年（1411），行鄉試，流官衙門在地方學校「依例考試」薦舉人才。但是，土流文化各有不同，實際

19　張紞，《雲南機務鈔黃》，卷45，頁9-10。

20　倪蛻輯，李埏校點，《滇雲歷年傳》，卷6，頁256-260。

21　「雲南四川諸處邊夷之地，民皆囉囉，朝廷與以世襲土官，於三綱五常之道，懵焉莫知，宜設學校以教其子弟」，見董倫等修，《明太祖實錄》，洪武二十八年六月壬申條下，卷239，頁3475。

施行之時難免造成不公，於是官員便主張歲貢也應採取定額錄用，否則「累年多有考試不中，往復人難」，以選貢取代歲貢，選人政策幾度修改。[22]後來，選貢與歲貢二項併行。雲南大理府蒙化州三十四儒學，是邊區選貢學校，仍依選貢之例，「乞不拘舉人有無，考其通經者升用，不通經者，別用，如武學例。」[23]雲南人才考試不中，儒生極度「缺乏」，以致官府採取各種折衷辦法來拔舉儒學之士的情形。

拔選人才至朝廷，是在中央與地方建立政治紐帶的作法。鄉試是一種政治設計，王朝透過固定員額的解額制，在地方設置學校、庠生數額、廩食學田等等，形成一整套培育人才機構性設計。由上而下的人才遴選與配額制度，深深地影響士子的身分與文化認同。[24]這套人才流動的管道，使地方精英成為庠生，再經由鄉試會試提高身分。學官、赴京以及後來進入到儒學體系，便成

22　洪熙元年（1425），改以土官衙門仍採選貢，而流官衙門採用歲貢方式，其後果卻是造成文化未及之地無人中試。

23　陳文等撰，《明英宗實錄》，卷194，景泰元年秋七月甲辰條下，頁4074。《明英宗實錄》，卷192，景泰元年五月己酉條下，頁3991：「雲南地方，惟流官衙門，學校歲貢生員，依例考試；其土官衙門，止是選貢所司，更不論其賢否，一槩挨次貢部入監。」

24　解額指的是當時全國分為南北中鄉試，配有固定錄取名額，各府州縣再依據各地編戶數多寡以及文化情形分配不同的數額。也因如此，科舉錄用數額制背後牽涉的則是基層儒學生員庠生應考人數的分配。其中，以嘉靖四十三年為例，解額數錄用舉人一名，則地方可應試之生儒為二十五名，也就是地方提出二十五生儒參與考試，則錄用一人為舉人，此舉確保了各地錄取率的公平性。然而，不同時期其錄取率也略有不同。錢茂偉，《國家、科舉與社會：以明代為中心的考察》（北京：北京圖書館出版社，2004），頁87-111；吳宣德，《明代進士的地理分布》（香港：香港中文大學出版社，2009），頁91-125。

為大理士族身分轉型的路徑。

　　第一批選貢被送到南京的國子監生，可考者之一為董山（1374-1432）。董山的墓誌銘〈南京國子監上舍生董公墓誌〉，即指出：

> 　　洪武年間，入郡庠，補廩膳。窮經史，達時務，以成材而貢春官。卒業成為修道堂上舍生。名列賢關，交遊天下美才，覽金陵之勝概，睹太平之制度，冬夏蒙賜衣服，月朔入朝。遇風雲之慶會，霑雨露之深恩。授例歸省。而復辦事寶鈔廠，將挨次歷政而授職。

其中之「遇風雲之慶會，霑雨露之深恩」指當時入京倍感榮譽之氣象。董山先被選入郡庠生，獲選為南京國子監修道堂之上舍生。後經歷朝廷內部政治衝突，宣德年間死於異地。[25] 前面提到的楊安，也被選為國子監生，他於永樂年間得以安然返鄉，或許算是幸運的。

　　永樂九年，雲南正式舉行鄉試，通省生儒錄取二十八人，其中六人來自大理府，有楊森、楊禧、楊榮、楊祿等人。[26] 第一批正式推送讀書的士人，身負雙重的重任，返回家鄉後，將成為大理新興階層的代表人物。而他們為鄉里世族所寫下的墓誌銘與族譜等等，也代表著新興階層對大理社會所進行的歷史改造運動。這

---

25 楊森，〈南京國子監上舍生董公墓誌〉，收入《大理史城董氏族譜》，卷8，〈藝文・中〉，頁5-8。

26 倪蛻輯，李埏校點，《滇雲歷年傳》，卷6，永樂九年秋八月條下，頁279-280。劉文徵纂，古永繼校點，《（天啟）滇志》，卷8，〈學校志〉，頁295-296。

部分將在下一章繼續討論。

　　與此同時，還有部分之大理精英被拔擢為堪為師範的學官，分派各土流官衙門擔任儒學教授。方志記載：洪武年間太和縣以經明行修，辟授學職的人員名冊，包括蘇海正、蘇楫、董旻、蘇正、楊禹錫、楊節等人；趙州則有趙升；鄧川則有楊宗道等人。[27]同樣地，他們也為大理耆舊精英撰寫墓誌銘，留下當時之頭銜，包括「社學儒士」、「儒學庠生」、「儒學訓導」、「五峰儒士」、「大理府學生員」等等，全國知名的大理隱士楊黼也曾充當「大理府教讀儒士」。[28]這些儒士身分在鄉里逐漸重要起來。

　　許多研究者認為明朝治理下的西南社會自然而然地產生「漢化」或「儒學化」，但我們不應忽視其社會既有的文化基礎及內部的差異性。[29]實際上，世族精英們面對潛在的人口移動與流徙，在焦慮不安的氣氛中必須面對新的身分選擇。先後到大理的官員致力招撫與整頓，但直到正統二年（1437），距明軍入關已五十餘年，大理府同知賈銓到任時，情況仍然相當難以調御，他描寫當時大理社會仍然處於不安的過渡性階段：

---

27 劉文徵纂，古永繼校點，《（天啟）滇志》，卷14，〈人物志〉，頁489。

28 大理出土墓誌銘，留下許多撰銘者之頭銜，其先多由密僧或阿吒力僧主之，但後來逐漸有被儒學庠生取而代之，其銜如「大理府儒學庠生楊泰書丹」〈大理府老人楊惠墓志〉、「鶴慶府儒學訓導」撰〈鶴慶軍民府世襲土官知府高侯墓碑志〉、「五峰儒士楊守中」撰〈雲南布政司令史楊公墓誌〉、大理府教讀儒士楊黼篆的〈張宗墓誌銘記〉等等，以上見雲南省編輯組，《白族社會歷史調查（四）》，頁134、137、157、172。「社學儒士」見〈耆宿王公墓誌〉（1444），〈萱堂壽藏〉（1481），均收入楊世鈺主編，《大理叢書·金石篇》，第10冊，頁44下-45上、63上。

29 木芹、木霽弘，《儒學與雲南經濟的發展及文化轉型》（昆明：雲南大學出版社，1999）。

　　〔賈銓〕到任，即召父老詣訪民之利病，而一一興革之。
驗丁力以定差徭，清賦稅以謹出納，革弊屋以栖貧難，勸餘
粟以賑飢困，均水利以便軍民，嚴械系以弭盜賊，置院以恤
孤老，輕課以甦漁戶，均輸累萬之軍餉，修飭當祀之廟壇，
學校仰其樂育，流亡感而來歸。[30]

「流亡感而來歸」指大理世族遊走他處者眾，直到賈銓進行差徭
賦役改革，社會才逐漸穩定，流亡者才又漸漸回到大理。其興革
之項目，也正好說明當時大理社會面對的問題，除了差徭賦役、
軍民水利之分配、人口流徙、均輸軍餉等財政改革外，「修飭當
祀之廟壇」指的是祀典以及學校設立等基礎建設。可見整個新體
制社會之基層建置闕如，可能仍得仰賴大理世族既有的寺院莊園
架構來發展其基本建設。

三、庠序之學、學官與吏目

　　對官員而言，其最急迫的任務是培養儒生，使其成為治理西
南邊疆的政治基礎。然，昔日之廟學聊備一格，並沒有受到太多
的重視。正統年間，賈銓重修破舊不堪的儒學，景泰、成化年，
復修補，另置雅樂，鑄祭器。正德年間，大理地震，儒學頹毀。
復經知府之力將尊經閣、廡宇、孔子像建置起來。一直到嘉靖年
間，大理府學才開始設置學田、作泮池及名宦鄉賢祠，整體府學
的規模才大致定下來。[31] 太和縣縣學始於洪武二十七年，初建規模

---

30 陳文，《景泰雲南圖經》，卷1，〈大理府〉，頁77。
31「國朝因之，改作規制頒降經書，正統間知府賈銓重修，景泰間知府干璠作科

不大，經費闕如。景泰雖有修復，嘉靖年間才撥款添購經史子集
諸多書籍，興建太和縣學校圖書館尊經閣；[32]隆慶間，太和縣始
增修修泮池、建樓，建置才稍加完備。[33]大理府縣之廟學景況如
此，其他府縣之情形就可想而知了。

　　鄉里社壇與訓蒙之所合而為一的作法提供我們認識大理鄉里
社學設置的情形。大理精英在鄉里設置訓蒙之館的情形可從楊森
談起。楊森是永樂九年第一批鄉進士，他自南京返回喜洲後，主
持叢桂書院，名士多前往叢桂書院向他請銘。其中如〈楊善士正
宇墓誌銘〉（1462）：「孝子楊鑑抱父行狀，詣叢桂書院痛先人之
歿，恐遂湮鬱無聞於世，泣而徵銘。」又海東名士李經請他為父
撰銘，有〈李武公墓誌銘〉（1462）：「葯郡孝子李經，抱父行
狀，詣叢桂書院，痛先人既歿，未獲請於文」等等。[34]以楊森的經
歷來說，他設書院教授子弟應是很合理的，而叢桂書院似乎也維
持相當一段時間，直到1483年。[35]除了叢桂書院，大理還有一座
五峰書館。楊森為一位早逝的醫學世家子弟撰寫墓誌〈故儒生楊

第坊，成化間知府蔣雲漢置雅樂，弘治間知府吳晟鑄祭器」見李元陽纂修，
　　《（萬曆）雲南通志》，卷8，〈學校〉，頁190。正德年間大理府知府汪標在大
　　理府廟學「鑄宣聖像」。見劉文徵纂，古永繼校點，《（天啟）滇志》，頁
　　294。

32 〈郡人給事中楊士雲尊經閣略〉，收入李元陽纂修，《（萬曆）雲南通志》，卷
　　8，〈學校〉，頁192。

33 〈陳應春記略〉，收入李元陽纂修，《（萬曆）雲南通志》，卷8，〈學校〉，頁
　　191。

34 楊森所撰寫的墓誌，包括〈杜善人壽藏同配趙氏墓誌銘〉，皆指到「叢桂之
　　門」。

35 這書院一直到成化十九年（1483）還持續運作，見〈故善人楊公墓誌銘〉，
　　收入楊世鈺主編，《大理叢書·金石篇》，第10冊，頁63中下。

武壙誌銘〉，指出墓主「甫及七歲，同兄從師於五峰書館，習詩六藝之文」。[36]指出當時大理附近還有五峰書館。喜洲還有社學館，如一位吏部聽選監生張進撰有〈楊公善士墓誌銘〉內容指出：「先務習社學經書，後充其器而成其材」之句，墓主之子「持狀詣余社學館中請文」等等之句，可知喜洲五峰二地各有社學館。

太和縣境還有其他不拘形式的鄉里私塾教育，擔任衙門掾吏者返家後開始以此教養子弟。處士楊智以書吏赴京，為藩司所重用，其子楊山隨他遊歷各方，習詩書六藝，尤長於書數。楊山晚年「書述職須知牌冊」，在家鄉「訓子詩書禮樂，遇約朋待賓節序，令六子各持絲竹五音之器以娛樂，鄉里以為矜式。」[37]地方精英返鄉隱居可能更直接影響著鄉村教養。當時之書院、書館或是鄉里之儒學教養在鄉里成為一股新興風潮，也逐漸養成了一幫基層鄉士大夫。後來每有流官派任而來，以興學為首要之務時，便動員「諸僚屬學官師弟子鄉大夫暨鄉父兄子弟」等等參與。[38]說明官府極需仰賴這批鄉大夫與鄉耆，而他們也是改造地方文化的重要階層。

官府對儒學的建置遠不及鄉里世族的逐仕之風。估計大理鄉里書館書院的需求相當高，據李元陽說太和縣一地之弟子員就有五百人之眾。他指出：

---

36 楊森，〈故儒生楊武壙誌銘〉，收入楊世鈺主編，《大理叢書・金石篇》，第10冊，頁52下-53上。

37 楊森，〈處士楊先生墓誌銘〉，收入楊世鈺主編，《大理叢書・金石篇》，第10冊，頁50上中。

38 這批「僚屬學官師弟子鄉大夫暨鄉父兄子弟」出現在張志淳〈鶴慶府學廟碑記〉，其將當時流官入駐鶴慶時動員地方精英重建廟學的情形。

> 南中名山水而郡者，以大理為最，而太和為邑，實附之郡。
> 邑之為弟子員者五百許人，是故分庠而教之，庠各祭孔子與
> 配饗之賢，曰文廟。又於常廩之外，別置都養，曰學田。39

這五百許之弟子員為何都集中在太和縣是很值得討論的情況，很可能與朝廷在西南設學的特殊需求有關。40楊慎曾為《雲南鄉試錄》撰序文，內容指出雲南各府州縣之學校約有四十二所，而弟子員約有二千餘人，這應是官方合法登記的學額數目。41然太和縣之庠生數便有五百餘人，幾占整個雲南地區庠生總數之四分之一左右。太和縣庠生員數比例如此之高的原因，很可能是在官府支持或默許下，為邊境各地培養基層吏員與學官做準備，大理世族精英就地取得雲南各府州縣庠生員額，成為儒學教育的優勢群體。也因為如此，太和縣庠生人數眾多，以「分庠而教」、「各祭孔子與配饗之賢」的方式來舉辦儒學教育與士子相關之儀式。李元陽所指的文廟究竟是指官府之府學，抑或是大理鄉里權宜所設之分庠而教的庠學，很難在此加以判斷。我們相當有理由懷疑府縣廟學未足以擔任此項職責，分庠而教是指生員由鄉里自行培養。42後來官府愈來重視鄉里書院，故也允許其設有常廩，辦置學

---

39 〈大理府儒學田記〉，收入劉文徵纂，古永繼校點，《（天啟）滇志》，卷20，〈藝文志〉，頁679-680。

40 太和縣一縣有五百名弟子員頗不符常理，數額相當大。然李元陽在〈源泉書院記〉，有「大理故有蒼山書院，在郡城之西，舍宇狹隘，僅棲三十許人。郡邑兩黌諸生四五百人，分無廬者常三之一」。從語意讀來，諸生五百人似是常態。見《中谿家傳彙稿》，卷7，頁19。

41 參考楊慎，〈雲南鄉試錄序〉，收入劉文徵纂，古永繼校點，《（天啟）滇志》，卷24，頁802。

42 有關太和縣儒學的經歷，可見〈太和縣儒學〉條，最早設置於洪武二十七

田。

　　此外，光是喜洲一鄉隸名學官者便有二百餘人。李元陽又說：

　　　　吾邑有大鄉曰喜洲，都圖連十六村，而士之隸名於學官
　　　　者，二百許人，雖其不忘誦習而聚講會文，不無離索之歎。
　　　　童蒙有求，又皆貿焉，不得其師，惟時仕焉而已！ 43

當時喜洲都圖共有十六村，士子隸名學官者便有二百餘人，他們
聚會讀講相互學習，常常感歎離群索居，苦無學校。然而，太和
縣的鄉社儒士多在西南各府、州、縣擔任學官，使其成為西南各
層儒學學校之學官來源地與聚集區。這裡的「童蒙有求，又皆貿
焉」疑指鄉村稚子若要接受童蒙，只需要花錢便得入庠序之列，
指出學官養成教育缺乏師資以及鄉村教育普遍遇到的問題。這大
概是嘉靖以前，太和縣鄉士大夫徒有學官身分，但庠學建置未及
完備，其面臨無學校、不得其師之窘狀。雖然還需要更多的史料
來論證此觀點，但與前面爨人好學的刻板印象相互比對，其情互
為吻合。

　　太和縣之所以擠滿庠生學官和地方傳統政治也有關係。大理
貴族精英分治西南各府，很自然得以充任各府州縣之庠生，更何
況當時招撫與拉攏政策下，用人採以寬鬆的態度，故其多集中於

　　年，經年有興修之舉。李元陽纂修，《（萬曆）雲南通志》，卷8，〈學校〉，
　　「太和縣學」，頁191-192。大理府學田，可見嘉靖二十九年之〈大理府為清
　　查學田碑記〉（1550），收入楊世鈺主編，《大理叢書·金石篇》，第10冊，
　　頁87下。

43 李元陽纂修，《（萬曆）雲南通志》，卷8，〈學校〉，「桂林書院」條下引〈李
　　逸民記略〉文，頁191。

太和縣一地。雲南各府州縣的儒學亦以白人居多，明英宗時，雲南按察司提調學校副使姜浚指出，雲南各府司州縣的儒學生員多是僰人，其他羅羅麼些百夷種類多「不曉讀書，不知禮讓」，且該地儒學之生員教育品質不佳，地方雖有設學額，備廩膳，但都招生不足，無人就學：「廩膳增廣，具不及數，況缺半者有之，或缺三之一者有之，欲將增廣考補，百無一二」，姜浚甚至提議將那些庠生不及數的夷人州縣之廩膳經費，以不拘常例的方式用來補助軍民有志向學的軍民生員：

> 惟恐虛費，廩祿因循日久，學政廢弛。其各衛所軍生多有人物聰俊，有志於學，緣不得補廩，無人養膳，難於讀書，乞不拘常例，軍民生員，相兼廩膳，庶使生徒向學，不負教養。[44]

景泰年間，官府亟須培養基層生員，然實際施行時，教化無法打破人群間的界線，反而使得鄰地軍民富戶以爭取庠生學額的方式，占用了貧窮州縣的廩膳與晉升的機會。也就是說，在邊陲山鄉設置儒學與庠生員額，反而使得漢人移徙占額，造成冒籍富戶進入庠生之列，強化族群與階層的雙重界線。

弘治年間，設學已造成身分與資源分配不對等，官員甚至提議廢止儒學。何孟春描寫山鄉設學造成地方財政匱乏，尤其在交通要地的山鄉：

> 該縣雖編九里，人民多系阿昌、蒲羅，不通漢語，文化難

---

44 陳文等撰，《明英宗實錄》，卷192，景泰元年五月己酉條下，頁3991。

入，兼以路當沖要，人少差繁。先年因有縣治，雖建文廟致祭，而門戶廨宇等項俱未創造，蓋因人材不足，不堪建學……查永平生員附寄金齒司一學，止有一十三名，其餘社學子弟，率皆頑童稚子，不過勉強湊數而已……設使強與建學，未免要補廩增額數，本地無人，金齒城中士人貪圖食廩，應貢必皆爭先，冒籍應考充補。況張門置吏，齋膳之費，門庫之役，俱仰給縣所，是以窮薄軍民之財賦，反供異鄉富庶之士民，不惟事理不順，亦恐人心不平。[45]

這一段話非常重要，指出（一）有些山鄉夷區根本不通漢語；（二）有的雖勉強設縣編里，初備文廟致祭，未必有講堂學舍，無學生，也無法培養人才；（三）若在此地設置庠學，編列補廩經費，他處士人必然爭相冒籍補廩；（四）這些庠生識字後，在地方衙門擔任吏職，復成為地方財政的負擔。換句話說，山區幅員廣大，向皆無學，若編里意味化向，其首務在於培養儒生。一旦設置縣學或社學，當地也很難找到合格的儒學教師，庠生數額亦無法招滿。文中甚至以頑童稚子形容土著出身之庠生，考核後其文化水平也不甚令人滿意；再者，又若設置庠生員額，引來他處冒籍者，一旦設置衙門，又令其成為基層吏員，反而造成窮鄉僻壤之州縣，供養著他處冒籍就學的富戶士民。這些識字之徒，進而成為鄉里基層財政的負擔，有的地方「不堪建學」，後有「勿設儒學」建議。[46]

---

45 何孟春，〈乞復學校疏〉，收入氏著，《何文簡疏議》，卷7，頁323。

46 在明武宗時，雲南尋甸一地，「稅糧不及，三千人民，止有七里，學校一設，師生俸廩、祭祀、鄉飲之費，齋膳門庫等項，皆不可缺，加徵則無糧可取，加役則無人可充。」遂有勿設儒學的提議。見費宏等纂修，《明武宗實

　　在此族群政治生態脈絡下，太和縣庠生的角色更像是輔佐邊境官員施政的重要中間人。相對地，流官的職責是定期考核庠學教育以及民間獄訟之事，是以，庠生遂也成為輔助官員在地方施政的社會基礎，庠生與致吏掛鉤在一起，其情形不僅在偏遠山鄉，在太和縣也是如此。李元陽指出：

　　　　國朝正德以來守長相繼，乃漸有置焉，然廟久則圮，田久則湮，近代期會簿書，獄訟將迎之事日繁以密，庠序講讀之法雖良，有司有不暇顧者。[47]

他將獄訟與庠序講讀視為基層政治之一體二面，故庠序之教與吏役之職往往互通。是以，大理儒吏經世之性格超出對儒學義理之興趣，況且帝國直接在政策上強調急需為官府辦事之吏員。這種雙重的條件，使得大理庠序講讀與衙門文書工作幾是同一回事。

　　官方史冊記錄了大理地方精英投身儒生或吏員分派邊境各地的一些細節。《明實錄》中收錄二則相關內容：宣德年間，一位太和縣儒學生段聰，歲貢至京，但兩考不中，依例當「充吏」。但段聰奏曰：「臣本夷人，性資愚魯，乞仍歸讀書，以俟再試。」[48]他強調自己身為夷人，資質不夠，想要回鄉讀書，以待下次再考。很明顯地，這位太和縣儒學生強化夷人身分取得更多致仕的彈性空間。後來，皇帝以夷人難比內郡學者，令其「歸進學」。再者，《明實錄》也記載一位雲南人何源的故事，何姓是名家大

錄》，卷20，正德元年十二月壬申條下，頁587。

47　〈大理府儒學田記〉，收入劉文徵纂，古永繼校點，《（天啟）滇志》，卷20，〈藝文志〉，頁679-680。

48　楊士奇等纂修，《明宣宗實錄》，卷96，宣德七年十月己亥條下，頁2167。

姓之一。何源是一名監生，但卻不通經，被授學正職銜後，被派
往四川雅州擔任學官。但他自認不通經明，希望改任他職，吏部
裁奪此案。行文如下：

> 改四川雅州學正何源為土官衙門吏目。源，雲南人，以監
> 生授學正，自陳不通經學，難為師範，願改他職。上諭行在
> 吏部尚書蹇義等曰：非經明不可為人師，雲南生固不通經，
> 量才授職，則人皆效用，官不廢事。此亦初授之際，失於酌
> 量。其改為土官衙門吏目，彼知土俗，亦得展布。[49]

這是由學正改為吏目的故事。何源被派往四川雅州擔任學正，他
自認不通經，想要改調他職，但吏部卻改派令其擔任土官衙門吏
目，主要是因為「彼知土俗，亦得展布」。這個故事應不難理
解，邊境仰賴邊人治理，而雲南人在明王朝的眼中是一群稍微可
靠的人群，故無論如何，仍試圖加以調馭，使其可用，況且西南
政治精英中又以太和縣為最。明初為派往他處擔任學官或吏目的
人數未知有多少，大抵也提供我們了解大理世族精英流徙外調他
處的一個側面。

　　新的官僚體系也要適應地方特有的條件，大理精英很快經由
吏職、里甲身分，看是「末流雜職」的低階吏員，躋身於儒學教
育體系。何文簡曾提及「或謂末流雜職，儒學官外少由科貢，多
出吏胥，幾何足養，幾何足勸」便指出西南基層吏胥政治與儒學
科貢的情形。[50]《正德雲南通志》記載著大理府的人是：

---

49 楊士奇等纂修，《明宣宗實錄》，卷4，洪熙元年七月庚寅條下，頁109-110。
50 見何孟春，《何文簡疏議》，卷7，〈公折俸疏〉，頁325。

好作吏，雲南各司州縣史、典、丞、差，太和人居強半
焉。[51]

《天下郡國利病書》亦指出：

（白人）滇郡及迤西諸郡強半有之，習俗與華人不甚遠，
上者能讀書，其他力田務本，或服役公府，庶幾一變至道
矣。[52]

究竟有多少大理世族轉任基層吏員，後來被派往全國各偏遠山鄉
擔任基層官員，仍值得再細細加以討論，惟無法在此再展。

小結

　　大理世族因承繼過去西南治理的統治技術，很容易透過儒學
致仕轉型成為新興政治精英。不同管道包括：一是選貢、一是學
官與庠生、一是吏役。前者為中央任用的人才，後二者是提供地
方官府任用的人才。然而，他們在此新制度的支持下，繼續維持
或創造新的社會關係。

　　這批轉型為士人的鄉進士與鄉士大夫們，逐漸成為流官體系
成員，其現實關懷和利益與後來的阿吒力僧人或瑜伽僧團漸走漸
遠，儒釋合一的價值也產生相互排擠的情形。正德、嘉靖之後，
朝廷官員與士子紛紛吹起一股崇正之風，打擊地方之淫祠，並且

51　周季鳳纂，《（正德）雲南志》，卷3，〈大理府〉，頁138。
52　顧炎武，《天下郡國利病書》，第32冊，〈雲貴〉，頁20。

大力推動正祀典。僭越與正統，華夷之辯成為社會分類的法則，
而這批儒學士人也逐漸取代僧侶集團，成為愈來愈具有清晰輪廓
的主流人群！

第九章

南京歸來

南京是西南土官、士人與儒吏在明初所共同經歷的政治中心。對這些遠來之部酋貴胄而言，其前往朝貢、敘職、受禮以及觀一統之盛，使得南京不僅象徵著樂觀的政治氣氛，也意味著他們身分合法性之來源。然而，隨著首都北遷以及愈來愈高昂的宦官勢力，西南政治精英對南京的認同愈來愈強烈，南京逐漸被標本化，地方開始出現祖先南京人的說法。這種轉變看似古怪，但也是有跡可尋的：許多世族子弟到南京朝貢，或入國子監，轉型為士人，返鄉後一方面為建立新的身分來表示他們和過去有所區別，同時又沿用大理舊習俗採取聯姻方式強化身分的內聚性，形成一股新興士人集團。對他們來說，南京所要指引的不只是明初的首府而已，還有祖先前往南京獲得仕宦榮顯地位之一段歷史。尤其當南詔大理已成為「僭越」的過去時，榮顯身分的來源便由明初入南京此歷史經驗取而代之。也就是說，大理士人們將世系攀附在被創造出來的「地望」來重構他們身分。

以下分別就幾組士人集團，從其致仕經驗、聯姻網絡，編寫墓誌銘與編纂族譜等活動來討論他們的處境。

一、趙壽編譜

第一批通過鄉試的士子，返回大理後建立一套新興的士人網絡。這批新興士人包括楊禧、楊榮以及趙壽。他們三位都是太和縣保合鄉人，也經歷儒學正統的政治經驗。

（一）楊禧（1388-1467）。楊禧史料不多，《滇雲歷年傳》記錄永樂九年雲南第一次鄉試所錄取的二十八名生儒，楊禧便是其

中之一。[1]第二條史料是楊禧墓誌銘，〈楊禧墓碑〉記載楊禧的一生：字祐之，大理府太和縣人。他的父親楊山，可能地位崇高，被授以誥命贈中議大夫，派任廣西慶遠府知府。後來，楊禧在府學中永樂辛卯科鄉試，拜四川縣庠教諭，又陞廣西慶遠府知府，再擢廣西布政使司，賜食正三品祿。歷官五十五年，執事十五載。成化丁亥（1467）時，葬於大理城西之玉局山。[2]從墓誌銘可知，楊禧自幼隨父親前往廣西擔任慶遠府知府，後來中鄉試，致仕於四川與廣西二地，死後葬於玉局山。第三條是《滇史》對楊禧的記載，內容稍加詳細：

> 楊禧，舉人，任榮經縣教諭。上太宗文皇帝書，言時政，辭激切，上怒，繫之獄。頃之，得釋，拜監察御史。任慶遠知府，以誠信感化夷民。任滿將行，民庶道泣留，台臣上其事，復留三年⋯⋯乃以參政行府事。歷十二年，實授參政。[3]

指出楊禧在明初政壇頗有清望，然因建言時政，激怒皇帝獲獄，遠調廣西。從引文「誠信感化夷民」可知其事功在非漢地區。由於他沒有留下其他著述，似不為大理人所記憶。他返鄉後，為鄉人趙壽僧族寫下一份族譜序，後文將加以論述。

1　見倪蛻輯，李埏校點，《滇雲歷年傳》，卷6，永樂九年秋八月條下，頁280-281。

2　〈楊禧墓碑〉，收入楊世鈺主編，《大理叢書・金石篇》，第10冊，頁58下-59上。

3　劉文徵纂，古永繼點校，《（天啟）滇志》，卷14，〈人物志・鄉賢〉，頁489。又卷8，〈學校志〉「大理府科目」條下有舉人永樂辛卯科項列有楊禧，頁295。

（二）趙壽，大理塔橋人，世代居住在大理城稍北之塔橋。他是楊禧的同鄉同學，自幼便被遣為郡庠生，永樂十年（1412）選貢至京，永樂十二年歲次甲午科雲南試中試舉人，宣德六年（1431）復任四川成都府重慶州新津縣丞一職。一份墓誌銘記錄趙壽祖先曾是大理位高權重的僧侶：「自祖父榆城旻，精演釋教，得無為之宗，親戚鄰里咸推敬之。」趙壽父親趙華嚴護也是一位釋教僧侶，有七個兒子，惟趙壽致仕宦。[4]也因為如此，趙壽回鄉後致力於編纂族譜並為其父親撰寫墓誌銘。

（三）楊榮，太和縣人，也是趙壽與楊禧之同鄉同學。《滇史》記載：「楊榮，太和人，永樂壬辰（1412）進士。翰林院庶吉士，篤信謹厚，同館推其器。以苦學勞瘁，卒官。」[5]他曾為趙壽家族撰寫族譜序，文末署名為「靖江王府審理所理正承直郎葉榆楊榮」，可知楊榮和趙壽是同一年被選入南京的大理世族。楊榮在明進士冊籍中登記的是：「貫雲南大理府太和縣保和鄉塔橋里，民籍。」[6]他和趙壽為同里，也是保和鄉塔橋里人。

楊禧、趙壽和楊榮的史料相當零碎，但他們都是永樂九、十年間在南京的太和縣民，如果要還原他們在鄉里從事的活動，必須從景泰五年（1454）趙壽晚年返鄉後搜集祖先墓誌銘並編寫族譜開始談起。他找楊榮與楊禧為其所編纂之《大理古塔橋趙氏族譜》撰寫序文，又為其父編寫墓誌銘，從這些留下的文獻，我們

---

4 〈善士趙公諱葆暨慈淑孺人墓志銘〉、〈故居士趙華嚴護墓志銘〉，均收入《大理古塔橋趙氏族譜》（大理市圖書館），頁132-133。

5 劉文徵纂，古永繼點校，《（天啟）滇志》，卷14，〈人物志・鄉賢〉，頁489。

6 引自王毓銓，〈貫、籍、籍貫〉，《文史知識》，1988：2（北京，1988），頁117-122。

才得以爬梳其間之社會關係。[7]

　　趙壽返鄉後，準備編纂族譜，然，他先請楊禧為父親趙華嚴護撰寫墓誌銘。[8]同年，楊禧又為趙家族譜題字。出自同師、同鄉又同往南京的經歷，使得楊禧為其父撰墓誌銘應是相當合理的事。然從族譜收錄之〈舊譜序〉可知此序文是族譜碑，題名、撰文與書丹者三人共同完成。當時參與撰譜的另二位是楊璽和楊榮。[9]楊璽是趙壽妻子楊魯的兄長，在文末署頭銜是「北京河間長蘆都鹽運使司朝列大夫同知」。[10]楊榮則是上述永樂十年與趙壽同時入京的翰林院庶吉士。從上述的網絡可知他們都是永樂九年、十年間居留京師的大理世族，其回到大理後繼續維持緊密的關係。

　　在了解這三位大理士人的關係網絡後，我們再來分析他們如何塑造塔橋趙氏的歷史。當時之葬禮仍以佛教之火葬為主，故火葬墓地與佛寺為一整套儀式空間。這些世族大家多建寺院庵堂於山麓，其墓葬多依附寺院；再者，墓葬區也並非以族姓為界線。火葬多來自於佛教傳統，而其墓銘多梵文經咒祈福之詞，並不以

7　《大理古塔橋趙氏族譜》，大理市圖書館藏。這份族譜曾歷八次續修，譜中分別留下景泰五年楊璽與趙壽所撰寫的二篇舊譜序文；順治十六年（1659）趙中進撰寫舊譜序文；民國十四年（1925）趙聯升續修族譜序。

8　楊禧撰，〈故居士趙華嚴護墓志銘〉（1454），《大理古塔橋趙氏族譜》，頁132-133。在此墓誌中，楊禧說自己和趙壽是同師受業的學友鄉人，並署名為「賜食正三品祿嘉議大夫廣西布政司參政大理楊禧」，可知他就是永樂九年通過鄉試之太和縣士子楊禧。他與趙壽前後隔一年到南京國子監讀書。

9　楊璽撰，〈舊譜序一〉，《大理古塔橋趙氏族譜》，頁8。

10　趙壽撰，〈舊譜序二〉；楊禧撰，〈故居士趙華嚴護墓志銘〉，二文分別收錄《大理古塔橋趙氏族譜》，頁8-9；頁132-133。

追溯父系世系為主要精神。[11]趙壽想要建置一通族譜，也可能想建立一套象徵新式祭祖的儀式來表彰其身分。是以，他先為父親編寫墓誌銘，並請親友共謀族譜之事。然而，他在撰墓誌時，遇到一些問題：墓誌主要以個人為中心，向上追溯世系來源，但世系有二種追溯的方向，一是父系，一是母系。況且，決定世系的還可能包括法脈。相對地，族譜的撰寫格式，是由父系祖先往下編列至當事者。也就是說，墓銘與族譜是二種不同的文類，也有各自的體例與社會意圖。他很可能找不到符合族譜文類的理想祖先。於是，大理士人以折衷方式來編纂族譜，他們先到祖墳收集墓碑，再將墓碑上的墓銘收錄起來，最後寫出一套符合當時需要的祖先故事。如何將這些不連貫的、無法解釋的不同支系之間的族姓歷史串連起來，便有許多斷裂與空白之處。

　　楊禧為趙壽父親所撰寫的墓誌銘〈故居士趙華嚴護墓志銘〉（1454）中記錄一條比較可靠的世系歷史，其內容如下：

> 居士姓趙氏，名華嚴護，葉榆望族也。蒙段以來代有顯者，先祖榆城叟，隱德不仕，生男一，曰居士。自幼心地坦然，惟緣善事，以事業之豐，宿殖之厚，鄉里所不及……自祖父榆城叟，精演釋教，得無為之宗，親戚鄰里咸推敬之，及居士亦闡釋教，奉持尤謹，以善勸之，所以子孫繁衍，家道興隆。[12]

11　昔日大理以火葬為主，留下許多梵文碑。這種梵文碑傳統一直流傳到明末，其墓誌銘一面以漢文撰墓主生平，另一面為則刻以梵文經咒。Walter Liebenthal, "Sanskrit Inscriptions From Yunnan," in *Monument a Serica* 12: 1-40, 1947.

12　〈故居士趙華嚴護墓誌銘〉，《大理古塔橋趙氏族譜》，頁132-133。

碑文指出趙壽以上二代祖先是重要的僧人，昔日大理施行在家僧
制，故祖先僧人娶妻生子，在家傳承法脈。所幸現今這份族譜還
收錄其他趙氏之墓誌銘，指出趙氏是地位崇高的僧族，甚至宣稱
其先祖是「西天種族」以及「波羅門身」。最早的一份墓誌是由
「中蒼五密道僧廣德李文愷」為「昌明弘道大師」趙興隆所撰寫
的〈昌明弘道大師諱興隆趙公墓誌銘〉（1426），內容記載趙興隆
在明初的境遇：

> 趙氏處居大理，西山東水，南北龍關金瑣，山明水秀，人
> 杰地靈，祖傳瑜加（伽）奧典，至於嚴父趙興隆為僧受法，
> 母李氏藥師酌蓮生五子。……後赴京選貢入第，廣讀大經大
> 法，周易八卦春秋左傳，細要九經，文行忠信無不精通。永
> 樂二十一年（1423），差行回安盤鹽盤米，洪熙元年（1425）
> 差理刑廳，宣德元年（1426），歷任廣東運鹽使，俾辦事以
> 得公平民便，卒然一疾俄終而逝。[13]

第二份是由「太和縣文化坊教讀儒士楊經」為趙子瞻所撰寫的墓
誌銘〈故莊仕左郎趙公墓志銘〉（1449）指出元末明初一位名為
趙子瞻的事蹟：

> 天水郡趙公，諱子瞻，字時望，乃大理塔橋之巨族也。曾
> 祖諱生，祖諱明，橋梓相傳，精秘密教，道高德大，殄禍被
> 災。元段氏舉為守護之師，父諸天賜，守素務農，教子以

---

13 中蒼五密道僧廣德李文愷撰，〈昌明弘道大師諱興隆趙公墓志銘〉（1426），
　《大理古塔橋趙氏族譜》，頁130-131。

禮……公自幼博學篤志，切問近思，盡孝竭忠，遂采芹於邑
庠，迨選赴監除授於蘇州照府，民賴以恬，莫不欣然，忽報
慈親天祿永終，聞訃解印……復任廣東高州府，務其本而推
其末，……及其秩滿，期待獻迹，行至山東臨清縣，不幸傾
逝。

這些散落的墓誌銘無法組織族譜所需的系譜關係，也不知此趙興
隆和趙子瞻二人是什麼關係。第三份墓銘是趙葆墓誌。景泰六年
〈善士趙公諱葆暨慈淑儒（孺）人墓志銘〉（1456）中指出：

其先自宋及元，俱有顯達，代不乏人。曾大父至榆城名，
世習西方秘密之教，故凡邑郡人民之有實旱潦者，皆賴以格
天，祖父諱華嚴護，道高德重，至今人傳頌之。[14]

第四份是趙祥墓誌銘，他是趙子瞻的孫子。弘治十年的〈驛宰趙
公同偶周孺人壽藏墓志銘〉（1497）中，指出：

其祖諱忠，段時賜襲金榜之職，諱生亦授前職及金襴法
衣……明生諱賜，悉承波羅門教，代為守護國師。賜生子
瞻，即公之父也。[15]

第五份碑是趙成墓誌，他亦為僧人謚名「誠身弘道大師」，未詳

---

14 〈善士趙公諱葆暨慈淑儒（孺）人墓志銘〉（1456），《大理古塔橋趙氏族
　　譜》，頁132。

15 〈驛宰趙公同偶周孺人壽藏墓志銘〉，《大理古塔橋趙氏族譜》，頁133-134。

其祖先姓名。嘉靖元年（1522）的〈誠身弘道大師趙公壽藏之銘〉中也記載著：

> 有高曾祖考，原系波羅門身，西天種族，隨觀音開化大理，作段家守護法師，是瓏承授五密教法，破講儒釋經文，神功浩大，四業修行。[16]

十六世紀以前出土的這五份墓誌銘，略可將趙氏分為二支：一是趙華嚴護，一是趙忠、趙子瞻到趙祥，此二支系皆為大理段氏總管身旁之僧族世家。趙壽撰譜之時，其僧族性格已分流與改變，如僧人趙興隆，其頭銜是「昌明弘道大師」，他在明初赴京選貢，學習「大經大法，周易八卦春秋左傳」等等，後來被差往廣東運鹽使，死於他鄉。再者，趙壽父親也是一名僧人，趙壽選貢入京後，也被派往四川成都新津縣任職。趙子瞻支系其祖則為金襴法衣之傳，是段氏總管身旁重要的僧族，趙子瞻亦授職蘇州、高州擔任朝廷之官員。這五份墓誌銘的共同處是其皆為僧族，後來致仕任官，但彼此間沒有共同的來源或是祖先。他們除了共同姓趙以外，卻無法建構一套完整的系譜關係。唯一的可能性是他們是群聚的法脈關係，但法脈卻不是族譜文類想要描寫的內容。

　　上述之墓銘顯示，趙氏直到嘉靖年間仍保有祖先波羅門西天種的歷史記憶。但是，早在景泰五年的族譜碑就出現改造祖先的企圖，說明當時趙姓內部的新興階層想要寫一套新的歷史。〈譜序〉由楊璽撰文、楊禧題名、楊榮書丹，和墓誌銘所要表述的文字有所出入。楊璽為趙壽家寫的〈譜序文〉記載內容如下：

16〈誠身弘道大師趙公壽藏之銘〉，《大理古塔橋趙氏族譜》，頁134。

今歲戊午之春，奉命來榆，得與西宗兄重訂交誼，稔知趙氏為葉榆世族，西宗（趙壽）乃族翹楚。一日，語及家世，兄出譜徵序，余披讀之，見其先世有祖自應天府來榆，相傳十餘世，今即奉以為始祖，其元宋以上，則遠莫之稽也。

此份序文和楊禧的墓誌銘是寫於同一年，但楊禧還寫著「蒙段以來代有顯者」，這份序文又指出其先世「有祖自應天府來榆」，很難解釋何以同時產生二個不同的論述內容。當然這也很可能是一份偽造的碑銘，出現在同一年也未免是刻意。同一年，趙壽也親自撰寫另一篇譜序，內容在調和其父親的墓誌銘和楊璽族譜碑的內容，他所撰寫的族譜序記載著：

居士姓趙氏，名華嚴護，葉榆望族也。蒙段以來，代有顯者，先祖趙旻公、趙颺公，業籍榆城，隱德不仕。……先祖二公原籍南京應天府，……颺公本籍於洪武二年歲次乙酉科鄉試中試，登庚戌會試進士，江南人升授大理路中堂。居士華公，生七子，一曰成，二曰慶，三曰救，四曰壽，五曰山，六曰霖，七曰海。[17]

文中指出「其先祖原籍南京應天府」，而趙旻和趙颺二公「業籍」榆城。其中之趙颺於洪武二年在「本籍」獲乙酉科「鄉試中試」，又登會試進士，升大理路中堂等等。值得一提的是，墓主是趙華嚴護，碑中將挾佛名的「華嚴」更易為「華公」。另一個祖先是趙旻，據順治年間之族譜序載：「洪武十八年歲次丙寅，

---

17 趙壽，〈舊譜序二〉，《大理古塔橋趙氏族譜》，頁8。

我祖趙公諱旻者以指鈔事奉詔落錦衣衛職，從潁川侯傅友德軍戎
到榆。」[18] 此族譜序文與墓誌銘之祖先論述是不一致的。這種情形
之所以出現，很可能是景泰年間的這群新興士人只是透過族譜來
裝扮門面，但墓誌銘攸關墓主的地方事蹟，故仍從實撰寫。再
者，若要進行合理的解釋，那麼也可能發生以下的情形：一是大
理人被召為皇帝貼身偵伺機構，擔任錦衣衛之職，或者是後來被
召為錦衣衛職，但卻附會為洪武初年南京籍之祖先身分。第二，
明初施行開中法，曾令大理僧族以官商身分負責鹽米運輸之事
項，如墓銘指出的趙興隆與楊璽二人，故以南京人自稱。上述的
論證純屬臆測，缺乏更多的材料支持。當然，也不排除外來漢白
通婚，以致在祖先來源產生移花接木的過程。總之，族譜之撰寫
體例在格式上要求一份先源，那麼編纂書寫的過程便使其祖先來
源充滿了政治性的選擇。

　　這裡比較難考察的是楊璽的身分，他的身分相當關鍵。他是
楊璽的妹婿，連續幾段碑刻都相當強調趙壽娶了「河間長蘆都轉
運鹽使司同知楊璽妹魯為妻」，又從楊璽「奉命來榆」文字判
斷，表示他是外來者。總之，趙壽之一男一女，娶嫁皆為太和千
戶所土官千戶，可以推測他們正由僧族向上轉型為朝廷任命之土
軍，並且有由當地世族轉向土漢官族的身分，這些都與其族譜中
努力要建構的南京應天府的「原籍」身分有關。[19] 這是目前在大理
能見到較早宣稱祖源南京人的族譜論述，時間在景泰年間。

---

18 此一出處是據順治十六年趙氏第八世之趙中進所撰之族譜序。《大理古塔橋
　　趙氏族譜》，頁10。

19 〈故居士趙華嚴護墓誌銘〉，《大理古塔橋趙氏族譜》，頁132-133。

二、趙汝濂和李元陽的故事

第二個是趙汝濂家族的故事。前文提過趙汝濂祖先是明初與無極共同入京的龍關密僧趙賜，他們和塔橋趙氏都是嫻習波羅教的僧族，然二支系所留下的家族史料略有不同，趙賜在明初獲國師銜，塔橋趙氏卻被派任邊地擔任官員。趙賜後裔宗教身分維持到四代，直到第五代趙汝濂登上進士身分，躋身士人之列。趙汝濂致仕後回鄉，在其祖伯趙壽（此趙壽與本章塔橋趙壽為不同的二人）所編的《太和龍關趙氏族譜》基礎上，增補世系、譜序與後跋，標誌他們從僧族轉型士族的家庭性格。當時共同參與其事的有段子澄與李元陽等人。

（一）段子澄。大理州圖書館藏有《龍關段氏族譜》指出段子澄是大理總管世族後裔，其族搆難於建文朝，避政變返回滇地。段氏族人也有為避禍改為黃姓者。[20]《滇史》記載：段子澄是景泰壬申科（1452）大理府解元。[21] 又〈人物志〉記載如下：

> 太和人，為諸生時，不納奔女，路還遺金，天順壬申，秋試，主司待其卷，屢感異夢，知其為端人也，遂荐之奪解。仕為德安府通判，以內艱遂不起。晚年居鄉，為盛德，事益

---

20 《龍關段氏族譜》，收藏於雲南大理白族自治州圖書館。其譜收錄一份墓誌銘〈皇清特授文林郎清豐縣令三代墓文〉（1735），內容記載著：「按狀龍尾關段氏，其先大理總管，世有滇土，竊據宋元，支屬散居各郡。自洪武開滇，趙叛畾族。」指出明初「開滇」之時，段氏和趙氏在降明態度上的矛盾與衝突。我們無法確定是否為趙叛段氏，但族譜呈現的是段氏後裔之歷史記憶。

21 劉文徵纂，古永繼點校，《（天啟）滇志》，卷8，〈學校志〉，頁296。

多。里人稱為太丘彥方之亞。[22]

內容記載他參與秋試，如有神助，考官拔舉之為解元的神奇故事。後來，他被派往德安府擔任通判。他為《太和龍關趙氏族譜》寫序文，自署「承德郎湖廣德安府判，雲貴解元」，與上文內容相輔。要注意的是，段子澄和趙賜家族都是龍關世族精英，既是同鄉，其身分地位也旗鼓相當。雖歷經新朝政治的治理，二世族仍然保有地方聯姻的傳統：趙平的二子趙智與趙儀，娶了段子澄的女兒以及段子澄其兄之女。[23]（見圖9.1）也就是說，段子澄的女兒是趙汝濂的母親，段子澄是趙汝濂的外公。

（二）趙汝濂（1496-1572），為文選主事官，後居翰林庶吉士，又任南京右副都御史協官院事。[24]父親趙儀（1462-1530）身任補大理府庠生，後登弘治辛酉科（1501）雲貴經元，任四川涪瀘地方官，復任應天府推官。[25]後以子為貴，加封為中憲大夫右通政。其祖父趙平（1418-1477）是一位「日夜精通教法」的僧人。[26]一門三代扭轉趙氏由僧至仕的身分，皇帝下旨加封趙平、趙

---

22 諸葛元聲撰，劉亞朝校點，《滇史》，卷14，〈人物〉，頁488。又可見周宗麟，《大理縣志稿》，卷12，頁6。

23 《太和龍關趙氏族譜》，大理州博物館照片翻拍。

24 周宗麟，《大理縣志稿》，卷12，〈人物志〉，頁4。

25 參見趙汝濂撰，〈明趙儀夫婦行述〉，收入《大理叢書・金石篇》，第10冊，頁95下-96下。另，「號春汀，舉人，為應天推官，多所平反，累官知州，所至以方直慈惠稱，在培、在瀘皆祠名宦，平生以不欺自命，往回萬里不借官一馬一力，有贈之者，亦不受，人皆以為難。」見周宗麟，《大理縣志稿》，卷12，〈人物志〉，頁7。

26 楊一清撰，〈應天府推官趙平墓表〉，收入《大理叢書・金石篇》，第10冊，頁96下。

儀與趙汝濂三代，稱趙氏「龍關應天府推官」為銜。龍關成為其族之地望，應天府是官籍，二者共同確立趙氏的優越地位。[27]嘉靖壬午（1523），趙汝濂獲進士功名，選為庶吉士，後任副都御史，晚年歸家隱居，又稱趙雪屏先生。《滇史》記載：

> 趙汝濂，字敦夫，太和人。嘉靖壬辰進士，選庶吉士，為考功郎，主內察。……晚官都御史，諤諤有大臣節。致仕家居，益敦內行，不治產業，第營一草庵，匾曰：覺真，推俸弟兄族人同之。[28]

他曾在外地致仕，因為性格剛正，在朝仇家日熾，復歸鄉里居，隱居於家族佛寺。李元陽後來在其墓誌銘記載他在朝廷致仕之經歷與在鄉之義行。

（三）第三位重要關係人是李元陽（1497-1580）。在前章已介紹過這位大理士人，但我們對其身為士人身分的認識遠多於對其世系的了解。他的家庭也和大理其他世族類似，出自於降龍世家。比較有意思的一筆材料出自明人朱國楨的《湧幢小品》無意間透露李元陽的身世。該書有一短文描寫大理龍湫的傳聞：當時大理城水患不止，李元陽祖父秀眉公曾和他有一段對話，其指大理為一龍湫，古法以建佛塔鎮水患，然此法已廢。又提及「吾家世修其法，而未逮也」，指出李元陽的祖先曾是有法術的僧族世

---

27 見〈龍關趙氏誥封碑〉、〈明趙儀夫婦行述〉，二碑均收入楊世鈺主編，《大理叢書・金石篇》第10冊，頁85中下、95下-96下。

28 劉文徵纂，古永繼點校，《（天啟）滇志》，卷14，〈人物〉，頁472。文字與《大理縣志稿》之描寫略有不同，見周宗麟，《大理縣志稿》，卷12，〈人物志〉，頁4。

家，勉勵李元陽未來要致力修佛寺塔廟，以慰先人之憂。[29] 從此而推知，李元陽與趙汝濂不僅是同鄉的友人，亦為僧族後裔，二人皆為嘉靖壬午之鄉薦。他們相互聯姻，李元陽把二個女兒嫁給趙汝濂的二個兒子，展現出世族聯姻的傳統。趙汝濂逝去後，李元陽為之撰寫墓銘，是為〈正奉大夫正治卿南京都察院右副都御史雪屏趙公墓志銘〉。[30]

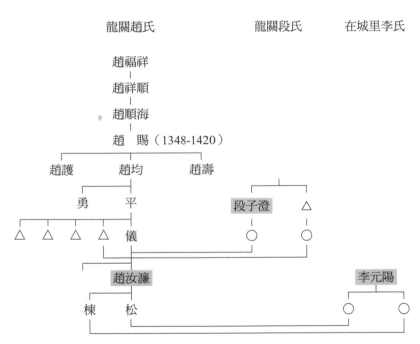

圖9.1　龍關趙氏聯姻系譜（作者繪製）。

29　朱國楨著，繆宏點校，《湧幢小品》（北京：文化藝術出版社，1998），卷28，〈龍湫〉，頁679。

30　李元陽，〈正奉大夫正治卿南京都察院右副都御史雪屏趙公墓志銘〉，收入氏著，《中谿家傳彙稿》，卷5，頁15-20。

　　段、李、趙三者皆源自於大理上層之世族大家，然趙氏與李氏是由僧轉仕的士族家庭，後來段、趙與李氏三者分別相互聯姻。（見圖9.1）他們轉型時相互聯盟，共同塑造士人歷史標準化的文化運動。

　　天順六年（1462），龍關趙壽請許廷瑞撰寫結合法脈與世系的族譜譜序。後來，趙壽的姪子趙平曾託段子澄為之撰寫〈後跋〉。趙平和段子澄是姻親關係，段子澄所撰寫的後跋如下：

> 　　趙之先，始於（趙）永牙公，後以兵燹湮化若干，代有福祥者出焉。祥生祥順，順海，海世居太和龍尾關白蟒寨，為關中甲族。咸習瑜伽教為盟詔國師。海生賜，賜行最優，且為人卓犖，立招風雨，擒龍捕鬼，大顯於時……[31]

段子澄的序文提及趙家祖先趙永牙，其世系採父子連名制，也提到咸習瑜伽教的祖傳家業，這些是西南大姓之習俗。但是，趙平的兒子趙儀，因開始從事仕宦，治績卓越。他為了顯耀先人，請同鄉朝中大臣楊一清為其父趙平撰銘，楊一清撰寫了〈應天府推官趙平墓表〉。[32] 後來，趙儀的兒子趙汝濂，自幼隨其在外為宦，後來職居翰林庶吉士，又任職南京右副都御史協官院事。[33] 故趙儀、趙汝濂父子二代奠定僧族轉型士子之代表人物。嘉靖二十二

31　《太和龍關趙氏族譜》。

32　見趙汝濂，〈明趙儀夫婦行述〉；楊一清，〈應天府推官趙平墓表〉。

33　李元陽，〈正奉大夫正治卿南京都察院右副都御史雪屏趙公墓志銘〉，收入方樹梅纂輯，李春龍、劉景毛、江燕點校，《滇南碑傳集》，卷2，頁35-39。李元陽，〈正奉大夫正治卿南京都察院右副都御史雪屏趙公墓志銘〉，收入氏著，《中谿家傳彙稿》，卷9，頁15-16。二篇文字略同。

年（1543）趙汝濂歸鄉，前往家族墓址找尋祖先墓銘，著手整理家族歷史。族譜描寫趙汝濂當時尋找墓碑的情形：

> 焚黃先塋，皆珠石呪書，而墓碣僅三兩家，先靈駁雜，似難辯也。詢之父老，不得其詳。適有家譜二卷，一覽而歷代顛末昭昭矣。余有續貂意，耐（奈）考滿北上王程孔急中止。[34]

在整理家族史時，他意外發現族中耆老收有曾祖伯趙壽之舊譜，這份舊譜也就是昔日趙壽請許廷瑞與段子澄二公所撰之譜序。一覽其文，則「歷代顛末，昭昭矣」！當時，趙汝濂因受命任他職北上，而暫時擱置。後來，趙汝濂晚年歸鄉修譜完成，隆慶元年（1567），李元陽以「監察御史前翰林院庶吉士中谿山人」的身分為此譜撰寫〈跋略〉，描寫其二子請李元陽撰寫跋略之情形：

> 二青衿謁余，袖出一卷乃家譜也。欲余草跋于後以竟其終。余以館長筆家下，命不敢辭。遂秉筆以應之曰：論族者，諭諸水，或源也，或委也，其為物不同，其理一也。雖然沂焉，沿焉……是故譜修而後倫敘，倫敘後蒙恩……太和龍關趙氏南中右望族也，其族之始末，備載許、段二先生首簡，雪屏公後跋斟酌損益……[35]

這幾句話格外重要，表示李元陽看過趙汝濂手邊收藏的舊譜，內容收錄著許廷瑞、段子澄二先生之譜跋。譜跋還記載著趙氏祖先

34《太和龍關趙氏族譜》。
35《太和龍關趙氏族譜》。

是怎麼從天竺人摩迦陀手中習得瑜伽教法等等祖傳教法的內容。

　　有意思的是，就如段子澄和趙儀的關係，趙汝濂的二個兒子正也是李元陽的女婿。趙氏族譜此文類之敘事主軸是建構趙氏父系世系的故事，但維繫著這套父系世系的書寫力量卻是由女性所產生的聯姻網絡所創造出來的！這些士人是依循女性所連結的聯姻網絡來建立士族群體的社會關係，甚至建構出一套父系世系的歷史出來。

　　後跋完成五年後，趙汝濂便過世，為他撰寫墓誌銘的也是姻家李元陽。他為趙汝濂所撰寫的墓誌銘〈南京都察院右副都御史雪屏趙公汝濂墓志銘〉有二個版本，一是萬曆四十四年刻本《國朝獻徵錄》收錄之墓銘，一是雲南圖書館藏刻板李元陽《中谿家傳彙稿》收錄之墓銘。收錄於《國朝獻徵錄》的墓銘指出趙汝濂：「世為南中太和人，高大父諱賜，曾大父諱均，咸有隱德，為鄉評所推，大父諱平贈推官。考諱儀，治《禮記》，領雲貴鄉薦魁。」[36]引文指出當時以「南中」取代「大理」。再者，祖先有「隱德」，是淡化祖先教法的普遍用語。但是，雲南所藏之刻板《中谿家傳彙稿》所收錄之〈副都御史雪屏趙公墓誌銘〉記載如下：

　　　公諱汝濂，字敦夫，姓趙氏，其先南京上元人也。永牙公於元末游滇，得地於太和之龍尾關，因居焉。高大父陽（按：應是賜），曾大父均，咸有隱德，為鄉評所推。大父平，贈推官。考儀，號春汀，治禮記，領雲貴鄉荐禮魁。初

---

36 李元陽，〈南京都察院右副都御史雪屏趙公汝濂墓志銘〉，收入焦竑，《國朝獻徵錄》，卷64，頁546。

授涪州學正，歷應天府推官，瀘州知州，有惠政，累贈中憲
大夫。妣段氏，同郡通判曉山段公子澄之女，累贈恭人。[37]

《中谿家傳彙稿》有新舊二個刻板，都流傳於雲南地區。[38]這個版
本把趙汝濂寫成是南京上元人，是一件很奇怪的事。南京上元
人，不知從何而來。充其量是官籍南京！再者，《太和龍關趙氏
族譜》寫得很清楚，其祖先趙永牙是南詔時人，受天竺人摩迦陀
教法。編纂者說趙永牙是元末遊滇，得地太和龍關。第三，其祖
先「高大父陽」，實為趙賜，或是無關宏旨的訛錄。[39]南京上元人
的論述之所以流傳在雲南，很可能是當地人的篡改，《國朝獻徵
錄》所收錄的墓誌版本反而更貼近趙汝濂之世系來源。目前很難
將何時、何人將趙汝濂之祖先改為南京上元人進行考察。

　　這種世系來源的搖擺情形並非只出現在趙汝濂的身上。李元
陽的家世前面已經提過了，但其門生李選所撰墓誌銘〈侍御中谿
李元陽行狀〉指出李元陽祖先來自浙江錢塘：

　　先生，諱元陽，字仁甫，世居點蒼山十八溪之中，因號中
　　谿，其先浙之錢塘人，祖諱順者，仕元為大理路主事，愛山
　　水，遂家焉。[40]

37 李元陽，〈正奉大夫正治卿南京都察院右副都御史雪屏趙公墓志銘〉，收入氏
　　著，《中谿家傳彙稿》，卷9，頁15-16。
38 《中谿家傳彙稿》卷首錄有中華民國二年趙藩撰之〈重刊中谿彙稿序〉以及萬
　　曆庚辰（1580）年巡按雲南監察御史劉維所撰之〈刻中谿李先生集序〉，頁
　　1-3。
39 明朝大理墓誌銘往往以「祖先有隱德」來描寫家族歷史，大多有隱晦之情。
40 李選，〈侍御中谿李元陽行狀〉，收入周宗麟，《大理縣志稿》，卷26，頁3-6。

這裡指李元陽的祖先是浙江錢塘人，也和前面提及「吾家世修其法」的敘事側重面向不同。頗有牽強附會於中原士子的意圖。這些陳述大抵出現在隆慶年間，比塔橋趙氏的南京論述時間稍遲，可以看出其非土著的歷史敘事不斷擴大，而中原各地流徙而來的說法也逐漸成為鄉里士人的主流論述。

三、楊森和楊士雲的妻舅

　　喜洲世族和前面二個個案不同，他們具有更強的地方主義色彩。有二位士人值得特別留意：楊森與楊士雲，他們都是進士出身，而且都是喜洲董家的女婿。他們為董氏寫下不少墓誌銘，也為地方世族留下不少珍貴的歷史紀錄。《太和董氏族譜》的編纂正可看出身為女婿的二位士人如何建構大理世族的歷史。

　　楊森，太和縣鄉進士，永樂辛卯（1411）舉人，和前文提及的楊禧同是永樂九年第一批太和縣的鄉進士。[41]他在返鄉後為鄉人撰寫許多墓誌銘，經此紀錄得知，討論他在當時社會所扮演的角色。首先，楊森留下的署名有：「國子監生鄉貢進士楊森」、「五峰進士」或「鄉貢進士五峰楊森」或「辛卯科鄉貢進士四川成都府金堂縣承事郎知縣五峰楊森」等等，可知他身任南京國子監生鄉貢進士，後來前往四川金堂縣（位成都東北）擔任知縣。再者，返鄉後，他成為指標性的地方精英，為昔日總管府段氏族裔、僧族世家、明初擔任書吏者、基層新興勢力的里長以及知名的隱士楊黼等等撰寫墓誌銘，可知他的社會網絡包括了當時之新舊世族精英。他不僅擁有新朝顯榮聲望，又深知地方過去的歷

41　見劉文徵纂，古永繼點校，《（天啟）滇志》，卷8，〈學校志〉，頁295。

史，否則也不會為失勢的段氏寫下一段昔日國王的歷史於其墓誌之中。[42] 此外，楊森的二位妻子，皆是顯貴世家，一是元末鄧川州同知董寶的孫女，一是喜洲同知張氏之女，加上明初進士身分，他可說是集大理新舊勢力於一身的地方精英，也是一位具有指標性的新興人物。

第二位重要人物是楊士雲，也是喜洲人，與楊森相距約四個世代之久。據李元陽所撰之〈給事中弘山楊公墓表〉中指出：

> 楊宏山（弘山），世為太和喜洲人，姓本董氏，其先有諱昇寶者，仕元為鄧川州同知，寶生高祖俊，為大理宣慰學錄，俊生曾祖文道，文道生祖鋐，鋐生考玆。考也，祖姑董氏愛其穎敏，遂抱為己子，祖鋐弗難也，許之，因姓楊。[43]

指出楊士雲本姓董，其父親名為董玆，祖先追溯到元末鄧川州同知董寶。時喜洲董楊二家世為姻婭，其父為祖姑董氏所喜，故認

---

42 楊森在墓誌銘中所使用的頭銜有許多，可參見〈故居士楊公墓誌銘〉（1420）、〈楊仲英同妻杜氏壽墳銘〉（1421）、〈故居士張公墓誌銘〉（1425）、〈李益墓誌銘〉（1436）、〈故處士段公墓誌銘〉（1436）、〈故寶瓶長老墓誌銘〉（1437）等等，收入楊世鈺主編，《大理叢書·金石篇》，第10冊，頁31下、33中下、34下、42中下、43上。另外，楊森為段氏寫了〈段福墓誌銘〉（1444），又為一位隱居的隱士楊黼（1370-1450）撰寫〈重理聖元西山碑記〉（1450），收入楊世鈺主編，《大理叢書·金石篇》，第10冊，頁48中下。

43 這一段文字見於周宗麟《大理縣志稿》所收錄的〈給事中弘山楊公墓表〉，同於焦竑《國朝獻徵錄》亦收有此墓誌，然這一段文字已被刪去。參見周宗麟，《大理縣志稿》，卷26，頁28；焦竑，《國朝獻徵錄》，卷80，頁328-329。然而，喜洲董氏族譜記載著董玆為贅婿，他有五個兒子，包括了楊士雲和其四個兄弟皆姓楊。參見《大理史城董氏族譜》。

養其父為子，故楊士雲隨其祖姑夫家姓楊。雖然如此，董氏族譜仍然將祖姑董氏認養之兄弟世系即楊士雲，納入董家族人之列，使得董氏族譜也包括了「異姓」。這種情形在重視女兒與贅婿的西南地區是相當普遍之事。[44]

楊森和楊士雲都是董家姻親網絡中的一員。楊森是董家女婿，其妻為元末鄧川同知董寶的孫女，楊森也為妻家董氏留下許多墓誌銘。楊森撰寫墓誌銘一事，不僅有重整董氏祖先墳塚之意，也有重建大理世族歷史之責任。他所留下的墓誌銘也為後來族譜的編纂留下許多重要的線索。[45]楊士雲也為董氏編寫不少墓誌銘。看來，獲功名的女婿為姻親家族寫史是當時之風氣。況且，楊士雲不僅為父親兄弟而寫，還為其曾祖父寫墓銘，可知這更像是一系列的墓誌銘書寫計劃。[46]

墓誌銘主要記錄墓主一生之事蹟功業，然世系之來源敘事涉及時間意識形態，也透露書寫者身分選擇的問題。首先來談楊森，他為元末鄧川同知董寶所寫的墓誌銘，將始祖追溯到南詔布燮董成：

---

44 楊瓊，《滇中瑣記》，收入方國瑜主編，《雲南史料叢刊》（昆明：雲南大學出版社，2001），卷11，頁253-254。

45 楊森為董家所寫的墓誌有〈元鄧川同知董公墓表〉此即鄧川同知董寶、〈南京國子監上舍生董公墓誌〉此為到南京讀國子監生的董山、〈處士董公墓銘〉為太和所總旗董光、〈故處士董公配李氏袝墓銘〉墓主為董和。

46 楊士雲為董家編寫的墓誌有〈故明處士墓銘〉，墓主為楊士雲的曾祖父董文道、〈檢菴隱壽翁碑〉，墓主為楊士雲的伯父董廉、〈故掾董公墓誌銘〉，墓主是楊士雲的叔叔董府、〈董母尹氏墓誌碣〉為董府之妻、〈明故掾史董公墓表〉，墓主是董勉，是編纂董氏族譜主要人物、〈敬庵先生墓表〉董璧為楊士雲之受業師。

公諱寶，字性善。姓董氏。世處大理之喜郡。昔觀音建
國，以蒙氏為詔，迄世隆遣布燮董成。入朝於唐，受敵國禮
而還。成即其始祖也。

他採用二套正統性語言來編織董氏家族史，一是觀音建國的蒙
氏，一是唐朝。他先介紹當時董氏所普遍採用的氏族神話起源，
指其仙源始祖「簪纓繼世，仙源流慶，布於內外」[47]，這和阿吒力
董賢家族的始祖宣稱如出一轍。但因為喜洲董氏主要以仕宦為
主，故追溯始祖為南詔清平官董成，而不是仙源。祖先對他們而
言，不在血緣與世系，更多的是「身分」。南詔世隆國王曾派清
平官董成入朝於唐，和明初董山入京擔任國子監身分類似，楊森
於是以南詔清平官董成為喜洲董氏始祖，和宣稱鳥卵仙源的阿吒
力董賢所要強調的祖先不同。這種作法甚至有與擔任阿吒力的董
氏相互區辨之用意。

楊森為董山（1374-1432）撰寫〈南京國子監上舍生董公墓誌
銘〉，內容記載董山在明初入京的情形：

始祖諱成，蒙詔舉用清平之職，入朝於唐，賜賞而還，簪
纓繼世，仙源流慶，布於內外。……入郡庠，補廩膳，窮經
史，達時務，以成材而貢春官。卒業成，為修道堂上舍生，
名列賢關，交遊天下美才，覽金陵之勝慨，覩太平之制度。

---

47 楊森記載董家起源是「簪纓繼世，仙源流慶，布於內外」，此論亦見楊森，
〈元鄧川同知董公墓表〉、〈南京國子監上舍生董公墓誌〉，收入《大理史城董
氏族譜》，卷8，〈藝文〉，頁5-7。

董山在明初被派往南京，擔任國子監舍生，後獲洪武賜衣，朝廷還令其「監辦寶舡廠」。此一寶舡廠，應是當時之南京造船廠，指出他投入南京基礎建設之公務。後來，董山死於異地，他的兒子董繼光（1412-1478）負骸而歸，隔五年將其父葬於喜洲弘圭山。時董家境極為優渥，其子董繼光則「建水陸大齋科儀，以薦供齋感通崇聖諸剎之千僧……產業榮富，莫非孝思之所感」。[48] 其勢足以動員當時聲望較高的感通與崇聖寺之僧人為其舉行薦亡法會，地位崇高。然，董山後裔卻被編入里甲制度下，成為市戶里第二甲之甲長。

　　喜洲士子約在景泰年間開始採用九隆族作為其集體祖先敘事。楊森為擔任太和所總旗的董光撰寫墓誌，他指出：「九隆族之裔，世居理之喜瞼」。九隆氏之說取代觀音建國和氏族源流，成為一種新的「正統」土著論述。九隆族裔的說法在喜洲士子間流傳起來，如楊琪撰有〈太和五長董公同室楊氏墓誌銘〉：「義勇五長董公，乃太和喜瞼之世家也。公諱俊，字文傑。董氏九隆族之葉。」[49] 又，李元陽為董氏撰有〈董君鳳伯墓誌銘〉：「君諱難字，號鳳伯山人，其先系出九隆，世居太和。有諱成者，唐咸通中，為南詔清平官。」[50] 除了董氏，其他姓氏之九隆之說亦相當普遍。一直維持到明中晚期。

---

48 楊森，〈南京國子監上舍生董公墓誌〉，《大理史城董氏族譜》，卷8，〈藝文〉中，頁7。

49 楊琪，〈太和五長董公同室楊氏墓誌銘〉，《大理史城董氏族譜》，卷8，〈藝文〉中，頁15。楊森，〈處士董公墓銘〉，《大理史城董氏族譜》，卷8，〈藝文〉中，頁9-10。

50 李元陽，〈董君鳳伯墓誌銘〉，收入《大理史城董氏族譜》，卷8，〈藝文〉中，頁35。

　　九隆氏傳說重新被強化是一件值得玩味的事情。九隆說源自
《後漢書》，意指西南夷的始祖，其與明朝官府所推動之僰人論述
相左。它可說是一組「倒退的」的氏族傳說，也是自我「蠻夷
化」的歷史敘事。出現這種族源敘事的具體原因仍不明確，若將
之放在當時之政治脈絡，大抵可以從三個角度來理解：（一）九
隆氏很可能與官府的「僰人」概念相抗衡，用以強調白人在西南
夷的正統地位。（二）他們並非土官身分，若採用正統歷史之九
隆敘事來抵制官方敘事，得以強化其在西南諸夷間的代表地位，
也在土官社會中具有競爭性與優越感。（三）更有意思的是，九
隆之說還包括一套士人祭祖的儀式活動。清初《滇南雜錄》記錄
一則明末滇南蒙自的九隆族的故事，非常具有啟發性。內容記載
一批移居蒙自的白人，一旦其成員有獲功名者，便得以九隆族的
名義舉行共同祭祖的儀式：

　　（雲南）蒙自有張、王、李、杜、段、何、楊七姓，同祖
　　於九隆，居蒙自最久。明天啟間，有杜雲程者，以明經授武
　　定教授，置杜氏鼻祖墓碑於西郊，盡書其遠祖之名，自南詔
　　迄元明，凡數十人。歲時伏臘七姓之裔合祭於墓。有古風
　　焉。[51]

這段文字告訴我們一群自稱是同祖九隆氏的人群如何立碑祭祖的
過程：杜雲程獲武定教授後，「置杜氏鼻祖墓碑」，將南詔到元明
以來的祖先姓名列入其中，歲時服臘之日，七姓之裔共同合祭於
墓。從其墓碑「盡書其遠祖，自南詔迄元明」等等文字看來，應

51　曹樹翹，《滇南雜錄》，卷8，〈杜雲程〉條下，頁306。

是與族譜碑類似。重要的在於：這墓碑也成為七姓共同祭祖之所在地！換句話說，移居蒙自的白人以「獲功名者」的杜氏鼻祖為士大夫名義，進行氏族合葬之祭儀。這條史料似乎指涉：獲功名之士大夫得以堂廟的形式祭祖，對他們來說，此堂廟涵蓋的是氏族合祭的規模，是異姓聯族的概念。其「族」是氏族（clan）的概念，不是宗族（lineage），是由幾個姓所組織而成。也就是說，隨著杜雲程獲得特定官爵與功名，他們得以聯合族譜碑的方式來舉行共同祭祖之儀式。這段關鍵的訊息有助我們在接下來討論鄉里社會異姓祖先神的歷史問題。

九隆氏的歷史敘事成為異姓聯盟的祖先認同，然九隆族論述維持約一百年左右，多出土於喜洲墓誌銘，時間止於嘉靖年間。[52] 如果說喜洲曾出現為抵制夷化漢人敘事而產生的氏族祖先論述，那麼九隆氏便是其士族精英們刻意維持的歷史敘事與社會記憶。

喜洲最早出現的族譜始於董氏。董氏有一支系被劃入太和所土軍之總旗，其裔董森隨軍征貴州苗夷，並參與西南邊境大小戰役。明中以來，正規衛所潰逃者眾，行軍作戰多仰賴土軍。擔任土軍之處境甚窘，董森將兒子董勉（1433-1512）轉入吏職，「少通書史，長精於律，應辟為椽。」經歷三十年後，董勉回鄉，著手整理祖墳上之墓誌銘，並為編纂族譜做準備。董勉編纂族譜時，曾向楊士雲徵詢有關族譜撰寫的體例與格式，也試圖經由編纂族譜來宣示其轉型為士人的身分。楊士雲對董勉編寫族譜一事，甚為贊許，況且這還是喜洲第一份比較規範的族譜。所以，

52　九隆之說也出現在大理府以外的地方，如楚雄府。然喜洲出土的墓誌銘仍占多數。

他在其譜序中以孝稱之，並說：

> 竊嘆古有閭乘，近代士族往往以譜為議，三世不修，君子
> 比其罪於不孝，況吾鄉有譜，尤為落落，有之，自今日始
> 也。[53]

指出近年士族精英紛紛撰譜，而喜洲編譜則始於董勉。董勉在致
仕返鄉後，因為族類繁碩，譜系失傳，「乃遍錄墓之碑表銘誌，
家之狀集，自始祖布爕逮今凡若干世，為董氏族譜」，到他的兒
子董仁（1457-1543）始「敘族譜，飭家教」。嘉靖六年（1527）
董仁和楊士雲分別為《大理史城董氏族譜》寫了譜序，奠定董氏
聯族的書寫架構與基礎。[54]

　　嘉靖六年的族譜序寫得很清楚：他們在楊森撰寫墓誌銘的基
礎上，以南詔布爕董成為始祖，將太和縣境內董氏四個支系組織
起來。[55]楊森留下的墓誌銘，包括喜洲的董寶、董慶世系，其墓葬
於弘圭山；五台峰山腳有董和，其墓葬於五台峰的葫蘆坡；還有
另一支土巡檢支系董祿，其祖墳在龍尾關聖應峰的蕩山。[56]他們三

53　楊士雲，〈明故掾史董公墓表〉，《大理史城董氏族譜》，卷八，〈藝文〉，頁
　　22-24。

54　大理州圖書館收藏之《大理史城董氏族譜》，經乾隆年間董正官、道光年間
　　以及民國十年間董維邦三度重修，此譜共歷四次修譜。現今見到的族譜是乾
　　隆年間董正官修譜所奠定下的規模，可參見其《大理史城董氏族譜》〈總
　　序〉。乾隆修譜時，又加上了元以來之董正官之祖先董晟祖派下，聯宗的規
　　模也逐漸擴大。

55　見楊士雲與董仁所撰之〈舊譜序〉（1527），《大理史城董氏族譜》，卷首，序
　　文，頁2。

56　大理龍尾關南方蕩山土官巡檢董氏，其祖墳在龍尾關聖應峰蕩山，明初有董

支之葬地不同，具體祖先系譜亦不甚清楚，但都被納入這份董氏族譜中。我們要注意到，不被包括的應是被封為阿吒力僧綱司的董氏土僧世家，也就是說，此董氏聯盟的族譜要建立的不只是宗族的外表，還包括身分。

　　楊士雲是推動族譜編纂的重要推手。他晚年時以「賜進士工科給事中與翰林院庶吉士」身分為其前三代的異姓曾祖父董文道（1386-1458）撰寫墓誌銘，內容提及董文道的父親董俊曾為大理府鄧川儒學學錄的一段記錄。[57] 此外，他又為二位伯叔董廉、董府撰寫墓誌銘，以示不忘其根本之意。[58] 換句話說，楊士雲為其曾祖父寫墓誌銘時，已距墓主歿後約八十年左右，在相隔八十年後還為之撰寫墓誌銘，極可能是當時鄉士大夫的職責。楊士雲在家鄉推崇家禮，也推崇編纂族譜，他認為：

> 今日由有服以至無服，雖千百指之多，其初一人之身也。雖欲不親亦不得已，親則孝弟之行興，嫺睦之風作，庸皆非譜作之力。[59]

有服至無服指的是社會親屬關係由近至遠的範圍，雖有千百人，

　　錄者被任命為賓居土官巡檢，歷經五代至董難（1498-1577）。董難因讀書有名氣，與楊慎與李元陽結為學友。後來董錄土官支系也被收錄於太和董氏族譜之中。李元陽，〈董君鳳鳳墓誌銘〉，收入《大理史城董氏族譜》，卷8，〈藝文〉中，頁35-36。

57 楊士雲，〈明故處士董公墓誌銘〉，《大理史城董氏族譜》，第2冊，卷8，〈藝文〉中，頁8-9。

58 楊士雲，〈檢菴隱壽翁碑〉、〈故掾董公墓誌銘〉、〈董母尹氏墓碣〉，收《大理史城董氏族譜》，卷8，〈藝文〉中，頁17-19。

59 〈楊氏族譜序〉，收入楊士雲，《楊弘山先生存稿》，卷11，頁191。

但卻「其初一人之身」，很明確地表示族譜背後必須追出一個祖先來源的意識形態。

社會往往在區辨、重組、分化與聯盟的過程中形成一種動態性。昔日之氏族為組織平行對等關係，以兄弟關係來創造共同來源，所以他們採取神話與傳說來建構歷史。現在，族譜強調其初始於一人，手法是類似的，共同來源無疑地是氏族性的神話，起源始自一人的意識形態無疑也是神話。二者的區別在於表達的文類不同，體例不同，所造成的後果也不同：族譜是一份合法的檔案，其建構祖先源自一人時，強化系譜中父子上下垂直的世系關係，在結構上將抑制兄弟聯盟的平行關係。但是，傳說與神話更重視世系聯姻的平行聯盟關係，尤其聯盟媒介有時是女性，也會是男性，很難建構出單純的父系繼嗣的垂直架構。前者重視線性的過去作為歷史與政治資本，而後者則更重視現實世界之社會資本以及社會內在平行間的協調，二者強調不同。以楊士雲為例，他所遇到問題是：他身處世族聯姻的社會傳統，然在外表披上一層符合宗族文化的士大夫面紗，其祖先源自一人的說法便和他的處境產生扞格之處。[60]那他究竟姓楊，還是董家人？無疑地，他在楊家循著董氏女性（祖姑）的關係被納入董氏族譜。[61]終究是地方

---

60 人的身分來源有二，一是來自父方，一是來自母方，但族譜主要是記錄父系世系（lineage）發展為主軸的文本。八十年代，瀨川昌久在中國南方漢人邊界從事研究，指出邊陲人群往往透過族譜此一文類來區辨他們與鄰近人群的界線，尤其以追溯正統漢人祖先使其成為具有競爭性的人群。瀨川昌久，《客家：中國南方漢人邊界的族群性》（北京：社會科學文獻出版社，2013）。瀨川昌久後來以族譜為主要研究內容，並視族譜為民間老百姓的歷史敘事與歷史意識的展現。

61 〈董氏族譜序〉，收入楊士雲，《楊弘山先生存稿》，卷11，頁190。又見《大理史城董氏族譜》。

傳統認了他，把他視為董家人。[62]更有意思的是，《大理史城董氏族譜》不僅將楊士雲列入譜中，又在其父欄下加註「贅婿」，此贅婿指的不是其父董玹，循線暗指的是祖姑董氏的招夫楊姓，這也就是世族社會在適應宗族建構時所產生不符規範而產生的縫隙與非典型個案。這些無意的史料試圖將一個不在文字現場的事實突顯出來，即「祖姑」董氏招贅夫此社會現實，而此社會現實是不可被忽略的事實。這就產生異姓同譜的情形，世系和姓氏也就成為不對稱的關係。於是，滇西便出現所謂的正譜與副譜的情形，陳榮昌未知何時人，他曾為《大理史城董氏族譜》作序，其序云：

> 滇西之俗，贅婿以為常。此有妨於宗系者甚大，故修譜亦易輳轕。今觀董氏之譜，有正有附，正譜為經，附譜為緯；經以紀其常，緯以窮其變……此固董氏一家之法，而吾謂滇西之立族譜者，皆當取此以為通法也。[63]

這裡提到的贅婿以為常，正是其通情。是以，大姓或有正副譜的作法，將贅婿者的異姓世系也被列入族譜之中，造成一族譜二姓的情形。這雖然不符合以父系為中心的族譜撰寫體例，但也說明聯姻的平行關係在他們日常生活仍有其重要性。

---

62 另一份間接的材料或也說明楊士雲的處境：約在同時，喜洲楊氏族人也編纂族譜，楊士雲卻以「婿」的身分為之撰寫〈楊氏族譜序〉文。〈楊氏族譜序〉，收入楊士雲，《楊弘山先生存稿》，卷11，頁191。

63 見鄭天挺，〈大理訪古日記〉，收入趙寅松，《白族文化研究》（昆明：民族出版社，2003），頁29。《大理史城董氏族譜》便是始於嘉靖六年，由楊士雲為董勉、董仁父子二人所寫之序。而其中之附譜便是將楊士雲世系列入其中。

　　族譜是用來宣示正統、成為士人的文化資源，其製作過程也建立一套展演身分的社會網絡。董仁編族譜時，為「其先始於一人」而將始祖追到南詔時的清平官董成，這種作法正有利於解釋此時此刻發生之事實：明初董山也前往南京。唐朝的董成和明初的董山，形成「同類相生」的結構相似性，不僅符合正統史觀，也為董氏家族史的轉向定調。但是，族譜和墓誌銘二種文類反映了新舊二元性的思維模式，九隆族有利於鞏固地方聯盟組織，但始於一身的董成始祖則有利於身分的合法性。這二者看來互斥，但卻巧妙地成為喜洲世族用來面對不同人群的文化策略。

　　清初之董氏後裔再度修譜，對昔日譜中所記載之九隆族裔不甚苟同，但又不敢擅自刪修，於是一面保留原文，一面在墓誌銘增補：「謹按：舊譜始祖諱成，原籍金陵，非系出九隆也，所引非是」或「舊譜始祖諱成，自江南金陵縣遷至大理國，為蒙氏所舉，非系出九隆也」。[64] 這些增補以及強化「祖源」涉及董氏身分與歷史二種認同，他們採取折衷方案，把「江南金陵」推到大理國以前，間接安頓了雙重正統的歷史敘事。

小結

　　大理士人建立新身分時，必須循著新的文類與體例來建構其合法性。墓誌銘與族譜，代表著不同的書寫策略與不同語境下的讀者。尤其第一批自南京返鄉的鄉進士們，以新興士人精英的身分重建地方歷史，首要之務是為父祖輩撰寫墓誌銘，為彰顯士大夫身分，則有編纂族譜之舉。前者有維持世系優越的身分的意

---

64 同上註，董氏後裔修譜者在楊琪與李元陽所撰之墓銘上，以補註方式更正之。

思，後者有助於建立其與「正統」歷史的譜系關係。這二種文類分別有其預期性的社會效果，也有其儀式性的意涵。

這章分別以塔橋趙氏、龍關趙氏與喜洲董氏三個個案，來討論其不同敘事策略與重構歷史的過程。不論以墓誌銘或族譜文類來編纂歷史，他們仰賴的是地緣性的姻親關係，雖然我們無法進行全面性的分析，但以女婿士人身分為妻方（外祖）撰寫墓誌銘或者族譜序者相當普遍。龍關趙氏族譜、塔橋趙氏族譜，乃至於史城董氏族譜，大多由其鄉里之姻親士族來著手：塔橋的趙壽與楊璽是姻親關係；段子澄與李元陽是龍關趙氏之姻親家族；喜洲之楊森與楊士雲也是董氏之姻親。這批士子採取地方既有的聯姻基礎，來建立一個外表看起來符合士大夫理想以父系血緣為主的宗族社會。

再者，更重要的是世系建構時所呈現家庭內部的社會關係。父子繼承的世系原則，有利於鞏固社會內在秩序，但是大理之社會基礎，並不單以父系繼承制為原則。早期地方傳統政治，更傾向以聯姻與招婚來維持鞏固政治集團間的勢力，女性在政治上亦扮演重要角色。[65]於是，即便以族譜建構父系世系的歷史，仍是由姻親關係來扮演這一股「看不見的力量」。段子澄與李元陽皆為龍關趙氏之岳父，他們為女兒之夫家（婿）寫族譜序；楊森與楊士雲是喜洲董氏族人的女婿，他們為其妻／母之家族撰寫墓誌與族譜。再者在城里的楊璽是塔橋趙壽之妹婿，而他們彼此之間也是鄉里學友與師生的關係。很明顯地，這些受了朝廷功名的士大

---

65 明初大理周邊仍出現幾位女土官，其中如太和縣神摩洞土巡檢趙俊，因其無子，由妻子與女兒繼承土官職。這說明了社會運作親屬原則非父系，而在聯姻與聯盟。參見本書第三部。

夫為其妻／祖母／女兒家撰寫譜序，是以姻親的身分來推動父系為主的族姓世系。從族姓的意義上來看，他們以外來者自居，卻不證自明地揭示族姓世系編纂背後姻親們的重要性：他們一方面推動儒家父系家族的價值，又以姻親身分為其妻／祖母／女兒建構她們的父系世系。換句話說，族譜是家庭內部社會關係的延續，也是透過姻親網絡來推動的。

第十章

改造佛寺

　　滇地普遍存在著將佛寺改建為符合官府正統祀典儀式場合的改造工程，姑以儒制化的佛屋稱之。大理世族長期擁有儀式權與治理技術，隨著世族身分的分化，其族裔也開始挪用新的文化標籤來適應新的政治與儀式架構。明中葉以來，大理鄉士大夫對其祖先是否列入「鄉賢」或「名宦」有許多不同的想法：有的祖先原被奉為一方之主，在祀典結構中降轉為鄉里香火；新興士人又再將其家族佛寺改造為士人的宗祠，官府之祀典架構為他們提供新身分的合法性。與此同時，另一股人群為爭取身分合法性與鄉里儀式權，也紛紛將其祖先抬升成為鄉賢、名宦或邊臣武將等等。直到明中晚期，官府在各地大動土木，建置符合正統禮制之廟學，並在其旁設置名宦與鄉賢二祠。在禁僭越與崇正闢邪之風氣下，地方社會著手一系列的歷史改造運動：除了響應官府倡議之歷史人物，如極端之代表人物是諸葛武侯；老百姓也致力於將地方人物與祖先，塑造為符合正統歷史知識系譜架構下之一員。清初裁撤衛所時，一批移民而來的漢人衛所，紛紛仿效將祖先改造為鄉賢與名宦的作法，試圖向官府呈請其「開滇」祖先是具有邊功的軍臣，並以此名義汲汲於向官府申報為報功祠。

　　本章將正統祀典視為機構化組織（institutionalized organizations）的合法性基礎，來討論大理鄉士大夫如何重新組織儀式與符號：他們將佛寺轉型為書院或社學，將之改造為宗祠，又隨著官祀架構，抬高祖先為鄉賢與勳臣。從中可以看到以大理為首的邊境人群擅長以此邊陲政治之特殊性格，採用官府儀式的語彙來整合社會及其地方利益。

　　以下分為四個部分來說明：一、佛屋易以儒制；二、正祀典；三、佛寺化的祠堂；四、報功祠。

一、佛屋易以儒制

　　大理世族精英開館授課，有其根深柢固的地方傳統。依據明初規定：天下各處鄉村人民每里一百戶內立壇一所，祀五土五穀之神，以輪辦祭祀的方式來建立社會秩序，而社壇也成為基層社會宣示禮法與教化的場所。[1]佛寺很自然地成為符合鄉里儀式之場合，而社學與書院也從佛寺延伸出來，「佛屋而易以儒制」成為滇地普遍存在的情形。[2]明末之《鄧川州志》記載當時循「洪武禮制」施行鄉里社祭的情形：

> 　　洪武禮制曰：凡鄉村一百家共立一壇，以祀五土五穀之神，立春後五戊日為春社祭五土。立秋後五戊日為秋祭祭五穀。本州十二里並四所，各就寺廟立社以祭，並立訓蒙在內。鄉官艾自修於關聖祠內獨立一社，塑五土五穀之像纘立各神之號，更製鄉約警言開後。

此引洪武禮制規範的百家立一壇，設有春秋二祭，是為社壇。然鄧川州有十二里四所，「各就寺廟立社以祭，並立訓蒙在內」，鄉里社祭隨寺廟舉辦，訓蒙之所亦然。然引文想要突顯鄉官艾自修為知禮之士，故獨自在關聖祠設置專祀社壇，並塑五土五穀的神像與神號，製作鄉約警語約範並教化鄉里之情形。這段話的重要性不在於艾自修在關聖祠「獨立一社」，反而是告訴我們當時之

1　張鹵輯，《皇明制書》，收入《續修四庫全書》，第788冊，卷7，〈洪武禮制〉，頁316。

2　彭綱，〈通海縣儒學記〉，收入周季鳳編纂，《（正德）雲南志》（《雲南史料叢刊》，卷6），卷32，頁419。

普遍情形並不是如此。也就是，各鄉村為實踐新的禮制，多採取就地合法的方式，即社壇與訓蒙之所寄託於寺宇，使得佛寺和社廟書院成為銜接新舊政治傳統與儀式的鄉祀機構。[3]這段文字指出當時寺廟、社壇與社學並置的情形。

對大理社會來說，合祀是相當合理的安排。該地佛寺林立，世家大族多設有家族佛堂，教授子弟亦有其地方傳統。他們遇到的問題是太和縣之行政層級不符合大理世族對其既有政治與儀典格局之期待，況且，喜洲在元朝時期雖為州級之行政單位，其居民並不以一州一鄉之民自居，而是身為首府貴族之姿來期待新的祀典制度。也就是大理世族身分和其現實所隸屬之行政層級二者間產生格格不入之情景，而這種身分和祀典格局與政治層級之落差，造成後來文獻屢屢提及的「僭越」問題。也因為如此，佛寺若改兼具社壇與訓蒙之館，供奉孔子像等等，也不會令人感到太意外。前文李元陽曾提及當地分庠而祭孔子之事，應放在這樣的地方脈絡下來理解。也就是說，地方社會在佛寺基礎上搭建了一套合祀架構，也接納並吸收《洪武禮制》對鄉里儀式的期待。

官祀也出現合祀的情形，如山川城隍與風雲雷雨之祀典。以土官治區楚雄府與姚安府為例，《楚雄府志》記載：

> 國之大事在祀，先王以崇德報功，祈年報歲，事莫大焉者也。郡之祀典，若先師孔子，山川社稷，城隍以及厲臘，明荐有時，俎研有品，獻飨有禮矣。其他祠廟，有合祀典者，

3　〈鄧川州敖父母遷州建城功完碑記〉提及：「不期月，而堂廨、倉獄、捕廳、土衛、學舍，與院署憲司、社廟書院等處俱完」之句。收入艾自修，《（崇禎）重修鄧川州志》，卷15，頁120。又「里社」項下，頁92。

亦得食於茲土焉。⁴

這個句子的重點在於「其他祠廟，有合祀者，亦得食於茲土」，前半段說的是祀典儀制，但地方若有符合山川社稷官祀性質之神明，仍得以食於茲土。這種寬鬆又彈性的政策使得地方神廟可以藉由正統祀典的架構保留下來。《大姚縣志》祀典項下也提及：

> 國之大事惟祀與戎，社稷又祀之最大者也。明洪武二年始，令天下郡縣立社稷壇山川壇，六年定風雲雷雨及境內山川城隍，三主共為一壇。⁵

其有社稷、山川、城隍與風雲雷雨等等，三主共為一壇，是為合祀的精神。這種合祀有許多好處，一是官祀得以透過土神合祀，獲得地方認可，二是土神得以透過官祀，建立儀式合法性。祀典也就成為官府與地方社會相互協商與認可的重要場域。

這種合祀精神延伸出許多不同的祀典型態，而佛寺與孔子像並列也未嘗不可。世族轉型儒吏時，直接將佛寺之一隅改建為蒙訓之館，或使其兼具鄉里社壇之所，以便培養年輕子弟進入仕途。據志書記載，大理府社學設置的情形是「城內外皆有之」。⁶

4　徐栻、張澤纂修，杜晉宏校注，《（隆慶）楚雄府志》，卷4，頁92。

5　劉榮黼纂修，陳九彬校注，《（道光）大姚縣志》，卷9，〈祠祀志〉，「壇廟」，頁201。

6　李元陽纂修，《（萬曆）雲南通志》，卷8，〈學校〉，頁191。另在雲南縣、賓川州、鄧川州、浪穹縣、雲龍州等地皆有社學，頁191-193；鶴慶府：「甸頭凡十二所，甸尾凡十所，中路凡六所，東路凡三所，西路凡五所」，計三十六所社學，參見李元陽纂修，《（萬曆）雲南通志》，卷8，頁56（總211）。

雖不知社學具體規模與設置，但從當地佛寺與世族大家之蘭若精舍擁有大量常住土地的情形來看，其不僅足以支持社學之運作，也提供社學和書院穩定的物質與經濟基礎。況且，前已提及世家多儒釋皆備，增置書院或捐建社學，並不會產生太大的衝突。太和縣有許多書院與社學：明初先有叢桂書院與五峰書院，後來不見史冊記載；明中期，設有四座半官方所支持的書院：桂林書院、蒼山書院、源泉書院以及龍關書院等等。[7]這些書院多由佛寺改建而來，書院與佛寺並置相當普遍。首先，來談蒼山書院。蒼山書院建於弘治二年（1488），當時侍御謝公奉命，曾下令：

> 有司毀浮屠之剎若干，命有司改創書院於蒼山之下，延名師以教庠序弟子員，若郡人之俊秀有志者，崇正黜邪之旨，於是乎曉然矣。[8]

弘治年間，官府令有司負責設置書院。蒼山書院建成後不久，便顯侷促，空間不敷使用，生徒聚處以至不容於榻。嘉靖年間，大理府同知江應昂才在府學西之學宮近處王舍寺的基址另外置地構堂，增置講堂三楹、號舍二十楹，稱為源泉書院。後來，他又在龍尾關建置龍關書院。[9]第四座書院是桂林書院，建於嘉靖年間，由喜洲士子張拱文所倡建。[10]桂林書院之建置，主要是因為當時喜

此三十餘所社學為張廷俊時所倡設，參見佟鎮、鄒啟孟纂修，《（康熙）鶴慶府志》，卷15，頁492。

7 李元陽纂修，《（萬曆）雲南通志》，卷8，〈學校〉，頁191。

8 王臣，〈蒼山書院記〉，收入周季鳳纂，《（正德）雲南志》，卷32，頁413。

9 李元陽纂修，《（萬曆）雲南通志》，卷8，〈學校〉，頁191。

10 張拱文，嘉靖乙未科進士。

洲聚講會文無處，張拱文決定捐己貲：

> 偕有識者相地，得隙圍於佛廬之左，而築室焉……開闢位
> 置，中為聖籍閣，嚴像設儲書史，而以講堂附焉。閣後故有
> 文昌祠，重加修飾，以觀童蒙俾知俎豆之事。閣前為翼樓，
> 左右共得二十四戶牖，以居生儒……孫公樂觀其成，給都養
> 田十二畝。[11]

他在喜洲某佛廬之左尋得隙地，開始築室、樓閣以及二十四戶學
生宿舍，後來又在一旁之玉皇閣修建文昌祠，置有養田十二畝。
從桂林書院為喜洲都圖十六村鄉里士子讀書之處，到孫公給「都
養田」的記載可知，書院由地方精英將「佛廬」一側空地改建而
成，後來成為半官方色彩的鄉里書院，具有官方核可的學田。書
院依附在佛寺與廟宇的情形顯然相當普遍。

　　不論是書院，或是廟學，多由官員倡議，實際則以鄉士大夫
力主其事合作而成。它們遇到的問題相當類似，除了修建硬體建
築以外，還有後續維護的經費，如師生廩饌、科貢道路之費等
等。這些費用並沒有常態性的經濟支援，多仰賴地方官以一己之
力，或一時之喜好來為之。以蒙化府為例，官員曾以鐵礦餘課來
充學資，後來礦苗微細不給，師生亦不樂受。解決方式則由地方
世族張聰倡首，將田捐捨入廟學，以田租助學。期間，署印同知
胡光「隱核」廢寺田及等覺寺之餘田入於學。這是弘治年間蒙化
府學之經費來源：

11　李元陽纂修，《（萬曆）雲南通志》，卷8，〈學校〉，頁191。

　　本府師生廩饌與凡科貢道路之費，皆視司上者之喜怒為上下。成化初，按察司僉事董綱始隱核本府羅求場鐵窯餘課以充用。其後礦苗微細不給，師生不樂受。弘治間，義官張聰首捐己田，請於副使林俊舍入本學，俾收其租以助之；後署印同知胡光又隱核廢寺田與等覺寺餘田，郡民張宗淨償役田俱入於學，通前以畝計田六十，地十有四。初，田之入於學也，田上賦役獨累其主，張聰卒，其子訴於上，掛其師生，有司不能決，適提學副使彭綱行部至府，乃稽卷籍征兩造，謂張聰子曰：「是田汝父畀學已定，文字具在，汝焉得事之，若稅之爾征，則有司之過也。」遂令掌印流官通判周同別立學戶，置於黃冊畸零項下，割收其稅，官自輸納，而蠲除各戶田上差役，具其始末，複于巡撫右副都御史陳金報可，行移本府遵依，於是田業定而爭訟息矣。[12]

　　引文以二次「隱核」來指官員私下以非常規的方式核訂廟學經費，這很可能是地方常態：一由世族大家捐田充為學田，二劃撥廢寺或是佛寺常住土地給廟學。這段故事指出，張聰雖捐己田為廟學，但賦役仍由張氏承擔，後來其子甚累於田，故官員別立學戶以承擔學田之賦役。在未來一章將重提這位捐田的義官張聰，他是蒙化白人世家大族。蒙化府後來又增設一書院，也是由廢寺改建而成，是為崇正書院。

　　書院和佛寺的關係，時而互相增生，時而相互消長，情形不一。正德年間，李元陽為鶴慶文廟撰碑，記載當地守令在鶴慶鄉里為諸生講析經義時，「楫退，起而視見屋脊欲脫，齋舍楹垣與

_____

12　周季鳳纂，《（正德）雲南志》，〈學校志〉，頁168-169。

廟無異。」[13]指出庠生借用當地廟宇作為講會之所。鶴慶廟學建於玄化寺的寺址，便是一個主客易位的典型例子。再者，楚雄府的廟學原來坐落在一座山上，很可能是佛寺之遺址。因為學子前往甚為不便，弘治年間，將之遷到城裡，其「即廢尼寺為之」。[14]也是廢棄佛寺改建而成。其他地方如元謀之義學也是設在佛寺。[15]萬曆《雲南通志》記載許多社學就設在佛寺的情形，在此也不再一一列舉。[16]廟學、社學借用佛寺之場地，也就造成孔子與諸佛並列的情形。當然，還有其他組合的方式，包括在城隍廟、土主廟、武侯祠，甚至在廢棄衙署上設學，使得邊境行政和教育機構產生聯合辦公的情形。[17]

　　然而，廟學與佛寺並置以及供奉孔子肖像二事，後來被視為違背禮制的作法。嘉靖年間，皇帝倚重大學士張璁對禮儀進行全面性之改革，詔令天下撤孔子之像，天下士子也吹起一股崇正闢邪之論。大禮議被貶的士子如楊慎，對張璁之議便深表不以為然，西南士子也多抵制張璁之議。大理府之拔貢何邦漸曾撰文對

---

13 「楣退，起而視見屋脊欲脫，齋舍楹垣與廟無異。又嘆曰：此非吾事乎哉？」……盍改？諸師生曰：唯唯。於是取材賦役，各以其道，廟廡堂齋，雖仍其位置之舊，然皆撤而新之。」參見張了、張錫錄主編，《鶴慶碑刻輯錄》，頁12-13。

14 徐栻、張澤纂修，杜晉宏校注，《（隆慶）楚雄府志》，卷3，〈官政志〉，頁63。

15 如元謀義學設在佛寺者，如廣福村準持寺，熱水塘觀音庵，又龍翔寺義館等等。見檀萃纂修，張海平、李在營校注，《（乾隆）華竹新編》，卷7，〈學校志〉，頁280。

16 李元陽纂修，《（萬曆）雲南通志》，卷8，〈學校〉。

17 徐栻，張澤纂修，杜晉宏校注，《（隆慶）楚雄府志》，卷3，頁61-63。又張嘉穎等修，劉聯聲等纂，《（康熙）楚雄府志》，卷4，頁284，〈書院〉項下。

此事進行討論：

> 國朝嘉靖九年，命天下學宮撤去聖像，改王號，蓋起於張
> 璁之議……成化又加以八佾之舞。是皆有加無已之心……宇
> 宙之有肖像，其來已久，璁大概謂像乃佛氏之夷俗，夫佛入
> 中國自漢明帝始令吾聖人之像任佛老之像，其像則曷若去佛
> 氏之像存聖人之像，以為天下人之瞻仰。嘉靖八年，甫敕令
> 禁中撤佛老像止存孔子像，奉之，此我肅皇帝慕聖人拒佛老
> 之本心也。何不移時又轉為聖禍耶。璁敢發之世宗道行之何
> 也。我太祖洪武初凡天下祀典神祇多更易其封號，獨孔子仍
> 前代之舊，蓋尊禮聖人不以制限也。三年及以孔子祀像設在
> 高座，而器物陳於座下，弗稱其像。因定為高案。其籩豆簠
> 簋悉代以甕器，未嘗以立像為不可也。永樂八年，敕天下學
> 宮凡繪塑先聖先師衣冠悉如古制，蓋俾瞻望聖賢者，如見其
> 真氣象於當年，亦未嘗以塑像為不可也。正統三年，又禁天
> 下不得祀於佛老宮，蓋不使與二氏並列之意，在尊崇聖人像
> 而則之也。此誠為闢邪崇正之道，亦未嘗謂聖人祀像之非宜
> 者。[18]

從引文可知，正統三年已有孔子不得祀於佛老之宮的禁令。嘉靖
年間更嚴格要求所有的學宮應立「木主牌」而去其像。皇帝聽取
張璁之議要求天下撤孔子塑像，使得朝廷政治鬥爭蔓延開來，在
邊境形成一股正邪、華夷之辨，而崇正闢邪的學理討論也如火如

---

18 何邦漸，〈聖廟仍舊祀像論〉，收羅瀛美修，周沆纂，《浪穹縣志略》，卷
　11，頁450-459。

茶地擴散到廟學體制問題。[19]對大理士子何邦漸等而言，若撤毀孔子之像，其行猶如焚書坑儒，於情於理，難以接受，其理看似尊孔，但實為毀儒。官方對祭孔儀式的改革，受到雲南士子的反對。也因為如此，佛教被劃為「夷俗」，在此雙重壓力之下，許多書院逐漸獨立於佛寺以外。

　　姚安府是土官治理之地，崇正之風也吹進鄉里，大舉推動社學的建置。〈社學碑記〉記載：

> 嘉靖己丑（1529）冬，刺史洛東王公，承天子命……擢守姚郡，孜孜以民事為心，端本澄源，舉廢興頹，尤以學校為首務。辛卯（1531）建社學，適承巡撫顧公，用夏變夷，移檄州縣，興舉社學，以敷文教，顧公之政與王公之心，相契吻合。王公遂命屬官詣鄉相地，建社學二十八所，為諸鄉社學之首，乃命義民靳子賢董其事，公則塑望視之。學正堂五間，左塾房四間，右塾房四間，屏牆一，基址四方三畝，周圍二十丈……而規模之與儒學一致，雖遍滇省而僅見設也。每一社學，擇老成教讀一員，訓誨愚蒙，將黨庠、家塾標榜燦然，遍於四境之中。[20]

為導夷俗，竟以儒學規模來建社學，而且同時間建了二十八所。明朝對西南之治理，除了軍事以外，就以教化為要，所以社學、

19 李元陽纂修，《（萬曆）雲南通志》，卷8，〈學校志〉，「雲南府與大理府」條下。

20 額魯禮、王塏纂修，芮增瑞校注，《（道光）姚州志》，收入《楚雄彝族自治州舊方志全書·姚安卷》（昆明：雲南人民出版社，2005），卷4，〈藝文〉，頁394-395。

書院與廟學也成為官員治理之核心項目，故其建置較他處尤力。

二、正祀典：武侯祠與鄉賢名宦祠

在雲南推動的正祀典禮儀改革不只是崇正闢邪，還有「以華變夷」的文化改造與政治企圖。崇正之風深深影響合祀共享的模式，地方開始大動土木，改建不少祠宇。明朝官員企圖在雄長政治與神話之上，大力推動諸葛武侯的崇拜，抬高一個更具整合性的文化符號。正德年間，周季鳳（1464-1528）以滇地多「淫祠」，令地方毀之，使其「改建諸葛等廟及功臣名宦祠」。[21]其目的是打破各部酋政治集團間的儀式界線，在平行而分離之政治文化上建立更高的權威。於是，在儀式主義盛行的人群間，強化官宦與正統人物的祀典，有助於建立一組超越人群界線的心理圖像。更重要的是，這些祀典背後所試圖要建立的，是將西南人群劃入「統治者」與「被統治者」，「華夏」與「邊夷」二種不對襯的意識架構。政治秩序向來是透過祀典秩序的名義來維持的，西南地區之武侯信仰與崇拜，應將之放在明朝治理邊區社會時，為鞏固其政治與文化權威而抬高其祀典地位的後果。以下將討論當時興建諸葛武侯廟以及鄉賢名宦祠的情形：

（一）武侯祠

孔子像被禁後，諸葛武侯之祀典逐漸興起。楊士雲曾為楚雄府（位居滇中）的龍岡書院撰記文，內容描寫：「威楚城西有阜

---

21 楊一清，〈巡撫應天都察院右都御史周公季鳳墓志銘〉，收入焦竑，《國朝獻徵錄》，卷59，〈都察院六〉，頁196-197。

隆起，曰臥龍岡，舊傳漢諸葛武侯南征嘗屯兵於此。」楚雄之士子先建有龍岡書院，但討論立祠供奉先人時，不知該祀何人，故楊士雲建議追祀諸葛武侯。諸葛武侯也成為滇境書院特有的奉祀對象。[22]其他如姚安府的棟川書院，與武侯祠的關係亦匪淺。董金撰有〈南中書院記〉指出：「姚安舊有書院，名棟川，卑隘且圮，後奉裁，改祀武侯，竟廢矣！」[23]以武侯征南中，將棟川書院改為南中書院。又嘉靖十六年，吳嘉祥又為姚安府東山撰寫〈武侯祠碑記〉：

> 山之半，曠且平，漢武侯諸葛氏南征駐卒之所也。後人因祠侯而祀之，於祠左創寺居僧，以主香火。年久，祠宇傾圮，余丙申（1536）來守是郡，往謁增慨。姚人趙文明同僧悟海白於余，願領修葺之役，余可之……姚之人，老老幼幼，指其山曰諸葛山也；入其寺與祠曰：諸葛祠寺也。[24]

這裡指出諸葛祠是一座由僧人維持香火的祀典，又稱為諸葛寺。後來，姚人僧俗同修，復增置武侯祠的義田：

> 寺久傾圮，郡人趙文明嘗鳩資葺之，煥乎美矣，續偕胡友金者，出金若干兩，易田為祠閣，常住以居僧也……損茲田

---

22 楊士雲，〈新建楚雄府龍岡書院記〉，收入氏著，《楊弘山先生存稿》，卷11，頁203。

23 額魯禮、王垲纂修，芮增瑞校注，《（道光）姚州志》，卷4，〈藝文〉，頁388。

24 額魯禮、王垲纂修，芮增瑞校注，《（道光）姚州志》，卷4，〈藝文〉，頁382-383。

　　為俗產者，非祠之僧耶？[25]

也就是趙文明和僧人共同修葺諸葛祠寺，並捐一己私田作為祠寺常住，充寺之香火。如果把修葺過程倒過來看，這應是把佛寺改奉諸葛武侯的寺廟，算是一座仿官祀的佛寺。就文字上來看是諸葛祠，但實際上多是由佛教僧人與寺院的脈絡發展出來的。

　　這種情形也發生在大理府之蒼山書院，其原址為王舍寺，武侯祠後來也從佛寺書院延伸出來。大理僉事王惟賢與二位士人楊士雲與李元陽皆撰碑記事，分別有〈漢相祠〉與〈忠誠祠記〉、〈修大觀堂碑記〉三個碑記。嘉靖元年，軍事官員金滄道分守大參劉公到大理，以大理「多侈佛宮，三塔為表，習之睞正，舊矣，而侯獨弗祠何居？」召請地方吏員、學校師生與鄉里老人等等倡議建忠誠祠。其記文指出：「南中各郡秩祀相望，乃大理無專祀，郡人像侯雜廁佛寺中，非所以安明神以稱崇德之意。」指地方士人將武侯像混雜供奉於佛寺，甚不為恭敬，所以今建專祠供奉諸葛亮。他甚至挪用明初佛光寨之役，指諸葛南征孟獲於佛光寨：

　　　初，孟獲據佛光寨，去大理百五十里，守關隘，侯不得入，乃由漾濞而北破佛光，駐軍大理，盡覽形勝，以定規劃，則侯在大理，經營最久。[26]

---

25 額魯禮、王塏纂修，芮增瑞校注，《（道光）姚州志》，卷4，〈藝文〉，頁382-383。

26 王惟賢，〈大理府武侯祠記〉，收入劉文徵纂，古永繼校，《（天啟）滇志》，卷21，頁701。

為了合理化明朝的治理，挪用佛光寨此歷史記憶之時空脈絡，並把諸葛祠建在廢寺王舍寺之寺址上。眾人聽其一席話，甚驩，曰：

> 公之惠也，茲土之幸也。迺去諸狄像，並圖閭剎若干來視，曰正殿鉅而麗，侯祠無踰是已，法堂豁而邃，是可為講堂已，僧舍翼而整，是可為左右齋已。其他迤邐而相附者皆可為書舍已。[27]

文中指的是「去諸狄像」，狄像是佛像，將佛寺之法堂改為書院之講堂，僧舍改為左右齋舍，而其他「迤邐而相附者」改為學生宿舍。楊士雲應其要求撰寫了〈忠誠祠記〉。毀佛建書院之餘，還要倡導並表彰武侯精神「忠貞大節，塞宇宙貫日星，尤後學之所當依歸者」，宣導文化正統的歷史觀。

後來，大理知府蔡紹科與吏牘共同前往祭拜諸葛武侯，在半途之蒼山書院休息，遇到田間鄉耆，徵詢坐落其間的王舍寺古塔典故。時值李元陽在鄉里修復佛寺，鄉耆告之：昔孔明祠舊址廢寺即王舍寺遺址，此王舍寺塔攸關大理水患。是以，蔡公應答為民修復佛塔，並建置大觀堂。於是，官府也在民間耆老的要求下，以大理水患頻仍為由，開始重視佛寺古塔的修復。換句話，大理府的漢相孔明祠、大觀堂以及蒼山書院等新的殿宇，是在王舍寺遺址中建置起來的。[28]後來，李元陽為大觀堂作碑記，讚揚蔡公「可謂務民之義，知神之道，而不泥於所聞矣」。意指蔡紹科

---

27 楊士雲，〈忠誠祠記〉，收入氏著，《楊弘山先生存稿》，卷11，頁204-205。

28「創廟以祠孔明者也，祠之左有關將軍廟，貳守蜀瀘王公作以翼者也。祠北有蒼山書院，南有射圃，前人作以肄士者也。」見李元陽〈修大觀堂碑記〉，收入周宗麟，《大理縣志稿》，卷26，頁18。

不以鄉耆身分之卑微而漠視其地方傳統，是以安置民之所神者。

西南各書院供奉武侯祠的情形相當普遍，蒙化府官紳重修崇正書院時，也在一旁祀諸葛武侯祠。[29]蒙化府雖是左氏土官轄地，廟學的建置也不加稍遲，府城內之書院原稱崇正書院，始於弘治年間之蒙化通判胡文光。[30]其名崇正，也是因為書院是由佛寺改建出來的。胡文光署事蒙化，「顧城中地無相當者，天知斯文，默弼其鑒，爰得浮屠廢寺於附郭西隅」，又籍田十六畝充歲時祭奠，建學舍。後來又購民居地如寺址之數，土舍左輓「徙別墅故宇為書院之堂」。胡文光認為這個地方昔日為「緇流呪梵之所，茲為逢掖呫嗶之區」，名之為崇正書院。[31]

後來崇正書院屢經修建，易為明志書院。李元陽為明志書院寫下記文。其文：

> 漢相諸葛忠武侯平定南中，南至產里，西底洋海，大而都邑，小而聚落，其豐功盛烈，在在昭著，崇立而表顯之，使人知所嚮慕奮發……蒙郡故有書院，創於胡倅文光，歷歲既久……拓書院之隙地以建侯祠，因建祠之餘材以補書院，為屋以間計者凡五十有六。……合而名之曰明志書院。於是躅吉肖侯之像而修其俎豆，諸生從之如雲。[32]

---

29 李元陽，〈明志書院記〉，收入蔣旭纂，《（康熙）蒙化府志》，卷6，頁160-161。

30 蔣旭纂，《（康熙）蒙化府志》，卷4，〈秩官志〉，頁125。

31 郁容，〈崇正書院記〉，收入蔣旭纂，《（康熙）蒙化府志》，卷6，〈藝文志〉，頁156-157。

32 李元陽，〈明志書院記〉，收入蔣旭纂，《（康熙）蒙化府志》，卷6，〈藝文志〉，頁160-161。

此文未及言明，究竟是先有諸葛祠，後來才建崇正書院，抑或是嘉靖時明志書院已備有武侯祠，但書院附祀武侯祠已是當地慣見的潛規制。武侯祠與書院相互彌補，前者是征蠻忠臣，象徵西南由夷變夏；書院是使其文化轉向的機構，二者共同將西南文明打造成華夏正統的架構。

　　諸葛亮是一位很適合被官府採納並加以提倡的歷史人物，「後漢」與「南中」提供一套合理建構西南歷史敘事的時空架構，而其「以德服蠻夷」的歷史形象符合調伏西南夷的典範人物。鄉士大夫在佛寺延伸空間中重建書院時，莫不有保留地方儀式權的企圖，故其將佛寺轉型成為書院或是武侯祠，使得他們得以順利地將儀式與其附屬之常住土地讓渡在武侯祠的名下，整個儀式權逐漸轉移到以士人為主的地方精英。這種機構化的組織使得僧人的角色邊緣化，然又因其無子嗣的特質，具有免去侵占常住的疑慮，使其逐漸成為掌管香火的代理人。這些僧人擔任廟宇的守護者與儀典代理人，在祀典中的地位無疑是下降的。我們從陶珽為一位官員所撰寫的碑記〈趙公生祠記〉，來看當時僧人與官祀之間的關係。

　　　　太府趙公於郡人既留百世思。……有堂有寢，堂以奉公像，寢以奉西方聖人，使浮屠氏焚誦修持於中，以妥靈魂。復核舊日畝籍而再拓之，計田若干，坐落某所，輸若干，祭品供費若干，食僧租若干，余以為接年修祠之費亦若干……[33]

---

33 陶珽，〈趙公生祠記〉，收入額魯禮、王塏纂修，芮增瑞校注，《（道光）姚州志》，卷4，〈藝文〉，頁396-397。

大抵說明當時僧人成為守護官祠香火的管理人。

（二）鄉賢與名宦

禮儀運動在天下展開後，以廟學為中心之官祀格局也愈來愈制度化，被派遣到邊境之官員也在廟學四周紛紛增置名宦、鄉賢、報功、忠孝與節烈等祠。建祠之餘，奉祀之對象究竟為誰時，勢必引起官民的一番議論。對西南邊地來說，崇正使得「儒佛」之爭還附帶著「華夷」之辨的意味，也因為如此，昔日開化有功之聖僧，勢必被排除在官府所定義之「鄉賢」與「名宦」之外。

以鄧川為例，其鄉里多祀南詔大理國王，鄉士大夫楊南金以此為僭越之舉，他在鄉里提倡崇正，主張供奉「宜祀」之人物來取代僭越的神明。然，宜祀的對象是「凡生於地方，並仕於地方者，賢行善政，取其大節，略其微疵，下之州縣儒學，各舉以報」。所以，他大力支持在鶴慶毀淫祠打擊佛教的林俊，並認為百姓就應該要崇祀林俊。[34]對士子而言，「宜祀」的對象必須符合正統歷史的價值，但昔日「有功於民」的歷史人物，如國王后妃與神僧等等，是「夷俗」不在討論之列，故應予以摒除。於是，民間如何將不踰越的「宜祀」對象，放在祀典架構來奉祀，就有相當大的周旋空間。

前已提及，諸葛武侯成為正統歷史敘事中象徵邊境英雄的指標性人物，故當偏遠地方無符合正統敘事之歷史人物時，多以諸葛武侯充之。那麼，在人文薈萃的大理府境之中，究竟哪些歷史

---

34 楊南金，〈崇正祠記〉，收入侯允欽纂修，《鄧川州志》，卷13，〈藝文〉上，頁161。

人物得以躋身成為符合官府心目中的形象？官員與鄉儒師生勢必
對歷史人物詳加考證時，重新篩檢並評價歷史人物，使其符合規
範，並將之供奉於廟堂之上。[35]嘉靖以來的士子，如高崶、李元
陽、永昌進士張志淳與楊慎等士人留下不少碑記，其中高崶撰有
大理府之〈鄉賢祠記〉，李元陽撰寫〈大理府名宦祠記〉、〈大理
府儒學田記〉，他也為蒙化的書院撰寫〈明志書院記〉；楊慎撰有
〈臨安府鄉賢祠記〉與〈定遠縣儒學記〉；林俊則為永昌府撰有
〈永昌名宦鄉賢祠記〉，張志淳為蒙化府撰寫〈重修蒙化府儒學
記〉等等。這些地方士子與官員共同參與重構歷史的書寫工程，
對後來西南歷史敘事影響甚深。

　　大理府廟學竣工後，官員高鑛與周魯在文廟二側修建名宦與
鄉賢二祠，請高崶撰寫碑記，名為〈鄉賢祠記〉。此碑有助於我
們了解此祀典對民間的意義，他在碑記中寫道：

> 今天下郡邑學宮皆祀鄉賢，即《一統志》所載人物是已。
> 大理郡學有祠，始於郡守祁門汪公標，……鍾英毓秀，生於
> 其鄉，道德積躬，足以可法可傳，斯謂之賢，賢之尤者則祀
> 之。所謂鄉先生沒，有祀於社，此則自社而升者。[36]

對官府而言，鄉賢的定義，一是生於其鄉，二是道德高超，可供
百姓效法，並為社會典範者，是為鄉賢。然而，地方傳統是「鄉
先生沒，有祀於社，此則自社而升者」。是指鄉里人物，有功於

35 楊慎，〈臨安府鄉賢祠記〉，收入李元陽纂修，《（萬曆）雲南通志》，卷12，
　〈祠祀〉，頁287。
36 高崶，〈鄉賢祠記〉，收入周宗麟，《大理縣志稿》，卷27，頁1。

民，則被供奉於社壇，鄉賢祠之鄉賢是由社中選拔提升至官祠之列者。這與南宋毀禁淫祠的作法類似，官府將有功於民之鄉里人物供奉於鄉賢祠，一方面可以調節地方既有的信仰，在另一方面則有利推展官府之權威。[37]是以，大理老百姓充分利用這種鄉賢的概念，將過去由觀音、僧人、國王、英雄與貴族及部酋領袖所組織出來的歷史，融入鄉里祭祀，並視之為合乎官府鄉賢標準的人物，而其香火也就持續地擁有符合官府標準的合法地位。

　　前章已提及，大理向以僧人為聖，並視之為開基祖先的傳統，然在林俊毀佛後，崇奉聖僧是夷法，不符廟學之制，無法列名鄉賢之位。聖僧不符儒家聖者的標準，更不符地方鄉賢形象，那麼，若要捨棄此類對地方有功之聖賢，易之者為誰，便成為一個有意思的問題。姑以列名大理府鄉賢祠內的歷史人物，來說明華夏正統和儒教道統在西南地區重新被發現的過程：

> 漢置郡建學，張公叔者從司馬相如公授經，歸教鄉人，而鄉獻自此始。晉唐宋元間，有若龐遺葦載諸志，可考已。我聖朝治化漸被，凡厥郡民，麗藻咀華者濟濟。賢而祠祀者，按舊祠，庶吉士楊公榮以下若而人。[38]

他們在鄉賢祠中要追出的是一條以儒學為中心的道統，那麼只有獲功名的士人才符合其標準。是以，鄉賢祠依據景泰《雲南圖經

37　韓森（Valerie Hansen），包偉民譯，《變遷之神：南宋時期的民間信仰》（杭州：浙江人民出版社，1999）。又Richard von Glahn（萬志英），*The Sinister Way: The Divine and The Demonic in Chinese Religious Culture*（Berkeley: University of California Press, 2004）.

38　高對，〈鄉賢祠記〉，收入《滇志》，卷20，頁679。

志》甲科者條目,將明初以來地方賢者庶吉士楊榮等人名列其中,開始建構一套符合儒學正統教化的儒士。此舉無異也鼓舞大理世族精英致力於仕業。

再者,誰可供奉於名宦祠呢?嘉靖年間,御史高鑾到大理府,往名宦祠祭拜時,他「一見惻然諸生曰:是尚可以為典禮乎?」因祠宇簡陋,實不足為儀典。所以,高鑾和大理府同知周魯共同討論如何重新修建。名宦祠的問題不只是建築物本身,還在於裡面供奉的對象。理論上,官府認為名宦祠應供奉歷來有功之守令,「然主皆近代守令,而前者所載有功斯土者,尚爾闕如。」故躋身大理名宦祠者多近代官員,而昔日有功斯土的「郡守」大多闕如。過去有功斯土的郡守,多為世家大族的祖先,也可廣義地指涉過去之國王與土酋。但國王是否可被視為郡守?在道統與治統合一的政治意識形態下,供奉昔日的國王也已幾近僭越之嫌,如何在僭越的國王貴族與鄉賢名宦間找到平衡點是最為困難之處。

高鑾與周魯認定前朝有功斯土者「闕如」時,民間也不是沒有聲音的。李元陽在碑記中指出當時的情形:

> 環橋門而來觀者,有指某公之主而拜焉,有望某主而舉手加額焉。然主皆近代守令,而前史所載有功斯土者,常爾闕如。

文中指當時官員與鄉士大夫討論應祀對象時,圍觀者指某公之祖先得以列入鄉賢祠。這裡用「某公之主」與「某主」很有意思,不知是否長期以來的地方習慣,用「主」來指「主人」或「祖先」之意。後來,二公請郡之縉紳士人加以討論,其情景是:

　　　考論沿革而摭其勳伐，在漢為益州得三人，在蜀漢為建寧
　　郡，為雲南郡得三人，在晉隋為寧州得三人，在唐為南寧州
　　得七人，在元為大理路得六人，國朝使臣有功德在人而可繹
　　思者，不可無書，又得十一人。與令守師儒並為主以祀。[39]

　　嘉靖年間大理府名宦祠重建過程，外表是為整治地方儀典，但其
目的無不是企圖將「斯土」的歷史記憶放在政治正統的時間與價
值系譜中來討論。

　　李元陽《雲南通志》所列入之鄉賢名宦應該就是當時二祠所
供奉的對象。志書「大理府」「鄉賢」條目列有漢之滷承、蜀漢
張祐那，唐朝有蒙歸義、蒙伽異、尹仇寬、楊奇鯤；宋朝有李紫
琮，元朝有楊昇、段福、段日、陳惠與楊淵海、楊保、楊名、蘇
隆等。國朝人物包括永樂以來開科取士之進士人等，包括了楊
榮、楊禧等等之屬。列名大理府「名宦」者多摘自常璩《南中
志》，所列舉之人物始自三國到晉，包括有建寧太守杜良、耿容、
陳楷等人；唐宋之名宦以遣使邊臣和征蠻名將為主，如何履光、
王建方以及袁滋等人，皆為正史名臣，元明則以流官為主。值得
注意是大理相國世家高量成，他之名列名宦，應該也歷經一番討
論。想必還有許多歷史人物不符官員心目中的「鄉賢」與「名
宦」典範。[40]其他不符合官祀的歷史人物，如國王、后妃、滅蟒英
雄段赤誠等等，只得以在「社祀賢者」的架構下為百姓所奉祀！

　　在其他邊境地區要找出符合中央王朝理想形象的鄉賢與名

---

39 李元陽，〈大理府名宦祠記〉，收入氏著，《中谿家傳彙稿》，卷7，頁1-2。
40 李元陽纂修，《（萬曆）雲南通志》，卷10-11，〈大理府名宦〉，頁242-243；
　　〈大理府鄉賢〉，頁262-263。高量成之事蹟，可參連瑞枝，《隱藏的祖先：妙
　　香國的傳說和社會》，頁124-131。

宦，是更加困難。囿於邊境治理之權威，官員士人對鄉賢與名宦的人選反而抱持更嚴峻的標準。以永昌府為例，林俊和其儒學師生討論並嚴加考證後，僅得一位鄉賢，是漢署太守呂凱；名宦則有八人，都是平蠻有功之士。在這場考核歷史人物的過程中，能夠獲得名宦身分的要點在於其具有鞏固文化之正統，「攻蠻服夷」有功之士為其挑選的關鍵指標。[41] 楊慎在臨安府採集鄉賢人選時，遍尋不獲一人，並指出：「臨安在唐宋為剽分，元世無聞」，故從嚴錄有四人，為皇明四公。當時認定名宦的標準不在服夷與否，而在居官之德性，故唐宋時期之南詔大理是為「剽分」，不錄名宦，表示了當時挑選名宦的潛脈絡還是一套政治正統的概念。[42]

土官或土酋自然不會被列入考慮。其中，北勝州、武定府、廣西府、鶴慶府、蒙化府、澂江府、楚雄府等等，在國朝以前，並無土官躋身於鄉賢名宦之列，這些土官轄區並非沒有鄉賢名宦，只不過沒有符合官府心目中理想的人選。若要將這些土官列於名宦或鄉賢，勢必經過一番討論，而且必須是極為重要的土官祖先才會被加以考慮，如姚安府之鄉賢列有高氏土官祖先高昇泰；麗江府之鄉賢項下，列著木氏土官祖先麥宗。[43] 在此正統歷史與儀式框架下，土官人物與歷史之闕如，正可說明朝廷以淡漠態度面對其定位的一種表現。被列入鄉賢名宦的土官祖先也成為吾人了解西南土官政治與中央王朝二者相互對話的參照指標。

---

41 林俊，〈永昌名宦鄉賢祠記〉，收入劉文徵纂，古永繼校點，《（天啟）滇志》，卷20，頁682。

42 劉文徵纂，古永繼校點，《（天啟）滇志》，卷20，〈臨安府鄉賢祠記〉，頁681。

43 李元陽纂修，《（萬曆）雲南通志》，卷11，〈人物〉，頁279。

（三）祀典經費

　　若要維持合宜的祀典，那麼使其運作之常態性經濟基礎便很重要。嘉靖年間，祀典革正也將祀典經費納入制度化的考量，尤以廟學的正常運作為主要考量。廟學是培育府州縣儒學人才的機構，官府除了框列文廟以及附屬祀典之經費外，也必須設置儒學之學田以供師生講教之用。嘉靖二十八年（1549），大理府公告學田畝數及佃戶，以保障儒學的物質基礎。前面論及喜洲士子將佛寺改建為書院時，官府也核可書院之「都養田」等等措施，將書院就地合法化，使其成為官府核可的機構。此後，雲南各府州縣紛紛建學，地方世家精英亦響應籌辦，向官府請示核可，使其成為廟學體例之一部分。此後，各地興建書院與儒學之風潮愈來愈盛。楊士雲撰寫〈大姚縣新建儒學記〉提及設學培養士人的機制交由地方來經營的情形：

> 滇徼黌校相望漸增，縣若所若司，其鄉官鄉父兄子弟合言於縣，願建學以廣教，思新人文百爾經營，弗煩於官、弗勤於民，我泉我穀我輸以成。維時縣令王子珮白於府，郡守趙侯澍白於巡撫都憲顧公應祥，巡按御史林公應箕下三司詳議以竢上請署印……會報如議，兩院具疏以聞下禮部覆宜如議，詔允之降印，銓官寄學諸生悉歸於縣，齋膳科貢悉如令……44

　　為解決寄學諸生問題，鄉官鄉父兄子弟若願意建學以廣教，合言於縣，便得以自行籌辦。這些地方精英當然樂於捐建書院，透過合理的方式保留其原有的香火。次年，嘉靖二十九年，官府開始

將廟學與書院經費制度化，使其得以獨立運作。雲南按察司副使著手清查大理府與太和縣之學田，委由職掌民政與衛所的二位代表從事清查學田的工作。從當時留下的碑刻判斷，當時府縣二學之學田位於鄧川州，計有147畝餘，由佃戶李秀實等負責耕種。學田經費主要用在「兩學教官陞遷事故，及各生員間有貧乏不能自存者，及婚喪未能舉者，該學查明，酌量具數申府支給」。[45]大理官府正式劃撥學田作為學院之常態經費，使得這套身分制度的物質基礎更加鞏固。

除了學田，文人士子間也開始組織會社，如文昌會。嘉靖二十六年（1547），李元陽在大理城內買下指揮常氏之故宅，將之改為文昌宮。他和地方士人共同供奉文昌，並以文昌帝君主人間桂籍、祿嗣與社倉之事，欲以文昌祠配置社倉，出貲率里人說服郡丞江應昂請「糴穀」以建社倉。然因「本穀既少，市價難平，遂以穀易價，贖荒寺廢院田，每歲入穀七十石，以六石五斗並家園八畝為本宮常住，十石四斗為玄真觀常住」。[46]此時大理米價甚昂貴，故其贖「荒寺廢院田」，以文昌為名義改為社倉，一方面支持了鄉里文人信仰的經濟基礎，同時也支持鄉里社倉之運作，使得文昌廟成為結合士人信仰與鄉里經濟的儀式場合。

學田始於嘉靖二十九年，隨之而來的是萬曆八年的土地清丈。萬曆年間賦役改革，施行土地清丈，寺田被占用的情形終於浮上檯面。當時，大理東部賓川州發生民田與寺田之爭執，訟

---

44 楊士雲，〈大姚縣新建儒學記〉，收入氏著，《楊弘山先生存稿》，卷11，頁205。

45 大理府學田可參見〈大理府為清查學田碑記〉（1550），收入楊世鈺主編，《大理叢書・金石篇》第10冊，頁87下。

46 李元陽，〈大理文昌宮記〉，收入氏著，《中谿家傳彙稿》，卷8，頁40-41。

後，官府立碑告示。其碑文內容如下：

> 大理府賓川州為清查寺田以崇祀典，以蘇民困事：奉雲南
> 布政使司分守洱海帶管金滄道右參議駱箚付，蒙巡按雲南監
> 察御史劉批，據本道呈詳：犯人王禹招由並清查雞足山寺田
> 文冊。蒙批，王禹依擬。內此件田畝，連大理府見問明月田
> 畝。事完之日，俱要行州收入冊內。其冊集所開，本仍駁該
> 州再加細心清查，必懼勢要。但要寺田、軍田、民田各自分
> 明，不相假借，不相侵奪。……不致後議，並不致日後為奸
> 豪隱騙張本，不遺良善無窮之害，方可勒之於石，用垂永
> 鑒。又訪得寺僧柔善，傍近豪徒百端擾害，非有所憑藉，則
> 不能安業。夫憑藉之苦與豪徒之擾害，二者病則一般。併行
> 該州刊示明諭，事完，將批辭一一勒石，取實收領狀繳。奉
> 此，仰雞足山各庵僧，即將寺院田地稅糧租穀數目，盡數開
> 報，勒入碑內，毋得隱瞞，查出重究不恕。須至給者。萬曆
> 八年庚辰九月吉旦。[47]

這份碑記的時間是萬曆八年，當時由於王禹侵占雞足山寺之寺田
土地，引發紛爭。雲南布政使司分守洱海金滄道箚付，令大理府
賓川州對轄境之土地進行造冊，所以才有雞足山山寺清查寺田文
冊一事。此事雖起自賓川，但大理各地佛寺紛紛仿效之，為免於
民間侵奪，引用賓川正祀典清寺田事例，宣示佛寺常住之產權，
將常住田土刻碑造冊，向官府開報申明稅糧租穀等項，強調佛寺

---

47 〈圓通庵常住碑記〉，收入楊世鈺主編，《大理叢書・金石篇》，第10冊，頁
　　109下。

常住土地也具有合法性。這項改革使得原來已經逐漸殘破的佛寺獲得一線生機，它不僅成為保護佛寺常住土地的政治措施，也使得寺院經濟體系暫時獲得恢復。萬曆年間出土了許多佛寺常住賦役相關碑刻，都採用同一刻本，向鄰近豪強宣示其常住土地之範圍。[48]

清丈土地與賦役折銀，使得官府與地方財政愈來愈依賴行之已久之祀典機構作為鞏固政治的中介者，地方社會也仰賴祀典機構之物質基礎作為鞏固社會關係的媒介，不論是廟學或是佛寺，大抵暫時獲得政策的保護。明末《鄧川州志》記錄當時儒學教育經費分配與定額化的情形。[49]可知列籍生員的鄉紳不僅可以獲得地方官府公費支給，中舉會試另有公費補助，他們在鄉里又得以優免賦役雜派，這些都是制度帶給士人階層的好處。遊於學，提供士人社會的、經濟的與政治上的優勢。據周洪謨在雲南石屏州看到的現象是：「其徭既蠲，其廩亦豐。」[50]指出儒生獲得不同性質的優免，其他附帶之社會與政治資源更不在話下。在寺田、民田和學田劃分清楚後，加上賦役折銀制的施行，使得鄉里社壇書院，甚至佛儒合祀的傳統產生較大的變化。

書院的學田與佛寺的寺田，逐漸成為鄉里用來組織社會或間

---

48 大理出土萬曆八年的常住碑記有〈八角庵碑記〉、〈圓通庵常住碑記〉、〈大士庵常住碑記〉，收入楊世鈺主編，《大理叢書・金石篇》，第10冊，頁109中-110下。

49「會試舉人盤 七十二兩……，儒學齋夫四名，共四十兩；膳夫三名，三十六兩；書手一名五兩。賓興科舉生員約三十五名，每名二兩三錢二分，共八十一兩二錢，該銀二十七兩六分，新中舉人約二名，酒席銀五兩，花紅錦標銀二兩，每名該七兩，共十四兩。年該四兩六錢六分，歲貢盤纏年編四十四兩六錢六分。」艾自修，《(崇禎)重修鄧川志》，卷8，〈賦役志〉，頁48-50。

50 周洪謨，〈石屏廟學記〉，收入周季鳳纂，《(正德)雲南志》，頁418。

接迴避賦役徵銀的新媒介。地方官府為維持祀典，也開始配置祀田。萬曆九年，太和縣知縣孔宗海撰有〈勅建報功祠祀田碑記〉：

> 本縣因措置各項祀田，共計貳拾貳畝，以門役更代不常，召擇僧人明從，俾令住持隨將前田踏給收入本祠以充常住，其各田歲租計穀參拾陸石壹斗伍升，小麥壹石伍斗參升。每年修理祠宇，約用穀拾壹石，朝夕蒴膏，約用穀肆石，其稅糧共計貳石陸斗伍升肆合，及條編糧差貳兩貳錢伍分，以穀柒石當其數。其住持工食不足，以穀拾肆石壹斗伍升，麥壹石伍斗參升補其乏。則租有常入，而守者不致輕費；田有定租，而佃人不敢妄減……除先申奉巡按雲南監察御史劉奉批，但凡田地若干，係公務者，必須通詳列之堅石，豎於公所，方可垂之永久。有期於事，不致後來劫豪侵奪，據議公買各田送勅建表忠報功祠事已盛美，今欲勒石，尤見妥當。仰照議施行繳遵照外本縣今逐一分列勒石本祠並將各項購置田畝名數及坐落四至夏秋稅糧佃戶姓名俱詳之左方以備稽考，以戒侵奪，以垂永久。……[51]

此為解決報功祠祭祀所設置之公田碑記：昔日祀典維持多責成守者，但往往難以督實，祠宇傾壞崩倒，多攤責民間修理。然土地清丈後，門役不再，故祀典責成僧人住持，故為確定各項經費，勒石公告。也就是說，象徵正式儀典的機構，配置祀田，令僧人—佛寺—常住的模式來維持之。這使得佛寺、報功祠、書院與宗

---

51 孔宗海，〈勅建報功祠祀田碑記〉，收入周宗麟，《大理縣志稿》，卷29，〈藝文部〉，頁5。

祠都受到朝廷禮制的保障。

再者，基層官員為徵收稅收，也在鄉里設置香火以為鄉稅所。以一通康熙年間（1715）碑刻說明明末清初太和縣西北鳳羽鄉賦稅和鄉里關聖香火的關係：

本府給鳳宇鄉（即鳳羽鄉）關聖宮碑記

大理府正堂加四級劉為叩天賞准勒石以杜後患分奪事。據鳳宇鄉稅所關聖宮住持僧源溙訴前事情因聖宮之建出陞任巡司李父母官，有楊伏奇楊龍甲弟兄因為無嗣，將秋稅貳石伍斗之田乙段為常住，彼時父母官詳明，本縣將錢糧編入□尚里冊末慶明一戶，遞年收租完糧無異己□今二十二年，於五十三年陡遭陰謀之徒有占常住之舉，住僧軟弱法門聽其分奪，本村士民不時連名具訴靳太爺台蒙批照舊，幸際恩主再加建造工尚未完伏乞天恩賞准勒石庶陰謀者無復萌其念，則聖宮香火有永實洪恩之再造矣等情。到府據此為照，有寺無僧終歸無寺，有僧無食終是無僧，鳳宇鄉之關聖殿乃本府稅所創建，為一鄉之福神，合鄉之香火，正慮聖前之香火不繼，住持之衣缽無資，適有土住善民楊伏奇楊龍甲弟兄，捨田乙段以作此宮常住，誠善舉矣。況又折糧過戶與他人何與焉，竟訪得有土豪勢棍等欺僧軟弱。諺語云：損壞功德林成就阿鼻獄。此言信不誣矣。本府正堂欲查究問茲據僧源溙具訴前情合行勒石永禁為此示仰住持源湊遵照。即將楊伏奇楊龍甲所捨田畝四至稅秋數目載之碑記管業收租供奉香火，其遞年錢糧正供急早完納，免其徭差。倘有豪強爭奪，許該住持到此碑文赴管衙門稟究，但不得無益糜費。永久遵行須至勒石者□□

　　大清康熙五十四年五月初十日中憲大夫大理府正堂加四級
劉有成
　　　　　　　　大理糧捕府兼攝浪穹縣事靳治邠
　　　　　功德楊伏奇楊龍甲　住持僧源澐　立石
附各處田畝數目於後
（省略）
丁卯年六月初五日楊姓七世孫庠生　鳳苞／炳　住持人八
世孫能久徒仁宏／宥孫聖恩　重泐[52]

鳳羽在明初設有土巡檢，清初改鳳羽鄉，隸大理府洱源縣。碑中
的李父母官未知是何時之官員，意指大理府稅吏創建關聖宮作為
鳳羽鄉之稅所，由土民捐常住供養僧人，關聖宮也成為一鄉之香
火！[53] 顯然鄉里香火已溢出正祀典禮儀層面的意義，其與基層糧
賦與財政問題綁在一起，僧人還被視為無害的祠廟香火經理人。
上述二通引文都指出僧人淪為祀典管理人，或可說是門役之屬。
僧人與寺廟已經由鄉里香火轉為賦稅，合祀的傳統重心已由佛
寺、廟學，後來轉為鄉里稅收的功能，地方財政與經濟的主導性
也愈來愈重要。
　　「正祀典」是官府與鄉里相互協商與溝通的管道，然土地清
丈後，各種流動人群與新興社會更藉由各種「祀典」名義來爭取
政治認可。他們一方面仿效佛寺常住的概念，視土地為維持基層
社會運作的配置，在日益複雜的社會關係中，又將官府挹入的祀
典來鞏固其新的社會關係。理論上來說，土地清丈與賦役折銀將

---

52 碑文採集自大理白族自治州鳳羽關聖宮內。筆者錄文標點。
53 明初設有鳳羽土巡檢司尹勝，一直到清初。此碑文之巡司李父母官未知是誰。

趨使土地在市場上的流動，也有助於人口流動。但是，財政改革對尋常百姓的意義不是土地產權帶來的利益，反而是隨著清冊而帶來愈來愈重的雜派，況且，這種雜派往往比正賦帶來難以評估的負擔。在這種情形下，來自官府雜派的壓力，使得地方社會產生不等程度的流動與重組，而愈來愈有競爭性的儀式符號也成為用來與鄰近人群進行區辨的標誌。

三、佛寺化的祠堂

世家大族為培養年輕鄉俊在鄉讀書，將佛寺一隅改建社學與書院的情形相當普遍。然而，當書院與廟學扮演愈來愈主導的力量時，佛寺莊園的格局也逐漸被削弱。我們先從以下二個例子來討論明中晚期，大理世家之佛寺、家祠與書院合祀的情形。

（一）李氏祠堂

這是一個由佛寺改建為祠堂與講學所的個案。成化年間，喜洲李姓世族曾將其佛寺改建為祠堂，後來因祠堂難以為繼，又轉型為鄉里書院。從佛寺到書院的歷史非常清晰，姑先就這個例子來作討論。

這個故事必須用倒敘的方式來說明：萬曆年間，喜洲士人李五芳獲功名，返鄉著手撰寫祠堂緣由的歷史，內容追溯十代前之祖先，分別為元路判李正與州判李義二兄弟。據云：二兄弟世傳勳業，列名文廟，且已設置祠堂，供奉其先世。成化時，其祖有李珪者，結合族人出錢，購置田園作為族田，以為永制。然而，到嘉靖年間，整個建築只剩下祠堂和碑記而已。李五芳的父親想要重修祠堂，但「其制未詳」，不知該循何種禮制來建構。後來

李五芳決定考察家廟之制，來說明其祠堂實於法有據：

> 大夫三廟、二壇。適士以下，各有差等，庶士庶人無廟，祭於寢，享止考妣。然禮原人情，起之以義。喪服上至高祖，而享可不及乎？於是司馬、二程始以高曾祖禰祭之影堂，略加損益，為祠堂制，著於家禮，列諸性理書，為不刊之典，是祠堂之制如此……然則今日所賴，惟譜存於祠……自祖宗來，積德百餘年，而始發於吾，得至大官，若獨享富貴而不恤宗族，異日何以見祖宗於地下，今何顏入家廟手？於是恩例俸賜常均於族人，並置義田宅云。又嘗據竇諫議於宅南構一書院，延置師席，故其子見聞益博。今先君修祠堂，芳證以先儒定議，而譜諜固因以明矣。[54]

其實，李五芳獲得「大官」建家祠的作法，和土官自京回來獲官，修建佛寺的舉止同出一轍。他認為祖先積德百餘年，名列文廟，應是士大夫等級，所以建祠堂、撰家譜，「相為表裏」。他仿照范文正公之舉，設義田、書院，建立祠堂：由於其義田源自於祖先之恩例授田，故與族人共享，並將族親列入家譜，祭祖則備置祠堂，另有精舍作為族俊讀書之所等等。其云：「義田以周之，精舍以教之，又所以表裏乎，祠譜也。」強調祠堂、家譜、義田與精舍是相為表裏、符合禮儀的祠堂建置。據其文字指出，當時祠堂中供奉著三位祖先：一是始遷之祖；二是創祠之祖；三是修祠之祖。其始遷之祖是李海，蜀人，「漢建興三年從諸葛武

54　李五芳撰，〈李氏祠堂家譜書院義田集錄〉，收入楊世鈺主編，《大理叢書‧金石篇》，第10冊，頁108。

侯南征，為關洞寨主，留守大理。」攀附的可能性極高。大理李氏多追溯其始祖到李海，認為他是蜀漢諸葛武侯派任之留守寨主。[55]創祠之祖是元末路判公李正，修祠之祖是李五芳的父親。此外，祠立於本家西寢之西，左右為四龕，「祀高曾祖禰，其子孫各以班袝，而易世遞遠，祠宗支，定昭穆，辨親從，而別衰麻之等」等等，建立「始於一人之身」的祭祀結構來確定遠近親疏的關係。李五芳建了一座自認符合禮制的祠堂，不僅備有家譜、書院還有義田。[56]此碑撰於萬曆七年（1579）。

很明顯地，李五芳並不是依據明朝士大夫的禮制來建立其祠堂，他們的始祖溯及諸葛武侯留下的軍隊，若依上述之祀典架構，也應算是漢邊臣後裔。李五芳試圖告訴我們一個依循范文正公的理想所建立起來的家祠義田，他沒有說的是，在改建祠堂時，此地原是李家佛堂。所幸，嘉慶年所留下一通〈重修奎星書院碑記〉，記載著李氏祠堂原來是一座佛寺，後來又變成奎星書院的歷史：

> 先是，明季上院李姓祖代創為祠堂，西有大殿三楹，崇奉釋迦佛祖，南北平房以為士子朝夕講算之所。廣置常住田畝，永為寺內香需，名為佛堂。現有碑誌可憑。[57]

55 見《李氏譜源》，大理州圖書館藏。此譜收於洱源縣，追其始祖為李海以及元末之州判李正。

56 李五芳撰，〈李氏祠堂家譜書院義田集錄〉，收入楊世鈺主編，《大理叢書·金石篇》，第10冊，頁108。

57 〈重修奎星書院碑記〉，收入楊世鈺主編，《大理叢書·金石篇》，第10冊，頁177上中。

指出李氏祠堂的大殿供奉釋迦佛祖，南北平房則為士子朝夕講算之所，而書院的開銷仰賴佛寺的常住土地。後來由於佛寺常住盡廢，古剎難以為繼，里張、楊二姓庠生見「古剎零落，香燈幾絕」「雖留大殿，古剎將盡」，遂謀於地方諸庠生共同出貲，向李氏後裔以及鄉之眾姓，立契約：「庠生李公諱鑑清等，情願將祖遺梵剎作眾姓共同香火。」這裡用「祖遺梵剎」指家寺變成眾姓共同香火的意思。後來，佛寺祠堂與書院殿宇之維護極其困難，故由鄉紳張、楊二姓為首之庠生及眾姓出面重修，在佛寺東樓塑一奎星像，以鎮風脈也，名之為奎星書院，使得這座佛寺仍然具有「修齋建醮，上以祝皇圖鞏固，下以祈百室盈寧」的功能。[58]

　　這座被改為奎星書院的佛寺，稍早曾被李氏依據禮制改建為「始於一人之身」的祠堂，後又轉為鄉里書院。佛寺之常住改為家祠之義田，是一種新瓶舊酒的作法，祠堂運作似乎也不符地方鄉里之現實，後來逐漸轉型為眾姓之書院，由鄉士大夫共同經營。雖然這是一份書院碑記，但它沒有說出來的是：它是一座佛寺增生出來的奎星書院。明末以來鄉里祀典合祀的模式相當普遍，康熙年間太和縣另一座書院，名為桂香書院，也是由佛寺增生出來，其書院佛寺不僅由寺僧負責維護香火，佛寺之常住也用來支持書院之運作。在此略就不說。[59]

---

58 〈重修奎星書院碑記〉，收入楊世鈺主編，《大理叢書・金石篇》，第10冊，頁177上中。

59 〈桂香書苑碑記〉（1696），「嘗觀人創建寺苑，迨落成時，輒為之書其匾曰某寺某苑。」描寫其曾祖與僧人合辦書院之情景。收入楊世鈺主編，《大理叢書・金石篇》，第10冊，頁151下。

（二）慈真庵

　　另一個合祀的個案是佛寺與漢人衛所的聯合宗祠。前文曾提及大理衛指揮周能在大展屯將佛寺改建為寶林香社的故事。當時，寶林香社是否附設訓蒙之所，不得而知。但周能之弟周安裔襲職大理衛左前所百戶，與軍餘等眾聚居在龍尾關之大展屯。正德、嘉靖、萬曆年間其子孫始躋身庠序之列，轉型為士人。[60] 正德年間，周安支派的周軒以大理衛百戶的身分在大展屯建立一座三官殿，又稱為三官樓。萬曆年間，三官殿改建為慈真庵，此庵有一通周維藩所撰寫的碑〈新建慈真庵碑記〉（1626），內容記載著周氏建慈真庵的過程，其碑載：

> 自國初來，戶侯周氏以千域當龍關一面因屯種之遂於此家焉。正德初，戶侯周公軒建立三官殿遺制，迨萬曆壬午歲（1582）萬岳尊二樓，翁復修之，大都三官止於泥像，殿宇止於短椽，兩旁土一平復，無甚偉觀，則夫廓而大之，輪奐重新不有賴於後人乎哉。岳尊有家□（俗）吾舅席，父祖業昌大家聲，居官頗有能略，當路者每奇獎之，又有子步武退休田野慕泉居之，清幽思山林之雅致，栽花榭竹，笑傲壺觴，若可以自娛矣。公自謂猶不足以盡吾也，欣然有樂善之心，詩云靡不有初鮮克有終，凡向善者，難於末路。公先是約朝真之會，積月竟九，蓋數年於茲，禮誦王經，朝夕不

---

60 〈周公墓誌銘〉（道光）：「守衛大理，以軍民相長相睦為尚，因名里居曰大展（長）屯，越正嘉隆萬間，子孫青衿濟濟膠庠亦盛焉。」文字於大展屯田野採集而來。

輅，亦數年於茲，他如建橋梁、置遂家、舍冬衣，賑米粟，
種善行，不可枚舉。此又不足以盡公之為人矣。公自謂尤不
足以盡吾願也，欣建一剎，以為終身皈依之地，冀別圖之，
謀於眾，僉曰：本地原有殿，爾大父創建之，爾先君浚修葺
之，公即就此廓而大之，亦肯構意也。遂擇日鳩之，開基拓
土，鑿石勒垣高砌層臺，盡更其舊焉，中建一大殿，中塑觀
音、左塑玄帝、右塑文昌，白王其塔，丹護其宇，乍觀之若
金色界然，前建一樓廊，鑄三官於其上，（萬）月松同□綠
柳蒼炯，遠眺則江山在望，令人頓忘塵俗之世，亦村落中一
奇觀也。左耳建房三間，中供伽藍，右耳建房三隔，為子弟
讀書所，殿左隅建一樓為靜室，殿右隅建一室為祠堂，樓左
建一室為香積，樓右建一室為空舍。天啟元年（1621）興
工，次年落成。竟舉舊之單隘者而崇高之，□是舉舊之陜小
者而闊大之矣，不有光於乃祖乃父乎哉，故更其殿為庵名曰
慈真。至於慈光不燭，真慶臨軒，其庇佑我公之善，又宇有
涯乎哉，雖然莫為之前雖美弗彰莫為之□，雖盛弗傳，公有
可傳之美乎，若孫等能廣種福田，培善□於未艾，即與庵同
悠久可也，眾親友皈□之，碑□□□，□□言以彰善事，余
曰：公見今酬王經，結黃籙，禮梁皇，拜水陸，設大勝會，
善果圓成其在興故借此為之。

　　天啟　丙寅年（1626）歲冬吉日　　　　施主　周維藩立
　　鄉錄□□四川成都府　　□□知縣　　　　郡人　趙壁烜 [61]

周氏屯駐大展屯後，周軒先建有三官廟，萬曆年間，周剛將三官
廟改為慈真庵。此碑有幾個重點值得注意：撰碑者周維藩是周壽
之十世孫；從《周氏家譜》中得知，周維藩的祖父三代以上分別

為七世祖周軒、八世祖周崑、九世祖周剛等，皆為世襲大理衛左前所百戶侯。[62]正德年間，周軒居官有功，晚年退隱鄉野，每有「朝真之會」、「禮誦玉經」，建三官廟為其所。同時，他也在鄉里施以許多慈善事業，像是「建橋梁、置遂冢、舍冬衣，賑米粟，種善行，不可枚舉」。萬曆年間（1582），三官殿已極為破舊，九世祖周剛欲建佛宇為終身皈依之所，便在三官舊址上擴建慈真庵。族譜中描述周剛：「有才智，明令其統率衛所部，征剿土匪有功，誥封振威將軍，世襲大理衛都指揮同知」。周剛將三官殿改為慈真庵，又在右耳增置子弟讀書之所，殿右設置祠堂。

改為佛寺的慈真庵包容了許多不同性質儀式。正德年間興建三官祠，象徵著當時作為漢人衛所百戶侯的「家廟」。萬曆年間，三官祠又改建為慈真庵，這種配置很可能是地方鄉里士族所流行的空間格局，他們將佛寺、家祠和讀書之所合而為一，其也具有「訓蒙之學」的意味。〈新建慈真庵碑記〉中並沒有明言慈真庵是周氏的「家廟」，但他們在此進行佛道二種儀式，像是道教的酬玉經、結黃籙；佛教薦祖儀式，像梁皇會、水陸法會等等，使得慈真庵成為兼具佛道二套儀式之家寺與家廟。

更值得注意的是，筆者親訪大展屯，雖未見設有家祠，但緊鄰慈真庵正後方另有一座規模較小的六姓祠，這六姓包括了劉、馬、金、李、楊、張等姓，是昔日隨周家同來之軍餘後裔。他們沒有獨立家祠，而是重修慈真庵時另建小祠依附其後，稱為六姓祠，各姓諸祖共列其間。六姓祠供奉七姓之祖先靈位（附圖）：

---

61 〈慈真庵碑記〉，筆者抄錄於大展屯慈真寺。

62 《周氏家譜》（筆者於田野採集自民間），頁6-17。

本音劉氏門中歷代宗祖尊親老幼之靈位

本音馬氏門中歷代宗祖尊親老幼之靈位

本音金氏門中歷代宗祖尊親老幼之靈位

明詔封懷遠將軍世襲大理衛都指揮同知始祖考周公諱壽妣母

元氏大人之靈位，原籍湖北武昌府江夏縣周家莊人氏

本音李氏門中歷代宗祖尊親老幼之靈位

本音楊氏門中歷代宗祖尊親老幼之靈位

本音張氏門中歷代宗祖尊親老幼之靈位[63]

　　在這一座闔村宗祠中，中間供奉著移駐大理衛都指揮同知周壽以及其母親元氏的靈位，二側是大展屯軍餘舍人之屬。看起來，慈真庵與六姓祠間保持著明朝軍隊遺留下來之主從附屬關係，慈真庵是周氏家祠，也是佛寺，與六姓祠共為軍屯祭祀共祖之所在。同時，此二殿宇更像是以慈真庵作為中心的聯合宗祠暨社學所在地。慈真庵前高掛著「慈真大殿」與「邨村家祠」之匾，將佛寺、宗祠與闔村家祠三者不同的儀式整合在村落之中心，顯示周家以家祠佛寺的形式保護全村其他六姓祖先。慈真庵和六姓祠，也成為衛所軍屯遺留下來之祭祀單位，不僅是祭拜祖先之場所，也是具有村社性質之闔村佛寺。（圖10.1慈真庵；圖10.2六姓祠）

　　結合佛寺、家祠與讀書之所的情形相當普遍。如喜洲董氏在弘圭山建立許多佛庵，如明初十二世祖董慶，創有宏圭山東庵，即志應庵。十二世祖董寶創有宏圭山左庵；十三世董佑創有聖壽庵，第二十二世董養中創崇聖庵。弘圭古有三十六庵之稱，在三

63　文字採集自慈真庵六姓祠。

圖10.1　慈真庵（位於今大理市下關大展屯，作者攝）。

圖10.2　六姓祠（位於大理市下關大展屯慈真庵背後，作者攝）。

十六庵中董氏在擁有四座庵院。[64]他們在族譜記載著：祭祖所需的祭田，即佛寺弘圭寺之常住。[65]這些祭田多來自於昔日祖先之授田。《大理史城董氏族譜》中寫道：

> 士大夫立廟曰家廟曰家祠又曰宗祠。祠者，祭先之名，兼屋宇之名……庶人祭於其寢不得立廟，而士大夫有廟者，其子姓昭穆俌祔主焉。禮固緣情而起也。……且夫祖宗靈爽憑於一祠，而族居則散矣，子孫遠近聯為一族，而糧里則分矣。……有田則祭，今日之得祭，昔日之受田也。惟義置田，前人之田穀，後人之祭需也。茲錄宗祠全圖，祖墓各圖，而以族居糧里、祭田、義田附後，庶散者有紀，分者無誣，祭者不闕，貧者有濟。[66]

說得很清楚，今日之得祭，昔日之受田也，受田即授田。即，祭祀與因功獲職之授田有關，但世族和佛寺二者間的關係，轉變成為祭祖家祠為主，佛寺為副的格局，其宗祠義田的儀式格局取代了佛寺常住。

四、邊臣祖先

依明朝之禮制，士大夫得以祭五代祖先，但對大理士人而

64《大理史城董氏族譜》，卷6，〈宏（弘）圭寺〉項下，頁8。

65「吾族祭田向為宏圭寺常住，迭經兵燹滄桑變更，今所存在惟崇聖庵田，亦僅九畝有奇，碩果留遺，尤望吾族人善為保全擴而充之。」《大理史城董氏族譜》，卷6，〈祭田〉項下，頁6。

66《大理史城董氏族譜》，卷6，〈祠墓〉項下，頁1。

言，他們不只是想要強調士人身分，更想要透過古老的祖先敘事來強調「邊臣」的身分。

鄉賢祠的設置不僅帶動鄉里閭閻與公議的風氣，也使得老百姓開始將祖先攀附在合宜的歷史人物上，或是將祖先抬升為鄉賢來供奉。這樣的祖先必須符合以下幾個標準：一、符合正統歷史所倡議的道德標準，如忠、義、賢、能，或節烈等等。他們雖不必然是正統官方史冊所載的人物，但還是可以經由鄉耆官員之認可，將其地位由「社」升為鄉賢。二、後裔必須找尋一個官銜相襯、身分相符的祖先，前章曾提及與趙賜密僧家族爭祀李宓將軍的江尾千戶李氏土軍，其以土軍身分歷經一門三桂，復將李宓將軍定為祖先，這種作法有助於抬高李氏在地方祀典中的地位。唐李宓將軍戰死邊地，對土官千戶而言，也是一個相當理想的祖先。以下還有其他的個案如何履光。

（一）邊將

以唐人為祖先成為當時之風尚，何履光也逐漸成為何姓所要攀附的祖先人選。何履光是唐朝嶺南節度使，《新唐書》記載二條有關他的史料：

> （天寶八年）十月，特進何履光率十道兵以伐雲南。[67]
> 閣羅鳳立，襲王，以其子鳳迦異為陽瓜州刺史。初，安寧城有五鹽井，人得煮鬻自給。玄宗詔特進何履光以兵定南詔

---

67 歐陽修、宋祈等撰，《新唐書》（北京：中華書局，1975。中華書局點校本版），卷5，〈本紀〉，頁147。

境，取安寧城及井，復立馬援銅柱，乃還。[68]

唐末安祿山之亂，何履光曾受命征討南詔，時在天寶八年，其下落史料無載。成化年間（1468），楊森為何姓大族撰寫一份墓誌銘，內容指出其祖先：

> 蒙段繼守斯土，始祖履光仕廣府節度……功業蔓延於後世，傳至堅，為監國，務布變，諡英靈義明王。堅生泰，任青省國事布變……[69]

追溯了一段何履光的歷史。有意思的是，嘉靖十三年（1534），有一位名叫李清的吏員，想要改為何姓。原來李清之父親，名何瑞，晚年生下兒子，不久旋即去世。故其自幼便隨母姓，是為李清。年長之後，業法律，執吏事，地位愈來愈高，想以「事孝」名義恢復父姓，請地方鄉進士為他的父親何瑞撰寫墓誌銘。改回父姓是實踐儒家敬五倫之表現，撰寫墓誌銘是孝道的展現，此二者對吏員而言，不僅是政治正確之舉措，又得以動用地方歷史資源來維持社會網絡。有意思的是，當時之墓銘是這樣描寫何清之祖先：

> 其先湖南江夏人也，唐有履光者，天寶十三年，以廣府節度使佐劍南留後李宓，率師伐南詔，全軍覆沒。履光得不

68 歐陽修、宋祁等撰，《新唐書》，卷222，〈南蠻南詔〉，頁6270。
69 楊憲典編，《喜洲志》（大理白族自治州南詔史研究協會編，1988），頁123-124。

死，遂為大理人。其八世孫曰君堅，官曰布燮，猶唐言宰相也，卒封王，諡英靈明義。子泰封監國侯。[70]

這裡要說的是：從母姓和從父姓均甚無大礙，只不過李清擔任職吏，更希望透過父方追溯一個相稱的祖先。這份碑刻與上述楊森為何姓所撰之祖先論述內容相仿，唯一不同的是，此碑更強調他們是隨李宓來南詔。[71]隨即在第二年，嘉靖十四年（1536），何清又陸續請人刻了一份碑，名為〈鶴歸山碑〉。這份碑刻署名「洪武十二年　蕩山僧　法天撰」，嘉靖十四年復由何清「重鐫」，這裡用「洪武十二年」，實啟人疑寶，因為洪武十四年明軍入滇，不應出現洪武十二年之記年。當然，這也有可能是何清想要假借無極和尚來強化何家寺院之地位崇高。其內容如下：

> 公諱祐，字天錫，系出唐履光將軍之後裔。謹按郡志，唐天寶十三載，玄宗命雲南郡督兼侍御史李宓，廣府節度使何履光出師伐蒙。蒙氏遣段附克……履光遂陷於南詔，僑居鄧川焉。八世孫有若堅者，南詔官之以布燮，猶唐之宰相也。建覺濟塔寺，亦請蘇庫銅佛五……興生陵，陵生通，通生生，構精舍於聖元寺，延緇流置寺田，乃判官之若……[72]

---

70 葉松，〈隱德何公墓誌銘〉，收入楊世鈺主編，《大理叢書・金石篇》，第10冊，頁81下-82上。

71 此論與正史略有出入，《唐書》所載的何履光是在天寶八年伐南詔，李宓伐南詔則在天寶十三年，何履光早於李宓，故他應不是隨李宓而來。雖然墓銘與正史所載不同，但這並不是時人所在乎之細節。

72 〈鶴歸山碑〉一文著錄於〈劍陽何氏族譜〉，收入楊世鈺、趙寅松主編，《大理叢書・族譜篇》，卷3，頁1258。

〈鶴歸山碑〉指出，他們是唐將何履光的後裔，來居南詔，是為唐人世家，僑寓鄧川州。後來，其一往北遷往劍川，其一往南遷往喜洲附近之慶洞。元朝以來，他們還在喜洲附近修建了佛寺庵堂等等。[73] 這份碑刻收錄在劍川何姓的族譜序文中，說明了何清在當時頗有聲望，他不僅向官府申請改姓，也重新編整以何履光為名的何姓聯盟體系。

何清的作法似乎也獲得太和縣慶洞村進士何文極的支持。嘉靖三十七年（1559），慶洞村的進士何文極，為其族人何東溪公撰寫一份墓誌銘。[74] 何文極所撰寫的墓誌銘指出：東溪公少有智慧，業法律，從事吏事，將其祖先追溯到唐節度使何履光。這種攀附何履光為祖先的故事，大致說明嘉靖年間大理世族們從事吏職與官府打交道時，選擇歷史人物作為祖先以抬高身分的一種現象。

（二）功臣

向官府爭取合法的祖先祀典似乎已成為邊地士人一慣的作風。直到乾隆年間，還有一波身分特殊的漢人衛所，積極向官府上疏，要求為祖先建報功祠，立春秋二祭。洪武年間，駐守蒙化的衛所有三位千戶，分別是孫福、范成與陳生仲。嘉靖時，其裔多轉型為士族，且多有功名。這是一件很有意思的事，因為早在康熙《蒙化府志》「蒙化衛指揮鎮撫千百戶」項下記載：「洪武二十三年（1390）設，本朝順治十六年（1659）裁。以上各官姓名

---

73 同前注。

74〈明故楊佐郎巡宰東溪何公墓壽□□〉，收入雲南省編輯組，《白族社會歷史調查（四）》，頁212。

俱失考。」[75]指出當時編志書時，列名千戶身分者，皆已失考，也就是無人能辨，也無人承認。但是，清初裁衛後，此三姓千戶衛所族裔紛紛把家裡的歷史檔案重新拿出來，向官府提報作為申請報功祠的依據，並向朝廷要求建祠以祭祖德。以下來談蒙化府三個千戶的故事：

1、蒙化孫氏

孫福，原籍湖廣常德府人，洪武二十一年（1388）隨黔寧王定滇開蒙化，期間征順寧、永昌，後又隨征麓川，累下不少戰功，先是獲「武略將軍中所管軍千戶」，其裔世襲千戶之職。孫福不僅分築巍山（蒙化府城）之南門城，並開窯造磚建置巍山有功。其裔有孫釗（1541-1612）者，歲登進士殿試，選為四川敘州府境之縣令，返鄉後曾建立祠堂，廣置腴田，以供祭祀：

> 每立春之先一日，則總設祭醴以祀外祠，召合族之子弟享焉，非序昭穆之意乎。至次日，又設祭醴以祀內祠，召親支之子弟主焉，非篤親親之意乎。於秋亦然。於祠廟修書室，命族中子弟有志者課讀於中，歲捐給紙筆燈油，時當路巡，方有仁孝高風之獎焉。[76]

自此以後，其裔入郡庠生者夥，開始學習春秋祭祀之事。首先，春秋祭祀是官祀性質；再者，其祭祖有二日，第一天在外祠，第

---

75 蔣旭纂，《（康熙）蒙化府志》，卷4，頁13。

76 〈明四川珙邑大尹康階孫公暨賢配曹孺人墓誌銘〉一文著錄於《蒙化孫氏族譜》，收入楊世鈺、趙寅松主編，《大理叢書・族譜篇》，卷2，頁637。

二天在內祠，參與外祠的成員包括「合族子弟」，參與內祀的則是「親支子弟」。不論是土官、千戶皆有「官」可襲，與世襲制度有關，故外祠與內祠成為區隔繼嗣團體秩序的方式。此為祭祖聯盟儀式，但內外祠的概念又呈現二者之間的身分與階序。

　　理論上，世襲以宗子為主，但實際運作時，世襲千戶身分者不必然是宗子，也不必然出自嫡母。孫釗有三個兒子：守敬、守一、守愚。守敬先娶了張氏，生下二子紹尹、紹奭，繼配張氏，有子為紹齡。因為當時「宗子沖幼，弗克承繼世職」，紹齡以非嫡妻之子的身分投筆襲千戶職。後來孫紹齡襲職建功，返鄉修歷代的祖塋，才請其姻親家黃甲俊為其祖父孫釗撰寫墓誌銘。[77]換句話說，內外祠的界線並非宗子，而是承襲千戶職的職位與否。孫紹齡獲功回鄉後也承其祖父遺業，置祭拜田畝，以隆祀典。這種祀典不是強調士大夫的祭祖儀制，而是邊境武將的祭祖的祀典，故享有更高的官方春秋二祭之儀典。此大抵是明朝蒙化千戶之景況。

2、蒙化陳氏

　　《蒙化陳族家譜》收錄許多檔案，其目的是為向官府申報祖先事蹟，作為建立報功祠之依據。據族譜記載，明初蒙化衛指揮陳生仲是江西饒江府人，後勅封定遠將軍。此後，其裔承襲蒙化衛指揮，封武略將軍。直到嘉靖年間，其派下陳一德獲歲貢，自此分為文武二支。然而，衛所轉為士人多有所見，尤其明中葉以來，衛所逃潰者甚多，部分經由庠生身分轉型士人。直到清初裁衛，這些不同支系逐漸意識到若要抬高邊區社會的身分優勢，還

---

77 〈明威將軍鶴胎孫公暨恭人黃氏夏氏墓志〉一文著錄於《蒙化孫氏族譜》，收入楊世鈺、趙寅松主編，《大理叢書‧族譜篇》，卷2，頁637-638。

是要將有功於國的衛所身分重新提出來作為祭祀儀式的基礎。在此時，族譜收錄一份檔案名為〈宗祠〉，其內容記載如下：

> 洪武二十八年，始祖隨征回衛，……今幸有後裔，雖世襲武功，猶直精於文事，藝詩書可以破愚，禮樂可以復性，所以忠臣孝子，皆於讀書中來。於是薄置良田數畝，以作子孫教讀之費，建陳氏義館於西門外，令有志兒孫為推廣焉。後世子孫就其故址，改建宗祠，此祠堂所由來也。
>
> 至元珠觀之右，有碧波室，亦陳氏祠，先世萃華公建，蓋同澄和尚重修大門，立報功祠匾。後樓供奉始祖神主，因距城十餘里，且於孟春致祭焉。
>
> 陳氏報功祠在郡城西門外正街，坐北向南。其祠內租石系屬典契，未便刻入，僅刻於碑焉。[78]

這份檔案沒有記載具體的時間，惟知大約在明末清初。總括來看，其意為：蒙化陳氏留下三座家祠，第一，是巍山西門外的陳氏義館，這原是提供子孫讀書的場合，後改建為宗祠。第二，是巍山道教聖地元珠觀旁的陳氏祠，疑此道觀旁的陳氏祠是其四世祖陳謙留下的，因其「嗜善慕道」，把千戶職傳給兒子後，便「三朝武當山，六謁天師府」，獲道名羽化。[79]第三，陳氏報功祠，亦不知何時興建，地方學者認為建於明中晚期。[80]初步判斷，上面

---

78 〈宗祠〉一文著錄於《蒙化陳族家譜》，收入楊世鈺、趙寅松主編，《大理叢書・族譜篇》，卷2，頁1009。

79 〈陳氏譜略〉，收入《蒙化陳族家譜》。

80 薛琳，〈蒙化陳氏家族源流及分布情況〉，收入楊世鈺、趙寅松主編，《大理叢書・族譜篇》，卷2，頁1003。

三座陳氏家祠約建於明中晚期，但支系族裔隨著不同發展而採取與書院合祀，或與佛寺道觀合祀，或與官祀報功祠合祀類型的家祠，其祭祀並未經統整，分化得相當利害。

3、范氏

第三位蒙化千戶是范氏。范氏家譜保留得比較完整，包括第一次修譜時間在嘉靖二十六年（1547），由開滇第六代范元愷所纂；第二次修譜是道光年間。[81] 嘉靖年間的舊序記載：其祖先范成，直隸合肥人，於洪武「二十一年屯種蒙化，調後所世襲正千戶，監築城」。其支第六世范寅轉而禮道教，死於武當山，其子范運吉千里尋父，背骸而還；[82] 後獲嘉靖己酉舉人，轉而為士宦，是以孝子舉人，列名鄉賢祠。

范家除承千戶職外，其他支系在蒙化城鄉山區分流成為士商民等不同身分。據族譜指出，范氏有六個支系，墓塋分布有二十六區之多。[83] 各支派分別建立家祠：一是獲舉人身分的范運吉。據說，他和范元愷合作興建范氏祖祠，其址在等覺寺街，此為蒙化府之官寺。[84] 二是范家第六支二世祖在蒙化府東山玄珠觀左側之龍華寺旁建有五瑞樓。當時留下三份碑記，分別是明成化三年（1467），大理楊禧為范氏撰寫之龍華寺碑記；萬曆十六年（1588）范元愷撰有碑記；嘉慶八年（1803）其裔范大金所撰之碑記。這三份碑記記載五瑞樓之寺田常住為范家六支系所供奉，

---

81 薛琳，〈巍山范氏家族源流及分布〉，收入楊世鈺、趙寅松主編，《大理叢書·族譜篇》，卷3，頁1509。

82 范寅之事蹟，可參考謝肇淛，《滇略》，卷10，〈雜畧〉，頁247。

83 《蒙化范氏族譜》，卷3，〈祖塋〉，頁1586。

84 《蒙化范氏族譜》，卷3，〈報忠祠〉，頁1587。

五瑞樓為其家祠。[85] 第三是十世祖有范悅公者，他在康熙年間為母親建慕劬庵：「正殿一間，供觀音大士，范金為像，廂房二間，作客房，南廂外為花園，大殿之旁有兩楹，一供山神土地，一供歷代昭穆，前面為大門，大門之上有樓一間，供魁星像，寓魁臨甲第之意。」[86] 看來是結合佛寺、祭祖與祈求功名的家祠。這些家祠未必以士大夫的名義建置起來，多依附於佛寺與道觀。

順治十八年（1661），清廷裁撤衛所，這些千戶家族也面臨衝擊，軍戶屯田悉編入民戶民田。當時，千戶范氏以「地方鄉紳以公功在城隍，澤及後世，復遠征異域，盡節沙場」，向官府請建祠崇祀。雍正元年（1723），後裔「奉文」建祠於東門外，賜名「報忠祠」。指出官府應族裔之請，令其建祠，此乃范家呈請建祠之事。[87] 報忠祠為官祀，故官府每歲春秋二祭前往致祭，成為一方盛事。族譜收錄儀式祝文與祭田，儼然成為結合文武二支之邊臣宗祠。[88]

范氏奉文建祠之文字反而不見於其族譜，卻收錄在孫、陳二千戶後裔所編纂的族譜中，其目的是援例准行。茲以《孫氏族譜》收錄文來說，其文如下：

> 雲南等處承宣布政使司布政使紀錄十二次軍功三次，宮為祈恩，援例施仁，賞給祀典事。乾隆十四年八月廿八日，奉太子少保總督雲貴部堂加三級紀錄十一次軍功二次，張憲批

85 《蒙化范氏族譜》，卷3，〈龍華寺〉，頁1588。

86 《蒙化范氏族譜》，卷3，〈慕劬庵〉，頁1589。

87 《蒙化范氏族譜》，卷3，〈報忠祠〉，頁1587。

88 〈報忠祠祭祀儀注〉、〈祝文二篇〉、〈報忠祠祭田〉均收入《蒙化范氏族譜》，頁1589-1590。

> 本司呈詳，查得蒙化府前據生員孫瑞等呈稱，緣蒙郡有范、
> 陳、孫三姓子孫始祖，從軍開滇，定蒙建城，鑿池著有功
> 績，均受前明千戶。先年范姓子孫自建宗祠，呈請制主奉
> 祀，蒙給春秋祭祀。彼時，孫姓尚未建祠，不敢遽請。今目
> 擊范姓邀恩，未免汗顏，因力自建宗祠，仰懇一視同仁。援
> 范姓之例，俾孫姓沐曠典等情到司。當經前批飭，蒙化府確
> 查孫姓始祖是何名諱，著何功勛，曾否載入志書，查明詳
> 報。茲據該同知詳准，儒學申稱，查孫姓始祖名福，前明洪
> 武廿二年從軍開滇，受職千戶，襲至國朝順治十六年裁衛之
> 時乃汰，范興亦系千戶，與孫福同時同職，著有勞績。范姓
> 子孫自建宗祀呈請制主奉祀，蒙前府轉詳上憲，予以殊典。
> 每歲春秋本府給以腥祝鼓樂，委員致祭。在孫姓子孫，以伊
> 始祖與范姓之始祖同職同功，范姓之祖既得邀恩，故爾援例
> 干請，可否准行，仰祈轉詳。[89]

當時陳、孫二姓援范姓之例，向蒙化府呈報並提到雲南布政使查
核，官府最後以蒙化為「新辟夷疆，且一方善士，未登國體」，
並以「雖無案籍可稽，實有鄉評足據」，還是核可孫、陳二姓自
行建祠立主，並派委員前往致祭春秋祀典。[90] 這是從孫氏族譜所看
到范氏成為呈請報功先例的情形。

　　清廷裁衛併入里甲，企圖整合漢人衛所和白人里民二種不同
人群，惟蒙化府三個個案告訴我們：裁衛後，漢人衛所遺裔仍然

---

89 〈祀典〉，收入《蒙化孫氏族譜》，頁634。
90 同樣的公文也收錄於《蒙化陳族家譜》，〈陳氏祀典〉，收入楊世鈺、趙寅松
　　主編，《大理叢書·族譜篇》，卷2，頁1007。

想要保有他們不同於里民的身分。其動機或與族群關係無涉，重要的是，他們如何向官府訴說一段昔日有別於「民」的歷史，並且用他們有功業的祖先來區辨身分。報忠祠是披著官祀的宗祠，其祭田正是祖先的「授田」，其文錄於民國年間，雖仍有疑慮，但錄來以資參考：

> 相傳報忠公（即始祖范興）以天策衛指揮屯種蒙化時，隆慶關山麓，溪澗幽深，水源溯瀑，良田萬貫，頗稱沃壤，公愛山水之佳，遂宅於斯，因名其地曰天策堡。今日之祭田，即原日之俸田也。[91]

這裡要強調的還是今日之祭田即昔日之俸田的概念。「邊臣」是一個歷史符號，但維繫之的是俸田的合法性。為了現實考慮，重新強化漢人衛所在邊夷地區的歷史，還是有助於鞏固其社會內在的優勢。

小結

這章主要以佛寺易之以儒制，討論大理不同人群在文化符號上的選擇與改變。其中：一是寺院所延伸出來的合祀傳統，包括了社壇、書院與宗祠。二、隨著正德嘉靖到萬曆以來一系列的禮儀與財政改革，正統廟學為主導的祀典，包括鄉賢、名宦與武侯祀典等等，使得許多祀典不斷地從佛寺分化出來。三、大理士人雖建置宗祠，但認為祖先為勳臣的意志遠高於士大夫身分。他們

---

91 〈報忠祠祭田〉，《蒙化范氏族譜》，頁1590。

追溯唐人祖先、武侯留守之臣等邊臣來抬高身分。而這也延續到清初裁衛的漢人千戶家族之呈報運動。四、人群重組的方式雖仰賴正確祀典架構，但祀田作為整合人群的物質基礎已逐漸超過儀式本身的宗教性與神聖性。學田與祭田，成為二股穩定基層社會的重要資源，前者與士人集團有關，後者與襲職俸祿有關。

　　弔詭的是，「過去」成為人們用來宣稱合法性的重要資源，不同人群隨著現實世界的需求，以不同文化標籤與敘事策略來確認身分。佛屋易為儒制，不只是傳統儀式被改變，人群更之以鄉賢、祖先、邊臣等文化標籤將新祀典機構覆蓋在佛寺常住的運作模式之上。總之，不論是士人、鄉里與漢人衛所，他們都企盼成為不同時期的邊臣後裔，順利地將自己的世系編織在正統歷史系譜之中。

第三部

土官政治與山鄉

第十一章

瀾滄江沿岸的山鄉聯盟

　　以太和縣為中心的大理社會並不是一個孤立的社會體系，許多白人遊走於土官與流官二套體制之間，繼續以聯姻的方式來組織社會；同時，許多非白人政治勢力也在土官制度的支持下逐漸在大理四周崛起，白人與非白人間也開始產生有機的合作與聯盟。

　　非白土官為適應土官制度，開始採取新策略來適應帝國政治。土官面對幾項嚴苛的挑戰，一是赴京告襲，一是往邊境作戰。有些土官在赴京告襲的途中身亡，如蒙化土官左禾之子、鶴慶高氏土官等等皆死於赴京之途；明中葉以來，土官多事邊戰死於戰場。土官政治運作與維持面臨許多挑戰，一者是土官無嗣或年幼孤子將遇到叔侄借職或爭襲的內部衝突。再者，官僚政治中的土官承襲手續愈來愈複雜，除了三司會勘、繳交宗枝圖與鄉老告保等等，土官還需要納糧或代以徵銀作為承襲的條件。土官政治內部稍有倫理衝突，便有改土設流的危機。在此內外挑戰中，他們選擇積極和相鄰的白人合作，而白人既有的聯姻策略也傳播到土官地區。

　　本書將從二個區域的土官政治來談白人與非白土官結盟時所造成政治生態改變：一者是在大理西方瀾滄江沿山土官勢力，一者是在大理北方金沙江的沿山勢力。文中主要從白人的角度來說明他們如何把聯姻與政治法則帶到土官政治之中。以下先就明初新興的土官勢力談起。

一、蒙化張氏與左氏聯盟

　　蒙化州原隸屬大理軍民總管府，是段氏轄境之一，南詔起源地──巍山亦在其境。明初延續舊制，以蒙化州歸隸大理府，雖

未知人口與族群結構，當時已設一名里長負責境內之稅糧，推想其境內白人理應不少。這位里長名為張保，據康熙年間蒙化府志對其人群的描寫：「僰人，即白人也，編入里甲」可知張保是一位白人世家。[1] 正統十三年（1448），蒙化由州升府，在張氏里長支持下脫離大理府的管轄，山鄉俫夷左氏則從火頭升為州判，又一路升到土知府，成為滇西愈來愈重要的土官之一。白人里長如何和山鄉火頭聯盟並爭取設置土官的故事，尤其值得注意。

（一）里長和火頭

明軍入大理之際，南方俫夷部酋也因不同的政治選擇而導致勢力消長。其中，在大理東部與東南之「蒙化蠻」自久[2]與字青抱持反明的態度，而大理西南邊的「順寧蠻」火頭左禾則主張降明，後左禾被舉為摩牙村火頭。火頭是土酋政治之基層人物，地位並不高，左氏卻自此逐漸成為統領蒙化二邊山鄉羅羅勢力的領袖人物。此過程可見《土官底簿》：

> 左禾，大理府蒙化州羅羅人，係本州火頭。洪武十五年，大軍克復，仍充添摩牙等村火頭。十六年正月，授首復業，總兵官擬充蒙化州判官。十七年實授。續該西平侯奏：據里長張保等告保左禾授任二十餘年，夷民信服，乞將陞任。永樂三年二月奉旨他做判官二十餘年。不犯法度好生志誠，陞做著他封印流官知州不動，還掌印，欽此。[3]

1　蔣旭纂，《（康熙）蒙化府志》，卷1，〈地理志·風俗〉，頁48。

2　自久的故事，詳見第13章。

3　不著撰人，《土官底簿》，上卷，頁60。

從《土官底簿》來看，里長張保向總兵官傅友德保舉左禾，左禾才升任蒙化州判官。永樂三年（1405），里長張保等人又向朝廷保舉左禾為知州，他才從火頭躍升為土知州。火頭和里長是土官與流官二套體制下的基層代理人，前者山鄉夷民，是羅羅人，也是村寨頭人之屬；後者是編入里甲的白人，是鄉村代表；[4] 在當時鬆散的鄉里政治脈絡下，此二身分分別是山鄉與農業社會的代表人物，負責為朝廷徵調土兵作戰與徵糧的工作。雖然，身為土官的左氏後來躍升於歷史舞台，成為西南地區重要的夷人勢力，但更值得注意的關鍵人物，還是初期擔任里長的張保。《土官底簿》寫得很清楚：「據里長張保等告保左禾授任二十餘年，夷民信服，乞將陞任。」從張保的立場來看，他很可能為避免明軍與流官治理對鄉里社會造成衝擊，所以選擇拉攏夷民擔任土官來維護里長的地方利益。雖然二者身分與族類不同，但為鞏固雙方各別之地位，採取聯盟的合作策略來整合地方勢力。尤其接下來張氏和左氏土官的聯姻，又強化上述論點的可能性。

　　左氏特別之處在於他們原只是夷酋社會最基層的火頭，藉由與里長張保的合作而從土官政治中崛起。明初應襲之土官必須親自前往南京告襲，這段長程路途對土官承繼制度是項艱鉅的挑戰。當時左禾之嫡子左度，起程赴京後被殺死於途中。左禾希望以另一個兒子左伽「告替」繼任州判之土官銜，但禮部以「本部

4　清初余慶遠《維西見聞記》對火頭的描寫如下：「地大戶繁者為土千總、把總，為頭人，次為鄉約，次為火頭，皆各子其民。」此雖為滇西北維西的情形，大抵可知火頭在土酋政治中的地位。見余慶遠，《維西聞見記》，收入王崧編纂，李春龍校點，《雲南備徵志》（昆明：雲南人民出版社，2010），卷18，頁1036。

議難准理」為由，打退了左禾的計劃。直到永樂十三年（1415），其子左伽才獲准襲職。正統五年（1440），在里長張氏之協助之下，蒙化因納糧得以陞任府同知，當時提出來的糧戶人口記錄在《土官底簿》之中：本州奏稱三十五里，人民四千一百四十八戶，稅糧四千七百餘石之數等等。「納糧報戶」對提高蒙化之行政等級，發揮相當大的功效。直到正統十三年（1448）正式升為蒙化府，由左伽掌府印。這個過程，張氏里長和左氏土官的政治合作相當重要，後來之聯姻更值得加以分析。

（二）嫡母張氏

西南土官政治中，「嫡母」是一個愈來愈重要的角色，指土官正妻，其在土官亡故後具有代管土官職銜的權力，也代表著妻舅與外祖勢力在鞏固土官世系時所扮演的外圍勢力。蒙化第二代土官左伽有二個兒子，嫡子是左剛，次子是左晏。嫡子左剛娶了張氏，雖沒有直接證據說明此張氏即為里長張保之女，但張氏為白人姓氏，二方族群聯盟的可能性極高。不幸的是，左剛尚未承襲土官時，生下二子後，早故。土官早逝往往造成土官家庭內部之紛爭，也危脅土官政治之發展。左剛早逝，土官職銜有可能由其弟左晏所承續，但其妻子很快就以「嫡母」角色主掌扶持年幼土官的職責，這或與其母家張氏勢力之支持有關。於是，張氏成為扶持孤子以及照顧接下來三代年輕土官的家庭支柱。《蒙化府志》〈節烈附〉項下，記載著張氏的事蹟：

> 土知府應襲左剛妻，剛早歿，氏年幼，內政肅清，潛弭外侮，勵志冰霜，始終如一。二子琳、瑛，相繼承襲。於成化

三年（1467）奉旨建坊，表其貞節。[5]

應襲指的是「尚未完成就職程序」的未來土官，也就是左剛是應襲土官，但他年輕亡故，留下「年幼」的妻子張氏。張氏後來輔育左琳（?-1467）和左瑛（?-1490）二子長大。

　　土官壯年早逝是左氏家族首先要處理的政治危機，身為嫡母的張氏主持家務，綜理土官外務，親自主掌接下來四代土官承襲的重責大任。〈蒙化左氏紀事抄本〉對她扶持年幼土官承襲之事蹟記載相當豐富。[6]長子左琳後來雖承襲土官知府，然於成化三年，未婚亡故。二年後，成化五年（1469），張氏便「具呈本府申奉雲南都部按三司，左布政使胡等官，委經歷任良親詣本府拘集通把里老親」，請由次子左瑛承兄職為土官知府。這裡的通把里老親等，指的是通事、把事、里長、老人與親族等等，共同為承襲土官作保結。但不幸的是，左瑛復以「撫勘彝情」勞致痼疾，弘治三年（1490）病故。同年，由左瑛之嫡子左銘（?-1500）承襲，他前後前往洱海平定赤石崖等賊亂，又前往南方大侯州撫彝，染患瘴癘，於弘治十三年（1500）病故。連續十年之間，左瑛與左銘皆因前往撫彝平亂病故，失去二位壯年土官。弘治十三年，蒙化府土官由地方「鄉里老耆民親族蘇春等」連名告稱：

　　本府人民俱系夷倮，難以撫化，乞照大侯州事例保舉七世

5　蔣旭纂，《（康熙）蒙化府志》，卷5，〈忠烈・節列附〉，頁138。

6　〈蒙化左氏紀事抄本〉，轉引自王麗珠、薛琳，〈研究蒙化土官歷史的又一份珍貴資料〉，收入雲南省編輯組、中國少數民族社會歷史調查資料叢刊修訂編輯委員會，《大理州彝族社會調查》（昆明：雲南民族出版社，2009），頁132-148。

祖左正掌印，四世祖張氏協同管事。[7]

地方鄉里老人在告保書中，自稱「本府人民俱系夷倮」，「難以撫化」，其自我蠻化的目的無非希望地方繼續由土官治理。當時應襲土官左正（左楨）年幼，承襲時機略微敏感，所以鄉里族老遂引用大侯州事例，保舉這位曾祖母張氏負責管事。弘治十六年（1504），以「就彼冠帶，擬合通行，速送該司」。由左正承襲土官知府，並令曾祖母張氏協同輔佐。自左琳到左正，張氏親政的時間約35年，歷經三代四位土官，角色相當重要。（見圖11.1）

　　從張保告保左禾為土官，到張氏主掌三代四位土官政務，白人里長和「倮夷」頭人在土官政治框架下從事密切的社會整合。張氏主持土官政務，尤以鞏固社會內部秩序為主要考量，她主導的聯姻對象多是鄰近土巡檢、長官司之屬，甚至不排除與漢人衛所聯姻。在協同管事的曾祖母張氏的安排下，左正和麗江府的木氏聯姻，後來，又與姚安府的高氏聯姻，建立大理府中心外緣之三角土官勢力聯盟。[8]張氏在這裡的角色不只是倮倮土官母親，也是一位積極建立聯姻網絡的白人女兒。

　　當時，張氏與年輕土官們的身邊還有一位重要的義官張聰輔

7　〈蒙化左氏紀事抄本〉，轉引自王麗珠、薛琳，〈研究蒙化土官歷史的又一份珍貴資料〉，收入雲南省編輯組、中國少數民族社會歷史調查資料叢刊修訂編輯委員會，《大理州彝族社會調查》，頁137。

8　左正的妻子是麗江木氏土司之女，見〈蒙化左氏歷代誥軸〉正德十三年三月初十日「爾雲南蒙化府土知府左正……朕惟國家之典，既推恩於其夫，而必襃及於其妻，所以厚人倫之本，勵相成之道。爾雲南蒙化府土知府左正妻木氏，恪遵婦儀，善相夫子，修職奉貢……」錄於《蒙化左族家譜》，收入楊世鈺、趙寅松主編，《大理叢書‧族譜篇》，卷1，頁289-290。

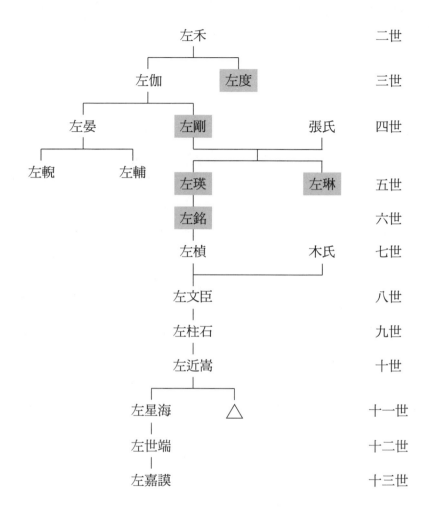

圖11.1 蒙化府張左聯姻及土官世系（〈蒙化左氏紀事抄本〉、《蒙化左氏家譜》）。

佐，偶又以「把事」稱之。張聰是張氏的左右手，有可能也源自里長張氏之家，他不僅隨側協助年輕土官，也是推動蒙化府從事

文教工程的重要人物。[9]換句話說，白人里長家族在土官政治下主持內政與文化事務，而土官本人的職責則是配合朝廷徵調出征，清晰地呈現白人和僰保為推動彼此之地方利益所從事的族群整合，也可窺知不同人群在土官之政治架構下所採取的合作方式。

（三）張氏建佛寺

僰保出身的左氏藉由與白人里長的合作，順利受封為掌州印的土官，此在當時應是重要的大事。由於左氏僅是山鄉夷酋之基層火頭，要脫離大理流官的治理，勢必要有另一套足以說服官府的說詞與作為。左氏土官聯合當時的里長張氏積極從事蒙化南詔古老佛寺天摩牙寺的興建，這一古老的佛寺有助將他們的祖先和南詔國王的歷史串連在一起。[10]

成化年間，土官左琳派「義官」張聰向雲南按察使司提學何俊請求撰寫寺碑。何俊自認是一名儒者，不甚願意為佛寺撰碑，但他到蒙化後，聽說該地的佛寺相當靈驗，而且左琳是一位品格良好的土官。所以他還是為土官撰寫了一份佛寺碑記。何俊在寺碑中記載：

> 蒙化乃雲南之名郡，而龍（巄）屽圖山乃蒙化之名山，去郡城一舍許。昔細奴邏築城以居，並在山巔建雲隱寺。[11]

9　當時義官（通事）張聰協助蒙化左氏土官興建書院與捐助學田等教化機構。蔣旭纂，《（康熙）蒙化府志》，卷5，〈隱逸〉，頁146。

10　楊政業，〈白子國國王張樂進求及其家世評述〉，《雲南民族學院學報》，18：5（昆明，2001），頁83-89。

11　何俊，〈雲隱寺記〉，收入薛琳搜集編注，《巍山碑刻楹聯資料輯》（內部資料，巍山彝族回族自治縣志編纂委員會辦公室編印，1987），頁60-61。又見

指出南詔開國國王細奴邏在巄嶼圖山築城而居，並在山巔建了雲隱寺。對地方歷史來說，土官左琳重修此佛寺，意義深遠。此舉說明左氏和細奴邏具有身分的連續性，也強化他作為地方領袖的角色。然而，雲隱寺的修復雖然成於左琳，但卻始於他的母親張氏的意志。在另一份〈重修巄嶼山雲隱禪林碑記〉記載：

> 雲隱禪寺也，誰建之？曰：世守左先人之所創立也。自蒙詔雄踞此邦，爰有古蹟，而左侯曰琳、曰瑛之母張恭人，自前明天順年間啟建此梵刹也。[12]

指出張恭人是推動二位土官兒子重修雲隱禪寺時的重要推手。至今蒙化仍然流傳著張老太太主持幾代間的土官繼承，以及土官奉母命興修雲隱寺的歷史記憶。[13]雲隱禪寺，在地方又被稱為天摩牙寺，和它坐落在摩牙里有關，因為缺乏直接史料，我們無法得知早就先有天摩牙寺，還是左氏先居住在天摩牙里，然後再由火頭左氏的聚落延伸出來的佛寺。

天摩牙里後來被視為南詔開國建城的所在地。《土官底簿》記載著左氏定居在蒙城鄉天摩牙里。[14]《滇志》記載：「土官左禾，蒙城鄉摩牙里人。」[15]摩牙與天摩牙互通，都是里名，其位於巄嶼圖山山腳。他們將里居之佛寺追溯到南詔國王時期，所以明朝史

〈巄嶼山天摩牙寺聯〉，同書，頁198-203。

12 〈重修巄嶼山雲隱禪林碑記〉（1696），收入楊世鈺主編，《大理叢書‧金石篇》，第10冊，頁152上。

13 〈南詔王室蒙氏後裔口碑資料〉，《大理州彝族社會歷史調查》，頁50-51。

14 不著撰人，《土官底簿》，卷上，〈蒙化府知府〉，頁345。

15 劉文徵纂，古永繼校點，《（天啟）滇志》，卷30，〈羈縻志〉，頁980。

冊也以其居地為昔日南詔國王建城之處。據萬曆《雲南通志》：
「巄屽圖城，在巄屽圖山上，周圍四百餘丈，昔細奴邏築城此以
居，遺址尚存。」[16]《明一統志》云：「龍宇（巄屽）圖山城西北三
十五里，蒙氏龍伽獨自哀牢將其子細奴邏居其上，築龍宇（巄
屽）圖城，自立為奇王，號蒙舍詔。」[17]正統史料不斷地強化巄屽
圖山為南詔起源之地。此說和後來考古報告研究結果略有出入，
據巄屽圖山考古出土報告指出，該地確有許多南詔時期磚瓦與佛
像等。但綜合考古和史料來看，此山應是南詔皮羅閣時期所興建
之離宮，並非細奴邏之發源之地。[18]雖然這些考證對當時如何記憶
歷史沒有直接關係，但左琳為了鞏固土官身分強化巄屽圖山是南
詔開國國王細奴邏起源之地，應是可以被理解的作法。

　　左琳除了修建雲隱寺，也在蒙化府之府城巍山修復南詔古
剎，並重新豎立二座佛教寶塔。巍山城內有一座古老的佛寺，名
為等覺寺，又名為昭覺寺，據說是南詔古剎。當衛所勢力進駐蒙
化瓜陽江沿岸時，一名軍人姜無用向軍方與土官二方募勸建寺。
此廟修於永樂十六年（1418），完工於正統丁巳（1437），在第二
位土官左伽以及衛帥葛氏等土流大族的共同努力下修復完成。等
覺寺因此也成為蒙化漢人衛所與土官積極護持的道場。[19]後來，等
覺寺成為蒙化府官寺僧綱司所在地，也是官員定期舉行習儀與為
國祝釐之所。

---

16 李元陽纂修，《（萬曆）雲南通志》，卷三，〈地理〉，頁86。

17 李賢，《明一統志》，卷86，〈蒙化府〉，頁821。

18 見李紹明調查整理，〈雲南巍山縣南詔遺迹調查〉，收入雲南省編輯組，《四川
　　廣西雲南彝族社會歷史調查》（昆明：雲南民族出版社，2009），頁208-210。

19 劉童，〈明昭覺寺碑〉（1441），收入楊世鈺主編，《大理叢書·金石篇》，第
　　10冊，頁43下。

　　在等覺寺修建後不久，土官左琳奉其母張氏之命，在等覺寺
寺前豎立了等覺寺雙塔。他請大理府儒學教讀儒士陳清撰寫〈新
建等覺寺雙寶塔記〉（1464），碑中記載建造寶塔的緣由：

> 　　等覺寺雙塔者，亞中大夫蒙化府土官知府左侯琳之所造
> 也。侯在幼沖之年，席（襲）祖宗之職，以德禮道齊於
> 民，民俗丕變，安且樂矣。侯之母夫人張氏，賢德而好
> 善。一日，私謂侯曰：汝未生之初，吾與爾父（按：即左
> 剛）祈誕賢胤，嘗許建造寶塔，果應所禱。輒感娠生汝及
> 汝弟瑛。汝夫蚤世，今而汝之長成，得以叨享祿位，世膺
> 榮懷，雖曰承先世之餘慶，荷聖上之洪恩，亦莫非覺皇慈
> 蔭之庇佑也。[20]

內容說明左琳的父親左剛和母親張氏在等覺寺求子，後來果然生
下左琳、左瑛二兄弟。由於父親早逝，左琳三歲繼任土官銜，年
紀很小，由母張氏代理土官職。當時之蒙化，民俗易化，百姓安
居樂業。後來，左琳長大後，從征有功，返回蒙化述其父職後，
為還母願，又在等覺寺前建造二座宏偉壯麗的寶塔，碑云：其塔
「皆出自侯之私資」，後來還捨常住田地等等。萬曆年間重修佛塔
時，另有碑記，指出「土衙張恭人造二浮圖於左右」等等。[21] 雖然

20　張樹芳，《大理叢書・金石篇》，第10冊，頁57-58。

21　上有蓮葉蓋，蓋上繫著二十四個風鈴，蓮蓋上有銅葫蘆，各高四尺餘。塔為
　　密檐式方形梵文磚塔，塔有九層疊閣，每層四方小佛龕內各塑小佛一尊。見
　　〈等覺寺雙塔銘文碑〉，收入薛琳，《巍山碑刻楹聯資料輯》，頁78-80。萬曆
　　年間另有碑〈重修等覺寺碑記〉（1607）王執中撰筆，蒙化僧綱司性定立
　　石。收入楊世鈺主編，《大理叢書・金石篇》，第10冊，頁119-120上。

等覺寺由土官和衛所二方勢力所捐建修復，又是僧綱司所在之官寺，然自左伽到左琳，背後張氏祈嗣建雙塔出資出力不少。

　　張氏支持雲隱寺與等覺寺雙塔的修復，又請家臣張聰在蒙化郡東南山上興建一座佛寺，名為圓覺寺。天啟年間一份〈重建圓覺寺後院新置住田碑記〉記載著：

> 　　郡東應靈山圓覺寺，創自左世家之張恭人，命把事張聰肩其任，一時金碧輝煌，稱蒙勝概……廢修墜舉，左世家功德其重朗矣。又念寺守在僧，妥僧在食，復謀於眾，置田於寺……22

張聰其人的歷史可見《康熙蒙化府志》卷五「隱逸」之記載：

> 　　義官，沈毅有謀，好善樂施，助建尊經閣，興修明志書院，送田十四分為學田，以資諸生月課考試諸費，功在學校，迄今未艾也。23

很明顯，張聰以義官與把事身分輔佐左氏修建佛寺，並在蒙化府境內推動儒學教育的工作。張聰的家世相當顯赫，從史料得知，他為蒙城鄉東葵里人，他的祖父張升，自其父祖以來，便以「潛德弗耀，仗義輕財」，以此為其家風。他年輕時曾擔任郡譯，是左氏土官之通事，贊佐土官。又因其家富，捐白金千兩建蒙化文

22　李奇英，〈重建圓覺寺後院新置住田碑記〉（1622），又參見張錦蘊，〈新置圓覺寺後殿常住碑記〉，收入薛琳，《巍山碑刻楹聯資料輯》，頁72-73。

23　蔣旭纂，《（康熙）蒙化府志》，卷5，〈隱逸〉，頁146。

廟之尊經閣，建寺修橋，政績頗豐。何俊同時也為他所建的尊經閣撰寫記文，內容指出：

> 成化十九年秋，乃勸諭本府蒙城鄉東葵里義官張聰，字仲謀者，出白金千餘兩，鳩工集材，陶灰運甓，……捨田地拾數雙，以給師生之會饌，建廩廒以貯歲入之稻粱，是雖聖人神化之所感，亦可見仲謀能心太守之心，以聖人之化，而厚於斯文也。……且聞仲謀乃祖升，潛德弗耀，丈（仗）義輕財，厥考覺，公平正直，里有爭訟，悉趨質辯。仲謀尤能克繼父祖之志，其存心制行不苟，少為郡譯，替佐土官，忠以事上，惠以臨下，罔敢怠忽，至於周貧邺置，建寺修橋其績尤多，又遣其子洪緝學芹宮，待時而動，一門公孫父子，世以道義詩禮相尚如此……

引文記錄張聰的祖父張升以及父親張覺在地方鄉里的角色：其仗義輕財、解決鄉里諍訟，戶大糧多，猶如里長之角色。張聰在捐建廟學以後，他的兒子張洪緝始進入學校芹宮，轉型為儒士的身分。[24]不僅捐助蒙化廟學以及學田，左剛過世時，年輕應襲土官左琳和其母張氏等應授誥命，張聰還替他們遠赴京師親覲實奏准。張聰與土官母親張氏關係必然極為密切，否則也不會擔任如此重要的任務。天順年間，張聰又隨著下一任土官左瑛前往洱海賓川平定社會秩序。〈蒙化左土官記事〉記載著「五世祖左瑛帶領民兵，通事張聰等一千員名，前往洱海直抵賓居等處駐紮，保障地

24　見何俊，〈新建尊經閣記〉（成化二十年），收入楊世鈺主編，《大理叢書·金石篇》，第10冊，頁65中下。

方，至六月內回任」。[25]但實情更像是年長的張聰帶著年輕土官前
往撫夷，軍功則隸歸在左瑛土官的身分上。

張氏世族對土官左氏的重要性，不言而喻。雖然我們沒有更
多史料論證張保、張恭人與張聰之系譜關係，但仍無法抹去身為
里長的張氏，和土官幕僚精英的張聰等白人世家在蒙化政治上的
象徵地位。張保為蒙化州里長；張聰或以把事、通事與義官等不
同的名稱出現在文獻中，可知其經營相當多元的身分。同時，也
說明蒙化府左、張二氏在政治生態上互為表裡，一者為夷，一者
為白；一者為武，一者為文，相互結盟合作建立跨越不同人群的
土官政治集團。

明初左氏與張氏的關係，不禁令人聯想到昔日白國國王張樂
進求把部酋聯盟的領袖位置傳給細奴邏的一段傳說：在南詔王國
未建之前，白國之國王張樂進求，原是部落聯盟之領袖，後來將
女兒嫁給細奴邏，並傳位給他，復有南詔。《滇略》記載：

> 張氏十七至張樂進求時，哀牢人細奴邏耕於巍山數有祥異，
> 社會之日，眾祭銅柱，柱故有金鏤鳥忽飛下奴邏左肩，眾駭
> 異以為天意所屬，進求乃以女妻之，因讓國，是為南詔。[26]

當細奴邏成為南詔開國國王之時，張樂進求的女兒便成為南詔國
的后妃。也因為如此，大理張氏世族多自稱國舅，直到十四世
紀，其族仍以張樂進求後裔自許。[27]這段古滇史的政治關係和後來

---

25 〈蒙化左氏紀事抄本〉，收於王麗珠、薛琳，〈研究蒙化土官歷史的又一份珍
　　貴資料〉，收入《大理州彝族社會歷史調查》，頁132-145。

26 謝肇淛，《滇略》，卷9，〈夷略〉，頁218。

27 〈張長老墓碑〉（約13世紀）中記載：「長老姓張，諱明，釋號道真，乃蒙國張

張氏和左氏的聯盟有其結構的類似性：白子國張氏將政治盟主轉移到南詔細奴邏，而張氏以里長身分將地方領袖轉移到土官左氏的世系，此二者都是透過聯姻的方式傳遞政治正統。同樣地，我們也一樣無法證明張樂進求即里長張氏之祖先，細奴邏是否即左氏之祖先，但系譜之考證並不是核心問題，而是地方政治有其長期的系譜結構以及集體文化對此歷史結構所產生的投射作用。這種結構的類似性可以說明：（一）白人以姻親擴大結盟，將政治的合法性傳遞給系譜關係中被連結的對象，如細奴邏和左氏。其中之張恭人和張樂進求的女兒扮演著權力轉移的重要媒介，她們不僅在聯姻結構中的角色是一致的，在白人和倮夷間的聯盟模式也呈現了系譜結構的一致性。（二）二位女性同時也是將佛教挹入政治，成為強化政治合法性時的推動者。在古老的「南詔圖卷」中，細奴邏的妻媳奉食供養梵僧，致使南詔建國並以奉佛教為國教；而明初的張恭人修建天摩牙古寺，到他的兒子土官左琳完成雲隱禪寺、等覺寺等等，此二者也傳達了相同的趨力。地緣政治的傳統似乎提供一套面對轉變與危機的模式，國王妻子以及土官母親等之飯僧、建寺等等的功德，在在呈現西南政治中特有的宗教性與延展性。他們透過歷史傳說與結盟關係尋求生存之道，也以此作為整合人群與建立新社會秩序的方法！

　　尤值得注意的是，土官歷史敘事中的土官妻子與母親角色愈來愈重要，她們從用來拉攏丈夫方的女兒形象，進而成為土官的妻子，很快地又成為年幼土官的母親的形象，這些轉變說明了女性在建立聯盟或鞏固政治合法性時具有不可抹煞的地位。土官母

樂進寧之遺……」此張樂進寧即為「南詔圖卷」之張樂進求，也就是昔時雲南諸酋之盟主。收入楊世鈺主編，《大理叢書·金石篇》，第10冊，頁16上。

親在此重要歷史遺址上重修雲隱寺，這可能是當地建立政治威望的作法，然，此舉也使雲隱寺不僅有左氏家廟的意味，可以預期的是，這也暗藏著追認細奴邏為祖先的意圖。

（四）土官祖先

正德年間，滇西土官也發動編纂家譜的風氣。麗江木氏土官請永昌進士張志淳為〈麗江木氏宦譜〉撰序文，約同時，蒙化土官左正也請張志淳撰寫〈蒙化左氏家譜〉，又請雲南布政使右參政朱應登撰寫〈蒙化左氏家譜序〉。值得注意的是，左正的妻子是麗江土官木氏的女兒，這種姻親網絡和土官階層重構歷史系譜的文化改造，幾乎是同時間發生的。左氏家譜序文強調他們身分來源具有地方的正統性，並將祖先追溯到南詔國王細奴邏。朱應登所撰的序文內容如下：

> 蒙化之左氏，以土官世其家，其先有世奴邏者，唐貞觀間耕於蒙巍山之下所居成聚，此蓋六詔之先也，遂得蒙舍詔。後與諸酋長祭天，有異徵，人心止歸之，再封為雲南詔，已而破吐蕃奉朝請，遂有六詔之地焉。左氏之昌，邏其肇基也，邏之後五傳而至鳳閣異，由異以後譜逸而中微矣。元有青羅者，始復其業，仕為順寧府同知，尋易府為蒙化州。高皇帝兵取雲南，青羅之子禾首內附，奉職得領九部部落……又招集亡散而歸之農也。[28]

---

28 朱應登，〈蒙化左氏家譜序〉，朱應登撰，《凌谿先生集》，收入《四庫全書存目叢書》，集部51冊，卷13，〈蒙化左世家譜序〉，頁460。同序文也收入陳子龍編，《明經世文編》，卷123，頁606。

其中的「其先有世奴邏者」、「左氏之昌，邏其肇基」中的「邏」即是南詔開國之細奴邏，鳳閣異也是南詔國王。文中指出鳳閣異以後，因其家譜散佚，故世系五傳後不詳，直到元末左青羅擔任順寧府同知，才接到明初左禾統領九部部落降明等事。他們將南詔細奴邏、元末左青羅、明初左禾等世系串連起來，宣稱幾千年來的左氏世系，也宣示其世系在大理南方的正統性。朱應登的左氏土官家譜序文標誌了左氏和南詔國王一脈相承的世系關係。

自此以後，左氏土官順理成章地成為大理南方的政治代理人。據第十一位土官左星海的墓誌銘記載：「公諱星海，字壬源，乃細奴邏之後也，世有功德於民，其歷代世系見諸典籍者可稽也。不知何代時徙於蒙境之天摩牙，遂家焉。」[29]時值明末，土官左星海也繼續在巃嵸圖山天摩牙寺下重修一座雲鏧庵。[30]楊慎《南詔野史》亦論及此事，土官為維護土人之政治身分，攀附於公認的南詔世系，更可突顯其地方正統的代表性。這種歷史敘事一直持續到清末，其《蒙化府志》記載著左氏「為南詔細奴邏後世，居天摩牙里」[31]。身為土官的左氏成為南詔王室的承繼者，而南詔歷史也找到其得以繼續依託的載體。

左氏土官與當地文士合作，共同建構一套符合地方正統的歷史敘事以及政治身分，他們不僅自稱是細奴邏的後裔，也採用正史所引用的哀牢夷的說法，自稱是哀牢夷族。然而，這種土官儀

---

29 趙士麟，〈壬源公墓表〉，收入薛琳，《巍山碑刻楹聯資料輯》，頁104-105。

30 徐宏泰，〈鼎建雲鏧庵碑記〉（1671），收入薛琳，《巍山碑刻楹聯資料輯》，頁62-63。

31 梁友檍纂修，《（宣統）蒙化縣鄉土志》，國家圖書館地方志和家譜文獻中心編，《鄉土地抄本選編（九）》（北京：線裝書局，2002，民國間抄本），〈氏族〉條下「左氏」，頁264。

式與政治身分，也把左氏土官和南方倮羅區隔出來。清末梁友憶《蒙化志稿》有：「倮羅，有二種。一種即古之羅羅摩，為哀牢九族之一，唐南詔細奴邏之後也；一種為蒲落蠻……」[32]指出前者是土官家族的轄屬，後者的蒲落蠻則是南方順寧府山鄉夷人。

　　左氏為了整合山鄉夷民部落，也在山鄉轄境內供奉南詔國王的廟宇，除了在蒙化西山建雲隱寺供奉南詔開國國王細奴邏，該廟當地人現在稱為土主殿。[33]也在東山供奉著南詔隆舜國王（878-897）的廟宇，名為嵯耶廟。清初蒙化郡士人張錦蘊寫了一份碑記〈嵯耶廟記〉，其文章強調南詔歷代國王的祀典對鄉里社會之重要性：「迄今千有餘歲，帝之聲靈赫濯，無敢或射其功德，從可識矣。況其儲祥、降康、悍災、恤患，正有叩必應，捷若桴鼓耶。」[34]這些廟宇的歷史已不可考，最遲不會晚過清初，但筆者推測這些祀典最早可以推到明中葉左氏土官建構歷史的文化運動。

　　此外，蒙化山鄉還有許多南詔歷代祖先的廟宇，由於缺乏具體之碑刻來討論其時間性的問題，故只能在這裡提出來一併參考，其中包括了甸北山鄉利客村附近，供奉著南詔國王皮羅閣（?-748）的廟宇，其廟聯寫著「佑庶民於樂土，合六詔以歸蒙」。[35]蒙

32　梁友檍纂，《蒙化志稿》（德宏：德宏民族出版社，1996），卷16，〈人類志〉，頁136。

33　薛琳，《巍山碑刻楹聯資料輯》，頁203。

34　「嵯耶」是南詔開國阿嵯耶觀音之名號，南詔第十二位國王隆舜則是推崇佛教為國教的重要推手，此廟將國王視為阿嵯耶觀音之化身，這不僅是地方傳說，也可能是昔日佛教王權之特色。張錦蘊之〈嵯耶廟碑〉把「觀音授記」改為「老子眷顧」，應受到當地道教勢力崛起的影響。張錦蘊，〈嵯耶廟碑〉，收入薛琳，《巍山碑刻楹聯資料輯》，頁92-93。

35　〈營盤利客村土主廟聯〉，收入薛琳，《巍山碑刻楹聯資料輯》，頁205。

化甸北永利村供奉著有另一位南詔國王鳳伽異（738-?）的佛寺，
名為北山寺。[36]這些佛寺的年代已不可考，從供奉南詔國王來判
斷，很有可能是左氏土官在轄境之山鄉社會以供奉南詔國王的儀
式來確定土官與土民間的領主關係。

這些散布各地的神祠是否源自於南詔時期已不可知，但左氏
強化其與南詔國王的世系連結，又在朝廷治理未及的山鄉世界重
建祖先廟宇，二者是同一種地方思維邏輯，他們透過南詔國王的
奉祀來宣稱山鄉的統領權。進一步地，巄岢圖山雲隱寺之佛教建
築群所建立起來的，不只是正統化土官的身分，也宣示左氏在整
個山區社會所象徵的權威地位。雲隱寺居高臨視著整個瓜陽江之
河谷平原，其國王祠宇分布山鄉，也象徵著河谷平原與山鄉政治
的相互交匯。雲隱寺建築群有金姑殿，供奉著白王女兒金姑，每
年盛大之「接金姑」儀式活動時，大理各村村民組織行伍結伴到
巍山將白人公主接回大理，據稱此儀式已歷千年之久。雖未知其
實，但雲隱寺也因此象徵著白族貴族女性以女兒、妻子與母親等
不同身分所扮演的關鍵角色。[37]

左氏土官有意地把自己的聚落和巄岢圖山塑造成為一個具有
權力來源的地方，也是南詔王權的起源地，又將摩牙寺修復成為
象徵左氏土官家族祖先之佛寺，甚至也將左氏歷代土官祖墳埋葬

---

36 〈甸北北三（山）寺聯〉，收入薛琳，《巍山碑刻楹聯資料輯》，頁191-193。

37 雲隱寺還有一座重要的廟宇是三公主廟，傳說他是張樂進求的第三個女兒，
嫁給了細奴邏。大理地區每到三月便有一場規模相當大的「接金姑」（又稱
接三公主）的宗教活動，大批的大理白族村民到巍山巄岢山雲隱寺三公主廟
前接公主的邊境活動。這個活動也是跨界與跨人群的宗教活動。可參見梁永
佳，《地域的等級：一個大理村鎮的儀式與文化》。

在巄屽圖山上。[38] 從聚居、建寺到祖先崇拜等等，在政治、宗教與歷史上將地景重構成一幅具有正統意義的土官歷史。土官要證明自己是土人，還要在不同土人間區辨其優越性，歷史話語權便成為其爭奪的重要資源。無疑地，透過強化過去國王始祖的記憶、占據具有歷史符號的地景以及象徵物的再造，將左氏火頭身分轉化成為具有威望的南詔國王後裔，進而試圖創造具有正統意義的身分以及和此身分建構有關的地方歷史。明末徐霞客到蒙化，即指出巄屽圖山，「有浮屠及雲隱寺。始知天姥崖（按：天摩牙）即雲隱寺，而其山實名巄屽圖也。其浮屠在寺北回岡上，殿宇昔極整麗，蓋土司家所為。今不免寥落矣。」[39] 指出明末以來雲隱寺已略顯破敗，但其昔日整麗景象仍不難想像。

土官政治背後是聯姻的社會關係，母親世系往往是土官的重要靠山。接下來的例子說的是一個相反的故事，是白人如何以隨著貿易成為夷酋女婿，復在明朝治理下成為土官的歷史。

二、雲龍土官段氏

雲龍州也有一段贅婿為土官的故事。「贅婿」是西南風俗，部酋多以招女婿並封賜土地之政治模式來擴大統治，尤其多發生於面臨擴張勢力的部酋政治。[40] 雲龍州位於大理府極西，緊鄰瀾滄江畔，西與永昌府相接，是大理府境內最偏遠的山區。其地初無

38　蔣旭纂，《（康熙）蒙化府志》，卷 1，〈地理〉，頁 38。

39　徐宏祖撰，朱惠榮校注，《徐霞客遊記校注》，〈滇游日記〉，卷 12，頁 1162。

40　Richard Von Glahn, *The Country of Streams and Grottoes: Geography, Settlements and the Civilizing of China's Southwestern Frontier, 1000-1250* (Cambridge, Mass: Harvard University Press, 1987).

文獻，若要重構歷史，也只能依賴官府文獻如《土官底簿》與《雲龍州志》等等。然而，清初官員王鳳文初至雲龍時，當地貢生依據當地口傳歷史撰寫了一份《雲龍野史》，後由王鳳文稍加潤飾改編成《雲龍記往》一書，此書遂也成為重構雲龍歷史的重要依據。[41]

首先就《土官底簿》的記載來看明初雲龍州土官段保的敘事：

> 段保，本州民。洪武十六年歸附，本年十月總兵官箚擬本州知州，十七年實授，二十六年故嫡次男段海，三十年四月西平侯委令署事，本月欽除雲南大理府雲龍州知州。[42]

從姓氏來看，段保應是大理之白人，《土官底簿》並沒有用僰人登記之，不知其屬。然而，《雲龍記往》描寫段保擔任土官以前的地方史，其書記載：明以前之雲龍盡是夷境，附於鄧川、浪穹管轄。其地形沿瀾滄江呈南北走向，「北至苗委，南至苗寨」計有117里，南接順寧，始有村落。又，當地夷民原有三種，十之七為擺夷，十之二為阿昌，十之一為蒲蠻。傳說當時一座山惟五、六戶人，不超過十戶，不成聚落，散立山上。山中力壯善射走者，自為領袖。其民刀耕火種，無頭目亦無賦役。擺夷曾為諸部落之領導部酋，其有名阿苗者管山，他將山分給四個兒子管理。後來，又有阿昌人早氏為大酋長，統領諸夷，當地諸山「夷

---

41 董慶善撰，王鳳文整理，《雲龍記往》，收入方國瑜主編，《雲南史料叢刊》，卷11，頁326-343。

42 不著撰人，《土官底簿》，上卷，〈雲龍州知州〉，頁347。

眾畏服」向阿昌早氏「歲貢物產以為常」，形成鬆散的小型朝貢關係。其中阿昌：

> 傳十餘世，其地愈拓，其民愈眾，金齒（今永昌府）、僰國（今大理府），商人皆通。諸山未知開田，樹木叢雜，多出蘆子，夷人不識，商知而採之，多獲利。客商益眾，又四五世，有早疆者，大理王段氏遣人撫之，疆降，受其誥命，歲有常貢。往來商賈，有流落為民者，教夷人開田，夷人喇魯學得其式，此夷有田之始也。[43]

雲龍諸夷在阿昌早氏的統領下，稍有拓展，大理「僰國」與南方「金齒」商人前來通商，客商益眾。隨著交換需求的擴大，大理國王段氏遣人招撫，早氏始向大理朝貢。同時，往來商賈也帶來外面的農耕技術，教夷人種田等等。這裡說的是一段大理國時期山鄉阿昌早氏的部酋故事。

此後，又過了十餘世，早氏部酋不賢，重用客民李貫章、段保二人代為治理庶務。二人往來大理辦公，多獲利，亦素不誤公。後來將「長女妻貫章，以次女妻段保，使之同居」，將長女許配給李貫章，次女許配給段保。用地方邏輯來看，這更像是早氏酋長招婿李貫章與段保二人，「使之同居」。後來，段保的妻子死了，李貫章與其妻奪早氏之位，此已是元末之事。這些地方傳聞，並沒有其他史料可佐證。重要的是，其說了一段早期遊走於大理與雲龍之間的交換、貿易與聯姻，以及部酋招婿連結其與外

---

43 董善慶撰，王鳳文整理，《雲龍記往》，收入方國瑜主編，《雲南史料叢刊》，卷11，頁338。

來人群關係網絡之習俗，致使段保由客商身分轉為阿昌部酋的女婿，進而在明初擔任雲龍土官。明初授予段保土官這段歷史敘事，應看成是客商女婿變成土官的一段歷史，也是山鄉土酋政治秩序「反客為主」的情形。

我們很難得知明軍入境之時，段保以什麼理由出面承充雲龍州土官之職銜。據載，當時段保招集夷兵四十餘人投降：

> （保）乃返，招集夷兵四十餘人，投迎而服之。保欲立早氏後，而無其人，夷眾亦不許，乃治事。立寨蛇山，始有衣冠，用書記，教人識字。雪山、鹿山、卯山、鳳山及窮谷之夷皆來貢物，〔段〕保令從征之士分理之，編各夷入冊。夷始通於漢。大理諸賦役繁重，避而來者日益眾，乃大開田畝，遂科糧，〔沐〕英以聞於朝，明太祖敕賜〔段〕保雲龍土官知州印。[44]

段保統領四十多名夷兵降明，獲土官銜。看來相當不可思議，其統治的群眾基礎似乎相當薄弱。洪武十六年，段保受傅友德徵調，又率夷兵千人攻佛光寨。[45]這是段保獲土官身分的重要憑據。土官制度使得原來鬆散的部酋政治與其社會關係產生微妙的改

---

44 據《雲龍記往》記載，雲龍夷人分布情形如下：「阿昌中有傑作者，居今松牧村，號象山酋長。」又「夷人服其神明，……寨立牛山（今下塢村），其雪山、馬山（今漕澗地）、鹿山、鵝山（今浪宋地）。卯山、鳳山（今趕馬撒等處），各夷皆拱服。」等等，可知阿昌亦有其酋長組織。清初時人仍指涉其地，可知地方仍有有夷人歷史記憶。見董善慶撰，王鳳文整理，《雲龍記往》，收入方國瑜主編，《雲南史料叢刊》，卷11，頁338、343。

45 同上。

變。當地原有傳賢重婿的習俗，但賢能者不一定是土酋的兒子，可能將賢者招為婿、為養子，但帝國的土官制度規範必須在土官世系內挑選承襲者，這便鞏固以段氏此父系為中心的政治模式。

段保擔任土官後不久，卒。由其子段海承襲。自洪武三十年以來，來到雲龍避世的客商愈來愈多，夷人愈來愈少。永樂十年，土官編夷民冊，繪地理圖獻之，是以世襲土知州。自此以來，土官也面對嫡子年幼無人輔佐的問題。段海以降二代，皆年幼無法治理轄境。宣德十年（1435）設流官巡檢司，雖能治民，不能治夷。待第四代段榮長大，識異人學習讀書，令夷人信服。正統六年（1441）才襲土官職位。段氏雖得以立足雲龍山鄉，其合作對象先是躲避賦役而來的大理世族，其後來潛在的競爭對手也是這批人群。

段保原是阿昌土酋早氏的女婿，依據聯盟共享機制，理論上應該持續與早氏聯姻。然，他在充任土官後，山鄉諸夷亦被編入夷冊，其妻族阿昌等反而變成受段保土官管束的人群。雍正《雲龍州志》指出：

> 阿猖……性馴順，受土官約束，男女戴竹笠飾以羊皮……刀弩不去身，以畜牧耕種為業，婚聘用牛馬，其種散處於浪宋、漕澗、趕馬撒之間，秋末農隙，騰〔衝〕、永〔昌〕背鹽者，多此類。[46]

段保將夷民納入約束，不僅化之以衣冠、教人識字，將原來平行的、對等的社會關係轉變成為上下教化的關係。段保妻族阿昌人

---

46 陳希芳，《（雍正）雲龍州志》，卷5，〈風俗〉，無頁碼。

主要採游耕畜牧，在五井鹽提舉司設置後，這些散居山間的夷人逐漸成為山鄉背鹽之族類。此外，另有一群傈傈人，居處於雲龍北邊與蘭州交界處，因其長期抗拒土官治理，被描寫成為一群從事「伺隙劫掠」的人群。上述歷史雖然出自傳說文獻，對無文字記載的山鄉社會而言，這也足以說明地方刻意留下之歷史記憶，可看出以帝國為中心的人群分類架構，分別是：土官、受土官約束的夷民與劫掠者。拒斥土官治理的人群，成了官府眼中的劫掠者！

　　段氏擔任土官後，似乎無法有效鞏固其世系的治理權。他們或許曾努力和周遭的土官聯姻，然史料不多，有二段故事可窺其狀：一是嘉靖年間他們與北方蘭州進行一段「失敗的」聯姻。蘭州雖隸麗江府，但蘭州、劍川到雲龍是一條溝通吐蕃與南方的重要通道，故南北縱向的聯姻至為重要。嘉靖年間，雲龍土官段表章與北方麗江府蘭州土官羅氏之女聯姻，但是段表章寵愛嬖妾，引起嫡妻「羅氏忿恚，攜其子奔歸蘭州母家，割去浪宋七寨為養贍庄，其後遂不復還」，指出羅氏因不滿土官丈夫寵愛其妾，所以「割去浪宋七寨」作為養贍。浪宋七寨位於雲龍與蘭州交界之地，也是大理府與麗江府交界邊境之區。[47]此處「養贍」有兩個意思，一是羅氏土官嫁女到雲龍時所送出去的嫁妝。其次，養贍也可能是土官供其妻子應用之私莊。總之，她不滿其土官丈夫寵妾，將父家與夫家交界之區劃入自己的領地。這位羅氏之養贍

---

47 「浪宋，壤接蘭州之石門關，舊有十二寨，嘉靖間蘭州據七寨，今止五寨。」其地傈傈散居之地，為麗江府蘭州土官轄地，直到清初，雲龍蘭州邊界仍紛擾不止。引自陳希芳，《（雍正）雲龍州志》，卷3，〈疆域〉，無頁碼。又見顧芳宗，〈諮詢地方利弊通行節略〉一文中，對麗江府傈傈越境打劫之描寫。收入陳希芳，《（雍正）雲龍州志》，卷12，無頁碼。

地，後來竟成為官府眼下傈僳人劫掠之區，也因此成為往後二府山鄉盜匪擾攘之淵藪。很難說浪宋之傈僳越境打劫道路與段、羅二氏之聯姻失敗有關，但是聯姻的確有助於山鄉夷地之交通與治理。其中羅氏割去之養贍庄七寨一事，說明土官「妻子」、「母親」在土官平行結盟過程中所象徵的牽制、約束與保護的意義。

　　第二段故事是萬曆年間土官段嘉龍「縱妻虐夷」，為族舍段進忠所殺，致使革土歸流的命運。這件事表面上是以段嘉龍縱妻虐夷而引起，實際是上述事件所導致之後果。段表章之妻羅氏在攜子奔歸蘭州之後，使土官無子嗣承襲職銜。[48]後來繼任的土知州是段文顯，其歿後，又無子，由其妻尹氏「育他姓子冒段氏」，名為段綏。可知土官嫡妻決定子嗣時，比段氏土官之旁支擁有更強勢的決定權。認養異姓兒子引起段氏其他支庶段進忠的不滿。[49]萬曆年間，段進忠以土官「非段氏所出」，屢向朝廷告訐，但似乎沒有受到官府的回應。直到段綏之子段嘉龍將襲職時，進忠「不勝恨忿」，結仇殺段嘉龍。故史冊中以段嘉龍「縱妻〔喇忠〕虐夷」，「土舍」段進忠爭襲，殺死土官段嘉龍。段進忠在西南邊境極西之地自稱土知州。對官府而言，此事原不甚為重要，但因段進忠四處劫掠，威脅永平與大理之交通，始有圍剿之議。[50]

　　然而，土官內部的衝突主要緣於官方認可的承襲法則和當地婚姻與承襲習俗互斥。《明史》指出段進忠與段嘉龍為兄弟，段

---

48 陳希芳，《（雍正）雲龍州志》，卷2，〈沿革〉。

49 「段文顯歿，無子。其妻尹氏嫉夫弟錦鮮之得位也，與其黨構陷，斃之獄。育他姓子冒段氏裔，要眾保結，廣賄豪有力，得襲官，是為段綏。」《（雍正）雲龍州志》，卷2，〈沿滹〉，「平段進忠」條。

50 《（雍正）雲龍州志》，卷2，〈沿滹〉，「平段進忠」條。

進忠是土官「養子」，與嘉龍爭襲，流劫殺掠，致使官軍進討。[51]
段進忠的真實身分仍是一個謎，他很可能在輩分上與段嘉龍是兄
弟。山鄉腹地廣袤，仰賴分土而治，土官在尚未建立有效管理的
政治體系以前，本來就必須透過贅婿或養子安置領地，此乃地方
慣習，他們更重視維持平行、對等的擴大統治聯盟的政治運作機
制。官府對土官倫理的控訴永遠是合理化其削弱土官勢力的最好
理由，如段嘉龍「縱妻虐夷」，是土官德性的問題，段進忠弒族
兄也算是倫理禁忌，二者皆不容於儒家倫理。時值裁革五井提
舉，鹽課併歸流官，土官局勢雪上加霜。實際上，土官身邊另有
支持設置流官的潛在勢力，導致土官被裁革。尤其這批外來流寓
客商追求鹽井利益，在謀取利潤後渴望進一步轉型為士人，這些
衝擊土官政治的競爭對手，也是段氏在山鄉夷人社會中愈來愈難
以維持平衡的主要原因。萬曆四十八年，雲南巡撫周嘉謨誘擒爭
襲的養子段進忠，「理其地，定賦稅」，以其後繼無人，改設流官
知州。

　　雲龍土官的故事所要突顯的不該是官方版本中的土官德性問
題，而是鹽井區內潛藏的人群與社會流動，土官必須在此競爭局
勢中繼續保有聯盟的穩定度與政治敏感性。終究來看，段氏無法
在更廣大的範圍內保持土官聯盟的機制，使得其在滇西土官局勢
中顯得更為孤立。

　　雲龍州向來有鹽井之利，商販往來是常態。史料雖然不提，
但這正是土官政治以外另一潛在的社會力量。尤其雲龍已成「逋

51　張廷玉，《新校本明史》，卷313，〈雲南土司〉，頁8081。文中有「雲龍土知
　　州段龍死，子嘉龍立，養子進忠殺嘉龍爭襲」的描寫。正史與地方志對段嘉
　　龍的父親的記載不同，《明史》指前土官是段龍，而《雲龍州志》指段嘉龍
　　的父親是段綏。

逃難問之區」，許多自大理而來的流寓客商逐漸成為與土官勢力相互匹敵的勢力。[52]

三、離開太和縣

　　大理世族對明朝的治理採取不同的因應之策，本節將從移徙山鄉改事鹽務的世族來討論。其實，白人移徙各地從事商貿的情形相當普遍，外表看來，他們是為了躲避國家賦役才移居雲龍，但這種人群移動與其長期所經營的地方網絡有關。白人嫻熟土夷風俗，具有豐富的地方經驗，他們不僅能在西南土流衙門獲得一席之地，也積極尋求新的機會。其中，承攬滷鹽成為灶戶，掌持鹽銷與鹽課，在當時是一項獲利豐潤的行當！

　　我們必須再次回到區域社會的脈絡來了解白人在西南地區的流動性。首先，緬甸北部離沿海甚遠，長期食用雲南之鹽，滇緬邊境的互市主要便是將雲南的鹽運往八莫，再將緬甸的布與金帶回雲南。十三世紀馬可波羅在行旅途經其地時，曾記載雲南和鄰近人群如金齒百夷（後來稱之為緬甸、撣等人群）用鹽作為交易媒介，而緬甸屬地則輸出大量的金銀珍寶與雲南鹽進行交換。[53]順著這樣的地方脈絡，可知當時白人還有其他的選擇性。下面史料

---

52 自明初以來，大理諸郡賦稅繁多，因而移徙到雲龍者為數不少。見董善慶撰，王鳳文整理，《雲龍記往》，頁326-343。毛埱撰，《臺中疏略》（《四庫禁燬書叢刊》，史部57冊），卷3，〈雲龍州改設流官裁革五井提舉疏〉，頁603-604。

53 「其貨幣用金，然亦用海貝，其境周圍五日程之地無銀礦，故金一兩值銀五兩，商人多攜銀至此易金而獲大利。」A. J. H. Charignon著，馮承鈞譯，黨寶海新注，《馬可波羅行紀》（石家莊：河北人民出版社，1999），第123章，〈金齒州〉，頁439。

也提供相關的線索：弘治年間，巡撫雲南監察史謝朝宣向皇帝上奏，提到當時邊境「非法」貿易的問題，其中包括大理逋逃之人：

> 　臣聞蠻莫等處，乃水路會通之地，夷方器用，咸自此出，貨利之盛，非他方比。以故思錄屢撫不退，況邇年以來，透漏邊情，不止恭們段和而已，又有江西、雲南、大理逋逃之民多赴之，蓋鎮夷關巡檢地職微勢輕，不能禁此故也，雲南官員，一差撫夷，即謀多賷違禁貨物，往彼饋送互市。[54]

蠻莫是緬甸北部克欽邦之重要貿易城市，今稱為八莫。依傍於伊洛瓦底江，是江外諸夷匯聚之商業大城，也是中國與印度交通史上之重要貿易要站。[55] 據朝臣指出，十六世紀初，西南邊境巡檢人微言輕、把守不嚴，許多自江西、雲南與大理「逋逃之民」前往從事貿易活動，雖有官員派往「撫夷」，但不是為商人所賄賂，就是為當地貿易所帶來的大量利益所打動而進行「走私」。隨著明朝太監鎮守雲南搜刮邊境寶石愈演愈烈，致使邊亂，其後乃有三征麓川之舉。西南邊臣一時譁然，紛紛進策上言治邊之道。當時之大理人具體扮演什麼角色，仍有待考查。但大理人從事跨境貿易的能力無庸置疑，尤可從大理世家之族譜所記載族人「走夷

---

54 李東陽等撰，《明孝宗實錄》（台北：中央研究院歷史語言研究所，1966），卷153，弘治十二年八月辛亥條，頁2723。

55 有關元明清時期雲南邊境貿易之研究，請參見陸韌，《雲南對外交通史》（昆明：雲南人民出版社，2013），第3章。又趙小平，〈歷史時期雲南鹽幣流通探析〉《鹽業史研究》，卷2（自貢市，2007），頁13-19。

方」可知一斑。[56]再者，滿清入關時，永曆帝與遺臣逃亡雲南，前往邊外緬甸屬地時，當時居中協調緬甸當局與流亡明臣的通事便是一位「大理人」。[57]

大理人深知鹽井對山鄉的重要性，對它保持高度的敏感，這是可以理解的事。尤其鹽是邊境貿易重要物資，那些被編入里甲的太和縣民比其他人群擁有更豐富的政治資源來掌握此項經濟活動。以下僅就移民雲龍州成為當地鹽井灶戶的太和縣民為例來說明。（圖11.2）

（一）白人土酋與鹽井

雲龍雖被文獻描寫成一極邊之區，但卻是個古老的鹽產區。明初設雲龍州土官，然鹽井委由五井鹽提舉司管轄。據李元陽的《雲南通志》記載：

> 五井鹽提舉司，在大理府浪穹縣地，洪武十六年設提舉一人，吏目一人，諾鄧井鹽課司大使一人，大井鹽課司大使一人，師井鹽課司大使一人，順蕩井鹽課司大使一人。[58]

---

56 參見《太和段氏族譜》、《大理史城董氏族譜》。此二大家族應具有相當的代表性，其中段氏族人「走夷方」之紀錄出現在明中期。

57 明永曆帝（1623-1662）和諸臣逃至緬王屬地者梗，「時緬婦自相貿易，雜踏如市，諸臣恬然以為無事，屏去禮貌，皆短衣跣足，闌入緬婦貿易隊中，踞地喧笑，呼盧縱酒，雖大僚無不然者。其通事為大理人，私語曰：『前者入關，若不棄兵器，緬王猶備遠迎，今又廢盡中國禮法，異時不知何所終也』。」無名氏撰，〈也是錄〉，收入王崧編纂，李春龍點校，《雲南備徵志》，卷13，頁796。

58 李元陽纂修，《（萬曆）雲南通志》，卷6，〈賦役〉，頁154。

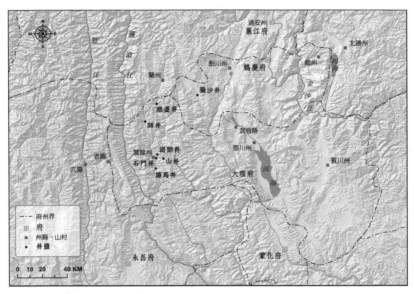

圖11.2　雲龍五井鹽及其周邊（李玉亭繪製）。

底圖來源：1. 地形圖層：Esri, "World Shaded Relief," accessed 10 April, 2016,
　　　　　　 http://goto.arcgisonline.com/maps/World_Shaded_Relief.
　　　　　 2. 行政區邊界：中央研究院，「中華文明之時空基礎架構」，http://
　　　　　　 ccts.sinica. edu.tw/，擷取日期：2016 年 4 月 10 日。

五井鹽提舉司轄有諾鄧、大井、師井與順蕩等鹽課司。從事鹽井
研究的學者皆注意到五井提舉司實設在諾鄧，但很可能地理偏
遠，直到成化二年（1466）才有首任提舉黃孟通正式上任。[59]

　　不論五井鹽隸歸提舉司或土官轄下，對移居到雲龍的大理客

商而言，都不盡理想，因為客商終究也需要一個合法身分，於是
他們產生興學致仕的想法。嘉靖年間，朝廷曾將五井鹽提舉司改
設雒馬。據雍正《雲龍州志》記載：「正統間設流官吏目一人。
後因令署州印，理其賦役詞訟。復設提舉司於諾鄧，啻理鹽課；
嘉靖間，改治雒井。」正統年間始設流官吏目掌雲龍州印，並於
諾鄧設提舉司。嘉靖年間，五井提舉司改設於雒井，即現今之雒
馬。後來雒馬士民以其地文風漸興，建議設學，但「士民」認為
鹽井提舉僅主鹽政，民事不得預，所以請改州學。也就是說，鹽
區「士民」認為提舉司不負責文明教化之事務，所以希望提高流
官的地位。很明顯，由商致士的士民支持設置流官。後來適值雲
龍土官因承襲內爭，故在萬曆四十三年（1615）改流官治理，裁
提舉併於州。[60]這雖是流官的勝利，但雲龍士商在背後的支持極其
重要。流官一旦進入雲龍州，也開始負責五井鹽課之事務。

　　理論上來說，明初施行開中法，將鹽引發放給商人，由商人
採買穀糧運行到邊境軍區以取得鹽引權。[61]那麼，五井鹽課實際是
如何運作的呢？官府如何克服山鄉諸酋以及叢箐深山的路途，又
如何派遣提舉官與商人到五井鹽井區徵收鹽課呢？明初雖設提舉

---

60 陳希芳，《（雍正）雲龍州志》，卷2，〈沿革〉，未編頁碼。又，不同史冊所
　　記載之時間略有出入：萬曆四十二年（1614），鹽課改由雲龍州印官徵解。
　　見劉文徵纂，古永繼校點，《（天啟）滇志》，卷6，〈鹽課〉，頁214。又，萬
　　曆四十八年（1620）朝廷以土官內鬥廢土改流。見雲龍主修，李春龍，牛鴻
　　斌點校，《新纂雲南通志》（昆明：雲南人民出版社，2007，據民國三十七年
　　鉛印本），第7冊，卷173，〈土司考〉，頁663。

61 有關明朝鹽產、鹽銷制度的研究，可參見徐泓，〈明代前期的食鹽運銷制
　　度〉，《臺大文史哲學報》，23（台北，1974），頁221-266；徐泓，〈明代中期
　　食鹽運銷制度的變遷〉，《臺大歷史學系學報》，2（台北，1975），頁139-
　　164。

司，但鹽井實仍由舊有的白人土酋所掌理。洪熙元年（1425）、宣德六年（1431），分別有山井巡檢司和鹽課司以及順蕩井鹽課司「土官」向朝廷貢馬，可知當地基層土鹽官也向朝廷爭取合法身分。再者，從《土官底簿》之浪穹土酋改授以順蕩井鹽課司副使可知，雲龍一帶之鹽井仍由一群土酋與白人所掌理。[62]其中，山井鹽課司土副使是楊堅，據《土官底簿》記載：「楊堅，大理鄧川浪穹州縣民，洪武十六年（1383）總兵官札充本司土官副使。」此土鹽官在正統年間才被廢止。又，順蕩井鹽課司土副使楊生：「楊生，大理府浪穹縣灶戶，洪武十六年歸附，總兵官擬充本司副使，十七年（1384）實授。」指出楊生原來就是灶戶，即掌理土鹽的土酋。據民間傳說：楊生因主動向朝廷報課有功，被封為護國將軍，指出當地土人承充鹽課司之情形。當然，當時王朝對此低階土官承襲採取曖昧的態度，他們得費勁前往北京向皇帝親自告襲，但仍屢遭回絕。[63]以上種種，足以看出他們是一群相當活躍的地方精英。

鹽井的實際運作也仰賴當地基層土官，像師井土官楊勝，順蕩井土官李良、上五井土官楊惠等等。這些土酋之所以獲土官銜，是因為他們「率眾來歸，以糧濟師」，如師井土官楊勝，帶

---

62 見柳蘭松編寫，〈雲龍縣歷史大事記（上）〉，收入中國人民政協、雲南省雲龍縣委員會、文史資料委員會主編，《雲龍文史資料》（昆明：保山報社印刷廠承印，1990），第2輯，頁112-113。又相關土官世系可參見陶勝輝主編、謝道辛編撰，《雲龍縣民族誌》（昆明：雲南教育出版社，1994），第11章，〈人物〉，頁173-174。又參見李正亭、孔令瓊，〈明清雲南鹽務管理鹽課考述〉，《鹽業史研究》，卷4（自貢，2007），頁39-45。

63 謝道辛，〈雲南土司考校〉，收入中國人民政協、雲南省雲龍縣委員會、文史資料委員會主編，《雲龍文史資料》，第4輯，頁157-175。

眾及糧投納明軍；又，順蕩土官李良，「率眾歸義」，隨鶴慶知府
董賜，任土巡檢。楊惠，從討鄧川楊娜，授浪穹主簿。依據地方
可能的情形，土灶戶推舉土鹽官，土鹽官仰賴維護沿路治安之土
官，這也是何以鹽課司土副使和土巡檢應在山鄉合作無間，才得
以推動山鄉社會的運作。再者，明初征雲南時，土官的職責多為
押餉、輸馬，運送前線所需各項資源。劍川土千戶趙氏墓碑記載
著當時運餉之情形：「〔六世祖〕洪武二十七年（1394）內，督押
糧儲前往鹽井衛接濟大軍，行至北勝州蠻場與之接戰，適地方橋
梁倒塌，因此陣亡。〔九世祖〕正統六年（1441）內自備糧米運
赴金齒協濟兵糧，仍聽調徵。」[64] 這些都是白人勢力。

　　由於邊境鹽井仍隸諸土酋，無法以全國通用的開中法來管
理，故封賜大理豪族土官銜，動員他們從事軍事性的糧食運輸。
明初劍川土官千戶趙氏押糧到滇蜀邊境鹽井衛（四川鹽源，洪武
二十六年〔1393〕設），途經北勝州，遇到蠻酋反抗。到了正統
六年，趙氏還負責「自備糧米」運往當地極邊之金齒。邊境土官
所司之職相當有彈性，從其運餉所經之地橫跨北之四川，南到金
齒，可知他們在跨境山區的活動範圍！

　　再者，從大理府北方的彌沙井鹽課司，也可以看出大理世族
經營鹽井的情形。彌沙井鹽課司，位於劍川州西南150里。《萬曆
雲南通志》記載洪武十六年設置鹽課司，後來鹽課歲銀約有290
兩餘。天順四年（1460）署名劍川州彌沙鹽課司前任副使的高
本，為其鹽課司轄下的「總甲」李久成（1397-1459）書寫一份墓
銘。李久成世為彌沙井巨族，「由高曾祖考世以僧業相仍，乃充

64　楊仲謨，〈武略將軍趙公之墓碑〉，收入楊世鈺主編，《大理叢書・金石篇》，
　　第10冊，頁41中下。

本井鹽課司丁之總甲」，其為僧侶世家，也充鹽課司之總甲。到了李久成時，家益裕。從「上官藉其能，下人賴其安，凡過往使客，靡不稱道其賢」，指出了總甲在負責鹽務分派、收納，甚至是負責運送到官衙的中介者身分。[65] 由上述史料可推知當時滇西山鄉之鹽井由當地世族掌理，甚至以運糧鞏固鹽井之實權。

（二）太和縣民

然而，雲龍鹽井的政治生態，在成化嘉靖年間開始產生些微的變化，自太和縣移徙而來承擔灶戶者愈來愈多。成化至嘉靖年間，另一批喜洲世族大家紛紛離開太和縣，加入開採鹽井的行列，這些世族包括太和縣喜洲的市上里楊氏與市戶里董氏。據《大理史城董氏族譜》記載：成化年間，董氏族人有一支前往姚安黑井，從事鹽井經營；[66] 另有一支前往雲龍經營鹽井。雲龍出土的《五雲董氏家乘》，記錄開鹵緣起，約在成化十年（1474）：「至探得滷脈靈源，糾合三五大戶，首事開井。有功讞政者，歲貢生萬卷公也。」[67] 此記載也與《大理史城董氏族譜》之記載「萬卷生三子，俱隨父入雲龍，開雒馬井」相符，這種移徙開井，似乎不是單獨性的行為，而是持續地在親族間流行的結群活動。[68] 當時一同移居雲龍的族人還有董詩、董詔、董誥、董大道、董大遷

---

65 李文海，〈故阿吒力僧李久成墓志並銘〉，收入楊世鈺主編，《大理叢書‧金石篇》，第10冊，頁54下。

66 〈遷居外縣‧黑井一支〉，收入《大理史城董氏族譜》，卷4，頁91。

67 〈太和寺功德碑記〉，收入《五雲董氏家乘》，頁18。本文同時也收入楊世鈺主編，《大理叢書‧金石篇》，第10冊，頁169上中下。

68 〈世系‧十九世〉，《大理史城董氏族譜》，卷3，頁21。

等等。[69]族譜中寫著「首事開井，有功鹾政者」，意思很清楚，指的是才剛開始發生的創井過程。董氏在雒馬成為富豪之家，後來轉型為仕宦之族。

再者，大理府太和縣弘圭鄉市上里第七甲下甲的楊氏，嘉靖年間前往雲龍開井。[70]據《雲龍楊氏家譜》記載，嘉靖年間楊世春：

> 將太和縣房屋、田地、物件，所有一切與其弟世明公。來雲龍五井提舉司（此時州官未設，八井未開，提舉司出在分單），後在石門買田置地、房屋、滷水，為石門井灶戶，滷有五十背（即今大老公排二老公排松毛排之類是也）。山有三十六塊（山形簿至今獨在）凡此俱本始祖分單，房屋、牛馬、田地、物件，多少不知其數，公享年七十以上，恩賜壽官（分單萬曆十年寫，為提舉司）。[71]

據這份民間收藏的《雲龍楊氏家譜》指出，嘉靖年間，楊世春將太和縣所有的房屋田地物件分給其族弟，來到雲龍石門井從事灶戶的工作。族譜內容經後裔增註，雖不清楚增註時間，但也保留

---

69 二十世有「詔祖率六子入籍雲龍州」之記載，見《大理史城董氏族譜》，卷3，頁24。又，明初族人遷徙移居到洱源，又移居雒馬，包括「洱源一支」、「遷居外縣．雲龍一支」、「雲龍雞翼曲」、「雲龍坊」、「雲龍舊邑塝」，均收入《大理史城董氏族譜》，卷4，〈世次附譜．遷居外縣〉，頁1、頁53-88。

70 楊家自稱為南京應天府人，明中葉以來大理喜洲世族集團也有類似的宣稱，乃為區辨「非土民」虛飾之詞。他們族譜記載約在唐朝時是南京人，但未知何時遷至大理府太和縣宏圭鄉市上里第七甲下甲，很明顯是大理世族被編入里甲後的情形。見《雲龍楊氏家譜》（謝道辛提供複印），無頁碼。

71《雲龍楊氏家譜》，無頁碼。

幾分真確性。尤其引文括弧編註「此時州官未設，八井未開，提舉司出在分單」這句子，重點在「提舉司出在分單」，指出其祖抵達時，鹽井未開，仍屬首創之舉，楊氏世族領有提舉司之「分單」負責開井。這份分單內容包括了有山場36塊，負責50背的滷井鹽課。這符合明朝授予灶戶的合法經營模式，當時灶戶不僅負責納鹽課，同時也分得滷鹽所需木材煮鹽的草蕩地36塊。

　　大理喜洲之市上里楊氏也到雲龍州從事鹽井的工作：楊一誠，喜洲九隆族裔，「世處五峰下史城〔即喜洲〕之市上〔里〕」，祖先楊思敬曾為布政司令史，到楊一誠時「以家政累就簿書，從事五井」，居於雒邑（即雒馬）。和大理許多世族一樣，明初從事吏員，後來家足充裕，改業儒。其譜記載其子：「雖處贏餘，恪守樸素，雖居井畝，不競錙銖。」接下來幾個世代往來雲龍與大理間。楊一誠遷居雒馬的時間，大致與五井提舉司設置時間相符，很可能前往從事鹽司文書的吏員職務。譜中更清楚指出：「壽官雲臺，諱一誠，以簿書務鹽鹻政富於駱，遂家焉。」其子至「禮部冠帶」，到孫輩楊禹川（1563-1615）大拓事業，楊氏在雲龍的事業已達「闔室以千金之子，惟逸居厚養，不令從學」，但楊禹川之母令他從事儒業，後得補永平邑庠弟子員，繼而增厚產業。[72] 這份材料沒有明確指出他們買置滷鹽的記載，無從判斷是否為灶戶，但他們顯然是負責鹽課的相關吏員，重要的是文中「闔室千金之子」這句話，指出他們到五井以後，快速累積財富，主角楊禹川在母親的督促之下從儒業，後來中舉，成為雲

---

72 《雲龍楊氏家譜》，無頁碼。楊氏轉業儒後，其裔有楊名颺者於清初任陝西巡撫，為一時之名宦。見〈清陝西巡撫楊公名颺行述〉，收入雲南省編輯組，《白族社會歷史調查（四）》，頁243-249。

龍有名的科舉世家。楊氏之族人則分布在昆明、大理以及雒井等
地。[73]

　　從事雲龍鹽井的研究者大多留意到雲龍州有「九楊十八姓」
的說法，這些楊氏不僅包括前文的土巡檢與土官之屬，明中葉大
理府太和縣移徙而來從事鹽務的隱晦歷史則較少觸及。這批灶戶
甚至託言祖籍南京，有可能為逃籍逃役與避免成為土官轄民之一
種託詞。[74]除了這些大理世族從事鹽井開發以外，還有其他流寓
者，因與本文未涉，姑略不論。理論上，明朝以鹽課來充實邊境
軍糧，施行開中政策，引進商屯。但從五井鹽井管理和白人灶戶
之間的關係來看，太和縣民也躋身於該地的灶戶，擔任深山鹽課
的中介者。後來，這批致富的大理人，以「士民」身分推動雲龍
改由流官治理，使其得以設置學校來提升他們的地位。

　　當灶戶專責鹽產時，與身分相涉之權益也進一步獲得官府制
度性的保障。官府為控制鹽的產銷，將山鄉資源讓渡給這些相關
勢力，一系列機構性設置隨之而來，如灶丁編戶、糧食運送、林
木開採、銷售運送、山區路權以及外來商屯等等。鹽課政策執行
之初，鹽產與灶丁戶數還不致衝擊山區生活空間，但是，灶戶編
籍意味著：一、滷鹽成本皆由官給。但實際上，灶戶卻必須自辦
柴薪。二、正統年間，朝廷才開始派撥餘丁，專門為灶戶負責採

---

73 太和縣士子趙端益（萬曆年間人）的祖父趙祜有五子，其中二子趙琛、趙瑄
　　在明中葉時到雒馬「子孫至今，蕃且富焉」。參見〈明德壽掾史趙公墓志銘〉
　　（1613），收入雲南省編輯組，《白族社會歷史調查（四）》，頁149。
74 這些由喜洲移民雲龍之大姓，其族譜多記載其祖先自南京來。舒瑜的研究已
　　注意到族譜內的祖先敘事多南京人，但從火葬習俗可知其原來的白人身分。
　　參見舒瑜《微「鹽」大義：雲南諾鄧鹽業的歷史人類學考察》（北京：世界
　　圖書出版公司，2010），頁35-37。

薪的工作。添撥餘丁則成為官府透過灶戶此一階層，擴大對山鄉勞動人口管理的變相方法。[75] 三、在雲龍地區，官府具體的作法是將附近山區草蕩地劃撥分配作為灶戶滷鹽之用。上述三項的作法中，灶戶與餘丁採辦柴薪等行為，無異是將山鄉土地劃編入灶戶社會，而山區草蕩之地也劃作鹽井滷鹽柴薪之用。[76] 萬曆年間，鹽課徵銀使得以鹽井開採為中心的貨幣化活動成為改變山鄉社會的重要機制，開採鹽井所需的柴薪以及米糧，也造就了深山群箐中的小型市鎮。為了滿足深山峻嶺的小型市鎮之運作，其滷鹽所需的柴薪則來自於北方瀾滄江上游的蘭州。雍正《雲龍州志》描寫當時諸井之薪柴大抵為猓夷背賣，其中金泉井「柴自蘭州順蕩一帶砍伐，前一年運入溪側」是為「溪運」。其他如諾鄧井、大井、天耳井、山井、師井等等，其「柴係四山所產，襍木或夷猓背賣，或自僱夫採取」。[77] 換句話說，灶戶除了合法擁有採薪餘丁及草蕩山場外，鹽銷負販之事也由其統籌，上述提及的「夷猓」背賣，或是自僱夫採買，使得山鄉勞動力開始捲入鹽銷市場之中。

　　康熙年間，順蕩灶戶與麗江土官終於在邊界地區爆發一場衝突。順蕩鹽井緊鄰麗江府轄下蘭州土官的轄境，其「柴山灶丁」亦多鄰其境，當時蘭州土舍羅維馨有家奴楊黑生等7戶，出銀贖身，希望脫離土官管轄，成為順蕩灶戶之伕子戶，負責運鹽的工

---

75 「雲南布政使司奏：所屬各井鹽課司，俱自辦煮鹽柴薪，惟黑鹽井訴告艱難。戶部准令歲除鹽引三千三百四十引，貨薪煮鹽。以至官課不足，請移文各司：每灶戶添撥餘丁一二人，復其他役，專令采薪，其歲辦鹽課，不得擅除。」見陳文等撰，《明英宗實錄》，卷125，正統十年正月辛丑條，頁2508。

76 《雲龍楊氏族譜》，無頁碼。

77 陳希芳，《（雍正）雲龍州志》，卷6，無頁碼。

作。但蘭州土官仍強占其地，致使順蕩灶戶連名協助此7戶佚子戶告狀，使其脫離隸屬土官家奴的身分。這些土官家奴後來雖被劃入雲龍州歸化里，但從此依附順蕩井灶戶之下，世代成為順蕩灶戶為其背鹽負販之佚子戶。[78] 灶戶和土官二者雖不必然發生競爭關係，然而，這種官府鹽課的灶戶體系正沿著險隘深陡的山徑，一步一步地擴大它在深山中的勢力。灶戶夾帶著國課所賦予的優勢，將勢力擴大至土官邊境，不僅擠壓土官對山鄉勞動力的控制，也產生山場資源的爭奪，這些都逐漸地改變了山鄉人群的社會關係。與此同時，夷民也隨著山鄉之羊腸曲徑，以貨幣化的形式脫離既有土官體系，試圖成為鹽銷網絡中的一員。

整個雲龍州的局面似乎已由五井之客商灶戶所控制。自嘉靖以來，雲龍州土官爭襲屢遭變亂，時「五井之人」應也包括這批從大理移徙而來的世族。這些灶戶以鹽致富後，便前往瀾滄江江外購置田畝，然其地「多盜」，即便田熟亦不得收租。時已倡議廢土，後來才又由各鄉衿頭人保舉雲龍土官段綬「復職」，雙方立約，「凡江外租谷倘有疏虞，願代賠」，江外之地由土官負責弭盜，立哨防守，成為保護五井富戶江外土地之武裝組織。[79] 萬曆年間，雲龍之所以改土歸流，主要和白人客商與灶戶轉型成為「土民」身分的關係密切。他們以建學為名義，敦促建置流官，使其進一步掌握更多邊城社會的政治資源。雖然廢除土官，但他們仍

---

78 王符，〈詳結大石壁人丁山地文〉，收入陳希芳，《（雍正）雲龍州志》，卷12，無頁碼。又參見〈雲龍縣順蕩鹽井調查報告〉記載了康熙五十五年（1761），蘭坪土官轄境之土民贖身前往順蕩井成為灶戶之佚子戶的情形。參見〈雲龍縣順蕩鹽井調查報告〉，收入雲南省編輯組，《白族社會歷史調查（三）》，頁308-313。

79 董善慶撰，王鳳文整理，《雲龍記往》，〈段保世職傳〉，頁344。

然繼續支持瀾滄江外的土官勢力，因為這些土官仍有利於保障他們江外的土地資源。段氏支庶土官勢力也因此一直在瀾滄江外的老窩、六庫等地擔任土千總之職，各治5、60里地，成為大理外圍駐守二江之重要土官，直到中華人民共和國成立。[80] 看來，客商灶戶與土官二者之間，似乎在政治地理空間上找到維持雙方互利的平衡點。

　　從太和縣出走並轉往五井採鹽的人群來看，流官轄境下的白人成為介於官府與山鄉夷民重要的中介者，他們逐漸成為一群足以與土官勢力相抗衡的勢力。太和縣賦稅沉重與雲龍鹽井開採不必然有邏輯因果關係，但這些來自太和縣的白人為解決鄉里沉重之賦役，徙居雲龍從事鹽井之開採，可視之為傳統生存策略的持續推進。從區域政治與經濟生態的脈絡來看，他們以灶戶身分鞏固山鄉與壩區的社會網絡與經濟資源，也合乎自身利益。於是，我們可以看到一幅山場夷民逐漸冀圖脫離土官治理，並隨著官辦鹽課而參與負薪販售的貨幣化過程。這個時間點，也就約莫在明末清初之時。

小結

　　這一章主要討論瀾滄江沿岸的白人。合作與聯盟是區域政治的傳統，白人與山鄉夷人曾保有各種合作的關係，有的是出自於資源交換的需求，有的是出自於政治結盟的需求。具有宗主身分的白人，在西南人群中象徵著耕讀致仕的穩定勢力，也扮演著官

---

80 陶勝輝主編、謝道辛編撰，《雲龍縣民族誌》，第10章，〈歷代土司〉，頁160-164。

府與夷民的中介者。在蒙化土官的討論中，白人張氏選擇與左氏
土官合作，發展出一套以白人／母親支持的佛寺與祖先敘事的儀
式建構，其嫡母與佐臣張氏及土官成為平行的二股勢力；在雲龍
土官政治的討論中，段氏由客商贅婿身分獲土官銜。不論是南方
猓猓與白人的關係，擺夷、阿昌到段保等的故事，原來鬆散的部
酋社會與山鄉社會人群流動，受到外來政治尤其是土官政治的影
響而產生族群政治之消長。但是，與土官政治相平行的制度性力
量，還包括了鹽銷與灶戶的勢力，段氏雖然是白人土官，但因為
與太和縣之白人處於迥然不同的結構性角色，段氏無法在地緣區
域政治中建立強而有力的聯姻與結盟網絡，最終在大理客商灶戶
之競爭下，淪為瀾滄江外之武裝組織。客商與灶戶，不僅象徵著
帝國的鹽銷制度如末梢神經般地伸入了山鄉，也透過了貨幣化的
力量，將其勢力帶到滇西北深山之處，直達麗江木氏土官之轄
境。

第十二章

從山鄉盜匪到編民

　　大理東部山鄉的故事和西邊瀾滄江沿岸略有不同，其紛擾動亂不止。大理府與姚安軍民府之間有一道由北而南蜿蜒之深山叢嶺，明初以來，先有自久之亂，直到萬曆年間，其盜賊四起，史料稱之為鐵索箐之亂。弘治年間，以夷亂難治，劃太和縣、趙州與雲南縣三境，增置賓川州。本章分四部分來談大理東邊山鄉土酋的境遇：一是明初的政治布局；二、土酋和盜匪；三、封鎖與孤立；四、山鄉部署。

一、政治部署：鹽井提舉司、衛所和土巡檢

　　大理府與姚安府之間是一大片群山峻嶺，山箐叢集之地，其山勢南北連互，北達麗江府與四川交界之處。大致的範圍包括大姚與洱海東邊賓川一帶的山鄉部落，其北接麗江之永勝，南則至賓川一帶，此片山鄉位於大姚、大理、浪穹、鶴慶與北勝州的交界區。元時，此山區之北半部隸屬麗江路軍民宣撫司，「有鹽七井之貨，領寨五百餘處。」[1]金沙江自此山區北去，沿江為產金之區。[2]鶴慶與洱源交界之處有佛光寨，寨通鶴慶為北衙，也是重要金與銀之產區。稍南鄧川一地便有礦場，據李元陽《大理府志》指出，鄧川一州便有十所礦硐。[3]山區稍南之處東臨姚安，有白羊廠，即白鹽井。此鹽自南詔以來主要運銷供大理皇室及貴族所用。此地有「川原廣衍，土澤膏沃，民物富饒，惟四山峻矗，巖

1　孛蘭肹等撰，《元一統志》麗江路軍民宣撫司，收入方國瑜主編，《雲南史料叢刊》，卷3，頁95。

2　《明史》記載，赤石崖與鐵索箐有龍蛟江出，正是產金之地。張廷玉等編，《新校本明史》，卷46，〈地理志〉，頁1182。

3　李元陽，《（嘉靖）大理府志》，卷2，〈地理志〉，「物產」，頁79。

谷嶢邍」之說。[4]這種地理天然條件為早期部酋政治的聯盟奠定合作的基礎，而居處山鄉之夷民與川原居民互通有無，也是維持區域政治平衡之原則。（圖12.1）

明初的幾項制度影響山鄉政治結構，分別是鹽井提舉司、衛所以及土巡檢。以下就這些制度施行及其所遇到的問題提出討論。

（一）鹽井提舉司

洪武十六年（1383），明軍入雲南，隨即在大姚設置白鹽井鹽課提舉司，管理白鹽井。不久，已降明的姚安土官自久隨即起兵反明，反明之具體原因不明。他先是攻克白鹽井，俘虜了鹽井提舉熊以政，明年又往南流竄游擊至品甸等地。洪武十九年（1386）四月，設置洱海衛指揮司，令指揮僉事賴鎮修屯堡、堤防、斥堠，又重開白鹽井。隨著鹽井提舉被殺，白鹽井在嚴密軍事的保護下重新被納入官府治理。[5]不久又增置了白鹽井巡檢司（即白羊廠），把守白鹽井四周關津要道。[6]可知白鹽井在明初治理滇西時所扮演的重要性。

白鹽井鹽課提舉司的設置，衝擊了山鄉部酋開採、運輸與資源分配的網絡與結構關係。品甸張氏曾是負責運鹽以及守護鹽道的世家大族，其祖先張中降明之後，被編入土官百夫長，「敕封忠勇二字，賜磺砂十板，珍珠一串，大紅緞子一疋，世襲把事職

4　蕭繹撰，〈重修大羅衛記〉，收入楊世鈺主編，《大理叢書・金石篇》，第10冊，頁93下。

5　張廷玉等編，《新校本明史》，卷313，〈列傳・雲南土司一〉，頁8069。

6　張廷玉等編，《新校本明史》，卷46，〈地理志〉，頁1182：大姚境南有「白鹽井提舉司，轄鹽井九，又有白鹽井巡檢司」。

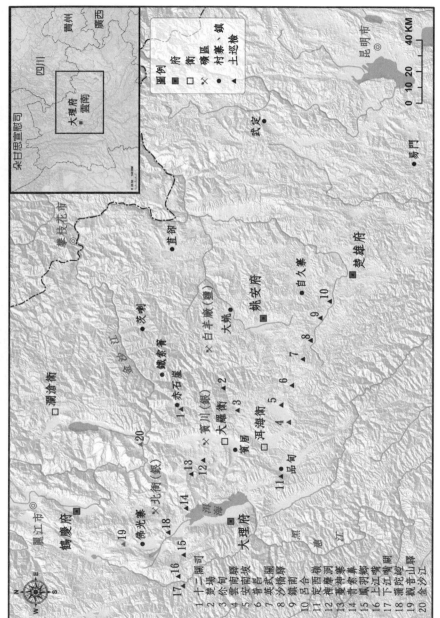

圖 12.1　大理府與姚安府間之山鄉部署（李玉亭繪製）。

員，隨寫『百夫鄉勇』，御宴一席，張中行起動作，賜擁兵五名」。張中成為世襲百夫長，也成為明軍徵調之土軍軍源。[7] 張氏史料不甚周全，未知是否持續從事負鹽相關事務。再者，真正衝擊山鄉政治的是募商輸粟的開中政策。正統年間，朝廷為解決西南邊境之麓川戰事，在糧食極度缺乏的情形下，調遣各地兵馬進入邊境，為解決糧食問題，鼓勵鹽商運糧到雲南以取鹽引。這些商人因為運米成本過高，寧可高價買下雲南之糧食，來取得鹽引。這些政策的施行，與山鄉夷民持續的動亂都有極其密切的關係。[8]

（二）衛所

為控制政治局勢，朝廷逐漸在各地部署衛所屯田。洪武十六年（1383），先設大理衛；後來，自久反明，洪武十九年（1386）設洱海衛指揮。十年後，又建衛城於南方的雲南縣；北方之瀾滄衛也在洪武二十九年（1396）設置，部分山區土地劃為屯田。[9] 隨著邊境動亂不斷，軍費龐大，為補財政匱乏，永樂年間開始在大理附近從事銀礦的開採。

雲南土酋自古便有採銀之例，然明朝官府之正式採銀大約始自於永樂年間，地點也從大理開始。到了宣德年間，銀課已成為百姓沉重的負擔。[10] 當時之大理官辦銀廠有七處，依據銀錠出土的

7　〈祥雲大波那張氏沿革碑〉，收入雲南省編輯組，《白族社會歷史調查（四）》，頁50。

8　方國瑜，〈明代在雲南的軍屯與漢族移民〉，頁234-236。

9　瀾滄衛設在北勝州治南，洪武二十九年（1396）建。李元陽纂修，《（萬曆）雲南通志》，卷7，〈兵食〉，頁177、182。

10　相關研究可以參考梁方仲，〈明代銀礦考〉，收入劉志偉編，《梁方仲文集》

考古報告指出，初期之主要的銀場在大理府賓川一帶的白塔與大興二場。[11] 賓川有一通碑刻〈重建賓居神廟碑記〉（1417），記載永樂十一年（1413）朝廷內官來此採銀分別設置白塔與大興銀場之細節，指出大理附近開設二處官辦銀廠。[12] 此後，隨著明軍邊疆軍費耗繁、宮廷索費甚多，雲南銀礦的需求量也隨之增加。大理附近的銀礦除了賓川外，官府也陸續在大理北方佛光寨山區附近採銀，具體地點在大理與鶴慶交界區的南衙與北衙。北衙又記載為北崖，是雲南九大礦場之一。[13] 然而，弔詭的是，開採銀礦不僅耗損軍力，地方財政也面臨沉重的銀課。以賓川銀礦來說，賓川銀礦原委由大理衛開採，大理衛所餘丁不僅需要承擔銀礦開採的差役，有的也被調往討伐安南，使得大理衛所軍屯人力極度缺乏，甚至造成勞役過重衛所逃逸的情形。[14] 景泰年間大理賓川銀礦一度還引起洱海衛的盜採。[15] 再者，北衙銀礦的開採也為附近居民

（廣州：中山大學出版社，2004），頁139-178。全漢昇，〈明清時代雲南的銀課與銀產額〉，《新亞學報》，卷11，上冊（香港，1974），頁61-88。

11　包括了大理新興、北崖（北衙），洱海之寶泉，楚雄之南安、廣運，臨安之判山及羅次縣。

12　賓川縣志編輯委員會編輯，《賓川縣志》，〈附錄二‧碑記‧重建賓居神廟碑記〉，頁906。據雲南考古出土銀錠上有鹽稅司課銀的字樣來判斷，其銀多出自於有賓川、大羅衛、太和縣、永北、蒙化、鶴慶等地。湯國彥主編，《雲南歷史貨幣》。

13　〈郡伯張公革北衙陋規碑〉，收入楊世鈺主編，《大理叢書‧金石篇》，第10冊，頁125。

14　參見劉如仲，〈明弘治敕諭與雲南的銀礦〉，《中國社會經濟史研究》，卷3（廈門，1989），頁39-43。

15　《明實錄》景泰元年二月戊子條，指洱海衛千戶集軍旗等盜礦於白塔、寶泉諸銀場之事。引自方國瑜主編，《雲南史料叢刊》，卷4，〈明實錄雲南事跡纂要〉，頁274。

帶來極大的負擔。15世紀下半葉，內監錢能致力開採南衙廠，因
誅求無厭，後為王恕所彈。[16] 大理銀礦開採，雖有利於官府之財政
與軍餉，在地方上呈現的卻是衛所逃散、投機者四處流竄，留給
地方社會的是日益沉重的銀課。

　　如果注意到明朝為控制雲南所進行的軍事佈置以及為籌措軍
糧而發起的鹽課與銀課政策，那麼我們很容易了解整個統治技術
如何將地方資源與運輸網絡，抽離出地方支配的架構，重新建立
一套以明朝軍事與行政為中心的經濟體系。那麼，接下來要討論
的鐵索箐事件，其所涉及的便不只是賊匪作亂、掠奪城邑的問
題，而是區域經濟、人群網絡與族群生態面臨了新的挑戰。

（三）土巡檢

　　明朝在各山區河口津關要道設置巡檢司，主要為防止糧里人
口流動。大理四周之土巡檢雖秉持以夷治夷的羈縻精神，但也為
地方社會帶來許多衍生的問題。明初將其衙署設在適合農業生產
的壩區，在廣邈的山鄉大量設置土巡檢作為檢哨之站。[17] 然山鄉夷
民各有其土酋政治，究竟何者得以代理夷民成為山鄉領導者，他
們的立場又是什麼？從《土官底簿》可知大理姚安間設有四位土
巡檢：二位在洱海東部山鄉，是為神摩洞土巡檢與蔓神寨土巡
檢，一位在北方為金沙江土巡檢，一位在南方為定西嶺土巡檢。
神摩洞土巡檢趙俊，是大理府太和縣民，明初授職為大理府錄

---

16 〈郡伯張公革北衙陋規碑〉，收入楊世鈺主編，《大理叢書・金石篇》，第10
　　冊，頁125。

17 巡檢司設置主要是避免里甲人丁逃離，特別在山區關隘與河口進行捕捉盜
　　賊、稽查行人走私的工作，其相關設置與功能等研究可參考呂進貴，《明代
　　的巡檢制度：地方治安基層組織及其運作》（宜蘭：明史研究小組，2002）。

事，後因招諭金齒土兵，被封為神摩洞土巡檢，永樂時由其女襲職；蔓神寨土巡檢董保（寶），也是大理府太和縣人；金沙江土巡檢得力玉石隨降明土軍李觀作戰，是來自昆明之土酋，後於川滇邊境擔任金沙江土巡檢。[18]此四位皆是降明有功的土官，而趙俊與董保二位為大理世族，同時也是被編於太和縣之民籍，他們是否親身把守是值得討論。[19]前文曾提及，蔓神寨土官董保（寶）在感通寺三十六院興建班山佛庵，其族人亦聚居在喜洲。那麼，值得進一步思考的是，山鄉未降明或未及降明之土酋很可能是潛藏的山鄉勢力。

　　從何孟春（1474-1536）的疏文可知大理山鄉與土巡檢間存在著微妙的衝突。由於疏文是官員上呈給皇帝的文字，所以我們需要將疏議內容倒過來解釋，以理解其原有之地方脈絡。何孟春在其疏文提及：

> 大理府地方盜賊最難緝捕……各巢素皆結為親黨，出則彼此相應，其鋒莫敵；入則散居巢穴，其蹤難追。[20]

指出當時最難對付的「盜匪」在大理府境內，這些山鄉夷民相互結為親族，形同政治與軍事聯盟，其軍事戰鬥之能力非明軍能敵，文中又以「彼盜賊雖產夷獵，亦皆人類，類有土官為其主

---

18 不著撰人，《土官底簿》，卷上，頁11-14。

19 明初之時，土巡檢的承襲並沒有制度化，承襲往往需要赴京告襲，在旅次承擔相當大的風險。再者，有的土官不僅身為土巡檢同時也是太和縣民二種雙重的身分，如趙俊與董保，他們更可能依縣城而居，或令其子弟轉身致仕。其中，尤可參考〈大理史城董氏家譜〉中有關董保土巡檢世系的發展。

20 何孟春，《何文簡疏議》，卷7，〈地方疏〉，頁166。

宰」等等描寫之。另一方面，在山鄉哨口擔任土巡檢者，多受降土酋，這些受封之土巡檢往往無法在地把守，不是怠忽職守，就是子孫衰微，難以為繼，很明顯不是在地土酋。何孟春曾描寫鶴慶清水江巡檢司的情形，指出其土巡檢衙門位在深陡山箐之中，「四圍皆是夷賊之藪」，故巡檢司和其妻子皆被殺死，繼任官吏往往寄住在府治，不克前往。又，大理府楚場巡檢司之土官「闒懶不肯住守衙門」常年「偷安」於彼處。這些土官巡檢的主要職責在保護山鄉之鹽路與官道，但卻因為不常駐守而導致鹽道不通，官道阻窒。[21] 這些文字記載由官員所寫，倒過來看，其實際的情形更可能是這樣的：鹽道官路自有其土酋散居把守，但新的政治勢力進入山鄉，使得既有土酋網絡受到挑戰，這些原有的土酋便成為官員筆下的「賊巢」、「盜賊」。重要的是，官府新設的土巡檢則形同虛設，又虛糜俸祿。

　　再者，土巡檢配置僉編弓兵與哨勇作為執行任務之武裝員額，其實際運作時，由於巡檢衙門位於深山陡箐之中，被編入弓兵的夷民窮日文移往返，歲無虛日，以致僉編弓兵逃脫者眾，形同虛設。一旦公項被劫，責成地方，守哨者累賠不止，形成山鄉夷民社會內部之惡性牽連。何孟春甚至在疏議中提及，由於山鄉土軍百夫逃散，官府無土丁可供調用，必須到他處另行召募羅羅來到此地進行把守保障山路。他提到鶴慶、劍川交界山區清水江巡檢司的情形，當地夷賊出沒頻繁：

　　　　被劫者困無衙門，責任地方又每告害，臨近守哨之人描賠

> 贓物，以此百夫、隊長、土軍人等，只得備用年例穀麥，顧
> 募本府宣化關羅羅守把，保障一帶山路，商賈始通，而巡司
> 竟為虛設。[22]

從這種相互累賠的社會關係來看，地方土官、土軍等人，只好
「備用年例穀麥」來召募羅羅人作為山鄉保障之事。換句話說，
「羅羅」對官府而言，形同一批可供「雇募」的山鄉土勇。明中
葉以來，召募羅羅把守山鄉通衢已不是孤例，在大理府鄧川州的
阿氏土官也是如此。阿氏是滇南白夷土酋，被分派到太和縣北方
擔任鄧川州土官，由於其所轄山鄉範圍極大，也必須召募羅羅為
之巡守：

> 地方有盜責在阿知州戢捕，但管下玀羅得能各鄉村，顧之
> 晝夜巡守以保田宅，若有竊失伊願賠償，但朝夕派與飲食，
> 到成熟時，派與穀麥，名曰看窩。[23]

羅羅因嫻熟山鄉通衢並善於野戰，土官與官府皆欲雇募以為轄境
內之山勇，他們成為保障農業社會之武裝勢力，也成為山鄉路途
貿易安全的保護者。土知府與土巡檢轄下之土丁逃跑，愈演愈
烈。直到萬曆賦役改革，施行攤丁入地銀之時，許多僉編弓兵紛
紛納銀企圖逃脫此役，大抵可知，此等弓兵在貨幣化過程中急於
逃離山鄉武裝差役的情形。[24]土官巡檢因而無法發揮功能，卻虛糜

---

22 見何孟春，《何文簡疏議》，卷7，頁164。

23 艾自修，《（崇禎）重修鄧川志》，卷3，頁20。

24 何孟春，《何文簡疏議》，卷7，〈地方疏〉，頁165。萬曆年間具有弓兵身分
　　者透過儒學生身分逃離其身分，見〈兩院詳允永充弓兵戶額經制碑〉，收入

俸祿，弓兵逃散。山鄉夷民無法負荷愈來愈密的警哨、巡防等武裝部署，隨之而來的還有遇賊賠償等問題，使得山區人群益趨流動。後來這批雇募而來的羅羅也很容易隨著山鄉生存之壓力逃離他處，或而演變成為文獻中所謂的盜匪與劫搶之徒，尤其在改土歸流土官地位被削弱之後。在清朝的《鄧川州志》持續地記載這些土勇的境遇：

> 猓玀（即羅羅）占據邑之東山盤衍數寨，曰菠地坪、草海子、瓦廠、胭脂果、大龍潭、趕羊澗，皆山崎嶇險阻……不務職業，專以劫搶為生涯……兼以地勢負嵎，居民畏其滋擾，歲斂豆穀與之，令其畫地看守，名曰看窩，以盜禦盜，因地制宜也。[25]

明中葉以來土官雇募之羅羅，在鄧川土官被廢以後，成為地方官府口中不務職業專門從事劫搶的盜匪。地方官府為了加以管理，以「以盜禦盜」的方式，成為一種特殊的編戶制度，又稱之為猓戶，這種制度又強化地方族群政治中的人群分野。[26]

二、土酋和盜匪

自明初以來，大理姚安間的夷酋動亂似乎未曾止息，從最早奪鹽印的自久，到後來鐵索箐動亂，可知山鄉夷民在適應新制度

楊世鈺主編，《大理叢書·金石篇》，第10冊，頁115。

25 侯允欽纂修，《鄧川州志》，卷16，頁207。

26 侯允欽纂修，《鄧川州志》，卷16，頁207-211。

時做出不同的反應。以下分別從自久與鐵索箐之役來談。

（一）土酋：自久

自久在山鄉部酋政治之聲望頗高。當時圍繞大理姚安間山鄉腹地之政治勢力，包括了麗江木氏、和氏、鶴慶府土知高仲與雲南縣土官楊孥（即前文官方史冊所載之楊奴）以及自久等等，其彼此間維持著特定的聯姻關係。在前文已提及鶴慶高氏聯姻的對象之一是雲南縣的楊氏，而自久則是鶴慶土官高崙之外祖母的兄弟，也就是母親楊氏的舅家。[27]值得注意的是，自久後來也出現在鶴慶土官高氏之碑刻，其頭銜是「錦衣衛指揮」。

洪武十五年（1382）明軍攻下姚州，先以自久為姚安土官。不久，自久與當地高氏貴族高昌漸（後文寫為高昌）聯合反明。《明實錄》洪武十六年（1383）八月記載：

> 庚子姚安府土官自久作亂，都督陳桓率兵討之，兵至九十九莊，自久遁去。[28]

指出自久先為姚安府土官，但後來作亂，都督陳桓追討至九十九莊，仍然讓自久逃走了。洪武十七年（1384），《明實錄》又再次記載：姚安府蠻賊自久寇品甸。[29]指出自久勢力擴散到大理南方的

---

27 高倫等立，〈陽間安居恭人楊氏生坟墓碑記〉中指出：「弘農楊氏……前雲南縣土官楊孥之四女也。母李氏，乃錦衣衛指揮自久之妹，與孥鞠育，恭人以壬申生，賦性嚴明，資質俊麗，自總角時許高侯諱寶。」收於張了、張錫祿，《鶴慶碑刻輯錄》，頁266-268。

28 董倫等修，《明太祖實錄》，卷156，洪武十六年八月庚子條下，頁2427。

29 董倫等修，《明太祖實錄》，卷159，洪武十七年正月戊辰條下，頁2462。

品甸（即雲南縣一帶）。最後，自久之所以被平定，是明軍聯合其舊盟友高保與高惠土官圍剿之。《明史》也記載這一段自久反明的事件：

> 西平侯沐英奏以土官高保為姚安府同知，高惠為姚安州同
> 知。保、惠從英擊自久，平之。[30]

官方史料記載自久作亂時在洪武十七年（1384），地方史料則記載為洪武二十七年（1394），二者互有出入，可能是指出其潛匿的勢力維持相當一段時間。[31]

　　明初西南各地大小不一的反明勢力不勝枚舉，但自久之重要性，在突顯官收鹽井對地方所造成的衝突。自久先受職土官，但降明不久便與高昌漸等叛明，應是與鹽的管理權有關。地方史冊對自久舉事的地點以及事由，提供了一些不同的說法。據《乾隆白鹽井志》記載，自久扣押首任白鹽井提舉司熊以正及其印信：

> 洪武間，有逆夷叛亂，（高）惠奮身擊賊，追至白井，大
> 敗之。救免提舉熊以正等官吏三人並印信，井民賴以全生
> 焉。[32]

---

30 張廷玉等修，《新校本明史》，卷314，〈列傳·雲南土司二〉，頁8091。

31 《明史》載自久作亂為洪武十六年（1383），但倪蛻《滇雲歷年傳》則記為洪武二十七年（1394）。顧祖禹《讀史方輿紀要》亦指出，「明朝永樂初，蠻酋自久險犯順處。」參見倪蛻輯，李埏校點，《滇雲歷年傳》，卷6，頁264；〈讀史方輿紀要·雲南紀要·雲南四·楚雄府〉，方國瑜主編，《雲南史料叢刊》，卷5，頁757。

32 郭存莊纂修，張海平校注，《（乾隆）白鹽井志》，收入《楚雄彝族自治州舊

此逆夷即自久。當時姚州土同知高惠奮而敗之，救回首任提舉鹽官及印信，指出自久掠奪印信以及挾持提舉司，是和明朝官府設置白鹽井提舉司有關。另外，《光緒續修白鹽井志》則提供了另外一位助明平亂的高壽保（即前述之高保）的細節，內容也提到自久：

> 　　高泰祥之裔，元姚安路總管高明壽之子。明初歸義，授世襲府同知。彝賊自久叛，攻姚州，殺知州田本、吏目楊信實。壽保挈印歸洱海馮都督，進兵討之。以壽保為前部先鋒，敗賊於白井，救官吏熊以政等；獲偽元帥張光於東山箐；又連敗賊眾，獲其部頭高昌、阿普等。招民復業，定租稅，開府治，書著功績。[33]

此文雖主要歌誦姚州府同知高壽保開府之功，也記載其他細節，像是「彝賊」自久殺害姚州知州和吏目，挾持熊以政、奪其印信。同黨還包括張光、高昌（漸）及阿普等人，後來在白鹽井敗於高壽保之手。綜理地方文獻對自久與白鹽井此地緣關係來看，大致可知此衝突背後，應與官收鹽井，威脅土官利益有關。

　　從上述鹽井權的問題來看，自久反明是地方利益的衝突，自久認為其反明是捍衛山區既有政治秩序。自久敗後，被擒送京，和皇帝有一番對話也被記錄下來。這段話是官方史料中少見的反對者的聲音，相當重要。明隆慶年間《楚雄府志》記載：

　　方志全書・大姚卷（上）》（昆明：雲南人民出版社，2004），卷3，〈名宦・高惠〉，頁468。

33　李訓鋐、羅其澤纂修，《（光緒）續修白鹽井志》，收入《楚雄彝族自治州舊方志全書・大姚卷（上）》，卷5，〈名宦・高壽保〉，頁714。

國初，叛酋自久據山為寨，以拒官兵。及被擒赴京，上召問曰：「如何擅殺官軍？」對曰：「奴為主耳。」善其對，授以燕山衛指揮，至今世襲。[34]

這段話不僅記錄了自久被擒後的下落，也指出其被擒赴京師，後授以燕山衛指揮的情形。自久和皇帝的對話，也指出其反明是因為「奴為主耳」，是忠於傳統政治倫理。明朝皇帝是否授以自久燕山衛指揮之職，無其他史料佐證，惟若回到上述宣德三年（1428）鶴慶土官高倫為他的母親楊氏撰寫的墓誌中提到，高倫的外祖母，也就是楊氏的母親是「錦衣衛指揮自久之妹」，很可能指的便是明初自久入京後封爵的一段隱晦歷史。[35]

　　至今，滇西山區仍有自久寨的地名，位於今天南方蒙化景東山區的南澗一帶。[36]另外，《讀史方輿紀要》指出楚雄也有名為自久寨的地方。[37]清初，姚安仍有百姓自稱為自久的後裔。[38]姚安山區也還有供奉著自久的廟宇，可見他在山鄉社會的歷史記憶中所扮

34 徐栻、張澤纂修，杜晉宏校注，《（隆慶）楚雄府志》，卷1，〈古迹・自久寨〉，頁30。

35 高倫等立，〈陽間安居恭人楊氏生坟墓碑記〉，收入張了、張錫錄編，《鶴慶碑刻輯錄》，頁266-267。

36 楊書纂，鄧承禮標點校注，《（康熙）定邊縣志》（大理：大理白族自治州文化局翻印，1985），〈古跡・自久寨〉，頁19。

37 〈讀史方輿紀要・雲南紀要・雲南四・楚雄府〉，收入方國瑜主編，《雲南史料叢刊》，卷5，頁757：「在（楚雄）縣東紫甸鄉，明朝永樂初，蠻酋自久險犯順處。」

38 地方百姓仍有自稱是自久的後裔者，居於姚安，改姓周。見雲龍總纂，芮增瑞校注，《（民國）姚安縣志》，收入《楚雄彝族自治州舊方志全書・大姚卷（下）》，〈人物志下〉，「氏族表」，頁1597。

演的重要角色。

（二）鐵索箐山鄉夷民

　　自久反明後二百年間，該山區持續處於擾攘不安的狀態，史冊稱為鐵索箐夷之亂。鐵索箐是人群往來的重要通道，但在分府而治以後，成為賊巢散居的邊陲之境。鐵索箐成為被概念化的山鄉總稱，李元陽在其萬曆《雲南通志》記載：「鐵索箐，在大姚縣西北山阿水偎，箐夷黨聚，專以剽掠為業，百年逋誅。」[39]指出鐵索箐在大姚西北大山叢箐之深處。但實際上，整個山鄉夷民的動亂範圍更大，涵蓋了隸屬於大理府東部的山區，即赤石崖與白石崖一帶。因為鐵索箐夷最為頑強，力拒至萬曆年間，故以鐵索箐夷統稱此二百餘年山鄉夷民的動亂。

　　隨著亂事持續，文獻記載鐵索箐夷民是倮倮人，又以傈僳最為強悍。除了倮倮、傈僳外，也稱倮倮為爨。李元陽在描寫這些山鄉夷民時指出：

　　　其蠻夷種族不一，統名之曰爨，爨性獷悍，業習強努〔弩〕，以毒塗矢鏃，中人立死，莫敢攖其鋒。部落七十餘，而鐵索箐、赤石崖，其魁也，地屬賓川州，而蒙化、姚安、楚雄諸郡咸被其害。[40]

文中將東邊山鄉夷民總稱為爨，領有七十餘部落，以鐵索箐與赤

39　李元陽纂修，《（萬曆）雲南通志》，卷3，〈地理〉，頁95。

40　李元陽，《中谿家傳彙稿》，卷7，〈洱海兵備道鐵索箐軍營廳壁記〉，頁21-22。另見李元陽，〈苴却督捕營設官記〉，收入雲龍總纂，芮增瑞校注，《（民國）姚安縣志》，〈文徵〉，頁1906-1907。

石崖之渠酋為雄長。蒙受其害者主要在賓川州，也擴及府城郡邑之山鄉腹地。《明史》記載的內容與上述略有不同，側重大姚縣境的鐵索箐賊：

> 所屬大姚縣，有鐵索箐者，本倮種。依山險，以剽掠為業，旁郡皆受其害。弘治間，稍有歸命者，分隸於姚安、姚州。[41]

這裡可以看出山鄉夷民作亂的範圍不僅只在賓川州，也包括了大姚縣山區的鐵索箐夷。弘治年間撫亂後，曾將部分夷民劃規東邊的姚安與姚州，由高氏土官代為管轄。

這些倮倮（羅羅，玀玀）之中，有一群人被稱為傈僳，最為善戰。諸葛元聲的《滇史》指出鐵索箐夷中最利害的是力些人：「力些，言摩些而有力者，居麗江之蘭州、劍川、姚安、五井等處山谷間。」其人「不治生，敢死而善鬥，專事劫奪，凡女擇婿，必問其能剽禦者，方樂歸之」。[42]指出力些夷，是善戰之山區部民。力些，便是李元陽筆下的猓猓，也就是傈僳。《南詔野史》也記載著力些人：

> 即猓猓，衣麻披氈，巖居穴處，利刀毒矢，刻不離身，登山捷若猿猱，以土和蜜充飢，得野獸即生食，尤善弩，每令其婦負小木盾前行，自後射之，中盾而不傷婦，以此制服西番。野力些披髮插羽，尤凶悍。[43]

---

41 張廷玉等修，《新校本明史》，卷314，〈列傳・雲南土司二〉，頁8092。

42 諸葛元聲撰，劉亞朝校點，《滇史》，頁326。

43 楊慎撰，《（胡蔚本）南詔野史》，卷下，〈南詔各種蠻夷・力些〉，頁32。

指出力夢是山上善戰、矯健又穴居的夷民。明朝視力夢為抵禦西
番的緩衝人群，其分布範圍相當廣大，包括麗江之蘭州、劍川、
姚安、五井等山谷間，但官府一直無法有效治理這批崇山深箐之
人群。再者，除了力夢，還有黑玀玀。《滇苗圖說》中〈黑玀玀
圖說〉視鐵索箐夷主要份子為黑玀玀，圖說之文字記載：

> 黑玀玀……彝為貴種，凡土官營長皆其類也。土官服雖華
> 不脫彝習，土官婦纏頭綵繪，耳帶金銀，大圈服兩截，雜色
> 錦綺，以青緞為套頭，衣曳地尺許，背披黑羊皮，飾以金銀
> 玲索；各營長婦細布短氈青布套頭。

其類分布於曲靖、澂江、安寧、祿豐、武定與鶴慶等地，各地習
俗略有不同，惟在安寧、祿豐多負鹽於途；武定、蕎甸尤為「凶
頑」；分布在鶴慶者稱為海西子四十八寨，其性最為暴烈：「鐵
索、賓川州、赤石崖、螳螂、古底，舊稱淵藪，自明萬曆初芟蕩
以來底今寧帖。」[44]《滇苗圖說》所記載的黑玀玀分布甚廣，最暴
烈的來自鶴慶之海西子四十八寨，其位於大理與姚安間整片群山
的鐵索、賓川、赤石崖等地。從上面對鐵索箐夷的描述，大致可
看出鐵索箐、白石崖與赤石崖山鄉夷民，至少有二種不同人群，
其隸屬於分布更廣泛的部酋社會，力夢（傈傈）散居於滇西北之
群山，而黑玀玀則散布滇東與東北山區。（見圖12.2）

　　自久與鐵索箐夷民是否同一批人群，我們不得而知，明初文
獻並不以傈傈稱自久，但隨著後來官府剿亂，便採用特定族稱來
標誌鐵索箐夷，名稱包括了傈傈、玀玀或傈傈等名。

---

44 清人顧見龍描摹，《滇苗圖說》，〈黑玀玀圖說〉。

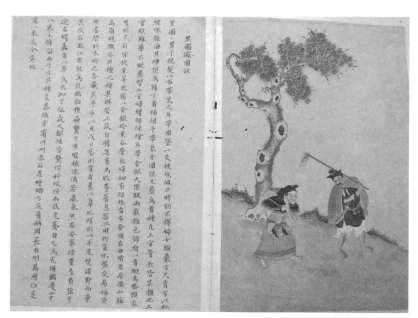

圖12.2　《滇苗圖說》所描寫之黑玀玀（哈佛大學燕京圖書館藏）。

三、封鎖與孤立

　　鐵索箐山鄉動亂真正始自何時，並無史料記錄。較早出現在史料的是賓川一帶的白石崖與赤石崖等渠酋。[45]弘治嘉靖年間，其山鄉態勢愈來愈無法控制，以致北方鐵索箐強悍的部酋領導山鄉夷民到山下掠奪，時稱為「有名賊巢，若鐵索箐、赤石巖、螳螂、古底俄、打喇□山、大凹」等處嘯聚結黨，逐漸擴大勢力並

45　李元陽撰，〈賓川平盜記〉，收入楊世鈺主編，《大理叢書・金石篇》，第10
　　冊，頁91-92。

延及整片山鄉，事後便有鐵索箐賊匪之稱。[46]到了嘉靖末年，其勢力往北擴大到四川的會川，西至雲南縣，南至元謀，西北到北勝州，「廣袤四百餘里」，皆為崇山深箐之山鄉地區。[47]以下分別從三個階段來說明官府與山鄉社會之互動。

（一）明初迄弘治年：招撫與增置衛所巡檢

　　有關稍早之山鄉動亂的記載，曾零星地出現在官府以及鄰近土官墓誌銘之中。其中，天順七年（1463），雲南總兵官都督同知沐瓚（1439-1481）奏報大理與瀾滄等地賊盜四起，流劫鄉村，阻截道路。[48]這裡的大理、瀾滄一帶，指大理衛與瀾滄衛之間的山鄉盜賊四起，阻礙山鄉道路。當時鄰近土官被派往征討，鶴慶軍民府的劍川施氏土官的譜牒便記載了同一年，其祖先施威奉命征討赤石崖，並獲戰功。[49]二十年後，成化十九年（1483）大理府洱源土官王冕奉命助剿鐵索箐之亂，其裔王瑞復於嘉靖二十年（1541）隨巡按調徵前往赤石崖、蕎甸平亂。[50]從鶴慶劍川土官到大理洱源土官受功前後約八十餘載來看，官府當時之治理策略，主要是派遣鄰近土官就近剿亂或招撫，似乎沒有引起太多的重視。

　　除了派鄰近土官剿亂招撫，官府也以增置土巡檢司、衛所與

46　蕭繹撰，〈重修大羅衛記〉，收入楊世鈺主編，《大理叢書・金石篇》，第10冊，頁93。

47　李元陽，《中谿家傳彙稿》，卷7，〈鐵索川平賊記〉，頁22、23。

48　〈明實錄雲南事迹纂要〉，收入方國瑜主編，《雲南史料叢刊》，卷4，頁274。

49　楊延福整理，〈劍川明龍門邑世襲土官施氏殘碑〉，收入雲南省編輯組，《白族社會歷史調查（四）》，頁49。

50　田懷清整理，〈洱源清世襲土官王氏世系調查〉，收入雲南省編輯組，《白族社會歷史調查（四）》，頁46。

州治的方式來治理山鄉夷民。弘治年間，官府進行一系列的山鄉整治工作。首先，招撫夷民土酋為土巡檢。弘治二年（1489）增設三個土巡檢：楚場土巡檢、你甸土巡檢以及安南坡土巡檢司。[51]再者，弘治七年（1493）割鄰近趙州一里、太和縣海東九里、雲南縣二里等三縣共十二里為賓川州。[52]第三，建大羅衛城於賓川城，並調撥洱海衛與瀾滄衛所，分布於其左右。[53]後來復於山鄉增設彌渡戍、普淜汛，增加防禦網絡。[54]換句話說，解決山鄉夷民動亂的方式是：一方面擴大招撫對象，加封土巡檢；另一方面，增設賓川州與大羅衛、哨戍汛站等等，用以挾制山鄉夷民。

　　弘治年間，官府設置了賓川州治、巡檢、營戍等措施，並無法有效控制山鄉夷民的勢力，反而使得山鄉部酋結黨勢力愈來愈大。以大理府所新置的賓川州為例，被視為夷穴的赤石崖被劃入賓川州之糧里，又設置了赤石崖巡檢司，隸屬於雲南縣，山鄉一

---

51 三位土巡檢包括了楚場巡檢司土官楊波日、你甸巡檢司土官李義、安南坡巡檢司土官李納麟。從《土官底簿》對此三位弘治年間增置的巡檢司記載來看，他們早在洪武年間以不同的職銜助明平各種亂事，以楊波日為例：「元右丞不花顏之裔。洪武中，選為百夫長。造金沙渡舟及築城運鹽，累勞績，充冠帶把事。……僧壽有武勇，從征麓川、佛光、蒲窩、鎮康，累功給勘合，管辦巡檢司事。尋具奏，實授土巡檢。後東川、武定、鐵索箐諸役，或戮力行陣，或護餉饋軍。今沿至楊階，聽襲。」參見劉文徵纂，古永繼校點，《（天啟）滇志》，卷30，〈羈縻志〉，頁974-975。

52 劉文徵纂，古永繼校點，《（天啟）滇志》，卷2，〈地理志〉，頁55。

53 蕭縉撰，〈重修大羅衛記〉，收入楊世鈺主編，《大理叢書・金石篇》，第10冊，頁93-94。

54 雲龍總纂，芮增瑞校注，《（民國）姚安縣志》，〈兵備道姜公去思碑〉，頁1897：「弘治中，始州賓川，衛大羅城，彌渡戍，普淜汛，以弭之，而竟不弭。」

地二屬，夷民一身二役，「夷民因此不服」。[55] 這些設置反而強化山鄉夷民的不滿與移徙。這種情形不僅發生在赤石崖，鐵索箐方面亦如是，原先反明規模不大，但隨著山鄉土官封賜愈來愈周密，動亂規模反而愈大：「初時二三十人為黨，既而千而萬，橫行州縣，造偽印檄，武吏戍卒，莫之敢攖。」朝廷的處理方式反而強化鐵索箐夷民勢力向外擴展。他們不僅在山區孔道「橫行自恣」，騷擾商賈，並且更激烈地到城郭附近的村落掠奪農作物。李元陽指出了：

> 始而劫掠商賈，中而焚虜村屯，既而族黨日眾，所過殺人無厭，孔道之上橫行自恣，……自城郭之外，凡有室廬田土者，自一尺以上皆輸穀麥，以丐寬免。家蓄器物，衣氈、布帛、雞豚，恣其攫取，不敢少撓。苟違其意，大禍立至。二百年來，百爾運籌，為之調軍監衛不已，又為之增糧置禦不已，又為之募土兵，倩酋長。公帑日見其損，寇偷日見其益。[56]

李元陽的文字記載了一幅商賈在山鄉孔道被劫掠，村屯被焚，甚至近城郭一帶百姓被掠奪的情形，這些山鄉「盜匪」甚至令城郭附近凡有室廬田土者，以其一尺以上作物皆輸穀麥。看來是附郭糧米不到山鄉，因而造成盜賊下山掠奪的後果。這和前述鄧川土

---

55 何孟春，《何文簡議疏》，卷7，〈地方疏〉，頁165：「查得大理府賓川州係弘治年間添設，故赤石崖里各巢夷民版籍雖屬賓川州，而赤石崖巡檢司仍屬雲南縣，夷民因此不服所在巡司鈐束。」

56 李元陽，《中谿家傳彙稿》，卷7，〈洱海兵備道鐵索箐軍營廳壁記〉，頁21、22。

官僱募羅羅土勇「看窩」的情形相當類似，但這裡則以掠奪者視之。官府則以招撫土酋、招募土兵，設置衛所、增糧置禦來治理之。然二百年來，地方財政仍日益破敗。這一段話點出了山鄉土酋、附郭居民與官員三者之間的緊張關係，官府措處無效，復又強化動亂的局面。

嘉靖初年，雲南兵備副使姜龍曾親自招撫山箐夷民，流寓雲南的士人楊慎（1488-1559）為之撰寫去思碑，記載當時姜龍親自招撫，以及他和當地夷民進行的一番對話，道盡明初以來山鄉百姓的境遇。[57] 碑中引述夷民的陳述，指出：明初以來，從來沒有官員到山鄉招撫山民，到城邑便被誣為賊民而被抓起來，甚受歧視，在山區沒有糧食，甚至也無法與城邑百姓互通有無進行貿易，有苦難言。姜龍遂招撫此等夷酋並請開夷市，其內容如下：

> 又單騎，躬至夷箐，傳諭之曰：「有司頃無爾恤，悉以爾民為盜；今吾爾撫，悉令爾盜為民，皮裳菜食，任爾生息，龍街、虎街，貿易往來，爾能從乎？」眾皆獾騰獾呼曰：「前此我輩下山即執，誣指為賊，閉箐深居，又難以得食，求活之道，非劫無由也。生未嘗見官蒞此地，亦不曾聞此言，有苦莫伸。今上知我心，又恤我生，而今而後，不為非矣！」[58]

這是山箐夷民又一次地在史料中表達他們的處境與心聲。明初以來，未有官員到山鄉招撫，也沒有顧慮山鄉夷民應如何自處。夷

---

57 李元陽纂修，《（萬曆）雲南通志》，卷9，〈官師‧按察司〉，頁229：「姜龍字夢賓，……嘉靖初以副使為瀾滄兵備，建立哨守，盜賊屏息。」

58 雲龍總纂，芮增瑞校注，《（民國）姚安縣志》，〈文徵‧兵備道姜公去思碑〉，頁1898。

民不得糧食，為求活計遂有掠奪之情。「閉箐深居」鮮活地指出了山鄉夷民孤立的情形。所以，在此招諭以後，「群蠻出箐為市，無異編民，行商宵征，哨堡晏寢，百年來未之前見也。」怎料，當時夷民中有名為亏定者，夙為盜而富，聽從姜龍之勸而改業，但從良後日益貧困，妻子怨而詳語不已，後遂引藥自盡。[59]有意思的是，楊慎撰寫這份碑刻是為了緬懷姜龍離去而作，卻無意間記錄了山鄉夷民受到城邑居民歧視，還遭受到無糧可買的窘境。某夷酋復在姜公的感召下，改邪歸正、遵守法度，但下場處境卻愈來愈貧窮，到了寧願自殺也不願參與掠奪百姓的故事。〈姜公去思碑〉是讚揚地方官提升土官德性的一個碑刻，但從某個角度來看，它更像對那些受教化的山箐夷民堅持道德後果的諷刺。《明史》指出姜龍在滇四年「番漢大治」，大抵是官方美化之辭。[60]姜龍離職後，鐵索箐山箐夷民復又作亂。

（二）嘉靖隆慶間的剿亂與招撫

嘉靖隆慶年間，滇東武定土官鳳繼祖叛，又再一次強化鐵索箐夷之勢力及其動亂的範圍，當時引來許多土官相互呼應，包括了滇中姚安土官高欽、高鈞以及滇東易門王一新等「首尾相應」。《南詔野史》記載：嘉靖三十六年（1557）蕎甸（隸易門縣）通火（即通事、火頭）李向陽等以徵糧太急為辭，聚眾並糾集易門夷叛，易門土縣丞王一新亦隨之反明。[61]王一新的串連使得

---

59 雲龍總纂，芮增瑞校注，《（民國）姚安縣志》，〈文徵・兵備道姜公去思碑〉，頁1898。

60 張廷玉等修，《新校本明史》，卷165，〈列傳・姜龍〉，頁4476。

61 楊慎撰，《（胡蔚本）南詔野史》，下卷，〈續紀事〉，頁64；李元陽，《中谿家傳彙稿》，卷8，〈雲南平諸夷碑〉，頁47-50。

滇東武定土官鳳繼祖之勢力不斷地往西、往北擴及姚安，甚至擴及滇蜀交界的整片山區。這次動亂結合滇中與滇東兩股主要土官力量：姚安土知府高欽與高鈞二兄弟暗中與易門土縣丞王一新，共同助鳳繼祖作亂。鳳繼祖勢力很快就流竄到鐵索箐，並引起更多夷民的響應。

在這段期間，朝廷曾派遣瀾滄提都副使剿亂，短暫收縛高欽、高鈞等土官，斬除王一新並控制滇中局勢，但是反明勢力卻持續地集中在鐵索箐山區一帶。[62]清人毛奇齡〈雲南司蠻誌〉對當時的情形描寫得比較具體。他在文中指出嘉靖年間武定土官鳳繼祖反明，其黨人便往姚安鐵索箐一帶積極活動，並鼓動「統箐賊出犯蒙化」，指出亂事一度往南方蒙化府擴張。事後，鳳繼祖敗，其餘黨勢力在山間流竄，也使得鐵索箐夷民更加踴躍，當時山鄉之部落包括了：

> 赤石崖、螳螂、古底、烏龍壩、大波那、你旬、楚腸〔場〕、各左、木茶剌、羌浪、金旦、俄打喇、小茶喇、喇摩、歪宵、苴只、飄苴諸酋，率引箐賊為鄉導。其地有所謂薄刀嶺、鶯過愁者，皆懸巖大箐，天險可恃，以故慄桀無顧忌。

其中火頭羅思與百夫長羅勤快二人，向來相互結盟，另有巫人李仙子挾幻術至山箐，說服羅思稱王。於是他們又與羅勤快、羅革等十人，自稱為孟獲二十世裔，立為「沖天鐵面十大王」，拜楊桂三為相，造符鑄印，起兵作亂。史料記載山鄉部酋被組織動員

---

62 周宗麟纂，《大理縣志稿》，卷24，〈藝文部一‧副使魏材楊公平武定諸夷序〉，頁423-426。

起來的情形，包括了諸酋、火頭、百夫長以及擅長役巫鬼，通幻事的巫師等等，其有稱王、稱相者，甚至鑄造符印等等，其組織之規模相當龐大。[63]《明史》也記載其情形：「其渠羅思者，有幻術，造偽印稱亂」指的便是這事。[64]換句話說，滇東武定鳳氏土司的亂事，又加深整個山鄉夷民聯盟的規模，其範圍由滇東武定到鐵索箐，南至蒙化，所牽連的範圍擴大到整個滇西地區。

　　滇東鳳氏土官勢力擴大到滇西鐵索箐，強化夷民勢力的集結，滇西地區「百里之內居死騷然，以死傷告急者百餘家，失業流徙者不可勝計」。[65]當時之憲副沈橋與姚安太守楊日贊奉命合謀勦薙，[66]圍勦的範圍包括「東北至蜀之會川，東南至元謀縣，西北至北勝州，西至雲南縣」，幾乎涵蓋了滇蜀間山區。為使原來已耗弱的軍隊不致崩潰，沈橋與楊日贊商議遣使到山上，和夷民雄長交涉約束山區勢力。在談判當時，山區雄長亦懼其發兵，所以與之談判協商，結果則是：

> 輸其積逋錢若干，償民間牛馬貨物各若干，再三對使者盟神立誓。使者察其窘困，因為之解。公亦不欲勞師動眾，且小丑勝之不武，遂罷兵焉。[67]

---

63 毛奇齡，《雲南蠻司志》，收入王崧編纂，李春龍點校，《雲南備徵志》，卷15，頁863-864。

64 張廷玉等修，《新校本明史》，卷314，〈列傳‧雲南土司二〉，頁8092。

65 李元陽，《中谿家傳彙稿》，卷7，〈鐵索川平賊記〉，頁22-23。

66 雲龍總纂，芮增瑞校注，《民國姚安縣志》，〈人物〉，頁1355：「楊日贊：字堯臣，廣東揭陽人，舉人。……苴卻蠻作亂，民人流離，日贊白之當道，調兵剿平諸蠻。又議設守備，督營兵守御之，民感其德。」

67 雲龍總纂，芮增瑞校注，《（民國）姚安縣志》，〈文徵‧苴卻督捕營設官記〉，頁1907。

在協商內容得知，「輸其積逋錢若干」指夷民必須歸還積欠官府的經費，還有「償還牛馬貨物」若干給民間，並舉行見證官夷和解的神盟誓約儀式。在此事件後，金倉道副憲與地方官議決，在山鄉東邊的姚安通山路口，依鳳山佛寺築一城垣，是為姚安苴却公館，由姚安土知府代為管理這些鐵索箐的夷民。[68]可知，官府顧及地方局勢，雖有高氏涉事其間，但高氏土知府之地位似乎不因此而受到根本性的動搖。[69]

此外，官府也針對賓川州夷民處境加以處理。嘉靖三十四年（1556）將賓川山鄉夷民納入土兵，並開放行鹽。李元陽在其〈賓川平盜記〉也記載了後續處理的情形：

> 藉其人以為我兵，教其幼有同己子。外以糧餉答其功勤，內以拘致防其邪計。為之立市，以通有無。許以行鹽，任其負載。自新更始，則立罷逋之條；足食足兵，再下社倉之令。[70]

這又是一段很重要的描述，指出後續的協商過程中，將賓川附近山鄉夷民納入土兵，還「以糧餉答其功勤」，又設定市集，並且「許以行鹽」任其負載。對過去掠奪之事，一概不咎。立罷逋之條，又立社倉，是為之儲糧。此為賓川州對山鄉夷民之處置方式。

68　李元陽，《中谿家傳彙稿》，卷7，〈鐵索川平賊記〉，頁22-23。

69　高欽隨之作亂，但事後，其子高金宸仍承襲姚安土知府銜，很可能與麗江木氏土司的保護有關，但已無法統領軍務。參考姚安《高氏家譜》（高氏後裔複製本）；毛奇齡，《雲南蠻司志》，收入王崧編纂，李春龍點校，《雲南備徵志》，卷15，頁860。

70　李元陽撰，〈賓川平盜記〉，收入楊世鈺主編，《大理叢書·金石篇》，第10冊，頁91。

　　從招撫過程推估，這些掠奪行為的背後，正是因為山鄉糧食取得困難，鹽米交易網絡被阻，致使其被孤立於整體交換網絡之外。是以，雙方解決之道便在糧食以及行鹽。從協議內容來看，雙方已達共識，官民夷民皆樂從之。然，嘉靖年間的撫綏，僅止於山鄉外緣之區，如近姚安府之卻苴以及被劃入州治的賓川山鄉夷民，獲得的僅是暫時的妥協，深山大箐的夷民仍處於未治理之狀。鐵索箐山區擾攘仍未平定，隆慶六年（1572），瀾滄兵備周汝德徵兵又討之，無功而返。李元陽稱此役是「如探猛虎於闇谷，狎巨蛇於深潭，畢竟無成而止」。[71] 直到萬曆元年（1573）鄒應龍親自入山征討。

（三）萬曆年間鄒應龍剿亂

　　萬曆元年，雲南兵部侍郎鄒應龍與洱海兵備副使湯鳳麓奉命主謀剿賊，動員諸道從各方面進入鐵索箐。明雖有衛所，早已不堪使用。[72] 故多動員鄰近土官領土兵入山，如浪穹、澄川土官以及十二關副長官等等。[73] 再者，在山鄉東邊則徵調武定與苴却等地之土兵前往深山大箐。[74] 除了土官與土兵外，鄒應龍也借助新技術的武器火炮助長其勢。李元陽的〈平夷寇碑〉中，記載當時

71　李元陽，《中谿家傳彙稿》，卷7，〈鐵索川平賊記〉，頁22-23。

72　劉榮黼纂修，陳九彬校注，《（道光）大姚縣志》，卷8，〈建置〉，頁186：「前明設衛置屯，措施非不甚善，然其後也，職守廢而綱紀弛。弁則持祿養驕，卒則渙散失律。即如鐵索箐夷阻蕞爾之區，跳梁猖獗，千戶之兵三千餘人，竟不能一戰。」

73　劉文徵纂，古永繼校點，《（天啟）滇志》，卷30，〈羈縻志・大理府〉，頁974-975。

74　毛奇齡，《雲南蠻司志》，收入王崧編纂，李春龍點校，《雲南備徵志》，卷15，頁864。

的情形是：

> 戎卒憤而競起，轟轟隱隱，若轉石之墜高崖，硍硍嗑嗑，
> 如激水之投深谷，矢鋒雨集，砲聲雷鍧，金沙之江，波濤起
> 立，林莽之箐，飛火燭天，伏崖窟者，焚骨縱橫，投江流
> 者，漂屍蔽浪，崖寨壁立，陟之無從。[75]

文中描寫了山區夷民慘敗之狀。值得注意的是，明軍攻入夷寨
時，山鄉部落仍有儲糧，「枕粟而死者甚多」說明了山鄉部酋夷
長儲糧的情形。明軍後來「斬首五百級，捕獲生口七百餘人」，
酋首羅思、羅革走山洞死，餘賊保保逃往雞足山，又被官軍所
破，生擒李仙子、羅勤快等人。[76]此山夷作亂，維持二百年之久，
滇西半省被其患。[77]後來，鄒應龍便利用夷酋儲糧，作為後續重建
山鄉衙署祠廟的經費。[78]

明朝文獻多從官方剿賊立場，稱鐵索箐夷民為賊匪，但從山
鄉角度視之，這是夷酋的抵制行動。從官府到山鄉社會之間有許

---

75 李元陽，《中谿家傳彙稿》，卷8，〈平夷寇碑〉，頁50-53。

76 王崧編纂，李春龍點校，《雲南備徵志》，卷15，〈故實‧雲南蠻司誌〉，頁
864。

77 李元陽，〈賓川平盜記〉，收入楊世鈺主編，《大理叢書‧金石篇》，第10
冊，頁91。可知其範圍甚廣，包括了姚安、賓川、北勝與雲南縣等地。李元
陽又寫了〈鐵索川平賊記〉與〈姚安職盜公館壁記〉，見《中谿家傳彙稿》，
卷7，頁22-25。

78 「先是崖寨壁立，陟之無從，賊有儲食，恃以為固。公（鄒應龍）令將士密道
而斷之，於是因敵糧資版築，設戍守、作城垣、建署宇，成杠梁。」指出了
山鄉夷民儲糧足以作為後續整治建署的經費。見周宗麟纂，《大理縣志稿》，
卷24，〈藝文部一‧巡撫鄒應龍平寇碑〉，頁422。

多的中介者，包括了不在地的土官巡檢、被官府動員的鄰近土官，或是層級更高的土知府之屬，如姚安高氏與武定鳳氏等土官。大理文士李元陽與流寓文人楊慎等人的立場也備受注目，他們撰文記載軍士功績及其平亂過程，從稍早楊慎撰有〈姜公去思碑〉記錄瀾滄兵備姜龍平息盜賊之事，復有李元陽撰寫〈巡撫鄒應龍平寇碑〉、〈守備陳君善職序〉[79]、〈鐵索川平賊記〉、〈洱海兵備道鐵索菁軍營廳壁記〉[80]、〈姚安職盜公館壁記〉、〈平南集序〉[81]、〈副使魏材楊公平武定諸夷序〉[82]，可看出大理士子對山鄉夷民所採取的對立態度。這些不同的中介者所認知的利益顯然並不一致，部分士子的態度則顯得較為隱晦，鄧川文人高桂枝曾寫過幾篇詩文，相當值得注意。他的詩作保留甚少，有〈土軍行〉描寫當時土軍「星羅棋布環山鄉」、「或時穿墉為黠鼠，或時伏莽為貪狼」指出土軍反覆無常，劫殺搶擄的情形；又，「不見武尋安風助，攻城殺宮爭鳴張。不見大姚鐵索菁，劫掠橫行鳴刀槍。德則為兵怨者寇，東西任意紛跳梁」。[83] 不僅描寫出當時山鄉夷民的流動與社會失序的景況，也指出地方士人對政治局勢抱持愈來愈不滿的聲音。

79　周宗麟纂，《大理縣志稿》，卷24，〈藝文部一‧守備陳君善職序〉，頁426-428。

80　李元陽，《中谿家傳彙稿》，卷7，〈洱海兵備道鐵索菁軍營廳壁記〉，頁21-22。

81　周宗麟纂，《大理縣志稿》，卷24，〈藝文部一‧平南集序〉，頁414-417。

82　周宗麟纂，《大理縣志稿》，卷24，〈藝文部一‧副使魏材楊公平武定諸夷序〉，頁423-426。

83　高桂枝，明中葉人，洱源澄川人，著有《畸庵草》。因為不滿時政，隱居山中。其有〈土軍行〉、〈衛軍行〉等詩。〈土軍行〉，收入阮元修，李誠等纂，《雲南通志稿》，卷197，〈藝文志‧雜著‧詩〉，頁42。〈衛軍行〉，收入侯允欽纂修，《鄧川州志》，卷15，〈藝文志下‧古今體詩〉，頁192。

四、山鄉部署

鄒應龍以分土而治的方式削其勢，將山鄉劃歸三區：北方鐵索箐歸洱海衛，南面赤石崖歸賓川州，東面則歸姚安土官。以下分別以三個不同的行政區劃來討論：鐵索箐、賓川州與姚安。

（一）山鄉北部：設置鐵索營，隸洱海衛

鄒應龍在平亂以後，奏置軍營以鎮守鐵索箐，令大理衛指揮陳化鵬前往設置營盤，設鐵索營：「領漢土軍、哨勇、兵夫七百餘人駐守其地，起建營盤。」其在山鄉重建軍營，並將這些土軍、哨勇與兵夫的妻母遷往該處，使其立家生根。數年之間「箐谷變為閭閻，悲泣變為歌謳」儼然成為山區聚落之樣貌。[84] 其有「三百八十九戶」為鐵索營，隸洱海兵備道轄。[85] 李元陽撰〈洱海兵備道鐵索箐軍營廳壁記〉也記載萬曆平亂後鐵索營軍營建置的過程，包括「調發教閱之節，屯戍替易之期，耕守部伍之法，廩糧儲貯之制，橋梁道路之宜，田土資養之利，董督操練之規，商賈貿易之肆」等等，其內容綜理微密，井然有條，有安置軍隊、屯戍、屯墾、社倉、交通、農業以及市集等等。同時，為安置不同人群共居一村，恐水土異習，也建立神祠以萃其志。[86] 鐵索營村邑成後未久，陳化鵬被調往瀾滄衛。李元陽為使後人記得山區村邑設置的困難，所以撰碑勉勵後來軍官以德治持續此難得之景

84 周宗麟纂，《大理縣志稿》，卷24，〈藝文部一‧守備陳君善職序〉，頁426、428。

85 李元陽，《中谿家傳彙稿》，卷7，〈洱海兵備道鐵索箐軍營廳壁記〉，頁21-22。

86 李元陽，《中谿家傳彙稿》，卷7，〈洱海兵備道鐵索箐軍營廳壁記〉，頁21-22。

況。明朝慘澹經營山區，付出不少代價。

明末天啟年間，這裡的漢土軍哨勇兵夫從七百餘人，只剩下「三百三十三員名，糧餉於姚安、賓川、大姚、定遠府州縣民屯稅糧額編支給」[87]，可見山區軍營之糧餉由四周州縣民屯糧額來編支，然，繼任守備不加以維護又復荒圮。[88]直到清初，朝廷對明朝衛所軍屯土地的進行核算，在其賦役清冊中記載著：

> 鐵索營官租田陸頃柒拾貳畝……秋糧本色米貳百石壹斗肆升。屯種土軍人丁壹百參拾柒丁，各編不等，共銀肆拾伍兩壹錢陸分。前件此項租米丁銀查係舊日調撥土軍防守鐵索營，自行開田耕食，不入經制。奉平西親王清查編徵，自順治拾柒年為始，入額徵收。查拾柒年已造入新增民糧冊內……[89]

進一步記載明末屯墾土軍自行開田耕食的情形。當然，隨之而來的便是土軍授田，田課以秋糧，屯種軍丁編有137丁，納丁銀等。這條史料應是鐵索箐之役後官府對鐵索箐夷民所做的處置。清康熙年間施行裁衛歸縣，鐵索營因隸屬洱海衛，故其夷民所有

---

87 劉文徵纂，古永繼校點，《（天啟）滇志》，卷7，〈兵食志・雲南都指揮使司・募兵〉，頁249。

88〈赤川隳叛重修城垣公署記〉，收入楊世鈺主編，《大理叢書・金石篇》，第10冊，頁92：「自歷任以來，……將叛餘翼一一嚴除，將叛產業清理收……添修寺院。民心初而未定，遂以極力調停，然使夷民知法度。……四夷漸漸馴伏，邊境倏爾廓清。……自鄒公平亂之後，立城垣，建公署，以奠華□。惜其年深，城垣傾摧，公署頹圮，故夷民浸浸構患者，為制度之規模殆盡，傳習之風俗日澆。」

89 崔之瑛、吉允迪編，《雲南屯田冊　辦理營田節略》（北京：全國圖書館文獻微縮複製中心，2006），第2冊，頁559-560。

之田畝丁糧則列入洱海衛所在的雲南縣管轄。[90]

（二）山鄉南部：賓川赤石崖里四十村

雍正《賓川州志》記載：鐵索箐事件後，官府在赤石崖一地置赤石崖里，由40個村子組成，納入賓川州。因其位置在山鄉深箐之中，又設赤石崖巡檢司，築赤石崖土城，建公署以禦之，將夷民列入土兵，令之戍守此地，就地安置。[91]換句話說，山鄉夷民在此時已編入糧里，並配合土巡檢從事戍守山鄉的防禦工作。

設置赤石崖里的同時，官府也興建了一座觀音寺。這座觀音寺和鄒應龍討伐赤石崖時的一段故事有關。傳說鄒應龍平亂後，在赤石崖附近看見一位白鬚老人，老人忽而佇於巖前，忽而不見，鄒應龍便和當時守備楊某提及此事，認為：此觀音為普陀觀音現長者相。故將作戰所剩軍糧令守備建立寺宇，名為水月觀音寺。這位白鬚老人是洱海地區相當普遍的傳說人物，梵僧觀音也是以白鬚老人的形象化身於南詔，成為開國觀音。鄒應龍附會以觀音示現，主要是合理化官府控制山鄉的正當性，其企圖相當明顯。後來，此觀音「佛果有靈，屢入鄉人之夢」，是以自萬曆平

---

90 項普聯修，黃炳堃纂，《（光緒）雲南縣志》，卷3，〈建置‧鐵索營〉，頁37：「明萬曆間土賊平後，洱海衛軍在所營田開有田畝。康熙五年，裁衛歸縣，該所丁糧實為縣額。光緒五年，清丈案內該所紳糧，造有圖冊，存縣戶房。」

91 周鉞纂修，《（雍正）賓川州志》，卷5，〈城池〉，頁20-25；卷6，〈田賦〉，頁26-36。顧祖禹撰，賀次君、施和金點校，〈讀史方輿紀要‧雲南紀要‧雲南五‧大理府〉，方國瑜主編，《雲南史料叢刊》，卷5，頁772：「赤石崖鎮。在州東，今有巡司。志云：州境東接姚安，南接趙州，嘉靖以前夷蠻剽劫，往往出沒於此，因置戍於赤石崖諸處，與姚安、雲南、十二關互為形援。又有賓居巡司，本名蔓神寨，又有神摩洞巡司，俱在州界。」

亂以來，每年三月十五，赤石崖「四十村遞為迎送，勝會巡臨」，鄒應龍所建的佛寺便扮演著赤石崖里四十村結盟奉祀神明的角色。[92]

　　被編入里甲的赤石崖夷民，也開始負擔起山鄉治安的職責。這些夷民按甲分配土地，各自成村，並在所劃歸的山場修立哨房、派置哨兵，逐一輪流看守。但當時山鄉初平，「山荒箐覓（密），賊盜勝多，無人看守」，於是有些夷民便將無法看守的山場土地，轉賣給其他村民，以分擔無法消化的哨守範圍與職責。我們來看以下一份萬曆十年（1582）赤石崖里三甲夷民，為了轉讓山區土地所刻刊的碑刻資料：

> 立永遠實賣山場文約書契人王有仁戶長，同前子玉、羅寄保、李舉、杞妹、彭德等，同係赤石崖三甲人氏，為山荒箐覓（密），賊盜勝（甚）多，無人看守。只得閤〔村〕酌議，將甸尾山場四至開明，東至壹甲地方，五你喇、趕來阿倒爬呀、呵覬街，又到安邊摩底。南至姚安地方，五你喇曾路止，又至蔴儀是覬傲夫亨著，又到安邊摩底。西至四甲地方，至三臺山頂。北至五甲地方，來埂尾你界牌止，又至安邊摩底止，亨烹利摩箐，又到摩自奈者。西北至四甲地方，又至使食摩箐頭嶺……四至開立明白，永遠杜賣與古底甸尾杞妹子舉李和同閤村人等，以作哨地，修立哨房，設立哨兵，逐輪流看守，不得累連賣主。實接受大劕羊參拾支，作

---

92 天啟二年（1622），赤石崖分巡萬公，捐貲為觀音寺香火，並從雞足山請了一位僧人住持佛寺，使觀音寺成為赤石崖村落信仰中心。見〈赤石崖觀音寺碑記〉，收入楊世鈺主編，《大理叢書‧金石篇》，第10冊，頁176。

價叁拾壹兩整；氈衫壹件，羊毛拾觔，人手親收，並無少欠。自實杜賣之後，戶族人等不得異言爭競，如有此情，將杜契理論。恐後無憑，立永遠杜賣山場存照。[93]

這份碑刻契約說明萬曆十年（1582）赤石崖被編入里甲之時，山場也被劃作哨地，村民負責修立哨房，設置哨兵，擔守山鄉保安的工作。其中，赤石崖三甲戶長王有仁等，因為名下的土地太廣闊，無法看守，議決將土地賣給古底甸尾杞妹閣村村民負責看守。雖然，買賣以牲畜計價，但對價已出現白銀化現象，可知山鄉夷民劃歸里甲，山鄉土地劃分哨守而產生貨幣化的情形。

接下來，對這些被編入賓川州的赤石崖里民來說，更大的問題還在於運鹽與土地貨幣化。白鹽井的行銷範圍包括滇西之鶴慶、保山、龍陵、騰越、太和、趙州、賓川、雲南縣（白崖）、彌渡、永平、蒙化、永北（永勝）、鎮南、姚州、大姚、楚雄等處，每年派銷鹽480萬觔，課銀47,000餘兩。[94]其中，賓川州需要負責白鹽井行銷，大建月行銷正額鹽20,833觔，小建月行銷鹽20,139萬觔。每年行銷正額鹽高達24萬觔，若再加上公費鹽或遇閏月，每年總共有高達32萬觔的鹽。這些雖然是清初的數字，但與明末情形相去不遠。[95]官府將白鹽井之鹽產委由外來之商人代銷，這些商人為了減低從全國各地運糧食到邊境的成本，逐漸就近購買山鄉土地，闢為農地，不僅節省自外地購糧、運糧的運輸費用，也取得山鄉土地的所有權。山場也因為鹽井煎滷所需之柴

---

93 〈甸尾山照碑〉，收入楊世鈺主編，《大理叢書・金石篇》，第10冊，頁111。

94 李訓鈜、羅其澤纂修，《（光緒）續修白鹽井志》，卷3，〈食貨志・鹽課〉，頁630。

95 周鉞纂修，《（雍正）賓川州志》，卷6，〈田賦・鹽法〉，頁35-36。

火之故，逐漸被轉賣給商人。李元陽的萬曆《雲南通志》記載大
理府境內的夷民「約信不爽，貧多借貸，如期酬償，毫釐不欺，
故江西人居之以為奇貨，皆致大富，今在賓川州、雲南縣」[96]，指
出江西商人到賓川致富的情形；康熙《大理府志》記載賓居（即
賓川州）夷民：

> 比年有賠荒之累，死徙者十之五六。土著之民，終歲勤
> 動，輸正供之外，無贏餘也。追呼急則稱貸，而商賈以此重
> 權，其子母則菽粟之利盡歸之，故其地曰賓居。赤石崖自賊
> 平以來，其種皆玀玀，椎樸而善耕，急則鬻身於漢人，漢人
> 往往魚肉之。又有爨彝一種，性更懦弱，俗尚鬼，病則禱
> 之，近亦稍稍從漢矣。海東皆白人種，賓居、牛井類皆漢
> 人，婚喪奢靡多至蕩產。[97]

指出赤石崖山鄉夷民的土地淪為漢人所有。乾隆年間，歸化多日
的赤石崖里，因為積欠鹽金，地方首人畏法逃散。後來官府查
辦，以致由義士何多見「以家資賠償」繳納這筆民間積欠的鹽
金，未及其數者，並以祖遺田租壹莊抵價三百兩，賠清鹽款。[98]此
是赤石崖被劃作糧里並施以鹽課後之景象。

（三）山鄉東部：苴却與茨喇，隸姚安土知府

明初姚安土知府轄有苴却，時稱為苴却十二馬。鐵索箐夷平

---

96 李元陽纂修，《（萬曆）雲南通志》，卷2，〈地理・風俗〉，頁53。
97 李斯佺、黃元治纂修，《（康熙）大理府志》，卷12，〈風俗〉，頁141-142；
　　周鉞纂修，《（雍正）賓川州志》，卷11，〈風俗〉，頁67。
98 〈賓川鹽稅碑〉，收入楊世鈺主編，《大理叢書・金石篇》，第10冊，頁171。

定後，部分隨高欽參與鳳繼祖動亂的夷民被納入轄下的茨喇。清初併此二者，統之以苴却，將苴却十二馬增加成苴却十六里。據《大姚縣志》記載：「苴却十六『里』，在前明中葉尚屬夷境。鐵鎖箐，夷盤踞六百餘里，斯亦在其中矣。自萬曆元年蕩平以後，土司得而鉗制之。村落始可稽核，然亦羈縻之而已。」[99] 可知，鐵索箐盤踞六百餘里，範圍相當大，在清初被劃入苴却十六里。文中指其在平亂後，由「土司鉗制」，指萬曆後由該地之高氏土司管轄。

苴却十六里由兩個不相統屬的夷民所組成，一為苴却，一為茨喇。《大姚縣志》記載大姚縣北之山區有個地方叫作苴却，說得比較清楚：

> 苴却十二馬地方，自古荒服，每年納馬，故地以「馬」名。每馬彝長一名，曰「馬頭」，各轄數村或十餘村，謂之「馬腳庄」。自前明洪武以來，歸土司管。康熙二十三年，改歸縣轄。[100]

這裡的「馬」指的是彝長，又稱為馬頭，也是夷人土目所轄之單位，在雲南山鄉夷民頗為多見。文中雖然少了萬曆鐵索箐一事的描寫，但大約指出了大姚北方苴却十二馬的夷民村落組織，自洪武以來是高氏土官管轄，直到清初康熙二十三年（1684）才劃歸為大姚縣流官管轄。另一部分和苴却夷民不同統屬的鐵索箐夷被

99　劉榮黼纂修，陳九彬校注，《（道光）大姚縣志》，卷2，〈地理志下・村屯〉，頁110。

100　劉榮黼纂修，陳九彬校注，《（道光）大姚縣志》，卷16，〈雜異志・盜用印文〉，頁359。

劃為茨喇。[101] 後來苴却和茨喇整併，清初改土歸流後則以火頭重整為苴却糧里。然而，當時整個苴却的人口數量比大姚附郭軍民戶數還要多。[102] 可知明末高氏土官以及鐵索箐山鄉夷部之眾。

綜合來看，鐵索箐山鄉夷民，在萬曆以後被劃作三個不同的政治體系：北面的鐵索箐營設軍衛，隸洱海衛；在南方之赤石崖里則二屬，一者隸賓川州大理府屬，一者隸土官巡檢司；東面的夷民苴却與茨喇等地則隸歸姚安高氏土司。分土而治，背後涉及國家代理人的利益，如土官、軍衛以及以壩子為中心之府州縣等；而赤石崖里賦役貨幣化，更說明了隨之而來的土地分配、人口流動以及山鄉城邑間所逐漸形成階級化的族群生態。

小結

這章主要從行政邊陲的角度來說明山鄉夷民社會是如何在明朝政治架構下產生身分流動、分化與重新整合的過程。二百年來，大理姚安間的山鄉動亂，正可以視為此區域社會中族群政治生態結構轉變的微觀縮影。

明朝統治之下，西南地區社群網絡面對新的挑戰。朝廷逐漸

---

101 劉榮黼纂修，陳九彬校注，《（道光）大姚縣志》，卷3，〈戶口志・賦役全書〉，頁129：「在昔夷村另設民約，以約束之。近年將上六村民約裁汰，以數百里之地，專其責於火頭數人。且茨喇一帶，即古之鐵索箐也。北鄰永北，西近賓川，與『十六里』雖近，而不相統屬。昔之輕改舊章者，不知何忌也。」

102 劉榮黼纂修，陳九彬校注，《（道光）大姚縣志》，卷3，〈戶口志・賦役全書〉，頁117：「《舊志》：城鄉附郭，軍民共九百七十七戶。苴却十馬，戶口倍於附郭，因僻處零星，難以稽覈。」

以城池衛所為中心，建立起行政與軍事系統，並在沿山關隘設巡檢，形成了以行政與軍事官僚雙重體制的中心與邊陲的關係。由元末明初自久和鶴慶高家結盟，可知其傳統部酋網絡，北自姚安，南至蒙化南澗，中間包括了賓川、雲南縣等山間壩子，聯盟範圍含括雲南西部。明初自久叛亂，說明了傳統聯盟受到威脅，尤其土官的建置威脅山鄉社群，隨之而來，官辦鹽井以及銀礦開採，以及為資源控制而加強山區軍事布局，進一步削弱了傳統社會網絡與經濟紐帶。換句話說，明朝朝廷重新塑造了一套以府州縣為中心的政治經濟體系，使得原來維繫壩區與山鄉之間生態的、對等的、共生的結盟關係受到不同程度的挑戰。

　　朝廷在山鄉推動的政策，還包括增置的土巡檢、衛所、哨守、戍兵等部署，使得原來高度仰賴鹽米交易的山鄉夷民被排擠在整個經濟網絡之外。隨著糧食需求量的增加以及米價高漲，沿山土酋往往叛服無常，這些反動應視為土酋夷民重申山鄉主導權的重要宣示。明朝雖曾以招撫協商的方式安撫夷民，但結構性的體制設置，使得鐵索箐夷動亂愈演愈烈，這可說是明朝在體制上孤立山鄉夷民的後果。鄒應龍平定山鄉亂事後，山鄉夷民分別被編入了赤石崖、鐵索營以及苴却十六里等三個不同的政治架構之下，其中赤石崖被納入賓川州里甲與雲南縣屬之土巡檢的雙重體系；鐵索箐夷劃作鐵索箐營，編入土軍；苴却則隸土司代管下的夷民。這種分其地而削其力的行政軍事部署，是明朝不斷嘗試錯誤後，在山鄉地區施展出來的帝國統治策略。明中晚期以後，大量漢人商屯收購山區土地，又進一步地使得山鄉夷民捲入另一場土地貨幣化的風潮之中。

　　我們看到至少有三股不同力量的衝突：一是來自壩區之政治代理人，如巡撫、知府、衛所指揮以及文人們，象徵帝國的力

量；一股是山鄉夷酋，以臣服不定的態度作為協商的籌碼；另一股則是鹽井、銀礦的開採，引起區域性政治與族群經濟生態的衝突。帝國為控制鹽井、銀礦與糧食等資源，重新扶植一套土官系統；而夷民則以邊陲山鄉的優勢，或以入城掠奪、或受降招撫，挑戰官僚政治體系的運作，也因此不斷地重構山鄉內在的社會秩序。雖然，山鄉最終被納入不同制度之中，夷民也被劃入分土而治的編戶體系，隨之捲入了貨幣化的土地關係之中。綜歸來看，自明初統治初到17世紀末，從雲南山鄉夷民與帝國征戰不斷的歷史中，足以看出山鄉社會如何被捲入了這場帝國主導的政治與財政架構轉變。直到19世紀以來，此山鄉規模大小不一的動亂，仍可視為其人群對此結構轉變的持續性反抗。

第十三章

金沙江沿岸的土官聯盟

　　滇蜀藏邊境之金沙江沿岸向來就是高氏政治聯盟之轄境。大理國時期，其重臣高升泰一度掌理大理國政，將八子分封境內八府，自此高氏有「遍牧八府四鎮」之說，轄境遍及西南各地。高氏在滇藏屏障之區，地位尤其重要，政治勢力覆蓋金沙江二岸之山鄉腹地。甚至明初，金沙江沿岸之北勝、鶴慶與姚安等諸州府仍是高氏土官之轄境。然，自廢除鶴慶府高氏土官後，其外緣麗江木氏的地位便愈來愈重要，滇蜀藏之政治重心經歷一段從高氏往木氏漂移的過程，也從白人世族到麼些世族的過程。在政治重心轉換的過程中，我們不應視此二者形成相互取代、削弱或支配的關係，而是他們在面對中央王朝治理下，土官政治集團的擴大所形成的重心挪移。

　　聯姻是討論政治重心轉變的重要切入點。麗江木氏積極和高氏聯姻，後來逐漸將其聯姻擴大到金沙江另一側之北勝州高氏、武定府鳳氏，又與金沙江南岸的姚安府高氏密集地聯姻。隨著各府土官受徵調出外作戰的頻率愈來愈高，土官嫡母及其外家在維護土官政治秩序扮演著極為關鍵的角色。本章以高氏與木氏的土官聯盟來討論其聯姻以及文化策略的運用，並說明女性在支持土官社會運作時所扮演之看不見的力量。其中，土官母親作為鞏固土官世系的重要性也逐漸強過身為土官女兒用以聯姻擴大聯盟的重要性，而外家（妻舅與外祖）也成為保障土官世系的重要政治屏障。

　　以下分別討論，一、金沙江沿岸的聯盟陣線；二、新興土官勢力的崛起；三、木氏土官聯盟的擴張；四、看不見的力量。

一、金沙江沿岸的聯盟陣線

　　高氏與金沙江沿岸山鄉多元之族群政治保持著相互依存的關係。其中，鶴慶「北接西戎，夷獠雜處」[1]，依附之山鄉人群包括羅羅與麼些人等。這些人群居於山鄉，習於攻戰，「其民朴悍，好囂訟。人性稍剛，好帶弓矢。」史料也記載當時鶴慶北方有「摩些蠻，依江附險，酋寨星列，無所統攝」。這些散居深箐叢嶺、依江附險的麼些人，在麗江木氏崛起之前，或而形成林立的部酋社會，多聽從高氏節制。再者，緊臨著鶴慶府東北方的金沙江外，還有北勝府高氏的勢力，其轄境夷種則有僰人（白）、百夷、傈傈（力些）、猓玀、西番等人。[2]也就是說，金沙江沿岸與滇蜀交界一帶山鄉腹地幾乎成為高氏氏族陣線所掌控的勢力範圍。[3]

　　高氏勢力雖強大，也產生微妙的不安。明軍入大理時，高隆（1350-1382）派其子高仲（?-1399）前往大理，向明軍示降納款，傅友德令其以原職統攝鶴慶土官同知。洪武十五年夏，高隆親自赴京跋涉，中途遘疾，時年三十二歲。次年，其子高仲入京，面見明太祖，由皇帝賜給高仲冠帶、衣袄、緞疋等等，正式頒賜鶴慶土官同知的職銜。洪武二十九年（1396），由於鶴慶北接西戎，夷獠雜處，是為難治之區，由總兵官向皇帝奏請，升為

1　〈明故高氏墓碑志〉，收入張了、張錫錄主編，《鶴慶碑刻輯錄》，頁253。

2　陳奇典撰，《（乾隆）永北府志》（《中國地方志集成‧雲南府縣志輯》42。南京：鳳凰出版社，2009，據乾隆三十年（1765）刻本），卷25，〈土司〉，頁139-140。

3　清初北勝州革土後，高氏仍與其轄境夷民保持密切關係。參見簡良開，《神秘的他留人》（昆明：雲南出版社，2005）。

軍民府。然高仲在洪武三十二年以病終。[4]後二年，其子高興世襲
土官知府，無嗣亡故。永樂十一年（1413），高興之弟高寶
（1390-1427）承襲土官職。短短三十年間，歷經四位土官，看似
穩定的政治局勢潛伏著土官早逝的不安。從其墓誌銘可知，洪武
到永樂間的四任土官，就有八次，或而親自備馬匹朝觀，或遣人
赴京朝貢之舉。

西南傳統政治視修建佛寺、供奉藏經為累積政治與宗教聲望
的作法。土官每每赴京返回鶴慶後，便修建佛寺宣示教化與治理
權。高氏往往在二個地點從事佛寺建物之擴增計劃，一是龍華三
十六院，一是玄化寺。龍華三十六院是高氏及其僚屬之寺院建築
群，玄化寺則是土官治理之政教中心，前者依山，後者位於壩子
中心。高隆土官先是創建龍華精舍，修玄化雙塔等大興土木之
舉；高興則營轉輪藏，修寶庵，他不僅施金剛般若經一千卷，又
重修各地之佛寺，募匠千人修玄化寺東西二殿等等。[5]其弟高寶土
官興修佛寺之盛況，達到高峰。他奉母命建宅舍、創梵剎，造佛
像；五度修建華嚴勝寺，又在龍華山建普明寺與大悲堂，營造西
塔寶蓋。他後來受徵調領兵千人赴邊剿捕，立功返回鶴慶後，改
造石室，建興教寺，又重修龍華梵剎。[6]興教寺位於劍川沙溪古
鎮，是大理與吐蕃古道上一座重要的密教佛寺，可知高氏在此片
山鄉交通要道上的經營。鶴慶府的地位可能在高興、高寶兄弟二

---

4 〈明故高氏墓碑誌〉、〈故中奉大夫、前雲南諸路行省中書參政□鶴慶路軍民
　總管高侯墓碑志〉，收入張了、張錫錄主編，《鶴慶碑刻輯錄》，頁253-256。
5 〈亞中大夫、雲南鶴慶軍民世襲土官知府高侯墓碑志〉（1421），收入張了、
　張錫錄主編，《鶴慶碑刻輯錄》，頁257-261。
6 〈故世守鶴郡知府高侯行狀碑志〉，收入張了、張錫錄主編，《鶴慶碑刻輯
　錄》，頁262-265。

人時逐漸鞏固。但大興土木之舉，卻也為後來林俊毀佛埋下伏筆。

　　再者，高氏也與鄰近土酋聯姻，與山鄉部酋保持積極的聯盟關係。在明初高興土官的墓誌銘〈亞中大夫、雲南鶴慶軍民世襲土官知府高侯墓碑志〉（1421）可知其與鄰近土酋之關係：

> 隆生仲，洪武十五年（1382）壬戌春，大理……任本府同知，即侯之考也。母和氏曰玉，乃越析詔之苗裔。有元時，麗江通安州同知阿□土之嬌女□與仲育侯。[7]

元末之時，高興之父親高仲，與北方越析詔（即麼些別稱）和氏、西北邊境之通安州阿氏聯姻，與北方麼些部酋保持相當密切的聯姻網絡。[8]然而，墓主高興不幸早逝，其弟高寶承襲土官。高寶復又早逝，當時來鶴慶參加葬禮的親戚故舊自麗江、雲南縣、鄧川各地來弔唁，大約可知土官親族網絡的範圍。[9]有意思的是，高寶妻子是雲南縣土官女兒楊氏，在楊氏之墓誌銘〈陽間安居恭人楊氏生坟墓碑記〉（1428）記載：

7　〈亞中大夫、雲南鶴慶軍民世襲土官知府高侯墓碑志〉（1421）記載高侯母親為越析詔「和氏」。收入張了、張錫祿主編，《鶴慶碑刻輯錄》，頁257-261。

8　〈陽間安居恭人楊氏生坟墓碑記〉（1428），收入張了、張錫祿主編，《鶴慶碑刻輯錄》，頁266-267。另外，姚安土官的家譜〈姚郡世守高氏源流總派圖〉中也記載不少木氏嫁到高家的例子。見〈姚郡世守高氏源流總派圖〉，收入方國瑜主編，《雲南史料叢刊》，卷5，頁466-479。

9　〈故世守鶴郡知府高侯行狀墓碑志〉，收入張了、張錫祿主編，《鶴慶碑刻輯錄》，頁262-265。

> 弘農楊氏⋯⋯前雲南縣土官楊孥之四女也。母李氏，乃錦
> 衣衛指揮自久之妹，與孥鞠育，恭人以壬申生，賦性嚴明，
> 資質俊麗，自總角時許高侯諱寶。[10]

指出她是前元雲南縣土官楊孥之女，母親為李氏，李氏的哥哥名
字是自久，身分是「錦衣衛指揮」，也就是說，自久是鶴慶高土
官妻子的舅家。這通墓銘追溯的是元末明初滇西北的社會網絡，
撰銘者把母親的社會關係拉到外祖母的哥哥自久，一方面指出自
久是個重要人物，否則墓銘不需老遠攀附到他的身分，外祖母也
非同小可，她是用以建立高氏與自久關係的重要媒介。自久在前
章已提及，明軍原想拉攏山鄉土酋自久擔任姚安土官，但因其不
服，最後還是仰賴既有的高氏勢力平定自久。[11]自久反明十餘年，
終被擒到京城，皇帝授予錦衣衛指揮之職位安撫之。[12]從此二墓銘
可看出明初滇西北山鄉土官相互聯姻之情形。（見圖13.1）

　　自此以後，高氏繼續和鄰近山鄉部酋聯盟，其與剛崛起的麗
江府和鄧川州土官相互聯姻。前述鶴慶土官高仲把女兒嫁給麗江
土官木土，二代後，高土官又將女兒嫁給麗江土官木嶔，白人土
官女兒成為麼些土官之妻子。約在此時，木氏土官也將女兒送往
北勝州與鶴慶府為妻，也就是麼些土官女兒成為白人土官之妻。

---

10 〈陽間安居恭人楊氏生坟墓碑記〉，收入張了、張錫錄主編，《鶴慶碑刻輯
　　錄》，頁266-267。

11 《明史》記載：「洪武十六年，姚安土官自久作亂。」他原被封姚安土官，先
　　是降明復又反明。朝廷只好聯合姚安府與姚安州土官高保與高惠，共同打擊
　　自久，後來平定之。參見張廷玉等修，《新校本明史》，卷314，〈列傳・雲南
　　土司二〉，頁8091。

12 這部分已在前章討論。

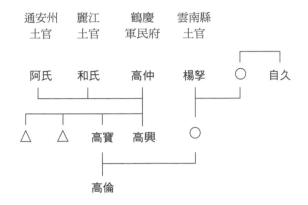

圖13.1　元末明初大理山鄉土官聯姻情形（作者繪製）。

明前期，高氏和木氏的跨族群聯姻為麗江府土官的崛起奠定重要的基礎。[13]

　　高氏陣線雖是漢蕃屏障，明朝在山鄉腹地安置漢人軍屯與衛所使得區域政治結構逐漸發生變化。滇西北設置二個重要的軍事衛所：瀾滄衛與鶴慶禦，前者設於北勝州州治內；鶴慶禦諸衛所在鶴慶平緩之區。二者皆位居高氏土官之政治轄境，從區域政治與地方資源的分配結構來看，衛所土軍部署於平緩可耕之地，其與白人土官的競爭很快就浮出檯面。有意思的是，這種浮出歷史檯面上的競爭關係卻是用土官內部鬥爭的方式來呈現。正統年間，對高氏土官造成致命一擊的是叔侄內鬥爭襲事件。《明史》記載：

　　　　正統二年，副使徐訓奏鶴慶土知府高倫與弟純屢逞凶惡，

13《木氏宦譜・文譜》（哈佛大學燕京圖書館藏）。詳後文，表13.1。

> 屠戮士庶，與母楊氏並叔宣互相賊害。敕黔國公沐昂諭使輸
> 款，如恃強不服，即調軍擒捕。五年復敕昇等曰：「比聞土
> 知府高倫妻劉氏同倫弟高昌等，糾集羅羅、麼些人眾，肆行
> 凶。事發不從逮訊。敕至，即委官至彼勘實，量調官軍擒捕
> 首惡，並逮千戶王蕙及高宣等至京質問。14

外表看來，這是一場叔侄內鬥，但是背後的權力關係可能不僅止
於此。漢人衛所的角色極其微妙，首先，副使徐訓先是控告土官
高倫與弟高純逞凶惡，黔國公使其輸款，以其恃強不服，徵調軍
隊擒捕之。於是，高倫又被控與妻、弟糾集夷眾行凶，被調運擒
捕，千戶王蕙與高倫之叔高宣「至京質問」。對土官來說集眾行
凶，恃強不服是莫大的罪名。顯然，高倫叔父高宣與千戶王蕙是
新的結盟，兩人聯合起來共同打擊高倫。明朝外來新興勢力對土
官政治造成極大的威嚇。後來，此案到了北京，又變成一段土官
高倫謀害親母、殺其子民的故事。大理衛千戶奏報：「（高）
倫擅率軍馬，欲謀害親母。又稱其母告倫不孝及私斂民財，多造兵
器，殺戮軍民，支解梟令等罪」等等。高倫之叔高宣似乎和新興
衛所勢力結盟，致使衛所千戶不斷奏報高倫土官之不倫不孝！
《明史》也記載高倫之言：

> 因與叔宣爭襲，又與千戶王蕙爭娶妾，以致仇誣陷。所勘
> 殺死，皆病死及強盜拒捕之人。倫母楊亦訴無不孝，實由
> 〔高〕宣等陷害。15

---

14 張廷玉等修，《新校本明史》，卷314，〈列傳・雲南土司二〉，頁8093。
15 同前注。

這裡多了「與千戶王蕙爭娶妾」，高倫的叔叔高宣和衛所千戶王蕙聯合打擊土官，以不孝的名義謀害高倫。後來，雙方二造皆有所辯，朝廷以「復敕〔沐〕晟及嚴恭確訪，既而奏當倫等皆伏誅」，指其罪應死，從明史之紀錄可知，此案極可能是致仇誣陷，成為一樁廢除土官的政治公案。其事仍未明其所以，然事涉人倫禮法，挑戰朝廷禮制中最敏感的政治與家庭倫理問題。

　　這個案件應是明朝統治滇西以來，對白人土官進行最重大的一樁打擊土官案件。後來高氏土官「無可繼者」，遭到廢除土知府的命運。鶴慶高氏由土官知府降轉為土通判，對滇西之土官政治來說，已造成政治警訓的效果。同樣的競爭也出現在北勝州，正統七年，北勝州「設流官吏目一員，以州夷苦於衛司官軍侵漁也」。[16]其中之州夷苦於衛所，指出了不對等的關係以及衛所勢力愈來愈具支配性。有意思的是，朝廷解決的方式並不是削弱衛所的勢力，更不會以強化土官勢力來平衡之，而是採用流官吏目，使土官、衛所與流官吏目形成三股相互抗衡的勢力。

　　金沙江兩岸的高氏陣線遂也因此產生重要的缺口。鶴慶土官因爭襲內鬥遭廢，降任土通判，其在滇西北的領導地位受到打擊，但後來從鄰近土官與高氏仍保持持續的聯姻關係可知，其雖被廢土知府職銜，他們在退居山鄉後仍在山腹地具有相當的政治聲望。[17]稍後也可以在周邊土官與鶴慶高氏聯姻的情形可窺其情。

　　然而，金沙江另一畔的高氏勢力更令人注意。北勝州位於金

16 陳文等撰，《明英宗實錄》，正統七年九月乙丑條下，頁1926。

17 〈武略將軍趙公之墓碑〉、〈鄧川州土官知州阿氏五世墓表〉，收入楊世鈺主編，《大理叢書‧金石篇》，第10冊，頁41下、71下-72上。《蒙化左氏家譜》，無頁碼。

沙江外，與四川為鄰，居於大理政治勢力之外緣地帶。乾隆《永北府志》記載當地的地勢：

> 永郡在金沙江以外界接吐番，明初入版圖乃城垣，地脈發於蒙番大雪山，歷永寧，經滾蒗，循觀音河蜿蜒而來，三面臨江⋯⋯南連賓鄧，北拒番彝，東至元謀，西通鶴慶。作大理之藩籬，引控諸土司，為武姚之屏蔽。[18]

志書中所描寫的北勝（清初改為永北府）是滇藏蜀交界之區，其地處金沙江以外與吐蕃交接。如果從金沙江的地理位置來看，它正好是一個足以控制沿江諸土司的要塞。此地也是「僰人及猓玀、劣𤏝」聚處之地。[19]洪武十五年，北勝府土官高策才七歲，便率轄境部酋向明軍歸附。二年後，因其年紀尚幼，被遣往南京國子監讀書，年長後才回鄉擔任土官知州。[20]換句話說，高策不僅身為土官，也擁有國子監生的身分，是一位符合中央王朝所期待的土官典型。

　　明初以來，四川雲南邊境紛擾不安，北勝州土官高策成為代管番夷的代表人物。嘉靖年間，其裔高聰、高崙父子二人為朝廷立下勳功，尤以高崙為要。高崙曾率土兵沿著金沙江下到滇東一帶「赴調擒逆賊安鈊（銓）、安哲、鳳朝文保固楊林省城，收復和曲、東川等處」；嘉靖二十八年，又奉令調兵到南方赤石崖山鄉平定亂事。嘉靖三十三年，至南方元江府平亂，後在臨安府患

---

18 陳奇典，《（乾隆）永北府志》，卷1，〈輿圖〉，頁2。

19 陳奇典，《（乾隆）永北府志》，卷3，〈建置〉，頁2。

20 陳奇典，《（乾隆）永北府志》，卷18，〈人物〉，頁1。

瘴，病故。自高崙以來之土官如高德、高承祖、高世懋、高世昌等，都在金沙江沿岸山鄉地區以及永昌邊境一帶為朝廷立下不少功績。21

　　常年受徵調在外的男性土官，必須仰賴嫡母或妻子來鞏固土官世系。不論是北勝州府或是麗江府，穩定的聯姻關係便顯得極其重要。北勝州之觀音箐，有一座高氏土官家之佛寺，名觀音寺。寺前豎著二通土官母親的墓誌銘，此二位皆是來於麗江木氏土官的女兒。若將此二墓銘與《木氏宦譜》相互比對，將會發現北勝州高氏和麗江府木氏維持幾近二百多年親密的聯姻關係。22 從《木氏宦譜》可看出明初第二任土官木初，將四女嫁給北勝州土官高銘，第六任土官木泰又將女兒給高聰，第七任土官木定將女兒嫁給高崙，第八任土官木公將女兒嫁給高德，第十任土官木東（1534-1579）又把女兒嫁給土官高承祖，第十四任土官木懿將女兒嫁給了高斗光，時已是清初。這是木氏嫡系女兒外嫁高氏的情形。（詳後文）北勝州二通土官母親的墓誌還記錄了木氏非嫡系的聯姻情形。

　　觀音寺前的這二份墓誌銘是〈誥封高氏木宜人（1485-1533）墓志銘〉與〈誥封朝列大夫高公恭人（1559-1600）木氏墓志銘〉，分別是麗江土官木泰的女兒以及木公的女兒。若將二通碑記前後相互比對，可知其記錄了十五世紀末到十七世紀間北勝州高氏家族的歷史。首先，木泰之女兒是高聰的妻子，其墓誌內容如下：

---

21 陳奇典，《（乾隆）永北府志》，卷25，〈土司〉，頁2。

22 《木氏宦譜》詳細記錄女兒出嫁的方向，也視女婿為建構此土官政治世系的重要成員。故宦譜所顯示的不僅是土官嫡子之世系，還包括組織與鞏固土官承襲要件的女兒及女婿。

　　皇明誥封太宜人麗邦世守木侯諱泰之季女。生於成化乙巳
（1485），方十又六齡，歸於北勝世邦守，荷封奉政大夫高侯
聰。……先祖為大唐清平官，繼祖諱智昇，宋元時佐輔大理
國主段氏，封保德岳侯，……祖諱昇泰，以立端難大功，推
禪昇泰為國主。……傳數代，世守北勝知府。我皇太祖啟
運，……蒙改授祖策為知州，至祖諱昶，征麓川，功升府亞
守，仍掌州事。

此碑先記載唐朝以來之高氏功業、大理國時期的政治地位，到後
來土官嗣子受朝廷徵調作戰，包括前往滇東平定鳳朝文、安銓之
亂以及麓川之役等，為朝廷立下汗馬功勞。在男性為主軸的敘事
結構下，身為母親的墓主木氏，其職責主要是掌理內政，培養兒
子成為未來土官之承續者。碑中記載木氏訓誡諸子之情形，其
言：「長男承襲，不讀書，將何作官？諸子皆閑舍，不各居肆
業，將何用？」說明母親對嫡子與諸子之期待各有所別，前者以
讀書作官為主，後者居業，二者處世之道各有不同。

　　然而，木氏生有八子三女，土官家庭之內政似乎也包括為子
女安排婚姻對象。她安排長子高崟和木定女兒為婚配，「娶兄諱
定之女為崟配」；又安排次子高崗「亦娶是府和祖世守貴之女」；
又「娶弟輪女為岑配」，將木氏弟弟的女兒配給三子高岑。四子
高峰則娶鄰邑章土同知的女兒等等。五子配其弟木連之女，六子
配金沙江巡檢司之女等等。後來，木氏又安排其長孫高德的婚
配，令高德娶「侄麗侯諱公女為配」，娶麗江土官木公的女兒。
從高聰妻子木氏安排二代子孫與附近土官間的聯姻可知，她主掌
北勝州土官家庭的社會網絡，其中又以連續娶進來自麗江其兄弟
侄子的六位女兒尤為關鍵。如果從土官家庭成員來看，北勝州土

官家有許多來自麗江土官家的女兒們，其女性集團是一股不容忽視的家庭氣氛。

　　然而，高聰之妻木氏並沒有以交換婚姻的方式將女兒嫁到木氏家裡，她反而將長女嫁到順州亞守之子，長孫女嫁到永寧府，此二者都是北勝州鄰近四川邊境的土官家庭。北勝州在土官高聰妻子木氏的安排下「子孫滿前，倍興家業」。在墓誌銘後面，綜論其一生，寫道：

　　　　太宜人雖卒，父族乃富庶雄邦，甲超兩省；夫族累朝世祿，冠諸藩，躬屏、霞帔、珠冠，徇夫柔子，俱荷褒封。[23]

以女性中心的角度論及父族與夫族，二者皆是金沙江沿岸之重要土官，父族是富甲兩省的木氏，夫族是累朝勳臣的高氏，正也可以看出父族與夫家二家在最光輝盛世時期下的女性角色。還值得注意的是，這份墓誌銘由高嵩出面邀請當時太和縣名望極高的三位士人共同立碑完成，包括「賜進士中憲大夫政膺封功前南京戶科給事中太和何邦憲撰文，賜進士前翰林庶吉士工科給事中太和楊士雲篆額，賜進士前翰林庶吉士戶部主事太和李元陽書丹」。三位出身太和縣的進士聯袂撰銘，也可以看出當時北勝州土官所能動員的社會網絡，以及其父高聰、其母木氏在滇西之社會地位。

　　高聰妻子木氏安排接下來二任土官與木氏的聯姻，對穩定北

---

23 〈誥封高氏木宜人墓志銘〉由何邦憲撰文，楊士雲篆額，李元陽書丹，此三人皆大理名士，可知北勝州高嵩土官慎重其事。收入楊林軍編著，《納西族地區歷代碑刻輯錄與研究》，頁51-53。

勝州土官政治發揮不小的效果。時值嘉靖萬曆年間，各地事故頻仍，土官男嗣受徵召前往各地作戰，其妻子皆來自麗江木氏，故世系秩序受到麗江木氏之保護。以高德為例，當他七歲時，父親高崙見背，由母親木氏撫育長大。後滇蜀邊境紛爭不斷，高德由世臣輔佐建功，其地位仍然相當穩固。後來，高德娶麗江木公之女（1559-1600），連續生下四女，由於沒有子嗣，高德只好另娶一女，後育有一子，是為下任土官高世懋（?-1611）。高德正妻木氏雖沒有生下嫡男，但她仍以土官嫡母自居。高世懋的生母另有其人，他在〈誥封朝列大夫高氏恭人木氏墓誌銘〉中，以「三熙蘭氏始生見任四品服府同知世懋」指三熙蘭氏才是高世懋的生母，而三熙蘭氏也就是高德的次妻。高世懋六歲時，父親高德逝世，「方離襁褓」，時應襲土官年幼無法承襲職位，是以「舍目以主少困疑，告給木氏冠帶，撫子安邊」，由嫡母麗江木氏冠帶，代理土官職。乾隆《永北府志》也記載同事，高世懋僅六歲，「族目人等保舉嫡母木氏撫孤管理地方。」[24] 也就是說，不論年幼土官之生母為誰，代管土官職銜者一定是土官嫡母，也就是前任土官之嫡妻。她將代管其職，直到土官長大，再將職位傳給土官。五年後，嫡母木氏逝去，高世懋才十一歲，他才又由身邊把總吏目等人輔佐下長大成人。有意思的是，北勝州已連續五代娶進麗江木氏女，高世懋之嫡母木氏在他十一歲就去世，但早在她去世前，又為年幼的高世懋安排一樁與麗江木府的聯姻，是以高世懋也娶麗江木府之女兒。[25] 以上這通碑便是由高世懋和另一位同

---

24 陳奇典，《（乾隆）永北府志》，卷25，〈土司〉，頁3。

25 〈誥封朝列大夫高公恭人木氏墓志銘〉，收入楊林軍主編，《納西地區歷碑刻輯錄與研究》，頁56-59。

父異母的弟弟高世昌一起為嫡母木氏刊刻而成。

　　高世懋在二十二歲時便過世，後由其弟高世昌掌理土官，族內隨之發生爭襲的內鬥。當時，高氏族姪高蘭稱高世昌為「奸生」，指其並非嫡妻所生，應也非由次妻所生。然高世昌承襲時亦年幼，無以抵抗，所以只好避走麗江。《明史》記載當時之局勢：

　　　　萬曆四十八年（1620），北勝州土同知高世懋死，異母弟世昌襲。其族姪蘭妄稱世昌奸生，訟之官，不聽。世昌懼逼，走麗江避之。尋至瀾滄，宿客舍，蘭圍而縱火，殺其家七十餘人，發其祖父墓，自稱欽授把總，大掠。麗江知府木增請討之，……調（木）增率其部進剿。[26]

高蘭自稱是皇帝欽授的把總，其地位比非嫡生的高世昌更具正統性，故想要奪土官職銜，向官府提出訴訟。高世昌年幼，無力抵抗，走避麗江途中，幾被劫殺。高蘭追圍而縱火之，殺其家人七十餘人。後來麗江土官木增出兵征討，才平息北勝州土官內爭之事。木增出兵的故事也出現在《明史》中，外表看來他是為朝廷平定邊亂，解決北勝州高家土官內部所引發的繼承糾紛。實際上，從親屬關係來看，木增是為鞏固高世昌嫡母木氏世系之地位！在北勝州土官家庭史中，我們看到更多的是木氏女兒兼土官母親的故事，土官母親又不斷地將麗江木氏的女兒帶進來土官家中，使得麗江土官為高氏土官家庭的重要靠山。這二通墓銘說明的是一個土官家庭的女兒成為另一個土官家庭的母親，並在土官

26　張廷玉等修，《新校本明史》，卷314，〈列傳・雲南土司二〉，頁8107。

政治中積極扮演聯盟與構築政治的角色。直到清初，北勝州還有一椿「親母木氏撫孤協理地方」的故事，當時木氏所輔佐的土官則是高龍躍。[27]

北勝州高氏土官的女兒也有在外掌持土官政務的情形，但材料不多。離北勝州最近的是順州土知州子氏。洪武年間，因其宗子承繼青黃不接，故「子保年幼，通把等保舉正安高氏觀音錦承襲夫職，錦老，清胞弟子保故，男子喜襲」。後來土官子潼「故，子鳴韶尚在襁褓，里老通把人等保舉祖母高氏掌管地方」。這是由北勝州高氏以祖母身分代掌土官事務之情形。[28]此外，高聰妻子木氏也安排其女嫁給附近土官，也包括了鄰近之順州和永寧府。再者，《木氏宦譜》所載來自北勝州土官的女人，有木定之正妻高氏延壽妙香以及木東正妻高氏嫺。[29]

土官嫡妻與嫡母往往是穩定世系秩序的維護者，她們所倚重的是其父族對夫家宗子世系的保障。土官妻子、母親甚至是祖母接掌土官職銜，然從上述案例來看，她們主要職責是鞏固土官職銜在其夫之父子世系間順利繼承。女性與外祖在土官世系之外，卻是保障土官世系得以持續的平行力量，在結構中來看，他們成為維護土官聯盟社會的穩定勢力。這種雙邊繼承的情形在不同土官政治間的運作相當不一致，所造成的效果也不盡相同。雖然，從麗江木氏與高氏的聯姻可能還看不出金沙江沿岸所面對的新的聯盟局勢，但我們或許可以直接在麗江木氏的歷史中窺見其另一

27　陳奇典，《（乾隆）永北府志》，卷25，頁4。

28　陳奇典，《（乾隆）永北府志》，卷25，頁16。

29　《木氏宦譜‧圖譜》〈十三世考‧知府木定〉條下：「正妻阿室香，官名高氏延壽妙香，即北勝州高知州女。」〈十六世考‧知府木東〉條下：「正妻阿室魯，官名高氏嫺，係北勝州高知州女。」頁18、21。

個側面。

　　麗江木氏女兒在外地的「擴張」，是否象徵著鶴慶與北勝州高氏已面臨著挑戰？高氏所面臨的挑戰，與其說是麗江木氏，毋寧說是來自明朝新興的衛所以及流官的勢力。還有二個外緣條件需要加以考量：一是鶴慶南方的南衙與北衙正是重要的銀礦生產區，衛所與非官僚體系的採銀勢力不斷深入山鄉，成為更為直接的因素。二是當明軍愈來愈往北拓展之時，麗江府成為朝廷與吐蕃之屏障也愈來愈重要，木氏也就成為朝廷依重的土官勢力。相較於北勝州與鶴慶，麗江府是一個漢人衛所仍不及之處。在這情形下，木氏反而應被視為金沙江二岸高氏的暫時靠山。

　　從上述北勝州高氏土官家庭史可知：一、跨越人群的合作是穩定區域社會的重要機制。二、不論土官政治之合法性是來自於政治封賜與否，土官社會背後有一股由女兒所建立起來的網絡，而此看不見的潛在勢力成為維繫人群合作的基礎。三、白人為中心的政治生態逐漸轉移到以非白人土官為主的政治網絡。當時環伺大理四周的土官中，又以北方麗江木氏土官所建立起來的政治聯盟網絡尤值得注意。以下，再針對北方麗江木氏的崛起以及其聯姻來說明。

二、新興土官勢力的崛起

　　明朝土官制度的設計有以下特質：一是析地分封、削弱單一土官總體勢力；二是鼓勵父系承襲，建立穩定之土官社會秩序。[30]嘉靖三十三年（1555），朝廷向土官頒佈相關婚姻的規定：

30　明朝土司制度並沒有嚴格規範父子承繼，女兒承續土官的案例時而可見。但

「土官土舍婚娶，止許本境本類，不越省，並與外夷交結往來，遺害地方。」[31]這裡的「本境」即省內，而「本類」是指「土」人。換句話說，中央王朝禁止土人與漢人，或和外夷通婚，以限制其聯姻對象來牽制土官勢力，其用意在防止土官勢力擴大，而土官聯姻對象也因此侷限在特定政治架構與範圍之內。土官更大的危機還來自於衛所勢力、流官與士人集團勢力的擴大。弔詭的是，這種政策以及外緣條件卻鞏固土官社會內部的結盟關係：土官為鞏固世系承繼權，無法重視部族內部的整合，反而重視部族以外與其身分階層對等的土官進行聯盟。以下從麗江木氏土官的聯姻，來討論他們如何從地緣性結盟逐漸和鄰近土官世家聯姻，進而建立跨越更大山鄉範圍的聯姻網絡。

　　麗江土官地位愈來愈重要，主要和滇藏邊境與金沙江沿岸之政治生態有關。首先，明初中央無力涉足滇蜀邊境，先是扶植眾蠻不服的土酋擔任永寧州土官，又升之為土知府，令其前往「大西番」招撫蠻眾。此舉造成鄰近蠻酋抵制，二派人馬凶殺多年，造成滇蜀邊境紛擾。[32]明中期以來，滇東武定土官鳳繼祖作亂，其勢蔓延蜀滇邊境之建昌，又延著金沙江沿岸向四周山鄉擴張。[33]對

隨著女兒、女婿之爭奪土官爵位，有的土官家族開始選擇適合垂直轉移權力的父子承繼制。然而，重要的還不在於父子承襲制的形成，而是土官社會內部身分和權力分配的諸多問題，尤其是雙邊婚姻轉移到父子繼承時，出嫁女兒或土官母親之陪嫁財業土地歸屬權所引發的問題，皆值得進一步討論。

31 李東陽撰，申時行修，《大明會典》，卷121，〈兵部・土官襲替〉，頁1745。

32 張廷玉等修，《新校本明史》，卷313，〈列傳・雲南土司一・永寧〉，頁8097-8098。《木氏宦譜・文譜》亦載當時木初隨明軍入永寧州、四川鹽井衛平定亂事的情形，見《木氏宦譜・文譜》，頁9-10。

33 張廷玉等修，《新校本明史》，卷314，〈列傳・雲南土司一・武定〉，頁8094-8097。

局勢不明的滇蜀邊境而言，麗江土官是一股穩定的政治力量，其
在該地區之軍事地位，也使得土官木氏逐漸成為中央王朝與滇蜀
邊區諸土酋間的主要協調者與代言者，其政治動向也攸關帝國在
邊區之象徵地位。

　　再者，金沙江沿岸是重要的鹽、金、銀之產區，麗江木氏土
官在明朝支持下，不斷往金沙江兩岸擴張，成為地位崇高又財力
雄厚的土官勢力。雲南多礦，然榷稅沉重，各地土官轄境之礦產
多聽內臣開採，土官處境甚窘，唯獨麗江土官因其地勢險要，又
扼守蜀藏邊境要塞，有功於朝，免退地之威脅。萬曆年間，內臣
楊榮曾向朝廷提議，要求麗江土官讓地聽其採礦。《明史》記載
其事：

> 萬曆三十一年（1607），巡按御史宋興祖（1554-1613）
> 奏：稅使內監楊榮欲責麗江土官退地聽採。竊以麗江自太祖
> 令木氏世官，守石門以絕西域，守鐵橋以斷吐蕃，滇南藉為
> 屏藩。今使退地聽採，必失遠蠻之心。即令聽諭，已使國家
> 歲歲有吐蕃之防；倘或不聽，豈獨有傷國體。[34]

內官垂涎麗江財富，欲責土官退地聽採，巡按御史上文制止，並
以土官「倘或不聽」「有傷國體」二句，說明當時木氏土官勢力
已無可抵擋，若因此發動邊戰，中央朝廷也無任何勝算。幾年
後，木氏助餉輸銀共三萬兩，在朝廷財政與邊亂氣勢低迷之際，
贏得好禮守義的聲望。此時之麗江木氏，倖免於難，坐擁各項資

---

34 張廷玉等修，《新校本明史》，卷314，〈列傳・雲南土司二・麗江〉，頁
　　8098-8100。

源，可說是西南土官之翹楚。

（一）木氏之嫡妻

　　木氏土官自氏族內婚到跨族群與鄰近白人通婚，乃至跨越地緣與更遠的武定府與蒙化府俸俸土官聯姻，是一股不斷擴展其聯姻網絡的政治過程。木氏留下幾通重要的墓誌銘，如〈木公恕卿（木公）墓碑〉（1554）、〈木高碑〉（1569）、〈木東碑〉（1580）、〈明贈中憲大夫麗江軍民府知府木松鶴木君（木青）碑銘〉（1612）。[35] 我們經由這些墓銘，看到麗江木氏如何鞏固與擴展其政治勢力，以及女性在土官家庭中所扮演的角色。我們將發現：女性逐漸產生制度化的角色，猶如前述高氏土官，多數土官在內外政治結構條件下發展出一套潛規則：當年輕土官出征在外，土官之嫡母或嫡妻主掌家政，她們得以維護土官嫡傳的世系，當其外家發生紛亂之時，其夫也同樣具有捍衛父族土官政治秩序的作用。

　　以木公（1499-1553）為例，其墓誌指出：木公十六歲掌三軍，控蠻戎，「克祖宗之所未克，能祖宗之所未能」，此正是木氏往北擴張的重要時機，他們與南方土官的聯盟便顯得重要。當時木公的妻子是武定府土官女兒鳳睦，然嫡妻（即鳳睦）早逝，木公「深思遠慮以杜後患，不娶異姓，鰥居九年，繼娶祖母鳳氏韶」。[36] 木公不娶異姓，主要是為了降低嫡子世系受到次妻子嗣的

---

35 〈木公恕卿墓碑〉、〈木高碑〉、〈木東碑〉、〈明贈中憲大夫麗江軍民府知府木松鶴木君（木青）碑銘〉，收入楊林軍編，《納西族地區歷代碑刻輯錄與研究》，頁42-50。

36 〈木公恕卿墓碑〉、〈木高碑〉，收入楊林軍編，《納西族地區歷代碑刻輯錄與研究》，頁42-45。

威脅，所以繼娶的還是來自武定府土官鳳氏之女，但用另一種視角來看，他所捍衛的是嫡妻家族鳳氏在麗江的地位，也就是保障武定與麗江二者之對等與聯盟的關係。嘉靖年間，滇東發生安鳳之亂，主要也是為土官爭襲之事。土官木公以「女婿」身分前往平亂，後雖蒙總兵官征南將軍論功奏賞，但從土官社會脈絡來看，這其實是女婿為捍衛其妻外家之土官政治地位的作法。[37] 木公的兒子木高，後來娶南方蒙化府土官左氏之女，這或許是蒙化土官嫡祖母張氏的意旨，然蒙化土官得以多一層外在的保護，木氏也得以在南方建立更廣泛的政治聯盟。另一位土官是木青，即木增之父，他二十九歲早逝，其嫡妻是蘭州土官之女羅氏，她以嫡母身分撫養木增長大。後來木增奉母命向皇帝請佛寺寺額一事，將於後文再敘。

（二）諸侯世官的祀典

聯姻不只具有政治聯盟的意義，也間接地促使土官社群透過逐漸擴大的文化網絡來建立知識體系，尤其表現在土官家譜的書寫以及歷史建構。正德十年（1515），木公著手編寫家譜，先後請西南富有聲望的文士張志淳（1457-1538）與楊慎（1488-1559）寫序。張志淳在〈木氏宦譜序〉一文中，寫出了土官纂譜的社群網絡：

> 木生公，今麗江守之家嗣也，與鶴慶高生友，兩人者相得
> 甚謹，蓋高亦世官者之介弟也，其為謹，偕欲刊落故習，稱
> 述文義……吾初未知知也，蓋得之楊君用章，用章者兩為御

---

37 《木氏宦譜・文譜》，頁17-18。

史，非其道輒復去。吾雅媿服之，其為人慎許可，甚獨於高
生有揄揚焉。吾既接高生而信又因高生之信而悉得木生之
賢，其益信也。38

這段文字表達了土官和士人原來是二類不同身分的人群，但土官
與士人之間已逐漸形成相互往來的網絡：高生和木公為相善之友
人，前者是鶴慶土官高氏之弟，後者是麗江木氏土官。木公編寫
家譜時，或曾和鄰邑高氏姻親討論一番，並透過高生結識張志
淳，請他撰寫譜序。但對張志淳而言，他則又是輾轉透過朋友認
識高生，才進一步認識了木公。此社群網絡，說明土官與士子雙
方都慎重其事，並對撰寫宦譜抱持正面的態度。土官宦譜有別於
一般的家譜，也有別於士大夫的族譜，它是屬於封建宗主的宦
譜，其禮制與譜系各有所別。張志淳在序言中指出：

> 自封建法廢，而宗法不可復舉，故自諸侯王而下，僅世爵
> 祿而無世土、世民與世政也。若文臣則莫世矣，非不欲世
> 也，世則不肖得以病民矣。惟夫有土地之限隔，則即其人以
> 官之，而假以長民之御，厚以世授，畀之土而命之氏，俾隨
> 其俗而施其政，凡此非特以旌其功也，求以宜其民也，宜其
> 民者，以其山川風氣之殊，非世莫可以為政也，宛然古封建
> 之意，長存而宗法可恃……39

他很清楚地區辨土官和文臣二者的不同：第一，封建諸侯王和文

---

38 張志淳，〈木氏宦譜序〉，收入《木氏宦譜‧文譜》，頁1-2。
39 張志淳，〈木氏宦譜序〉，收入《木氏宦譜‧文譜》，頁1-2。

臣地位不同，諸侯有世土、世民與世政，而文臣則不得世襲。第
二，土官轄有土民與土地，也因為山川風氣不同，所以由土官主
政才得以「宜其民也」。這種「山川風氣之殊」正是土官得以建
立世襲合法性的基礎。上述二點也指出了土官更需要以宗法來維
繫世系秩序！

　　這篇序言撰於正德十年，此後，木公開始建立祭祖之家廟，
是為木氏勳祠。嘉靖七年（1528），家廟建成，位於玉龍雪山之
南，木公親自撰碑，名為〈建木氏勳祠自記〉。他復請張志淳撰
寫一碑，名為〈麗江木氏勳祠碑記〉，同年，又請朱雲薰撰〈木
氏崇廟記碑〉。同一年間，出現三通碑記，可知木公極看重此
事。木公所撰之碑記指出：

　　　　郡北有山曰玉龍，吾鼻祖世居其下，蓋世守其郡也。祖葉
　　古年以上十一代，惟有俗老口傳名諱，而無譜牒，不敢據
　　信。自漢唐元末迄今明朝，其間為詔、為公、為侯、為節度
　　使、為宣慰使司、為茶罕章、為宣撫使、為參政、為知府，
　　皆出自國家優典。而先代建功立業之顯官，我所世授祿，
　　我所世享政，我所世出譜，我所世系土地人民，我所世有
　　德之祖宗而延及後之子孫者，非無本也。……於是募功始
　　創木氏勳祠於黃山之陽，以妥祖宗之神，俾克享春秋祭祀。
　　嗚呼，報本反始生民之常……惟歷朝恩賜優典屢代有加嗣，
　　我大明天子錫以誠心報國之匾，虎符金牌世襲三品誥命，俾
　　領一府五州縣之民，此皆我太祖高皇帝洪武十五年天兵南下
　　我始祖自然翁歸附有功，命授世官及公之身今已八代……
　　因求永昌張司徒翁先序之譜，後記勳祠以傳悠遠。翁之文
　　章為海內三昧，其土大磚石采繪之類，乃大理巧工楊得如氏

　　成之……[40]

木公以葉古年為分水嶺，之前是口傳社會，自唐以來則有歷代勳功。其以地方政治正統之敘事框架來追溯祖先，旨在宣示木氏在洪武十五年以前之身分便具有代表性，後來不僅歸附有功，且擁有世祿、世政、世譜、世土以及世德，直到位居一府五州縣之領袖身分等等，都在表達其身為土官和其轄域的關係史。重要的是，他透過建立一座祖宗家廟來宣示這些種種政治與歷史的合法性。

　　張志淳的勳祠碑著重於男性世系祖先，尤其是從唐朝的一位始祖葉古年談起：

> 　　嘉靖七年春，麗江嗣知府公，創建勳祠，以祀其先，則來
> 徵言。志淳聞古之長民者，有世土、有世官、有世民、有世
> 政、有世俗、故有世祀。……獨雲南世官者，尚存此制，而
> 族類殊異，故雖有土官、有土、有民，而余悉昧也。惟麗江
> 始祖葉古年，肇興唐初，傳二十二世，而麥宗大之，二十三
> 世而宗良拓之，……二十七世祖甲得，復著忠，洪武高皇帝
> 嘉之，胙之土而命之氏，崇之官而畀之守。[41]

指出天下僅雲南世官保留世族封建之勳祠禮制，因麗江木氏族類

---

40 木公，〈建木氏勳祠自記〉（1528），收入管學宣編，《（乾隆）麗江府志略》，下卷，頁284-287。

41 張志淳，〈麗江木氏勳祠碑記〉，收入管學宣編，《（乾隆）麗江府志略》，下卷，頁282-284。這份碑記也收於楊林軍編著，《麗江歷代碑刻輯錄與研究》，頁12-14。

不同於中原，仍有清晰世系可供追溯，但當地傳統不用姓，故碑中以父子連名制來記錄祖先之世系，此文強調地方傳統。碑中指出自唐葉古年以下，傳二十二世有麥宗，二十三世有宗良，時為大理國段氏時期之地方領袖。

第三，朱雲薰的〈木氏崇廟記〉更重視其儀制的細節，並將「宋末元初」之麥宗描寫成一位明曉心學，也領會大自然各種聲音的「聖者」：

> 宋末元初，有麥宗者，七歲能文，性生聰穎，參遠師，會心學，彰往察來，秘訣諸書，並禽音語，無不徹曉。以是，群夷咸推尊悅服，時稱聖者。……傳子諱良，適天命及元，當世祖經道迎師……。自元已傳四世，曰兀、曰烈、曰甲。後有諱得者，字自然，號恒忠。大明……上嘉賜今姓木，屢奏勛勞……貽茲追崇廟祀。配祖母阿氏社附享。傳子初，……繪像如先祖良兀公云。……淑人阿氏仙，初生土……淑人高氏護，生森……列配淑人阿氏里，生嶽……淑人高氏善，生泰……祖母淑人阿氏貴，生定……夫天生木氏，為中國捍制西戎，數百年來疆圉敉寧，民物安堵，蓋不黷威武，素以信義要結番，吏遂傾仰戴而悅服，以致社稷奠安。……今世守諱公，字恕卿，號雪山。義遠溯水源，奉先思孝，與名賢侍張君輩經究其制，肇廟崇祀，追宗考妣而序昭穆，宛若成周之後，世官、世守、世土、世民、世廟，威儀備舉，可以觀德。予恃惠愛五代，知遇义慶……。[42]

---

42 朱雲薰，〈木氏崇廟記〉，收於楊林軍編著，《麗江歷代碑刻輯錄與研究》，頁 2-3。

有別於前碑，（一）這份碑刻指出木公和張志淳「經究其制，肇廟崇祀」是採取周禮的作法：世官、世守、世土、世民與「世廟」，世廟也就是土官的家廟。（二）其宗考妣，序昭穆，所以土官的妻子也列名其中。（三）其所追溯者非始祖葉古年，而是麥宗。麥宗七歲能文，會心學，又能解禽語，被稱為聖者。適值元初忽必烈入西南，還「經道迎師」，優禮麥宗，故令其子宗良為麗江宣慰司。（四）「蓋不黷威武，素以信義要結番。」說明他們採用信義結番的聯盟原則來鞏固邊境社會。

換句話說，木公不僅撰寫木氏宦譜，也依禮制建立世臣之家廟。木公所編之宦譜名為《玉龍山靈腳陽伯那木氏賢子孫大族宦譜》，內容分為三部分：一是開天闢地的神話；二是部酋傳統；三是木氏世系。如果將編纂者的政治脈絡與意圖納此文本的分析，可知其內在邏輯如下：木氏先有一套土官繼承的嫡傳世系；再者，他將其世系追溯到元初獲茶罕章管民官（功名），當時之氏族領袖為阿琮阿良（即宗良）。他因協助忽必烈入滇而獲功爵，他之獲官爵不是因為他的父親，而是因為「獲功」。然在阿琮阿良之前，部酋以傳賢不傳子，故所羅列者則為氏族歷來之為朝廷立功之部酋。故此宦譜不只包括木氏家譜，而是麼些氏族政治的系譜。是以，木公將歷來部酋編寫在其木氏始祖之前，他藉此政治系譜來界定麼些人群的界線，甚至用來宣稱木氏具有麼些人的合法統治權。最後，木公把身邊的祭司所採用的祭祖經文轉譯成為漢文，將這一段神話起源放在宦譜的最前面，其內容轉成漢文如下：

　　草古天能古　草俸地能俸　草羨古甫古　古甫古呂古　　古呂氣呂露

氣呂露呂古　露呂陸點古　一點海娘丁　海失海羨古　海羨刺羨古

天羨從從（娶天女亏都母書）

從從從羊（娶天女當青青書）

從羊從交（娶天女集里集書）

……

草羨里為為（娶天女青揮蒲蒲能生叁子，分叁種人，壽壹千柒百歲。）[43]

前二行是一段開天闢地時的卵生神話，由麼些語直翻為漢字。第三行以下連續十一代的父子連名，是一段祖先與天女聯姻的世系傳說。據李霖燦與洛克（Joseph Rock, 1884-1962）的研究指出，此二段神話是轉譯於《東巴經》。[44]在十一代父子連名之餘有一段「草羨里為為」以及小字註解，據李霖燦指出其為與天女生下的三子，分別就是麼些、古宗與民家三種人，也就是說「草羨里為為」和天女生下了麼些、古宗與民家的祖先。[45]古老的阿育王的三子傳說，以另外一種面貌再次出現。這段文字之特別處是：木公為強化其世系的合法性，將儀式專家的宗教文本當作族群起源編

---

43 見〈玉龍山靈腳陽伯那木氏賢子孫大族宦譜〉，收入《木氏宦譜・文譜》，頁3-4。

44 約瑟夫・洛克（Rock, Joseph F.）著，劉宗岳等譯，《中國西南古納西王國》（*The Ancient Na-Khi Kingdom of Southwest China*）。李霖燦，〈釋麗江木氏宗譜碑：麼些族的歷史長系〉，收入氏著，《麼些研究論文集》，頁179-196。李霖燦所採集到的是道光二十二年的一份宗譜碑，其內容有小字以記其漢文意思，見頁182。

45 古宗是麗江與吐蕃間之西番人種之一。見李霖燦，〈釋麗江木氏宗譜碑：麼些族的歷史長系〉，收入氏著，《麼些研究論文集》，頁184。

入土官宦譜之中。此異類起源，對土著社會而言代表著新力量，其「外來性」往往也是氏族政治樂於接受，並用來強化內部競爭的文化要素。此外，這份宦譜的另一個目的，也是想要透過神話與三兄弟的傳說來建構滇西北鄰近人群的系譜關係，即麼些、民家（即白人）和古宗是三兄弟。（見圖13.2）

編纂宦譜與興建勛祠後，木公為宦譜增加祖先之影像，將畫像配合其功績，另集一冊名為《木氏圖譜》（以下稱《木氏宦譜・圖譜》），嘉靖二十四年（1545），他請當時熱心古滇史的流寓士人楊慎寫序文。在這份圖譜中，他又將其始祖推到一位從西

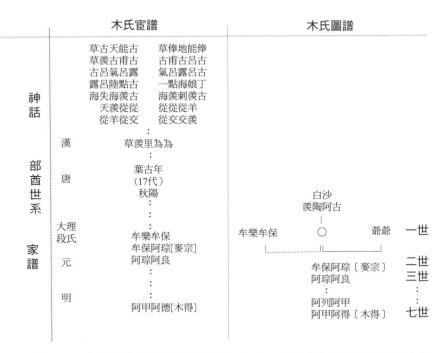

圖13.2　木氏宦譜圖譜祖先敘事結構（依據哈佛大學燕京圖書館藏《木氏宦譜・圖譜》所繪製）。

域蒙古來到麗江的「爺爺」。這位爺爺的世系起源和「梵僧娶公主」的故事非常類似，也與大理密僧娶妻生子的世系傳承結構相同，說明外來僧人與女性聯姻的宗教政治運作模式不斷地漂移，並被用來重新塑造新興土官政治的合法性。他們將大理古老的梵僧傳說改造成為西域爺爺的故事，其「一世考」提到肇基始祖，這位始祖是位外來的僧人：

> 肇基始祖名曰爺爺，宋徽宗年間到雪山。原西域蒙古人也，初崑崙山中結一龕於岩穴，好東典與佛教，終日趺坐禪定，忽起一蛟雷雨交興之際，乘一大香樹浮入金江，流至北浪滄。夷人望而異之，率眾遠迎，遂登岸上，時有白沙羡陶阿古為野人長，見其容貌蒼古離奇，驗其舉止，安詳鎮靜。心甚異之。遂以女配焉。俗與祭賓，另擇一地而祀，於從俗之中便寓離俗之意。是時村長分有五支，一云干羅睦督；二云旬起選；三云阿娘揮；四云剌宛；五云瓦土均阿乃。願崇爺爺為五家之長，時年樂年保自稱為大將軍。爺爺生有一子名曰阿琮，生而奇穎過人。年樂年保見而異之，撫以為嗣，襲大將軍之職。[46]

這個故事很可能和木氏沒有直接的關係，但木公希望有一個足以匹配土官身分的神聖來源，所以將外來修行者的故事編入宦譜之中。[47]這一段木氏起源的故事相當值得分析，也極為重要：一位在

---

46 《木氏宦譜·圖譜》，〈一世考〉，頁6。

47 有關麗江木氏族譜的分析可見Mathieu, Christine. *A History and Anthropological Study of the Ancient Kingdoms of the Sino-Tibetan Borderland: Naxi and Mosuo.*

山洞修行的行者自西域蒙古隨金沙江漂流而來，當時之白沙羡陶
阿古為野人長，驗其舉止，以其安詳鎮靜，將女兒配給他，此爺
爺成為白沙羡陶氏的女婿。文中指出當地習俗是「俗興祭賓，另
擇一地而祀」，這句話比較難解，依字面上的意思，祭賓是供
奉、禮遇賓客之意，擇地令之開基，是為肇基始祖。（見圖13.3）
由於賜地隨著婚姻而來，這與一般嫁女兒所備的嫁妝意義不同，
它更像是一種由招婚聯姻而啟動的政治賜地。由於爺爺舉止安詳
靜穆，白沙五支氏族皆願奉他為五家之長。依此看來，木公似乎
要論證一位西域而來的聖僧被選為部酋領袖的故事，而這位聖僧
還娶了白沙野人長的女兒！

　　爺爺之所以成為肇基始祖，要說的是一段麗江木氏轄境內五

圖13.3　木氏一世祖爺爺與二世祖麥宗（《木氏圖譜》，哈佛大學燕京圖書館
藏）。

支氏族故事。他們必須找到一位足以蓋括五支氏族的聖僧成為氏族之長。然，當時整個地區還有許多不同的麼些土酋勢力，外來者的爺爺，其地位僅止於五家之長，抬升地位還需要其他的社會關係來支撐，否則無法說服散居各處之麼些氏族。爺爺與「野人長」之女兒生下一子名為阿琮（即麥宗），故麥宗有聖者形象，是可以理解的。但重要的是，後來出現一位牟樂牟保大將軍，撫養爺爺的兒子阿琮（即麥宗）為大將軍。如此一來，爺爺世系下的阿琮擁有賢者的身分，也得以承繼「大將軍」之職銜。這種安排也順利地為木氏祖先找到雙重正統的依據。

　　麗江木氏肇基始祖，說的是外來僧人如何為世系群帶來宗教神聖性的故事，但牟樂牟保大將軍認養阿琮的橋段，又進一步地將宗教與政治二種聲望整合在世系內部。有兩種關係值得注意：（一）外來女婿。先是西域、蒙古人、金沙江，這些符號都說明其外來性；再者，爺爺好禪坐，富有宗教的德性，成為白沙野人長的女婿。這與昔日流傳於南詔大理國之外來梵僧與公主聯姻的傳說結構同出一轍。（二）認養。爺爺的兒子阿琮為牟樂牟保「撫以為嗣」，牟樂牟保將大將軍的位置傳給阿琮，這其實是昔日賢者部酋的傳統。然而，賢者為長的部酋社會，是無法透過追溯祖先的方式建立一條以血脈為主的線性世系，於是認養可以將賢者與祖先二組不同世系概念的縫隙連結在同一組的系譜關係。

　　所以，擔任土官的木氏想要建立一套祖先系譜時，必須重新建構一套符合土官世系建構典範。他們試圖透過一層一層的聯姻與認養，把世系的合法性建立起來，並且將各種不同性質的正統典範編織在祖先世系之中。如果倒過來看此一書寫文本的潛在脈絡，地方上賢者與聖者為長的政治傳統，採取聯姻與認養的方式來彌補斷裂的歷史敘事，並用以修復、建立、強化各式各樣合法

性的管道，包括神話、社會以及政治等不同層面。木公在這份家譜表達兩種正統性，一是將麼些土酋世系與神話編織在其間，以鞏固他們的地方正統；二是他將父系土官世系銜接其後，表現其政治正統性，此譜又稱為《木氏宦譜》。《宦譜》成為同時具有地方正統與政治正當性的土官檔案。

木公以邊藩諸侯的身分，在氏族的神話體系和土官政治的父子世系之間搭建一整套的兄弟系譜關係與禮儀架構。正德到嘉靖年間，木氏從編纂《木氏宦譜·文譜》到興建勛祠，以一整套的天女神話與兄弟傳說來鋪陳區域社會內部的族群關係，同時也進一步以合乎諸侯世臣身分之祀典，來鞏固他們在政治聯盟中的領導地位。嘉靖乙未年（1535）木公在傳說中的祖先起源地玉龍雪山山麓新修了一座山神廟名為北岳廟，裡面供奉山神「三多神」，二旁塑著二位夫人，據說是藏族（古宗）與白族的女性。[48] 這應與當時土官將族群政治之聯盟投射並轉化成具象化的女神崇拜有關。從宦譜中強調玉龍山的天女神仙神話，到三多神信仰；再到木氏所建立的木氏勛祠與北岳廟，可知他們統整二元性的文化標籤與價值，一方代表著土著的、神話的、女性的；另一方代表了符合正統歷史敘事的父系繼嗣與戰功。如果，我們再仔細加以分析，或許也可以說，麗江木氏宦譜採用三種元素來拉攏不同的文化符號，一者是氏族的神話到擴大型的兄弟系譜，一是吐蕃的法王起源，也就是西域來的爺爺，一是中央王朝所重視的土官世系。

---

48 三多山神信仰，參見約瑟夫·洛克（Joseph F. Rock）著，劉宗岳等譯，《中國西南古納西王國》（*The Ancient Na-Khi Kingdom of Southwest China*），頁121-125。

　　當然，這種書寫與文類編纂的方式不僅是地方傳統對中央王朝的回應而已，也與當時地緣政治的變化有關。自成化九年（1473），土官木嶔向吐蕃黑帽系七世活佛敬獻厚禮，木泰時曾邀請七世活佛到麗江，終未成行。木定也曾邀請黑帽系活佛到麗江。正德十一年（1516），八世活佛彌覺多杰婉拒明武宗之邀請，暗訪麗江。一直到萬曆年間來自於吐蕃之九世大寶法王居住麗江多年，都可以用來說明木氏與吐蕃法王建立愈來愈親近的政教關係。[49]正德年間，白沙建起一座密教色彩濃厚的大寶積宮。[50]雖不知興建此大寶積宮與宦譜中建構西域而來的肇基爺爺有何直接的關係，但麗江一面向北擴展勢力，並拉攏密教法王，一位自北方而來的僧人祖先形象相當有利於合理化他們往北擴張（回家）的行為。

　　嘉靖年間的《木氏宦譜・圖譜》錄有一份由楊慎所寫的序文，而當時新加入的西域肇基始祖的爺爺故事和當地流傳之贊陀崛多傳說也有異曲同工之妙。不知是否楊慎對古滇史的認識為這些編譜的土官提供更多描寫祖先的靈感？抑或是這些土官對祖先的崇拜讓楊慎編寫《南詔野史》時產生更多書寫的題裁。總之，聖者開化不斷成為該地流傳之傳說主題。後來，鶴慶刊行章回小說《擲珠記》，內容則以摩伽陀祖師為主角，其主人翁被改造成為從北方西藏到南詔的神僧，後來成為南詔國王的駙馬，又在既有的歷史架構上添加不同的元素，使得僧人開基的敘事主題也就成為一種穩定的傳說模式了。

49　郭大烈、和志正，《納西族史》，頁326；楊林軍，《明至民國時期納西族文化地理研究》（北京：中國社會科學出版社，2016），頁124-130。

50　楊林軍，《明至民國時期納西族文化地理研究》，頁127。

三、木氏土官聯盟的擴張

　　《木氏宦譜》不僅登錄土官世系，也記載著土官家庭的女性成員，包括妻子與女兒，是一份提供姻親網絡的文本。女性是這份譜牒背後的重要支柱：女兒聯姻的對象是政治結盟的方向，女婿成為土官得以動員的延伸勢力，而母親與外祖則象徵保障土官世系運作的政治屏障。以下將《木氏宦譜》之女性成員做一整理，可看到以木氏為中心的跨族群、地緣的土官聯姻網絡如何逐漸形成。（表13.1）

表13.1　木氏聯姻表

世代	土官	妻	妹婿
一	木得	照磨所三必村和略哥女	剌土 托甸土酋阿地堯 吳烈里土酋
二	木初	通土千戶何氏女	大具和麻照 束和土酋 吳烈里土百戶
三	木土	鶴慶高仲女	鶴慶土知府高興 木保巡檢阿俗 通安州土千戶阿束 北勝州高銘 鄧川州阿招 鶴慶土千戶高海 土巡檢阿彌 浪渠土知州
四	木森	木保巡檢	蘭州知州羅熙 劍川土千戶趙瑛 通安州千夫長阿昌

世代	土官	妻	妹婿
五	木嶔	鶴慶高觀音福珍 木保巡檢女 順蕩楊氏女	蘭州知州 通安州同知 劍川土千戶
六	木泰	鄧川土知州女	蘭州知州羅世爵 北勝州副州同知章 順州土官子海
七	木定	北勝州高氏延壽妙香	永寧知府阿綽 北勝州副州同知章宏 北勝州府同知高聰 北勝州副同知章宏 （姐妹同嫁一人）
八	木公	武定鳳氏	蒙化土同知左楨 永寧知府阿暉 鶴慶土千戶高鼎 北勝州府同知高崙 鄧川州知州阿國楨
九	木高	蒙化左知府女	姚安府高齊斗 北勝州同知高德 蘭州知州羅啟明
十	木東	北勝州高知州女	左所剌馬氏阿徒 蘭州知州男阿傑 左所剌馬良
十一	木旺	蘭州知州氏女	姚安府同知高金宸 蘭州知州羅俊才 北勝州府同高承祖
十二	木青	蘭州知州女	蘭州知州羅光 姚安府同知高光裕
十三	木增	寧州知州女	
十四	木懿	武定祿氏女	姚安土同知
十五	木靖	蘭州土舍	北勝州知州高斗光

資料來源：《木氏宦譜・文譜》。

　　從上面的表格可知，明初前二代的土官妻子來自滇蜀邊境麼些氏族，包括托甸、吳烈里、束和等地方土酋。後來木氏逐漸向不同人群開展結盟，先向鄰近之鶴慶軍民府聯姻，第二代木初（1345-1426）為兒子安排與鶴慶高氏土官之女聯姻，其女兒也嫁給鶴慶土官高興；此後，木氏又與金沙江二畔的土官進行聯姻，包括北勝州高氏、北勝州副土同知章氏以及蘭州、永寧、浪蕖土官等等。在《明史》筆下，這些與木氏聯姻的部酋：永寧、浪渠（蕖）在「摩些蠻」境，竟是「蠻民頑惡」之地。[51] 木氏與金沙江二岸土官的聯姻網絡，是其往北方吐蕃舊地進行軍事擴張的重要後盾，也促使他們成為滇西北屏障邊區愈來愈重要的政治中心。

　　再者，從表格也可以看出，木公（1499-1553）更有系統地擴展土官聯姻的範圍。他拓展土官聯盟的同時，也著手編纂宦譜，這二者都是極具政治性的宣示行為。首先，他和滇東武定府土官鳳氏聯姻，同時又將妹妹嫁給蒙化左氏，鳳氏與左氏分別是滇東與滇西重要的羅羅土官；他又將另一位妹妹嫁到鄧川阿氏家，成百夷土官的妻子。下一代土官木高復娶蒙化府左氏土官的女兒，又把妹妹嫁到姚安土官家、北勝州高氏土官家，乃至於蘭州土官家。也就是說，十六世紀木氏土官的母親來自於不同人群，近至蘭州，遠至滇東武定，南至蒙化，這些土官成為麗江木府之外祖勢力，同時，他們也成為麗江木氏之女婿，是土官家庭的延伸。（圖13.4）

　　除了與前述金沙江外的北勝州聯盟外，在上述廣泛的聯姻網絡中，麗江和姚安二府土官結盟也極其重要。姚安土官是金沙江南岸高氏世族陣線中的重要勢力。麗江與姚安的土官聯盟，可視

51　張廷玉等修，《新校本明史》，卷313，〈列傳・雲南土司一〉，頁8099。

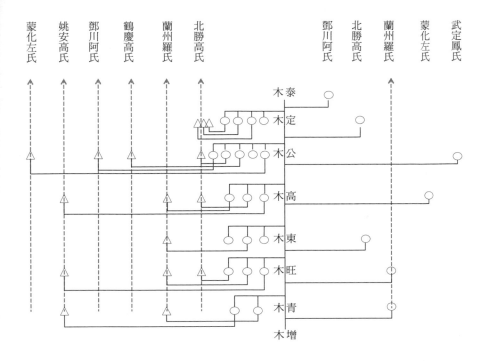

圖13.4　木氏土官聯姻系譜圖（據《木氏宦譜‧圖譜》所繪製）。

為木氏在金沙江南岸的勢力擴張，對姚安土官而言，也是其得以鞏固土官勢力的保護力量。第八世之木公把女兒嫁給姚安土官，第十世木東、第十一世的木旺，十三世木增皆熱衷於將女兒嫁到姚安高氏。[52]

　　姚安高氏曾經發生幾次土官承襲的危機，崇禎二年《高氏家

---

[52] 姚安高氏與麗江木氏聯姻情形早有學者注意到，見余嘉華，〈攜手走向文明：姚安高氏與麗江木氏土司關係片談〉，收入沈家明主編，《高㠱映研究文集》（昆明：雲南美術出版社，2006），頁32-43。

譜》將姚安土官承襲之情形交代得相當清楚：

> （高）欽公生高祖，考諱金宸，號天衢，娶木氏文囧之
> 女，數年在麗，回姚方弱冠，志概老成，赤腳持刀步涉遠箐
> 險岩，且謙恭下士……[53]

高金宸娶木氏之女，在麗江長大，弱冠才回到姚安，其先後受徵
召從大征拾堂，小調二十餘次，又隨軍征緬，立下不少功績。高
金宸有四子，長子是高光裕：

> 娶木氏姒，是玉龍木公諱旺女木氏，公幼襲父職，循循範
> 倍不政擾民，奉調御同士卒甘苦，嗟呼，為國忘職軀壽
> 齊……[54]

高光裕娶麗江木氏女，生下高守藩，未料到三年後，死於戰場。
其妻木氏代理府事，高守藩年幼應襲土官：

> 字向葵，號玉岑，娶方伯同卿生白木公諱增女木氏淑，公
> 三歲而孤，母氏代理府政，熙熙家事蕭蕭遭迍，光謙不忖亡
> 兄弗念鞠子，謀任奪職……

高守藩三歲父亡，由母代政，後娶木增之女。然其叔高光謙欲奪
職，故高守藩「避麗江」在外祖父木府家安然長大，後來順利承

---

53 《高氏家譜》，頁20。
54 《崇禎二年高氏家譜》，頁20。

襲姚安土官的地位。這應與麗江土官之保護有關。高守藩有一子為高嶤：

> 　　向葵公生一子諱嶤，字無作，號青岳，寄托僧為徒，法名
> 悟禎。三歲喪母，九歲喪父，僅一妹方七月，怜忉孤幼相依
> 為命，值光謙餘孽守臣仍蹈前轍欺嫡謀職，青岳公以稚弱之
> 年遭家不造，理雖在我，而力難與爭，只得移潛麗府承生白
> 公一力扶持，脩鱗養悔（誨），凡立身涉世之道無不諄諄訓
> 勉。[55]

這是高嶤在麗江木增的庇護下長大的情形。時值明亡之際，高嶤後來在雞足山出家為僧。然高嶤「娶方伯同鄉崑崙木公之女木氏榮，生一子諱喬映」是為高喬映。[56]從明晚期姚安高氏土官的境遇可知，其木氏母親們之外祖勢力在鞏固姚安土官政治時發揮了重要作用。[57]（圖13.5）

　　由於我們所採用的史料源自土官家譜，其書寫架構以父子世系為主軸。但如果從年幼土官多在外祖家長大的角度來看，他們實際生活在母親與外祖所建立起來的社會關係之中，只不過是長大後回到祖先留下的轄地繼續承襲土官。高嶤自小在外祖父木增的保護下長大，而木增的母親是蘭州羅氏，據說她是一位善馭士

55 《崇禎二年高氏家譜》，頁21。

56 《崇禎二年高氏家譜》，頁22。

57 高金宸、高守藩、高嶤祖孫三代姚安土官皆避居麗江外祖家。承木氏扶持，得襲土官職。見〈姚郡世守高氏源流總派圖〉，收入《崇禎二年高氏家譜》，頁20、21。

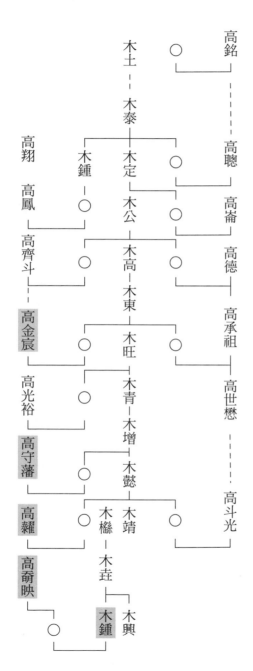

圖13.5　木氏與高氏聯姻圖
（此系譜依據《木氏宦譜‧文譜》、《高氏家譜》、《永北府志》繪製而成）。

卒，累立戰功的女戰士。[58]高耀後來與蘭州羅氏聯姻，很可能受到其木增母親羅氏的影響。明末清初，高耀避世出家，其子高喬映年幼，故又由其母木氏榮掌府印，其與麗江木府的關係仍然相當密切。[59]

從上述看來，木氏勢力似乎不斷擴大，但實際上，這更像是土官社會的策略聯盟。到了清初，麗江土官受徵調出兵西藏，其男性世系受戰爭影響，幾絕嗣。他們也必須仰賴高氏來保護其世系。由於高木二家相好，姚安土官高喬映先是招木壵土官的第四子木鍾為女婿，並且從小將之放在身邊撫養長大，後因木氏男嗣多亡故，幾無子嗣可承續土官職銜時，高喬映又將自幼養大的木鍾送回麗江承擔土官職銜。其歷程如下：

> 木鍾，……壵之嫡四子，繼兄職。公自幼純雅沉靜逆億不形內外悅服，姚安土同知高喬映取其清雅，六歲即接去撫養，攻書見其不喜嬉遊，因招為壻，視如親生，數年後，欲辭歸應試，高公依戀不捨，在彼完娶，至康熙五十九年軍興西藏，胞兄血姪勤王效死，地方無人管理，舍目接回委辦軍務。[60]

這裡說的是一段高喬映招婿的故事。仔細看來，木鍾在六歲時就被高喬映接到姚安撫養，其性質更像是認養的義子，他後來

---

58 謝肇淛，《滇略》：「酋俗子十五即襲父職，不則求分異，獨木增早失父孺慕無間，事母尤備色養，母羅氏，善馭士卒，親弓馬，累立戰功云。」卷9，〈夷畧〉，頁231。

59 《崇禎二年高氏家譜》，頁22。

60 《木氏宦譜》，〈原任土知府阿揮阿住〉條目。

「娶」了姚安土官高氏之女，從居住關係來看，這使木鍾的身分
更像是一名贅婿。這也相當符合雲南習俗中之養子兼女婿的意
味。雖然「贅婿」一詞夾帶「漢人父系繼嗣」概念，略有不符其
俗。然土官制度的確使土官更傾向於以父系繼嗣的方式來鞏固其
政治秩序，故贅婿一詞或許仍可以接受。但是，由於木氏土官繼
承者多死於邊戰，土官職銜後繼無人，所以麗江木府之土舍與土
目們前往姚安將唯一存留的嫡派木鍾接回麗江擔任土官。

四、看不見的力量

　　嘉靖年間，對土官頒定的婚姻限制，是否鼓勵土官彼此聯姻
仍有待考察，但這種土官聯姻聯盟，的確強化土官社會建立盤根
錯節的內在凝聚性。也就是說，推動土官政治運作背後一股看不
見的力量是女性。她們在土官社會發揮穩固又對等的力量，土官
母親代表著外祖的勢力，是維持土官政治與父子承繼合法性的重
要機制；土官女兒代表著土官勢力的延伸與擴張，尤其是將其影
響力延伸到女婿的一方。當土官母親的角色強過女兒所扮演的連
結角色時，也正好弔詭地印證了父子相承的土官世系是家庭政治
中的脆弱環節。從明初到明中晚以來的土官政治來看，土官女兒
所象徵平行結盟的重要性逐漸轉移到母親的角色。正因如此，土
官愈來愈需要透過強勢的聯姻網絡來維持土官政治內在的秩序，
使其與依附人群間產生愈來愈明顯的身分區隔。

　　白人在整個土官社會結盟過程中漸被邊陲化，其他非白土官
勢力愈來愈重要。滇西北曾有兩次重大之廢除土官事件，都發生
在白人身上。一是正統年間廢除鶴慶府高氏土官，一是天啟年間
廢除雲龍州段氏土官。雖然廢除土官表面上的理由是爭襲內鬥，

但更主要的是邊藩重心已由大理往外推移到麗江。這些被廢除土官頭銜的白人土官，地位大減，退居處邊緣山鄉一隅，從事緝盜之事，並與其附屬之夷眾形成更為親近之群體，逐漸產生「夷化」的趨勢。新興崛起的麗江木氏土官，其附屬人群有麼些人、羅羅，乃至隨著勢力擴大的西番古宗等等人群。倮倮在此勢力消長過程成為遊走在吐蕃與麼些二大政體間的中間人群，也是一群被排除在土司轄民、轄地，又居處深山叢菁的流動人群。不同人群之族群關係，逐漸產生以土官政治階序為中心的人群秩序。同時，也創造了一批跨府級、跨地域的新興土官政治集團，尤其當聯姻傳統從平行的聯盟轉而成為鞏固土官世系身分的策略時，非白土官勢力範圍也隨之而擴大，並取代原來以大理白人世族為核心的網絡。

　　換句話說，隨著麗江木氏政治勢力範圍的建立，滇藏屏障的人群分類與階層性也愈來愈清楚。土官階層的聯盟產生了兩個歷史效果，一是壩區人群與山區人群關係逐漸產生了二元化的情形，壩區的白人被劃入流官體系，山鄉則在土官制度之下。二是山鄉土官政治聯姻結盟逐漸造成其社會內在的社會分層（stratification），其上下附屬的關係與界線愈來愈被強化，而土官與氏族社會內部的聯姻也逐漸減少。白人土官雖有被夷化或邊陲化的情形，但他們在麗江木氏勢力擴張的聯盟體系中成為其不可或缺的盟友。在形塑土官社會及其歷史的過程中，有二股隱藏在其間的力量：一者是用來鞏固彼此聯盟與共識的女性流動，一者是為向帝國宣示其正統性所學習的一套文字化祖先敘事的書寫能力，而且女性之影響力也逐漸滲透至文字化祖先敘事，使得西南歷史敘事和中國其他地方甚為不同。換句話說，帝國與制度本身的運作鼓勵土官間彼此合作，反而造成界線愈來愈清晰的身分階

層與土官聯盟。雖然如此，土官在鞏固身分所形塑的儀式、傳說與其文化等等，卻意外地成為其人群在應付更複雜局勢時用來標誌身分的歷史資產。

第十四章

土官政治與雞足山

這一章要從土官政治的角度來說明他們如何透過興建佛寺，並向明朝皇帝爭取頒賜佛教大藏經、寺額、僧官等方式，來爭取其在傳統領域的政治地位以及地方資源的主導權等等。明朝相關軍事政策為地方社會帶來更為複雜的人群流動與政治角力，也使得山鄉局勢愈來愈複雜。進一步的財政與賦役政策又強化地方社會的緊張關係，一是官辦採銀；二是差發金銀。前者動員衛所開採銀礦，差發金銀之攤派，又引起大量私採及人口流動。尤有甚者，金銀相互兌換用以應付貢賦，已成為官員與官商重要之公務之一。

在此政治架構下，聯盟和動亂是西南人群在重組社會與政治適應過程中所產生相互迥異的二種反應。土官聯盟意味著其上層結構愈來愈鞏固，其效果是強化身分與階層的界線；後者則意味著人口流動愈來愈頻繁，也產生更多的失序與衝突。土官在夷民和官府間原來扮演著緩衝者與中介者的角色，但動亂與聯盟二種不同力量，挑戰山鄉社會內部既有的秩序。萬曆年間，內臣楊榮主持滇地礦稅，曾向朝廷要求二件事：一是廢除麗江土官，二是開孟密寶井，外表來看此二事件並無直接相關，但金、銀與寶石等在官方徵收的政策下已成市場流通的重要資源，也成為內官覬覦的對象。楊榮曾提出廢除麗江土官之議，正指出廢土革流背後隱藏的地方與中央經濟利益的衝突。

金沙江沿岸是產金之區，在它南岸的雞足山之所以成為佛教聖地，背後有一段土官爭取山鄉政治權而採取的行動策略。土官不僅以帝國可以接受的合法性儀式權來鞏固地位，雞足山佛教傳說的形塑背後，也有強烈地爭取歷史話語權的意味。

一、糧食與白金

　　吐蕃是亞洲內陸不可忽視的政治力量。唐末邊臣在西南地區過度勒索，導致南詔向吐蕃聯合抵制唐朝，引發一場慘烈且動搖大唐帝國的天寶戰役。宋太祖為謹守歷史教訓，諭誡後人「不過問大渡河以外之事」。明朝在治理滇藏邊境亦多有顧忌，其優禮麗江府之擔任屏障與中介者的角色亦顯而易見。然而，麗江府之腹地是資源極豐富、物產富饒的地方，尤其金、銀與鹽井等資源。《明史》〈列傳・雲南土司〉記載：

> 〔洪武〕二十六年十月，西平侯沐春奏：麗江土民每歲輸白金七百六十兩，皆麼些洞所產。民以馬易金，不諳真偽，請令以馬代輸，從之。[1]

引文指出麗江每年必須輸白金760兩之數，此白金出自於麼些洞。然，當地之民恐不辨白金之真偽，故向官府請求以馬代之，馬和白金成為相互兌換的貢賦項目。這或與明初對馬匹的需求量較高，故官府順從民情的權宜之計。這裡指的麼些洞只是一個含糊的地點，未知其所。然而，金沙江產金是確定的事，宋應星在《天工開物》提到：「金沙江此水源出吐蕃，繞流麗江府，至于北勝州，回環五百餘里，出金者有數截。」[2]指出麗江府到北勝州這一段五百餘里之金沙江有數截為產金之區。謝肇淛的《滇略》指其金不只在江中，也在山谷之中：

1　張廷玉等編，《新校本明史》，卷314，〈雲南土司〉，頁8098-8099。
2　宋應星，《天工開物》，下卷，〈五金〉，卷14，頁337。

> 不止沙中，又有瓜子、羊頭等金，大或如指，產山谷中，
> 先以牛犁之，俟雨後即出土，土人拾之，納於土官。[3]

這些出土的白金，為土官所有，若百姓私藏則以罪死，所以木氏
土官家「貯金數十庫」，並以此作為饋賞之用。清初毛奇齡的
《雲南蠻司志》指出麗江府木氏：

> 萬曆中，有弟兄三人，長名木公，次名木么，三名木厶。
> 長即土知府也。三人皆好禮，有名，顧善取金。其法：每雨
> 過，輒令所在犁其地伺之，及又雨，耰而雜拾皆金矣。特拾
> 金皆輸之官，民間匿銖兩皆死。嘗貯金數十庫饋人，每饋以
> 千計，人謂之木公金。[4]

該區出土之白金已成土官特屬之貨幣，木公治理時期，還將之標
準化，時人稱之為「木公金」。可知麗江府金產之盛況以及其土
官之威望。

明中葉以後，麗江府有逐漸取代鶴慶府，成為滇蜀藏之政治
屏障的趨勢，木氏所統轄的範圍除了麗江府之寶山、巨津、通
安、蘭州等四州以外，還不斷向四邊擴展，向北往中甸、德欽；
向東北抵四川之木里乃至理塘一帶；東至北勝州，南方則延伸到
鶴慶、劍川，甚至是大理北方之鄧川一帶。嘉靖年間，木氏往北
方征戰，以平蠻亂為由，擴大他們在邊境之轄地，故屢受皇帝之

---

3 謝肇淛，《滇略》，卷3，〈產略〉，頁130。
4 毛奇齡，《雲南蠻司志》，收入王崧纂，李春龍校點，《雲南備徵錄》，卷
　15，頁862、863。

封賜。清初余慶遠之《維西聞見錄》也記錄木氏向北方擴張的情形：

> 萬曆間，麗江土知府木氏寖強，日率麼些兵攻之，吐蕃建碉樓數百座以禦。……木氏以巨木作碓，曳以擊碉，碉悉崩，遂取各要害地，屠其民，而徙麼些戍焉。自奔子欄以北皆降。於是自維西及中甸並現隸四川之巴塘、理塘，木氏有之，收其賦稅，而以內附上聞。[5]

維西中甸為古宗之區，古宗向來是吐蕃與麗江之中間人群，該地有豐富的金銀礦產等資源。劉文徵《滇志》記載其原為吐蕃領地，產白金：「有古宗白金，每一金可當常用之五」，指古宗當地的白金質美價高。[6]在往北征戰過程中，中央朝廷透過木氏鞏固滇川藏之地緣政治，木氏也進一步擴張其領地並控制該地之重要資源，樹立其鎮守邊藩的地位。[7]

　　再者，木氏土官向南方擴張。嘉靖年間其勢力已延伸到南方與鶴慶交界之地，控制鶴慶壩子漾弓江的水源。以下引文是鶴慶府官員治理水患時，發現該地「異境民」私占水源地的情形：

> 漾江西至登和地兄而藉潤桔橰斟濟，詢之土人云：麗江可

5　余慶遠，《維西聞見錄》，收入王崧纂，李春龍校點，《雲南備徵錄》，卷18，頁1031。

6　劉文徵纂，古永繼校點，《（天啟）滇志》，卷3，〈地理志〉，頁119。

7　木高，〈大功大勝克捷記〉，收入木光編著，《木府風雲錄》（昆明：雲南民族出版社2006），頁78、79。約瑟夫・洛克（Joseph F. Rock）著作也有相關的描寫，參見氏著，劉宗岳等譯，《中國西南古納西王國》，頁190-193。

> 疏而灌之，然異境民私之，而壅其流，〔馬〕卿乃移文麗
> 江，委官作漾江堰，高丈許闊如之，沿江鑿渠深闊幾丈，旬
> 日而就。8

漾江為金沙江支流，由麗江南下而來流經鶴慶境內，又稱為漾弓
江。當時官員馬卿為解決鶴慶農田水利的問題，移文麗江土官協
調修堰之事。文中之「異境民私之」便是指木氏控制鶴慶之水利
資源。

麗江木氏之所以得以擴張，還有來自於制度層面的支持：當
「承襲折銀」衝擊土官之財政狀況，有的土官將土地轉賣給轄境
土民、客民或鄰近富有的土官。麗江土官也成為土地貨幣化過程
中受益的一方，並跨境收購鄰近周邊之土地資源。北勝州與麗江
二府土官的聯姻前文已說明，然萬曆年間，北勝州土官高世昌為
聽襲土舍，缺乏承襲所需公費，故以1000兩之代價將其私庄土地
賣給麗江木氏土官。其內容載於〈賜悉檀寺常住碑記〉，碑中記
載當時木氏土官向北勝州高氏買下悉檀寺常住土地的內容：

> 〔萬曆四十七年正月三日〕立絕賣庄田文約書人高世昌，
> 系北勝州聽襲土舍，同舍目高運漢、高運保等，為因承襲起
> 急缺費用，別難湊處，原憑中可全張先胤等為立約，將祖遺
> 自己江外私庄漁棚、小甲長、宜軍賽、小沙田、橋頭五處庄
> 田……議作實價銀壹仟兩，出賣與麗江木老爺堂下永遠為業。9

---

8 朱睦㮮，〈右副都御史馬公卿傳〉，收入焦竑編，《國朝獻徵錄》，卷59，頁
231。

9 〈賜悉檀寺常住碑記〉，引自和松陽，〈從小橋流水到經濟騰飛——麗江旅遊
發展模式研究〉，收入《麗江文化》，3（2013）。（2014年6月5日擷自網路

碑中指北勝州高氏急缺承襲費用，把金沙江外的五處私庄庄田賣給「木老爺」。這是一筆數額不小的土地買賣。土官間的土地交易，使得麗江木氏將其政治轄地，擴展到金沙江沿岸以及四川南邊之地區。[10]

木氏的擴展還帶著一種實務性的策略，由於其地貧不產稻米，此「五穀不生」之天然侷限，使其轉向轄境以外購買土地。為增添更為穩定之糧食來源，木氏越界購買之田土，往南到鶴慶與劍川等地，甚至到了大理東岸之雞足山北面山鄉一帶。萬曆年間，蕭彥曾在其〈敷陳末議以備采擇疏〉中指出：

> 邇年以來，強者以力，富者以財，取諸彼以與此，蓋不特一二然者，姑以麗江言之，麗江，古土番之境，與鶴慶為鄰。其地產金，不生五穀，彼其安然閑我要約而莫敢越者，有以也。年來倍加厚值，日市劍川界內之夷田與其民田，夷與民狃於目前之利，而忘其世守之業，於是麗江之轄駸駸出疆界之外。[11]

這一段話非常重要，指麗江原是古吐蕃境，因其地不產五穀，所以溢界向外擴張鄰界之土地以求增加糧食生產。麗江木氏「侵占」南方劍川土官趙氏田業之事也出現在官員的墓誌之中：

---

http://www.ljgc.gov.cn/ljwhdsq/841.htm），此碑文亦為《白族簡史》所引用。

10　麗江木氏土司之經濟崛起在此姑不細述，其在西南邊境的崛起與他們控制金沙江一帶各種富饒之地下資源以及貿易路線有密切的關係。參考郭大烈、和志武，《納西族史》，頁307-319。

11　蕭彥，〈敷陳末議以備采擇疏〉，收入劉文徵纂，古永繼校點，《（天啟）滇志》，卷22，〈藝文志〉，頁740-743。

> 劍川有土官趙賢者與麗江木知府搆怨。連歲舉兵，毒延於
> 民，〔曾琪〕君召賢飲，傾心以利害論之，賢聞而慚悚，
> 曰：願自今悉改過。又至麗江語木亦如賢者。木喜，遂設休
> 兵之宴，歸虜掠反侵田。以白金百兩，金花二枝及綵段綾絹
> 為君壽，君固辭，乃送至劍川……12

指出木氏往南擴張侵奪劍川界內土地，雙方連歲舉兵相互攻訐。
官員曾琪為解決二姓土官衝突，遊說兩造，他先召劍川土官並曉
以利害。又到麗江與木氏協商，曉以大義，木氏才歸還虜掠之
田。為表彰官員之清白，墓誌還留下一段不經意的史料，即木氏
復以祝壽為名，送「白金百兩，金花二枝」等等，可知木氏多
金。麗江多富，然糧食生產有限，向南方爭取更多耕地養兵，是
其生存之道。

　　木氏也倚其財富，聞名朝野，其事多見史冊：土官承襲，手
續複雜，費時多日，木青曾循例以千金送官員以求速勘，此為其
例。13木氏每遇徵調，即輸軍饟，則免出兵。14麗江與四川邊境土官
於金沙江相互廝殺時，木氏土官也以「土金」賄賂會勘者。15該轄
境產金之盛，使得木氏成為西南新貴，其曾請楊士雲為之撰文，

---

12 劉春，〈明故普安州知州曾君墓表〉，收入氏著，《東川劉文簡公集》（《續修
　四庫全書》，第1332冊，明嘉靖三十三年刻本），卷19，頁270。

13 〈賀方伯濟寰楊公奏最蒙恩敘〉，收入孫繼皋，《宗伯集》，收入《景印文淵閣
　四庫全書》，第1291冊，卷3，頁239-240。

14 毛奇齡，《雲南蠻司志》，收入王崧纂，李春龍校點，《雲南備徵錄》，頁862。

15 「及徙雲南分巡洱海道，麗江土官川蜀爭金沙江讐殺，公會勘其事，土官以土
　金賂同勘者，久伺，卒莫敢賂。〔孫璽〕公由此解讐，奉約束如故。」見〈僉
　事孫公墓志銘〉，收入唐順之，《荊川先生文集》，收入《四部叢刊初編集
　部》，第85冊（台北：藝文出版社，1975），卷14，頁277。

酬以優厚的麗江金，卻為清白正直的楊士雲所拒，並以「麗金何義」詢之。[16]旅行家徐霞客在遊記中記載他在麗江作客的情形：求賢若渴的土官木增久聞徐霞客大名，在他抵達雞足山時，便邀請他前往麗江作客。當時之麗江戒備森嚴，一般漢人無法自行前往，若已入其城，亦不得擅自離開至它地。徐霞客曾透過把事向木增要求到北方去旅行，但木增以北方古宗與盜匪橫行不便前往為由勸止之。徐霞客只好閒居麗江。木增遂請他為諸子作文並增潤文稿，令把事「贈金五兩」作為賞金，這也是木氏以金饋賞士人之史料。[17]徐霞客之無法前往北方繼續旅行，正說明木氏土官對其北方轄境之通行權具有絕對之權威與主導性，也與該地通往吐蕃與四川交界地區資源與通行道路的爭奪有關。

　　麗江木氏也是主導西南政治的領袖型人物。鐵索箐赤石崖山鄉亂事曾在滇東鳳氏土官之串連下成為愈滾愈大的動亂，時土官鳳朝文曾聯合尋甸府土官安銓一起叛亂，史稱鳳安之亂，涉事之鄰近土官還包括滇中姚安府與易門縣土丞等等。麗江木氏在這場動亂中的態度一直曖昧不明，直到我們在一份官員的墓誌銘中披露了當時木氏曾是背後的支持者。尤其鳳朝文之姐是木公的妻子，鳳朝文亂起時，身為鳳朝文的姐夫木公之態度尤值得注意：

　　　麗江土官木公之妾，（鳳）朝文之女兄，眾畏其兵悍，視
　　其順逆為從違，卿約會兵境上，告之曰：汝兵誠精，然賴累

---

16 「麗江土官饒金徵文，弘山力絕卻之。或請孺人曰：茲交際禮盡轉移，為子孫置產謀。屬色拒曰：遺子孫以清白，麗金何義？」錄自高𡌨，〈勅封孺人楊母陽氏墓誌銘〉，收入楊世鈺主編，《大理叢書・金石篇》，第10冊，頁102下。

17 徐霞客在麗江受木氏饋贈的細節，可參考徐弘祖，〈滇游日記〉，卷7，收入徐弘祖撰，朱惠榮校注，《徐霞客遊記校注》，頁933-941。

　　朝恩命而然，汝叛朝廷，兵不能叛汝耶。汝受厚恩而忘之，
　　兵受汝恩與汝之受朝廷者，厚不待較，一旦反噬何難？……
　　木公感泣，出兵二千往援會城，滇人曰：麗江兵難調也，由
　　是二酋失助瓦解矣。[18]

這是從鶴慶知府馬卿的角度所書寫的歷史。但在另一份同樣是馬
卿的人物志中，指出木公是武定府鳳朝文的姐夫，「陰藉為助」，
也就是私底下支持滇東鳳安之亂事，所以，馬卿約木公「會兵境
上，且諭以利害，木公感泣」。[19]正史對當時參與平亂的官員多所
著墨，而且多強調官員勸誡之勞或是平亂之功，殊不知在整個地
方社會的脈絡中，真正的關鍵是土官之間盤根錯節的網絡以及木
氏背後的支持，這些都是沒有浮出歷史檯面的地方運作。

　　換句話說，麗江木氏土官的優勢在於盛產金銀鹽井等利，其
居滇藏屏障，是官府倚賴的中介角色；再加上土官承襲徵銀與西
南各府窮於上納差發金銀等等外在局勢之變化，致使麗江成為控
制重要資源並得以順利向四周擴展政治勢力之土官。木氏勢力也
逐漸往南延伸到大理東部的雞足山。

二、山鄉腹地與雞足山佛寺

　　雞足山原名青巔山，位於洱海東部。自十五世紀以來，雞足
山突然成為天下名山，其盛名與逐漸深入山鄉的外在力量有關。

---

18 張萱，《西園聞見錄》（民國哈佛燕京學社印本），卷81，〈兵部〉，頁2651。
19 孫奇逢，《中州人物考》（欽定四庫全書），卷4，〈馬中丞卿傳〉，頁43。又
　　見朱睦㮮，〈右副都御史馬公卿傳〉，收入焦竑編，《國朝獻徵錄》，卷59，
　　頁232。

自明初以來，此地人口流動所造成之動亂不斷，持續幾近二百年之久，即前文所稱之鐵索箐夷亂。與此同時，山鄉社會仍有為數眾多未籍之夷民、未撫之酋；還有許多為採礦、逐利以及逃離治理而來的流動人口，新舊勢力雜居於此。時人對賓川地理環境的描寫如下：

> 鍾英東峙，雞足西盤。內擁赤崖、鐵索之盤區，外遶金
> 沙、洱水之天塹。

賓川州之西面為雞足山，東面為鍾英山，二者相互對峙；賓川之北有金沙江環繞北去，西有洱水為屏障，居於其中者為「赤崖」與「鐵索」，此為山鄉夷亂之核心區。[20]也因為雞足山緊鄰賓川之側，每當山鄉夷民勢力擴張到賓川時，山鄉西側之雞足山便成為雲南縣到北勝州之替代道路。雞足山也曾是山夷躲藏之處，更是官府「殺賊」必經之道。萬曆年間鄒應龍平定鐵索箐夷亂之時，徵召四周土兵部署於山鄉四周諸道，便指出：

> 它若三岔、白草嶺、乾海子、雞足山、鸚鵡郎等地，此皆
> 殺賊所必走道也。因下令三姚賓川諸軍，皆深溝固壘以待。[21]

許多參與動亂之夷民亦流竄往雞足山。更重要的是，雞足山山形猶如雞之三爪，往西有山脈走通鄧川；往北有山通羅川（今黃

20　高奣映著，侯沖、段曉琳點校，《雞足山志點校》，卷1，頁43。

21　〈鐵鎖箐羅思諸夷列傳〉，收入瞿九思撰，《萬曆武功錄》（合肥：黃山書社，2002，北京大學圖書館藏萬曆刻本；台北：中央研究院歷史語言研究所微卷），卷6，頁253。

坪），經鶴慶，抵麗江府；往南經煉洞、賓川抵雲南縣。我們必
須仰賴昔日行旅之紀錄來認識當時此孔道在山鄉腹地之重要性，
明人馮時可抵雞足山時，描寫其山勢：

> 在賓、鄧兩州界，雖深山，實孔道。辛亥季秋，余將行部
> 賓川，日晡宿官署，丁未飯五福寺，再飯懷恩寺，竟日暮始
> 至廣恩寺，乃施榻寺在茂林中，後倚雞足，前列鶴慶諸山，
> 如設屏焉。[22]

雞足山雖在深山峻嶺之中，但實為交通往來之孔道。其向北延伸
越過鄧川州界通往鶴慶，佛寺在深山孔道接待往來行旅之官員與
商賈，擔任驛站與旅店的功能。佛寺在官府治理不及之處具有類
官方延伸機構的意味。徐霞客受木氏土司之邀約，由雞足山到麗
江府時，也指出雞足山與周遭腹地之關係：

> 山後即羅川地，北至南街，皆鄧川屬，與賓川以此山脊為
> 界，故絕頂即屬鄧川。而曹溪、華首，獨隸賓川焉。若東北
> 之摩尼，則北勝、浪滄之所轄，此又以山之東麓雞坪山為界
> 者也。[23]

指出雞足山三爪分別延伸到西北、東北以及南方三處，其山脈也
通往鄧川、北勝以及賓川三州之邊界。它含括州縣山鄉交界地

---

22 馮時可，〈再遊雞足山記〉，收入錢邦芑纂，范承勳增修，《雞足山志》，卷
   8，頁515。

23 徐宏祖撰，朱惠榮校注，《徐霞客遊記校注》，〈滇游日記〉，卷5，頁887。

區，看起來是一個很不重要的邊陲地帶。但是，隱藏在這條山道背後是我們在史料中看不見的地方脈絡，即傳統不同人群往來之通道，以及因應銀礦開採所帶動的人口流動及新興勢力的崛起。（圖14.1）

　　雞足山北向通道經由羅川、佛光寨、南衙、北衙銀場，這些地點都是明朝重要銀礦硐廠。其中有南衙道與北衙道二山道，徐霞客曾言「二衙俱銀礦之廠，獨以衙稱者，想其地為盛也」其地「市舍復夾道，蓋煉開爐之處也」[24]。徐霞客當時便是沿著這一條羅川道往北經鶴慶通往麗江。明末之時，在此山間孔道中，已有許

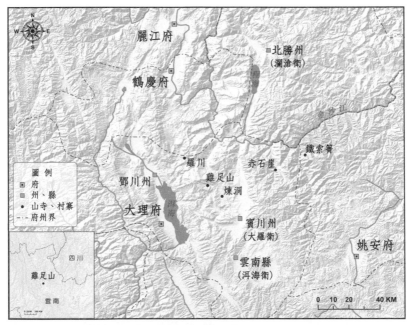

圖14.1　明朝大理府之雞足山與四周山鄉腹地（李玉亭繪製）。

---

24 徐宏祖撰，朱惠榮校注，《徐霞客遊記校注》，〈滇游日記〉，卷5，頁923。

多麗江土官木氏所修建之橋梁、茶亭、哨房以及佛寺庄院等等，可知此山道先有煉銀開爐，商旅往來，到了明晚期，麗江木氏土司由麗江府南下在鶴慶、鄧川，逐漸延伸到大理府境內之山鄉羅川道。[25]除了往北之羅川道，雞足山南下之煉洞、白塔一帶已是明初官採銀廠之所在地，前章已提及，不在此贅敘。

　　山鄉原是土酋政治領域的一部分，隨著夷民動亂，外來之行政軍事機構逐漸進入山區，土官如何進入山鄉協助官府治理山鄉，便涉及了土酋、土官以及官府等不同勢力在區域社會中相互交涉、競爭與消長的過程。而雞足山之所以逐漸受到重視，與此時朝廷力量深入山鄉以及四周土官勢力趁勢崛起有關。

　　隨著夷民、外來軍隊、開荒移居等不同人群的進入，他們分別對雞足山進行了不同程度的描寫，也展開了各種不同性質的開墾活動。前面已提及官辦銀廠，採辦內臣還重修當地之賓居大王廟。需要注意的是，官方既已在雞足山附近之賓居、白塔等處採銀，衛所軍隊之勢力也隨之進入到此地。雞足山出土較早的佛寺常住碑刻〈雞足山石鐘寺常住田記〉刻於正統九年（1444），指出雞足山是一座至神至靈的神山。其內容記載著：「雞足，天下名山也。風景靈異之跡，聖賢標指之名，不盡縷紀。」[26]這是一批永樂年間在雞足山山腳煉洞甸開荒成功的地方檀越所撰的碑刻，其因為開荒得田，合力捐給雞足山石鐘寺常住土地。也在同時，石鐘寺已歷經少林寺僧人重修，並由其持寺務。[27]所以，當這批開荒的檀越將土地捐給石鐘寺時，還要請「雲南都司事都指揮使」

25　同上注。

26　陳淵撰，楊黼書丹，〈雞足山石鐘寺常住田記〉（1444），收入楊世鈺主編，《大理叢書・金石篇》，第10冊，頁45下-46上。

27　高奣映著，侯沖、段曉林點校，《雞足山志點校》，卷5，〈建置〉，頁199。

定奪，可知新興之軍隊勢力逐漸進到雞足山山腳腹地。[28]

再者，山鄉「盜匪」頻仍，四周土官受朝廷徵調前往剿亂，我們也得以觀察到洱海東岸山鄉政治網絡逐漸成形。其中有二位土官特別值得留意：鄧川州土官阿氏以及北勝州土官高氏。阿氏是早先自南方移居到大理的白夷，又稱為百夷。大理總管府時期，段氏曾將大理東邊比較炎熱的地方賜給白夷人，也就是阿氏的祖先。據景泰《雲南圖經志》記載：「在海東牛井者，曰小白夷，服食器用，與漢僰不同。傳云：段氏時，海東地廣民稀，又炎熱生瘴癘，乃於景東府移此白夷以實之。」[29]段氏以海東氣候炎熱，地理條件與南方白夷人生活習性相似，故遷白夷以實其地。再者，據《鄧川舊州阿氏族譜》收錄李元陽所撰寫的〈郡侯阿氏世譜碑記〉記載：阿氏祖先源自南方鹿峒國思氏，是為百夷之主，其王子分轄威遠州，諡刀。元末，有刀哀者避亂於老撾，復與沅江知府白長官司聯姻，是為阿氏始祖。刀哀的兒子名阿這，「應段氏舉孝廉賢良知鄧賧事」[30]。因為賢能，段氏令其主事鄧川州。阿氏後來屢受徵調，率領南方百夷之夷兵轉戰車里、老撾、元謀與賓川等地。[31]這些文字似乎可信，李元陽在《大理府志》也曾提到賓川有一批歷經盜匪劫掠的百夷人，其文指出：「高崙督捕，盜乃屏息，流徙之民漸復歸業。……。其種田皆是百夷，百夷有信而懦弱。」[32]佐證了百夷在賓川從事農業生產的情形，十六世紀，其經歷盜匪「劫掠」，故在當地留下夷田的痕跡。換句話

28 陳淵撰，楊黼書丹，〈雞足山石鐘寺常住田記〉。

29 陳文，《（景泰）雲南圖經志》，卷5，〈大理府條〉，頁76。

30 李元陽，〈郡侯阿氏世譜碑記〉，《鄧川阿氏族譜》，頁778。

31 阿惟愛，〈鄧川舊州阿氏族譜簡述〉，《鄧川阿氏族譜》，頁756。

32 李元陽撰，《（嘉靖）大理府志》，卷2，頁81-82。

說，百夷早在明初以前便已定居在賓川鄧川一帶。羊塘里便在賓川往鄧川之中樞位置，也是鄧川阿氏祖庄所在地。

在赤石崖亂事中，鄧川阿氏也受徵召入山招撫夷民。雲南巡撫鄒應龍欲蕩赤石崖時，調派鄧川州土官阿國禎以及其轄下之土兵征伐之，論功敘賚。《滇志》記載阿氏土官如下：

> 鄧川州土官阿這，羊塘里民。……所部皆爨屬，強者依山，弱半附郭。嘉靖中，阿國禎以兵一千奉調征安鳳，後又以兵一千從督撫鄒侍郎蕩赤石崖，論功，敘賚如例。[33]

阿氏土官居處羊塘里，位於鄧川東山一帶，此地又稱羅川，即今日之黃坪。其位於雞足山後，扼守著雞足山通往鶴慶、麗江之重要孔道，前已敘及。然而，元末以來之百夷下落如何未可知，但阿這土官「所部皆爨屬」，所統領多為山上強夷，並轄有大理西北部山鄉十位土巡檢，其在大理四周山鄉的勢力不容小覷。[34]

同時進入山鄉的還有北勝州土官高氏的勢力。嘉靖二年（1523），適值鐵索箐夷四處流竄之時，兵備副使姜龍令大理北方北勝州土官高崙負責督捕山鄉亂事，令他到賓川煉洞一地緝捕盜賊並安置山鄉流民；[35] 李元陽的《大理府志》記載其事：

> 煉洞……因鐵索箐赤石崖諸夷為盜，民不安業，棄田而去。嘉靖二年，兵備副使姜龍，以賓川地，行令土官府同知

高嵩督捕盜，乃屏息流徙之民，漸復舊業。獨古渠工費頗
鉅，官不為倡，田猶荒阨，二十五年（1546），知州朱官察
知其實，方擬作渠，會遷官不果。[36]

引文提到嘉靖二年姜龍前往平定鐵索箐亂事，令北勝州土官高嵩
到賓川協助捕盜，安撫流民，恢復夷民舊業。從文中提及修復
「古渠」之句來判斷，可知昔日該地已有古渠供夷田灌溉之用，
其夷民社會也有農耕社會之規模。然，當時因為修復古渠之經費
沒有著落，歷任之官員皆不得其法。除了高嵩受徵召到山鄉招撫
夷民，其子高德、孫高承祖等也陸續參與後續之剿賊與招撫事
業。乾隆《永北府志》記載當時土官之績業：

〔嘉靖〕二十八（1549）年，〔高嵩〕奉調領兵到赤石崖、
螳螂、古底、我打哨等處，擒獲強賊周保、周迫，地方寧
息，撫按總鎮會議，即將赤石崖等處地方委令管理。
　　高德，嵩子，嘉靖三十三年（1554），告襲父職，十月赤
石崖等處夷賊復叛，奉調領兵前往擒獲賊首周□等餘賊，招
撫復業。
　　高承祖，……萬曆元年（1573），奉調領兵征平鐵索箐賊。
　　高世懋，嘉靖二十四年（1545）父故，方六歲，族目人等
保舉嫡母木氏撫孤管理地方。[37]

由於正史與志書對土官描寫有限，我們很難得知土官高嵩在招撫

36　李元陽撰，《（嘉靖）大理府志》，卷2，〈水利・賓川州〉，頁108。
37　陳奇典，《（乾隆）永北府志》，卷25，〈土司〉，頁138。

流民時是採取什麼樣的方式來組織社會。但是，從高崙、高德到高承祖三代土官皆奉令徵調平賊亂，嘉靖二十八年之時，撫按總鎮「委令管理」赤石崖，後又「招撫復業」，可知北勝州高氏土官投入山鄉治理，對於山鄉夷民夷地之治理扮演重要的角色，這應是無疑的。

北勝州和鄧川州自古便有通道南下山區，二地之土官前往招撫與圍剿流民，在地緣位置具有一定的重要性。除了北勝州和鄧川州二位土官，當時位於滇中的姚安府土官也值得注意。萬曆年間，滇東鳳氏土官殘餘勢力延及鐵索箐時，姚安高氏土官族內抱持二種不同的態度：土官高鳳積極參與官府軍事徵調，他自山鄉東側進入賊藪，平定苴卻賊匪、白鹽井的豪灶，也「降服鐵索箐夷玀，暨北界結喇等八村俱入版圖，招撫納糧加報戶口六百七十夷丁」等等。這位高鳳經歷徵調八征八捷，功績甚偉。姚安高氏開始和麗江府保持比較頻繁的聯姻關係，也是始於高鳳，他娶麗江木氏女。[38] 相對地，在另一方支持鐵索箐夷亂的姚安土官前後有高欽與高鈞二位，他們對山鄉亂事之態度模稜兩可，可能與其世系內部的分化及其所代表的利益不同有關。不論是站在官府或是山鄉夷民的立場，地緣政治本來就有其動態性的一面。高氏與雞足山的淵源還有一事值得加以注意：大理國時期有二位身分尊貴的高氏祖先淨妙禪師與慈濟大師出家為禪僧，據說就是在雞足山修行。[39] 故姚安高氏長期護持雞足山之佛寺塔院。高奣映的父親在明亡之際又出家於雞足山，高奣映後來重新編纂《雞足山志》等等，這些都是雞足山腹地之地緣政治條件。

38 《崇禎二年高氏家譜》，高氏後裔複製，2003 年。

39 高奣映著，侯沖、段曉林點校，《雞足山志點校》，卷 7，頁 264-265。

　　這些新舊勢力進入山鄉腹地後，紛紛在雞足山興建佛寺。土官捐建了幾座重要的主寺，前往招撫的官員也捐建庵院，其目的無非是以佛教導化夷民，消弭動亂之暴戾氣氛。當時積極參與建寺的土官包括：北勝州高氏、姚安高氏、麗江木氏、鄧川阿氏、洱海土縣丞楊氏，甚至還包括了南方威遠州土官刀氏等等。[40]

　　雞足山有幾座重要的主寺。其一是迦葉寺，正德年間北勝州土知州高世懋應僧人圓成之募，捐資鑄銅瓦，將之改為傳燈寺。其因以銅為瓦，此寺又名為銅瓦殿，是雞足山主寺之一。[41]李元陽曾修復之，又稱之為迦葉院。[42]從北勝州土官高崙、高德到高承祖三代奉令徵調，到第四代高世懋在雞足山捐建傳燈寺，說明了北勝州高氏土官在幾近百年內，被官府授權治理經營其南方之一大片山鄉。重要的是，外表看來佛寺是由土官興建護持而成，但其實，這些土官卻往往以奉母命為由修建佛寺塔院。其中如土官高世懋年幼喪父，其母木氏「撫孤」並代兒子高世懋管理轄地。這位出身麗江府木氏之女，於推動高世懋在雞足山興建佛寺時扮演重要的角色。後文將提及的木增建寺，也有其強烈的母政色彩。佛寺不僅只是宗教信仰的一種表達方式，也是土官政治勢力之延伸。

　　另有一座迦葉殿，又稱為袈裟院，與鄧川州之土官世家有密切的關係。據《雞足山志》記載，迦葉殿是嘉靖三十一年（1552），由僧人元慶向鄧川州土官阿子賢勸募興建，復由土官阿國楨重修。萬曆四十年間（1612），土官阿岑增修迦葉殿，僧人

40　高奣映著，侯沖、段曉林點校，《雞足山志點校》，卷5，頁198-227。

41　高奣映著，侯沖、段曉林點校，《雞足山志點校》，卷5，頁203。

42　李元陽，〈雞足山迦葉院記〉，收入氏著，《中谿家傳彙稿》，卷8，頁40。

又向姚安土官高鳳募建萬佛銅塔。[43]可知鄧川州阿氏土官幾代間是
迦葉殿之主要檀越。然而，《雞足山志》所記載的阿子賢訊息和
阿氏墓誌所呈現之時間不符，阿子賢是鄧川州第二任土官，據阿
氏留下之墓表指出，阿子賢卒於洪熙元年（1425），不可能在嘉
靖年間籌建迦葉殿。[44]嘉靖年間之鄧川土官應是阿榮宗。

　　第三座佛寺是大覺寺。嘉靖四十二年（1563），僧人儒全向
洱海土官楊宗堯募建小庵，到了萬曆三十年（1602）僧可全又向
姚安土官高齊斗募資擴寺，將此小庵拓建成為大寺，是為大覺
寺。這座大覺寺後來成為姚安土官高氏之家族佛寺，明亡時，姚
安土官高𤩽出家於此，其子高𤩽映復建大殿，捐常住，每年在山
上舉辦香客齋茶等事，每遇其父母忌日亦在寺中延僧誦經舉行法
會。大覺寺儼然是高氏土官薦亡祭祖之所在地。雞足山佛寺雖然
有的由土官主導，有的由僧人向土官募勸，然還是可以看出雞足
山在地緣政治中的宗教地位。

　　除了土官建佛寺，官員將佛寺視為有助教化夷民之重要平
台，也積極倡導佛教。當時，雞足山腹地之新附地區有二座佛
寺，一是慶豐寺，一是水月觀音寺，從其建寺歷史可知佛寺對安
撫山鄉夷民具有象徵性的政治意義。

　　慶豐寺位於雞足山山腳，其緣於官府招撫山鄉夷民，與夷魁
在慶豐寺相互和談，雙方以其作為誓盟之所，以示不忘之志。外
表看來，慶豐寺只是官府和夷酋立約之處，但此寺不僅止於行為
教化的規範，也具有水利灌溉的功能。其寺旁有甘泉，此泉水成

---

43 高𤩽映著，侯沖、段曉林點校，《雞足山志點校》，卷5，頁199

44 楊南金，〈鄧川州土官知州阿氏五世墓表〉，收入楊世鈺主編，《大理叢書・
　金石篇》，第10冊，頁71下-72下。

為灌溉良田重要源頭，佛寺也成為統籌鄉里水利之所在。在農業治理的過程中，慶豐寺興建的個案告訴我們：佛寺象徵著官夷誓盟的所在地，也是國家與鄉里社會相互建構彼此合法性的基礎。[45]這種例子在大理附近相當多，尤其是土著移徙重新建立新的村落時，往往共同興建佛寺以盟其志。

另一佛寺是水月觀音寺，又稱為赤川觀音寺。赤川，又名赤石崖，位於山鄉夷亂之核心區。期間，官府入山撫亂，曾短暫安撫赤石崖夷民，將收拾之叛產夷業，用來修建赤石崖城垣、公署與廟宇等等，安置流民。[46]但夷亂撫之又起，最後官府依據觀音顯靈的傳說故事新建一座觀音寺，令受降夷民輪流供奉。這座水月觀音寺有一段特別的傳說：萬曆年間，雲南巡撫鄒應龍奉命到大理山鄉剿賊亂，直搗赤石崖。當時，他在山腳下看見一位白鬚老人，忽立於巖前，忽而消失不見。其甚感怪異，遂以觀音默示為由，建立了水月觀音寺，供奉白鬚老人觀音。白鬚老人的傳說在大理相當普遍，且具有悠久的歷史，祂在夷民心中的地位也根深柢固。自古以來當地便崇奉觀音，尤其是男性觀音，以其為南詔大理國之開國觀音的化身，而白鬚老人也被視為觀音化身。史書塑造這樣的傳說，無非是要強化官府平亂的合法性，也藉此宣示官府在山鄉建立政治正統性的地位。所以，鄒應龍不僅將他所看到的白鬚老人附會成具有正統地位的觀音，也試圖興建觀音寺來整合那些由盜匪身分轉入赤石里的夷民。

鄒應龍不僅興建了水月觀音寺，還將赤石崖諸夷納入里甲，

45　李元陽，《中谿家傳彙稿》，卷8，〈雞足山慶豐寺記〉，頁29-30。

46　李元陽，〈赤川瞼叛重修城垣公署記〉，內容記載官府修建賓川城署，守備如何便將叛產夷業用來修建村落、屋宇，並且修建寺院的情形。收入楊世鈺主編，《大理叢書·金石篇》，第10冊，頁92上。

設置了赤石崖里，轄有四十村。據地方碑刻指出：此寺建後，觀音甚為靈驗，每每託夢給鄉民，令各村相互迎請供奉。自萬曆建寺後，每年於三月十五日由赤石崖四十村輪流恭迎觀音，「遞為迎送，勝會巡臨」，直到七月中旬中元節，又復將觀音送回水月觀音本寺，這種巡行活動一直持續到今日。據筆者實地考察，該地計有四十村，每村迎請觀音到村內供奉三日，觀音在諸村巡遊共計120天，與廟碑所言之三月十五至七月十五共計120天，其數相互吻合，也就是萬曆亂平後至今日，奉迎觀音輪流供奉，其情不減。地方傳說：凡觀音巡行之地，即瘴癘不作，蝗蟲不生，風調雨順。[47]看來，這座水月觀音寺不只是一座佛寺，據明朝對鄉里儀式之設置來看，此觀音是赤石里四十村的守護神，也是一座鄉村儀式的聯盟中心。觀音屢入鄉民之夢的真實性很難加以驗證，但鄒應龍採用觀音示現的靈驗傳說來強調官府治理山鄉的合理性，可知當時之官府與山鄉夷民雙方依循觀音巡行的方式，找到政治的平衡點。

　　水月觀音寺不僅是山鄉村落聯盟之中心，其住持僧人也委由雞足山寺僧分派而來。天啟年間（1621-1627），赤石崖分巡萬公巡行到此，以觀音屢有顯靈之故，到佛寺中禮拜，後又捐貲延請雞足山覺華庵僧人前來，住持水月觀音寺。自此以後，赤石里四十村便與雞足山覺華庵支派僧人脫離不了地域性儀式的從屬關係，這種情形一直持續到清中葉時期。[48]赤石崖里水月觀音寺的設

---

47 〈赤石崖觀音寺碑記〉（1799），收入楊世鈺主編，《大理叢書・金石篇》，第10冊，頁176中下。

48 天啟二年（1622），赤石崖分巡萬公捐貲，從雞足山請了一位住持，並設下了佛寺香火，儼然成為一座具有常住的佛寺。〈赤石崖觀音寺碑記〉（1799），收入楊世鈺主編，《大理叢書・金石篇》，第10冊，頁176中下。

置，清楚勾勒了地方社會如何透過佛寺莊園將山鄉夷民和明朝鄉里架構組織在一起，其鄉里儀式專家仍然仰賴該地具有威望的僧人來擔任。雞足山寺僧派駐水月觀音寺，一方面滿足了赤石崖里40村村落聯盟為明朝鄉里賦役的單位，另一方面也重新恢復佛寺和僧侶在基層社會所扮演的儀式角色。如此一來，官府透過佛寺對基層社會進行政治性整合，而地方夷民則透過佛寺重新建立村落聯盟。佛寺和僧人成為山鄉社會與官府之間最為安全的代理人。

　　另外，官員也積極在雞足山上興建佛寺閣塔。具體的作法是官員購置山鄉土地捐作山寺常住土地，以僧人與佛庵作為治理山鄉社會的中介單位，如此也使雞足山佛寺的勢力延伸到山腳周遭之村落。萬曆以來，任職賓川州牧者，若想要有所作為，多以興建佛寺的方式來穩定地方秩序。外表看來，興建佛寺是為了教化，但其有更具體的作用。賓川州牧廖士伸在萬曆年間奉檄賓川之時，捐四百金為之勸募三摩禪寺。[49]明末賓川州守蔣爾第，復奉憲檄，「徵他州贖鍰」，買百金之田，以為雞足山天長閣之常住田。[50]對賓川州牧而言，山鄉治理繁瑣，又無能派員治理，山鄉盜匪招撫復平，若將這些無人之田捐入佛寺常住，委由佛寺僧人來管轄山鄉之土地，一者可以教化夷民，一者又可鞏固地方社會的秩序，佛寺無異成為轄區內最為穩定的一股社會力量。如此一來，官府只需要向佛寺徵糧，便省去向山鄉百姓徵銀之困擾。清初姚安土官高奣映在其《雞足山志》中提到：「昔主政者，知捨佛無以輔教，御史巡方，多以鍰贖置田為常住。」[51]指出這些官員

49　錢邦芑纂，范承勳增修，《雞足山志》，卷10，頁630-632。

50　錢邦芑纂，范承勳增修，《雞足山志》，卷10，頁627-630。

51　高奣映著，侯沖、段曉林點校，《雞足山志點校》，卷8，頁316。

皆深刻認識到山鄉治理之困難，故捐建佛寺招撫夷民，其教化目
的自不待言，夷民自然心悅誠服成為良民。而官員教化夷民的具
體方式，是使其成為受到佛寺庇護之良民，也是佛寺常住裡之佃
民。從山鄉新附村落與雞足山寺僧關係可知，佛教寺院已成為山
鄉流動人群間相互組織、動員以及維繫關係的一種機構式建置。

　　明朝之山鄉治理，順應著這樣的地方傳統，視僧人與佛寺為
維持社會運作的政治機制。官員捐建佛寺之政治寓意相當濃厚。
佛寺作為官府治理山鄉的延伸性機構，也被充為官員巡訪往來接
待之所，後來竟被納入整個山鄉夫馬差役攤派體系之中。明末崇
禎《鄧川州志》記載著坐落在其轄境內的雞足山佛寺「應院道巡
臨」接待夫馬之役的情形。[52]陳垣在《明季滇黔佛教考》也提及僧
徒降龍與拓殖本領之種種，這些討論都應該回到佛教的地方脈絡
來討論：即西南地區之山鄉治理，與尋找水源有關係，故佛寺與
僧人往往在山鄉扮演著資源分配、整合不同人群與基層社會教化
的角色。[53]對官員而言，雞足山的佛寺不只是具有教化意義的政治
設計，也是政治不及之地的延伸性機構。當然，其他士子文人流
寓者在雞足山捐建佛寺的情形也相當普遍，如大理士子李元陽在
雞足山建佛寺數量最多，他很可能便是出自於復興傳統文化為志
業。[54]

52　艾自修，《（崇禎）重修鄧川州志》，卷12，〈祠祀志〉，頁91。

53　陳垣，《明季滇黔佛教考》，卷4，〈僧徒拓殖本領〉、〈僧傳開山神話〉（台
　　北：彙文堂，1987），頁159-177、頁178-190。

54　李元陽正德年間曾在雞足山築室讀書，嘉靖年間解職還鄉時，入山修寺，由
　　他捐貲修建有佛殿庵院便有普光殿、放光寺、傳衣寺、龍華寺、賓蒼閣、持
　　待寺、大士庵、淨雲庵、觀音庵、傳燈寺、千佛閣、雷音寺等等。高奣映稱
　　「雞足之盛，惟公為首」。見高奣映著，侯沖、段曉林點校，《雞足山志點

　　直到萬曆年間土地清丈，雞足山之佛寺便與四周土官以及州官產生更具體的緊張關係。

三、崇祀典與土地貨幣化

　　明末士大夫以檀越身分捐修佛寺相當普遍，學者卜正民（Timothy Brook）認為這是地方精英透過修建佛寺與護持佛教作為投入公共社會與文化活動的表現。[55]這種現象也發生在西南地區，但是對土官與流官而言，他們的動機在本質上與江南士大夫不同。有別於在公共領域累積社會聲望，佛寺更像是土官莊園經濟的一部分，土官與佛寺並不是私有財產制度下的個人與土地間的關係，而是透過佛寺形塑了莊園經濟的規模，也用來作為帝國與土官社會緩衝的儀式機構。土官和佛寺相互成為一套互為表裡的政治體系，是地方傳統政治的運作方式。官員的職責至少必須維持地方穩定，於是他們很快地學習並仿效土官既有的傳統治理技術，以興建佛寺護持佛教來達到鄉里治理的效果。

　　雞足山腹地在經歷二百年動亂之後，被劃歸三股不同的政治勢力：部分山鄉劃歸大理府賓川州管轄；又因增置大羅衛，復列入軍事衛所體系；當衛所無力入山剿亂之時，又徵調土官入山鄉招撫流徒之民。故雞足山至少有流官、衛所與土官等三種不同的政治勢力。萬曆年間施行賦役改革，流官州署開始負責清丈土地，山鄉不僅面臨土地清丈，更大的問題是如何釐清流官與衛所

　　校》，卷6，頁247。

55　Timothy Brook, *Praying for Power: Buddhism and the Formation of Gentry Society in Late-Ming China* (Cambridge: Harvard University Press, 1994).

之間的土地、土官私庄與佛寺寺田等等錯綜複雜的關係。

　　賓川州之土地多寄託佛寺，亦有衛所軍營於其間，土地從未正式登記造冊。適值萬曆年間在全國推動土地清丈造冊事宜，才發現佛寺土地往往為民所占，萬曆八年（1580），雲南兵備道令賓川州以「為清查寺田以崇祀典，以蘇民困事」為由，發佈了一份清丈土地的公告，要求釐清寺田、軍田與民田，並令雞足山各庵僧將寺院田地稅糧租穀數目，勒石碑內，以公告天下。[56]雞足山的佛寺與僧人也重新面對新的挑戰。

　　這段期間護持雞足山佛教的三位土官勢力特別值得注意：一是北勝州高氏土官，一是鄧川州阿氏土官，此二者因隨明軍徵調前往平亂，先後在雞足山建佛寺，前文已略提及。另一股勢力，也是稍晚進入到雞足山的是麗江木氏土官。以下分別加以論述。

　　正德年間，北勝州土官高世戀應僧人圓成之請，在雞足山捐建傳燈寺。他之所以捐建傳燈寺，並不是一樁偶發性的事件。他的曾祖父高崙、祖父高德以及父親高承祖三代皆受官府徵調前往山鄉平亂，官府令其代為治理山鄉夷民社會。再者，北勝州土官很可能將被招撫之夷民納入統轄，並透過雞足山之佛寺來處理土官離境飛地的問題：萬曆十五年（1587），慈聖太后懿命頒賜「免條編雜賦」，免除雞足山寺的土地條編雜派的敕令，可知其梗概：

　　　　茲恭承聖母慈聖宣大明肅皇太后懿訓，命將雲南雞足山年納大理府直隸北勝州糧稅一千二百八十四石，所有條編、丁

───────────
56〈大士庵常住碑記〉，收入楊世鈺主編，《大理叢書・金石篇》，第10冊，頁110中。

差、雜款，悉行豁免。嗚呼！教崇恭默，敦以克孝克誠，政尚慈明，貴期輔仁輔義。仰從聖母之慈誨，永慶萬□於文修，勒石以垂，違者不敬，故諭。萬曆十五年八月十六日。[57]

這是一份由萬曆母親頒定的旨意，從敕令內容得知，萬曆土地清丈後，賓川的雞足山寺被視為一個納糧的單位，每年向大理府直隸北勝州繳納糧稅1,284石，還有條編丁差雜款等等雜派。然其潛脈絡指出雞足山糧稅歸北勝州，提供二個重要訊息：一、北勝州土官奉令招撫山鄉時，將山鄉土地納入雞足山的佛寺下代為管轄。二、雖然他將賓川州之山鄉土地捐給雞足山的佛寺，但雞足山之佛寺仍需向北勝州納糧。也就是說，早期山鄉治理委由北勝州土官就近代理，嘉靖年間，北勝州土官高嵩就將其部分招撫山鄉之地捐建雞足山佛寺，委由佛寺代理。此地雖屬於大理府流官州縣之轄地，在平亂過程中卻成為土官的離境飛地，依照大理地方傳統，此佛寺就是土官領地之代理機構。

　　對北勝州土官而言，其更大的衝擊來自於土地清丈，賓川州治流官企圖將其州內土地予以清丈，並將轄境內之丁差攤入地銀之中，使得土官在雞足山的這片飛地也被捲入賓川州之條編與雜派之中。照理來說，土官轄境的佛寺常住土地理應免於流官之丁差雜派，然而從這份敕文強調僧人「不需」服差役，「故寺院土地仍舊應免其條編」的句子來看，其情形似乎正好相反。其事實是雞足山僧寺往往因為常住土地而被捲入丁差雜派的沉重負擔之

---

57 〈神宗皇帝奉慈聖太后懿命免條編雜賦敕〉，收入高奣映著，侯沖、段曉林點校，《雞足山志點校》，卷10，頁366-367。有意思的是，由錢邦苧纂，范承勳增修之《雞足山志》竟未錄其敕文。

中。佛寺若需承擔地方官府攤丁入地之雜派，這將對佛寺造成極沉重的負擔。是以，當寺僧向皇太后要求免除雜派等請求之時，背後便涉及了土官在雞足山寺既有支配地位已逐漸受到來自流官施行土地清丈的威脅。佛寺一旦面臨流官之土地清丈，山寺常住也將被捲入雜派，遂有皇太后免去了山寺「丁差雜款」之敕文。此一敕文正說明賦役改革時，土官和流官對雞足山佛寺的經營權和治理權的競爭問題。

再者，明末與清初出現二份碑刻〈詳允雞山直隸僧戶碑〉與〈豁免雞足山雜差門戶采買碑〉，也是雞足山寺僧集體向官府呈請豁免位於羊塘里之佛寺常住之雜差的碑刻。其內容記載了雞足山山寺之常住土地位於鄧川州之羊塘里，故山寺必須向鄧川州納一筆175石餘糧稅。[58] 羊塘里原來是鄧川州阿氏土官的祖庄，據志書記載：

> 羅陋川，即羊塘里四十八村，皆威遠州白夷，隨土官始祖阿這歸附而來，遂為一里。管檬豬峒為聽調製造器械之用，後以地遠田產多賣與軍商。[59]

這裡指出羊塘里是鄧川阿氏土官的祖庄，其地多專門製作器械之所在，但後來將這塊地賣給了軍人和商人。羊塘里從鄧川土官之

---

58 見〈鄧川州奉道府廳明文碑〉、〈詳允雞山直隸僧戶碑〉、〈豁免雞足山雜差門戶采買碑〉，均收入錢邦芑纂，范承勳增修，《雞足山志》，卷9，頁650-683。

59 艾自修，《（崇禎）重修鄧川州志》，卷3，〈風境志〉，頁15。「鄧川州土官阿這，羊塘里民。」見劉文徵纂，古永繼校點，《（天啟）滇志》，卷30，頁974。楊南金所撰寫之〈鄧川州土官阿氏五世墓表〉也記載了始祖阿這便葬於「羊塘里羅城山」。

祖庄變成軍商之地，復又成為雞足山寺的常住田，可能是在以下二種情形下發生的：一與上述北勝州情形類似，阿氏土官將羊塘里之祖庄寄託於佛寺之下。二與鄧川州土官阿氏將其祖庄之地轉賣有力之人，此復又成為雞足山寺之常住土地。[60] 上述的引文，應該是指後來之商人與軍人將羊塘里轉賣或捐給雞足山作為佛寺常住土地。

　　羊塘里，又稱為羅川，其位居附近重要之南衙與北衙二大銀廠之間，也是扼守著雞足山往西北通往鶴慶麗江之山間孔道。[61] 羊塘里之土官祖庄後來流入佛寺，是土地貨幣化的後果。嘉靖年間，朝廷制定土官承襲納銀之制，土官為取得承襲所需之銀兩，故將土地轉賣商人以換取白銀，導致土官轄境土地之貨幣化。[62] 約在同時，雞足山出現僧戶這種身分，指的是具有度牒身分的僧侶，因其名下有田糧，是以官府將之造冊納糧，稱之為僧戶。[63] 僧戶之所以獲得羊塘里土地，或為阿氏土官捐地，也或為軍商捐

---

60 阿氏土官將羊塘里土地轉賣給後文將會提到的麗江木氏土司以外，也賣給雞足山寺的僧人。雞足山寺有〈寂光寺田產碑〉（1627）一碑，碑中有僧人真法買到鄧川州土官名下之地復捐給寂光寺的情形。見楊世鈺主編，《大理叢書·金石篇》，第10冊，頁129中。

61 羊塘里北可通鶴慶麗江，南抵雞足山，其地位置極其重要。明末徐霞客由雞足山入麗江時，便由此徑前往，沿途橋梁與庄房多木氏勢力之延伸，更北又可抵南衙北衙，是明朝大理重要之銀礦產地，可知其情景。徐弘祖撰，朱惠榮校注，《徐霞客遊記校注》，〈滇游日記〉，卷6，頁919-923。

62 參見羅勇，〈明代雲南土官襲職制度研究〉，《學術探索》，3期（昆明，2013），頁89-98。

63 雞足山之寺院經濟以及僧戶身分的出現還需要進一步的研究。嘉靖年間雞足山出現以僧為戶的情形，其僧戶需向州官勘明給帖，以免雜派。〈寂光寺田產碑〉（1627）碑中提及嘉靖三十二年賓川州菥村里拾甲僧戶，年納稅糧情形。見楊世鈺主編，《大理叢書·金石篇》，第10冊，頁129中。

地，不得而知。問題就在賦役改革以後，州縣官府想將僧戶土地納入雜派的攤銀對象，使得這些僧戶不斷向官府申明其免於雜派之苛擾。一份明末崇禎年間〈鄧川州奉道府廳明文碑〉記載了：羊塘里土地被課以175石4斗3的賦稅，其糧編在鄧川州里甲項目之下，因此被附以「里排科派侵收」。雞足山寺僧人聯合向金滄道、大理府等「院道府老爺」批允置直隸僧戶，輸納正賦，免一切夫馬雜差。[64]此文內容本質上與上述之萬曆敕文相仿，但請求對象層級不及皇帝，止於院道。可知，鄧川阿氏土官之羊塘里祖庄已成為雞足山山寺之常住田，復因雜派苛擾，雞足山僧成立僧戶向官府要求免其常住土地所擔負之丁差雜派。即便如此，羊塘里之土地仍然擺脫不了來自鄧川州里長強制施行的各項門戶採買以及夫差之雜派。明末以來，沉重之夫馬雜役等差擴及山僧，僧寺逃散情形極其嚴重。清初雖屢豁免雜差，但流官知州里長等新興勢力，仍不斷地將夫馬雜派攤到寺院之中。學者陳垣對雞足山僧派系諍訟以及世俗化之描寫，應與雞足山背後土流政治勢力競爭、土地清丈乃至地方財政緊張有關。[65]

　　雞足山寺常住田土的問題也可以從清初范承勳所撰寫的《雞足山志》序文得知，他在序文中提到：「至於山寺土田，多在賓、

---

64 見〈鄧川州奉道府廳明文碑〉、〈詳允雞足山直隸僧戶碑〉、〈豁免雞足山雜差門戶采買碑〉，見錢邦芑纂，范承勳增修，《雞足山志》，卷9，頁650-683。雞足山石鐘寺寺前一石碑〈石鐘寺常住田記〉，內容記載了明末石鐘寺僧人購置羊塘里為常住土地，說明土官祖庄羊塘里土地商品化情形相當嚴重。此碑由筆者田野採集而來。

65 明朝賦稅度改革對佛教寺院經濟的影響，可參見五臺山之佛教寺院的研究，韓朝健，〈明中葉賦稅制度在五臺山區的推行：以寺廟碑銘為中心〉，收入鄭振滿編，《碑銘研究》（北京：社會科學文獻出版社，2014），頁252-273。

鄧二州間。盈縮無常，增損不一。其田糧賦役，自有司主之，志
內俱略而弗載，懼混也。」[66]指的便是雞足山寺之常住土地多在賓
川和鄧川交界之山鄉腹地，其原隸土官所轄，雖看似為佛寺轄
理，但佛寺之「田糧賦役，自有司主之」之「有司」，指寺田之
常住另有所主，或即土官勢力。清初以來，鄧川賓川二州與山僧
各有爭執，令他有難以置喙之感，故以不載其常住土地，以免混
淆賦稅，此正說明佛寺常住土地與官府間的盤根錯節的關係。

　　萬曆以來，賦役財政改革所引發的土地貨幣化也衝擊著土官
政治勢力的消長。佛寺原來是土官和地方社會之中間機構，前述
北勝州高氏土官因為招撫有功，採取興建佛寺的方式來治理轄
民，也透過佛寺之定額納糧來支持土官治理，其在山鄉儼然象徵
著合法的官方代表。賦役改革後，雞足山佛寺常住田土成為流官
與土官治理的模糊地帶，土官和佛寺的主客關係，隨著土官越界
成為愈來愈敏感的政治議題。土官反而將人丁與土地寄附於佛寺
產業之下，使得佛寺更像是土官政治轄域下的經濟保護傘。土官
與佛寺互為表裡的政治體系，也產生逆轉與錯置的關係。隨著各
種勢力進入山鄉，雞足山寺的僧人積極尋求不同的政治庇護者來
保護其常住免於各種侵占雜派的干擾，也造就了雞足山佛寺常住
土地背後愈來愈龐雜的政治與社會關係。這裡雖然只談土官與流
官，實際上，明末來自各地的僧團勢力也已成為另一股力量，在
此不論。[67]

　　明晚期帝國之財政狀況，也加深土官社會內部的緊張關係，

---

66 范承勳之序文收入高奣映著，侯沖、段曉林點校，《雞足山志點校》，卷首，
　頁7。

67 參見陳垣之《明季滇黔佛教考》。

大理四周諸土官受到土地貨幣化衝擊，唯獨麗江土官木氏地位不斷提高。木氏透過不同性質的行動來擴張土官勢力，包括向北方的軍事擴張、向鄰近地區買賣土地以及平行的土官聯姻。前二者是比較容易理解，然透過婚姻所產生的土地關係，即妻子或母親的嫁妝，史料很少，但應是相當重要資源，稍後會論及木增母親的嫁妝如何挹入佛教活動。但更重要的還是土地貨幣化後所引起的擴張行為，其例子可見北勝州與麗江二位土官之間的土地交易。北勝州土官因缺錢繳納因承襲所需的定額銀兩，以1000兩的代價將北勝州境內金沙江以外祖先留下之私庄賣給麗江木氏土官，木氏土官在買得這大片山鄉土地後，復將此地捐給他正在雞足山籌建的悉檀寺作為常住土地。[68]就在同一年，木增還從鄧川州土官阿岑的手裡買下土地，隨同上述北勝州高世昌的土地捐給雞足山悉檀寺作為常住土地，取租供辦，作為每月朔望聖誕法會所需的香燭齋供經費。[69]「供辦」指佛寺之特定土地是用來支付官府派下之儀式與採辦物項。此外，木增也積極在雞足山周邊腹地增購私庄，包括了以價銀250兩購買賓川山場添為悉檀寺之寺產。[70]也就是說，木增非常有意識地在建置雞足山悉檀寺的同時，也在鄰近四周購買土地，其不僅將北勝州金沙江附近的土地捐為悉檀寺之常住土地，又捐鄧川州常住田作為儀式所需之香火。萬曆年以來，土地貨幣化使得土官將從未曝光的私庄轉賣出去，土

---

68 〈賜悉檀寺常住碑記〉，引自於和松陽，〈麗江旅遊發展模式〉，收於《麗江文化》第3期。（2014年6月5日擷自網路 http://www.ljgc.gov.cn/ljwhdsq/841.htm）

69 木增，〈請頒藏典並乞寺名疏〉，收入高奣映著，侯沖、段曉林點校，《雞足山志點校》，卷10，頁369-370。

70 〈悉檀寺產權碑〉（1630），收入楊世鈺主編，《大理叢書‧金石篇》，第10冊，頁131中。

官間的土地買賣也造就彼此勢力之消長。木增建悉檀寺之時，也正是麗江土官地位如日中天之時，而木增的影響力與聲望也引起全國性的注目。

四、山鄉儀式正統

我們應將木增向皇帝請佛寺寺額和大藏經之舉，放在川滇藏區域政治以及麗江木府土司與吐蕃之政教關係脈絡下，如此才能理解雞足山在整個區域縱谷要道上的重要意義。木氏除了向北軍事擴張以及與鄰近雲南境內之土官進行聯姻政治，他們也積極採取一套宗教策略來經營滇西北之政治情勢。正德十一年（1516），土官木定邀請吐蕃噶瑪巴派之活佛彌覺多杰，赴麗江說法。木氏不斷向北方中甸與四川邊境出兵擴張勢力的同時，他們也以興建佛寺的方式與北方勢力達成各種不同層次的政治協議：當時北方喇嘛噶瑪噶舉派遣高僧到麗江說法，木氏便允諾不再出兵攻打中甸，並且答應每年派出五百名僧差到中甸。木氏在滇西北邊境擴張的同時，也透過興建佛寺、供奉活佛、派遣僧差等宗教性活動與不同人群締結政治聯盟。[71]萬曆四十二年（1614），木增花了九年的時間著手刊刻藏文版大藏經《甘珠爾》，以此作為

---

71 許多有關西藏文獻已逐漸注意到十六世紀西藏政治宗教勢力的分化、競爭以及在外緣地區擴大的情形，尤其是藏傳佛教噶舉派逐漸在青海、四川與雲南北部逐步擴張的歷史事實。十七世紀以來，密教噶舉派和麗江木氏土司產生密切的合作。此合作對整個外緣川滇藏宗教與政治生態的影響，相當值得注意。參見約瑟夫·洛克著，劉宗岳等譯，《中國西南古納西王國》，頁129-131；郭大烈、和志武，《納西族史》，頁320-331；趙心愚，〈略論麗江木氏土司與噶瑪噶舉派的關係〉，《思想戰線》，6期（昆明，2001），頁7780。

珍貴的禮物奉獻給拉薩的大昭寺。[72]徐霞客到麗江木府作客時，在他的旅行日誌中也記載當時吐蕃的二位法王也在麗江木府作客，並經由麗江木氏之引介轉至雞足山朝山的情形。[73]木氏與藏傳佛教的關係非本章之重點，在此不多談，但木氏在雞足山的經營也與其在北方川滇藏區域政治勢力的擴張有關。

正當木氏土官的政治與軍事地位到達巔峰之時期，連續二代土司木旺、木青戰亡，僅留下孤子木增（1587-1646）。木增承襲土官職位時，年僅十一歲。[74]同樣地，幼子繼位是其世系最危險的境地，當時，木增的母親羅氏之主要職責便是全力保護年幼土官順利長大，並維護嫡子的政治優勢。木增母親羅氏是蘭州土知府的女兒，她鼓勵兒子木增向萬曆皇帝建言，在雞足山頂興建一座足以為國家舉行祈福儀典的佛寺。木增承襲土官職位後，便以母壽為由向萬曆皇帝請求建寺祝壽，以表達孝意。土官實踐孝道是天經地義之舉，更符合儒教所倡舉之人倫情操，這正是其向皇帝爭取興建悉檀寺的合理性基礎。

以木氏在川滇藏三角地區的政治聲望與經濟實力，要在雞足山籌建佛寺完全不是問題。但是，依據明朝宗教政策規定，佛寺的總數受到官府嚴密管控，新建佛寺需要獲得官方的許可才准興建。再者，萬曆以後，土官在山鄉的地位不斷受到各種地方勢力的威脅，木增直接向皇帝請求新建佛寺，將建寺之訴求提高到最高的政治層級，足以用來保障土官在山鄉的地位。萬曆四十五年

---

72 今枝由郎著，耿升譯，〈麗江版的藏文甘珠爾〉，《國外藏學研究譯文》，第5
　　輯，（拉薩：西藏人民出版社，1989），頁177-291。

73 徐弘祖，朱惠榮校注，《徐霞客遊記校注》，〈滇游日記〉項下之，「麗江紀
　　略」及「法王緣起」，頁1189-1191。

74 木增於十一歲，萬曆二十六年保勘襲職。

（1617），木增以其母羅氏壽誕為由，向皇帝請建佛寺。但實際上，木增早已自備工役建好二座佛寺，一位於雞足山，另一位在麗江芝山。然而，此二寺建成卻未有寺額，所以才有向皇帝請求賜給「寺額」之舉。有意思的是，木增的母親羅氏在請求寺額事件中，扮演重要的推手。文獻指出當時木增遵從母親羅氏的指示建寺，建寺經費源自羅氏的嫁妝。羅氏認為供養佛寺可以協助身為人臣的兒子木增增加福報，進而教誨其恪守忠君之道，而木增遵從母命所表現出來的孝道、忠道，到為國祈福等等，在道德上完全不容質疑，而且也符合儒家正統的行為。所以，木增以母壽為由，向皇帝請求寺額，很明顯是希望透過皇帝賜額來強化木氏的政治聲望。除了建寺的合法性以外，木增也向皇帝保證：其母羅氏所捐的嫁妝也將用於未來刊印大藏經的所需費用；他也會將雞足山附近祖庄捐給雞足山作為寺院永久之常住田地，以確保作為國家祈福儀式的悉檀寺之物質基礎將不虞匱乏。他向皇帝請藏的疏文中記載著其母羅氏的願望：

> 「慎守封疆，人臣之職也；祝國永壽，人臣之願也。吾之妝奩，為吾建寺印經，祈福助公，吾瞑目矣。」臣尊母命，於鄰境雞足名山，修建祝國悉檀禪寺一所，於中創萬壽聖殿崇奉焉。並捨置附近祖莊，永為常住。……又府治芝山，景致清勝，為諸山發脈之宗。臣創建習儀祝釐招提一所，未經題請，不敢擅名。是此二寺，有佛像、僧眾而無藏經……謹因朝覲之役，敢自備紙張工價，請刷佛大藏經二藏，奉置二寺，朝暮誦閱，以祈我皇上景運天長地久。[75]

---

75 木增，〈請頒藏典並乞寺名疏〉，收入高奣映著，侯沖、段曉林點校，《雞足

這裡寫得很清楚：土官創建「習儀祝釐招提」，是為皇帝祈福之儀式場合。「未經提請，不敢擅名」指的是木氏已將佛寺建好，只期望皇帝賜以象徵性的寺額便可。後來，為答謝皇帝准許建寺，木增便在悉檀寺另外興建萬壽殿，以顯其祝國之誠。[76] 這也是木增的政治語言，他身為一名土官必須向皇帝表示忠誠，故興建一座舉行向中央政治表達崇高敬意之儀式場合，這也就是雞足山悉檀寺的來由。除了「乞額」，還有「頒藏」一要事。木增也將在悉檀寺中供奉大藏經，以提高佛寺的地位。木增母親羅氏也早已備妥刊印大藏經的經費，足以應付所有刻板與印工的工程。所有工程、經費以及儀式香火之需皆已備足，最終惟需皇帝之應允即可。上述這段文字之重要性不在於物質的要求，而是背後的象徵性意義：木氏想要興建一座由皇帝名義賜予寺額的佛寺和大藏經，以此在地緣政治中建立土司和皇帝之間的直接關係。

　　為了在雞足山建立一套象徵土官正統的儀典，木增派人赴京請求賜藏，從請寺額到印藏經，一共費時十餘年。自萬曆四十五年到天啟四年之間，木增延請僧人釋禪禪師（?-1632）負責悉檀寺之佛寺事務，並派遣釋禪的弟子道源法潤（1596-1670）帶著木增的書信，前往京師進行交涉，祈請皇帝頒寺額以及刊刻大藏經等諸事。天啟初年，法潤和尚入京請藏經。天啟四年（1624），終獲敕頒藏經並獲賜額「祝國悉檀禪寺」。其有〈勅諭雲南大理府賓川州雞足山祝國悉檀禪寺頒賜藏經碑〉：

　　　　朕惟爾地僻在南滇，比鄰西竺，崇尚佛教，自昔已然。茲

　　　山志點校》，卷10，頁369-370。

76 同上注。

以木增奏稱，伊母羅氏夙好修持，捐貲建寺，護國佑民，命
僧釋禪虔恭護持，奏請藏經。該部議覆，特允頒賜。爾等尚
其益堅善念，率領合山僧眾梵修，導悟番夷，闡揚宗教。皇
圖鞏固，聖化遐宣。欽哉！故諭。[77]

法潤在京師待了八年才獲皇帝欽賜之法藏，當他即將返回雲南
時，皇帝又賜給其師徒二人分別為僧錄司左善世與僧錄司左覺義
僧官的頭銜。[78]僧錄司是掌管全國佛教事務的僧官，左善世與左覺
義是屬六品官銜，師徒二人獲僧官的封賜更鞏固了悉檀寺尊貴的
政治與宗教地位。換句話說，皇帝頒賜悉檀寺之寺額，其寺也需
要有地位的住持僧人為朝廷與皇室進行祈福儀式，才足以匹配此
寺院之政治規格。重要的是，在皇帝心目中，勅文中提及的「導
悟番夷」攸關教化，這正是邊境土官的優勢。

悉檀寺有了皇帝賜頒之寺額、大藏經以及僧官榮銜，已逐步
地提高了此寺在雞足山的政治地位。木增在呈給皇帝的疏文中，
向皇帝保證將督責僧人住持看守佛寺與藏經，並且「於每月朔望
節序及聖誕日，雲集合山各寺僧眾於萬壽殿，啟建無量壽道場，
恭祝聖壽，永為定規」。[79]木增所主持之悉檀寺將「雲集合山各寺

---

77 〈勅諭雲南大理府賓川州雞足山祝國悉檀禪寺頒賜藏經碑〉（1624），收入楊
世鈺主編，《大理叢書·金石篇》，第10冊，頁126上中。

78 蔡毅中，〈雲南雞足山建悉檀寺本無上人記〉（1624），收入楊世鈺主編，《大
理叢書·金石篇》，第10冊，頁128下-129上。洪宗，〈皇明欽賜紫衣大戒沙
門法潤禪師實行序〉（1733），收入楊世鈺主編，《大理叢書·金石篇》，第
10冊，頁144上中下。

79 木增，〈請頒藏典並乞寺名疏〉，收入高奣映著，侯沖、段曉琳點校，《雞足
山志點校》，卷10，頁369-370。

僧眾」於萬壽殿，每月朔望定期舉行慶賀活動，並在皇帝聖誕等重要節日，為皇帝舉行祝壽之佛教儀式，此一承諾強化了悉檀寺在整座雞足山諸佛寺中的領導地位。從悉檀寺建寺、請藏與僧官等爭取過程中，可以看出麗江土司木增努力不懈地建立了悉檀寺與朝廷皇室的關係，透過機構性建置，如僧官身分以及公開定期的佛教儀式來鞏固其寺院在雞足山的政治地位。對土官而言，由皇帝直接頒賜寺額和賜大藏經，是朝廷對土官地位的肯定與禮遇，而土官承諾將在佛寺為皇室祈福並定期舉行法會，也是其對中央王權表達認同的政治語言。

崇禎年間，徐霞客旅行抵達雞足山，木增邀請他撰寫《雞足山志》一事，應該放在上述這一連串的歷史事件下來理解——當外在勢力正不斷進入到山鄉社會之時，土司企圖鞏固他們在山鄉既有的政治地位，接下來要著手爭取的是地方歷史的話語權。雖然李元陽在嘉靖《大理府志》已經記載了許多大理之佛教勝境，但木增邀請徐霞客撰寫《雞足山志》，更強化土司在山鄉政治中的地位。若要比較李元陽與木增，前者是士大夫，後者是土官，二者所代表的身分不同，對歷史的記憶方式也不盡相同。木氏積極推動山志之舉，與其說是代表其自身的利益，倒不如說是麗江木氏和姚安高氏雙方共同所面對的問題，就是：據守山鄉土官的歷史話語權。

五、自己寫歷史：《雞足山志》

萬曆年間，雞足山寺僧前後向皇帝請賜藏便有三次之多，木氏請賜藏之所以特別重要，是因為其留下相當完整的論述，供我們作為認識土官面對中央王朝時所採取的政治文化策略。木氏建

悉檀寺，復置尊勝塔院，又在雞足山往北通往麗江之沿途，建立悉檀寺附屬之靜宜、庄房、橋梁與庵院等等。[80]土官的企圖似乎不只是經濟資源的控制，他想要從山鄉土官的角度建構具有宗教正統意義的一套歷史敘事。

　　佛經中有關大迦葉入定於雞足山等待未來佛的內容已在第三章略微提及。大迦葉入定於雲南雞足山的佛教傳說，似乎沒有引起太多的爭議，也不是一個值得爭辯的典故傳說。然而，塑造雞足山形象的重要推手是一批通曉佛教原典的文人密集投入編修與增修山志所造成的後果。明末清初短短的百年間，雞足山歷經四次山志的編纂與增修：第一次是明末大旅行家徐霞客在雲南旅行時，受麗江土官木增的請託，寫了第一本《雞山志》，此志已散佚。第二次是明亡之際，南明永曆巡按貴州的錢邦苧（?-1673）削髮出家，避世雞足山，號為大錯和尚，他以前志不存，山中無志，遂編纂《雞足山志》。[81]第三次是康熙三十一年（1692），首任雲南總督范承勳（1641-1714）久聞雞足盛名，以舊志內容多神怪不實，僧人以大錯和尚之殘卷請他增補，范承勳遂以「退時之暇，聊為刪其蕪陋，補其闕略」[82]，「厭惡札之淆漓，卻撮醇玉玼」[83]，在大錯和尚的基礎上增修《雞足山志》（後文簡稱范

80　徐宏祖撰，朱惠榮校注，《徐霞客遊記校注》，〈滇游日記〉，卷5，頁883-884、919-920。

81　見錢邦苧纂，范承勳增修，《雞足山志》，卷7，頁428-429。

82　臨濟三十二世之香海本元呈上雞足山舊志殘編，請范承勳予以增修。范承勳答應後，遂以「退時之暇，聊為刪其蕪陋，補其闕略」。見范承勳與本元撰寫的二篇〈雞足山志序〉，收入錢邦苧纂，范承勳增修，《雞足山志》，頁16-31。

83　高奣映在《雞足山志》志例十則之一，指出當時范承勳承大錯和尚的山志：「厭惡札之淆漓，卻撮醇去玼」，再思翻刻山志之情景。見高奣映著，侯沖、段曉林點校，《雞足山志點校》，卷首，〈志例〉，頁9。

《志》）。第四次編山志，是繼范《志》後十年，姚安土官高奣映
（1647-1707）另外編纂了一本《雞足山志》（後文簡稱高《志》）。
雞足山在短短百年內經歷四次山志編修，這現象正提供了我們分
析其之所以成為佛教聖山的重要線索。[84]

　　木增和高奣映二位土官皆投入山志編纂，其世代聯姻關係提
醒我們，山志書寫應非偶發之事件。姚安土官高奣映自其父親以
上三代皆娶麗江木氏土司之女兒。不僅如此，高奣映的祖父高守
藩與父親高耀皆因年幼喪父，為顧及年幼土官的安全，他們自幼
「潛移」麗江府，在麗江外祖父的庇護下撫養長大成人，麗江府
木氏土司對姚安土司的影響應是至為深遠。高奣映受到母親木氏
的影響，亦深受外祖父木增之感召。[85]明末木增請徐霞客編寫《雞
足山志》，後來高奣映在清初又編修山志，這二件事看起來不甚
相關，但從上述之土司聯姻與受庇護情形來看，貫穿這二本史冊
背後的是土司的地方意志與歷史意識。雞足山雖隸大理府，但土
官以非比尋常的態度重新編寫雞足山山志，正說明了雞足山對四
周土官社會的重要性。

　　經歷四次的編纂後，高《志》並沒有受到應有的重視，主要
是因為其內容神異怪誕，世人以其不足為信，不甚流傳。[86]但是，

84　有關《雞足山志》諸版本比較分析，可參鄭志惠，〈雞足山諸志簡析〉，收入
　　沈家明主編，《高奣映研究文集》，頁117-140。舒瑜，〈山志言「山」：以高
　　奣映《雞足山志》為個案〉，《民族學刊》，4：3（成都，2013），頁61-69、
　　113-115。

85　《（崇禎二年）高氏家譜》，光緒十三年（1887）後裔孫高國樑抄謄。2003年
　　姚安高氏後裔複印收藏。

86　民國初年趙藩與李根源又編纂了《雞足山志補》，內容未提及高《志》。見趙
　　藩、李根源輯，《雞足山志補》（揚州：廣陵書社，2006）。侯沖曾經對高
　　《志》版本進行校對，見〈高奣映《雞足山志》新識：代點校前言〉，收入高

高奣映在書中寫下一段明志之言，內容非常值得注意，他說：

> 遡擊濮久會孟津，竟滇之為滇，何以不一其治也。夫郡隔
> 邑分，俗尚何以各異其情也。此其中有難以明言之者矣。舉
> 信佛之俗，稍寓其意以知滇。然寓之為言，寧能矢口乎？但
> 寓之於佛已耳。則通滇之佛俗自雞足山始，獨不可以通滇之
> 佛俗志雞足乎？此佛俗之於郡志無關書，茲乃於山志書之，
> 轉覺明其難明，潛寓政治之關鍵。[87]

高奣映此言相當隱晦，其意大抵是批評府州縣這類以「郡志」為
中心的歷史視野以及「郡隔邑分」的書寫架構，無法通盤了解雲
南的歷史。他認為雲南歷史始自於佛教，而通滇之風俗也是佛
教，而雲南佛教之起源地就在雞足山。如果要認識雲南歷史，必
須從雞足山開始。也就是說，雲南歷史是無法以行政切割後的郡
志界線作為歷史知識的架構。雲南人群的歷史源自於山鄉，而不
是來自於明朝統治者的眼光，更不是郡志以城署為中心的視野。
這是一段非常具有土官歷史意識的申明！此論點揭露了他身為土
官的使命感，也正是他何以要從雞足山的角度來重構雲南歷史的
主要原因。此外，他強調之前雖有志，但他認為范《志》內容多
所缺漏，所以他以「轉覺明其難明，潛寓政治之關鍵」表達土官
撰史之心志。明末亡國可能強化其撰志的動力，高奣映撰寫山志
的行動，應可說是承繼木增的意志，並再次透過其幽微之文字來
表達其強烈政治寓意之舉。從上述的角度來理解木增與高奣映的

奣映著，侯沖、段曉林點校，《雞足山志點校》，頁1-17。
87　高奣映著，侯沖、段曉林點校，《雞足山志點校》，卷首〈志例〉，頁10。

身分與背景，那麼高奣映所撰寫的《雞足山志》是有別於一般山志之地位，不僅具有宗教史的意義，也具有分析土官政治與歷史的價值。[88]

六、明王下山

　　雞足山以大迦葉的名義受到天下諸名士的注目。大迦葉是中國禪宗各派共同追溯的祖師，但其何時在雲南流傳仍是未解之謎。[89]自鶴慶毀淫祠打擊贊陀崛多後，大迦葉很可能逐漸取而代之成為新興且合法的聖僧形象。大迦葉是中國禪宗各宗派的共同祖師，其也符合滇西之贊陀崛多活佛之聖者形象，二方皆樂於在雞足山找到能夠滿足彼此期待的聖者形象，並將之合法地轉移到邊境聖山之中。但是，大迦葉傳說興起前，雞足山上二座血祀之明王廟極其重要，可作為觀察信仰轉型的歷程。

　　大迦葉傳說之所以得以根植人心，主要是奠基於當地的土人傳說與土神信仰。李元陽曾撰文提及大迦葉在雞足山入定的傳說，所依據的是當地父老的傳聞，同時他也提及山僧建寺時，挖

---

88 限於行文，本書無法在這裡對高奣映《雞足山志》之歷史敘事加以分析，其書撰寫特色是由印度佛教與中國政治二元歷史架構交織而成。參見拙作，〈書寫「西南」：兩種歷史典範的對話與建構〉，《歷史人類學學刊》，16：2（2018），頁39-70。

89 侯沖認為大迦葉傳說源自於《白古通記》，此傳說文本是明朝大理士子託古之作。見氏著《白族心史：《白古通記》研究》（昆明：雲南民族出版社，2002），第八章〈義兼眾教〉，第五節「雞足山」，頁274-285。從大理梵像卷的佛教圖像來從事相關研究，可參見馬克瑞（John MacRae），〈論神會大師像：梵像與政治在南詔大理國〉，《雲南社會科會研究》，3（1991），頁89-94。

地得古碑傳載其事。此二者都是土人傳說，根源地方傳統。後來被文人用來強化大迦葉信仰的幾個地點，像是迦葉洞、迦葉殿，原先都是當地「土人」作會之處。這些地點位於極其偏僻的角落，一般人很難到達，若要實地考察並標誌其確切位置之時，非得當地土人嚮導並指示，否則不得其處。[90]更重要的是，土官高氏和阿氏在雞足山所支持的傳燈寺和袈裟院，便是在土人聖地與土人朝山作會之地點上興建起來的。

　　北勝州土官高氏是捐建傳燈寺的大施主，此寺位於巨大石門華首門百步之距的地方。[91]鄧川阿氏土官所興建迦葉殿之寺址，原是土人朝山作會之處，也是傳說是迦葉尊者守衣之處，故迦葉殿又名袈裟院。[92]明中葉元慶和尚在建寺因緣中指出，每年元旦之時「四方慕聖迹而來者以萬計」，往往到山頂時，飢者待哺、渴者求漿，置炊無所，無休憩處。為解決信徒無以為繼之情形，元慶和尚鑿岩為殿，供土人休憩煮食。後來又因為朝山土人愈來愈多，直到元慶之孫輩才在殿中鑄起銅佛像，使其略具完備，是為袈裟院。[93]也就是說，元慶和尚是為了朝山土人甚夥，欲建立煮食之處供土人休憩，才逐漸拓展殿宇以供食之處，復又因而供奉佛像。而，當時最早護持此迦葉殿道場的便是鄧川土官阿氏，且其世代

90　李元陽，〈遊雞足山記〉，收入氏著，《中谿家傳彙稿》，卷7，頁63。

91　李元陽，〈雞足山迦葉院記〉，收入氏著，《中谿家傳彙稿》，卷8，頁40。

92　此二相近，一者是緣於佛經所記載的大迦葉持佛袈裟以待彌勒下生之傳說，二是「迦葉」與「袈裟」發音相近，口傳轉譯成文字時，有抬高其義的變化過程。

93　李元陽〈迦葉殿記〉，收入高奣映著，侯沖、段曉林點校，《雞足山志點校》，卷11，頁432-433。

為此院之大檀越。[94]雖然不清楚土官當時對大迦葉信仰的認知是什麼，但二位土官對土人朝山勝會的護持不遺餘力，可知土官和土人朝會是大迦葉傳說立論的重要助力。換句話說，他們在雞足山興建佛寺，是在土人既有的傳統建立起來的大迦葉傳說。

　　土人朝山是地方盛事，但土人祭拜土神所採用的卻是血祀。自各方勢力不斷進入雞足山以後，萬曆年間發生了一椿以血祀污穢為名，將土神趕下山之重大歷史事件。雞足山之土神，范《志》稱為土主，高《志》則稱之為明王。對范承勳來說，土主指的是土神，是地方守護神；對土官高奣映而言，他認為此神是為明王，明王是密教對守護神的一種稱法。二本志書對土神採取不同的稱法，表示了流官與土官對地方傳統的認識不同。[95]關於明王信仰，李元陽也有所聽聞，他曾撰寫一篇文章提到嘉靖年間有僧人在山上建寺，掘地得古碑，碑中有「明歌之坪」一詞，他解釋是「迦葉波領佛衣入定之日，八明王歌頌之」。[96]所以雞山一址「明歌坪」，便是佛教八大護法神歌頌之處。這種護法神信仰源自於當地佛教化的山神崇拜，但此山神一直為當地之土人所崇奉，信仰佛教的高奣映更願意用明王來稱呼祂們。理論上，土官與士子都理解土人以血祀供奉明王的傳統，只不過在中原佛教的視野下，其被躋身於不符正統的土神。

　　雞足山之土神廟有二座，高《志》中稱之為上明王殿與中明

---

94 李元陽，〈袈裟院記〉，收入氏著，《中谿家傳彙稿》，卷8，頁42。又可參見高奣映著，侯沖、段曉林點校，《雞足山志點校》，卷5，頁199。

95 據高奣映之《雞足山志點校》記載，當地傳說：「觀音大士化為八大明王以衛靈山，而滇則獨曾感大黑天神靈異，故以牲醴祀之者愈重。」參見高奣映著，侯沖、段曉林點校，《雞足山志點校》，卷3，頁153。

96 李元陽，〈建聖峰寺常住碑記〉，收入氏著，《中谿家傳彙稿》，卷8，頁29。

王殿。范《志》則稱之為上土主廟與中土主廟。[97]上明王廟，其址位於雞足山金頂，又稱之為阿育王廟，供奉阿育王三子；中明王廟，便是朝山作會之所在地，又稱為沙漠天神廟，僧人元慶在籌建迦葉殿之寺基時，該地便有此明王廟。上明王廟所供奉的阿育王是流傳西南的古老傳說與地方崇拜，早在十三世紀的《紀古滇說》已記載其事，在此不加以贅述。[98]中明王廟供奉的是沙漠天神，其傳說不知出處，尤難詳考。然而，在高《志》的〈迦葉殿〉與〈中明王廟〉條目下，記載著二個不同的故事版本。在〈迦葉殿〉項下記載：

> 舊有土主殿，相傳為沙漠土主。其神蓋八大明王之一，自西域隨迦葉尊者至此山護法。

又〈中明王殿〉條下則記載如下：

> 詳考之沙漠天神，自西天竺從毧多尊者來妙香國，制鶴拓暨越析毒龍，遂攜天神朝華首門。天神立誓，顧護石門勝迹，以待迦葉出定，毧多嘉焉。其後贊陀呱多於越析之南，

---

97 高奣映著，侯沖、段曉林點校，《雞足山志點校》，卷5，頁224-225。

98 阿育王是大乘佛教的國王為使其百姓信服其國王為轉輪聖王，在國內所推動的信仰之一，也是彌勒信仰文化的一種表現。是以，阿育王廟在雞足山也可能被視為是南詔大理國推動彌勒信仰的依據之一。參見古正美，〈南詔、大理的佛教建國信仰〉，收入氏著，《從天王傳統到佛王傳統：中國中世佛教治國意識形態研究》（台北：商周出版社，2003），頁425-456。又，阿育王傳說結構與西南王權系譜關係的研究，參考連瑞枝，《隱藏的祖先：妙香國的傳說和社會》，頁59-67。

> 伏觀音浮䴲，顯迹撒珠，穿海作百八孔洩水以為陸地，即今
> 鶴慶府也。亦䄂多尊者默遺天神為之助力，天神蓋多顯靈於
> 此，乃循俗以葷酒。[99]

高奣映稱沙漠土主為沙漠天神，也視之為八大明王之一。依據
〈中明天殿〉內容來看，沙漠天神隨西天竺䄂多尊者來華首門，
成為守護石門、等待迦葉的天神。後來，此天神又助贊陀崛多在
大理治水。[100]從這二則敘事內容可知，土人試圖將天神信仰和佛
教故事連結在一起，並以沙漠天神轉化成為明王的形象出現在地
方版的佛教敘事中。

再者，前面一條是說沙漠土主是自西域隨迦葉而來，後者則
又說沙漠天神是隨䄂多而來，使得迦葉和䄂多尊者在二則傳說結
構中的角色是一致的，而䄂多尊者和崛多尊者很可能是一組衍生
的概念。如果將大理國時期之張勝溫所繪之《大理國梵像卷》贊
陀崛多像與明末《雞足山志》所附之迦葉尊者相互比對，二者皆
為呈祖師像，形象相互重疊的。（圖14.2、圖14.3）不論䄂多、迦
葉或贊陀崛多的形象如何衍生、分化至轉化，此土著／土官觀點
的天神敘事，不只拉攏佛經故事，也強化土人傳統與信仰。

在傳說中，大迦葉是不在場的，他隱身於雞足山華首門大石
後面，等待著未來佛的來到，故其化身也是無所不在的。這種化
身的概念足以合法化當地土神沙漠天神、具有地緣關係的神僧西
天竺䄂多尊者以及贊陀崛多的傳說，不僅將土神與土僧的祖師傳

---

99 高奣映著，侯沖、段曉林點校，《雞足山志點校》，卷5，頁199、224-225。
100 越析原來是指賓川一帶，但南詔時遷越析部到北方北勝、麗江一帶，所以到
　　了16世紀時麗江又有越析之稱，而越析之南便是鶴慶。

圖14.2　大理國時期張勝溫所繪之《大理國梵像卷》（局部）的贊陀崛多（居中者）（李昆聲主編，《南詔大理國雕刻繪畫藝術》，昆明：雲南人民出版社、雲南美術出版社，1999）。

圖14.3　大迦葉守衣入定（錢邦芑撰，范承勳增修，《雞足山志》迦葉尊者守衣入定像，摘自中華佛教研究所「中國佛教寺廟志數位典藏」）。

說串連在一起，也將周遭土官地區的傳說整合在大迦葉的傳說體系之中。那麼，天神以及葷酒血祀的傳統，顯然是土官可以理解的地方傳統。

　　更有意思的是，范《志》對贊陀崛多一字不提，其〈中土主廟〉記載：「祀沙漠土主，相傳此神自西域隨迦葉尊者至此，又

稱為迦葉土主云。」[101] 只提及西域來的迦葉尊者，甚至以沙漠土主就是迦葉土主。很明顯地，范《志》簡化地方傳說，刪除地方詭怪、不足錄入志書的情節。若與高《志》相較，范《志》化約地方傳說，描寫了一套符合正統佛教的敘事版本。

如果綜合高《志》與范《志》二本志書對中明王廟的傳說敘事來分析，我們會發現，代表土著眼光的高《志》強調了雞足山明王之一的沙漠天神，共同守護了贊陀崛多與迦葉。對逐漸被漢地禪宗勢力所覆蓋的雞足山而言，禪宗始祖迦葉祖師的地位也如日中天。從天神信仰到明王信仰，再從明王轉變成大迦葉道場的過程中，供奉沙漠天神的中明王廟，也成為一個整合大理佛教土僧世系以及漢傳禪宗世系雙重正統的敘事場域。

再者，靈驗是此明王信仰的特色，也是聖山名聲得以傳播的重要條件。僧人元慶和尚建迦葉殿後，請李元陽撰寫佛寺碑記。奇怪的是，李元陽在迦葉殿碑記並沒有描寫佛教之迦葉尊者與此殿的關係，反而對這位靈驗的明王多所著墨。他以「伽藍神」與「土主」來稱呼這位後來被稱為沙漠天神的明王，碑中記載：李元陽在年輕時初入雞足山，當他初抵山寺時，便有山僧出門遠迎。李元陽甚感怪異，山僧便指半夜「土主」報鐘，告之以異人到訪，是以僧人一早起來迎接，便遇李元陽此貴客。李元陽以此為神異，故載之於碑中。李元陽當時名其神為伽藍神，又引山僧之言稱之為「土主」。[102] 這也就是高《志》中所指的明王。所以元慶所建之迦葉殿，也就是在此土主神的廟基上建立起來的。

沙漠天神廟（即中明王廟）是一座循俗血祀的天神廟，每年

---

101 錢邦芑纂，范承勳增修，《雞足山志》，卷6，頁371。

102 李元陽，〈遊雞足山記〉，收入氏著，《中谿家傳彙稿》，卷7，頁59-62。

年初元旦之時，土人聚此共祭天神，是該地之朝山聖會。據高《志》，這沙漠天神「循俗祀以葷酒」。數以萬計的土人上山祭拜，結伴朝山，是當地重大的聖山活動。在此崇拜土神的基礎上，元慶和尚才於血祀之明王殿旁建一草宇，鑄迦葉銅像，到募建迦葉殿，逐漸形成土人明王血祀崇拜與僧人主持迦葉殿並立的情形。

　　大迦葉的傳說和土官修建佛寺，二者看起來並沒有直接的關連性，但如果仔細觀察雞足山主寺迦葉殿如何在土人朝山活動以及血祀活動中建立起來，我們將發現，經由識字階層的文字書寫系統挪用了土人的傳統，以佛教經典中的大迦葉傳說將此土人傳統打造成為一種利於競爭的正統標籤。明清文人雅士遊雞足山提及迦葉殿時，大多會留意到當時迦葉殿的天神護法在土人朝山時所扮演的角色。[103] 他們論及迦葉殿時，也多附帶論及一旁之天神起源、性質以及傳說等等。如果將土官角色、土人傳統和迦葉殿的修建與擴大的過程放在一起討論，那麼，我們幾乎可以看到早期土人和土官長期在雞足山活動的情形。[104] 迦葉傳說曾經與血祀的明王信仰共存一段不短的時間，後來隨著大迦葉傳說流傳、迦葉殿的建立，沙漠天神信仰也逐漸邊陲化，終為迦葉殿的佛教勢力所取代。

　　隨著各方佛教僧侶勢力不斷湧入雞足山，血祀的明王天神信仰逐漸被趕到山下去。[105] 高《志》記載：萬曆十五年，一位名為澹

103 范承勳，〈雞足山遊記〉，收入錢邦苎纂，范承勳增修，《雞足山志》，卷9，頁597。
104 其中以鄧川土官阿氏和姚安土官高氏為主。參見高奣映著，侯沖、段曉林點校，《雞足山志點校》，卷5，〈建置〉，頁199。
105 這部分可以參考陳垣書中〈陝西僧與河南僧之爭〉與〈水月田租之爭〉二部

確的秦僧向御史胡公控訴，指雞足山為佛門清淨之地，不應血
祀，希望透過官府的力量將中明王沙漠天神廟移到雞足山山腳
下。崇禎年間，復有陝西僧人也以血祀為由，請求將雞足山金頂
上明王廟（即阿育王廟）的天神也遷往山下。[106] 前者遷到山腳成
為下土主廟，後者在當時則未果。

　　雞足山還流傳著一段明王託夢的故事，說明這次遷神活動曾
經引起土人極大的恐慌。傳說中，明王將被移往山下的當晚，明
王託夢給雞足山諸寺僧侶以及四方之齊民百姓，向其訴說：「吾
為老陝所控，已移於山下，今後不得赴迦葉殿祀我。」由於雞足
山眾僧與山下老百姓皆作了同一個夢，隔日清晨，山下百姓不約
而同依照明王夢中所託之事，紛紛上山迎接明王下山。[107] 明王託
夢故事的真偽與否並不重要，值得關注的是雞山諸志皆錄其事，
堪稱雞足山的重大記事，其神跡歷歷在目，史冊不得不載。明王
傳統原來是護持迦葉尊者，正因愈來愈興盛的佛教勢力將此血祀
的明王趕到山下，透露了後來新興佛教正統勢力排擠土人佛教護
法天神的血祀祭儀的傳統。這個故事提供了地方「土人」在整個
朝山活動所扮演的角色，以及迦葉傳說如何在古老佛教祖師與天
神信仰的基礎上脫穎而出的過程。

　　明王從山上被遷往山下，看起來是正統佛教取代血祀的地方
傳統，其實也是土官與象徵正統的佛教叢林相互合作，共同排擠
了土人的傳統。土官與文人們透過重新編纂特定的歷史人物，將
土僧祖師贊陀崛多和禪宗祖師大迦葉二者不同的形象連結起來，

　　　分，收入氏著，《明季滇黔佛教考》，頁65-67。

106　高奣映著，侯沖、段曉林點校，《雞足山志點校》，卷5，頁225。

107　參考高奣映著，侯沖、段曉林點校，《雞足山志點校》，卷3，頁155。又參
　　　考錢邦芑纂，范承勳增修，《雞足山志》，卷5，頁372。

成為一組維繫不同勢力的宗教符號。象徵古老的、土人的天神明王信仰，因不符佛教形象而被擠壓並安置在山腳下，成為土人所供奉的土主。清中葉之時，上明王廟也不敵各方勢力，終也被遷往山腳。二位明王至今仍被供奉在雞足山山腳的村子裡，村人改稱之為雞足山大王與二王神，建大王廟與二王廟供奉之。

　　不論這些土神是為天神、明王或是土主，血祀與昔日王權吸收土神為佛教守護神的作法有關。大理四周之土官為了鞏固其在帝國體系下之地方利益，在土人的朝山活動以及土神傳統中建立了雞足山的佛寺，而當雞足山佛教勢力愈來愈龐大之時，也無形間排擠土人傳統。天神明王被趕下山腳的遭遇，正是不同佛教勢力進入到雞足山後，藉由佛教儀式正統來打擊土人血祀傳統的後果。

小結

　　這章主要從大理山鄉與土官政治的角度來談雞足山形成的過程。雞足山之崛起，或許可被視為明末禪宗在大理興盛的一個側面。然而，從根植於當地社會的歷史境遇來看，其真正的意義是：當明朝統治力量進入山鄉之時，佛寺的興建提供了一套可以相互容納不同身分、政治利益與文化得以相互協調的機制，而雞足山的傳說與敘事內容也提供了一套豐富的歷史符號與語言，使得不同人群得以透過這些符號的操作找到共同相處的文化模式。本文特別著重於地方歷史的境遇，尤其是四周土官藉由參與官府打擊山鄉夷民動亂的機會，將勢力擴張到山鄉，透過興建佛寺合法化他們的地方資源與網絡。在整個過程中，先有鄧川阿氏土官在土人朝山之地修建迦葉殿以及北勝州高氏土官所護持之傳燈

寺。後續則有麗江土司木增建立悉檀寺、請賜大藏經、封賜僧官
等等，乃至於帶領雞足山各寺僧眾定期為皇帝與國家所進行的祈
福儀式等等，可知他們逐漸將雞足山塑造成為一個象徵土官儀式
正統地位的聖地。麗江土司木增邀請徐霞客撰寫山志、清初姚安
土官高奣映又再度親自編纂山志，更可看出二位土官的企圖不僅
是興建佛寺，鞏固地方勢力，還包括了爭取山鄉的歷史話語權。

　　在這個過程中，不只是土官勢力得以進入到山鄉，官府也企
圖採取佛教儀式來整合剛被平定下來的山鄉社會，從慶豐寺、水
月觀音寺的興建，到雞足山寺院勢力的延伸等等，可以看到雞足
山寺僧在四周山鄉社會的儀式角色。至今，雞足山四周的許多村
落，還保留以雞足山為中心的歷史敘事與村落神明的故事。另一
股外來形塑雞足山的重要力量，是外來禪僧乃至明末遺民。明中
葉以來從外省來到雞足山的禪僧接踵而至，明末遺民逃禪乃至永
曆帝南逃至滇地，又使得雞足山引起更多的注目。

　　這座原來景致勝境、靈驗異跡的青巔山轉型為雞足山大迦葉
聖地之時，不僅滿足官府治理山鄉與教化的政治需求，也可以滿
足禪僧與遺民隱遁的宗教需求。但大多數人都忽略了雞足山本質
上是大理四周土官社會用來面對政治變化的一種文化設計。明末
文集曾流傳「雞山以莊田而俗」[108]之刻板印象，實際上，雞足山
之俗不在於佛寺過度仰賴世俗之土地，而是本質上，雞足山聖地
就是各種不同勢力在政治競爭的過程中衍生出來的一種謀略。筆
者並非否認其宗教上之意義，而是想要突顯一個事實：即神聖與
世俗並存的雞足山正顯出了土官社會所遇到區域政治的結構性問
題：一方面透過重塑聖地以及佛寺的建立，是鞏固地方勢力，也

108　見陳垣引王元翰《凝翠集》文集，見陳垣《明季滇黔佛教考》，頁130。

是實踐地方歷史的傳統；在另一方面這也是他們用以面對現實世界的一種文化策略。當外來力量推動區域社會政治生態之時，他們透過強化地方的神聖性來抵制，或用相反的方法來說，以更積極的方式來爭取地方歷史敘事權。無論他們要用大迦葉、天神或是地方尊崇的祖師等等象徵性符號來強化歷史，對土官社會來說，其真正的意義是，這些符號有助於他們重構區域之政治秩序以及地方利益。當然，對明朝官府而言，山鄉難以治理，容易被摒棄成為盜匪之窟，一旦加以治理，也必須仰賴地方傳統與既有之政治秩序來維持之。總言之，土官、地方文人以及撫滇官員們治理山鄉社會時，有意識地透過佛教儀式的力量來鞏固山鄉社會秩序，使得雞足山聖地的傳說成為一種集體的文化創造。

第十五章

合法性的追求
儀式權與歷史話語權

　　合法性的追求，指的是西南人群為了申明身分而做出一系列的行動與選擇，而身分選擇的背後都有其政治與宗教的考量。長期來看，中國歷史是一段不斷往南方擴張與人口移徙的過程，但是，文化並非以單一的方向與形式來發展，而是在許多不同的地方文化與社會的基礎上產生豐富的多樣性。[1]在中央王朝儀式正統的架構下，「中央與邊裔」之天下秩序與宇宙觀，使得地方傳統淪為「風俗」，更極端地還將許多地方人群編入「蠻夷」之屬。[2]尤其明中葉以來，象徵儀式正統的儒學義理與論述在整個知識階層愈來愈具主導性，以中央王朝為中心的天下秩序也愈來愈具支配性時，居處於帝國邊境的人群如何適應與調節這種新的政治秩序，如何尋求人群內在利益，如何建立與外緣人群的關係，重組社會與整合地緣政治，成為地方社會相當核心的問題。筆者之採用「合法性」一詞，主要想集中於政治與宗教雙重的辯證關係，來討論地方人群如何將此二者轉換成為一套歷史敘事，並以此作為重組社會與適應外來權力運作的文化機制。

　　本書所處理的大理社會，是一個廣義的地域政治概念，包括我在前本著作《隱藏的祖先》所涉及的大理國八府，或至少是元朝大理金齒宣慰司的範圍。為使焦點在可控制的範圍內，書裡將西南極邊的永昌府排除在討論範疇，並把研究重心向北延伸到川

1　Herold J. Wiens, *China's March Toward the Tropics: A Discussion of the Southward Penetration of China's Culture, People, and Political Control in Relationship to the Non-Han Chinese Peoples of South China and in the Perspective of Historical and Cultural Geography*（New Haven: Yale University Press, 1954）.

2　岸本美緒，〈「風俗」與歷史觀〉，《新史學》，13：3（台北，2002），頁1-20。

滇藏邊境，也就是滇西北一帶。這樣的安排，部分原因是明初設金齒司，又改置永昌府，後來引起三征麓川之役，在邊境形成一組完整獨特的歷史議題，無法在本書論及；[3]而主要的原因是大理世族產生士人化情形，土官政治的中心也從大理府往北漂移到麗江府。土官政治中心從大理漂移到麗江，也正好說明十六世紀以來帝國邊區政治的問題。緬甸、吐蕃與大理原是大西南區域政治中三股均勢的政治體系，帝國若在緬甸陷入棘手的處境，那勢必要鞏固金沙江這邊的勢力。在這種平衡政治的局勢下，麗江成為帝國倚重的對象，也為其在川滇藏邊境擴大領地奠定了結構性的優勢。這些種種使得本書在區域地理的安排上，更重視其大理周緣的政治生態與社會重組的過程。

　　本書從明朝統治下的大理精英階層開始著手，討論他們和鄰近人群如何透過身分選擇、儀式重整與政治聯盟等方式來重新建構其社會內在與外緣關係，並試著在此過程中討論形塑西南人群多樣性的歷史機制是什麼。這本書也希望能在此問題脈絡下，提供一個社會行動者的視角，重新檢視族群（ethnic group）此人群分類的政治架構在帝國邊境所代表的意義。

　　大理世族們在二元政治的條件下產生士人化與土官化的情形，分別在鄉里社會與山鄉土官政治都扮演重要的角色。為使社會內在的流動與重構更加清晰，書中以大理世族為主要切入點，來分析維持社會內在與族群界線的歷史機制。綜觀全書，大抵可從三個角度來析論之。

3　有關清初以來滇緬中間地帶的討論，可參見 C. Patterson Giersch, *Asian Borderlands: The Transformation of Qing China's Yunnan Frontier*（Cambridge: Harvard University Press, 2006）.

一、歷史過程：身分分流與階層整合

帝國的制度為人群分類奠定重要的政治基礎，但真正驅使制度發揮力量的，是世族追求優越身分以及其與鄰人聯盟的地方傳統。這些世族以僧族、貴冑世子或部酋領袖等的身分前往南京受命，被賦予官吏、土軍、土官、土僧或者是國子監生的身分，成為朝廷拉攏的地方精英。但後來土流並置的二元政治又將這批政治精英劃入二套不同的政治架構之下。這一段由政治精英和中央帝國所建立起來的關係以及政治架構，成為他們返鄉後重組社會的基本原則。

（一）白人身分的區隔與分流

大理世族，又稱為白人，在被形塑成為「少數民族」的概念以前，他們曾以佛教阿育王的歷史敘事來組織佛教王權，使「白人」指一種具有統治階層身分的人群。明朝治理下，流官區的白人被編入里甲，致力讀書科貢，成為官府和夷民二者的中間階層。官府傾向視之為文化趨漢的人群，故將「白人」改為「僰人」，意即「古代的」漢人。同時，土官制度又將「僰人」視為土人，將之編入土官，受帝國徵調作戰，定期朝貢，並保有斯土斯民的世襲采邑。「僰人」受到二套政治制度的支持並形成不同身分的人群標籤。在「古漢人」的官府敘事框架下，白人社會內部產生了許多辯證性的論述與認知分化的情形。雖然，不論被歸隸到哪一種身分制度，白人都成為中央政治與西南社會之中介階層。

前往南京面見明太祖的世族集團，被劃入僧官、儒吏與土官三類身分。書中所討論的僧侶集團有無極、趙賜和董賢家族等等，而儒吏集團則有中鄉趙壽、上鄉之楊森與楊士雲家族，以及

下鄉的趙汝濂、李元陽和段子澄等等。官府冊籍也記錄各種層級之白人土官，分布在大理四周之土知府、土同知、土知州、土知縣、土巡檢，密度較其他周緣地區更高。這三類集團為保障身分優勢，所要經營的結盟對象與政治網絡並不相同。

首先是僧侶。僧侶分為二類，一是象徵禪宗法脈的感通寺無極和尚，二是代表密教法脈的阿吒力僧董賢。明太祖為鞏固天下正統佛教，抬高無極和尚地位，使其成為統領大理府僧團與佛寺的代表人物。之後，密僧董賢，又向中央朝廷爭取阿吒力僧官職銜，也成為統領「土僧」之特別僧官。明太祖優禮無極和尚，莫不有拉攏大理佛教僧團與世族社會的意味；但明成祖為鞏固邊境政治，復又拉攏另一派之大理密教僧人，使得董賢家族得以透過非正式的內臣勢力建立了另一個與政治核心建立關係的管道，最終獲得合法的土僧官地位。

不論是出家僧人或在家的阿吒力僧，他們在地方政治中的身分已開始邊緣化。表面上的原因是世族精英積極參與儒學科貢，年輕僧族世子多轉為士人或轉入地方基層擔任儒吏。身分轉向造成世族內部面臨分化，而原來的僧族集團內部聯姻網絡也愈來愈稀薄，此等種種促使僧族往其他的管道爭取政治資源。阿吒力僧轉向內臣集團，彼此互通一氣，後來淪為士人口誅筆伐的對象。實際上，更根本的原因是，佛教傳統的合法性基礎已在大理政治中崩解，在華夷二元文化架構下，佛教被視為夷類之屬，淪為禮教未及之邊境教化「頑夷」的功能。是以，即便是大理鄰近之土官也必須建置儒學，明志以表向化。

成為士人是一項有利的選擇。世族精英轉型士人，其先有來自制度性的鼓勵，後來逐漸成為積極刻意的安排。朝廷施以優禮政策，派其擔任南京國子監生，也鼓勵其在土官衙門擔任學官與

儒吏。他們先被派往各地擔任學官，有的留任移徙他處，又或復返聚族於太和縣；或而在土流衙門擔任吏員，定期往返於就職地與布政使司衙門，甚至於北京，終老他處。轉型為士人的世族精英有趙賜到趙汝濂此支系，其族在大理宗教地位崇高，轉型為士人也意味著大理社會所面對的結構性轉變。除此以外，我們在史冊上依稀還可以看到被充為四川邊城儒吏的白人身影，其歷經千里，以仍未嫻熟儒學經文為由，向皇帝乞求返鄉再受教育。這是相當有意思的議題，儒教教育是促使身分流動的管道，但在邊境地區，它卻成為一項具有政治意義的文化資本。這類型的故事應有許多，但不及詳加討論。邊境社會往往緣自於政治資源之匱乏，故其官員與士子以設置儒學的方式來累積其政治資本，反而產生一片正統教育日益繁榮的景象。

　　白人的第三種選擇是土官。書中以瀾滄江和金沙江沿岸的白人土官為基礎，來討論滇西北之政治生態如何由以大理為中心，逐漸往外漂移到二江之外緣，直到麗江木氏為中心的格局愈來愈清晰。明朝帝國以白人近漢，故以流官與羈縻治理的雙重策略來拉攏他們。究竟是擔任土官，抑或是轉型士子，有助於維持世族之社會地位？大理世族抱持的二可態度維持很長一段時間。首先，中央王朝為抑制白人世族的勢力，將非白土官安置於太和縣四周山鄉，先是封賜南方百夷人阿氏擔任鄧川州土官，令其統領大理北方到西邊山鄉直抵瀾滄江一帶。很明顯地，其刻意抬高百夷土官在大理西北外緣山鄉政治的領導地位。再者，在南方擔任蒙化州土通判的是俫夷左氏，後來升之為土知府，抬高左氏土官之重要性。這些非白土官的政治布局，旨在抑制大理核心區之白人勢力。此外，在北方吐蕃交界之區，白人土官仍是重要的中間勢力，瀾滄江畔的雲龍州段氏土官，他是白人客商，也是夷酋女

婿；北方金沙江沿岸的政治勢力，主要仰賴鶴慶府、北勝州與姚安府二府一州的高氏陣線。高氏是長期控制金沙江沿岸與滇藏蜀交界之核心勢力，也是大理北方之政治屏障。綜合太和縣四周土官政治布局中，可觀察到明朝帝國在白人政治部署雙重間隔的策略，一是在空間上部署一道非白人土官的中間勢力，一是在制度層面區隔並分化大理世族的身分界線。

　　白人土官面對的是更為複雜的政治局面，他們平時受到兵部調派，受徵召前往邊區作戰；其世代承襲，接受宗支圖的制約，在通過層層考核與批示時，又必須和中央朝廷各部會之非規範權力網絡打交道。在地方政治上，他們也另有隱憂，主要來自於二方面：一是衛所軍屯入駐其境，勢力愈來愈大，而此時，土官原有之盟友卻又多轉為士人；二是官府設置鹽井灶戶以及採銀新興勢力，其傳統領域不僅受到嚴重的侵削，土官社會內部的社會關係也開始鬆動。正統年間，鶴慶高氏被革除土官職銜，對金沙江高氏聯盟陣線產生極大的威脅，這應是帝國對白人土官所採取一項最為嚴峻的政治行動。同時，大理府和姚安府之間的二百年的鐵索箐動亂，則是各方流動人口與地方土官對新興勢力的反制。這些種種都說明了以大理為中心的白人土官受到新興勢力的影響，不論是來自人群內部的挑戰，或是外部流動人口的威脅。

　　帝國政治體系內部的自我疏離與矛盾，也使得白人社會在上述三種身分架構下失去其內部共通的精神，僧人、士人與土官各有其不同的社會網絡與發展策略，也隨著其不同的社會網絡，而將治理技術（statecraft）傳播到不同的人群之間。

（二）土官聯盟與女性

　　部酋往往透過聯姻來建立政治聯盟，而白人尤善於以跨人群

聯姻的方式擴大結盟。明初，鶴慶高氏先和北方麗江木氏進行聯姻，後來也與四周鄰近土官，包括鄧川阿氏與劍川趙氏土官等等相互聯姻。然而，鶴慶土官被裁革，宣示了金沙江沿岸土官勢力的缺口，也使得高氏聯盟陣線之政治重心即將從鶴慶逐漸轉到麗江木氏。

　　土官制度使得聯姻的政治傳統產生微妙變化，雙邊政治可能因而產生權力的挪移與重心的傾斜。這裡的挪移指的是取代既有的領導地位，傾斜則是政治重心的轉換。大抵可以分為二個方向來談：第一、瀾滄江沿岸的崇山峻嶺原是不同部酋與夷人共享之領地，其土酋是阿昌早氏，他招前來山鄉貿易的白人客商段氏為女婿，明初段氏受命為雲龍州土官，阿昌早氏反而成為土官之轄民。這是土官聯姻政治所產生身分挪移與政治取代。另一個例子，白人里長張氏為避免流官的直接治理，遂支持山鄉保夷左氏擔任蒙化土官，形成張氏里長領糧，左氏土官領軍，共同合作塑造南方蒙化府政治聯盟的二元勢力。在初期的土官政治中，白人張氏仍保有其支配性，尤其表現在張、左二姓聯姻以及張老夫人扶植四代土官，此為跨人群的政治聯盟創造出來具有共享和庇護的社會關係。最後，浮現出歷史檯面的還是以左氏為主的土官政治，這可說是跨人群聯姻後所產生的政治傾斜。

　　再者，金沙江沿岸的土官社會也形成另一種政治格局。麼些政治向來以氏族內婚來分享共同神話與既有轄域；然而，麗江木氏為維持土官優越地位以及避免氏族內部其他支系的政治干擾，愈來愈強調跨府與跨人群間的聯姻。明初，木氏先與鄰近麼些部酋聯姻，後來逐漸擴大到其他結盟的對象，先跨越金沙江與東邊北勝州高氏結盟。後來，木氏聯姻的範圍愈來愈廣，包括滇中姚安土官高氏、滇東武定土官鳳氏以及蒙化土官左氏。這種原來是

平行與對等的土官勢力，隨著麗江財富增加，土官承襲折銀與資源爭奪治理的情形而產生傾斜。也就是川滇藏邊界之土官聯盟逐漸由麗江木氏主導，白人土官為輔的局面。

　　聯姻是產生社會與政治資源的重要方式，白人也因而繼續和不同人群聯盟。如蒙化張氏的結盟者是蒙化山鄉的左氏；客商段氏入贅於雲龍早氏，北方高氏和木氏維持了愈來愈頻繁的聯姻聯盟，這種聯姻結盟與其說是跨越白人作為人群界線，毋寧說是出自於地緣政治的階層性的政治結盟使然。隨著土官承襲所引起的糾紛，此地緣階層結盟不斷地被強化，也不斷產生往外延伸並擴張的情形。土官政治也溢出其與斯土與斯民的內部關係，進而成為帝國邊疆官僚體制下的衍生集團。這種聯盟的模式很難說是白人特有的，然經由白人和非白土官聯盟，土官政治勢力的擴張是顯而易見的。

　　女性在地緣政治中的角色愈來愈重要，也是連結雙邊勢力的重要媒介。在土官社會中，她們可以是女兒、妻子與母親三種不同的身分，其象徵以及所指涉的意義也有所不同。以行動者的「女兒」身分來說，其意味著連結著父親與女婿二方的聯盟，她是父親勢力的延伸，也是女婿勢力的延伸。然而，隨著土官內部繼承紛爭逐漸增加，土官妻子和母親的形象卻愈來愈被突顯。妻子意味著土官的靠山，而母親則意味著鞏固土官的子嗣。政治危機不同，土官社會中所被強化的女性身分也不同。其中，「嫡妻」的身分尤其重要，明朝之土官制度並沒有限制女子承襲土官，所以，夫死由妻代襲，是為嫡妻。嫡妻具有選擇未來土官／及妻子的職責，後來成為嫡母，成為守護土官承襲制度時的一種特殊身分的設計，這也意味著土官嫡妻家族在維持夫家土官政治中扮演穩定的地位。嫡妻與嫡母成為鞏固父子世系相承的關鍵性角色，

其功能在於確定土官頭銜得以在世系內部依序傳遞下去。本書論及金沙江沿岸的北勝州與姚安府土官便相當仰賴麗江木氏作為嫡母的一方，來維持其世系的穩定性。在這種長期的聯姻網絡，正是高氏世族逐漸疏遠白人社會的主要原因。[4]而這也是麗江土官在其轄境以外，以女兒來擴展政治實力的方式。

外表來看，嫡妻與嫡母只是輔助或補充土官父子世系繼承的中間角色，但實際上，從瀾滄江沿岸之雲龍土官妻子羅氏攜子而去所引發一系列土官爭襲事件，也可窺知，其不只是補充性角色，在土官聯姻的對等原則下，嫡妻／嫡母更可能是根植地方傳統之擬制度性設置，在平衡政治聯盟過程中扮演重要的角色。

不只是土官，聯姻也是大理士人維持社會關係的重要管道。自南京返回家鄉的士人，如楊森、楊榮、段子澄、趙汝濂與李元陽等等，也在鄉緣基礎重建士人的社會網絡。他們彼此以姻親關係形成一套歷史書寫文化，包括以族譜和墓誌銘等文類重建世系與祖先的歷史。弔詭的是，女性成為這些從事歷史建構的精英網絡背後一股看不見卻極為清晰的社會力量，這也造成一種特有的書寫語境：為使其有別於其他之身分人群，他們又透過跨越父系的氏族或祖地傳說來建構其人群內部關係，祖先源自南京的歷史論述便成為族群標誌的符號。歷史書寫背後的地方精英間的聯姻關係與政治脈絡，才是我們爬梳不對襯的、紛歧的歷史的重要關鍵。

（三）階層化的土官社會

白人的身分分流及後續之聯盟網絡，使得本書必須不斷地溢

4　高氏土官的族屬問題常被提出來討論，主要分為白人說、彝人說與漢人說。學者已注意到必須注意其母系的傳統。見周瓊，〈從高奣映的族屬爭議看雲南歷史上的民族關係〉，收入沈家明主編，《高奣映研究文集》，頁89-106。

出白人社會作為一種人群或社會的討論框架。士人集團透過聯姻
與交友成為愈來愈清晰的人群，而土官彼此間也透過聯姻與合作
凝聚成為獨特的政治集團，此二者都具有身分階層化的發展趨
向。尤有甚者，土官為鞏固世系內部的宗子世系，刻意和氏族內
部人群進行隔離，使其更傾向於建立跨人群間的聯盟。這種階層
化的身分集團帶著強烈的聯盟性格，在整個西南山鄉形成愈來愈
強勢的政治結盟體，也和流官治理下的官僚體系形成性格迥異的
二元政治。

　　弔詭的是，土官制度是中央王朝羈縻邊境政治的權宜之計，
其一方面具有區辨邊境人群的意味，然土官又依此區辨原則和其
轄境內的氏族社會維持嚴格的界線。透過土官政治的運作，我們
才得以進一步觀察土官與其轄境內以及其鄰近人群間豐富且具有
層次的流動關係，包括與之相互聯盟與依附的其他人群，其或而
以無文字、刀耕火種的方式散居於山谷之間，或被稱為夷人、彝
人、阿昌、倮夷、傈僳、西番或古宗等等，並以各種不同他稱來
命名之。概略來說，他們在土官政治為中心的階序結構下，被分
類為土官轄民與非轄民二類，也因而產生不同層次的責任與義
務。在這種概念性的制度編排下，我們也才得以針對那些遊走於
不穩定政治體系間的游移人群進行描寫，其無事則為夷屬，相安
無事，有事則被描寫成為盜匪之淵藪。如果將瀾滄江和金沙江的
土官政治結構進行宏觀的討論，我們將發現由麗江木氏及其聯姻
網絡所支撐的金沙江沿岸之土官聯盟，成為愈來愈重要的土官政
治之重心，而瀾滄江沿岸的土官們在流動人群的衝擊下形成為愈
來愈鬆散與零碎化的政治關係。

　　簡單來說，白人身分的分流使其社會界線不斷地被淡化，但
作為地方人群與新政治架構的中介者，他們也不斷促成各種不同

人群間的整合，並推動政治階序化社會的形成。在此歷史過程中，白人將文字所撰寫的系譜作為一項知識與技術，傳播到非白人土官社會中，使文字書寫成為累積聲望與整合人群的政治資源。

二、歷史書寫：經典化與正統祀典的文化工程

土官發展出一套書寫的歷史（written history）來鞏固與強化世系的政治聲望，其目的有二：一是向帝國宣稱其具有異質性的歷史本質；二是向土著人群宣稱其具有儀式與神話的代理人性格。在這個過程中，白人歷史書寫的傳統以及官方正統祀典架構為此「異質性」論述提供合法的管道。

白人將建構系譜的知識與技術帶到土官社會。系譜建構主要與鞏固身分與儀式權有關，土官們為適應帝國階序化的儀式祀典，也採取一系列歷史編纂的文化工程，其內容包括重新建構神話起源、世系以及祖先世代功業等等。在此知識傳播過程中，大理士人及其鄰近人群逐漸產生二類歷史敘事的圖像：一是線性的歷史（linear history），由正統歷史敘事所支持；二是複線（bifurcated history）、多元的歷史，主要由傳說與神話的形式來表現。[5]這二種理想的歷史典範並存，便成為官府與地方社會相互溝通，協調與對話的平台。

---

5 「線性歷史」指人類歷史發展有其方向性與目的性，國家與特定權力傾向以此敘事來建構其正統史觀；而「複線的歷史」強調不同群體為追求自身之意義，對過去知識進行各種不同的表述。參見 Prasenjit Duara（杜贊琦），*Rescuing History From the Nation: Questioning Narratives of Modern China*（中譯本，《從民族國家拯救歷史》）（Chicago: University of Chicago Press, 1997）.

（一）經典化的書寫：綜合主義下的「異」與「己」

　　學者Paul Wheatley 曾針對早期中國南方文化進行分析，指出：南方人群透過宣稱祖先來自中國或信仰佛教來區分華與蠻的界線，並以中國經典或佛教信仰將周邊人群（indigenous folk）納入具有政治與宗教意義的宗主領地（Chinese metropolitan territories）。[6]此觀點不僅頗具洞見，也應獲得更多的討論。這不僅打破族群為一種本質性存在，或是單方向制度性設置的後果，甚至指出了各種不同性質的文字書寫本身以及其所代表的知識傳播在整個南方人群所呈現更為廣泛的意義。在西南土官階層化的擴張過程中，大理士人以擁有特定聲望（heritage）如具有文字書寫能力、譜系關係與信奉佛教等等條件躋身為城市政治精英。他們採用了佛教與儒教的雙重經典能力，直到17世紀，佛教與儒教二者的競爭仍然存在滇西北地區。大理士人在建構系譜時也採取這二種作法，他們將祖先追溯到古中國或古印度，使其不論是成為士人或是僧人，都得以在周邊人群與政治間擁有更高的優勢。在二元政治的治理框架下，這種雙重歷史敘事被發揮到極為細緻的地步。本書在討論僧人、士人或土官三種身分集團時，發現他們都曾試圖將身分連結到一份有意義的系譜關係中。基本上，所謂的有意義的系譜關係分為二類，一是成為正統歷史的「我類」；一是成為邊境人群的「異類」。

　　首先，世系的歷史不是法脈就是血脈，也就是師承或祖先。以佛教僧團為例，他們或而源自於中原正統的禪宗法脈，如無極

6　Paul Wheatley, *Nāgara and Commandery: Origins of the Southeast Asian Urban Traditions* (Chicago: University of Chicago, 1983), p. 392-393.

和尚源自於中原法脈，此師承源流有助於建構西南佛教源自於中土佛教的歷史敘事。其不只具有宗教的意義，也有其政治正統的暗喻；相對地，趙賜家族宣稱法脈來自於西天竺之密教，有的僧人宣稱祖先來自於天竺婆羅門僧，他們都企圖透過血緣或法脈世系建構其異質性。法脈傳統象徵著一套根深柢固的文化底蘊以及其自成體系的歷史敘事，在當地社會代表著身分的優越性。極端的例子是董賢，他們以祖先源自於異類，以神話式的鳥卵氏族傳說來強化其土著身分。同樣的敘事結構也出現在新興的士人集團之間，他們逐漸採取祖先南京人或是流寓南中的方式來攀附正統歷史敘事；另一批世族精英則自稱為哀牢九隆族裔等等。這種分類方式將邊境人群分為二類，即異類土著，或他方流徙之人。

　　起源論述有其地方脈絡，其不只是為了重組社會內部的秩序，也有與鄰人區隔之企圖。宣稱成為正統歷史之「我」類或者成為「異」類，都有其語境脈絡：若把世系起源整合到正統歷史敘事架構，有利對地方社會人群宣稱其優越性；若強化世系起源之他者性，則有利向中央王朝宣稱其作為土著社會的代表者。潛藏在此起源論述背後的是一幅「中央與邊陲」的政治與文化秩序之想像。對邊境人群而言，他們想要透過這套政治想像在鄰近人群間產生區辨差異的政治格局，甚至成為具有邊境代表性的人群。參與其間的有中央王朝對邊境人群的文化想像，也有邊境人群對中央王朝的想像，此歷史敘事應被視為文化競爭與創造的場域。在邊境二元政治架構下，白人一邊建構「異類」的形象，同時也不斷地調整其「正確的」歷史敘事來尋求有利的身分優勢。

　　再者，神話（myth）與系譜（genealogy）是二種不同的歷史語言，神話攸關人群起源，而系譜則提供攀附的依據。在夷華文化架構下，大理世族社會之分化與文化選擇，使土著異類與南京

祖先二種迥然不同的起源論述皆有其優勢。這二種人群來源的分類邏輯，也影響大理世族對其世系攀附之走向與文化詮釋。土著異類，起源於非人，是神話式的歷史；南京祖源，起源於漢，趨近於華。居於中間的有自稱諸葛武侯的留守將軍之後裔，或是唐將李宓與何履光之後裔等等。為宣稱其身分的合法性，他們善於以文字譜系來維持世系祖先的敘事，並在此二元政治架構標誌其身分與地位，這也成為其與鄰近人群相互聯盟與釐清社會界線的符號。

　　僰越的過去是一段刻意要迴避的歷史，所以，不論神話或系譜知識的建構，都仰賴官方既定的文類與體例來書寫。從太和縣的士人如楊森、趙壽、段子澄以及楊士雲、李元陽與高斵映等所留下的文字得知，他們以不同的文類來重構地方歷史，包括墓誌銘、寺院碑刻、族譜與地方志書，這些文類在「形式」上完全符合正統文化的表達。這些白人士人在面對正統文化的同時，有意識地在不同文類中保留豐富的歷史線索。首先出現的是以墓誌銘為主的歷史敘事，為迴避政治不正確的「僰越」歷史，其出現以九隆氏或九隆族來概括集體的過去，部分士子也產生附會其祖源來自於南京的說法。他們以巧妙的書寫態度，保持與漢人間若即若離的區隔，又保留微妙的親近性，並將這種二元書寫的文化視為改變身分的技術與力量。再者，李元陽在正統歷史書寫格式中，將這些類「僰越」的歷史編入《大理府志》與《雲南通志》之「古迹」與「羈縻志」項目中。這種作法成為當時志書之異例，也被官府所接受。弔詭的是，李元陽的好友——流寓文人楊慎，他比白人士子更積極地將不符合體例的傳說編成《滇載記》與《南詔野史》，留下許多古老的神話與傳說。整體上來說，這些文本呈現相當的紛歧、不一致、相互挪用、混淆，也產生了神

話與歷史相雜糅等的特質，甚至有學者以其為荒誕。但是，若將其書寫者的身分、文類相互比對，可以看出這些書寫者以巧妙的方式用不同的文類將不同版本的歷史與傳說記錄下來，雖未知是否士人間的刻意安排，但可以看出文人間集體書寫的文化。

　　這種文字書寫的技術、風氣與傳播曾發生一連串的連鎖反應。李元陽受官府之託撰寫地方志，依據府州縣的行政範圍與既定書寫架構來論述地方歷史，其以府州縣為中心，意味著山鄉是邊陲之區，或是荒陬之地。但從土官的角度來說，山鄉正是其轄地之所在，在政治治理以及宗教象徵意義上來說，山神信仰是其統治領地的核心。麗江府的土官木增與姚安府的土官高𤤴映，他們在明末清初積極編纂《雞足山志》，其以山鄉為中心，以地事人，以地繫史的敘事架構，是對官府地方志書內容不足所採取平衡書寫的舉措，此應視之為土官對官府方志書寫之視角的一種抵制。二次編纂皆採用志書之格式與體例，也吸納許多不容於當局歷史意識形態的龍神與神話傳說。在高𤤴映主導的山志版本，甚至將雲南劃歸於古天竺之轄境，宣稱雲南在地理空間曾是「古老的印度」。此敘事與地方志書試圖將西南納入中央王朝之「華夏版圖」的作法迥然不同。而這種古天竺的歷史敘事，也成為結合山鄉土官政治與佛教儀式正統的一次文化創舉。明末楊慎所撰寫的南詔「野史」象徵著士人以積極態度面對不被重視的王權歷史；高𤤴映的《雞足山志》是對零碎化的志書敘事的間接的評批。直到清初，古代佛教神話與歷史敘事重新以另一種章回小說的形式出現，大理刊刻了《白國因由》，鶴慶鄉士大夫刊行之《擲珠記》，此二者皆是地方社會對其歷史記憶重組與再造的文化表現。換句話說，這些文類為多元紛歧的社會記憶與人群歷史提供了更多元的發聲管道。（見圖15）

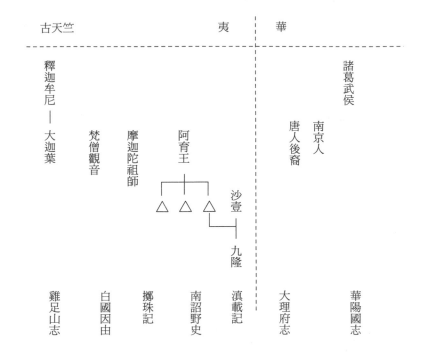

圖15.1　十五至十八世紀滇西歷史敘事結構

　　紛歧的歷史書寫雖不利於考證真實，但卻有助我們認識到不同的行動者對歷史有其主觀的想象與期待，尤其是他們對「正統」的認知各有不同。大體來說，其認知之正統文化標籤大約可以分為三類：一是象徵中央政治正統；二是地方正統；三、宗教正統。人群採用中央正統符號時，雖有助於其表達向化之意，但這些符號隨著語境不同產生意義的轉折：如南京似乎不只是代表地名，也意味著明初洪武皇帝對他們曾經許下的承諾；諸葛武侯雖是歷史人物，但代表著古老的軍事正統；相形之下，九隆與鳥卵此異類起源，則意味地方正統。再者，這些文化標籤各有其

「虛」與「實」的二面，二者相互牽動。虛的是指符號本身有助於人群累積聲望，並以相互攀附與仿效的方式來建構之，而社群也得以採用各種綜合（synthetic）的方式來重組與編織故事。實的則是指不同地方脈絡下社會對身分意義的追求，這些符號本身有助於人群組織社會、建立秩序，甚至在與鄰近人群產生區隔。不論採取什麼性質的正統標籤，這些用文字表達過去和現在系譜關係的企圖，其外在的形式是士人性的，也具有向化意義的；然其內在呈現不同程度的不連貫性與斷裂性，則與現實社會與日常生活有關的潛在區隔有關。

　　歷史書寫之所以產生如此多樣性，主要是與口傳到文字書寫時，不同身分人群在記憶過去時採取不同的書寫策略有關。口傳與有文字社會並不是線性的發展關係，不是口傳社會消失，取而代之而成為文字型的社會。他們之間是並存的、複線的，甚至也會產生交叉攀附與仿效的效果。這些紛歧的文類與文本，正好說明不同人群處於不對襯的社會條件之中，人群的流動與身分分化促使其雜糅出不同的敘事文本。即便歷史敘事內容沒有產生一致性的標準版本，也透露出不同人群對歷史話語權與詮釋權的強烈需求。我在書中無意將這些紛歧的文字書寫導向考據或實證性的研究，這些多元紛歧的敘事反而提醒我們，人群在適應新的文化時所產生的複線性的思維，而這正是明清西南歷史與社會之特殊之處。

（二）儀式正統

　　歷史思維與其敘事風格與地方社會的運作密切相關，而其間的關鍵是攸關庶民日常生活的儀式權。如果說，文字書寫是鄉民社會將歷史「轉譯」為政治宣示的過程，那麼，這轉譯背後應包

含他們當下正在處理的身分與儀式的問題。

　　儀式可以分為一般祀典與土官祀典。正統祀典包括鄉里儀式、廟學與官祀。明朝對正統儀式的推動分為二個時期，一是明初所頒訂之鄉里社祭；一是嘉靖年間的正祀典。大理社會對這些禮儀政策的吸收與適應是相當敏感與靈活的：首先，有一批擔任儒吏與學官的大理世族在佛寺舉行鄉里社壇祭儀，將佛寺一廡改建為鄉士讀書之所，使得佛寺同時兼具社壇與社學的功能。較為宏偉之段、高二氏之佛寺則被列入官寺，甚至成為官員舉行習儀朝賀儀式之場合。在明中葉嘉靖正祀典的禮儀運動中，依附佛寺的正統儀式愈來愈遭致詬病，而佛寺的正當性也大為降低。廟學與書院浮出歷史檯面，與之相輔而成的鄉賢名宦與報功祠等官祀架構，為鄉里社會提供重新討論歷史正統與人物的機會，也使得為民間所供奉的貴族國王與祖先，成為鄉里祀典中的成員。與之同時，地方官員也致力於將符合正統敘事的歷史人物供奉在象徵地方政治之堂廟之中，如諸葛武侯與李宓將軍等漢唐征邊名將等等。在推動象徵正統的儀式時，大理世族都期待將祖先抬升為官祀祀典的對象，而這些被視為「共同的祖先」的歷史人物，也就以鄉賢名宦與功臣的名義在鄉里受到百姓之供奉。

　　同時，為確立士人身分，大理世族著手撰寫家譜並興建宗祠。明朝頒定家禮，規範士人祭五代祖先之原則，但這與大理世族之實際處境略有違和之處。[7] 這些世族之祖先多可溯及南詔名臣，祭祖不僅止於五代，況且其祖先留下之佛寺常住多是昔日國王賜予的授田與職田。於是這些新興宗祠幾乎伴隨佛寺薦祖之傳

7　這部分可以參考廣東珠江三角洲宗族禮儀的演變，科大衛，〈祠堂與家廟：從宋末到明中葉宗族禮儀的演變〉，頁1-20。

統延伸而來，宗祠多與佛寺並列；這些世族支系若被劃入土軍之列者，多追溯祖先為唐將功臣或邊臣後裔，如李宓及其部屬，或而溯及更古老的諸葛武侯留將等等。這些宗祠成為鞏固邊臣名將的歷史敘事，也成為足以與鄰人匹敵的文化標籤。

　　從李宓將軍的祀典爭奪可以看到社會內在的衝突與妥協的過程，尤其是在追認祖先時，祖先和龍王信仰產生分化且競爭的情形：昔日佛教在吸收地方泛靈信仰時，視山川大地洞穴山脈等等神明，泛稱為龍神。當地貴族英雄人物死後也被封賜為守護神，職司一地，稱為土主或龍王，二者在功能與性質上相互重疊，應視為儀式與傳統領地合而為一的具體表現。正德年間趙賜家族爭取將李宓視為龍王，修建龍關龍王廟一事，說明大理儀式專家面臨了一個關鍵的轉變：即僧族身懷馭龍法術，為抬升唐人邊臣在佛教祀典之地位，故將李宓將軍封為龍王；他們所遇到的挑戰是來官府和鄰近的土軍世家，前者封李宓為官祀，後者則追認李宓為祖先。龍王的身分便顯得失勢，也看不出正當性。另一個相反的故事是段赤誠：他曾是段氏之祖先，也被封為龍王，但因為官府祈雨驗效，被封為洱水神祠，成為官祀之一。歷史人物可以在官祀重新找到他們的位置，但阿吒力儀式專家的地位以及其所主導的龍王儀式則明顯面臨挑戰。這種邊臣封功的祀典也影響漢人衛所家族：清初裁撤衛所，明朝屯駐蒙化之漢人千戶家族也採用「軍功」的方式，紛紛向官府呈請建置報功祠，將宗祠提升為邊臣祀典的規模。

　　官府整頓鄉里儀式時，大理鄉士大夫也積極參與重塑地方歷史的改造計劃。他們將祖先抬升成為祀典之成員，或將祀典之人物視為祖先，這與根深柢固的「聖賢即祖先」政教傳統有關。符合大歷史正統敘事的人物與神祠被提升為正統的祀典；「僭越的」

的人物與歷史敘事則往下流動，也往邊陲山鄉流動，成為鄉里儀式祭典的依據。正因為如此，鄉里所保留的國王神明與山川儀式祭典，成為士人採集民間文獻與組織歷史時，不可被忽略的歷史資源。這種往上與往下流動的祀典與歷史敘事是二種不同歷史思維的模式，隨著鄉村人口流動、重組以及社會內部與外緣條件的改變，民間社會得以透過神明的敘事來重組鄉里內在的秩序。換句話說，「過去人物」的歷史敘事是鄉里社會用來爭取儀式權的文化資源，鄉里士大夫將地方之龍神、英雄與祖先神，視之於等同於官祀架構之山川、風雨與鄉賢名宦等祀典，並以邊境特殊歷史條件來說服官員轉化儀式之合法性。這也使得佛教守護神仍得以合理地挪用在合法祀典架構下繼續運作，民間所供奉之大黑天神、國王神與龍王則為其例。

土官祀典也很重要。大理鄰近之土官也逐漸採用建構譜系與正統祀典的方式來宣示政治聲望與其在轄境內的合法地位。正德嘉靖以來，土官在闢邪崇正之政治氛圍下，除了積極興建廟學以示向化臣服，也在轄境建立符合「諸侯」身分的家譜與祀典。

土官以諸侯封建領主自居。首先，他們在轄境內建立廟學，鼓勵世子讀書；再者，建置土官家廟，宣示其在轄境內的政治地位。其在建構土官世系時也涉及了世系來源的問題。蒙化府土官左氏，在母族張氏的支持下，將其氏族的歷史追溯到南詔國王的世系，並興建象徵南詔國王細奴邏的佛寺為家廟。配合家廟，也開始撰寫家譜，以系譜追溯的方式，鞏固土官宗子的領導地位。麗江木氏土官也開始編寫木氏宦譜，建立木氏勳祠、山神廟等等，宣示他們在特定領地轄境中的象徵地位。不論是蒙化左氏或是麗江木氏，他們以封建藩臣的姿態編寫宦譜，其體例是政治正統的，符合王朝對可追溯的、文字的、父子相繼的世系倫理的書

寫架構。

重要的是，土官在學習系譜書寫的過程中，也試圖將其地方傳說與神話吸收到系譜之中，使得土官系譜不只是土官世系的歷史，也包括了氏族部酋政治承續的歷史以及開天闢地人類起源的神話式起源。為滿足中央與地方二元政治的精神，土官家譜包括二種，一是線性的系譜敘事，二是神話起源的敘事。線性的系譜向中央王朝宣示其世系之倫理以及宗子擔任土官的合法性；而神話起源的敘事則確定了他們在特定轄境內，擁有舉行最高祀典的政治地位。不論在吸收地方神靈信仰或是成為帝國邊境之次級官僚機構來說，佛寺作為土官政治的延伸機構還是得以獲得持續性的發展。

（三）歷史心性：他者的歷史話語權

歷史對民間而言，往往伴隨著一套闡敘儀式權的潛脈絡。他們必須經由正統符號來組織歷史，不論是官府所倡議的武侯，或是土官集體將雞足山塑造成為佛教聖地，二者都以儀式與宗教的形式來建構歷史，其神話性是不言而喻的。諸葛武侯是一位古代仁厚的征服者，而大迦葉是佛陀託付未來法脈的禪宗祖師，二位分別是古中國與古印度的典範人物。在古中國與古印度二端的歷史敘事，中間可以容納許多不同的歷史人物作為承載意義的符號，包括如過去的國王、后妃、貴族、祖先、外來的唐將、外來的僧侶與佛教守護神等等，而這些敘事內容一方面可以合法化地方文化，也可以和官祀體系相互抗衡。於是，昔日「僭越」的歷史人物，也得以安置於不同的祀典架構，如鄉里設置社壇、山川祀典乃至於擴大鄉士大夫對鄉賢的定義。

雞足山佛教聖地是地方士人和土官、土官與流官、土官與皇

帝、地方社會以及佛教各宗派勢力彼此之間尋求最終平衡點的一種文化設計。木增向萬曆帝要求賜悉檀寺寺額、大藏經乃至於封賜僧官等等，無不說明木氏在山鄉政治局勢中爭取領導地位的具體作法。最終，這種直接將古大理視為古印度的說法，也為不同人群所默許。

　　筆者以「去自我中心」的他者化敘事來表示特定身分階層對斯人與斯土所採取的文化策略：為爭取儀式支配性，他們將祖先身分和領地的地景分開來處理，並以不同程度的自我偏離來建構二元知識。為成為具有正統身分的士人，他們建構一套祖先源自於政治中心（南京）的歷史敘事，僧人為符合漢傳佛教之規範而依附禪宗法脈；惟土官以藩臣勳功名義建構其地方政治之地位。此三者分別以不同性質的儀式來建立社會關係。沒有列在上述身分的是鄉里百姓，本書間接以鄉里祀典來說明基層社會的集體意志：他們在鄉村繼續供奉香火，不論是昔日的國王后妃、貴族祖先、佛教神祇或是守護神等等。階層化的社會結構由身分與祀典架構所支撐，歷史敘事亦然。換句話說，古代／僭越的歷史由鄉里社會所支撐著。

　　不同人群隨著身分重組與儀式重構的過程，對祖先產生不同的想像。官方祀典鼓勵邊臣後裔或漢唐移民的歷史論述，使得許多大理世族也宣稱其為古老之中原移民，那麼，隨之也就創造出一群自稱為異類者，來與此類正統敘事相抗衡，身分的歷史敘事也在華夷二元架構中持續地相互呼應與形塑。從地方邏輯來看，若要扭轉「西南即蠻夷」此偏見，勢必將地方文明攀附在古天竺之所在地才得與此失焦的敘事相抗衡。中國的古典文獻所能提供的知識體系不足以含括其歷史經驗，而此有限的知識架構，也使得他們採用「自我偏離」的方式來論述歷史，而這正是出現「他

者化」的語境脈絡。不論如何，不論是大理士人、鄉民或土官們，他們在既定的認知框架構下，為其身分找出符合其日常生活準則的語言與意義體系，並以此來認識彼此。上述二種外表互斥的歷史敘事，表達了共同的歷史心態。雖然宣稱不同的起源，但不同的身分集團共享著相同的心理圖像與歷史基模，指向身分正統性與優越性。

這本書一方面透過書寫者的境遇解構其書寫內容的虛構性，同時也希望透過社會的結構轉變以及其面對危機時所採取的策略，來重構社會內外界線與秩序。

三、社會流動與儀式

在西南深山叢箐中，宗教性的神話或符號是人群用來區辨異己與拉攏關係的文化語言，而神聖喻意的傳統領地（territory）也成為維繫社群與政治運作的場域。然而，帝國在邊境施行官辦鹽井與官辦銀廠，衝擊土酋政治網絡，其所引發的流動人口也使得社會關係愈來愈趨於緊張。再者，嘉靖年間官方為推動正統儀式，將既定之土地設定為儀式運作之物質基礎。流動人群為重組社會，便以鞏固儀式權的方式來確定其身分與人群的合法性，而隨儀式而來的土地所有權的問題便將社會內部既有的政治問題推向經濟層面。第三，萬曆年間之賦役改革，人群產生更頻繁的流徙，他們也愈來愈依賴採取新的儀式語言作為重組社會的媒介，這些將使得儀式從維繫社會結群的意義體系，變成用來組織社會且具有經濟動員意義的工具。

（一）社會流動

　　對山鄉產生衝擊的政策，除了土官羈縻政治外，要算是官鹽制度。大理東西二方山鄉對官收鹽井的適應情形不一。明初先是派員接收東部的白鹽井，致使山鄉長期陷於動亂，先有自久之亂，後來山鄉擾動不止，史稱赤石崖鐵索箐夷亂。相對地，西部雲龍州雖也設置鹽井提舉司，然因地理偏遠，委由白人土官主導鹽務，故維持其既有的運作模式。嘉靖年間，太和縣民以灶戶身分移居雲龍承攬鹽務，多致富改仕，推動了雲龍州的革土歸流。也因為如此，灶戶與土官在資源分配時成為相互牴觸的力量，先是雲龍土官退地，留守瀾滄江之外；隨之，以灶戶為中心的貨幣化經濟抵達北邊之山場，也造成與蘭州土官相互爭奪勞動力的局面。這些都可以看到鹽井治理對人群流動與山鄉政治生態的改變。

　　官府在大理東邊山鄉開辦銀廠，也衝擊地方社會與經濟的生態平衡。明初先在大理東部賓川一帶採銀，一路往北在鄧川州與鶴慶府邊界設有南北衙二大銀廠，民間私採之風也帶動更多外來勢力與新興流動人口。再者，明朝視差發金銀為西南特別賦貢之一，其以制度化的方式將貢金攤至各府，使得白銀成為炙手可熱的貨幣。這二項政策原來互不相涉，後來卻共同引發地方財政的諸多問題。正統年間，在大量的流動人口以及有限的糧食生產下，大理內部開始產生資源分配與社會失衡的情形。差發金銀的特別賦貢造成人口移徙逃賦，離開官府的治理。儘管我們對當時山鄉商人的認識仍相當有限，然介於官府與土人的中間人群如灶戶與官辦商人等等，也藉由制度力量將其勢力延伸到深山與官府勢力不及之邊界地區。當十六世紀末象徵國家代理人的灶戶與衛

所勢力不斷深入山鄉時，他們和土官終在制度的末端成為相互牴觸與競爭的二股結構性力量。

　　正是對金銀的大量需求造就了麗江的重要性。麗江是鹽井與金銀礦之重要產地，他們利用帝國倚重之邊臣勢力向北方川藏邊界拓展領地，又向南與雲南諸土官聯姻結盟，順著白銀貨幣化的發展，逐漸擴張對南方農業生產領地之控制。麗江土官不僅利用邊境土官的政治身分，也善用白銀貨幣化的優勢，使其成為主導西南土官政治且富可敵國的邊藩人物，並以跨府異族聯盟的方式來抑制帝國勢力在山鄉的擴張。明中晚期以來，木氏勢力往南經鶴慶、鄧川，到雞足山，後來木增復又向萬曆皇帝請雞足山悉檀寺之寺額，使悉檀寺成為統領雞足山諸寺為國祈福之儀式中心。這整個歷史事件，外表看來是透過佛寺與儀式來表達忠誠，實際上，更可看作木氏在流官府治與衛所勢力等等外來新興勢力間，豎立獨樹一格的文化與政治威望之作為。

（二）鄉里合祀

　　土官繼續沿用佛教與寺院作為政治運作與累積聲望方式，大理鄉里社會則在佛寺的基礎上進行更多綜合性的嘗試。嘉靖萬曆以來，為了免於雜派賦役負擔，大理世族逐漸將家族佛寺轉讓給十方叢林，有的寺院轉型為書院或宗祠，其常住土地亦被劃入學田或祭田，鄉里也採取常態性祭田來維持鄉里祀典的運作。這些社會再生產的物質基礎大抵從佛寺常住中延伸而來。

　　再者，這種綜合主義也表現在合祀傳統，龍關的寶林寺以就地合法的方式，以鄉里社壇的儀式架構保留佛教寺院的規模。大展屯之慈真庵與六姓祠則以佛寺的架構實踐了漢人軍屯異姓的聯合宗祠。佛寺即社壇香火，其好處是佛寺常住得以充作社祭所需

之公田。有些世族為累積祖先留下之授田，設置宗祠或報功祠以
確保闔族產業受到保障，佛寺也被充為祭祖儀式之場所。也因為
如此，佛寺往往與鄉里公共田業糾纏不清。佛教神祠體系也在儀
式改革的運動中轉換成為鄉里香火之祀典。大理村落普遍存在的
本主廟，正是結合各種新舊儀典消長於一身的祭祀單位，它象徵
著由佛寺、鄉里社壇到讀書之所一系列儀祀機構的某個剖面；其
神明，也象徵著祖先、神明與鄉賢等不同性質融合一體的神性，
後來又成為村落公田的託付者。

　　對西南人群來說，萬曆之賦役改革，其意義並不在商品化所
造就流動的人口，而是為躲避國家直接治理而產生的儀式組織。
清丈對鄉里百姓來說，不是編戶的身分與土地產權的獲得，而是
愈來愈難以負荷的雜派。尤其西南諸府之糧賦不多，最沉重的負
擔來自於各式各樣的雜派，包括鹽課、礦稅以及長途運輸伕馬役
等等。一旦土地成為國家治理的重要媒介，那麼，百姓便希望能
夠將其田業寄託於祀田、學田或是佛寺。在躲避賦役雜派的政治
與經濟壓力下，祀典與祀田猶如鄉里社會與特定人群的庇護者。
弔詭的是，帝國希冀有效建立財稅公平與數字化管理的治理原
則，其效果卻使百姓以不斷強化社會內部的社會關係與傳統轄域
的概念來回應之。他們以正統祀典與鄉里儀式架構作為回應帝國
賦役攤派之社會組織，其不僅得以藉此維持社會成員的身分界
線，也使鄉里神靈與香火成為共同承擔政治責任的紐帶，而鄉里
香火也成為基層人群與帝國協商與溝通的中介單位。我們可以預
期，被編入流官治理下的白人，他們沿著帝國階序官僚的祀典結
構，建構了一套意義豐富、符號多元的歷史敘事與作為集體社會
聯盟的機制。

　　西南人群的歷史不只是「少數民族」的歷史，更多地是當地

之氏族與部酋社會隨著不同的政治與地方條件，對鄰人採取區辨、合作與重組等等的方式來鞏固地方利益的過程。帝國以一套「身分」制度作為治理邊境的架構，但是，人群則以地方傳統之社會網絡與文化資源來對應之。他們提出了一套可以用來產生連結、區隔與延伸的開放體系來處理流動的社會關係，進而使得「族群」成為一組宣稱「他者」身分的政治語言。鄉里儀式、佛教聖地傳說背後是一系列政治動員的後果，這些正可以補充我們對西南人群歷史零碎化、孤立化的一個管道。

　　無可否認的，這樣的討論似乎只集中於歷史的上層結構，如宗教、儀式與意義體系等等如何形塑社會；歷史的下層結構，如農業水利、資源開採、貨幣、人口增加等等，都是影響社會的物質基礎，也極其重要。然，受限於書寫時的各種條件，無法在此書中展開。

　　最後，我們必須回到日常生活來思考歷史如何被創造出來的。進入大理鄉村，就像拜訪歷史現場之旅，堂廟供奉著像貌威嚴的國王與官員等等形形色色的本主，老百姓仍以一種日常的親近性來實踐他們的歷史。這樣日常生活的結構呈現我們沒有看到的過去，包括人群曾在政治制度下經歷的流動與身分選擇，也包括他們在重組社會過程中為維護其地方利益而產生的文化創造。雖然，在村落與崇山峻嶺間的廟宇和我們熟悉的歷史書寫之間，產生許多不連貫的斷裂與縫隙、彼此形成不對襯和模糊的對話關係，像是一段失去焦點的歷史。我想，這也就是本書所想要說的故事。

徵引書目

一、史料暨民間文獻

《崇禎二年高氏家譜》，光緒十三年（1629）抄本，姚安高氏後裔複印收
　　藏。

〈姚郡世守高氏源流總派圖〉，方國瑜主編，《雲南史料叢刊》，卷5，昆
　　明：雲南大學出版社，2001。

《木氏宦譜・文譜》，哈佛大學燕京圖書館藏。

《太和龍關段氏族譜》，大理州圖書館藏。

《龍關段氏族譜》，雲南大理白族自治州圖書館藏。

《閣洞旁段氏族譜》大理閣洞塝段氏族裔收藏。

《太和段氏族譜》，大理市博物館藏。

《太和龍關趙氏族譜》，大理州博物館藏。

《太和龍關趙氏族譜》，大理下關趙炫杰收藏。

《大理古塔橋趙氏族譜》，大理市博物館藏。

《大理史城董氏族譜》，大理市圖書館藏。

《大理史城董氏族譜》，收入楊世鈺、趙寅松主編《大理叢書・族譜篇》，
　　卷5，昆明：雲南民族出版社，2009。

《五雲董氏家乘》，謝道辛提供複印。

《弘農楊氏統宗世系族譜》，收入《大理叢書・族譜篇》，卷3，昆明：雲
　　南民族出版社，2009。

《鄧川阿氏族譜》，收入雲保華、阿惟愛分冊主編，《大理叢書・族譜
　　篇》，卷2，昆明：雲南民族出版社，2009。

《雲龍楊氏家譜》，謝道辛提供複印。

《（雲龍石門）楊氏族譜》，謝道辛提供複印。

《蒙化左氏家譜》，雲南省巍山縣民間收藏。

《蒙化左族家譜》，收入楊世鈺、趙寅松主編《大理叢書·族譜篇》，卷
　　1，昆明：雲南民族出版社，2009。

《蒙化孫氏族譜》，收入雲保華、阿惟愛主編《大理叢書·族譜篇》，卷
　　2，昆明：雲南民族出版社，2009。

《蒙化范氏族譜》，收入楊世鈺、趙寅松主編《大理叢書·族譜篇》，卷
　　3，昆明：雲南民族出版社，2009。

《蒙化陳族家譜》收入雲保華、阿惟愛分冊主編，《大理叢書·族譜篇》，
　　卷2，昆明：雲南民族出版社，2009。

《劍陽何氏族譜》，收入楊世鈺、趙寅松主編《大理叢書·族譜篇》，卷
　　3，昆明：雲南民族出版社，2009。

《巍山李氏族譜》，收入楊世鈺、趙寅松主編《大理叢書·族譜篇》，卷
　　3，昆明：雲南民族出版社，2009。

A. J. H. Charignon著，馮承鈞譯，黨寶海新注，《馬可波羅行紀》，石家
　　莊：河北人民出版社，1999。

不著撰人，《擲珠記》，鶴慶檔案館所藏，民國八年藍廷舉抄印本。

不著撰人，《土官底簿》，收入《景印文淵閣四庫全書》，國立故宮博物院
　　藏本影印，第599冊，台北：臺灣商務印書館，1983。

不著撰人，《白古通記》，收入王叔武輯著，《雲南古佚書鈔》，昆明：雲
　　南人民出版社，1996。

大理市文化叢書編輯委員會，《大理古碑存文錄》，昆明：雲南民族出版
　　社，1995。

中華書局編輯部編，《宋元明清書目題跋叢刊（四）·明代卷》，北京：中
　　華書局，2006。

尤中校注，《僰古通紀淺述校注》，昆明：雲南人民出版社，1988。

方樹梅纂輯，李春龍、劉景毛、江燕點校，《滇南碑傳集》，昆明：雲南民
　　族出版社，2003。

王培孫校輯，《蒼雪大師南來堂詩集》，台北：新文豐出版公司，1955。

王富，《魯川志稿》，大理：大理白族自治州南詔史研究會出版，2003。

北京圖書館金石組編，《北京圖書館藏中國歷代石刻拓本匯編》，鄭州：中

州古籍出版社，1989-1991。

晉・常璩撰，劉琳校注，《華陽國志》，成都：巴蜀書社，1984。

梁・僧伽婆羅譯，《阿育王經》，收入《大正新修大藏經》，No. 2043，第50冊，台北：新文豐出版公司，1983。

唐・玄奘、辯機撰，季羨林校註，《大唐西域記校註》，北京：中華書局，1985。

宋・劉昫等撰，《舊唐書》，北京：中華書局，1975。

宋・歐陽修、宋祁等撰，《新唐書》，北京：中華書局，1975。

元・孛蘭盼等撰，《元一統志》，收入方國瑜主編，《雲南史料叢刊》，卷3，昆明：雲南大學出版社，1998。

元・張道宗，《紀古滇說原集》，收入《玄覽堂叢書》，台北：正中書局，1981。

元・郭松年、李京撰，王叔武校注，《大理行記校注・雲南志略輯校》，昆明：雲南民族出版社，1986。

明・不著撰人，《秘閣元龜政要》，收入《四庫全書存目叢書》，史部13冊，台南：莊嚴文化事業有限公司，1996。

明・張鹵輯，《皇明制書》，收入《續修四庫全書》，明萬曆七年張鹵刻本，第788冊，上海：上海古籍出版社，1995。

明・王世貞，《弇山堂別集》，收入《景印文淵閣四庫全書》，第409-410冊，台北：臺灣商務印書館，1983。

明・毛堪撰，《臺中疏略》，收入《四庫禁燬書叢刊》，史部57冊，北京：北京出版社，1997。

明・朱國禎著，繆宏點校，《湧幢小品》，北京：文化藝術出版社，1998。

明・朱應登，《凌谿先生集》，收入《四庫全書存目叢書》，明嘉靖刻本，集部51冊，台南：莊嚴文化事業有限公司，1997。

明・艾自修，《（崇禎）重修鄧川州志》，中央研究院傅斯年圖書館藏微卷，南明隆武二年刊本。

明・何孟春，《何文簡疏議》，收入方國瑜主編，《雲南史料叢刊》，卷5，昆明：雲南大學出版社，2001。

明・宋應星著，鍾廣言注釋，《天工開物》，香港：中華書局香港分局，1988。

明・李元陽，《（嘉靖）大理府志》，大理：大理白族自治州文化局翻印，1983，據北京圖書館明嘉靖刻本影印。

明・李元陽，《中谿文集》，收入《叢書集成續編》，第144冊，台北：新文豐出版公司，1997。

明・李元陽，《中谿家傳彙稿》，收入《叢書集成續編》，第142冊，台北：新文豐出版公司，1988。

明・李元陽修纂，《（萬曆）雲南通志》，收入林超民等編，《西南稀見方志文獻》，卷21，蘭州：蘭州大學出版社，2003。

明・李東陽撰，申時行重修，《大明會典》，台北：國風出版社，1963。

明・李東陽等撰，《明孝宗實錄》，台北：中央研究院歷史語言研究所，1966。

明・李賢，《明一統志》，收入《景印文淵閣四庫全書》，第472-473冊，台北：臺灣商務印書館，1983。

明・沈德符，《萬曆野獲編》，北京：中華書局，1997。

明・周季鳳纂，《（正德）雲南志》，收入方國瑜主編，《雲南史料叢刊》，卷6，昆明：雲南大學出版社，2000。

明・徐弘祖撰，朱惠榮校注，《徐霞客遊記校注》，昆明：雲南人民出版社，1985。

明・徐栻、張澤纂修，杜晉宏校注，《（隆慶）楚雄府志》，收入《楚雄彝族自治州舊方志全書・楚雄卷》，昆明：雲南人民出版社，2003。

明・唐順之，《荊川集》，收入《景印文淵閣四庫全書》，第1276冊，台北：臺灣商務印書館，1983。

明・孫繼皐，《宗伯集》，收入《景印文淵閣四庫全書》，第1291冊，台北：臺灣商務印書館，1983。

明・莊誠，《（萬曆）趙州志》，收入《雲南大理文史資料選輯地方志之二》，大理：大理白族自治州文化局翻印，1983。

明・陳文，《（景泰）雲南圖經志書》，收入方國瑜主編，《雲南史料叢刊》，卷6，北京圖書館景泰六年刊本，昆明：雲南大學出版社，2000。

明・陳文等撰，《明英宗實錄》，台北：中央研究院歷史語言研究所，1966。

明・陳文等纂，《明英宗寶訓》，台北：中央研究院歷史語言研究所，1962。

明・張紞撰，《雲南機務鈔黃》，收入《百部叢刊集成》，台北：藝文印書館，1965。

明・張萱，《西園聞見錄》，收入《續修四庫全書》，民國哈佛燕京學社印本，第1168-70冊，上海：上海古籍出版社，1995。

明・陳子龍，《明經世文編》，收入《四庫禁燬書叢刊》，明崇禎平露堂刻本，第22-29冊，北京：北京出版社，1997。

明・焦竑，《國朝獻徵錄》，收入《續修四庫全書》，明萬曆四十四年徐象橒曼山館刻本，第525-531冊，上海：上海古籍出版社，1995

明・費宏等纂修，《明武宗實錄》，台北：中央研究院歷史語言研究所，1966。

明・楊士奇等纂修，《明宣宗實錄》，台北：中央研究院歷史語言研究所，1966。

明・楊士雲，《楊弘山先生存稿》，收入《叢書集成續編》，第143冊，台北：新文豐出版公司，1989。

明・楊慎，《滇載記》，收入方國瑜主編，《雲南史料叢刊》，卷4，昆明：雲南大學出版社，1998。

明・楊慎撰，《（胡蔚本）南詔野史》，《南詔大理歷史文化叢書》，第1輯，大理：大理白族自治州文化局，1998。

明・萬表，《皇明經濟文錄》，收入《四庫禁燬書叢刊》，集部19冊，明嘉靖刻本，北京：北京出版社，1997。

明・葛寅亮，《金陵梵剎志》，收入《中國佛寺史志彙刊》，第3輯，台北：明文書局，1980。

明・董倫等修，《明太祖實錄》，台北：中央研究院歷史語言研究所，1966。

明・諸葛元聲撰，劉亞朝校點，《滇史》，巍山：德宏民族出版社，1994。

明・錢邦芑纂，范承勳增修，《雞足山志》，台北：丹青出版社，1985。

明・劉文徵纂，古永繼校點，《（天啟）滇志》，雲南：教育出版社，1991。

明・劉春，《東川劉文簡公集》，收入《續修四庫全書》，明嘉靖三十三年刻本，第1332冊，上海：上海古籍出版社，1995。

明・謝肇淛，《滇略》，收入《景印文淵閣四庫全書》，第494冊，台北：

臺灣商務印書館，1983。

明‧瞿九思，《萬曆武功錄》，北京大學圖書館藏萬曆刻本。合肥：黃山書社，2002。

清‧王世貴、張倫撰修，《（康熙）劍川州志》，收入北京圖書館古籍出版編輯組編，《北京圖書館古籍珍本叢刊》，北京恩墅關顧紀震業刊版本，第44冊，北京：書目文獻出版社，1995。

清‧王崧著，杜允中注，《（道光）雲南志鈔》，收入方國瑜主編，《雲南史料叢刊》，卷11，昆明：雲南大學出版社，2001。

清‧王崧編纂，李春龍點校，《雲南備徵志》，昆明：雲南人民出版社，2010。

清‧毛奇齡，《雲南蠻司志》，收入王崧編纂，李春龍點校，《雲南備徵錄》，昆明：雲南人民出版社，2010。

清‧余慶遠，《維西聞見錄》，收入王崧編纂，李春龍點校，《雲南備徵志》，昆明：雲南人民出版社，2010。

清‧李訓鋐、羅其澤纂修，《（光緒）續修白鹽井志》，收入《楚雄彝族自治州舊方志全書‧大姚卷（上）》，昆明：雲南人民出版社，2004。

清‧李斯佺，黃元治纂修，《（康熙）大理府志》，收入《北京圖書館古籍珍本叢刊》，第45冊，北京：書目文獻出版社，2000。

清‧阮元修，李誠等纂，《（道光）雲南通志稿》，哈佛燕京圖書館藏。

清‧佟鎮、鄒啟孟纂修，《（康熙）鶴慶府志》，收入《北京圖書館古籍珍本叢刊》，第45冊，北京：書目文獻出版社，1988。

清‧林則徐修，李希玲纂，《廣南府志》，台北：成文書局，1967。清光緒三十一年重抄本影印。

清‧周鉞纂修，《（雍正）賓川州志》，大理白族自治州文化局翻印，1982。

清‧侯允欽纂修，《鄧川州志》，收入《中國方志叢書》，第144冊，台北：成文出版社，1968，據清咸豐四年〔1854〕刊本影印。

清‧范承勳、吳自肅纂修，《（康熙）雲南通志》，收入《北京圖書館古籍珍本叢刊》，第44冊，北京：書目文獻出版社，1983。

清‧倪蛻輯，李埏校點，《滇雲歷年傳》，昆明：雲南大學出版社，1992。

清‧高奣映著，侯沖、段曉林點校，《雞足山志點校》，北京：中國書籍出版社，2005。

清‧孫奇逢,《中州人物考》,收入《景印文淵閣四庫全書》,第458冊,台北:臺灣商務印書館,1983。

清‧寂裕刊刻,《白國因由》,收入《南詔大理歷史文化叢書》,第1輯,大理:大理白族自治州文化局出版,1998。

清‧崔之瑛、吉允迪編,《雲南屯田冊　辦理營田節略》,北京:全國圖書館文獻縮微復製中心,2006。

清‧張廷玉等修,《新校本明史》,北京:中華書局,1982。

清‧張嘉穎纂修,芮增瑞校注,《(康熙)楚雄府志》,收入《楚雄彝族自治州舊方志全書‧楚雄卷(上)》(昆明:雲南人民出版社,2005)

清‧曹春林,《滇南雜志》,收入《中華文史叢書》,第11輯,台北:華文書局,1969,據清嘉慶十五年刊本影印。

清‧梁友憶纂,《蒙化志稿》,德宏:德宏民族出版社,1996。

清‧梁友檍纂修,《(宣統)蒙化縣鄉土志》,收入國家圖書館地方志和家譜文獻中心編,《鄉土地抄本選編(九)》,民國間抄本,北京:線裝書局,2002。

清‧陳希芳,《(雍正)雲龍州志》,手抄本,翻印自雲龍縣檔案館。

清‧陳奇典,《(乾隆)永北府志》,收入《中國地方志集成》,雲南府縣志輯,第42輯,乾隆三十年(1765)刻本,南京:鳳凰出版社,2009。

清‧陳釗鐳修,李其馨等纂,《趙州志》,收入《中國方志叢書》,第259冊,台北:成文出版社,1974。

清‧郭存莊纂修,張海平校注,《(乾隆)白鹽井志》,《楚雄彝族自治州舊方志全書‧大姚卷(上)》,昆明:雲南人民出版社,2004。

清‧項普聯修,黃炳堃纂,《(光緒)雲南縣志》,收入《中國方志叢書》,台北:成文出版社,1967,據清光緒十六年〔1890〕刊本影印。

清‧黃元治輯,《蕩山志略》,北京圖書館藏鈔本。

清‧鄂爾泰等監修,靖道謨等編纂,《(雍正)雲南通志》,收入《景印文淵閣四庫全書》,第569-570冊,台北:臺灣商務印書館,1983。

清‧董慶善撰,王鳳文整理,《雲龍記往》,收入方國瑜主編,《雲南史料叢刊》,卷11,昆明:雲南大學出版社,2001。

清‧楊金鎧,《(民國)鶴慶縣志》,大理:大理白族自治州圖書館,1983。

清・楊瓊，《滇中瑣記》，收入方國瑜主編，《雲南史料叢刊》，卷11，昆明：雲南大學出版社，2001。

清・楊書纂，鄧承禮標點校注，《康熙定邊縣志》，大理：大理白族自治州文化局翻印，1985。

清・管學宣，《（乾隆）麗江府志略》，收入《中國地方志集成・雲南府縣志輯》第41輯，乾隆八年刻本，南京：鳳凰出版社，2009。

清・劉自唐纂輯，《（康熙）祿豐縣志》，收入（《楚雄彝族自治州舊方志全書・祿豐卷（上）》，昆明：雲南人民出版社，2004。

清・劉榮黼纂修，陳九彬校注，《（道光）大姚縣志》，收入《楚雄彝族自治州舊方志全書・大姚卷（上）》，昆明：雲南人民出版社，2004。

清・劉埥，《（乾隆）續修蒙化直隸廳志》收於《故宮珍本叢刊》第232冊，海口市：海南出版社，2001。

清・錢曾、管庭芬、章鈺校證，《錢尊王讀書敏求記校證》，北京：中華書局，1990。

清・蔣旭纂，《（康熙）蒙化府志》，雲南省圖書館藏光緒七年木刻本，昆明：德宏民族出版社，1998。

清・檀萃纂修，張海平、李在營校注，《（乾隆）華竹新編》，收入《楚雄彝族自治州舊方志全書：元謀篇》，昆明：雲南人民出版社，2005。

清・額魯禮，王塏纂修，芮增瑞校注，《（道光）姚州志》，收入《楚雄彝族自治州舊方志全書・姚安卷》上，昆明：雲南人民出版社，2005。

清・釋同揆，《洱海叢談》，收入方國瑜主編，《雲南史料叢刊》，卷11，昆明：雲南大學出版社，2001。

清・蘇鳴鶴纂修，熊次憲校注，《（嘉慶）楚雄縣志》，收入《楚雄彝族自治州舊方志全書・楚雄卷》，昆明：雲南人民出版社，2003。

清・羅瀛美修，周沆纂，《浪穹縣志略》，收入《中國方志叢書》，第260冊，台北：成文出版社，1974。

清・顧見龍繪，清人描摹，《滇苗圖說》，哈佛大學燕京圖書館藏。

清・顧炎武，《天下郡國利病書》，台北：藝文印書館，1977。

清・顧祖禹撰，賀次君、施和金點校，《讀史方輿記要》，北京：中華書局，2005。

清・釋圓鼎《滇釋紀》，收入國家民委全國少數民族古籍整理研究室編

纂，《中國少數民族古籍集成（漢文版）》，成都：四川人民出版社，2002。

雲龍總纂，芮增瑞校注，《（民國）姚安縣志》，收入《楚雄彝族自治州舊方志全書·姚安卷（下）》，昆明：雲南人民出版社，2004。

雲龍主修，李春龍，牛鴻斌點校，《新纂雲南通志》，昆明：雲南人民出版社，2007，據民國三十七年鉛印本。

村黨總支、村民委員會編，《大關邑村志》，香港：香港天馬圖書有限公司，2005。

何耀華，《武定鳳氏本末箋證》，昆明：雲南民族出版社，1986。

周宗麟，《大理縣志稿》，昆明：大理圖書館翻印，1991。

周文林、牛霖，《雲南古碑精選》，昆明：雲南美術出版社，2007。

馬存兆編，《大理鳳儀古碑文集》，香港：香港科技大學華南研究中心，2013。

段金泉、張錫祿主編，《大理歷史名碑》，昆明：雲南民族出版社，2000。

張了、張錫祿主編，《鶴慶碑刻輯錄》，大理：大理白族自治州南詔史學會，2001。

趙寅松，《白族文化研究》，昆明：民族出版社，2003。

趙藩、李根源輯，《雞足山志補》，揚州：廣陵書社，2006。

賓川縣志編輯委員會編輯，《賓川縣志》，昆明：雲南人民出版社，1997。

薛琳，《巍山碑刻楹聯資料輯》（內部資料），巍山彝族回族自治縣志編纂委員會辦公室編印，1987。

楊世鈺主編，《大理叢書·金石篇》，北京：中國社會科學出版社，1993。

楊世鈺、趙寅松主編，《大理叢書·族譜篇》，昆明：雲南民族出版社，2009。

楊庭碩、潘盛之編著，《百苗圖抄本匯編》，貴陽：貴州人民出版社，2001。

楊政業主編，《大理叢書·本主篇》，昆明：雲南民族出版社，2003。

楊憲典編，《喜洲誌》，大理白族自治州南詔史研究協會編，1988。

二、中日文專書與論文

寸雲激，《白族的建築與文化》，昆明：雲南大理出版社，2011。

王明珂，《華夏邊緣：歷史記憶與族群認同》，台北：允晨出版社，1997。

王明珂，〈王崧的方志世界：明清時期雲南方志的文本與情境〉，收入孫江主編，《新史學：概念・文本・方法》，北京：中華書局，2008，卷2，頁97-118。

王國祥，〈對元明以來北遷大理僰族之考察〉，收入趙懷仁主編，《大理民族文化研究論叢：第1輯》，北京：民族出版社，2004。

王毓銓，〈籍・貫・籍貫〉，《文史知識》，1988：2（北京，1988），頁117-122。

王麗珠、薛琳，〈研究蒙化土官歷史的又一份珍貴資料〉，收入雲南省編輯組、中國少數民族社會歷史調查資料叢刊修訂編輯委員會，《大理州彝族社會調查》，昆明：雲南民族出版社，2009，頁132-148。

王鵬惠，〈族群想像與異己建構〉，台北：國立臺灣大學人類學研究所碩士論文，1999。

方珂，〈大足石刻北山288號、290號龕林俊像及碑文研究〉，《文物世界》，6期（太原，2010），頁17-20。

方國瑜，《中國西南歷史地理考釋》，北京：中華書局，1987。

方國瑜，〈明代在雲南的軍屯制度與漢族移民〉，收入林超民主編，《方國瑜文集》，第3輯，昆明：雲南教育出版社，2001，頁145-332。

方國瑜，〈唐代前期洱海區域的部族〉，收入林超民主編，《方國瑜論文集》，第2輯，北京：中華書局，2003，頁42-79。

方慧，《大理總管段氏世次年歷及其與蒙元政權關係研究》，昆明：雲南教育出版社，2001。

方鐵主編，《西南通史》，鄭州：中州出版社，2003。

今枝由郎著，耿升譯，〈麗江版的藏文甘珠爾〉，《國外藏學研究譯文》，第5輯，拉薩：西藏人民出版社，1989，頁177-291。

木芹、木霽弘，《儒學與雲南經濟的發展及文化轉型》，昆明：雲南大學出版社，1999。

古正美，〈南詔、大理的佛教建國信仰〉，收入古正美，《從天王傳統到佛

王傳統：中國中世佛教治國意識形態研究》，台北：商周出版社，
　　2003，頁425-456。

古永繼，〈明代宦官與雲南〉，《思想戰線》，1期（昆明，1998），頁188-
　　193。

古永繼，〈明代駐滇宦官考〉，《中國邊疆史地研究》，4期（北京，1999），
　　頁39-48。

田懷清整理，〈洱源清世襲土官王氏世系調查〉，收入雲南省編輯組，《白
　　族社會歷史調查》，第四冊，昆明：雲南民族出版社，2009，頁46。

白鳥芳郎，〈南詔問題研究の遍歷〉，收入《華南文化史研究》，東京：六
　　興出版株式會社，1985，頁165-181。

白鳥芳郎，〈東南アジアにおける文化複合の性格と民族国家形成の一類
　　型〉，收入《華南文化史研究》，東京：六興出版株式會社，1985，頁
　　203-222。

石田德性，〈明代南京の寺莊について―特に寺莊の賦役負擔を中心とし
　　て―〉，《禪學研究》，卷55（京都：花園大學禪學研究會，1966），
　　頁79-95。

白族簡史編寫組，《白族簡史》，昆明：雲南人民出版社，1988。

立石謙次，〈洪武朝的雲南平定之戰研究〉，林超民主編，《新鳳集》（昆
　　明：雲南大學出版社，2003），頁2-69。

田懷清，〈宋、元、明時期的白族人名與佛教〉，《雲南民族大學學報》，
　　19：1（昆明，2002），頁59-63。

全漢昇，〈明清時代雲南的銀課與銀產額〉，《新亞學報》，第11卷上（香
　　港，1974），頁61-88。

伍莉，《明清時期雲南藏緬語諸族關係研究》，昆明：雲南民族出版社，
　　2007。

江應樑，《明代雲南境內的土官與土司》，昆明：雲南人民出版社，1958。

吳宣德，《明代進士的地理分布》，香港：香港中文大學出版社，2009。

呂進貴，《明代的巡檢制度：地方治安基層組織及其運作》，宜蘭：明史研
　　究小組，2002。

佐藤長著，鄧銳齡譯，〈明代西藏八大教王考（上）〉，《西藏民族學院學
　　報（哲學社會科學版）》，3期（咸陽，1987），頁21-34。

佐藤長著，鄧銳齡譯，〈明代西藏八大教王考（中）〉，《西藏民族學院學報（哲學社會科學版）》，4期（咸陽，1987），頁19-33。

佐藤長著，鄧銳齡譯，〈明代西藏八大教王考（下）〉，《西藏民族學院學報（哲學社會科學版）》，4（咸陽，1988），頁52-61。

余嘉華，〈攜手走向文明：姚安高氏與麗江木氏土司關係片談〉，收入雲南省文史館編，《高奣映研究文集》，昆明：雲南美術出版社，2006，頁32-43。

宋恩常，〈白族崇拜本主調查〉，收入雲南省編輯組，《雲南民族民俗和宗教調查》，昆明：雲南民族出版社，1985，頁63-65。

李正亭、孔令瓊，〈明清雲南鹽務管理鹽課考述〉，《鹽業史研究》，4期（自貢，2007），頁39-45。

李文筆、黃金鼎編，《千年白族村：諾鄧》，昆明：雲南民族出版社，2004。

李區（Edmund. Leach）著，黃道琳譯，《上緬甸諸政治體制：克欽社會結構之研究》，台北：唐山出版社，2003。

李紹明調查整理，〈雲南巍山縣南詔遺迹調查〉，收入雲南省編輯組，《四川廣西雲南彝族社會歷史調查》，昆明：雲南民族出版社，2009，頁208-210。

李霖燦，〈永寧土司世系〉，收入李霖燦，《麼些研究論文集》，台北：國立故宮博物院，1984，頁249-258。

李霖燦，〈永寧麼些族的母系社會〉，收入李霖燦，《麼些研究論文集》，台北：國立故宮博物院，1984，頁259-265。

李霖燦，〈釋麗江木氏宗譜碑：麼些族的歷史長系〉，收入李霖燦，《麼些研究論文集》，台北：國立故宮博物院，1984，頁179-196。

李霖燦，《南詔大理國新資料的綜合研究》，台北：國立故宮博物院，1982。

李塔娜（Li Tana）著，李亞舒、杜耀文譯，《越南阮氏王朝社會經濟史》，北京：文津出版社，2000。

杜玉亭，〈土司職稱及其演變考釋〉，《學術研究》，6期（廣州，1963），頁98-103。

孟徹理（C. F. Mckhann），〈納西宗教論〉，收入白庚勝、楊福泉編譯，《國

際東巴文化研究集粹》，昆明：雲南人民出版社，1993，頁91-113。

何翠萍、魏捷茲、黃淑莉，〈論James Scott高地東南亞新命名Zomia的意
　　義與未來〉，《歷史人類學學刊》，9：1（香港，2011），頁77-100。

沈海梅，《中間地帶：西南中國的社會性別、族群與認同》，北京：商務出
　　版社，2012。

忻德昆，政協紹興市文史資料委員會，《大理市文史資料：大理市重點文
　　物保護單位攬勝・第十二輯》，昆明：中國人民政治協商會議，雲南
　　省大理市第六屆委員會編，2004。

岸本美緒，〈「風俗」與歷史觀〉，《新史學》，13：3（台北，2002），頁
　　1-20。

周泳先，〈鳳儀縣北湯天南詔大理國以來古本經卷整理記〉，收入李家瑞主
　　編，《大理白族自治州歷史文物調查資料》，昆明：雲南人民出版社，
　　1958。

祈慶富、史暉，《清代少數民族圖冊研究》，北京：中央民族大學出版社，
　　2012。

洛克（Joseph Rock），〈論納西人的那伽崇拜儀式：兼談納西宗教的歷史
　　背景和文字〉，收入白庚勝、楊福泉編譯，《國際東巴文化研究集
　　粹》，昆明：雲南人民出版社，1993，頁49-75。

柳蘭松編，〈雲龍縣歷史大事記（上）〉，收入中國人民政協、雲南省雲龍
　　縣委員會、文史資料委員會編，《雲龍文史資料》，第2輯，保山報社
　　印刷廠承印（內部刊物），1989。

胡曉真，《明清文學中的西南敘事》，台北：臺大出版中心，2017。

科大衛，〈祠堂與家廟：從宋末到明中葉宗族禮儀的演變〉，《歷史人類學
　　學刊》1：2（香港，2003），頁1-20。

科大衛、劉志偉，〈「標準化」還是「正統化」？——從民間信仰與禮儀看
　　中國文化的大一統〉，《歷史人類學學刊》，第一、二期合刊（香港，
　　2008），頁1-21。

科大衛，《皇帝和祖宗：華南的國家與宗族》，南京：江蘇人民出版社，
　　2009。

科大衛，《明清社會與禮儀》，北京：北京師範大學出版社，2016。

侯沖，《白族心史：《白古通記》研究》，昆明：雲南民族出版社，2002。

約瑟夫・洛克（Joseph F. Rock）著，劉宗岳等譯，《中國西南古納西王國》（*The Ancient Na-Khi Kingdom of Southwest China*），昆明：雲南美術出版社，1999。

姜懷英、邱宣充，《大理崇聖寺三塔》，北京：文物出版社，1998。

清水泰次，〈明代の寺田〉，收於清水泰次，《明代土地制度史研究》，東京：大安株式會社，1968，頁205-220。

徐泓，〈明代的鹽法〉，台北：國立臺灣大學歷史學研究所博士論文，1973。

徐泓，〈明代前期的食鹽運銷制度〉，《臺大文史哲學報》，23期（台北，1974），頁221-226。

徐泓，〈明代中期食鹽運銷制度的變遷〉，《臺大歷史學系學報》，2期（台北，1975），頁139-164。

馬克瑞（John R. MacRae），〈論神會大師像：梵像與政治在南詔大理國〉，《雲南社會科學》，1991年第3期，頁89-94。

祝啟源，〈明代藏區行政建置史迹鉤沉〉，《藏學研究論叢》，第5輯，拉薩：西藏人民出版社，1993，頁225-260。

高金和著，《鶴慶龍華十八寺碑刻輯錄》，昆明：雲南民族出版社，2013。

梁方仲，〈明代銀礦考〉，收入劉志偉編，《梁方仲文集》，廣州：中山大學出版社，2004，頁139-178。

梁方仲，〈論差發金銀〉，收入梁方仲，《梁方仲文集：明清賦稅與社會經濟》，北京：中華書局，2008，頁278-281。

梁永佳，《等級的結構：一個大理村鎮的儀式與文化》，北京：社科文獻出版社，2005。

連瑞枝，《隱藏的祖先：妙香國的傳說和社會》，北京：生活・讀書・新知三聯書店，2007。

連瑞枝，〈鶴慶地區契約的整理與初探〉，《大理民族文化研究》，第5輯（大理，2013），頁186-235。

連瑞枝，〈土酋、盜匪與編民：以雲南山鄉夷民為核心的討論〉，《歷史人類學集刊》，13：1（香港，2015），頁19-56。

連瑞枝，〈女性祖先或女神──雲南洱海地區的始祖傳說與女神信仰〉，《歷史人類學學刊》，3：2（香港，2005），頁25-56。

連瑞枝，〈國王與村神：雲南大理地區佛教神祠的歷史考察〉，《民俗曲藝》，163（台北，2009），頁17-70。

連瑞枝，〈神靈、龍王與官祀：以雲南大理龍關社會為核心的討論〉，《民俗曲藝》，187（台北，2015），頁111-115。

連瑞枝，〈姓氏與祖先：雲南洱海地區社會階序的形成〉，《歷史人類學》，4：2（廣州，2006），頁1-36。

郭大烈、和志正，《納西族史》，成都：四川民族出版社，1999。

陳垣，《明季滇黔佛教考》，台北：彙文堂出版，1987。

陳楠，《明代大慈法王研究》，北京：中央民族大學出版社，2005。

陳玉女，〈明太祖征召儒僧與統制僧人的歷史意義〉，收入陳玉女，《明代的佛教與社會》，北京：北京大學出版社，2011，頁1-28。

陳旭，〈林俊與明代「大禮議」〉，《西南大學學報（社會科學）》，41：2（重慶，2015），頁146-157。

張彬村，〈十七世紀雲南貝幣崩潰的原因〉，收入張彬村、劉石吉主編，《中國海洋發展史論文集》，第5輯，台北：中央研究院中山人文科學研究院，1993，頁153-186。

張方玉主編，《楚雄歷代碑刻》，昆明：雲南民族出版社，2005。

張澤洪，〈中國西南少數民族的土主信仰〉，《中南民族大學學報》，26：5（武漢，2006），頁60-65。

張澤洪，〈杜光庭與雲南道教〉，《西南民族大學學報（人文社科版）》，10（成都，2005），頁180-184。

陶勝輝主編、謝道辛編撰，《雲龍縣民族誌》，昆明：雲南教育出版社，1994。

陸韌，《變遷與交融：明代雲南漢族移民研究》，昆明：雲南教育出版社，2001。

陸韌，《雲南對外交通史》，昆明：雲南人民出版社，2013。

湯國彥主編，《雲南歷史貨幣》，昆明：雲南人民出版社，1989。

舒瑜，《微「鹽」大義：雲南諾鄧鹽業的歷史人類學考察》，北京：世界圖書出版公司，2010。

舒瑜，〈山志言「山」：以高奣映《雞足山志》為個案〉，《民族學刊》，4：3（成都，2013），頁61-69、113-115。

黃國信，《區與界：清代湘粵贛界鄰地區食鹽專賣研究》，北京：生活・讀
　　書・新知三聯書店，2006。

黃國信，〈萬曆年間的鹽法改革與明代財政體系演變〉，收入明代研究學會
　　編，《全球化明史研究之新視野論文集（三）》，台北：東吳大學歷史
　　系，2008，頁288-304。

黃敏枝，《唐代寺院經濟的研究》，台北：國立臺灣大學文學院，1971。

黃敏枝，《宋代佛教社會經濟史論集》，台北：學生書局，1989。

雲南省編輯組，《白族社會歷史調查（三）》，昆明：雲南人民出版社，
　　1988。

雲南省編輯組，《白族社會歷史調查〈四〉》，昆明：雲南人民出版社，
　　1988。

雲南省編輯組、中國少數民族社會歷史調查資料叢刊修訂編輯委員會，
　　《大理州彝族社會歷史調查》，昆明：雲南民族出版社，2009。

楊林軍，《明至民國時期納西族文化地理研究》，北京：中國社會科學出版
　　社，2016。

楊林軍主編，《麗江歷代碑刻輯錄與研究》，昆明：雲南民族出版社，
　　2011。

楊林軍主編，《納西族地區歷代碑刻輯錄與研究》，昆明：雲南人民出版
　　社，2015。

楊煜達，〈花馬禮──16-19世紀中緬邊界的主權之爭〉，《中國邊疆史地
　　研究》，14：2（北京，2004），頁74-82。

楊政業，〈白子國國王張樂進求及其家世評述〉，《雲南民族學院學報》，
　　18：5（昆明，2001），頁83-89。

溫春來，《從異域到舊疆》，北京：生活・讀書・新知三聯書店，2007。

溫春來，〈彝、漢文獻所見之彝族認同問題──兼與郝瑞教授對話〉，《民
　　族研究》，5（北京，2007），頁85-93。

趙敏，《隱存的白金時代：洱海區域鹽井文化研究》，昆明：雲南人民出版
　　社，2011。

葛兆光，《歷史中國的內與外：有關「中國」與「周邊」概念的再澄清》，
　　香港：香港中文大學，2017。

趙心愚，〈略論麗江木氏土司與噶瑪噶舉派的關係〉，《思想戰線》，6期

（昆明，2001），頁77-80。

趙小平，〈歷史時期雲南鹽幣流通探析〉《鹽業史研究》，2期（自貢市，2007），頁13-19。

鄭振滿，《鄉族與國家：多元視野中的閩台傳統社會》，北京：生活・讀書・新知三聯書店，2009。

鄭振滿，〈莆田平原的宗族與宗教：福建興化府歷代碑銘解析〉，《歷史人類學學刊》，4：1（香港，2006），頁1-28。

錢茂偉，《國家、科舉與社會：以明代為中心的考察》，北京：北京圖書館出版社，2004。

薛琳，〈南詔王室蒙氏後裔口碑資料〉，《大理州彝族社會調查》，昆明：雲南民族出版社，2009。

劉如仲，〈明弘治敕諭與雲南的銀礦〉，《中國社會經濟史研究》，3（廈門，1989），頁39-43。

劉志偉，〈歷史敘述與社會事實：珠江三角洲族譜的歷史解讀〉，《東吳歷史學報》，14期（台北，2005），頁77-105。

劉志偉，〈祖先譜系的重構及其意義：珠江三角洲一個宗族的個案分析〉，《中國社會經濟研究史》，4期（廈門，1992），頁18-30。

劉志偉，《在國家與社會之間：明清廣東地區里甲賦役制度與鄉村社會》（北京：中國人民大學出版社，2010）

劉志偉、孫歌著，《在歷史中尋找中國：關於區域史研究認識論的對話》（香港：大家良友書局，2014）

劉靈坪，〈漢土之分：明代雲南的衛所土軍——以大理衛為中心〉，《歷史地理》，1期（上海，2013），頁70-82。

鄭志惠，〈雞足山諸志簡析〉，收入沈家明主編，《高奣映研究文集》，昆明：雲南美術出版社，2006，頁117-140。

橫山廣子，〈離開「土」範疇：關於白族守護神總稱的研究〉，收入北京大學人類學研究所編，《東亞社會研究》，北京：北京大學出版社，1993，頁109-120。

韓朝健，〈明中葉賦稅制度在五臺山區的推行：以寺廟碑銘為中心〉，收入鄭振滿編，《碑銘研究》，北京：社會科學文獻出版社，2014，頁252-273。

韓森（Valerie Hansen）著，包偉民譯，《變遷之神：南宋時期的民間信仰》，杭州：浙江人民出版社，1999。

羅勇，〈明代雲南土官襲職制度研究〉，《學術探索》，3期（昆明，2013），頁89-98。

羅爭鳴，〈關於杜光庭生平幾個問題的考證〉，《文化遺產》，5期（北京，2003），頁39-46。

簡良開，《神秘得他留人》，昆明：雲南出版社，2005。

謝和耐（Jacques Gernet）著，耿昇譯，《中國五至十世紀的寺院經濟》，蘭州：甘肅人民出版社，1987。

謝道辛、田懷清調查整理，〈雲龍縣、漾比縣羅武人的歷史調查〉，收入《大理州彝族社會歷史調查》，昆明：雲南民族出版社，2009。

謝道辛，〈雲南土司考校〉，收入《雲龍文史資料》，第4輯，中國人民政協、雲南省雲龍縣委員會、文史資料委員會出版，1990，頁157-175。

蕭霽虹，〈道教長春派在雲南的歷史和現狀〉，《中國道教》，2011年第6期，頁38-44。

瀨川昌久，《客家：華南漢族的族群性及其邊界》，北京：社會科學文獻出版社，2013。

瀨川昌久著，錢杭譯，《族譜：華南漢族的宗族、風水、移居》，上海：上海書店出版社，1999。

嚴耕望，〈唐人讀書山林寺院之風尚──兼論書院制度之起源〉，《中央研究院歷史語言研究所集刊》，30期（台北，1959），頁689-728。

龔蔭，《中國土司制度》，昆明：雲南民族出版社，1992。

三、英文文獻

Brook, Timothy. *Praying for Power: Buddhism and the Formation of Gentry Society in Late-Ming China.* Cambridge: Harvard University Press, 1994.

Crossley, Pamela Kyle, Helen F. Siu, and Donald S. Sutton, eds. *Empire at the Margins: Cultures, Ethnicity, and Frontier in Early Modern China.* Berkeley: University of California Press, 2006.

Erik, Mueggler. *The Paper Road: Archive and Experience in the Botanical Exploration of West China and Tibet.* Oakland: University of California Press, 2011.

Eberhard, Wolfram, Alide Eberhard trans., *The Local Cultures of South and East China,* Leiden: E. J. Brill, 1968.

Elverskog, Johan. *Our Great Qing: The Mongols, Buddhism and the State in Late Imperial China.* Cambridge: Harvard University Press, 2006.

Faure, David. and Ho Ts'ui-p'ing eds. *Chieftains into Ancestors: Imperial Expansion and Indigenous Society in Southwest China.*Vancouver: Unviersity of British Columbia Press, 2013.

Giersch, Patterson. *Asian Borderlands: The Transformation of Qing China's Yunnan Frontier.* Cambridge: Harvard University Press, 2006.

Haar, B.J. ter. "A New Interpretation of the Yao Charters," Paul van der Velde and Alex McKay eds., *New Developments in Asian Studies.* 3-19. London: Kegan Paul International, 1998.

Holm, David. *Recalling Lost Souls: The Baeu Rodo Scriptures Tai Cosmogonic Text from Guangxi in Southern China,* Chon Buri: White Lotus Co. Ltd., 2005.

Holm, David. *Killing a Buffalo for the Ancestors: A Zhuang Cosmological Text from Southwest China.*（Northern Illinois Universiy Monograph Series on Southeast Asia No.5）, Dekalb: Southeast Asia Publications Center, 2003.

Herman, John E. *Amid the Clouds and Mist: China's Colonization of Guizhou, 1200-1700.* Cambridge: Harvard University Press, 2007.

Herman, John E. "Empire in the Southwest: Early Qing Reforms to the Native

Chieftain System," *Journal of Asian Studies* 56:1(1997), 47-74.

Hostetler, Laura. *Qing Colonial Enterprise: Ethnography and Cartography in Early Modern China.* Chicago: University of Chicago Press. 2001.

Joseph F. Rock. *The Acient Na-Khi Kingdom of South-West China.* Cambridge: Harvard University Press, 1947.

Lieberman, Victor. *Strange Parallels: Southeast Asia in Global Context, c. 800-1830. Vol. 1: Integration on the Mainland.* New York: Cambridge University Press, 2003.

Lee, James. "Food Supply and Population Growth in Southwest China, 1250–1850," *Jounal of Asian Studies* 12: 4 (1982), 711-746.

Liu, Kwang-Ching. "Introduction", in *Orthodoxy in Late Imperial China.* 1-24. Berkeley: University of California Press, 1990.

Liebenthal, Walter. "Sanskrit Inscriptions From Yunnan," in *Monument a Serica* 12(1947), 1-40.

Lian, Ruizhi. "Surviving Conquest in Dali: Chiefs, Deities and Ancestors," in *Chieftains into Ancestors: Imperial Expansion and Indigenous Society.* edited by David Faure and Ho Ts'ui-ping, Vancouver: University of British Columbia Press, 2013, 86-110.

Mathieu, Christine. *A History and Anthropological Study of the Ancient Kingdoms of the Sino-Tibetan Borderland: Naxi and Mosuo.* New York: The Edwin Mellen Press, 2003.

MacRae John R. "Camparing East Asian and Southeast Asian Buddhism: Looking at Traditional China from Margins."〈東亞與東南亞佛教之比較：從邊緣看傳統中國〉,《中華佛學研究所》,卷22,頁97-123。

Puk, Wing-kin. *The Rise and Fall of a Public Debt Market in 16th-Century China: The Story of the Ming Salt Certificate.* Leiden: Brill, 2016.

Patterson, Giersch. *Asian Bordelands: The Transformation of Qing China's Yunnan Frointer.* Cambridge: Harvard University Press, 2006.

Prasenjit, Duara. *Rescuing History from the Nation: Questioning Narratives of Modern China.* Chicago: University of Chicago Press, 1997.

Paul, Wheatley, *Nāgara and Commandery. Origins of the Southeast Asian*

Urban Traditions. Chicago: University of Chicago Press, 1983, 392-393

Samuel, Jeffrey. *Civilized Shamans: Buddhism in Tibetan Societie*s. Washington D.C.: Smithsonian Institution Press, 1993.

Shih, Chuan-Kang. "Genesis of Marriage among the Moso and Empire-Building in Late Imperial China." *Journal of Asia Studies*, 60: 2 (2001), 381-412.

Sun, Laichen. "Shan Gems, Chinese Silver and the Rise of Shan Principalities in Northern Burma, c. 1450-1527," in *Southeast Asia in the Fifteenth Century: The China Factor*, edited by Geoff Wade and Sun Laichen, 169-196. Hong Kong: Hong Kong University Press, 2010.

Scott, James C. *The Art of Not Being Governed: An Anarchist History of Upland Southeast Asia*. New Haven: Yale University Press, 2009.

Skinner, William. "Marketing and Social Structure in Rural China," in *Journal of Asian Studies* 24, No.1 (1964), 3-43; No. 2 (1965), 195-228; No. 3 (1965), 363-399.

Szonyi, Michael. *Practicing Kinship: Lineage and Descent in Late Imperial China*. Stanford: Stanford University Press, 2002.

Shuli, Huang. "From Millenarians to Christians: The History of Christian Bureaucracy in Ahmao (Miao/Hmong) Society, 1850s-2012." Ph.D. Dissertation. University of Michigan, 2014.

Took, Jennifer. *A Native Chieftaincy in Southwest China: Franchising a Tai Chieftaincy under the Tusi System of Late Imperial China*. Leiden: Brill Press, 2005.

Toh, Hoong-teik. "Tibetan Buddhism in Ming China," Ph.D. Dissertation. Harvard University, 2004.

Yang Bin, *Between Winds and Clouds: The Making of Yunnan*. New York: Columbia University Press, 2008.

Von Glahn, Richard. *The Sinister Way: The Divine and The Demonic in Chinese Religious Culture*. Berkeley: University of California Press, 2004.

Von Glahn, Richard. *The Country of Streams and Grottoes: Geography , Settlements and the Civilizing of China's Southwestern Frontier, 1000-1250*. Cambridge: Harvard University Press, 1987.

Volker, Grabowsky. "The Northern Tai Polity of Lan Na（Ba-bai Da-dian）in the 14th and 15th Centuries: the Ming Factor," in Geoff Wade and Sun Laichen eds., *Southeast Asia in Fifteenth Century: The China Factor*. 197-245. Hong Kong: Hong Kong University Press, 2013.

Wiens, Herold J. *China's March Toward the Tropics: A Discussion of the Southward Penetration of China's Culture, People, and Political Control in Relationship to the Non-Han Chinese Peoples of South China and in the Perspective of Historical and Cultural Geography*. New Haven: Yale University Press, 1954.

Wilkerson, James. "The Wancheng Native Officialdom," in *Chieftains into Ancestors: Imperial Expansion and Indigenous Society in Southwest China*, edited by David Faure and Ho Ts'ui-p'ing, 187-205. Vancouver: University of British Columbia Press, 2013.

Watson, James L. "Standardizing the Gods: The Promotion of T'ien Hou （"Empress of Heaven"）along the South China Coast, 960-1960," in David Johnson et al., eds., *Popular Culture in Late Imperial Culture*. Berkeley: University of California Press, 1985, 292-324.

邊疆與帝國之間：明朝統治下的西南人群與歷史

2019年9月初版　　　　　　　　　　　　　　　　定價：新臺幣750元
2024年6月初版第四刷
有著作權·翻印必究
Printed in Taiwan.

著　　　者	連	瑞	枝
叢書主編	沙	淑	芬
校　　　對	陳	佩	伶
封面設計	沈	佳	德

出　版　者	聯經出版事業股份有限公司	副總編輯	陳	逸	華
地　　　址	新北市汐止區大同路一段369號1樓	總 編 輯	涂	豐	恩
叢書主編電話	(02)86925588轉5310	總 經 理	陳	芝	宇
台北聯經書房	台北市新生南路三段94號	社　　長	羅	國	俊
電　　　話	(02)23620308	發 行 人	林	載	爵
郵政劃撥帳戶第0100559-3號					
郵 撥 電 話	(02)23620308				
印　刷　者	世和印製企業有限公司				
總　經　銷	聯合發行股份有限公司				
發　行　所	新北市新店區寶橋路235巷6弄6號2樓				
電　　　話	(02)29178022				

行政院新聞局出版事業登記證局版臺業字第0130號

本書如有缺頁，破損，倒裝請寄回台北聯經書房更換。　　ISBN　978-957-08-5370-4 (精裝)
聯經網址：www.linkingbooks.com.tw
電子信箱：linking@udngroup.com

國家圖書館出版品預行編目資料

邊疆與帝國之間：明朝統治下的西南人群與歷史/
連瑞枝著 . 初版 . 新北市 . 聯經 . 2019年9月（民108年）. 624面 .
14.8×21公分
ISBN　978-957-08-5370-4（精裝）
[2024年6月初版第四刷]

1.明史　2.邊疆民族

626　　　　　　　　　　　　　　　　　　　　　108012809